KB085701

Essence
공법기록형

공법소송실무

이전오 저

박영사

우리나라에 법학전문대학원이 생긴지 10년이 지났고, 로스쿨은 현재는 법조인을 배출하는 유일한 통로이다.

법학전문대학원을 만든 주된 이유는, 종전 법과대학 시절의 강단법학·수험법학·개념법학에서 벗어나, 실무교육의 강화를 통하여 복잡다기한 법적 분쟁을 전문적·효율적으로 해결할 수 있는 지식 및 능력을 갖춘 법조인을 양성하고자 하는 데에 있다. 그렇지만, 과연 현재의 교육이 그와 같은 사명을 다하고 있는지는 의문이고, 그런 점에서 교육의 일선에 있는 필자 역시 책임이 있다 할 것이다.

법학전문대학원 교육이 종전의 법학교육과 차별화되는 큰 특징은 실무교육의 도입에 있고, 위와 같은 목적에 맞추어 변호사시험에도 기록형 문제가 도입되기에 이르렀다. 그런데, 실무를 접해본 적이 없는 학생들 입장에서는 실무과목의 이해에 많은 어려움을 겪고 있다. 이론과 실무를 익히기에는 짧은 3년이라는 기간과 점차 낮아지는 변호사시험 합격률은 그 어려움을 가중시키고 있다.

그리하여, 이 책은 실무에 생소한 학생들에게 공법소송실무 즉, 헌법소송과 행정소송을 주요 쟁점 위주로 쉽게 풀어 쓴 책이다. 구체적으로는, 실무에서 많이 쓰이는 법문서 형식에 맞추어 관련 헌법재판소 결정이나 대법원 판례를 중심으로 그 내용을 탐구하였다.

이 책은 구체적으로, 다음과 같은 특징을 갖추고 있다.

첫째, 헌법편과 행정법편으로 나눈 후에, 실무에서 많이 쓰이는 헌법소송과 행정소송의 법문서 형식을 중심으로 하여 서술하였다.

둘째, 학설 위주의 불필요한 설명은 모두 생략하고, 헌법재판소 결정 및 대법원 판례를 중심으로 관련 법리를 설명하였다.

셋째, 헌법재판소 결정 및 대법원 판례를 소개할 때에는 이해를 쉽게 하게끔 그 내용의 순서를 바꾸거나 그 내용을 일부 수정하거나 발췌하였다.

넷째, 공법기록형 시험과의 연계성을 염두에 두고 그 내용을 작성하였다.

이 책의 토대는 벌써 10년 전에 만들었고, 그동안 학교 내에서 강의용 교재로 써오다가 이번에 책으로 출간하게 되었다. 독자들이 헌법소송과 행정소송을 이해하는 데에 많은 도움이 되었으면 하는 바람이다.

그동안 출간을 약속하고도 저자의 게으름으로 많이 지체되었는데, 묵묵히 기다려준 박영사 측에, 특히 조성호 이사, 한두희 대리, 정연환 대리의 노고에 고마움을 표한다.

2019년 11월

寓居에서

헌법

01

⊕ > 행정법   02

제1편
헌법

문제 유형

1. 위헌법률심판 제청신청
2. 헌법재판소법 제68조 제2항의 헌법소원
3. 헌법재판소법 제68조 제1항의 헌법소원
　　가. 법령 헌법소원
　　나. 권력적 사실행위에 대한 헌법소원
　　다. 일반적인 공권력 행사에 대한 헌법소원
4. 의견서
5. 답변서

1장 위헌법률심판 제청신청

제1절 관련 법률

- 헌법재판소법 제41조(위헌 여부 심판의 제청) ① 법률이 헌법에 위반되는
  지 여부가 재판의 전제가 된 경우에는 당해 사건을 담당하는 법원(군사
  법원을 포함한다. 이하 같다)은 직권 또는 당사자의 신청에 의한 결정으로
  헌법재판소에 위헌 여부 심판을 제청한다.
  ② 제1항의 당사자의 신청은 제43조 제2호부터 제4호까지의 사항을 적
  은 서면으로 한다.
  ③ 제2항의 신청서면의 심사에 관하여는 「민사소송법」 제254조를 준용
  한다.
  ④ 위헌 여부 심판의 제청에 관한 결정에 대하여는 항고할 수 없다.
  ⑤ 대법원 외의 법원이 제1항의 제청을 할 때에는 대법원을 거쳐야 한다.

- 헌법재판소법 제43조(제청서의 기재사항) 법원이 법률의 위헌 여부 심판
  을 헌법재판소에 제청할 때에는 제청서에 다음 각 호의 사항을 적어야

한다.

  1. 제청법원의 표시

  2. 사건 및 당사자의 표시

  3. 위헌이라고 해석되는 법률 또는 법률의 조항

  4. 위헌이라고 해석되는 이유

  5. 그 밖에 필요한 사항

- 민사소송법 제254조(재판장 등의 소장심사권) ① 소장이 제249조 제1항의 규정에 어긋나는 경우와 소장에 법률의 규정에 따른 인지를 붙이지 아니한 경우에는 재판장은 상당한 기간을 정하고, 그 기간 이내에 흠을 보정하도록 명하여야 한다. 재판장은 법원사무관등으로 하여금 위 보정명령을 하게 할 수 있다. 〈개정 2014. 12. 30.〉

  ② 원고가 제1항의 기간 이내에 흠을 보정하지 아니한 때에는 재판장은 명령으로 소장을 각하하여야 한다.

  ③ 제2항의 명령에 대하여는 즉시항고를 할 수 있다.

  ④ 재판장은 소장을 심사하면서 필요하다고 인정하는 경우에는 원고에게 청구하는 이유에 대응하는 증거방법을 구체적으로 적어 내도록 명할 수 있으며, 원고가 소장에 인용한 서증(書證)의 등본 또는 사본을 붙이지 아니한 경우에는 이를 제출하도록 명할 수 있다.

- 민사소송법 제249조(소장의 기재사항) ① 소장에는 당사자와 법정대리인, 청구의 취지와 원인을 적어야 한다.

  ② 소장에는 준비서면에 관한 규정을 준용한다.

제2절 위헌법률심판제청신청 서식례[1]

위헌법률심판제청신청

사건　(춘천지방법원 속초지원) 2016고단623 성매매처벌법위반(성매매)
피고인　박갑동
신청인　피고인

신청취지

"구 성매매알선 등 행위의 처벌에 관한 법률(2014. 1. 28. 법률 제12458호로 개정되고, 2015. 12. 28. 법률 제23456호로 개정되기 전의 것) 제10조 중 성매수자에 관한 부분, 제26조 제1항 중 성매수자에 관한 부분의 위헌 여부에 관한 심판을 제청한다."라는 결정을 구합니다.

신청이유

Ⅰ. 쟁점의 정리
Ⅱ. 재판의 전제성
Ⅲ. 쟁점 법률조항(이 사건 조항)의 위헌성
Ⅳ. 결론

　　앞에서 살펴본 바와 같이 위 법률조항은 ……점에서 위헌이라고 판단되므로, 신청인의 대리인은 귀원이 헌법재판소에 위헌법률심판을 제청해 주실 것을 신청합니다.

---

1) 제6회 변호사시험(2017. 1.) 수정

첨부서류

1. 위임장
1. 담당변호사 지정서

2016. 7.   .

위 신청인의 대리인 법무법인 동해
담당변호사 나근면 (인)

춘천지방법원 속초지원 형사제1단독 귀중

Ⅰ. 사건의 표시

본안사건이 계류 중인 법원,[2][3] 본안 사건번호, 사건명을 적는다.

Ⅱ. 신청취지

01 잘못된 기재례

신청취지를 "~는 헌법에 위반된다"라는 결정을 구합니다.라고 기재하여서는 아니된다. 위헌법률심판제청신청은 본안사건을 담당하는 재판부로 하여금 헌법재판소에 위헌법률심판을 제청해 달라고 요구하는 것이지, 담당재판부로 하여금 직접 위헌이라고 판단하여 달라고 요구하는 것이 아니기 때문이다. 담당재판부에게 그런 권한은 없다.

---

2) 법원명을 기재한다면, 본안사건이 계속중인 법원(춘천지방법원 속초지원)을 기재하는 것이지, 특정 재판부(춘천지방법원 속초지원 형사1단독)를 기재하는 것이 아니다.
3) 법원명은 기재하지 않아도 무방할 것이다.

02 법률조항의 특정

가. 형식적 의미의 '법률'이 위헌법률심판의 대상이고, 시행령, 시행규칙, 조례 등은 위헌법률심판제청신청의 대상이 아니다.

(1) 헌법재판소 1996. 10. 4. 96헌가6 공공자금관리기금법 제5조 제1항 등 위헌제청

제청법원	서울지방법원(1996. 2. 15.자 95카기6548 위헌제청)
제청신청인	김선웅 외 1인
당해 소송사건	서울지방법원 94가단175355 손해배상(기)

○ 사건의 개요

(1) 제청신청인들은 국민연금법 제8조 제1항에 규정된 "당연적용사업장"의 근로자인 "사업장가입자"로서 연금보험료를 납부하고 있는 사람들인데, 1994. 12. 5. 서울지방법원에 대한민국을 상대로 손해배상청구(위 법원 94가단 175355호)의 민사소송을 제기하였다.

그 청구이유의 요지는, 연금보험료로 조성된 국민연금기금의 운용주체인 대한민국이 공공자금관리기금법을 통하여 국민연금기금을 "공공자금관리기금"으로 강제 편입하여 수익성이 적은 재정투융자 등에 임의 사용할 수 있도록 함으로써 국민연금기금을 고갈시킬 위험에 처하도록 만들었을 뿐만 아니라, 기금의 중장기 배분계획을 세우지 아니하고 국민연금 가입자들로 하여금 자신들이 조성한 위 국민연금의 운용에 대한 의사결정에 참여할 수 있는 길까지 봉쇄한 채 파행적으로 국민연금을 운용함으로써, 제청신청인들의 장래의 연금수급권을 침해하고 있다고 주장하면서 위자료 등 그 손해배상을 청구한 것이다.

(2) 제청신청인들은 위 소송 계속 중 국민연금기금의 여유자금을 공공자금관리기금에 강제로 예탁하도록 규정한 공공자금관리기금법 제5조 제1항, 제2항과 국민연금기금의 운용에 관한 중요사항을 심의·의결하는 국민연금기금운용위원회의 구성방법을 규정한 국민연금법 제84조 제3항 및 국민연금법 시행

령 제54조 제1항은 각 위헌이라고 주장하면서 그 위헌제청신청(위 법원 95카기 6548)을 하였으며, 위 법원은 1996. 2. 15. 이 신청을 받아들여 위 법령조항들의 위헌 여부에 관한 심판제청결정을 하였고, 이 결정은 같은 달 28. 당 재판소에 접수되었다.

O 심판의 대상

● 공공자금관리기금법 제5조【관리기금에의 예탁의무】① 다음 각 호의 기금·체신예금 및 자산(이하 "기금 등"이라 한다)의 관리자는 그 기금 등의 설치에 관한 법률의 규정에 불구하고 그 여유자금을 관리기금에 예탁하여야 한다. 다만, 관리기금과 기금 등의 설치목적에 지장이 없는 범위 안에서 제10조의 규정에 의한 공공자금관리기금운용위원회가 예외로 인정하는 것에 대하여는 그러하지 아니하다.

1. 국민연금법에 의한 국민연금기금

2.~7. (생략)

② 제1항에서 "여유자금"이라 함은 다음 각 호의 자금으로서 대통령령이 정하는 것을 말한다.

1. 체신예금 외의 기금 등의 경우에는 그 설치목적을 달성하기 위하여 직접 필요한 자금을 제외한 자금

2. (생략)

● 국민연금법 제84조【국민연금기금운용위원회】①, ② (생략)

③ 운용위원회의 위원장은 경제기획원장관이 되고, 부위원장은 보건사회부장관이 되며, 위원은 재무부장관, 농수산부장관, 상공자원부장관 및 노동부장관과 다음 각 호의 자 중 위원장이 위촉하는 자가 된다. 이 경우 다음 각 호의 자가 각 1인 이상 포함되어야 한다.

1. 사용자를 대표하는 자

2. 사용자 외의 가입자를 대표하는 자

3. 수급권자를 대표하는 자

4. 관계전문가

※ 정부조직법 중 개정법률(1994. 12. 23. 법률 제4831호) 부칙 제4조에 의하여 경제기획원장관, 재무부장관은 "재정경제원장관"으로, 상공자원부장관은 "통상산업부장관"으로, 보건사회부장관은 "보건복지부장관"으로 본다.

• 국민연금법 시행령 제54조 【운용위원회의 위원위촉】 ① 국민연금기금운용위원회(이하 "운용위원회"라 한다)의 위원장이 법 제84조 제3항의 규정에 의하여 운용위원회의 위원을 위촉하고자 할 때에는 다음의 구분에 의한다.

1. 사용자를 대표하는 자로서 사용자단체의 장 2인
2. 사용자 외의 가입자를 대표하는 자로서 노동조합의 총연합단체의 장 및 산업별연합단체의 장 1인
3. 농어민과 농어민 외의 지역가입자를 대표하는 자 3인
4. 수급권자를 대표하는 자로서 공단이사장
5. 관계전문가로서 국민연금에 관한 학식과 경험이 풍부한 자 2인

O 결정요지 중 일부

법원의 위헌여부심판제청은 "법률"이 헌법에 위반되는 여부가 재판의 전제가 된 경우에 할 수 있는 것이고, 명령이나 규칙이 헌법에 위반되는 여부는 법원 스스로 이를 판단할 수 있는 것이므로,4) 이 사건 위헌여부심판제청 중 국민연금법 시행령 제54조 제1항에 대한 부분은 법률이 아닌 대통령령에 대한 것으로서 부적법하다.

---

4) 헌법 제107조 ① 법률이 헌법에 위반되는 여부가 재판의 전제가 된 경우에는 법원은 헌법재판소에 제청하여 그 심판에 의하여 재판한다.
② 명령·규칙 또는 처분이 헌법이나 법률에 위반되는 여부가 재판의 전제가 된 경우에는 대법원은 이를 최종적으로 심사할 권한을 가진다.
③ 재판의 전심절차로서 행정심판을 할 수 있다. 행정심판의 절차는 법률로 정하되, 사법절차가 준용되어야 한다.

(2) 헌법재판소 1998. 10. 15. 96헌바77 경기도립학교 설치조례 중 개
정조례 제2조 등 위헌소원

O 당 사 자

청 구 인　　　구민서 외 16인

　　　　　　　청구인들 대리인 변호사　김창국 외 4인

당해사건　　　대법원 95누7994 폐교처분취소

O 사건의 개요

청구인들은 1994. 2. 28.자 경기도립학교 설치조례 중 개정조례(경기도조례
제2445호)에 의하여 폐교된 경기도 가평동 상색초등학교 두밀분교장(이하 '두밀분
교'라 한다)에 재학중이던 학생들로서, 경기도교육감이 교육과정의 정상운영과
교육재원절감 등을 이유로 두밀분교를 폐교처분한 것은 청구인들의 교육을 받
을 권리를 침해한 위법한 처분이라며, 행정심판을 거쳐 주위적으로 경기도교육
감의 폐교처분취소를, 예비적으로 위 개정조례의 무효확인을 구하는 행정소송
을 서울고등법원에 제기하였으나(94구11554 폐교처분취소) 1995. 5. 16. 주위적
청구 각하, 예비적 청구 기각의 판결을 받고 상고하여 대법원(95누7994)에 계속
중 위 개정조례 제2조의 [별표1] 국민학교의 시·군 명칭, 위치의 가평군란 중
상색국민학교 두밀분교장을 삭제한다는 부분 및 도서·벽지교육진흥법 제2조,
제3조에 대하여 위헌제청을 신청(대법원 95부22)하였으나 1996. 9. 20. 위 조례
부분은 각하, 법률부분은 기각결정되자(같은 날 본안사건도 상고기각되었다) 같은
해 10. 4. 동 결정문을 송달받고 같은 해 10. 18. 헌법재판소법 제68조 제2항
및 같은 조 제1항에 의하여 이 사건 헌법소원심판을 청구하였다.

O 심판의 대상

이 사건 심판의 대상은 경기도립학교설치조례 중 개정조례(1994. 2. 28. 경
기도조례 제2445호) 제2조 중 아래 부분 및 도서·벽지교육진흥법(1990. 12. 27. 법
률 제4268호로 개정된 것. 이하 '법'이라 한다) 제2조, 제3조(이하 '이 법률조항'이라 한
다)의 위헌 여부이며 그 내용은 다음과 같다.

(1) 경기도립학교설치조례 중 개정조례

경기도립학교설치조례 중 다음과 같이 개정한다.

제2조(도립학교의 명칭과 위치) [별표1] 국민학교의 시·군 명칭, 위치의 …… 가평군란 중 …… 상색국민학교 두밀분교장 ……란을 삭제한다.

(2) 도서·벽지교육진흥법

제2조(정의) 이 법에서 "도서벽지"라 함은 지리적·경제적·문화적·사회적 혜택을 받지 못하는 산간지·낙도·수복지구·접적지구 및 광산지구로서 교육부령이 정하는 지역을 말한다.

제3조(국가의 의무) 국가는 도서벽지의 의무교육의 진흥을 위하여 타에 우선하여 다음 각 호의 조치를 하여야 하며, 이에 필요한 제 경비는 타에 우선하여 지급하여야 한다.

1. 학교부지·교실·양호실 기타 교육에 필요한 시설의 구비
2. 교재·교구의 정비
3. 교과서의 무상공급
4. 통학을 위하여 필요한 조치
5. 교원에 대한 주택의 제공
6. 적절한 교원의 배치

O 결정요지 중 일부

헌법재판소법 제68조 제2항에 의한 헌법소원의 대상은 당해 사건의 재판의 전제가 되는 '법률'인 것이므로 지방자치단체의 조례는 그 대상이 될 수 없다.

나. 시행중이거나 시행되었던 법률

● 헌법재판소 1989. 12. 18. 89헌마32, 33(병합) 국가보위입법회의법 등의 위헌 여부에 관한 헌법소원

청구인   양근휘 외 38인

대리인 변호사 한승헌

관련소송사건　서울고등법원 88구9352 및 88구9369 면직처분무효확인
　　　　　　　　청구의 소

○ 사건의 개요

이 사건 청구인들은 국가보위입법회의법이 제정되기 이전 국회사무처와
국회도서관에 소속된 공무원으로 근무하여 왔는데 1980. 10. 28. 위 법률이 제
정되면서 각각 국가보위입법회의의 사무처와 도서관에 소속된 공무원으로 되
었으며, 청구인들 중 청구인 장욱상, 이광서, 이기춘, 이동철, 장창종, 정예식,
이재영, 김진기, 최병억, 유병성, 안인영, 정성수, 양문화, 홍종련, 최동필, 양보
희, 권오현, 김상윤, 양승관, 박춘배, 조중기, 권상하, 김병욱, 윤여택, 임정호,
이관수, 강창익, 신용자, 이승탁, 민정식, 조천수, 최광순, 안순덕, 김형락, 김원
식은 1980.11.16. 국가보위입법회의의장의 인사명령에 의해, 청구인 양근휘는
1980. 11. 30. 국가보위입법회의 사무처장의 인사명령에 의해, 청구인 김영모,
오경자, 구자수는 같은 날 국가보위입법회의 도서관장의 인사명령에 의해 각각
면직되었다. 이에 청구인들은 국회의장을 상대로 서울고등법원에 같은 법원 88
구9352 및 9369로 면직처분 무효확인청구의 소를 제기하여 소송계속 중 같은
법원 88부157 및 158로 위 법률에 대하여 위헌여부심판제청신청을 하고 1989.
2. 14. 같은 법원에서 위 신청이 각 각하되자 헌법재판소법 제68조 제2항의 규
정에 의하여 같은 달 27. 헌법재판소에 이 사건 헌법소원심판청구를 하였는데,
위 각 신청 또는 청구는 국가보위입법회의법 전부 또는 같은 법률 부칙 제4항
(전체가 위헌이 아닌 경우)과 1980. 10. 27. 공포된 대한민국 헌법(이하 "구 헌법"이
라 한다) 부칙 제6조 제3항의 위헌 여부를 심판하여 달라는 내용이다.

청구인 장창종, 안인영, 최동필, 윤여택, 민정식, 안순덕을 제외한 나머지
청구인들은 1989. 6. 1.에서 같은 달 20.에 걸쳐 국회사무처와 국회도서관의 공
무원으로 재임용되었다.

○ 심판의 대상

(1) 이 사건 헌법소원심판의 대상은 국가보위입법회의법 전부와, 위 법률
전부가 위헌이 아닐 경우 위 법률 부칙 제4항의 "이 법 시행 당시의 국회사무

처와 국회도서관은 이 법에 의한 사무처 및 도서관으로 보며, 그 소속 공무원은 이 법에 의한 후임자가 임명될 때까지 그 직을 가진다"라는 규정과

　(2) 구 헌법 부칙 제6조 제3항의 "국가보위입법회의가 제정한 법률과 이에 따라 행하여진 재판 및 예산 기타 처분 등은 그 효력을 지속하며, 이 헌법 기타의 이유로 제소하거나 이의를 할 수 없다"라는 규정이 헌법에 위반되는지의 여부에 관한 것이다.

○ 참조조문

● 구 헌법(1987. 10. 29. 전문 개정되기 전의 것) 제6조 ① 생략

　② 공무원의 신분과 정치적 중립성은 법률이 정하는 바에 의하여 보장된다.

● 구 헌법(1987. 10. 29. 전문 개정되기 전의 것) 부칙 제6조 ①~② 생략

　③ 국가보위입법회의가 제정한 법률과 이에 따라 행하여진 재판 및 예산 기타 처분 등은 그 효력을 지속하며, 이 헌법 기타의 이유로 제소하거나 이의를 할 수 없다.

　④ 생략

● 국가공무원법 제70조(직권면직) ① 공무원이 다음 각 호의 1에 해당할 때에는 임용권자는 직권에 의하여 면직시킬 수 있다.

　1. 신체정신상의 이상으로 1년 이상 직무를 감당하지 못할만한 지장이 있을 때

　2. 직무수행능력의 현저한 부족으로 근무성적이 극히 불량한 때

　3. 직제와 정원의 개폐 또는 예산의 감소 등에 의하여 폐직(廢職) 또는 과원(過員)이 되었을 때

　4. 휴직기간의 만료 또는 휴직사유가 소멸된 후에도 직무에 복귀하지 아니하거나 직무를 감당할 수 없을 때

　5. 제73조의2 제3항의 규정에 의하여 대기명령을 받은 자가 그 기간 중 능력의 향상 또는 개전의 정이 없다고 인정된 때

6. 전직시험(轉職試驗)에서 3회 이상 불합격한 자로서 직무수행능력이 부족하다고 인정된 때

7. 징병검사·입영 또는 소집의 명령을 받고 정당한 이유없이 이를 기피하거나 군복무를 위하여 휴직 중에 있는 자가 재영(在營) 중 군무(軍務)를 이탈하였을 때

② 제1항 제2호 또는 제5호의 규정에 의하여 면직시킬 경우에는 징계위원회(懲戒委員會)의 동의를 얻어야 한다.

③ 제1항 제4호의 규정에 의한 직권면직일은 휴직기간의 만료일 또는 휴직사유의 소멸일로 한다.

- 국가보위입법회의법(1980. 12. 28. 법률 제3260호) 부칙 ①~③ 생략

④ (경과조치) 이 법 시행 당시의 국회사무처와 국회도서관은 이 법에 의한 사무처 및 도서관으로 보며, 그 소속 공무원은 이 법에 의한 후임자가 임명될 때까지 그 직을 가진다.

○ 청구인들의 주장과 관계인의 의견

가. 청구인들 대리인의 주장

(1) 국가보위입법회의법은 1980. 5. 27. 국무회의 의결로서 설치된 국가보위비상대책위원회에서 1980. 10. 27. 의결하여 같은 달 28.에 공포·시행된 것이고, 국가보위비상대책위원회는 헌법상의 입법권을 가지고 있는 입법기관이 아니기 때문에 위 법률은 헌법 제1조, 제40조에 위반된다.

(2) 국가보위입법회의법 부칙 제4항은 설사 성립에 하자가 없는 것으로 해석한다 하더라도 그 내용이 구 헌법 제6조 제2항과 헌법 제7조 제2항에 위반된다.

(3) 구 헌법 부칙 제6조 제3항은 구 헌법 제25조, 제26조 제1항과 헌법 제26조, 제27조 제1항에 위반된다.

나. 법무부장관의 의견

(1) 국가보위입법회의법 및 같은 법률 부칙 제4항은 같은 법률부칙 제2항

"이 법은 헌법에 따라 새로 구성되는 국회의 최초의 집회일 전일까지 그 효력을 가진다"라는 규정에 의해 이미 실효되었으므로 헌법재판소의 심판의 대상으로 될 수 없다.

(2) 국민주권원리에 의할 때 헌법 및 헌법규정은 헌법재판소의 심판의 대상이 되지 않으므로 구 헌법 부칙 제6조 제3항의 위헌여부는 헌법재판소의 심판의 대상으로 될 수 없다.

○ 결정이유 중 일부

폐지된 법률(실효된 법률을 포함한다. 이하 같다)이 위헌여부심판의 대상이 되는가?

국가보위입법회의법은 1980. 10. 27. 의결되어 같은 달 28. 법률 제3260호로 공포·시행되었고, 같은 법 부칙 제2항에 의거 1981. 4. 10. 폐지된 한시법이다. 그리하여 법률의 시적 효력범위 문제와 관련하여 폐지된 법률이 위헌여부심판의 대상이 될 수 있느냐가 문제된다.

그것은 법률의 위헌결정에 의하여 일반적으로 그 효력이 상실되는 우리나라의 법제하에서 이미 효력이 상실된 법률에 대하여서는 새삼스럽게 효력을 상실시킬 실익이 없다고 할 수도 있기 때문이다. 그러나 폐지된 법률에 의한 권리침해가 있고 그것이 비록 과거의 것이라 할지라도 그 결과로 인하여 발생한 국민의 법익침해와 그로 인한 법률상태는 재판시까지 계속되고 있는 경우가 있을 수 있는 것이며, 그 경우에는 헌법소원의 권리보호이익은 존속한다고 하여야 할 것이다.

법률은 원칙적으로 발효시부터 실효시까지 효력이 있고, 그 시행 중에 발생한 사건에 적용되기 마련이므로 법률이 폐지된 경우라 할지라도 그 법률의 시행 당시에 발생한 구체적 사건에 대하여서는 법률의 성질상 더 이상 적용될 수 없거나 특별한 규정이 없는 한, 폐지된 법률이 적용되어 재판이 행하여질 수밖에 없는 것이고, 이때 폐지된 법률의 위헌 여부가 문제로 제기되는 경우에는 그 위헌여부심판은 헌법재판소가 할 수밖에 없는 것이다. 만일 헌법재판소가 폐지된 법률이라는 이유로 위헌심사를 거부하거나 회피하면 구체적 사건에 대한 법적분쟁을 해결하여야 하는 법원으로서는 법률에 대한 위헌여부결정권이 없다는 것을 이유로 하여 위헌문제가 제기된 법률을 그대로 적용할 수밖에 없는 불합리한 결과가 생겨나게 되기 때문이다.

위헌법률심판에 있어서 문제된 법률이 재판의 전제가 된다 함은 우선 그 법률이 당해 본안사건에 적용될 법률이어야 하고 또 그 법률이 위헌일 때는 합헌일 때와 다른 판단을 할 수밖에 없는 경우 즉 판결주문이 달라질 경우를 뜻한다고 할 것이고 그 법률이 현재 시행 중인가 또는 이미 폐지된 것인가를 의미하는 것은 아니라 할 것이므로 폐지된 법률이라는 이유로 위헌여부심판의 대상이 될 수 없다는 주장은 허용될 수 없는 것이다. 따라서 이미 폐지된 법률이라 할지라도 헌법소원심판청구인들의 침해된 법익을 보호하기 위하여 그 위헌 여부가 가려져야 할 필요가 있는 경우 즉 법률상 이익이 현존하는 경우에는 심판을 하여야 한다고 할 것이다(헌법재판소 1989. 7. 14. 선고 88헌가5, 8, 89헌가44 (병합) 결정 참조).

본 건의 경우 청구인 장창종외 5명을 제외한 나머지 청구인들은 전원 1989. 6. 1.부터 같은 달 20.까지의 사이에 면직 당시의 직급으로 재임용되어 현재 근무 중이기 때문에 그들에게 소의 이익이 있느냐의 문제가 제기될 수 있다. 그러나 청구인들 대리인이 주장하는 바와 같이 재임용된 청구인들이 9년 전 직급으로 신규임용된 결과 승진에 불이익을 받았음은 물론 면직처분의 무효를 전제로 한 복직이 아니기 때문에 명예회복이 되지 않고 면직기간 중의 보수 급여 등 경제적 손실도 회복할 수 없어 헌법소원심판청구의 이익은 여전히 존재한다는 논지는 합당하고 위 장창종외 5명은 정년초과 등으로 재임명되지 않았으나 경제적 손실 등 그 불이익은 상존하기 때문에 청구인들에 대한 권리침해의 현재성은 의연 존속하며 따라서 소의 이익이 있는 것으로 봐야 할 것이다.

○ 결정요지 중 일부

폐지된 법률(실효된 법률)이라도 헌법재판소법 제68조 제2항의 헌법소원심판 청구인들의 침해된 법익을 보호하기 위하여 그 위헌 여부가 가려져야 할 필요가 있는 때에는 심판의 대상이 된다.

다. 한정위헌청구가 가능한가?

아래 헌재결정에서 보는 바와 같이 실무상으로는 한정위헌청구도 가능하다. 그러나, 실제 문제에서는 지문에서 한정위헌청구를 할 것을 요구하지 않는한, 단순위헌청구를 하여야지 지레 짐작으로 한정위헌청구를 할 것은 아니다.

- 헌법재판소 2012. 12. 27. 2011헌바117 구 특정범죄 가중처벌 등에 관한 법률 제2조 제1항 위헌소원 등

○ 결정요지 중 일부

법률의 의미는 결국 개별·구체화된 법률해석에 의해 확인되는 것이므로 법률과 법률의 해석을 구분할 수는 없고, 재판의 전제가 된 법률에 대한 규범통제는 해석에 의해 구체화된 법률의 의미와 내용에 대한 헌법적 통제로서 헌법재판소의 고유권한이며, 헌법합치적 법률해석의 원칙상 법률조항 중 위헌성이 있는 부분에 한정하여 위헌결정을 하는 것은 입법권에 대한 자제와 존중으로서 당연하고 불가피한 결론이므로, 이러한 한정위헌결정을 구하는 한정위헌청구는 원칙적으로 적법하다고 보아야 한다.

다만, 재판소원을 금지하는 헌법재판소법 제68조 제1항의 취지에 비추어, 개별·구체적 사건에서 단순히 법률조항의 포섭이나 적용의 문제를 다투거나, 의미있는 헌법문제에 대한 주장없이 단지 재판결과를 다투는 헌법소원 심판청구는 여전히 허용되지 않는다.

라. 법률조항 적시방법

해당 법률조항을 구체적으로 적시하여야 한다. ("○○법 제○조 제○항" 또는 "○○법 제○조 제○항 중 − − − 부분")

아울러, 직접 적용되는 조항(예컨대, 제재조항이나 처벌조항)을 먼저 쓰고, 인용된 조항(예컨대, 행위조항이나 구성요건적 조항)을 뒤에 쓴다.

예:

(1) "학교폭력예방 및 대책에 관한 법률(2012. 12. 28. 법률 제12345호로 전부 개정된 것) 제17조 제4항 중 제1항 제1호 부분 및 제7항 본문 중 제1항 제9호 부분과 제7항 단서 제1호 부분의 위헌 여부에 관한 심판을 제청한다."
라는 결정을 구합니다. …… 제3회 변호사시험

- 문제된 가상 법률조항: 학교폭력예방 및 대책에 관한 법률 제17조(가해학생에 대한 조치) ① 자치위원회는 피해학생의 보호와 가해학생의 선도·교육을 위하여 가해학생에 대하여 다음 각 호의 어느 하나에 해당하는 조치(수 개의 조치를 병과하는 경우를 포함한다)를 할 것을 학교의 장에게 요청하여야 한다.
  1. 피해학생에 대한 서면사과
  2. 피해학생 및 신고·고발 학생에 대한 접촉, 협박 및 보복행위의 금지
  3. 학교에서의 봉사
  4. 사회봉사
  5. 학내외 전문가에 의한 특별 교육이수 또는 심리치료
  6. 출석정지
  7. 학급교체
  8. 전학
  9. 퇴학처분
  (②, ③항 생략)
  ④ 학교의 장은 가해학생에 대한 선도가 긴급하다고 인정할 경우 우선 제1항 제1호부터 제3호까지와 제5호 중 어느 하나의 조치를 할 수 있으며, 이 경우 자치위원회에 즉시 보고하여 추인을 받아야 한다.
  ⑤ 자치위원회는 제1항에 따른 조치를 요청하기 전에 가해학생 및 보호자에게 의견진술의 기회를 부여하는 등 적정한 절차를 거쳐야 한다.
  ⑥ 제1항에 따른 요청이 있는 때에는 학교의 장은 14일 이내에 해당 조치를 하여야 한다.

⑦ 제4항에 따른 조치에도 불구하고 가해학생이 이를 거부하거나 회피하는 때에는 학교의 장은 자치위원회의 심의를 거쳐 제1항 제4호, 제6호부터 제9호까지 중 어느 하나의 조치를 하여야 한다. 다만, 제9호의 퇴학처분은 다음 각 호의 어느 하나에 해당하는 자에 한하여 행하여야 한다.

1. 품행이 불량하여 개전의 가망이 없다고 인정된 자
2. 정당한 이유 없이 수업일수의 3분의 1을 초과하여 출석하지 아니한 자

⑧ 학교의 장이 제4항, 제6항, 제7항의 조치를 할 때에는 그 근거와 이유를 제시하여 가해학생과 그 보호자에게 통지하여야 한다.

  (2) "집회 및 시위에 관한 법률(2007. 5. 11. 법률 제8424호로 개정된 것) 제22조 제2항 중 제6조 제1항 본문 및 같은 법률 제24조 제5호 중 제20조 제2항, 제1항 제2호 중 '제6조 제1항에 따른 신고를 하지 아니하거나' 부분의 위헌 여부에 관한 심판을 제청한다."라는 결정을 구합니다. …… 제4회 변호사시험

  (3) "도로교통법 제93조 제1항 본문 중 제5호, 제46조 제1항 및 도로교통법 제93조 제1항 단서 중 제14호에 관한 부분이 헌법에 위반되는지 여부에 관한 심판을 제청한다."라는 결정을 구합니다.

- 도로교통법 제46조(공동 위험행위의 금지) ① 자동차 등의 운전자는 도로에서 2명 이상이 공동으로 2대 이상의 자동차 등을 정당한 사유 없이 앞뒤로 또는 좌우로 줄지어 통행하면서 다른 사람에게 위해(危害)를 끼치거나 교통상의 위험을 발생하게 하여서는 아니 된다.
  ② 자동차 등의 동승자는 제1항에 따른 공동 위험행위를 주도하여서는 아니 된다.

- 도로교통법 제93조(운전면허의 취소·정지) ① 지방경찰청장은 운전면허(연습운전면허는 제외한다. 이하 이 조에서 같다)를 받은 사람이 다음 각 호의 어느 하나에 해당하면 행정안전부령으로 정하는 기준에 따라 운전면허(운전자가 받은 모든 범위의 운전면허를 포함한다. 이하 이 조에서 같다)를 취소하

거나 1년 이내의 범위에서 운전면허의 효력을 정지시킬 수 있다. 다만, 제2호, 제3호, 제7호부터 제9호까지(정기 적성검사 기간이 지난 경우는 제외한다), 제12호, 제14호, 제16호부터 제18호까지, 제20호의 규정에 해당하는 경우에는 운전면허를 취소하여야 한다.

(1호 내지 4호 생략)

5. 제46조 제1항을 위반하여 공동 위험행위를 한 경우

(5의2호 내지 13호 생략)

14. 이 법에 따른 교통단속 임무를 수행하는 경찰공무원 등 및 시·군공무원을 폭행한 경우

(이하 생략)

마. 법률의 연혁을 기재하여야 한다.

Ⅲ. 쟁점의 정리

양식의 제목이 '쟁점의 정리'로 주어지든 '사안의 개요'나 '사실관계'로 주어지든, 사실관계를 쓸 필요 없이 사안의 쟁점을 요약하여 쓰면 된다. 그 이유는 위헌법률심판제청신청서는 본안사건 재판부에 제출하는 데, 본안사건 재판부가 이미 사실관계를 잘 알고 있는 만큼 굳이 사실관계를 다시 설명할 필요가 없기 때문이다.

Ⅳ. 재판의 전제성

⇒ 헌법재판소법 제68조 제2항 헌법소원 부분에서 설명하기로 함.

V. 위헌사유

(1) 적법요건에서는 법률만이 검토대상이지만, 위헌성을 논할 때에는 시행령 및 시행규칙도 검토대상이다.

(2) 청구인의 침해되는 기본권을 중심으로 논하여야 하지, 청구인과 관계 없는 제3자의 기본권을 중심으로 논하여서는 아니된다.

(3) 기본권의 침해를 논할 때에는 침해되는 기본권의 일반론을 먼저 논한 후에, 해당 기본권이 침해되었는지 여부를 주장하는 것이 논리적이다. 예컨대, 과잉금지원칙 위반으로 말미암아 직업의 자유가 침해된 사안이라면 큰 제목을 "직업의 자유 침해"라고 하고 그 아래 소제목으로 "가. 직업의 자유의 의의", "나. 직업의 자유 침해 여부에 대한 판단기준", "다. 과잉금지원칙 위반 여부" 로 써야 하지, 큰 제목을 "과잉금지원칙 위반"으로 쓰고서 직업의 자유에 관하여는 아무런 언급을 하지 않은 채 바로 목적의 정당성, 수단의 적합성, 침해의 최소성, 법익의 균형성만 검토하는 것은 부적절하다.

VI. 대리인 표시

법무법인을 선임한 경우에는 "신청인의 대리인 법무법인 ○○ 담당변호사 ○○○"으로 표시한다.

VII. 법원의 표시

본안사건을 담당하고 있는 특정 재판부를 기재한다. 따라서, "춘천지방법원 속초지원 형사1단독 귀중"처럼 기재하여야 하지 "춘천지방법원 속초지원 귀중"으로 기재하여서는 아니된다.

2장 헌법재판소법 제68조 제2항 헌법소원심판청구
(위헌심사형 헌법소원)

제1절 관련 법률

- 헌법재판소법 제68조(청구 사유)

  ② 제41조 제1항에 따른 법률의 위헌 여부 심판의 제청신청이 기각된 때에는 그 신청을 한 당사자는 헌법재판소에 헌법소원심판을 청구할 수 있다. 이 경우 그 당사자는 당해 사건의 소송절차에서 동일한 사유를 이유로 다시 위헌 여부 심판의 제청을 신청할 수 없다.

- 헌법재판소법 제69조(청구기간)

  ② 제68조 제2항에 따른 헌법소원심판은 위헌 여부 심판의 제청신청을 기각하는 결정을 통지받은 날부터 30일 이내에 청구하여야 한다.

- 헌법재판소법 제70조(국선대리인) ① 헌법소원심판을 청구하려는 자가 변호사를 대리인으로 선임할 자력(資力)이 없는 경우에는 헌법재판소에 국선대리인을 선임하여 줄 것을 신청할 수 있다. 이 경우 제69조에 따

른 청구기간은 국선대리인의 선임신청이 있는 날을 기준으로 정한다.

② 제1항에도 불구하고 헌법재판소가 공익상 필요하다고 인정할 때에는 국선대리인을 선임할 수 있다.

③ 헌법재판소는 제1항의 신청이 있는 경우 또는 제2항의 경우에는 헌법재판소규칙으로 정하는 바에 따라 변호사 중에서 국선대리인을 선정한다. 다만, 그 심판청구가 명백히 부적법하거나 이유 없는 경우 또는 권리의 남용이라고 인정되는 경우에는 국선대리인을 선정하지 아니할 수 있다.

④ 헌법재판소가 국선대리인을 선정하지 아니한다는 결정을 한 때에는 지체 없이 그 사실을 신청인에게 통지하여야 한다. 이 경우 신청인이 선임신청을 한 날부터 그 통지를 받은 날까지의 기간은 제69조의 청구기간에 산입하지 아니한다.

⑤ 제3항에 따라 선정된 국선대리인은 선정된 날부터 60일 이내에 제71조에 규정된 사항을 적은 심판청구서를 헌법재판소에 제출하여야 한다.

⑥ 제3항에 따라 선정한 국선대리인에게는 헌법재판소규칙으로 정하는 바에 따라 국고에서 그 보수를 지급한다.

• <u>헌법재판소법 제71조(청구서의 기재사항)</u>

② 제68조 제2항에 따른 헌법소원의 심판청구서의 기재사항에 관하여는 제43조를 준용한다. 이 경우 제43조 제1호 중 "제청법원의 표시"는 "청구인 및 대리인의 표시"로 본다.

③ 헌법소원의 심판청구서에는 대리인의 선임을 증명하는 서류 또는 국선대리인 선임통지서를 첨부하여야 한다.

• <u>헌법재판소법 제43조(제청서의 기재사항)</u> 법원이 법률의 위헌 여부 심판을 헌법재판소에 제청할 때에는 제청서에 다음 각 호의 사항을 적어야 한다.

1. 제청법원의 표시

2. 사건 및 당사자의 표시

3. 위헌이라고 해석되는 법률 또는 법률의 조항

4. 위헌이라고 해석되는 이유

5. 그 밖에 필요한 사항

제2절 헌법재판소법 제68조 제2항 헌법소원심판청구 기재례[1]

헌법소원심판청구서

청구인   김동식(000000 – 0000000)

서울 서초구 잠원로 25

미성년자이므로 법정대리인 친권자 부 김갑동, 모 이순희

대리인 법무법인 진리 담당변호사 김정의

서울 서초구 서초중앙로 200 진리빌딩 2층

전화: 02 – 555 – 6789 팩스: 02 – 555 – 6790

이메일: justicekim@truthlaw.com

청구취지

"학교폭력예방 및 대책에 관한 법률(2012. 12. 28. 법률 제123456호로 전부개정된 것) 제17조 제4항 중 제1항 제1호 부분 및 제7항 본문 중 제1항 제9호 부분과 단서 제1호 부분은 헌법에 위반된다."

라는 결정을 구합니다.

---

1) 제3회 변호사시험(2014. 1. 3.) 수정

당해사건

서울행정법원 2013구합246 퇴학처분 등 취소

위헌이라고 해석되는 법률조항

학교폭력예방 및 대책에 관한 법률(2012. 12. 28. 법률 제123456호로 전부개정된 것) 제17조 제4항 중 제1항 제1호 부분 및 제7항 본문 중 제1항 제9호 부분과 단서 제1호 부분

청구이유

Ⅰ. 쟁점의 정리

Ⅱ. 적법요건의 구비 여부

Ⅲ. 위헌이라고 해석되는 이유

Ⅳ. 결론

첨부서류

1. 위헌법률심판 제청신청서
1. 위헌법률심판 재청신청기각 결성분
1. 송달증명서
1. 소송위임장
1. 담당변호사 지정서

2014. 1. 3.

청구인의 대리인 법무법인 진리

담당변호사 김정의 (인)

헌법재판소 귀중

제3절 형식적 기재사항

01 청구인

청구인의 이름과 주소를 쓰고 대리인의 이름과 주소, 연락처를 기재한다. 청구인이 미성년자인 경우에는 법정대리인을 표시한다.

02 청구취지

(1) 예시

"전기통신기본법(1996. 12. 30. 법률 제5291호로 개정된 것) 제47조 제1항은 헌법에 위반된다."라는 결정을 구합니다.

(2) 구체적인 설명은 위헌법률심판제청 부분 참조

03 당해사건

본안사건이 계류중인 법원, 사건번호, 사건명을 적는다.

04 위헌이라고 해석되는 법률조항

청구취지 부분의 법률조항을 그대로 쓴다.

제4절 쟁점의 정리(사안의 개요)

　양식의 제목이 무엇이든간에 사실관계를 요약하여 쓰고 쟁점을 기재한다. 헌법소원심판청구서는 청구인이 헌법재판소에 최초로 제출하는 서류로서 헌법재판관은 이 문서를 처음 보는 만큼 청구인이 소송당사자인 본안사건의 내용에 대하여 전혀 알지 못한다. 따라서 쟁점을 쓰기에 앞서, 사실관계를 간단하게 설명할 필요가 있다. 이 점이 위헌법률심판제청서의 '쟁점의 정리(사안의 개요)'와 다르다.

제5절 적법 요건

> Ⅰ. 법률 또는 법률조항
> Ⅱ. 위헌제청신청 기각/각하 결정
> Ⅲ. 재판의 전제성
> Ⅳ. 청구기간
> Ⅴ. 변호사 강제주의

Ⅰ. 법률 또는 법률조항

　가. 시행령이나 시행규칙은 청구 대상이 아니다.

　나. 법률의 연혁을 적어야 한다.

　다. 해당 법률조항을 구체적으로 적시하여야 한다.

　("○○법 제○조 제○항" 또는 "○○법 제○조 제○항 중 － － － 부분")

Ⅱ. 위헌제청신청 기각/각하 결정

01 법원의 위헌제청신청 기각 결정의 대상이 아닌 법률조항에 대한 헌법소원심판청구는 부적법하다.

- 헌법재판소 1997. 11. 27. 96헌바12 구 방문판매 등에 관한 법률 제18조 제1항 등 위헌소원

○ 결정이유 중 일부

청구인은 구 방문판매 등에 관한 법률(1995. 1. 5. 법률 제4896호로 전문개정된 후 1995. 12. 29. 법률 제5086호로 전문개정되기 전의 것) 부칙 제3항이 종전의 법률을 개정하면서 벌칙적용에 관한 경과조치로서 "이 법 시행 전의 행위에 대한 벌칙의 적용에 있어서는 종전의 규정에 의한다"고 규정한 것은 형벌불소급의 원칙에 어긋난다고 주장하고 있다.

그러나 헌법재판소법 제68조 제2항의 헌법소원은 법률의 위헌여부심판의 제청신청을 하여 그 신청이 기각된 때에만 청구할 수 있는 것인데, 기록에 첨부된 서울지방법원 남부지원의 위헌제청신청기각결정(94초1188)에 의하면 청구인은 구 방문판매 등에 관한 법률 부칙 제3항에 대한 위헌여부심판의 제청신청을 하지 않았고 따라서 법원의 기각결정도 없었으므로 청구인의 이 부분 심판청구는 그 심판청구요건을 갖추지 못하여 부적법하다.

02 예외적으로, 위헌제청신청을 기각 또는 각하한 법원이 그 법률조항을 실질적으로 판단하였거나 그 법률조항이 명시적으로 위헌제청신청을 한 조항과 필연적 연관관계를 맺고 있어서 법원이 그 조항을 묵시적으로나마 위헌제청신청으로 판단한 경우에는 적법하다.

가. 헌법재판소 2005. 2. 24. 2004헌바24 행형법 제29조 제1항 위헌소원 등

O 결정요지 중 일부

헌법재판소법 제68조 제2항의 헌법소원은 법률의 위헌여부심판의 제청신청을 하여 그 신청이 기각된 때에만 청구할 수 있는 것이므로, 청구인이 특정 법률조항에 대한 위헌여부심판의 제청신청을 하지 않았고 따라서 법원의 기각결정도 없었다면 비록 헌법소원심판청구에 이르러 위헌이라고 주장하는 법률조항에 대한 헌법소원은 원칙적으로 심판청구요건을 갖추지 못하여 부적법한 것이나, 예외적으로 위헌제청신청을 기각 또는 각하한 법원이 위 조항을 실질적으로 판단하였거나 위 조항이 명시적으로 위헌제청신청을 한 조항과 필연적 연관관계를 맺고 있어서 법원이 위 조항을 묵시적으로나마 위헌제청신청으로 판단을 하였을 경우에는 헌법재판소법 제68조 제2항의 헌법소원으로서 적법한 것이다.

그런데, 이 사건에 있어서 청구인은 위헌제청신청을 함에 있어 행형법 제29조의 위헌 여부를 다투고 있을 뿐 이와 필연적 연관관계도 없는 행형법 제28조에 관한 위헌 여부를 명시적으로 다툰 바 없고, 법원의 위헌제청신청 각하결정도 행형법 제29조에 대하여만 판단했을 뿐, 행형법 제28조에 관하여 판단한 바 없으므로, 행형법 제28조에 관한 심판청구는 심판청구의 요건을 갖추지 못한 것으로 부적법하다.

나. 헌법재판소 2001. 2. 22. 99헌바93 학원의 설립·운영에 관한 법률 제6조 등 위헌소원

O 사건의 개요

(1) 청구인은 '교육감에게 등록하지 않고 1997. 1. 5.부터 같은 해 12. 31.까지 서울 종로구 ○○ 2동 228의 5 소재 빌딩 후관 2층 약30평에 휴게실, 사무실과 강의실 3개를 설치하고 각 강의실에는 칠판 1개, 책상 10개, 의자 20여 개씩을 설치하고 '서울 어머니학교'라는 명칭으로 주부회원 100여명을 모집하

여 1인당 월 25,000원의 회비를 받고 3~6개월 과정으로 국어, 영어, 산수, 한문을 교습하는 학원을 운영하였다'는 이유로 학원의 설립·운영에 관한 법률(1995. 8. 4. 법률 제4964호로 전문개정된 것, 이하 '학원법'이라 한다) 제6조 위반혐의로 기소되어, 서울지방법원에서 1999. 10. 5. 선고유예 판결(유예된 형은 벌금 200,000원)을 선고받았다(99고단779).

(2) '서울 어머니학교'는 1993. 8.경 '사회개혁운동연합'이라는 사회단체의 산하조직으로 설립되었는데, 청구인은 1996. 12.경 교감으로 선출(교장은 미선출)된 것이라고 하며, 회원제로 운영되었고, 위 회비는 운영비에 충당되었으나 부족분은 후원회원들의 성금으로 충당하는 등 영리목적으로 운영된 것이 아니며, 교습내용은 문자의 해독을 위한 교습을 위주로 하였다.

(3) 청구인은 위 형사사건 계속 중에 학원법 제6조가 헌법상 교육을 받을 권리 및 행복추구권을 침해하는 것이라고 주장하면서 위헌법률심판제청신청(99초3564)을 하였으나, 위 법원은 1999. 10. 5. 당해 사건에 관하여 위와 같이 유죄판결을 선고하면서 이와 동시에 위 신청을 기각하였다.

(4) 그러자 청구인은 학원법 제6조 및 벌칙규정인 제22조 제1항 제2호가 위헌이라고 주장하면서 1999. 10. 19. 이 사건 헌법소원심판청구를 하였다.

O 심판의 대상

- 학원법 제6조(학원설립·운영의 등록) 학원을 설립·운영하고자 하는 자는 제8조의 규정에 의한 시설 및 설비를 갖추어 대통령령이 정하는 바에 따라 교육감에게 등록하여야 한다. 등록한 사항 중 대통령령이 정하는 사항을 변경하고자 하는 경우에도 또한 같다.
- 학원법 제22조(벌칙) ① 다음 각 호의 1에 해당하는 자는 1년 이하의 징역 또는 300만원 이하의 벌금에 처한다.
  2. 제6조의 규정에 의한 등록을 하지 아니하고 학원을 설립·운영한 자

O 청구인의 주장

(1) 사람은 누구나 자기가 가르치고 싶은 것을 가르칠 수 있고, 배우고 싶은 것을 배울 수 있는 것인데, 국가가 학원법 제6조의 등록제도를 통하여 이를

규제하려 한다면 이는 헌법 제10조 소정의 행복추구권과 헌법 제31조 제1항 및 제3항 소정의 교육을 받을 권리를 침해하는 것이다.

(2) '서울 어머니학교'는 주부들을 대상으로 기초적인 글읽기 교육을 하는 비영리단체인데 이러한 단체에 대하여까지 등록을 요구한다면 입법목적의 정당성이 인정될 수 없다.

(3) 또한 학원법 제6조는 지나치게 번잡한 절차를 규정함으로써 등록하려 하는 자에게 번잡한 준비나 시설을 하여야 할 의무를 부담케 하고 있고, 이를 위반하면 학원법 제22조 제1항 소정의 형으로 처벌할 수 있어 그 피해가 지나치게 크다.

더욱이 '서울 어머니학교'의 경우 사회교육의 진흥이라는 공익적 측면이 훨씬 크고, 학원법상 분류된 학원의 종류에 해당하지 않아 등록할 수가 없으므로 청구인이 '서울 어머니학교'의 등록을 하지 아니하였다 하여 이를 처벌하는 것은 가혹하다.

(4) 따라서 학원법 제6조, 제22조 제1항 제2호는 '서울 어머니학교'에 적용되는 한 과잉금지의 원칙에 반하여 위 기본권들을 침해하는 것이다.

O 결정이유 중 일부

가. 적법성에 관한 판난

(1) 학원법 제22조 제1항 제2호에 대한 심판청구 부분

청구인은 당해사건에서 심판대상 조항들이 적용된 결과로 유죄판결을 받았다. 그런데 심판대상 조항들 중 학원법 제22조 제1항 제2호에 대해서는 명시적인 위헌법률심판제청신청이 없었고 따라서 위헌제청신청 기각결정에서도 같은 규정을 명시적 판단대상으로 삼지는 않았다. 그러나, 같은 조항은 학원법 제6조 위반행위에 대한 벌칙규정으로서, 학원법 제6조에 대한 위헌법률심판제청신청과 이에 대한 법원의 판단에 위 벌칙규정에 대한 신청과 판단이 실질적으로 포함되어 있는 것으로 볼 수 있다. 그러므로, 같은 조항에 대한 심판청구도 헌법재판소법 제68조 제2항에 따른 적법요건을 갖춘 것으로 본다.

Ⅲ. 재판의 전제성

1. 구체적인 사건이 법원에 계속 중일 것
2. 위헌 여부가 문제되는 법률이 당해 소송사건의 재판에 적용되는 법률일 것
3. 그 법률이 위헌인지 여부에 따라 해당사건을 담당한 법원이 다른 내용의 재판을 하게 되는 경우일 것

01 구체적인 사건이 법원에 계속 중일 것

(1) 우리나라는 구체적 규범통제 방식을 취하고 있으므로 구체적인 사건이 법원에 계류 중이어야 한다.

(2) 법원이 신청인의 위헌법률심판제청신청을 기각시켰기 때문에 당사자가 헌법소원을 제기한 경우 즉 헌법재판소법 제68조 제2항의 헌법소원의 경우에는, 재판이 정지되지 않는 까닭에 헌법재판소가 결정하기 전에 해당 사건이 종결(확정)될 수 있으므로 위헌제청신청시에 사건이 법원에 계속 중이면 된다.

- 헌법재판소법 제75조(인용결정)

  ⑦ 제68조 제2항에 따른 헌법소원이 인용된 경우에 해당 헌법소원과 관련된 소송사건이 이미 확정된 때에는 당사자는 재심을 청구할 수 있다.

  ← 재판이 반드시 정지되는 것은 아니기 때문에

02 위헌 여부가 문제되는 법률이 당해 소송사건의 재판에 적용되는 법률일 것

가. 당해 사건에 적용될 법률이 아닌 경우

- 헌법재판소 1993. 7. 29. 92헌바34 반국가행위자의 처벌에 관한 특별조

치법 제5조 등 위헌소원

O 사건의 개요

청구외 김형욱은 1982. 3. 17. 서울형사지방법원에서 같은 법원 82고단 1049 반국가행위자의 처벌에 관한 특별조치법(이하 "특별조치법"이라 한다) 위반으로 궐석재판에 의하여 징역 및 자격정지 각 7년과 재산의 몰수형을 선고받았고, 청구인들은 위 김형욱의 처와 아들로서 위 김형욱에 대한 판결에 의하여 재산을 각 몰수당한 사람들이다.

청구인들은 1991. 7.경 대한민국을 상대로 서울민사지방법원에 소유권이전등기말소청구소송(91가합48428호)을 제기하고 그 재판의 전제가 된다면서 위 특별조치법 제5조, 제7조 내지 제11조, 제13조 등 7개 조문에 대하여 위 법원에 위헌여부심판의 제청을 신청하였다.

그러나, 위 법원은 같은 해 7. 2. 위 위헌제청신청사건에 관하여 청구인들이 주장하는 위 특별조치법의 위 법률조항들이 위 민사 본안사건을 재판함에 있어 적용할 법률조항이 될 수 없다는 이유로 이를 기각하였다.

청구인들은 같은 해 7. 16. 위 법원의 기각결정을 송달받고 같은 달 29. 우리 재판소에 위와 같이 위헌제청이 기각된 법률조항에 대한 위헌결정을 구하는 이 사건 위헌소원심판을 청구하였다.

O 심판대상조문

- 반국가행위자의 처벌에 관한 특별조치법 제5조(궐석재판의 청구) ① 검사는 수사 결과 피의자가 반국가행위자인 것이 인정되고 정당한 이유 없이 제4조 제2항의 규정에 의한 검사의 출석요구에 2회 이상 불응한 때에는 공소의 제기와 동시에 서면으로 궐석재판의 청구를 할 수 있다.
  ② 검사는 제1항의 청구를 하기 전이라도 대통령령이 정하는 바에 의하여 행위자의 재산을 압류할 수 있고 압류된 재산에 대하여는 양도 기타의 처분행위를 할 수 없으며 이에 위반한 처분행위는 무효로 한다.
  ③ 제2항의 규정에 의한 검사의 압류처분에 대하여는 제8조의 규정에 의한 판결이 선고될 때까지 이의를 할 수 없다.

- <u>반국가행위자의 처벌에 관한 특별조치법 제7조</u>(궐석재판의 절차) ① 법원은 제5조 제1항의 규정에 의한 궐석재판의 청구가 있는 때에는 지체 없이 공판기일을 지정하여야 하고 적어도 공판기일 3주일 전에 공고로써 피고인을 소환하여야 한다.

  ② 소환장에는 다음의 사항을 기재하여야 한다.

    가. 피고인의 성명, 연령, 국내 최후의 주소 또는 거소, 출생지 기타 피고인을 특정할 수 있는 사항

    나. 공소사실의 요지

    다. 적용법조

    라. 공판기일과 그 장소

    마. 피고인이 위 기일에 출석하지 아니하면 피고인의 출석 없이 개정하며 판결이 선고된다는 사실

  ③ 제1항의 규정에 의한 공고는 1종 이상의 신문에 하여야 한다.

  ④ 공고 후 2주일이 경과하면 소환장과 공소장 부본은 피고인에게 송달된 것으로 본다.

  ⑤ 피고인이 정당한 이유 없이 위 기일에 출석하지 아니하면 피고인의 출석 없이 개정하여야 한다.

  ⑥ 변호인 또는 보조인은 궐석한 피고인을 변호하기 위하여 출석할 수 없다.

  ⑦ 법원은 최초의 공판기일에 검사로부터 공소장에 의하여 피고인의 인적사항 및 공소사실의 요지와 의견을 들은 후 증거조사 없이 피고인에 대한 형을 선고하여야 한다. 다만, 판결선고 전에 피고인이 출정한 때에는 통상의 공판절차에 의하여 심판할 것을 결정하여야 한다.

  ⑧ 제7항의 규정에 의한 궐석판결은 제5조 제1항의 규정에 의한 궐석재판의 청구를 한 날로부터 6주일 내에 선고하여야 한다.

- <u>반국가행위자의 처벌에 관한 특별조치법 제8조</u>(행위자에 대한 처벌) 행위자가 제4조 제2항의 규정에 의한 검사의 소환에 2회 이상 불응한 때에

는 제2조 제1항에 규정된 각 죄에 정한 형과 행위자의 재산의 몰수형을 병과한다. 다만, 판결선고 전에 출정한 때에는 행위자의 재산의 몰수형은 이를 면제한다.

- 반국가행위자의 처벌에 관한 특별조치법 제9조(판결문의 방식 및 공시) 판결문에는 피고인의 인적사항, 범죄사실, 주형, 부가형과 부수처분, 몰수될 재산의 종류, 범위 및 그 명의자 또는 점유자와 궐석재판절차에 의하여 선고된다는 사실을 기재하고 그 판결문을 선고일로부터 7일간 법원게시장에 공시하여야 하며 필요한 때에는 게시에 의한 공시 이외에 관보 또는 신문에 공고할 수 있다.

- 반국가행위자의 처벌에 관한 특별조치법 제10조(몰수판결의 효력) 피고인에 대한 몰수판결의 효력은 몰수대상물의 명의자 또는 점유자에 대하여도 효력이 있다.

- 반국가행위자의 처벌에 관한 특별조치법 제11조(상소에 대한 특례) ① 피고인 또는 피고인을 위하여 상소할 수 있는 자는 피고인이 체포되거나 임의로 검사에게 출석한 때에 한하여 상소할 수 있다.
  ② 궐석판결에 대한 상소의 제기기간은 판결선고일로부터 2주일로 한다.

- 반국가행위자의 처벌에 관한 특별조치법 제13조(형사소송법의 적용배제) ① 형사소송법 중 제67조(법정기간의 연장), 제1편 제7장(송달)(제62조((검사에 대한 송달)를 제외한다), 제282조(필요적 변호), 제283조(국선변호인), 제303조(피고인의 최후진술), 제306조(공판절차의 정지), 제319조(관할위반의 판결), 제324조(상소에 관한 고지), 제345조(상소권회복청구권자), 제346조(상소권회청구의 방식), 제347조(상소권회복에 대한 결정과 즉시항고), 제348조(상소권회복청구와 집행정지)는 이 법에 의한 궐석재판절차에 적용하지 아니한다.
  ② 피고인에 대한 송달은 최초의 공판기일 소환장을 제외하고는 법원서기관, 법원사무관, 법원주사 또는 법원주사보가 송달한 서류를 보관하고 그 사유를 법원게시장에 공시하며 공시한 다음날에 송달의 효력이 생긴다.

O 결정이유 중 일부

청구인들이 위헌제청신청을 한 위 법률조항들은 궐석재판의 청구 및 재산의 압류(제5조), 궐석재판의 절차(제7조), 재산몰수형의 병과(제8조), 판결문의 방식 및 공시(제9조), 몰수판결의 효력(제10조), 상소에 대한 특례(제11조) 및 형사소송법 규정의 적용배제(제13조)에 관한 것으로서 이 법률조항들이 청구외 김형욱에 대한 서울형사지방법원 82고단1049 반국가행위자의 처벌에 관한 특별조치법 위반 피고 사건의 재판에 적용할 법률조항이 될 수 있을지는 몰라도 이 사건의 관련 소송사건인 위 민사소송사건의 재판에 적용할 법률이 되지는 못한다. 왜냐하면 헌법재판소가 한 형벌에 관한 법률 또는 법률조항에 대한 위헌결정은 비록 소급하여 그 효력을 상실하지만, 위헌으로 결정된 법률 또는 법률조항에 근거한 유죄의 확정판결에 대하여는 재심을 청구할 수 있을 뿐으로(헌법재판소법 제47조 제1, 2, 3항) 확정판결에 적용된 법률조항에 대한 위헌결정이 있다고 하더라도 바로 유죄의 확정판결이 당연무효로 되는 것이 아니기 때문이다. 다시 말하면 이 사건의 경우 위 특별조치법의 법률조항들이 비록 헌법재판소에서 위헌의 결정이 선고된다고 하더라도 청구외 김형욱에 대한 위 형사확정판결의 효력은 재심의 절차를 통하여 취소, 변경되지 않는 한 위 확정판결의 효력을 다툴 수 없으므로 민사법원인 위 법원 역시 그 효력을 부인할 수 없는 이치이다. 그러므로 위 특별조치법의 법률조항들이 위헌이냐 아니냐의 여부는 위 민사법원이 그 결과에 따라서 다른 재판을 하게 되는 경우에 해당하지 아니하므로 청구인들의 이 사건 헌법소원심판청구는 재판의 전제성 요건을 갖추지 못한 것으로서 부적법한 것이다.

O 결정요지

가. 위헌소원에 있어서는 일반법원에 재판 계속 중인 구체적인 사건에 적용할 법률이 헌법에 위반되는지 여부가 재판의 전제로 되어야 하며, 이 경우 재판의 전제가 된다고 하려면 우선 그 법률 또는 법률조항이 당해 소송사건에 적용할 법률이어야 하고, 그 위헌 여부에 따라 판결의 결론인 재판의 주문(主文)이 달라지거나 재판의 내용과 효력에 관한 법률적 의미가 달라질 경우를 말한다.

나. 헌법재판소가 한 형벌에 관한 법률 또는 법률조항에 대한 위헌결정은 비록 소급하여 그 효력을 상실하지만, 그 법률 또는 법률조항에 근거한 유죄의 확정판결에 대하여는 재심을 청구할 수 있을 뿐이어서(헌법재판소법 제47조 제1,2,3항) 확정판결에 적용된 법률조항에 대한 위헌결정이 있다고 하더라도 바로 유죄의 확정판결이 당연무효로 되는 것은 아니기 때문에 그 법률조항의 위헌여부는 그 확정판결 상의 몰수형이 무효라는 이유로 몰수된 재산의 반환을 구하는 민사재판의 전제가 되지 않는다.

○ 주 문

청구인들의 심판청구를 각하한다.

나. 간접 적용되는 법률인 경우

(1) 의의

심판의 대상이 되는 법률은 법원의 당해 사건에 직접 적용되는 법률인 경우가 대부분이겠지만, 당해 재판에 적용되는 법률이라면 반드시 직접 적용되는 법률이어야 하는 것은 아니고, 양 규범 사이에 내적 관련이 있는 경우에는 간접 적용되는 법률규정에 대하여도 재판의 전제성을 인정할 수 있다.

(2) 헌법재판소 결정례

(가) 헌법재판소법 2010. 6. 24. 2008헌바169 공직선거법 제59조 제3호 위헌소원

○ 당 사 자

청구인   현○원
              국선대리인 변호사 이상희
당해사건   서울고등법원 2008노1185 공직선거법 위반

○ 사건의 개요

청구인은 2007. 6. 22.경부터 같은 해 9. 23.경까지 제17대 대통령선거에

영향을 미치게 하기 위하여 대통령선거 입후보 예정자인 박근혜의 인터넷 홈페이지 '네티즌 정치 갤러리'에 위 선거 입후보 예정자인 이명박의 지지를 반대하거나 박근혜를 지지하는 내용이 포함되어 있는 사진과 글을 게시하여 공직선거법 제255조 제2항 제5호, 제93조 제1항을 위반하였다는 혐의로 기소되어 서울서부지방법원에서 벌금 400만 원을 선고받고(2008고합33) 서울고등법원에 항소하여 재판계속 중(2008노1185), 후보자 등에게만 기간 제한 없이 자신이 개설한 인터넷 홈페이지를 이용한 선거운동을 허용하는 공직선거법 제59조 제3호가 선거운동의 기회균등원칙 및 평등원칙에 위배된다고 주장하며 위헌심판제청신청을 하였으나(2008초기835) 2008. 11. 27. 위 신청이 기각되자, 2008. 12. 30. 이 사건 헌법소원심판을 청구하였다. 위 사건은 2009. 2. 12. 대법원에서 상고가 기각되어 그 형이 확정되었다(2008도11434).

ㅇ 심판대상조문

- 공직선거법(2005. 8. 4. 법률 제7681호로 개정된 것) 제59조(선거운동기간) 선거운동은 후보자등록마감일의 다음날부터 선거일 전일까지에 한하여 이를 할 수 있다. 다만, 다음 각 호의 어느 하나에 해당하는 경우에는 그러하지 아니 하다.

  3. 후보자, 후보자가 되고자 하는 자가 자신이 개설한 인터넷 홈페이지를 이용하여 선거운동을 하는 경우

ㅇ 참조조문

- 공직선거법 제93조(탈법방법에 의한 문서·도화의 배부·게시 등 금지) ① 누구든지 선거일전 180일(보궐선거 등에 있어서는 그 선거의 실시사유가 확정된 때)부터 선거일까지 선거에 영향을 미치게 하기 위하여 이 법의 규정에 의하지 아니하고는 정당(창당준비위원회와 정당의 정강·정책을 포함한다. 이하 이 조에서 같다) 또는 후보자(후보자가 되고자 하는 자를 포함한다. 이하 이 조에서 같다)를 지지·추천하거나 반대하는 내용이 포함되어 있거나 정당의 명칭 또는 후보자의 성명을 나타내는 광고, 인사장, 벽보, 사진, 문서·도화, 인쇄물이나 녹음·녹화테이프 그 밖에 이와 유사한 것을 배부·첩

부·살포·상영 또는 게시할 수 없다. 다만, 다음 각 호의 어느 하나에 해당하는 행위는 그러하지 아니하다.

1. 선거운동기간 중 후보자, 제60조의3 제2항 각 호의 어느 하나에 해당하는 사람(같은 항 제2호의 경우 선거연락소장을 포함하며, 이 경우 "예비후보자"는 "후보자"로 본다)이 제60조의3 제1항 제2호에 따른 후보자의 명함을 직접 주는 행위

2. 선거기간이 아닌 때에 행하는 「정당법」 제37조 제2항에 따른 통상적인 정당활동

   ②~③ 생략

- 공직선거법 제255조(부정선거운동죄) ① 생략

  ② 다음 각 호의 어느 하나에 해당하는 자는 2년 이하의 징역 또는 400만원 이하의 벌금에 처한다.

  1.~4. 생략

  5. 제93조(탈법방법에 의한 문서·도화의 배부·게시 등 금지) 제1항의 규정에 위반하여 문서·도화 등을 배부·첩부·살포·게시·상영하거나 하게 한 자, 같은 조 제2항의 규정에 위반하여 광고 또는 출연을 하거나 하게 한 자 또는 제3항의 규정에 위반하여 신분증명서·문서 기타 인쇄물을 발급·배부 또는 징구하거나 하게 한 자

  6.~8. 생략

  ③~④ 생략

○ 청구인의 주장요지

이 사건 법률조항의 입법취지는 후보자와 국민 사이의 정치적 의견교환과 선거공약에 대한 토론을 통해 정책을 국정에 반영하기 위하여 후보자가 개설한 홈페이지를 통한 선거운동기간을 폭넓게 허용하려는 데 있는데, 이를 위해서는 공직 후보자가 개설한 인터넷 게시판에 일반 국민도 자유롭게 지지·반대의 글을 게시할 수 있도록 함이 타당하다. 그러나 이 사건 법률조항은 후보자에게만 이를 허용하고 청구인과 같은 일반 국민에게는 이러한 형태의 사전선

거운동을 허용하지 않고 있는바, 이는 선거운동 기회에 있어서 후보자와 일반 국민을 합리적 이유 없이 차별하는 것으로 일반 국민의 평등권을 침해할 뿐만 아니라, 헌법 제116조 제1항의 선거운동 기회균등 원칙에도 위배된다.

○ 결정이유 중에서 발췌

3. 적법요건에 관한 판단

가. 헌법재판소법 제68조 제2항에 의한 헌법소원심판청구는 그 적법요건으로 문제된 법률규정의 위헌여부에 대하여 재판의 전제성이 요구되는바, 법률의 위헌 여부가 재판의 전제가 된다고 하려면, 첫째 그 법률이 법원의 재판에 적용되는 것이어야 하고, 둘째 그 법률의 위헌여부에 따라 당해 사건 재판의 주문이 달라지거나 재판의 내용과 효력에 관한 법률적 의미가 달라지는 경우이어야 한다(헌재 2008. 4. 24. 2007헌바33 참조).

한편, 심판의 대상이 되는 법률은 법원의 당해 사건에 직접 적용되는 법률인 경우가 대부분이겠지만, 당해 재판에 적용되는 법률이라면 반드시 직접 적용되는 법률이어야 하는 것은 아니고, 양 규범 사이에 내적 관련이 있는 경우에는 간접 적용되는 법률규정에 대하여도 재판의 전제성을 인정할 수 있다(헌재 2000. 1. 27. 99헌바23; 헌재 2001. 10. 25. 2000헌바5).

나. 이 사건의 경우 당해 사건에 직접 적용된 법률조항은 공직선거법 제255조 제2항 제5호 및 제93조 제1항이고, 이 사건 법률조항은 선거운동기간의 제한을 받지 않는 선거운동방식에 대한 별도의 규정이므로 이에 대하여 재판의 전제성을 인정할 것인지가 문제된다.

그러나 공직선거법 제93조 제1항은 "누구든지 선거일 전 180일부터 선거일까지 선거에 영향을 미치게 하기 위하여 '이 법의 규정에 의하지 아니하고는' 정당 또는 후보자(후보자가 되고자 하는 자를 포함한다)를 지지·추천하거나 반대하는 내용이 포함되어 있는 … 사진, 문서 등을 …게시할 수 없다."고 규정하고 있어, 이 사건 법률조항은 '이 법의 규정'이라는 형태로 당해 사건에 적용된다고 볼 수 있고, 이 사건 법률조항에 대하여 헌법불합치 결정이 선고되어 일반 국민도 선거운동기간 전에 인터넷 홈페이지를 이용한 선거운동이 가능하게 된다는 취지의 개선입법이 이루어진다면, 청구인의 행위 역시 공직선거법 제93조 제1항의 '이 법의 규정에 의한' 선거운동에 해당되어 무죄가 선고될 가능성이 있다.

청구인은 유권자와 후보자간의 차별에 따른 평등원칙 위배 여부에 대하여 주로 문제삼고 있는바, 청구인이 주장하는 이러한 차별은 후보자 등에게만 한정하여 특정한 사전선거운동을 허용하고 있는 이 사건 법률조항을 통해 직접 발생한다고 할 것이므로 이에 대하여 다툴 만한 실질이 존재하며, 청구인이 헌법재판의 적법요건을 회피하기 위하여 우회적인 방법으로 심판대상을 변경하였다거나, 합리적 이유 없는 남소(濫訴)의 목적만으로 이 사건 법률조항을 심판대상으로 정하였다는 사정도 보이지 않는 이상, 청구인의 권리구제를 충실히 하기 위한 측면에서도 재판의 전제성을 인정할 필요성이 있다.

그렇다면 이 사건 법률조항은 재판의 전제성이 인정되어 적법하다고 할 것이고, 다른 적법요건상의 문제점도 보이지 아니하므로 본안판단으로 나아감이 상당하다.

○ 재판관 목영준의 각하의견

나는, 다수의견(합헌 및 위헌의견을 모두 포함한다)과 달리 이 사건 법률조항의 위헌 여부가 재판의 전제성이 없어 각하되어야 한다고 생각하므로 다음과 같이 견해를 밝힌다.

가. 재판의 전제성

헌법재판소법 제68조 제2항에 의한 헌법소원에 있어서는 일반법원에 계속 중인 구체적 사건에 적용할 법률이 헌법에 위반되는지 여부가 당해 사건의 재판의 전제로 되어야 한다. 이 경우 재판의 전제가 된다고 하려면 우선 그 법률이 당해 사건에 적용할 법률이어야 하고 그 위헌 여부에 따라 재판의 주문이 달라지거나 재판의 내용과 효력에 관한 법률적 의미가 달라지는 경우를 말한다(헌재 2002. 11. 28. 2000헌바70 참조).

그러므로 우선 이 사건 법률조항이 일반법원에 계속 중인 구체적 사건에 적용될 법률조항인지를 본다.

나. 당해 사건에 적용될 법률조항인지 여부

청구인은 2007. 6. 22.경부터 같은 해 9. 23.까지 특정 대통령선거입후보예정자의 인터넷 홈페이지에 당해 후보자를 지지하거나 상대방 후보자를 반대하는 내용의 사진과 글을 게시하여 공직선거법 제255조 제2항 제5호, 제93조 제1항에 위반하였다는 혐의로 기소되었고, 그 후 유죄판결이 확정되었다. 그러므로 당해 사건에 적용된 법률은 공직선거법 제255조 제2항 제5호, 제93조 제1항뿐이고, 이 사건 법률조항은 적용될 여지가 없었다.

한편 이 사건 법률조항이 포함된 공직선거법 제59조는 선거운동기간을 후보자등록마감일의 다음날부터 선거일전까지로 한정하는 조항이고, 다만 단서에서 선거운동기간의 제한을 받지 않는 선거운동방식을 제한적으로 나열하고 있으며, 그 중 하나가 이 사건 법률조항이 규정하는 선거운동방식이다. 즉, 이 사건 법률조항은 선거운동기간의 제한을 받지 않는 선거운동방식을 규율하는 조항인 것이다.

청구인은 이 사건 법률조항이 선거운동기회에 있어서 후보자와 일반 국민을 차별하여 평등권을 침해하고, 헌법 제116조 제1항의 선거운동기회균등원칙에 위반된다는 이유로 헌법소원심판청구를 하였다.

이에 대하여 다수의견은, 청구인의 주장대로 위 법률조항이 후보자와 일반 국민을 차별하여 평등권을 침해한다는 이유로 이에 대하여 계속적용의 헌법불합치결정이 선고되고(부진정입법부작위로 청구인의 평등권 등을 침해한다는 것이므로 단순위헌이나 적용중지 불합치결정이 선고될 수 없다), 이에 따라 개선입법이 이루어져 일반 국민도 선거운동기간 이전에 인터넷 홈페이지를 이용한 선거운동이 허용되면, 공직선거법 제93조 제1항의 "이 법의 규정에 의한 …… 선거운동"에 해당되어 당해 사건에서 청구인에게 무죄가 선고될 수 있으므로, 결국 위 법률조항의 위헌 여부에 따라 당해 사건 재판의 주문이 달라지는 경우에 해당한다는 취지로 주장한다.

그러나 재판의 전제성을 인정하기 위한 전제로서, "법률조항의 위헌 여부에 따라 당해 사건 재판의 주문이 달라지는 경우"란 "당해 사건에 구체적으로 적용되는 법률조항의 위헌 여부에 의하여 판결의 주문이 달라지는 경우"이지,

"당해 사건에 적용되지도 않는 다른 법률조항의 위헌 여부에 의하여 판결의 주문이 달라지는 경우"를 말하는 것은 아니다. 만일 다수의견과 같은 전제에 선다면, 이 사건에서 청구인이 선거운동의 정의에 관한 공직선거법 제58조 제1항이나 예비후보자 등의 선거운동에 관한 공직선거법 제60조의3 등의 위헌을 주장하거나, 나아가 위법성조각사유나 책임조각사유를 규정한 형법 조항에 대하여 위헌 주장을 하더라도, 위 조항들에 대하여 헌법불합치결정이 선고되고 그에 따라 개선입법 되어 청구인의 행위가 적법한 선거운동이 된다거나 형법상 위법성 또는 책임조각사유에 해당되어 당해 사건에서 무죄가 선고될 수도 있으므로, 법률조항의 위헌 여부가 재판의 주문을 달라지게 하는 경우로서 재판의 전제성이 있다는 무리한 결론에 이를 수밖에 없다.

다. 충실한 권리구제 여부

다수의견과 같이 재판의 전제성을 확대함으로써 청구인의 권리구제를 충실히 한다는 전제도 타당하지 않다. 왜냐하면 청구인은 당연히 당해 사건에 적용되는 공직선거법 제93조 제1항의 "그 밖에 이와 유사한 것"에 인터넷 홈페이지를 통한 선거운동이 포함되는 것은 헌법에 위반된다고 주장함으로써, 청구인이 주장하는 위헌 논거에 대한 판단을 받을 수 있었기 때문이다.

라. 소결

결국 이 사건 법률조항은 당해 사건에 적용되는 법률이 아니어서 그 위헌 여부에 따라 재판의 주문이 달라지거나 재판의 내용과 효력에 관한 법률적 의미가 달라지는 경우에 해당하지 아니하므로, 이 사건 심판 청구는 재판의 전제성이 없어 부적법하다고 할 것이다.

○ 결정요지

1. 이 사건 법률조항은 헌법 제116조 제1항의 선거운동 기회균등 보장의 원칙에 입각하여 선거운동의 부당한 경쟁 및 후보자들 간의 경제력 차이에 따른 불균형이라는 폐해를 막고, 선거의 평온과 공정을 해하는 결과의 발생을 방지함으로써 선거의 자유와 공정의 보장을 도모하기 위해 선거운동기간을 원칙

적으로 제한하면서도, 한편으로는 후보자간의 선거운동기회 불균등 문제를 시정하고, 인터넷 활용이 확대됨에 따른 새로운 선거풍토 조성을 위하여 그 예외를 허용하는 것이므로, 입법목적의 정당성이 인정되며, 이러한 입법목적을 달성하면서도 그와 동시에 발생할 수 있는 선거의 불공정성이라는 부작용을 최소화하기 위하여, 후보자 등에게만 한정하여 특정 유형의 사전선거운동을 예외적으로 허용하는 것은 선거의 자유와 공정을 조화하기 위한 적절한 수단이다. 모든 국민에게 선거운동기간 전에 인터넷 홈페이지를 이용한 선거운동을 허용하게 되면 과열되고 불공정한 선거가 자행될 우려가 크고, 이것이 후보자의 당선 여부에 큰 영향을 미칠 수 있는바, 이러한 부작용을 막으면서 현실적인 선거관리의 한계를 고려한다면 일반 유권자에 대하여 선거운동기간 전에는 다른 선거운동과 마찬가지로 이를 금지하는 외에 선거운동의 자유와 선거의 공정을 조화하기 위한 달리 효과적인 수단을 상정하기 어렵다고 할 것이다.

온라인 공간의 빠른 전파 가능성 및 익명성에 비추어 볼 때, 허위사실 공표의 처벌이나 후보자 등의 반론 허용 등 단순한 사후적 규제만으로 혼탁선거 및 선거의 불공정성 문제가 해소되기는 어렵고, 선거 관리에 막대한 비용과 시간을 필요로 하여 사실상 선거관리를 불가능하게 한다는 측면에서 보면, 최소침해성 원칙에 반한다고 볼 수 없고, 선거의 공정과 평온에 비추어 일반 유권자가 선거운동기간 전에 한정하여 선거운동을 할 수 없다는 제한의 정도가 수인이 불가능할 정도로 큰 것은 아니므로, 법익의 균형성 원칙에도 반하지 아니하므로, 이 사건 법률조항이 과잉금지원칙에 위배되어 일반 유권자의 선거운동의 자유를 침해한다고 볼 수 없다.

2. 이 사건 법률조항은 원칙적으로 금지되어 있는 선거운동기간 전의 선거운동을 예외적으로 후보자 등이 자신이 개설한 인터넷 홈페이지를 통해 하는 경우에 이를 허용함으로써 선거운동기간에 대한 제한을 완화하는 규정인바, 선거운동기간 전에 선거운동을 할 수 있는 자를 누구로 할 것인지, 어느 범위까지 선거운동을 허용할 것인지 등에 대해서는 입법부의 재량에 맡겨야 하고, 그것이 명백히 재량권의 한계를 벗어난 자의적인 입법이 아닌 한 입법형성의 자유를 존중하여야 할 것이다.

그런데 유권자는 후보자와는 달리 전적으로 타인(후보자)에 대한 정보 및 의견 등을 게시하는 경우라 할 것이므로, 후보자 본인이 자기 자신의 정보를 게시하는 경우에 비하여 정보의 신뢰성 담보가 어렵고, 허위정보에 의해 선의의 유권자의 의사결정을 왜곡할 가능성이 적지 않다. 또한 온라인의 빠른 전파 가능성 때문에 게시글의 원작성자를 알 수 없는 경우가 많아 사후적인 선거관리 및 규제가 어려우므로, 유권자에 비하여 신원확인이 용이하여 선거관리가 상대적으로 쉽고, 허위정보에 대한 시정조치나 형사제재가 즉각적으로 이루어질 수 있는 후보자의 경우와 차이가 있다. 따라서 후보자 등과 유권자에게 인터넷을 이용한 사전선거운동 허용여부를 달리 취급할 합리성이 인정되므로, 이 사건 법률조항은 평등원칙 및 선거운동 기회균등 원칙에 반하지 않는다.

[재판관 조대현의 각하의견]

이 사건 법률조항은 청구인의 당해 사건에 직접 적용된 규정이 아니며, 청구인이 문제삼고 있는 위 조항의 입법부작위의 내용(후보자나 후보자가 되고자 하는 자가 개설한 인터넷 홈페이지를 이용하여 일반 국민이 선거운동을 하는 것을 허용하는 규정을 두지 아니한 점)은 현존하는 법률규범이 아니므로 당해 사건의 재판에 적용될 수 없다. 또한 일정한 입법부작위가 위헌이라고 선언하더라도 그러한 입법부작위의 내용이 위헌성을 시정하는 입법이 이루어지기 전에 당해 사건에 적용된다고 볼 수 없고 개선입법이 이루어진 후에 당해 사건에 소급하여 적용된다고 볼 수도 없으므로, 청구인이 주장하는 입법부작위의 위헌 여부는 당해 사건의 재판의 전제로 될 수 없으므로 부적법하여 각하되어야 한다.

[재판관 목영준의 각하의견]

재판의 전제성 인정요건으로서 "법률조항의 위헌 여부에 따라 당해 사건 재판의 주문이 달라지는 경우"란, "당해 사건에 구체적으로 적용되는 법률조항의 위헌 여부에 의하여 판결의 주문이 달라지는 경우"이지, "당해 사건에 적용되지도 않는 다른 법률조항의 위헌 여부에 의하여 판결의 주문이 달라지는 경우"를 말하는 것은 아니므로, 공직선거법 제255조 제2항 제5호, 제93조 제1항에 위반하였다는 혐의로 기소되어 유죄판결이 확정된 당해 사건에서 적용된 법률은 위 조항들뿐이고, 이 사건 법률조항은 적용될 여지가 없다. 청구인은 이 사건 법률조항이 아니더라도, 공직선거법 제93조 제1항의 "그 밖에 이와 유사한 것"에 인터넷 홈페이지를 통한 선거운동이 포함되는 것은 헌법에 위반된다고 주장함으로써, 동일한 취지의 위헌 논거에 대한 판단을 받을 수 있었으므로, 이 사건 법률조항에 대하여는 재판의 전제성이 없어 각하함이 상당하다.

[재판관 김종대, 재판관 송두환의 위헌의견]

인터넷 선거운동은 종래의 전통적인 선거운동방법에 비해 선거의 불공정을 야기할 위험이 거의 없고 오히려 적극 권장할 필요가 있는 선거운동방법이므로, 다른 선거운동방법에 비해 그 제한의 한계를 준수했는지 여부를 더욱 엄격히 심사해야 한다. 그런데 이 사건 법률조항은 입법목적 자체의 정당성이 인정되더라도, 그 입법목적을 달성하기 위하여 종전의 다른 선거운동방법보다 경제력 차이에 따른 선거 불공정의 폐단이 적은 인터넷 선거운동을 다른 선거운동과 마찬가지로 금지하므로 입법목적 달성을 위한 적절한 수단이라고 보기 어렵고, 공직선거법은 선거폐해 방지를 위한 제반조치로서 공직선거법 제82조의4 제2항, 제3항 및 제82조의5 제1항, 제4항 등을 이미 마련해 놓고 있어 피해최소성 원칙에도 위반될 뿐만 아니라, 표현의 장이라 할 수 있는 인터넷 공간에서 정치적 표현의 자유를 제약함에 따른 불이익이 적지 아니하여 법익 균형성에도 반한다.

따라서 인터넷을 이용한 선거운동까지 사전선거운동의 금지범위에 포함시켜 이를 전면적으로 금지하는 것은 과잉금지원칙에 위반하여 선거운동의 자유를 침해하므로 헌법에 위반된다.

○ 주 문

공직선거법(2005. 8. 4. 법률 제7681호로 개정된 것) 제59조 제3호는 헌법에 위반되지 아니한다.

(나) 헌법재판소 2001. 10. 25. 2000헌바5 정치자금에 관한 법률 제30조 제1항 등 위헌소원

○ 당 사 자

청 구 인　　　최기선

　　　　　　　대리인 변호사　김승묵

당해사건　　　인천지방법원 99고합399

○ 사건의 개요

(1) 청구인은 1998. 6. 4. 지방선거 당시 자유민주연합후보로 인천광역시장에 출마하여 당선된 자로서, 위 선거운동기간 중인 1998. 5. 하순경 청구인의 선거사무실에서 당시 인천에 본점을 두고 있는 경기은행의 은행장인 청구외 서이석으로부터 선거자금 명목으로 2,000만원을 교부받은 사실이 있는바, 친족관계에 있지 아니한 경우에는 정당이나 후원회 등을 통하는 등 정치자금에 관한 법률(이하 '법'이라 한다)에서 정하는 방법에 의하지 아니하고는 정치자금을 받지 말아야 함에도 불구하고 위와 같이 법에 정하지 아니한 방법으로 정치자금을 수수하여 법 제30조 제1항을 위반한 죄로 인천지방법원에 공소제기되었다(인천지방법원 99고합399).

(2) 위 재판의 계속 중에 청구인은 이 법 중 후원회에 관한 제3조 제8호, 제5조 제1항, 금품모금방법에 관한 제6조의4 제2항과 위반자의 처벌에 관한 제30조 제1항의 규정은 헌법 제11조의 평등권 및 헌법 제25조의 공무담임권을 침해한 위헌규정이라고 주장하며 위헌제청신청(인천지방법원 99초2011)을 하였으나 동 법원이 1999. 12. 30. 이를 기각하자, 2000. 1. 14. 헌법재판소법 제68조 제2항의 규정에 따라 이 헌법소원심판을 청구하였다.

○ 심판대상조문

심판의 대상은 정치자금에 관한 법률(1997. 11. 14. 법률 제5413호로 개정된 것) 제3조 제8호, 제5조 제1항, 제6조의4 제2항과 제30조 제1항(이하 "이 사건 법률조항"이라 한다)의 위헌여부이고 그 규정내용은 다음과 같다.

- 제3조(정의) 이 법에서 사용되는 용어의 정의는 다음과 같다.

    8. "후원회"라 함은 정당의 중앙당(정당법 제8조의 규정에 의하여 중앙선거관리위원회에 신고된 창당준비위원회를 포함한다. 이하 같다)이나 시·도지부, 지구당·국회의원 또는 국회의원입후보등록을 한 자(이하 "지구당 등"이라 한다)에 대한 정치자금의 기부를 목적으로 설립·운영되는 단체로서 관할 선거관리위원회에 등록된 것을 말한다.

- 제5조(후원회) ① 정당의 중앙당과 시·도지부, 지구당 등은 각각 하나의 후원회를 지정하여 둘 수 있다. 다만, 국회의원 또는 국회의원입후보등록을 한 자(이하 "국회의원후보자"라 한다)가 후원회를 둔 경우에는 당해 국회의원 또는 국회의원후보자가 대표자로 있는 지구당은 후원회를 둘 수 없다.

- 제6조의4(금품모집방법 등) ② 제1항의 규정에 불구하고 공직선거의 선거기간 중에는 후보자를 추천한 정당의 중앙당후원회, 관할구역 내의 선거구에 후보자를 추천한 정당의 시·도지부후원회 및 당해 선거구에 후보자를 추천한 정당의 지구당후원회(지역선거구 국회의원후원회를 포함한다)와 후보자후원회(지역선거구에 후보자로 등록한 국회의원의 후원회를 포함한다)가 집회와 광고에 의한 모금방법으로 각 1회씩 금품을 모집할 수 있다. 다만, 우편·통신에 의한 모금과 정액영수증과의 교환에 의한 모금의 경우에는 그러하지 아니하다.

- 제30조(벌칙) ① 이 법에 정하지 아니한 방법으로 정치자금을 주거나 받은 자(정당·후원회·법인 기타 단체에 있어서는 그 구성원으로서 당해 위반행위를 한 자를 말한다. 이하 이 항에서 같다)는 3년 이하의 징역 또는 3,000만원 이하의 벌금에 처한다. 다만, 정치자금을 주거나 받은 자의 관계가 민법 제777조의 규정에 의한 친족인 경우에는 그러하지 아니하다.

❍ 청구인의 주장요지

이 사건 법률조항에 의할 경우 국회의원이나 국회의원입후보등록을 한 자는 후원회를 통해 정치자금을 수수할 수 있음에 반하여, 청구인과 같은 지방자치단체의 장이나 지방의회의원에 입후보한 자는 후원회를 통한 정치자금을 수수할 수 없고, 또한 무소속입후보자에게는 정당 등을 통한 후원금마저 받을 수 없는 결과가 되므로 이 사건 법률조항은 헌법 제11조의 평등권 및 헌법 제25조의 공무담임권을 침해하는 위헌규정이다.

○ 결정이유 중 일부

나. 재판의 전제성

(1) 법 제3조 제8호 및 제30조 제1항

(가) 인천지방검찰청 검사는 청구인에 대하여 이 법 제30조 제1항을 적용하여 공소를 제기하였다. 따라서 법 제30조 제1항은 재판의 전제성이 있다.

(나) 어떤 법률규정이 위헌의 의심이 있다고 하더라도 그것이 당해사건에 적용될 것이 아니라면 재판의 전제성 요건은 충족되지 않으므로, 공소가 제기되지 아니한 법률조항의 위헌 여부는 당해 형사사건의 재판의 전제가 될 수 없다(헌재 1997. 1. 16. 89헌마240). 그러나 제청 또는 청구된 법률조항이 법원의 당해사건의 재판에 직접 적용되지는 않더라도 그 위헌 여부에 따라 당해사건의 재판에 직접 적용되는 법률조항의 위헌 여부가 결정되거나, 당해재판의 결과가 좌우되는 경우 등과 같이 양 규범 사이에 내적 관련이 있는 경우에는 간접 적용되는 법률규정에 대하여도 재판의 전제성을 인정할 수 있다(헌재 2000. 1. 27. 99헌바23). 법 제3조 제8호는 비록 위 당해사건에서 공소가 제기된 법률조항은 아니지만, '후원회에 관한 정의규정'으로서 정치자금을 주거나 받을 수 있는 주체를 정하고 있는 규정이므로 이 조항의 위헌 여부에 따라 당해사건의 재판에 직접 적용되는 규범(법 제30조 제1항)의 의미가 달라짐으로써 재판에 영향을 미치는 경우에 해당한다. 따라서 법 제3조 제8호는 재판의 전제성이 있다.

(2) 법 제5조 제1항 및 제6조의4 제2항

법 제5조 제1항은 중앙당, 시·도지부, 지구당 등 '정당의 후원회에 관한 규정'으로서 개인후원회제도의 위헌 여부를 다투는 청구인과는 관련이 없고, 법 제6조의4 제2항은 '후원회를 두는 경우' 후원회의 금품모집방법(같은 조 제1

항)을 선거운동기간 중에 일정한 한도로 제한하는 규정이므로 애초부터 후원회를 둘 수 없는 청구인에게는 관계없는 것으로서, 청구인이 기소된 범죄사실은 이들 조항과는 관계없다. 나아가 이들 조항에 대하여 헌법재판소가 위헌결정을 선고하더라도 당해사건 재판의 주문이나 판결의 실질적 효력에 아무런 영향이 없다. 즉, 법 제5조 제1항 및 법 제6조의4 제2항은 재판의 전제성이 없다.

다. 소 결

그러므로 이 사건 법률조항 중 법 제3조 제8호 및 제30조 제1항에 대한 심판청구는 적법하고, 법 제5조 제1항 및 법 제6조의4 제2항에 대한 심판청구는 재판의 전제성이 없어 부적법하다.

○ 결정요지

1. 가. 법 제3조 제8호는 비록 당해사건에서 공소가 제기된 법률조항은 아니지만, '후원회에 관한 정의규정'으로서 정치자금을 주거나 받을 수 있는 주체를 정하고 있는 규정이므로 이 조항의 위헌여부에 따라 당해사건의 재판에 직접 적용되는 규범(법 제30조 제1항)의 의미가 달라짐으로써 재판에 영향을 미치는 경우에 해당하므로 재판의 전제성이 있다.

나. 그러나 법 제5조 제1항은 중앙당, 시·도지부, 지구당 등 '정당의 후원회에 관한 규정'으로서 개인후원회제도의 위헌여부를 다투는 청구인과는 관련이 없고, 법 제6조의4 제2항은 '후원회를 두는 경우' 후원회의 금품모집방법(같은 조 제1항)을 선거운동기간 중에 일정한 한도로 제한하는 규정이므로 애초부터 후원회를 둘 수 없는 청구인에게는 관계없는 것으로서, 이들 조항에 대하여 헌법재판소가 위헌결정을 선고하더라도 당해사건 재판의 주문이나 판결의 실질적 효력에 아무런 영향이 없으므로 재판의 전제성이 없다.

2. 가. 후원회제도에 관한 각국의 입법례를 보면 각 나라마다 정당 또는 공직후보자가 정치자금 내지 선거자금을 마련하는 방법 및 이에 대한 규제의 태도 또한 다양한 모습을 보이고 있는바, 이는 각 나라의 역사 및 정치풍토 내지는 정치문화가 다른 데 따른 자연스러운 현상이라고 할 수 있고, 따라서 개인후원회제도를 둘 것인지 여부 및 그에 관한 규제의 정도나 내용은 원칙적으

로 입법정책의 문제로서 입법자의 입법형성의 자유에 속하는 사항이라고 할 수 있다.

　나. 국회의원 또는 국회의원선거에 입후보하는 자와 지방자치단체장 또는 지방자치단체장 선거에 입후보하는 자를 비교하여 보면, 국회의원은 전 국민을 대표하는 대의기관으로서 본질적으로 전문정치인이며 그 직무수행에 있어서 선거자금 외에도 상당한 정치자금의 소요가 예상되나 지방자치단체장은 본질적으로 집행기관으로서 그 지위와 성격 및 기능에서 국회의원과 본질적으로 차이가 있고, 그 직무수행상 필요한 자금도 개인의 선거비용 이외에는 모두 국가 또는 지방자치단체의 예산으로 책정되어 있을 뿐만 아니라 집행기관으로서의 염결성을 확보하기 위하여 정치자금의 조달방법에서도 지방자치단체장 또는 지방자치단체장 선거에 입후보하는 자는 개인후원회를 둘 수 없도록 한 것이므로 이러한 차별은 합리적 근거있는 차별이라고 할 것이다. 한편, 지방자치단체장 선거에 입후보하는 자 사이에서는 개인후원회를 둘 수 없다는 점에서는 실질적으로 아무런 차별이 없고, 또한 정당 추천을 받는 지방자치단체장 입후보자의 경우는 정당을 통한 합법적인 정치자금 조달을 보장하고 있으므로 정치자금의 조달이 전혀 불가능한 것이 아니므로 과잉금지원칙에 위배되어 공무담임권을 침해한다고 볼 수 없다. 다만, 정당추천 입후보자와 무소속 입후보자와의 사이에는 정당을 통한 정치자금의 조달에 있어 차별이 있는 것이 사실이나, 이는 우리 헌법(제8조)이 정당제 민주주의에 바탕을 두고 정당설립의 자유와 복수정당제를 보장하며 정당운영에 필요한 자금을 보조할 수 있도록 하는 등 헌법에서 정당을 일반결사에 비하여 특별히 두텁게 보호하고 있기 때문에 헌법적으로 정당성을 인정할 수 있다. 따라서 정당후원회 이외에 개인후원회를 둘 수 있는 자를 국회의원 또는 국회의원입후보등록을 한 자로 한정하고 있는 법 제3조 제8호는 헌법 제11조 제1항 및 제25조에 위반되지 아니한다.

　다. 위와 같이 법 제3조 제8호는 헌법에 위반되지 아니한다고 판단되고, 어떤 범죄를 어떻게 처벌할 것인가 하는 문제 즉 법정형의 종류와 범위의 결정은 그 범죄의 죄질과 보호법익의 성격, 우리의 역사와 문화, 입법당시의 시대적 상황, 국민일반의 가치관 내지 법감정, 그리고 그 범죄의 실태와 예방을 위한 형사정책적 측면 등 여러 가지 요소를 종합적으로 고려하여 입법자가 결정할 국가의 입법정책에 관한 사항으로서 광범위한 입법재량 내지 형성의 자유가 인정되어야 할 분야라고 할 것이므로, 이 법에 정하지 아니한 방법으로 정치자금을 주거나 받은 자를 3년이하의 징역 또는 3,000만원이하의 벌금에 처하도록 규정하고 있는 법 제30조 제1항은 입법자의 입법형성의 범위내의 제한이라 할 것이어서 헌법에 위반되지 아니한다.

○ 주 문

1. 정치자금에 관한 법률(1997. 11. 14. 법률 제5413호로 개정된 것) 제3조 제8호, 제30조 제1항은 헌법에 위반되지 아니한다.

2. 청구인의 심판청구 중 위 정치자금에 관한 법률 제5조 제1항, 제6조의4 제2항에 대한 부분은 이를 각하한다.

03 해당 법률이 위헌인지 여부에 따라 해당 사건을 담당한 법원이 다른 내용의 재판을 하게 되는 경우일 것

가. 의의

'다른 내용의 재판을 하게 되는 경우'란, 문제된 법률의 위헌 여부에 따라 재판의 결론이나 주문(主文)이 달라질 경우 및 재판의 주문에는 영향을 주지 않는다 하더라도 재판의 결론을 이끌어내는 이유를 달리하는 데 관련되어 있거나 재판의 내용과 효력에 관한 법률적 의미를 달리하는 경우를 가리킨다.

나. 헌법재판소 결정례

(1) 헌법재판소 1996. 3. 28. 93헌바41 1980년 해직공무원의 보상 등에 관한 특별조치법 제2조 등 위헌소원

○ 결정요지 중 일부

재판의 전제성이 있다고 하려면 우선 그 법률이 당해사건에 적용될 법률

이어야 하고 또 그 법률이 위헌일 때에는 합헌일 때와 다른 판단을 할 수밖에 없는 경우, 즉 재판의 주문이 달라질 경우 및 문제된 법률의 위헌 여부가 재판의 주문에는 영향을 주지 않는다 하더라도 적어도 재판의 내용과 효력에 관한 법률적 의미를 달리하는 경우라야 한다.

○ 당 사 자

청구인　　　　　권태석 외 31인

　　　　　　　　청구인들 대리인 변호사 이재훈 외 1인

○ 관련사건

서울고등법원 93나10554 임금 등

○ 사건의 개요

청구인들은 1978. 3. 31.부터 1980. 7. 5.까지 사이에 청구외 농업협동조합중앙회의 회원조합인 각 단위농업협동조합의 조합장으로 임명되어 근무하여오다가 1980. 7. 31. 각 해임된 자들이다.

청구인들은 서울지방법원에 청구외 농업협동조합중앙회를 상대로 위와 같은 각 해임이 불법행위를 구성함을 전제로 하여 그에 대한 손해배상으로 해임되지 아니하였더라면 각 잔여임기 동안에 청구인들이 받게 되었을 임금상당액 등의 청구소송을 제기하였으나 1993. 1. 21. 기각되었고, 이에 불복하여 서울고등법원에 같은 법원 93나10554로 항소하였다.

또한 청구인들은 위 사건(93나10554)이 서울고등법원에 계속 중, 1980년 해직공무원의 보상 등에 관한 특별조치법 제2조 제1항 및 제5조의 위헌 여부가 위 재판의 전제가 된다고 하여 위헌법률심판제청의 신청을 하였다. 서울고등법원은 1993. 8. 19. 위 신청을 각하하였고, 이에 청구인들은 1993. 9. 2. 이 사건 심판청구를 하기에 이르렀다.

○ 심판대상조문

- 1980년 해직공무원의 보상 등에 관한 특별조치법 제2조(보상) ① 이 법에 의한 보상대상자는 1980년 7월 1일부터 동년 9월 30일까지의 기간

중 정화계획에 의하여 해직된 공무원으로 한다. 다만, 정화계획에 의하여 해직된 공무원으로서 그 해직일이 위 기간 이외의 시기에 해당하는 자에 대하여는 대통령령이 정하는 절차에 따라 보상대상자로 한다.

- 동법 제5조(행정지도) 정부는 정부산하기관의 직원 중 정화계획에 의하여 해직된 자에 대하여 해직공무원과 상응한 조치가 이루어질 수 있도록 행정지도를 한다.

O 청구인의 주장요지

(1) 국가는 정부산하기관의 설립자이며 그 감독기관으로서 실질적인 통제를 행하고 있으며, 정부산하기관의 임원과 직원은 공무원과 거의 같은 제약을 받는 고용관계를 유지하고 있다.

(2) 청구인들이 정부산하기관인 농업협동중앙회에서 해직당하게 된 것도 1980. 7. 31. 소외 국가보위비상대책위원회의 정화계획의 일환으로 공무원과 마찬가지로 행하여진 것이다. 즉 그 해직의 경위에 있어서 공무원과 어떠한 차이도 없었다.

(3) 그럼에도 불구하고 이 사건 법률 제2조 제1항과 제5조는 그 해직과 관련한 보상 및 특별채용의 방법에 있어서 정부산하기관의 직원에 대하여는 공무원과 차별하여 그들의 보상 및 특별채용에 관하여 정부가 책임을 지지 아니하고 해직공무원과 상응한 조치가 이루어질 수 있도록 행정지도를 하는 데 그치고 그나마 정부산하기관의 임원에 대하여는 어떠한 보상과 조치도 규정하지 아니하고 있다.

(4) 이는 다 같은 국가공권력에 의한 피해자인데도 불구하고 피해자의 신분에 따라 차별하는 것이어서 헌법 제11조 제1항의 평등의 원칙에 위반된다.

(5) 헌법재판소가 1993. 5. 13. 이미 이 사건 법률 제2조 중 정화계획에 의하여 강제해직된 정부산하기관의 임직원을 보상대상자에 포함시키지 아니한 부분과 제5조에 대하여 합헌결정을 한 바 있으나, 그동안의 사정변경을 감안하여 그 위헌확인을 구하고자 이 사건 심판청구를 한 것이다.

O 결정이유 중 일부

재판의 전제성이 있다고 하려면 우선 그 법률이 당해 사건에 적용될 법률이어야 하고 또 그 법률이 위헌일 때에는 합헌일 때와 다른 판단을 할 수밖에 없는 경우, 즉 재판의 주문이 달라질 경우 및 문제된 법률의 위헌 여부가 재판의 주문에는 영향을 주지 않는다 하더라도 적어도 재판의 내용과 효력에 관한 법률적 의미를 달리하는 경우라야 한다[헌법재판소 1989. 7. 14. 선고, 88헌가5, 88헌가8, 89헌가44(병합) 결정 및 1992. 12. 24. 선고, 92헌가8 결정 참조].

그런데 이 사건 법률은 그 제2조 제1항에서 동 법률에 의한 보상대상자를 해직공무원에 국한하고 정부산하기관의 임원으로서 이른바 1980년 정화계획에 의하여 해직된 자는 이에 포함되지 않도록 규정하였고, 그 제5조의 적용대상도 정부산하기관의 직원 중 정화계획에 의하여 해직된 자로만 국한하고 정부산하기관의 임원 중 위 정화계획에 의하여 해직된 자는 이에 포함되지 않는 것으로 규정하였다. 그러나 위 제2조 제1항은 국가가 그 의무를 지는 보상을 규정한 것이며, 그 제5조는 정부가 정부산하기관에게 위 정화계획에 의하여 해직된 정부산하기관 직원들에 대하여도 가급적 해직공무원과 상응한 조치가 이루어질 수 있도록 행정지도를 하라는 것이지 위 정화계획에 의하여 해직된 직원 등에 대한 정부산하기관의 보상의무를 규정한 것이 아니다.

기록에 의하면 당해소송사건은 청구인들이 위 정화계획에 의하여 불법하게 해직되었다 하여 청구외 농업협동조합중앙회를 상대로 임금 상당액 등의 손해배상을 청구하는 소송일 뿐, 국가 또는 정부를 상대로 하는 소송이 아님을 알 수 있다. 그렇다면 이 사건 법률 제2조 및 제5조의 적용대상에 청구인들과 같은 정부산하기관의 임원 중 위 정화계획에 의하여 해직된 자들을 포함시키지 아니한 것이 헌법에 합치되지 아니한다는 결정이 선고된다고 하더라도 당해 법원이 청구인들에게 승소판결을 선고할 수 없고 위 법률조항들의 위헌 여부가 당해사건의 재판의 주문이나 재판의 내용과 효력에 관한 법률적 의미에 영향을 미칠 수 없으므로 재판의 전제성이 부인될 수밖에 없다. 따라서 이사건 심판청구는 부적법한 것임을 면할 수 없다.

O 결정요지

가. 재판의 전제성이 있다고 하려면 우선 그 법률이 당해사건에 적용될 법률이어야 하고 또 그 법률이 위헌일 때에는 합헌일 때와 다른 판단을 할 수 밖에 없는 경우, 즉 재판의 주문(主文)이 달라질 경우 및 문제된 법률의 위헌 여부가 재판의 주문에는 영향을 주지 않는다 하더라도 적어도 재판의 내용과 효력에 관한 법률적 의미를 달리하는 경우라야 한다.

나. 1980년 해직공무원의 보상 등에 관한 특별조치법 제2조 제1항은 국가 가 그 의무를 지는 보상을 규정한 것이며, 그 제5조는 정부가 정부산하기관에 게 이른바 1980년 정화계획(淨化計劃)에 의하여 해직된 정부산하기관 직원들에 대하여도 가급적 해직공무원과 상응한 조치가 이루어질 수 있도록 행정지도를 하라는 것이지 위 정화계획에 의하여 해직된 직원 등에 대한 정부산하기관의 보상의무를 규정한 것이 아니다. 따라서 당해소송사건이 농업협동중앙회를 상 대로 임금상당액 등의 손해배상을 청구하는 소송일 뿐 국가 또는 정부를 상대 로 하는 소송이 아닌 이 사건의 경우는 재판의 전제성이 부인될 수밖에 없다.

O 주 문

청구인들의 심판청구를 모두 각하한다.

(2) <u>헌법재판소 2003. 10. 30. 2002헌가24 국가공무원법 제69조 위헌 제청</u>

O 판시사항

1. 제청법원이 위헌제청한 법률조항의 위헌 여부와 관계없이 당해사건이 각하 되어야 할 사건에 해당하는 경우 재판의 전제성을 인정할 수 있을 것인지 여부(소극)

2. 국가공무원법의 규정에 의하여 당연퇴직된 이후 오랜 시간이 경과한 이후 당연퇴직의 내용과 상반되는 처분을 해줄 것을 구하는 신청에 대한 행정 청의 거부행위가 신청인의 실체상의 권리관계에 직접적인 변동을 일으키는 것 으로 해석될 수 있는지(소극) 및 신청인에게 이 사건 신청에 관한 조리상의 신

청권을 인정할 수 있을 것인지 여부(소극)

○ 결정요지

1. 법률에 대한 위헌제청이 적법하기 위해서는 법원에 계속 중인 구체적인 사건에 적용할 법률이 헌법에 위반되는 여부가 재판의 전제로 되어야 한다. 당해사건을 담당하는 법원이 당해 법률의 위헌 여부와 관계없이 각하를 하여야 할 사건이라면 당해 법률이 헌법에 위반되는지의 여부에 따라 당해 사건을 담당하는 법원이 다른 내용의 재판을 하게 되는 경우라고 할 수 없으므로 재판의 전제성이 인정될 수 없다.

2. 당해사건은 국가공무원법상의 당연퇴직 규정(구 국가공무원법 제69조 중 제33조 제1항 제5호 부분, 이하 "이 사건 법률조항"이라 한다)에 의하여 공무원 신분을 잃은 제청신청인의 복직신청에 대한 행정청의 거부행위에서 비롯된 소송이다. 대법원 판례에 따르면 국민의 적극적 행위 신청에 대하여 행정청이 그 신청에 따른 행위를 하지 않겠다고 거부한 행위가 항고소송의 대상이 되는 행정처분에 해당하기 위해서는, 그 신청한 행위가 공권력의 행사 또는 이에 준하는 행정작용이어야 하고, 그 거부행위가 신청인의 법률관계에 어떤 변동을 일으키는 것이어야 하며, 그 국민에게 그 행위발동을 요구할 법규상 또는 조리상의 신청권이 있어야 한다.

국가공무원법상 당연퇴직은 법에 정한 결격사유가 있을 때 법률상 당연히 퇴직하는 것이지 공무원관계를 소멸시키기 위한 별도의 행정처분을 요하는 것이 아니며, 당연퇴직의 인사발령은 법률상 당연히 발생하는 퇴직사유를 공적으로 확인하여 알려주는 이른바 관념의 통지에 불과하다. 그렇다면, 과거에 이미 법률상 당연한 효과로서 당연퇴직당한 제청신청인이 자신을 복직 또는 재임용시켜 줄 것을 요구하는 신청에 대하여 그와 같은 조치가 불가능하다는 통지를 보낸 이 사건 거부행위는 당연퇴직의 효과가 법률상 계속하여 존재하는 사실을 알려주는 일종의 안내에 불과한 것이므로 제청신청인의 실체상의 권리관계에 직접적인 변동을 일으키는 것으로 해석되기는 어렵다. 또한 이 사건 법률조항에 대하여 헌법재판소가 위헌결정을 선고함으로써 위 법률조항이 비록 규범으로서의 효력을 잃게 된다고 하더라도 제청신청인과 같이 당연퇴직된 이후 오랜 시간이 흘러 징계시효기간까지도 경과한 경우에 당연퇴직의 내용과 상반되는 처분을 해줄 것을 구하는 조리상의 신청권을 인정할 수 없다. 따라서 당해사건은 이 사건 제청법원이 이 사건 법률조항이 헌법에 위반되는지의 여부와 관계없이 각하를 하여야 할 사건이라고 할 것이므로 이 사건 법률조항의 재판의 전제성은 인정될 수 없다.

O 재판관 윤영철, 재판관 하경철, 재판관 권 성, 재판관 주선회의 반대의견

1. 문제된 법률조항이 재판의 전제성 요건을 갖추고 있는지 여부는 되도록 제청법원의 이에 관한 법률적 견해를 존중하여 진행되도록 하는 것이 원칙이며, 바람직한 판단 방법이라고 할 것이다. 따라서 제청법원의 견해를 배척하기 위해서는 의문의 여지없는 명백한 사유를 제시할 것이 요청된다고 할 것인바, 이 사건 위헌제청의 다수의견은 그와 같은 명백한 사유를 제시하지 못하고 있다고 생각한다.

2. 우리 헌법재판소는 지난 2002. 8. 29. 2001헌마788 등 결정에서 이 사건 법률조항과 동일한 구조 및 내용을 갖는 지방공무원법 조항에 대하여 공무담임권을 침해하는 위헌적인 조항으로 판단을 한 바 있으며, 제청법원은 이 사건 위헌제청의 판단에서 위 헌법재판소의 결정을 조리상의 신청권 인정 및 위헌제청 판단의 중요한 요소로서 적극적으로 고려하고 있음을 알 수 있다. 그렇다면 제청법원이 이 사건 법률조항이 위헌의 의심이 있다는 전제 하에, 국가공무원법 등에 제청신청인의 권리회복을 위한 실정법상의 근거가 없으므로 상위규범인 헌법상의 공무담임권 등의 기본권을 근거로 하여 정의, 형평의 관념에 기초한 조리상의 신청권을 인정하였다면 이와 같은 판단이 결코 그 법률적 견해가 명백히 인정될 수 없는 부당한 경우라고 단정할 수는 없다고 생각한다.

O 당 사 자

제청법원	대전지방법원
제청신청인	박〇〇
당해사건	대전지방법원 2002구합1511 임용복직발령 또는 임용신청거부처분 취소

○ 사건의 개요

(1) 제청신청인은 충남 당진군 소재 ○○초등학교 교감으로 재직 중이던 1992. 10. 21. 특정범죄가중처벌 등에 관한 법률 위반(도주차량) 및 도로교통법 위반(음주운전)의 혐의로 대전지방법원 서산지원에 기소되었고, 이를 이유로 1992. 10. 29. 직위해제 되었다.

(2) 제청신청인은 1993. 2. 23. 위 지원에서 특정범죄가중처벌 등에 관한 법률 위반(도주차량) 및 도로교통법 위반(음주운전)의 죄로 징역 1년에 집행유예 2년을 선고받았고, 이에 항소하여 대전고등법원에서 선고유예(징역 6월)의 판결을 받았으며(93노137), 1994. 2. 8. 대법원에서 이 판결에 대한 상고가 기각됨(93도2400)으로써 이 판결은 확정되었다.

(3) 이에 충청남도 당진교육청 교육장은 국가공무원법 제69조 중 제33조 제1항 제5호에 의하여 청구인에게 당연퇴직된 사실을 통지하였다.

(4) 그 후 제청신청인은 그 선고유예기간이 지난 후인 2001. 11.경 충청북도 초등교사 임용시험에 다시 합격하여 2002. 3. 1. 임용되어 근무하던 중, 2002. 6. 19. 충청남도 교육감에게 위 국가공무원법 규정의 위헌성을 들어 신청인을 다시 교감직으로 발령해주거나 또는 교감으로 재임용해 줄 것을 내용으로 하는 신청을 하였으나, 위 충청남도 교육감은 2002. 6. 26. 제청신청인이 이미 임용결격사유에 해당하여 당연퇴직한 이상 교감으로의 복직발령 또는 교감의 재임용은 불가능하다는 통지를 하였다.

(5) 이에 제청신청인은 2002. 7. 23. 대전지방법원에 충청남도 교육감을 상대로 임용복직발령 또는 임용신청 거부처분 취소를 구하는 소송을 제기하였다(2002구합1511).

(6) 제청신청인은 위 소송계속 중 위 처분의 근거 법률인 구 국가공무원법 제69조 중 제33조 제1항 제5호 부분은 헌법 제11조 제1항의 평등권, 제25조의 공무담임권 등의 기본권을 침해하는 조항으로서 위헌이라고 주장하면서 위 법원에 위헌심판제청신청을 하였고 위 법원은 위 신청을 받아들여 2002. 10. 15. 위헌심판제청결정을 하였다.

○ 심판대상조문

- 국가공무원법(2002. 12. 18. 법률 제6788호로 개정되기 전의 것) 제69조(당연퇴직) 공무원이 제33조 각 호의 1에 해당할 때에는 당연히 퇴직한다.

- 국가공무원법(2002. 12. 18. 법률 제6788호로 개정되기 전의 것) 제33조(결격사유) ① 다음의 각 호의 1에 해당하는 자는 공무원에 임용될 수 없다.

  1.~4. 생략

  5. 금고 이상의 형의 선고유예를 받는 경우에 그 선고유예기간 중에 있는 자

  6.~8. 생략

  ② 삭제

○ 참조조문

- 국가공무원법(2002. 12. 18. 법률 제6788호로 개정된 것) 제69조(당연퇴직) 공무원이 제33조 각 호의 1에 해당할 때에는 당연히 퇴직한다. 다만, 동조 제5호에 해당할 때에는 그러하지 아니하다.

○ 제청법원의 제청이유

(1) 인정사실에 의하면 이 사건 법률조항이 위헌인 경우 제청신청인은 적어도 조리상의 복직신청권을 가진다고 할 것이고, 이 사건 법률규정의 위헌 여부에 따라 당해소송의 판결의 주문이 달라진다고 할 것이므로, 이 사건 법률조항은 재판의 전제성을 갖추고 있다.

(2) 헌법 제25조가 보장하는 공무담임권의 보호영역에는 공직신분의 부당한 박탈도 포함되는 것이다. 그런데 이 사건 법률조항은 공무원이 금고 이상의 형의 선고유예를 받은 경우에는 공무원직에서 당연히 퇴직하는 것으로 규정하고 있는바, 그 요건에 금고 이상의 선고유예의 판결을 받은 경우라면 범죄의 종류를 불문하고 해당되는 것으로 포괄하여 규정하고 있다. 따라서 심지어 교통사고 관련 범죄 등 과실범의 경우마저 당연퇴직 사유에서 제외하지 않고 있으므로 기본권 제한의 최소침해성 원칙에 반한다.

(3) 오늘날 공무원 수의 대폭적인 증가 및 민간기업조직의 전문화 등 사회전반의 변화로 인하여 공직은 더 이상 사회적 엘리트로서의 명예직으로 여겨질 수 없는 상황이다. 이에 공무원 조직에게 모든 범죄로부터 순결한 집단이라는 신뢰를 요구하는 것은 지나치게 공익만을 우선하는 것이고, 더욱이 현대 민주주의 국가에 이르러서는 사회국가원리에 입각한 공직제도의 중요성이 강조되어야 한다.

(4) 따라서 이 사건 법률조항은 기본권을 필요한 최소한의 정도를 넘어 제한하고 있으며, 공직제도의 신뢰성이라는 공익과 공무원의 기본권이라는 사익을 적절하게 조화시키지 못하여 헌법에 위반하는 법률이다.

○ 결정이유 중 일부

제청법원의 이 사건 위헌제청이 재판의 전제성 요건을 충족하는 적법한 것인지 여부에 관하여 살핀다.

가. 법률에 대한 위헌제청이 적법하기 위해서는 법원에 계속 중인 구체적인 사건에 적용할 법률이 헌법에 위반되는 여부가 재판의 전제로 되어야 한다(헌법재판소법 제41조). 이 재판의 전제성 요건은 위헌법률심판절차의 '구체적' 규범통제절차로서의 본질을 드러내 주는 요건이라고 할 것인바, 당해법률이 헌법에 위반되는지의 여부에 따라 당해 사건을 담당하는 법원이 다른 내용의 재판을 하게 되는 경우 재판의 전제성이 인정될 수 있다. 하지만, 당해사건을 담당하는 법원이 당해 법률의 위헌 여부와 관계없이 각하를 하여야 할 사건이라면 재판의 전제성이 인정될 수 없다.

한편, 법원으로부터 법률의 위헌여부 심판의 제청을 받은 헌법재판소로서는 법률이 재판의 전제가 되는 요건을 갖추고 있는지의 여부를 심판함에 있어서는 제청법원의 견해를 존중하는 것이 원칙이나, 재판의 전제와 관련된 제청법원의 법률적 견해가 유지될 수 없는 것으로 보이면 헌법재판소가 직권으로 조사할 수도 있는 것이다(헌재 1996. 10. 4. 96헌가6; 헌재 1997. 9. 25. 97헌가5).

나. 제청법원은 이 사건 법률조항에 위헌의 의심이 있다는 전제 하에 제청신청인에게 조리상의 복직신청권을 인정하고, 이 사건 법률조항의 위헌 여부

에 따라 당해사건에 대한 판결의 주문이 달라진다고 보아 재판의 전제성을 인정하였다.

살피건대, 당해사건은 제청신청인의 신청에 대한 행정청의 거부행위에서 비롯된 소송이다. 그런데 국민의 적극적 행위 신청에 대하여 행정청이 그 신청에 따른 행위를 하지 않겠다고 거부한 행위가 항고소송의 대상이 되는 행정처분에 해당하는 것이라고 하려면, 그 신청한 행위가 공권력의 행사 또는 이에 준하는 행정작용이어야 하고, 그 거부행위가 신청인의 법률관계에 어떤 변동을 일으키는 것이어야 하며, 그 국민에게 그 행위발동을 요구할 법규상 또는 조리상의 신청권이 있어야 한다고 할 것이다(대법원 2002. 11. 22. 2000두9229; 대법원 1998. 7. 10. 선고 96누14036 판결 등 참조). 만일 이와 같은 요건을 갖추지 못한 신청에 대한 거부행위는 항고소송의 대상이 되는 행정처분에 해당하는 것으로 볼 수 없기 때문에, 그 거부행위를 다투는 소송은 문제된 법률이 헌법에 위반되는지의 여부를 불문하고 각하를 하여야 할 사건에 해당하고, 따라서 재판의 전제성이 인정될 수 없다.

다. 먼저 이 사건 행정청의 거부행위가 신청인의 법률관계에 어떤 변동을 일으키는 것이었는지 여부에 관하여 보기로 한다.
살피건대, 국가공무원법상 당연퇴직은 법에 정한 결격사유가 있을 때 법률상 당연히 퇴직하는 것이지 공무원관계를 소멸시키기 위한 별도의 행정처분을 요하는 것이 아니며, 당연퇴직의 인사발령은 법률상 당연히 발생하는 퇴직사유를 공적으로 확인하여 알려주는 이른바 관념의 통지에 불과하다(대법원 1992. 1. 21. 선고 91누2687 판결; 대법원 1985. 7. 23. 선고 84누37 판결 등 참조).
그렇다면, 과거에 이미 법률상 당연한 효과로서 당연퇴직 당한 제청신청인이 자신을 복직 또는 재임용시켜 줄 것을 요구하는 신청에 대하여 그와 같은 조치가 불가능하다는 통지를 보낸 이 사건 거부행위는 당연퇴직의 효과가 법률상 계속하여 존재하는 사실을 알려주는 일종의 안내에 불과한 것이라고 할 것이며, 이와 같은 안내행위는 제청신청인의 실체상의 권리관계에 직접적인 변동을 일으키는 것으로 해석되기는 어렵다고 할 것이다.

라. 다음으로 제청신청인에게 복직발령 등에 관한 조리상의 신청권이 있

고 따라서 행정청의 위 복직불가 통지가 공권력의 행사로서 거부행위로 평가
될 수 있는지 여부에 관하여 보기로 한다.

(1) 일반적으로 조리란 사물의 본성 내지는 본질적 법칙으로서, 실정법의
흠결을 보충하는 해석상, 재판상의 기초를 의미한다. 따라서 조리상의 신청권
이란 실정법상의 권리의 행사 내지 구제의 수단이 없는 경우 정의, 형평의 관
념에 기초해서 보충적으로 인정되는 신청권을 의미한다.

그런데 이 사건 위헌제청 사건의 제청신청인은 행정청의 처분을 매개로 하지
아니하고 이 사건 법률 조항의 직접적인 효과로서 당연퇴직 당한 것인바, 이와
같이 법률조항의 직접적인 효과를 통해 권리침해를 당한 경우에는 당해 법률
조항을 직접 그 심판대상으로 하여 그 위헌성을 다툴 수 있는 실정법상의 수단
인 헌법소원제도가 마련되어 있다. 그런데 만일 이와 같은 실정법상의 수단에
도 불구하고 법률의 위헌성을 문제삼아 그 법률효과의 내용과 상반되는 처분
을 해줄 것을 구하는 조리상의 신청권을 일반적으로 부여한다고 한다면 모든
과거의 법률관계 당사자가 헌법소원 청구기간의 제한을 받지 않은 채 언제든
지 조리상의 신청권을 매개로 법률조항의 위헌성에 관한 헌법재판소의 판단을
요구할 수 있게 될 것이다. 그런데 이와 같은 결과는 기존의 법질서에 의하여
형성된 법률관계와 이에 기초한 다른 개인의 법적 지위에 불안정을 초래하는
결과를 낳게 될 뿐 아니라, 헌법소원의 청구기간제도의 취지를 몰각시킴으로써
이미 실정법상 권리구제수단으로 마련된 헌법소원의 기능까지도 저해하는 결
과를 낳게 될 가능성이 있다.

(2) 더욱이 이 사건 법률조항의 법률효과인 당연퇴직은 형사확정판결을
그 법률요건으로 삼고 있는바, 당해 형사판결에서는 판결당시 합헌성이 추정되
는 이 사건 법률조항에 기하여 해당공직자가 공직에서 퇴직하여야 한다는 점
이 정상참작 등의 중요한 판단요소로 고려되었으며, 그 판결들은 모두 이미 확
정되어 변경가능하지 아니하다. 특히 징계시효(일반적인 징계시효는 2년, 금품 및 향
응수수, 공금의 횡령, 유용의 경우에는 3년; 국가공무원법 제83조의2 제1항 참조)가 지나
징계의 수단도 사용할 수 없는 경우에 당연퇴직의 당사자에게 복직 발령 등의
신청권을 인정한다면 결국 공무원의 직무수행에 대한 국민의 신뢰 및 공무원

징계제도에 대한 정의 및 형평 관념에 적지 않은 손상을 가져올 수 있다.

(3) 이상의 점 등을 종합하여 판단하면, 가사 이 사건 법률조항에 대하여 헌법재판소가 위헌결정을 선고함으로써 위 법률조항이 비록 규범으로서의 효력을 잃게 된다고 하더라도 제청신청인과 같이 당연퇴직된 이후 오랜 시간이 흘러 징계시효기간까지도 경과한 경우에 당연퇴직의 내용과 상반되는 처분을 해줄 것을 구하는 조리상의 신청권을 인정하지 아니하였다고 하여 반드시 정의와 형평에 반한다고 보기 어렵다고 할 것이다.

마. 이상에서 살펴 본 바와 같은 이유로서 제청신청인의 이 사건 신청에 대한 행정청의 거부행위가 신청인의 실체상의 권리관계에 직접적인 변동을 일으키는 것으로 해석되기는 어렵다고 할 것이고, 제청신청인에게 복직 발령 등에 관한 조리상의 신청권을 인정할 수도 없다고 할 것이다. 그렇다고 한다면 당해사건은 이 사건 제청법원이 이 사건 법률조항이 헌법에 위반되는지의 여부와 관계없이 각하를 하여야 할 사건이라고 할 것이다. 따라서 이 사건 법률조항의 재판의 전제성은 인정될 수 없다.

O 주 문

이 사건 위헌제청을 각하한다.

☆ 참고: 헌법재판소 2016. 7. 28. 2014헌바437 지방공무원법 제31조 제5호 위헌소원

O 당 사 자

청구인   신○○
              대리인 변호사 조영준
당해사건   대법원 2014두38675 퇴직급여 부지급처분 취소

O 사건개요

가. 청구인은 1983. 2. 17. 제○○사단 보통군법회의에서 수뢰후부정처사죄(收略後不正處事罪)로 선고유예 및 추징금 37,500원의 판결을 선고받았으며, 1983. 2. 19. 위 판결이 확정되었다.

나. 청구인은 1984. 3. 1. 교육공무원으로 임용되어 근무하다가, 2013. 2. 28. 교육공무원법 제36조에 의하여 명예퇴직하였고, 2013. 1. 29. 공무원연금 공단에 퇴직급여 및 퇴직수당의 지급을 청구하였으나, 공무원연금공단은 2013. 3. 5. 청구인에게 1984. 3. 1. 청구인이 공무원으로 임용될 당시 위 판결에 따른 선고유예기간 중이었기 때문에 공무원임용결격자에 해당한다는 이유로 그 지급을 거부하는 처분을 하였다.

다. 청구인은 공무원연금공단을 피고로 하여 서울행정법원에 퇴직급여 부지급 처분 취소의 소를 제기하였으나(서울행정법원 2013구합59965), 위 법원은 2013. 12. 12. '청구인은 임용될 당시 선고유예 기간 중에 있었고, 선고유예 판결문의 이유 중 법령의 적용 란에는 선고를 유예하는 형의 내용이 기재되지 않았으나 유기징역 또는 유기금고의 감경에 관한 조항인 "형법 제53조, 제55조 제1항 제3호"가 기재되어 있었고 수뢰후부정처사죄의 법정형은 1년 이상의 유기징역이어서 판결문의 내용 자체로 선고를 유예한 형이 유기징역형임은 분명하므로 청구인의 임용은 임용결격사유 있는 자에 대한 것으로 당연무효이고, 공무원연금법상 퇴직급여는 적법한 공무원으로서의 신분을 취득한 후 근무하다가 퇴직하는 경우에만 지급하는 것'이라는 이유로 위 청구를 기각하였다.

라. 청구인은 이에 대한 항소가 기각되자(서울고등법원 2013누53549) 상고하였고(대법원 2014두38675), 상고심 계속 중 지방공무원법 제31조 제5호에 대하여 위헌법률심판제청신청을 하였으나(대법원 2014아515), 2014. 10. 15. 상고 및 위 신청이 기각되자 2014. 10. 30. 이 사건 헌법소원심판을 청구하였다.

O 심판대상조항

- 구 국가공무원법(1963. 4. 17. 법률 제1325호로 폐지제정되고, 2008. 3. 28. 법률 제8996호로 개정되기 전의 것) 제33조(결격사유) ① 다음 각 호의 1에 해당하는 자는 공무원에 임용될 수 없다.
- 5. 금고 이상의 형의 선고유예를 받은 경우에 그 선고유예기간 중에 있는 자

○ 관련조항

● 구 국가공무원법(1963. 4. 17. 법률 제1325호로 폐지제정되고 2002. 12. 18. 법률 제6788호로 개정되기 전의 것) 제69조(당연퇴직) 공무원이 제33조 각 호의 1에 해당할 때에는 당연히 퇴직한다.

● 구 국가공무원법(1981. 4. 20. 법률 제3447호로 개정되고 2012. 12. 11. 법률 제11530호로 개정되기 전의 것) 제2조(공무원의 구분)
② "경력직공무원"이란 실적과 자격에 따라 임용되고 그 신분이 보장되며 평생토록 공무원으로 근무할 것이 예정되는 공무원을 말하며, 그 종류는 다음 각 호와 같다. 1. 2. 특정직공무원: 법관, 검사, 외무공무원, 경찰공무원, 소방공무원, 교육공무원, 군인, 군무원, 헌법재판소 헌법연구관, 국가정보원의 직원과 특수 분야의 업무를 담당하는 공무원으로서 다른 법률에서 특정직공무원으로 지정하는 공무원

○ 청구인의 주장

이 사건 법률조항이 금고 이상의 형의 선고유예를 받고 그 기간 중에 있는 자를 임용결격사유로 삼고, 위 사유에 해당하는 자의 임용을 당연무효로 하는 것은 공무담임권, 남녀평등권을 침해하고, 적법절차원칙, 병역의무 이행으로 인한 불이익처우 금지에 위배된다.

○ 결정요지

이 사건 법률조항은 금고 이상의 형의 선고유예의 판결을 받아 그 기간 중에 있는 사람이 공무원으로 임용되는 것을 금지하고 이러한 사람이 공무원으로 임용되더라도 그 임용을 당연무효로 하는 것으로서, 공직에 대한 국민의 신뢰를 보장하고 공무원의 원활한 직무수행을 도모하기 위하여 마련된 조항이다. 청구인과 같이 임용결격사유에도 불구하고 임용된 임용결격공무원은 상당한 기간 동안 근무한 경우라도 적법한 공무원의 신분을 취득하여 근무한 것이 아니라는 이유로 공무원연금법상 퇴직급여의 지급대상이 되지 못하는 등 일정한 불이익을 받기는 하지만, 재직기간 중 사실상 제공한 근로에 대하여는 그

대가에 상응하는 금액의 반환을 부당이득으로 청구하는 등의 민사적 구제수단이 있는 점을 고려하면, 공직에 대한 국민의 신뢰보장이라는 공익과 비교하여 임용결격공무원의 사익 침해가 현저하다고 보기 어렵다. 따라서 이 사건 법률조항은 입법자의 재량을 일탈하여 공무담임권을 침해한 것이라고 볼 수 없다.

○ 주 문

구 국가공무원법(1963. 4. 17. 법률 제1325호로 폐지제정되고, 2008. 3. 28. 법률 제8996호로 개정되기 전의 것) 제33조 제1항 제5호는 헌법에 위반되지 아니한다.

※ 검토

Q: 앞의 사건이나 이 사건이나 구 국가공무원법 제33조 제1항 제5호의 위법성을 문제삼고 있는데, 앞의 사건에서는 재판의 전제성이 없다고 판단하였는데, 이 사건에서는 왜 그런 판단이 없이 당연히 재판의 전제성이 있다고 보고 본안판단을 하였는가?

A: 앞의 사건(헌법재판소 2003. 10. 30. 2002헌가24 국가공무원법 제69조 위헌제청)에서는, 소송에 계속중인 사건에서 법규상 또는 조리상 신청권이 없기 때문에 항고소송 대상인 행정처분이 아니기 때문에 쟁점 법률조항이 위헌이든 아니든 본안이 각하될 수밖에 없기 때문에 '재판의 전제성'이 없다고 보았다. 그러나 이 사건에서는 퇴직공무원은 퇴직금을 청구할 수 있는 법률상 신청권이 있기 때문에[2] 공무원연금관리공단의 퇴직급여 부지급 처분은 항고소송대상인 행정처분에 해당한다. 따라서 앞의 사건과 달리 '재판의 전제성'이 있다.

(3) 헌법재판소 2004. 10. 28. 99헌바91 금융산업의 구조개선에 관한 법률 제2조 제3호 가목 등 위헌소원

당해소송이 제1심과 항소심에서 소송요건이 결여되었다는 이유로 각하되었지만 상고심에서 그 각하판결이 유지될지 불분명한 경우에도 헌법재판소법

---

[2] 공무원연금법 제43조(퇴직연금 또는 퇴직연금일시금 등).

제68조 제2항의 헌법소원에 있어서 재판의 전제성이 인정될 수 있다고 본 사례

O 결정요지 중 일부

금융감독위원회가 주식회사인 보험회사에 대하여 부실금융기관으로 결정하고 증자 및 감자를 명한 처분에 대하여 이 사건의 청구인들인 위 회사의 '주주' 또는 '이사' 등이 그 취소를 구하는 당해 소송에서 제1심과 항소심 법원은 '주주' 또는 '이사' 등이 가지는 이해관계를 행정소송법 제12조 소정의 '법률상 이익'으로 볼 수 없다고 하면서 소를 각하하는 판결을 선고하였다. 그러나, 당해 사건에 직접 원용할 만한 확립된 대법원 판례는 아직까지 존재하지 않아 해석에 따라서는 당해 소송에서 청구인들의 원고적격이 인정될 여지도 충분히 있고,3) 헌법재판소가 이에 관하여 법원의 최종적인 법률해석에 앞서 불가피하게 판단할 수밖에 없는 경우에는 헌법재판소로서는 일단 청구인들이 당해 소송에서 원고적격을 가질 수 있다는 전제하에 재판의 전제성 요건을 갖춘 것으로 보고 본안에 대한 판단을 할 수 있다.

Ⅳ. 청구기간

- 헌법재판소법 제69조(청구기간) ② 제68조 제2항에 따른 헌법소원심판은 위헌 여부 심판의 제청신청을 기각하는 결정을 통지받은 날부터 30일 이내에 청구하여야 한다.

---

3) 이 사건 결정 후 약 두 달 뒤에 선고된 대법원 2004. 12. 23. 선고 2000두2648 판결 [부실금융기관결정 등 처분 취소]
【판결요지 중 일부】
일반적으로 법인의 주주는 당해 법인에 대한 행정처분에 관하여 사실상이나 간접적인 이해관계를 가질 뿐이어서 스스로 그 처분의 취소를 구할 원고적격이 없는 것이 원칙이라고 할 것이지만, 그 처분으로 인하여 궁극적으로 주식이 소각되거나 주주의 법인에 대한 권리가 소멸하는 등 주주의 지위에 중대한 영향을 초래하게 되는데도 그 처분의 성질상 당해 법인이 이를 다툴 것을 기대할 수 없고 달리 주주의 지위를 보전할 구제방법이 없는 경우에는 주주도 그 처분에 관하여 직접적이고 구체적인 법률상 이해관계를 가진다고 보이므로 그 취소를 구할 원고적격이 있다.

V. 변호사강제주의

- 헌법재판소법 제25조(대표자·대리인) ③ 각종 심판절차에서 당사자인 사인(私人)은 변호사를 대리인으로 선임하지 아니하면 심판청구를 하거나 심판 수행을 하지 못한다. 다만, 그가 변호사의 자격이 있는 경우에는 그러하지 아니하다.

- 헌법재판소법 제70조(국선대리인) ① 헌법소원심판을 청구하려는 자가 변호사를 대리인으로 선임할 자력(資力)이 없는 경우에는 헌법재판소에 국선대리인을 선임하여 줄 것을 신청할 수 있다. 이 경우 제69조에 따른 청구기간은 국선대리인의 선임신청이 있는 날을 기준으로 정한다.
  ② 제1항에도 불구하고 헌법재판소가 공익상 필요하다고 인정할 때에는 국선대리인을 선임할 수 있다.
  ⑤ 제3항에 따라 선정된 국선대리인은 선정된 날부터 60일 이내에 제71조에 규정된 사항을 적은 심판청구서를 헌법재판소에 제출하여야 한다.

3장 헌법재판소법 제68조 제1항 헌법소원심판청구
(권리구제형 헌법소원)

제1절 **관련 법령**

- 헌법재판소법 제68조(청구 사유) ① 공권력의 행사 또는 불행사(不行使)로 인하여 헌법상 보장된 기본권을 침해받은 자는 법원의 재판을 제외하고는 헌법재판소에 헌법소원심판을 청구할 수 있다. 다만, 다른 법률에 구제절차가 있는 경우에는 그 절차를 모두 거친 후에 청구할 수 있다.

- 헌법재판소법 제69조(청구기간) ① 제68조 제1항에 따른 헌법소원의 심판은 그 사유가 있음을 안 날부터 90일 이내에, 그 사유가 있는 날부터 1년 이내에 청구하여야 한다. 다만, 다른 법률에 따른 구제절차를 거친 헌법소원의 심판은 그 최종결정을 통지받은 날부터 30일 이내에 청구하여야 한다.

- 헌법재판소법 제70조(국선대리인)
  (내용 생략)

- 헌법재판소법 제71조(청구서의 기재사항) ① 제68조 제1항에 따른 헌법소원의 심판청구서에는 다음 각 호의 사항을 적어야 한다.

1. 청구인 및 대리인의 표시

2. 침해된 권리

3. 침해의 원인이 되는 공권력의 행사 또는 불행사

4. 청구 이유

5. 그 밖에 필요한 사항

(②항 생략)

③ 헌법소원의 심판청구서에는 대리인의 선임을 증명하는 서류 또는 국선대리인 선임통지서를 첨부하여야 한다.

제2절 서식례

Ⅰ. 헌법재판소법 제68조 제1항 헌법소원 심판청구서 서식례[1]
– 법령헌법소원

헌법소원심판청구서

청구인 송미령(–   )

　　　　서울 서대문구 홍은동 101 소망빌라 지층 1호

　　　　국선대리인 변호사 김신뢰

　　　　서울 서초구 서초동 100－2 정의빌딩 3층

---

1) 제2회 변호사시험(2013. 1. 4.) 수정

전화: 02-555-6789, 팩스: 02-555-6790,

이메일: srk@justicelaw.com

청구취지

"미용업자 위생관리기준(2011. 10. 15. 보건복지부 고시 제2011-35호) 제1호
중 '점빼기·귓볼뚫기' 부분은 헌법에 위반된다."
라는 결정을 구합니다.

침해된 권리

(헌법 제15조) 직업의 자유, (헌법 제11조) 평등권

침해의 원인이 되는 공권력의 행사 또는 불행사

미용업자 위생관리기준(2011. 10. 15. 보건복지부 고시 제2011-35호) 제1호 중
'점빼기·귓볼뚫기' 부분

청구이유

1. 사건의 경위(쟁점의 정리)
2. 이 사건 헌법소원의 적법성
3. 이 사건 규정의 위헌성
4. 결론

첨부서류

2012. 1. 4.

청구인의 국선대리인 변호사 김신뢰 (인)

헌법재판소 귀중

II. 헌법재판소법 제68조 제1항 헌법소원 심판청구서 서식례 – 권력적 사실행위에 대한 헌법소원[2]

헌법소원심판청구서

청구인　○○○(　－　)

　　　　서울 ○○구 ~

　　　　대리인 법무법인 필승

　　　　담당변호사 김승소

　　　　서울 서초구 서초대로 70길 123(법조 빌딩 3층)

　　　　전화 ~ , 팩스 ~ , 이메일 ~@~

피청구인　A구치소장

청구취지

"피청구인이 20××. 6. 1.부터 20××. 6. 30.까지 A구치소 내에서 실시하는 종교의식 또는 행사에 미결수용자인 청구인의 참석을 금지한 행위는 (청구인의 종교의 자유를 침해한 것으로서)[3] 위헌임을 확인한다."

라는 결정을 구합니다.

침해된 권리

(헌법 제20조) 종교의 자유

---

2) 2012년 제3회 모의시험(2012. 10. 2.) 수정.

3) 어떤 기본권을 침해한 것인지를 꼭 써야 하는 것은 아니다(수험생 입장에서는 쓰지 않는 것이 안전할 것이다). 예컨대, 헌법재판소 2015. 6. 25. 2011헌마769, 2012헌마209·536(병합) 변호사시험법 제18조 제1항 위헌확인

【주문】

변호사시험법(2011. 7. 25. 법률 제10923호로 개정된 것) 제18조 제1항 본문은 헌법에 위반된다.

침해의 원인

피청구인이 20××. 6. 1.부터 20××. 6. 30.까지 A구치소 내에서 실시하는 종교의식 또는 행사에 미결수용자인 청구인의 참석을 금지한 행위

청구이유

1. 사건의 개요
2. 이 사건 청구의 적법성
3. 피청구인 행위의 위헌성
4. 결론

첨부서류

20××. . .

청구인 대리인 법무법인 필승

담당변호사 김승소 (인)

헌법재판소 귀중

제3절 적법 요건

1. 청구인 능력-기본권의 주체
2. 공권력의 행사 또는 불행사
3. 기본권의 침해
4. 청구인 적격-기본권 침해의 법적 관련성
   가. 자기관련성
   나. 직접성
   다. 현재성
5. 보충성
6. 권리보호이익(권리보호의 필요성)
7. 청구기간
8. 변호사 강제주의

I. 청구인 능력 – 기본권의 주체

- 헌법재판소법 제68조(청구 사유) ① 공권력의 행사 또는 불행사(不行使)로 인하여 헌법상 보장된 기본권을 침해받은 자는 법원의 재판을 제외하고는 헌법재판소에 헌법소원심판을 청구할 수 있다. 다만, 다른 법률에 구제절차가 있는 경우에는 그 절차를 모두 거친 후에 청구할 수 있다.

01 외국인의 기본권 주체성

기본권의 성질에 따라 외국인도 일정한 범위 내에서 기본권의 주체가 된다.

가. 헌법재판소 2001. 11. 29. 99헌마494 재외동포의 출입국과 법적 지위에 관한 법률 제2조 제2호 위헌확인

○ 결정이유 중 일부

● 외국인의 기본권주체성

우리 재판소는, 헌법재판소법 제68조 제1항 소정의 헌법소원은 기본권을 침해받은 자만이 청구할 수 있고, 여기서 기본권을 침해받은 자만이 헌법소원을 청구할 수 있다는 것은 곧 기본권의 주체라야만 헌법소원을 청구할 수 있고 기본권의 주체가 아닌 자는 헌법소원을 청구할 수 없다고 한 다음, '국민' 또는 국민과 유사한 지위에 있는 '외국인'은 기본권의 주체가 될 수 있다 판시하여 (헌재 1994. 12. 29. 93헌마120) 원칙적으로 외국인의 기본권 주체성을 인정하였다. 청구인들이 침해되었다고 주장하는 인간의 존엄과 가치, 행복추구권은 대체로 '인간의 권리'로서 외국인도 주체가 될 수 있다고 보아야 하고, 평등권도 인간의 권리로서 참정권 등에 대한 성질상의 제한 및 상호주의에 따른 제한이 있을 수 있을 뿐이다. 이 사건에서 청구인들이 주장하는 바는 대한민국 국민과의 관계가 아닌, 외국국적의 동포들 사이에 재외동포법의 수혜대상에서 차별하는 것이 평등권 침해라는 것으로서 성질상 위와 같은 제한을 받는 것이 아니고 상호주의가 문제되는 것도 아니므로, 청구인들에게 기본권주체성을 인정함에 아무런 문제가 없다.

나. 헌법재판소 2011. 9. 29. 2007헌마1083, 2009헌마230·352 (병합) 외국인근로자의 고용 등에 관한 법률 제25조 제4항 등 위헌확인 등

○ 결정요지 중 일부

1. 직업의 자유 중 이 사건에서 문제되는 직장 선택의 자유는 인간의 존엄과 가치 및 행복추구권과도 밀접한 관련을 가지는 만큼 단순히 국민의 권리가 아닌 인간의 권리로 보아야 할 것이므로 외국인도 제한적으로라도 직장 선택의 자유를 향유할 수 있다고 보아야 한다. 청구인들이 이미 적법하게 고용허

가를 받아 적법하게 우리나라에 입국하여 우리나라에서 일정한 생활관계를 형성, 유지하는 등, 우리 사회에서 정당한 노동인력으로서의 지위를 부여받은 상황임을 전제로 하는 이상, 이 사건 청구인들에게 직장 선택의 자유에 대한 기본권 주체성을 인정할 수 있다 할 것이다.

2. 입법자가 외국인력 도입에 관한 제도를 마련함에 있어서는 내국인의 고용시장과 국가의 경제상황, 국가안전보장 및 질서유지 등을 고려하여 정책적인 판단에 따라 그 내용을 구성할 보다 광범위한 입법재량이 인정된다. 따라서 그 입법의 내용이 불합리하고 불공정하지 않는 한 입법자의 정책판단은 존중되어야 하며 광범위한 입법재량이 인정되고, 외국인근로자의 직장 선택의 자유는 입법자가 이러한 정책적 판단에 따라 법률로써 그 제도의 내용을 구체적으로 규정할 때 비로소 구체화된다.

[재판관 목영준, 재판관 이정미의 별개의견 및 반대의견]

직장 선택의 자유는 '인간의 자유'라기 보다는 '국민의 자유'라고 보아야 할 것이므로 외국인인 청구인들에게는 기본권주체성이 인정되지 아니한다. 그러나 일반적 행동자유권 중 외국인의 생존 및 인간의 존엄과 가치와 밀접한 관련이 있는 근로계약의 자유에 관하여는 외국인에게도 기본권주체성을 인정할 수 있는 바, 이 사건 법률조항과 시행령조항에 의하여, 청구인들은 종전 근로계약을 해지하고 새로운 근로계약을 체결할 수 있는 자유를 제한받고 있으므로, 외국인인 청구인들에게도 근로계약의 자유에 대한 기본권주체성을 인정할 수 있다.

[재판관 송두환의 이 사건 시행령조항에 대한 반대의견(위헌의견)]

외국인이라 하더라도, 대한민국이 정한 절차에 따라 고용허가를 받고 적법하게 입국하여 상당한 기간 동안 대한민국 내에서 거주하며 일정한 생활관계를 형성, 유지하며 살아오고 있는 중이라면, 적어도 그가 대한민국에 적법하게 체류하는 기간 동안에는 인간의 존엄과 가치를 인정받으며 그 생계를 유지하고 생활관계를 계속할 수 있는 수단을 선택할 자유를 보장해 줄 필요가 있으므로, 청구인들에게 직장 선택의 자유가 인정되며, 이 사건 시행령조항은 법률유보원칙과 과잉금지원칙에 반하여 청구들의 직장 선택의 자유를 침해한다.

[재판관 김종대의 반대의견(각하의견)]

기본권의 주체를 '모든 국민'으로 명시한 우리 헌법의 문언, 기본권 주체에서 외국인을 제외하면서 외국인에 대해서는 국제법과 국제조약으로 법적지위를 보장하기로 결단한 우리 헌법의 제정사적 배경, 국가와 헌법 그리고 기본권과의 근본적인 관계, 헌법상 기본권의 주체는 헌법상 기본적 의무의 주체와 동일해야 한다는 점, 외국인의 지위에 관한 헌법상 상호주의 원칙, 청구인이 주장하는 기본권의 내용이 인간으로서의 권리인지 국민으로서의 권리인지 검토하여 기본권 주체성 인정 여부를 결정하는 것은 구별기준이 불명확하고 판단 순서가 역행되어 헌법재판 실무처리 관점에서도 부당한 점, 외국인에 대해서는 국제법이나 조약 등에 의하여 충분히 그 지위를 보장할 수 있는 점에 비추어 보면 모든 기본권에 대하여 외국인의 기본권 주체성을 부정함이 타당하다.

다만, 외국인이라도 우리나라에 입국하여 상당기간 거주해 오면서 대한민국 국민과 같은 생활을 계속해 온 자라면 사실상 국민으로 취급해 예외적으로 기본권 주체성을 인정할 여지는 있다고 본다.

그렇다면 외국인인 이 사건 청구인들에 대하여는 기본권 주체성을 인정할 수 없으므로, 헌법소원심판청구의 당사자능력을 인정할 수 없고, 따라서 이 사건 심판청구는 부적법하다.

다. 헌법재판소 2012. 8. 23. 2008헌마430 긴급보호 및 보호명령 집행행위 등 위헌확인 ⇒ 일부 변경(2018. 5. 31. 2014헌마346 변호인접견불허처분 등 위헌확인)

○ 적법요건에 관한 판단

가. 외국인의 기본권주체성

(1) 헌법재판소법 제68조 제1항 소정의 헌법소원은 기본권의 주체이어야만 청구할 수 있는데, 단순히 '국민의 권리'가 아니라 '인간의 권리'로 볼 수 있는 기본권에 대해서는 외국인도 기본권의 주체가 될 수 있다(헌재 2001. 11. 29. 99헌마494, 판례집 13-2, 714, 724; 헌재 2007. 8. 30. 2004헌마670, 판례집 19-2, 297,

304; 헌재 2011. 9. 29. 2007헌마1083, 판례집 23-2상, 623, 638 참조). 나아가 청구인들이 불법체류 중인 외국인들이라 하더라도, 불법체류라는 것은 관련 법령에 의하여 체류자격이 인정되지 않는다는 것일 뿐이므로, '인간의 권리'로서 외국인에게도 주체성이 인정되는 일정한 기본권에 관하여 불법체류 여부에 따라 그 인정 여부가 달라지는 것은 아니다.

(2) 청구인들이 침해받았다고 주장하고 있는 신체의 자유, 주거의 자유, 변호인의 조력을 받을 권리, 재판청구권 등은 성질상 인간의 권리에 해당한다고 볼 수 있으므로, 위 기본권들에 관하여는 청구인들의 기본권 주체성이 인정된다. 그러나 '국가인권위원회의 공정한 조사를 받을 권리'는 헌법상 인정되는 기본권이라고 하기 어렵고, 이 사건 보호 및 강제퇴거가 청구인들의 노동3권을 직접 제한하거나 침해한 바 없음이 명백하므로, 위 기본권들에 대하여는 본안 판단에 나아가지 아니한다.

02 단체의 기본권 주체성

• 헌법재판소 1991. 6. 3. 90헌마56 영화법 제12조 등에 대한 헌법소원

○ 결정이유 중 일부

우리 헌법은 법인의 기본권향유능력을 인정하는 명문의 규정을 두고 있지 않지만, 본래 자연인에게 적용되는 기본권규정이라도 언론·출판의 자유, 재산권의 보장 등과 같이 성질상 법인이 누릴 수 있는 기본권을 당연히 법인에게도 적용하여야 한 것으로 본다. 따라서 법인도 사단법인·재단법인 또는 영리법인·비영리법인을 가리지 아니하고 위 한계 내에서는 헌법상 보장된 기본권이 침해되었음을 이유로 헌법소원심판을 청구할 수 있다.

또한, 법인 아닌 사단·재단이라고 하더라도 대표자의 정함이 있고 독립된 사회적 조직체로서 활동하는 때에는 성질상 법인이 누릴 수 있는 기본권을 침해당하게 되면 그의 이름으로 헌법소원심판을 청구할 수 있다(민사소송법 제48조 참조).

Ⅱ. 공권력의 행사 또는 불행사

01 개념

'공권력의 행사 또는 불행사'란 공권력을 행사할 수 있는 지위에 있는 기관, 즉 공권력 주체에 의한 작위 또는 부작위로서 국민의 권리·의무 내지 법적 지위에 직접적인 영향을 끼치는 행위를 말한다.

02 법령에 대한 헌법소원

가. 법률·시행령·시행규칙에 대한 헌법소원

● 헌법재판소 1993. 5. 13. 92헌마80 체육시설의 설치·이용에 관한 법률 시행규칙 제5조에 대한 헌법소원

O 결정요지 중 일부

명령·규칙 그 자체에 의하여 직접 기본권이 침해되었을 경우에는 그것을 대상으로 하여 헌법소원심판을 청구할 수 있고, 그 경우 제소요건으로서 당해 법령이 구체적 집행행위를 매개로 하지 아니하고 직접적으로 그리고 현재적으로 국민의 기본권을 침해하고 있어야 한다.

O 사건의 개요

청구인은 1992. 4. 2. 체육시설의 설치·이용에 관한 법률(1989. 3. 31. 법률 제4106호, 개정 1990. 12. 27. 법률 제4268호) 제8조 및 동 시행규칙 제8조 제1항의 규정에 의거 서울특별시장으로부터 체육시설업 신고필증을 교부받고 주소지에서 "응암당구장"을 경영하는 자인바, 체육시설의 설치·이용에 관한 법률 시행규칙(1992. 2. 27. 문화체육부령 제20호) 제5조 소정의 체육시설업의 시설, 설비, 안전관리 및 위생기준을 규정하고 있는 (별표 1) 2. 안전관리 및 위생기준(체육시설

업자의 준수사항) (2) 개별기준 자. 당구장업 3) "출입문에 18세 미만자의 출입을 금지하는 내용의 표시를 하여야 한다."는 규정(이하 심판대상규정이라 한다)이 청구인의 헌법상의 기본권을 침해하고 있다고 하여 같은 해 4.18. 이 사건 헌법소원심판을 청구하였다.

O 청구인의 주장

당구장은 본래 구 공중위생법 소정의 유기장업이었으나, 1989. 3. 31. 제정된 체육시설의 설치·이용에 관한 법률 및 동 시행령에 의하여 체육시설업으로 변경되었으며, 동법 제5조에 따라 체육청소년부령에 정해진 시설·설비기준을 갖추면 당국에 대한 신고만으로써 당구장을 경영할 수 있게 되어 있는데, 문화체육부장관은 위 법조항에 따라 동 법률 시행규칙을 제정함에 있어서 당구장 경영자에게만 당구장 출입문에 18세 미만자 출입금지 표시를 게시할 것을 의무화하는 규정을 둠으로써 모법(母法)에 근거가 없는 규제를 가하고 있는바, 유독 당구장업에 대하여서만 그러한 차별적인 규제를 가하는 것은 청구인의 헌법상의 사회보장권·자유권리존중권·평등권 등 기본권을 침해하는 것으로서 위헌이다.

O 참조조문

● 체육시설의 설치·이용에 관한 법률 시행규칙(1992. 2. 27. 문화체육부령 제20호) 제5조(체육시설업의 시설기준)

법 제5조의 규정에 의한 체육시설업의 시설·설비·안전관리 및 위생기준은 별표 1과 같다.

[별표 1] 체육시설업의 시설·설비·안전관리 및 위생기준(제5조 관련)
    1. 시설 및 설비기준(생략)
    2. 안전관리 및 위생기준(체육시설업자의 준수사항)
      (1) 공통기준(생략)
      (2) 개별기준
         가.~아. 생략
         자. 당구장업

1) ~ 2) (생략)

3) 출입문에 18세 미만자의 출입을 금지하는 내용의
표시를 하여야 한다.

차. ~ 카. 생략

O 결정이유 중 일부

● 심판청구의 적법성

이 사건 심판대상규정은 체육시설의 설치·이용에 관한 법률 제5조의 위임에 의거 문화체육부령(정부조직법 중 개정법률 1993. 3. 6. 법률 제4541호에 의하여 '체육청소년부령'에서 '문화체육부령'으로 변경되었다)인 동 시행규칙 제5조에 규정되어 있으므로 이는 행정기관에 의하여 제정된 전형적인 위임입법의 하나로서 그 법적 성격은 법규명령의 일종인 위임명령에 속한다고 할 것이다. 명령·규칙이라 할지라도 그 자체에 의하여 직접 국민의 기본권이 침해되었을 경우에는 그것을 대상으로 하여 헌법소원심판을 청구할 수 있음은 당 재판소가 일찍이 확립하고 있는 판례인데(헌법재판소 1990.10.15. 선고, 89헌마178 결정; 1991.7.22. 선고, 89헌마174 결정; 1992.6.26. 선고, 91헌마25 결정 각 참조), 다만 그 경우 제소요건으로서 당해 법령이 구체적 집행행위를 매개로 하지 아니하고 직접적으로 그리고 현재적으로 국민의 기본권을 침해하고 있어야 함을 요하는 것이다.

이 사건의 경우 당구장을 경영하고 있는 청구인은 심판대상규정에 의하여 당구장의 출입문에 18세 미만자의 출입금지표시를 하여야 할 법적 의무를 부담하게 되므로 따로 구체적인 집행행위를 기다릴 필요없이 위 규정 자체에 의하여 아래 판단과 같이 그의 기본권이 현재 직접 침해당하고 있는 경우라고 할 것이다.

O 주 문

체육시설의 설치·이용에 관한 법률 시행규칙(1989. 7. 12. 체육부령 제13호, 개정 1992. 2. 27. 문화체육부령 제20호) 제5조의 체육시설업의 시설, 설비, 안전관리 및 위생기준(별표1)에 수록되어 있는 "2. 안전관리 및 위생기준(체육시설업자의 준수사항)"의 "(2) 개별기준" 중 "자. 당구장업"란 3)에 기재된 "출입문에 18

세 미만자의 출입을 금지하는 내용의 표시를 하여야 한다."는 규정은 평등권과 직업선택의 자유[4]를 침해한 것이므로 헌법에 위배된다.

나. 대외적 구속력을 갖는 행정규칙(법령보충적 행정규칙)에 대한 헌법소원

(1) 헌법재판소 1992. 6. 26. 91헌마25 공무원 임용령 제35조의2 등에 대한 헌법소원

O 결정요지 중 일부

법령의 직접적인 위임에 따라 수임행정기관이 그 법령을 시행하는데 필요한 구체적 사항을 정한 것이면, 그 제정형식은 비록 법규명령이 아닌 고시·훈령·예규 등과 같은 행정규칙이더라도 그것이 상위법령의 위임한계를 벗어나지 아니하는 한, 상위법령과 결합하여 대외적인 구속력을 갖는 법규명령으로서 기능하게 된다고 보아야 할 것인바, 청구인이 법령과 예규의 관계규정으로 말미암아 직접 기본권 침해를 받았다면 이에 대하여 바로 헌법소원심판을 청구할 수 있다.

(2) 헌법재판소 2015. 3. 26. 2014헌마372 품질경영 및 공산품안전관리법 시행규칙 제2조 제3항 별표3 제2호 마목 등 위헌확인

O 결정요지 중 일부

'품질경영 및 공산품안전관리법' 및 법 시행령 조항에 근거하여 PVC관 안전기준의 적용범위를 정한 이 사건 고시조항은 그 제정형식이 국가기술표준원장의 고시라는 행정규칙에 불과하지만, 상위법령이 위임한 내용을 구체적으로

---

4) 헌법 제15조가 규정하는 넓은 의미의 직업선택의 자유에는 직업결정의 자유, 직업종사(직업수행)의 자유, 전직의 자유 등이 포함되지만 좁은 의미의 직업선택의 자유는 직업결정의 자유를 가리킨다. 따라서, 이 사건에서 헌법재판소가 직업선택의 자유를 침해한다고 판시한 것은 넓은 의미의 직업선택의 자유를 뜻한다. 헌법 제15조가 "모든 국민은 직업선택의 자유를 가진다."고 표현하고 있기 때문에 이 사건 결정주문도 '이 사건 규정은 직업선택의 자유를 침해한다'고 표현한 것이라고 여겨진다. 이론적으로 보자면, 이 사건에서는 좁은 의미의 직업선택의 자유가 아니라 직업수행의 자유가 문제된다. 왜냐하면, 18세 미만자를 출입금지시키면 당구장을 전혀 운영할 수 없게될 지경이라면 직업선택의 자유를 침해한다고 볼 수 있겠으나 그 정도는 아니기 때문이다.

보충하거나 세부적인 사항을 규율함으로써 상위법령인 공산품안전법령과 결합하여 대외적인 구속력을 갖는 법규명령의 성격을 가지므로, 헌법소원의 대상이 되는 공권력 행사에 해당한다.

(3) 헌법재판소 1997. 5. 29. 94헌마33 1994년 생계보호기준 위헌확인

❍ 사건의 개요

청구인들은 부부이고 생활보호법 제6조 제1항 및 동법 시행령 제6조 제1호 소정의 "거택보호대상자"로서, 1994. 1.경 보건복지부장관이 고시한 1994년 생활보호사업지침상의 "94년 생계보호기준"에 의하여 생계보호급여를 받고 있는바, 이 보호급여 수준은 최저생계비에도 훨씬 미치지 못하여 헌법상 보장된 청구인들의 행복추구권과 인간다운 생활을 할 권리를 침해하고 있다는 이유로 1994. 2. 25. 위 "94년 생계보호기준"에 대한 헌법소원심판을 청구하였다.

❍ 심판의 대상

청구인들은 위 생계보호기준에 의하여 청구인들의 기본권이 침해되었으므로 위 "94년 생계보호기준"의 위헌확인을 구한다고 심판청구를 하고 있으나, 청구인들은 생활보호법 및 동법 시행령 소정의 "거택보호대상자"에 해당하므로, 이 사건 심판의 대상은 1994년 생계보호기준 중 "거택보호대상자"에 관한 부분(이하 "이 사건 생계보호기준"이라 한다)에 국한되어야 할 것이고, 그 내용은 다음과 같다.

┃1994년 생계보호기준┃

구 분			1993년	1994년
거택보호		보 호 대 상	338,000명	320,000명
	지원기준	백 미(인/월)	10kg	10kg
		정 맥(인/월)	2.5kg	2.5kg
		부식비(인/일)	700원	820원
		연료비(가구/일)	563원	675원
		장의비	250,000원	300,000원
		보호수준(인/월)	56,000원	65,000원

○ 청구인들의 주장

헌법은, 모든 국민은 인간다운 생활을 할 권리를 가지며 그 실현을 보장하는 의미에서 국가는 사회보장·사회복지의 증진에 노력할 의무를 지고 신체장애자 및 질병·노령 기타의 사유로 생활능력이 없는 국민은 법률이 정하는 바에 의하여 국가의 보호를 받는다고 규정하고 있으므로(헌법 제34조 제1항·제2항·제5항), 생활보호법상의 생활보호는 단순한 반사적 이익이 아니라 국가의 의무불이행이 있을 경우 적극적으로 생활보호법은 보호의 수준에 관하여 건강하고 문화 권리 주장을 할 수 있는 법적 권리이다.

생활보호법은 보호의 수준에 관하여 건강하고 문화적인 최저생활을 유지할 수 있는 것이어야 한다고 규정하고 있으나, 청구인들과 같은 생활보호법상의 거택보호대상자에게 지급되는 생계보호기준은 1994년 현재 매월 금 65,000원 정도의 수준으로서, 이는 1993년도의 월 최저생계비(전국 118,600원, 대도시: 141,400원, 중소도시: 126,400원, 농촌: 106,100원)는 물론 육체적인 생존을 위하여 필요한 최저생계비 105,000원에도 훨씬 미치지 못하고 있다.

따라서 1994년도 생계보호기준은 헌법이 보장한 청구인들의 행복을 추구할 권리와 인간다운 생활을 할 권리를 침해하는 것으로서 헌법에 위반된다.

○ 보건복지부장관의 의견 중 일부

● 적법요건에 관한 의견

"생계보호기준"은 행정조직의 업무처리에 관한 내부적인 지침에 불과하여 국민에게 직접적인 효력을 가지지 아니하므로, 위 생계보호기준을 고시한 행위는 헌법소원의 대상이 되는 "공권력의 행사"에 해당하지 아니한다. 만일 청구인들의 심판청구취지가 "보호급여처분"이 위헌이므로 이를 취소하여 달라는 취지라면, 이는 행정심판, 행정소송 등 다른 구제절차를 거치지 아니한 것이므로 부적법하다.

○ 결정이유 중 일부

● 적법요건에 관한 판단

(1) 직접성 요건에 관하여

이 사건 생계보호기준은 생활보호법 제5조 제2항의 위임에 따라 보건복지부장관이 보호의 종류별로 정한 보호의 기준으로서 일단 보호대상자로 지정이되면 그 구분(거택보호대상자, 시설보호대상자 및 자활보호대상자)에 따른 각 그 보호기준에 따라 일정한 생계보호를 받게 된다는 점에서 직접 대외적 효력을 가지며, 공무원의 생계보호급여 지급이라는 집행행위는 위 생계보호기준에 따른 단순한 사실적 집행행위에 불과하므로, 위 생계보호기준은 그 지급대상자인 청구인들에 대하여 직접적인 효력을 갖는 규정이다.

(2) 보충성 요건에 관하여

이 사건 심판의 대상은 보건복지부장관 또는 그 산하 행정기관의 어떤 구체적인 보호급여처분(생계보호급여처분) 그 자체가 아니고 보건복지부장관이 법령의 위임에 따라 정한 그 보호급여(생계보호급여)의 기준으로서, 현행 행정소송법상 이를 다툴 방법이 있다고 볼 수 없으므로 이 사건은 다른 법적 구제수단이 없는 경우에 해당하여 보충성 요건을 갖춘 것이라 볼 수 있다.

다. 재량준칙에 대한 헌법소원

(1) 재량준칙의 의의

● 대법원 2013. 11. 14. 선고 2011두28783 판결 [과징금 감경결정 취소청구]

○ 판결요지

구 '부당한 공동행위 자진신고자 등에 대한 시정조치 등 감면제도 운영고시'(2009. 5. 19. 공정거래위원회 고시 제2009-9호로 개정되기 전의 것) 제16조 제1항, 제2항은 그 형식 및 내용에 비추어 재량권 행사의 기준으로 마련된 행정청 내부의 사무처리준칙 즉 재량준칙이라 할 것이고, 구 '독점규제 및 공정거래에 관한 법률 시행령'(2009. 5. 13. 대통령령 제21492호로 개정되기 전의 것, 이하 '시행령'이라 한다) 제35조 제1항 제4호에 의한 추가감면 신청 시 그에 필요한 기준을 정하는 것은 행정청의 재량에 속하므로 그 기준이 객관적으로 보아 합리적이 아니라든가 타당하지 아니하여 재량권을 남용한 것이라고 인정되지 않는 이상 행정청의 의사는 가능한 한 존중되어야 한다. 이러한 재량준칙은 일반적으로 행정조직 내부에서만 효력을 가질 뿐 대외적인 구속력을 갖는 것은 아니므로 행정처분이 이를 위반하였다고 하여 그러한 사정만으로 곧바로 위법하게 되는 것은 아니고, 다만 그 재량준칙이 정한 바에 따라 되풀이 시행되어 행정관행이 이루어지게 되면 평등의 원칙이나 신뢰보호의 원칙에 따라 행정기관은 상대방에 대한 관계에서 그 규칙에 따라야 할 자기구속을 받게 되므로, 이러한 경우에는 특별한 사정이 없는 한 그에 반하는 처분은 평등의 원칙이나 신뢰보호의 원칙에 어긋나 재량권을 일탈·남용한 위법한 처분이 된다.

(2) 헌법재판소 2005. 5. 26. 2004헌마49 계호근무준칙 제298조 등 위헌확인

○ 판시사항

법무부 훈령인 계호근무준칙 제298조 제1호·제2호에 대해 공권력 행사성과 직접성을 인정할 수 있는지 여부(적극)

○ 결정요지

계호근무준칙(2000. 3. 29. 법무부 훈령 제422호로 개정된 것) 제298조 제1호·제2호(이하 '이 사건 준칙조항'이라 한다)는 행정규칙이기는 하나 검사 조사실에서의 계구사용에 관한 재량권 행사의 준칙으로서 오랫동안 반복적으로 시행되어 그 내용이 관행으로 확립되었다 할 수 있는 것으로, 이 사건 준칙조항을 따라야 하는 검사 조사실 계호근무자로서는 검사 조사실에서 수용자가 조사를 받는 동안에는 그 때 그 때 개별적으로 상관에게 요청하여 그 지시를 받아 계구사용의 해제 여부를 결정할 여유가 사실상 없기 때문에 일단은 재량의 여지없이 원칙적, 일률적으로 계구를 사용하여 수용자를 결박한 상태에서 계호해야 한다. 그렇다면 이 사건 준칙조항은 이와 같은 재량 없는 집행행위를 통하여 계호대상이 되는 수용자에게 직접적으로 계구 사용으로 인한 기본권제한의 효력을 미치게 된다고 볼 수 있다.

O 사건의 개요

(1) 청구인(송두율)은 독일 거주 사회학자로서 국가보안법 위반 등의 혐의로 체포영장이 발부된 상태에서 입국한 다음 수사를 받다가 구속되어 2003. 10. 22.경 서울구치소에 수용되었다.

(2) 청구인은 2003. 10. 24.경부터 같은 해 11. 6.까지 사이에 수회에 걸쳐 서울지방검찰청 검사조사실에서 피의자신문을 받았는데 그 대부분의 시간 포승과 수갑으로 신체가 결박된 채 신문을 받았다.

(3) 청구인은 2004. 1. 16. 위와 같은 계구사용으로 인해 신체의 자유, 인간으로서의 존엄과 가치 등 기본권이 침해되었다고 하여 피청구인의 위 계구사용행위 및 계호근무준칙 제298조의 각 위헌확인을 구하는 이 헌법소원심판청구를 하였다.

O 심판대상조문

심판대상은 다음 두 가지이다.

① 2003. 10. 24.경부터 같은 해 11. 6.까지 사이에 수회에 걸쳐 청구인이 서울지방검찰청 검사조사실에서 조사를 받는 동안 수갑과 포승으로 계속 청구인의 신체를 결박해 둔 피청구인 서울구치소장 산하 교도관의 행위(이하 '이 사건 계구사용행위'라고 한다)의 위헌 여부

② 계호근무준칙(2000. 3. 29. 법무부훈령 제422호로 개정된 것) 제298조 제1호·제2호(이하 '이 사건 준칙조항'이라고 한다)의 위헌 여부

청구인은 "제298조"를 심판대상으로 표시하였으나 그 구체적 주장을 보면 검사조사실에서 계구를 사용하는 것을 원칙으로 하는 같은 조 제1호·제2호가 위헌이라는 내용일 뿐 그 전체가 위헌이라는 취지는 아니므로 위와 같이 그 중 제1호 및 제2호만을 심판대상으로 한다.

- 계호근무준칙(2000. 3. 29. 법무부훈령 제422호로 개정된 것) 제298조(검사조사실 근무자 유의사항) 검사조사실 계호근무자는 다음 사항에 유의하여야 한다.
    1. 계구를 사용한 채 조사실 안에서 근접계호를 하여야 한다.
    2. 검사로부터 조사상 필요에 따라 계호근무자의 퇴실 또는 계구의 해제를 요청 받았을 때에는 이를 거절하여야 한다. 다만, 상관으로부터 지시를 받았을 때에는 예외로 한다.
    3.~5. 생략

O 참조조문

- 행형법[5] 제14조(계구) ① 교도관은 수용자의 도주·폭행·소요 또는 자살의 방지 기타 교도소 등의 안전과 질서유지를 위하여 필요한 경우에는 계구를 사용할 수 있다.
    ② 계구의 종류는 다음과 같다.
    1. 포승
    2. 수갑
    3. 사슬
    4. 안면 보호구
    ③ 계구는 징벌의 수단으로 사용하여서는 아니된다.
    ④ 계구의 종류별 사용요건 및 사용절차에 관한 사항은 대통령령으로 정하되, 계구의 모양·규격 및 사용방법 등에 관한 사항은 법무부장관이 정한다.

- 행형법 시행령 제45조(계구의 사용) 계구는 당해 소장의 명령없이 사용하지 못한다. 다만, 긴급을 요하는 때에는 사용 후 즉시 소장에게 보고하여야 한다.

- 행형법 시행령 제46조(계구의 종류별 사용요건 등) ① 포승과 수갑은 소요

---

[5] 「행형법」은 2007. 12. 21. 「형의 집행 및 수용자의 처우에 관한 법률(약칭: 형집행법)」로 법률의 명칭이 바뀌었다.

·폭행·도주 또는 자살의 우려가 있는 자와 호송 중의 수용자에게, 안면보호구는 제지에 불응하고 고성을 발하거나 자해의 우려가 있는 수용자에게 각각 사용한다.

(②, ③ 생략)

- 계구의 제식과 사용절차에 관한 규칙(1995. 5. 3. 법무부훈령 제333호로 개정된 것) 제4조(계구의 사용요건) ① 소장은 다음 각 호의1에 해당하는 사유가 있을 때에는 수용자에게 계구를 사용할 수 있다.
  1. 이송 및 출정을 위한 호송 기타 교정시설 이외의 장소에서 수용자를 호송할 때
  2. 도주·자살·자해·폭동 등(이하 "교정사고"라 한다)의 예방을 위하여 필요한 때
  3.~5. 생략

(②, ③ 생략)

O 청구인의 주장

(1) 청구인은 검찰청 조사실에서 조사를 받는 기간 동안 보통 1일 4시간 이상 조사를 받았는데 그 동안 계속 수갑과 포승에 묶인 채 불편한 의자에 앉아 있어야 했으므로 심신의 건강이 악화되었고 수치심, 당혹감을 느꼈으며 심리적으로 위축되어 방어권 행사에도 지장을 받았다. 청구인은 조사를 받을 것을 각오하고 귀국하여 소환조사에 계속 협조하였으므로 도주우려가 없었을 뿐 아니라 조사실과 복도에 설치된 문을 잠그고 교도관이 출입문에서 지키는 방법만으로도 도주를 막기에 충분하였다. 그럼에도 불구하고 조사를 받는 동안 미결수용자인 청구인에게 계속 수갑, 포승을 사용하여 과도하게 신체를 구속한 이 사건 계구사용행위는 인간의 존엄과 가치, 신체의 자유를 침해한 것이고 무죄추정원칙에도 위배된다.

(2) '도주, 폭행, 소요 또는 자살의 방지 기타 교도소 등의 안전과 질서유지를 위하여 필요한 경우'인지를 불문하고 검사조사실에서 항상 계구를 사용하도록 규정한 이 사건 준칙조항은 상위법인 행형법에 위배될 뿐 아니라 헌법에

도 위배된다.

O 결정이유 중 일부

- 적법요건에 대한 판단

가. 행정조직 내부에서만 효력을 갖는 행정규칙이라 하더라도 재량권행사의 준칙인 행정규칙이 그 정한 바에 따라 되풀이 시행되어 행정관행이 이룩되어 평등의 원칙 등에 따라 행정기관이 그 규칙에 따라야 할 자기구속을 당하게 되는 경우에는 대외적 구속력을 가지게 되어 헌법소원의 대상이 되는 경우가 있고(헌재 2002. 7. 18. 2001헌마605 참조), 한편 헌법소원심판의 대상이 되는 법령은 그 법령에 기한 다른 집행행위를 기다리지 않고 직접 국민의 기본권을 침해하는 법령이어야 하지만 예외적으로 법령이 일의적이고 명백한 것이어서 집행기관이 심사와 재량의 여지없이 그 법령에 따라 일정한 집행행위를 하여야 하는 때에는 당해 법령을 헌법소원의 직접대상으로 삼을 수 있다(헌재 1995. 2. 23. 90헌마214). 이 사건 준칙조항은 행정규칙이기는 하나 검사 조사실에서의 계구사용에 관한 재량권 행사의 준칙으로서 오랫동안 반복적으로 시행되어 그 내용이 관행으로 확립되었다 할 수 있는 것으로, 이 사건 준칙조항을 따라야 하는 검사 조사실 계호근무자로서는 검사조사실에서 수용자가 조사를 받는 동안에는 그때그때 개별적으로 상관에게 요청하여 그 지시를 받아 계구사용의 해제 여부를 결정할 여유가 사실상 없기 때문에 일단은 재량의 여지없이 원칙적, 일률적으로 계구를 사용하여 수용자를 결박한 상태에서 계호해야 한다. 그렇다면 이 사건 준칙조항은 이와 같은 재량 없는 집행행위를 통하여 계호대상이 되는 수용자에게 직접적으로 계구사용으로 인한 기본권제한의 효력을 미치게 된다고 볼 수 있고 이러한 상황은 청구인의 경우에도 실제로 동일하게 발생하였다.

또 이 사건 계구사용행위는 우월적 지위에서 수용자에게 일방적으로 강제하는 성격을 가진 권력적 사실행위로서 헌법재판소법 제68조 제1항의 공권력행사에 해당하고 이 사건 준칙조항에 따른 계호근무자의 위와 같은 일률적 집행과 결합하여 청구인에게 직접적인 효력을 발생했다고 볼 수 있다.

나. 행형법 제6조 제1항은 청원제도를 규정하고 있으나 그 처리기관이나

절차 및 효력 면에서 권리구제절차로서는 불충분하고 우회적인 제도이므로 헌법소원에 앞서 반드시 거쳐야 하는 사전구제절차라고 보기는 어렵고 이 사건 준칙조항에 대해서는 그 효력을 다툴 수 있는 다른 방법도 없으며 이 사건 계구사용행위는 이미 종료되었으므로 행정심판이나 행정소송의 대상으로 인정되기 어려울 뿐만 아니라 설사 그 대상이 된다고 하더라도 소의 이익이 부정될 가능성이 많아 청구인으로서는 헌법소원심판을 청구하는 외에 달리 효과적인 구제방법이 있다고 보기 어려워 보충성의 원칙에 대한 예외에 해당된다(헌재 2003. 12. 18. 2001헌마163 참조).

한편 이 사건 계구사용행위는 2003. 11. 6. 종료되었으므로 이에 대해 심판을 구할 청구인의 주관적인 권리보호이익은 이미 소멸되었다. 그러나 구속피의자에 대해 피의자신문을 하는 동안 검사조사실에서 계구를 사용하는 실무집행은 오랫동안 지속되어 왔고 청구인의 경우에도 반복될 가능성을 배제할 수 없다. 이러한 기본권 침해사유의 반복가능성 그리고 계구사용으로 인한 신체의 자유의 심각한 제한 등을 고려하면 검사조사실에서 조사를 받는 미결수용자에 대한 계구사용에 관한 헌법적 해명의 필요성이 인정되므로 이 사건 심판청구의 이익을 인정할 수 있다.

O 결정요지 중 일부

2. 수형자나 미결수용자에 대한 계호의 필요에 따라 수갑, 포승 등의 계구를 사용할 수 있지만 구금된 자라는 이유만으로 계구 사용이 당연히 허용되는 것이 아니고 계구 사용으로 인한 신체의 자유의 추가적 제한 역시 과잉금지원칙에 반하지 않아야 한다. 그러므로 구속 피의자에 대한 계구 사용은 도주, 폭행, 소요 또는 자해나 자살의 위험이 분명하고 구체적으로 드러난 상태에서 이를 제거할 필요가 있을 때 이루어져야 하며, 필요한 만큼만 사용하여야 한다. 검사가 검사조사실에서 피의자신문을 하는 절차에서는 피의자가 신체적으로나 심리적으로 위축되지 않은 상태에서 자기의 방어권을 충분히 행사할 수 있어야 하므로 계구를 사용하지 말아야 하는 것이 원칙이고 다만 도주, 폭행, 소요, 자해 등의 위험이 분명하고 구체적으로 드러나는 경우에만 예외적으로 계구를

사용하여야 할 것이다.

3. 검사실에서의 계구 사용을 원칙으로 하면서 심지어는 검사의 계구 해제 요청이 있더라도 이를 거절하도록 규정한 계호근무준칙의 이 사건 준칙조항은 원칙과 예외를 전도한 것으로서 신체의 자유를 침해하므로 헌법에 위반된다.

청구인이 도주를 하거나 소요, 폭행 또는 자해를 할 위험이 있었다고 인정하기 어려움에도 불구하고 여러 날, 장시간에 걸쳐 피의자 신문을 하는 동안 계속 계구를 사용한 것은 막연한 도주나 자해의 위험 정도에 비해 과도한 대응으로서 신체의 자유를 제한함에 있어 준수되어야 할 피해의 최소성 요건을 충족하지 못하였고, 심리적 긴장과 위축으로 실질적으로 열등한 지위에서 신문에 응해야 하는 피의자의 방어권 행사에도 지장을 주었다는 점에서 법익 균형성도 갖추지 못하였다.

ㅇ 주 문

1. 계호근무준칙(2000. 3. 29. 법무부훈령 제422호로 개정된 것) 제298조 제1호·제2호는 헌법에 위반된다.

2. 2003. 10. 24.경부터 같은 해 11. 6.까지 사이에 수회에 걸쳐 청구인이 서울지방검찰청 검사조사실에서 피의자신문을 받는 동안 수갑과 포승으로 계속 청구인의 신체를 결박해 둔 피청구인 산하 교도관의 행위는 청구인의 신체의 자유를 침해한 것으로서 위헌임을 확인한다.

03 권력적 사실행위에 대한 헌법소원

가. 권력적 사실행위의 의의

일정한 법률효과의 발생을 목적으로 하는 것이 아니라 직접적으로는 사실상의 효과만을 가져오는 공권력의 행사.

• 헌법재판소 2005. 3. 31. 2003헌마87 한·중 국제결혼절차 위헌확인

O 결정이유 중에서 발췌

행정상의 사실행위는 경고, 권고, 시사와 같은 정보제공행위나 단순한 지식표시행위인 행정지도와 같이 대외적 구속력이 없는 '비권력적 사실행위'와 행정청이 우월적 지위에서 일방적으로 강제하는 '권력적 사실행위'로 나눌 수 있고, 이 중에서 권력적 사실행위는 헌법소원의 대상이 되는 공권력의 행사에 해당한다(헌재 2003. 12. 18. 2001헌마754). 일반적으로 어떤 행정행위가 헌법소원의 대상이 되는 권력적 사실행위에 해당하는지의 여부는 당해 행정주체와 상대방과의 관계, 그 사실행위에 대한 상대방의 의사·관여 정도·태도, 그 사실행위의 목적·경위, 법령에 의한 명령·강제수단의 발동 가부 등 그 행위가 행하여질 당시의 구체적 사정을 종합적으로 고려하여 개별적으로 판단하여야 한다(헌재 1994. 5. 6. 89헌마35).

나. 헌법재판소 결정례

(1) 헌법재판소 2014. 3. 27. 2012헌마652 피의사실 언론공표 등 위헌확인

O 판시사항

1. 피청구인이 청구인에 관한 보도자료를 기자들에게 배포한 행위(이하 '보도자료 배포행위'라 한다)에 대한 헌법소원심판청구가 적법한지 여부(소극)

2. 피청구인이 보도자료 배포 직후 기자들의 취재 요청에 응하여 청구인이 경찰서 조사실에서 양손에 수갑을 찬 채 조사받는 모습을 촬영할 수 있도록 허용한 행위(이하 '촬영허용행위'라 한다)가 청구인의 인격권을 침해하는지 여부(적극)

O 결정요지

1. 보도자료 배포행위는 수사기관이 공소제기 이전에 피의사실을 대외적으로 알리는 것으로서, 이것이 형법 제126조의 피의사실공표죄에 해당하는 범죄행위라면 청구인은 이를 수사기관에 고소하고 그 처리결과에 따라 검찰청법

에 따른 항고를 거쳐 재정신청을 할 수 있으므로, 위와 같은 권리구제절차를 거치지 아니한 채 제기한 보도자료 배포행위에 대한 심판청구는 보충성 요건을 갖추지 못하여 부적법하다.

2. 사람은 자신의 의사에 반하여 얼굴을 비롯하여 일반적으로 특정인임을 식별할 수 있는 신체적 특징에 관하여 함부로 촬영당하지 아니할 권리를 가지고 있으므로, 촬영허용행위는 헌법 제10조로부터 도출되는 초상권을 포함한 일반적 인격권을 제한한다고 할 것이다. 원칙적으로 '범죄사실' 자체가 아닌 그 범죄를 저지른 자에 관한 부분은 일반 국민에게 널리 알려야 할 공공성을 지닌다고 할 수 없고, 이에 대한 예외는 공개수배의 필요성이 있는 경우 등에 극히 제한적으로 인정될 수 있을 뿐이다. 피청구인은 기자들에게 청구인이 경찰서 내에서 수갑을 차고 얼굴을 드러낸 상태에서 조사받는 모습을 촬영할 수 있도록 허용하였는데, 청구인에 대한 이러한 수사 장면을 공개 및 촬영하게 할 어떠한 공익 목적도 인정하기 어려우므로 촬영허용행위는 목적의 정당성이 인정되지 아니한다. 피의자의 얼굴을 공개하더라도 그로 인한 피해의 심각성을 고려하여 모자, 마스크 등으로 피의자의 얼굴을 가리는 등 피의자의 신원이 노출되지 않도록 침해를 최소화하기 위한 조치를 취하여야 하는데, 피청구인은 그러한 조치를 전혀 취하지 아니하였으므로 침해의 최소성 원칙도 충족하였다고 볼 수 없다. 또한 촬영허용행위는 언론 보도를 보다 실감나게 하기 위한 목적 외에 어떠한 공익도 인정할 수 없는 반면, 청구인은 피의자로서 얼굴이 공개되어 초상권을 비롯한 인격권에 대한 중대한 제한을 받았고, 촬영한 것이 언론에 보도될 경우 범인으로서의 낙인 효과와 그 파급효는 매우 가혹하여 법익균형성도 인정되지 아니하므로, 촬영허용행위는 과잉금지원칙에 위반되어 청구인의 인격권을 침해하였다.

[재판관 김창종, 재판관 강일원의 촬영허용행위 부분에 대한 반대의견]

보도자료 배포행위와 촬영허용행위는 동일한 목적 아래 시간적·장소적으로 밀접하게 이루어진 것이므로, 전체적으로 볼 때 피청구인이 언론기관에 청구인의 피의사실을 알리는 일련의 행위로서 하나의 공권력행사라고 보아야 한다. 피청구인의 보도자료 배포 및 촬영허용행위가 포괄하여 형법 제126조의 피의사실공표죄에 해당하는 범죄행위라면, 보충성 요건을 갖추지 못하여 부적법하다. 다수의견과 같이 피청구인의 행위 중 촬영허용행위를 분리하여 보더라도, 청구인의 동의 없이 촬영을 허용한 행위가 위법하다는 것은 관련 규정의 해석상 명백하고, 피청구인 스스로도 청구인의 의사에 관계없이 수갑을 차고 얼굴을 드러낸 상태에서 조사받는 장면을 촬영할 수 있도록 허용하는 것이 위법하다는 점을 충분히 인식하고 있었으므로 '침해행위가 반복될 위험성'이 없다. 또한 촬영허용행위는 위법하게 법령을 해석·적용한 것으로서 개별적, 예외적이라고 할 것이고, 당해 사건을 떠나 일반적이고 중요한 의미를 지니고 있어 헌법질서의 수호·유지를 위하여 그 해명이 긴요한 경우라 할 수 없다. 따라서 촬영허용행위에 대한 심판청구는 주관적 권리보호이익뿐만 아니라 예외적인 심판청구이익도 없어 부적법하다.

O 당 사 자

청구인   정○헌(국선대리인 변호사 이주영)
피청구인   강동경찰서 사법경찰관

O 사건 개요

피청구인은 2012. 4. 24. 사기 혐의로 구속된 청구인을 강동경찰서 조사실에서 조사하면서, 같은 날 경찰서 기자실에서 "교통사고 위장, 보험금 노린 형제 보험사기범 검거"라는 제목의 보도자료를 기자들에게 배포하였다. 보도자료에는 피의자인 청구인과 청구인의 형의 나이 및 직업, 실명 중 2글자가 각각 표시되어 있고, 이들의 범죄전력과 피의사실, 범행방법, 증거의 내용 등이 기재되어 있었다.

피청구인은 보도자료 배포 직후 기자들의 취재 요청에 응하여 청구인이 강동경찰서 조사실에서 양손에 수갑을 찬 채 조사받는 모습을 촬영할 수 있도록 허용하였다. KBS, 중앙일보 등 각 언론사는 2012. 4. 25. 청구인의 범죄사실에 관한 뉴스 및 기사를 보도하였는데, 청구인을 '정모씨(36세)' 또는 'A씨' 등으로 표현하였고, 청구인이 수갑을 차고 얼굴을 드러낸 상태에서 경찰로부터 조사받는 장면이 흐릿하게 처리되어 방송되었다.

청구인은, 피청구인이 언론기관에 보도자료를 배포하여 청구인의 피의사실을 알리고 기자들로 하여금 청구인의 모습을 촬영할 수 있도록 허용한 행위가 무죄추정원칙에 반하여 청구인의 인격권 등을 침해하였다고 주장하면서, 2012. 7. 20. 그 위헌확인을 구하는 헌법소원심판을 청구하였다.

○ 심판대상

이 사건의 심판대상은 피청구인이 2012. 4. 24. 청구인에 관한 보도자료를 배포한 행위(이하 '보도자료 배포행위'라 한다) 및 청구인에 대한 조사과정의 촬영을 허용한 행위(이하 '촬영허용행위'라 한다)가 청구인의 기본권을 침해하는지 여부이며, 관련조항의 내용은 다음과 같다.

○ 관련조항

- 형법(1953. 9. 18. 법률 제293호로 제정된 것) 제126조(피의사실공표) 검찰, 경찰 기타 범죄수사에 관한 직무를 행하는 자 또는 이를 감독하거나 보조하는 자가 그 직무를 행함에 당하여 지득한 피의사실을 공판청구 전에 공표한 때에는 3년 이하의 징역 또는 5년 이하의 자격정지에 처한다.

- 구 인권보호를 위한 경찰관 직무규칙(2005. 10. 4. 경찰청훈령 제461호로 제정되고, 2012. 7. 23. 경찰청훈령 제674호로 폐지되기 전의 것) 제83조(수사사건 언론공개의 기준) ① 경찰관은 원칙적으로 수사사건에 대하여 공판청구 전 언론공개를 하여서는 아니된다.
② 제1항의 규정에도 불구하고 공공의 이익 및 국민의 알권리를 보장하기 위해 다음 각 호의 1에 해당하는 경우 홍보책임자는 언론공개를 할 수 있다.
1. 중요범인 검거 및 참고인·증거 발견을 위해 특히 필요하다고 인정되는 경우
2. 국민의혹 또는 불안을 해소하거나 유사범죄 예방을 위해 특히 필요하다고 인정되는 경우

3. 기타 공익을 위해 특히 필요하다고 인정되는 경우

③ 제1항에 의해 언론공개를 하는 경우에도 객관적이고 정확한 증거 및 자료를 바탕으로 필요한 사항만 공개하여야 한다.

④ 개인의 신상정보 등이 기록된 모든 서류 및 부책 등은 외부로 유출되지 않도록 보안관리 하여야 한다.

- 구 인권보호를 위한 경찰관 직무규칙(2005. 10. 4. 경찰청훈령 제461호로 제정되고, 2012. 7. 23. 경찰청훈령 제674호로 폐지되기 전의 것) 제84조(수사사건 언론공개의 한계) 제83조 제2항의 언론공개를 할 때에도 다음 각 호의 1에 해당하는 사항은 공개하지 않아야 한다.

  1. 범죄와 직접 관련이 없는 명예·사생활에 관한 사항
  2. 보복 당할 우려가 있는 사건관계인의 신원에 관한 사항
  3. 범죄 수법 및 검거 경위에 관한 자세한 사항
  4. 기타 법령에 의하여 공개가 금지된 사항

- 구 인권보호를 위한 경찰관 직무규칙(2005. 10. 4. 경찰청훈령 제461호로 제정되고, 2012. 7. 23. 경찰청훈령 제674호로 폐지되기 전의 것) 제85조(초상권 침해 금지) 경찰관은 경찰관서 안에서 피의자, 피해자 등 사건관계인의 신원을 추정할 수 있거나 신분이 노출될 우려가 있는 장면이 촬영되지 않도록 하여야 한다.

- 구 인권보호를 위한 경찰관 직무규칙(2010. 12. 27. 경찰청훈령 제617호로 개정되고, 2012. 7. 23. 경찰청훈령 제674호로 폐지되기 전의 것) 제85조의2(예외적 촬영 허용) 경찰관은 「특정강력범죄의 처벌에 관한 특례법」 제8조의2 제1항[6] 또는 「성폭력범죄의 처벌 등에 관한 특례법」 제23조 제1항[7]에 해

---

[6] 「특정강력범죄의 처벌에 관한 특례법」 제8조의2(피의자의 얼굴 등 공개) ① 검사와 사법경찰관은 다음 각 호의 요건을 모두 갖춘 특정강력범죄사건의 피의자의 얼굴, 성명 및 나이 등 신상에 관한 정보를 공개할 수 있다.
1. 범행수단이 잔인하고 중대한 피해가 발생한 특정강력범죄사건일 것
2. 피의자가 그 죄를 범하였다고 믿을 만한 충분한 증거가 있을 것

당하는 경우에는 피의자의 얼굴, 실명 및 나이 등 신상에 관한 정보를 공개할 수 있다.

○ 청구인의 주장

피청구인은 보도자료를 배포하는 과정에서 청구인의 피의사실뿐 아니라 인적사항까지 언론사에 제공하여 보도되게 함으로써, 청구인이 사회적·정신적으로 극심한 피해를 입게 되었는바, 이는 헌법상 무죄추정원칙에 반하여 청구인의 인격권을 침해한다.

피청구인은 기자들로 하여금 조사실에 카메라를 설치하도록 준비시킨 후 청구인을 수갑과 포승에 묶어 조사실 의자에 앉히고 얼굴이 드러난 상태에서 조사받는 장면을 촬영하도록 허용하였는바, 이는 청구인의 인격권과 신체의 자유를 침해한다.

○ 결정이유 중 일부

● 적법요건에 대한 판단

가. 공권력 행사성

기록에 의하면, 피청구인이 언론사 기자들의 취재 요청에 응하여 청구인이 경찰서 내에서 조사받는 모습을 촬영할 수 있도록 허용하고 기자실에서 청구인의 피의사실과 관련한 보도자료를 배포한 사실을 인정할 수 있다.

수사기관이 촬영에 협조하지 않는 이상 기자들이 수사관서 내에서 피의자

---

3. 국민의 알권리 보장, 피의자의 재범방지 및 범죄예방 등 오로지 공공의 이익을 위하여 필요할 것
4. 피의자가 「청소년보호법」 제2조 제1호의 청소년에 해당하지 아니할 것
② 제1항에 따라 공개를 할 때에는 피의자의 인권을 고려하여 신중하게 결정하고 이를 남용하여서는 아니 된다.

7) 「성폭력범죄의 처벌 등에 관한 특례법」 제23조(피의자의 얼굴 등 공개) ① 검사와 사법경찰관은 성폭력범죄의 피의자가 죄를 범하였다고 믿을 만한 충분한 증거가 있고, 국민의 알권리 보장, 피의자의 재범 방지 및 범죄예방 등 오로지 공공의 이익을 위하여 필요할 때에는 얼굴, 성명 및 나이 등 피의자의 신상에 관한 정보를 공개할 수 있다. 다만, 피의자가 「청소년보호법」 제2조 제1호의 청소년에 해당하는 경우에는 공개하지 아니한다.
② 제1항에 따라 공개를 할 때에는 피의자의 인권을 고려하여 신중하게 결정하고 이를 남용하여서는 아니 된다.

의 조사장면을 촬영하는 것은 불가능하고, 수사기관이 피의자 개인보다 훨씬 더 우월적 지위에 있어 취재 및 촬영과정에서 사실상 피의자의 의사가 반영되기 어렵다. 피청구인이 청구인의 의사에 관계없이 언론사의 취재 요청에 응하여 청구인의 모습을 촬영할 수 있도록 허용한 이상, 이미 청구인으로서는 수갑을 차고 얼굴을 드러낸 상태에서 조사받는 모습을 언론사에 공개당하는 불이익을 입게 된 것이다. 결국 심판대상 행위들은 권력적 사실행위로서 헌법소원 심판청구의 대상이 되는 공권력의 행사에 해당한다.

나. 보충성

심판대상 행위 중 촬영허용 부분은 이미 종료된 행위로서 소의 이익이 없어 각하될 가능성이 크므로, 헌법소원심판을 청구하는 외에 다른 효과적인 구제방법이 있다고 보기 어렵다(헌재 1998. 8. 27. 96헌마398 등 참조).

그러나 보도자료 배포행위는 수사기관이 공판청구 전에 피의사실을 대외적으로 알리는 것으로서 형법 제126조의 피의사실공표죄에 해당하는지가 문제된다. 만약 피청구인의 행위가 피의사실공표죄에 해당하는 범죄행위라면, 수사기관을 상대로 고소하여 행위자를 처벌받게 하거나 처리결과에 따라 검찰청법에 따른 항고를 거쳐 재정신청을 할 수 있으므로, 위와 같은 권리구제절차를 거치지 아니한 채 곧바로 제기한 이 부분 심판청구는 보충성 요건을 갖추지 못하였다(헌재 2011. 9. 29. 2010헌바66 참조).

다. 권리보호이익

촬영허용행위는 이미 종료된 행위로서, 이 사건 심판청구가 인용된다고 하더라도 청구인에 대한 권리구제는 불가능하므로 주관적 권리보호이익은 소멸하였다.

헌법소원제도는 개인의 권리구제뿐만 아니라 헌법질서를 보장하는 기능도 가지고 있으므로, 헌법소원이 주관적 권리구제에는 별 도움이 되지 않는다 하더라도 그러한 침해행위가 앞으로도 반복될 위험이 있거나 당해 분쟁의 해결이 헌법질서의 수호·유지를 위하여 긴요한 사항이어서 헌법적으로 그 해명이 중대한 의미를 지니고 있는 경우에는 심판청구이익을 인정할 수 있다(헌재 2003. 12.

18. 2001헌마163 등 참조).

피의자의 얼굴 및 조사받는 모습이 수사과정에서 피의자의 의사에 관계없이 언론에 노출되는 일은 현재도 일어나고 있어 앞으로도 구체적으로 반복될 위험이 있고, 피의자의 인격권 보호와 국민의 알권리 보장이라는 두 법익이 충돌하는 영역으로서 헌법질서의 수호·유지를 위하여 헌법적 해명이 긴요한 사항이다. 비록 수사기관 내부적으로 피의자의 신원을 추정할 수 있거나 신분이 노출될 우려가 있는 장면의 촬영을 금지하고 있으나(예컨대, 이 사건의 경우 구 인권보호를 위한 경찰관 직무규칙 제85조 등) 여전히 수사기관이 이와 관련하여 자의적으로 해석함으로써 기본권이 침해될 여지가 있고, 이에 대한 헌법재판소의 해명이 아직 이루어지지 않았으므로 심판청구이익을 인정함이 상당하다.

O 주 문

1. 피청구인이 2012. 4. 24. 청구인에 대한 조사과정의 촬영을 허용한 행위는 청구인의 인격권을 침해하여 위헌임을 확인한다.

2. 청구인의 나머지 청구를 각하한다.

(2) <u>헌법재판소 2017. 11. 30. 2016헌마503 변호인 참여신청서 요구행위 등 위헌확인</u>

O 당 사 자

청 구 인　　　　강○정
　　　　　　　　대리인 법무법인 정인 담당변호사 강영수 외 4인
피청구인　　　　부산지방검찰청 동부지청 수사관

O 사건개요

가. 청구인은 2016. 4. 21. 16:30경 피청구인으로부터 구속된 피의자가 변호인 참여 없이 조사를 받지 않겠다고 하니 즉시 와달라는 연락을 받고 17:15경 부산지방검찰청 동부지청 수사과 2호실에 도착하여 피의자 옆에 앉으려고 하자, 피청구인은 피의자 후방에 앉으라고 요구하는 한편(이하 '이 사건 후방착석

요구행위'라 한다), 변호인 참여신청서의 작성을 요구하였다(이하 '이 사건 참여신청서요구행위'라 한다).

나. 청구인은 피의자의 오른쪽 뒤에 앉아 피의자신문에 참여하였고, 피청구인과 함께 있던 수사관이 '변호인의 피의자신문 참여 운영 지침' 별지 1호 서식인 변호인 참여신청서를 출력해 주어 인적사항을 기재하여 제출하였다.

다. 청구인은 피의자신문이 끝난 뒤 피청구인에게 피의자와 이야기를 해도 되냐고 묻자, 변호인 접견신청서를 제출해야 한다는 말을 듣고, 당시 저녁 6시가 넘은 상태였으므로 피의자가 구치소에서 저녁식사를 할 수 있도록 하자는 생각에 피의자에게 다음 날 오전 구치소로 찾아가겠다고 말하고 피의자와 접견하지 않았다(이하 '이 사건 접견불허행위'라 한다).

라. 청구인은 이 사건 후방착석요구행위, 이 사건 참여신청서요구행위, 이 사건 접견불허행위, '변호인의 피의자신문 참여 운영 지침' 제5조 제1항이 변호인인 청구인의 피의자에 대한 접견교통권을 침해하였다고 주장하며 이 사건 헌법소원심판을 청구하였다.

○ 심판대상

이 사건 심판대상은 이 사건 후방착석요구행위, 이 사건 참여신청서요구행위, 이 사건 접견불허행위, '변호인의 피의자신문 참여 운영 지침'(2005. 6. 20. 시행 대검찰청 지침, 이하 '변호인참여지침'이라 한다) 제5조 제1항(이하 '이 사건 지침'이라 한다)이 청구인의 기본권을 침해하는지 여부이다. 이 사건 지침과 관련조항은 다음과 같다.

○ 심판대상조항

- 변호인의 피의자신문 참여 운영 지침(2005. 6. 20. 시행 대검찰청 지침) 제5조(변호인의 좌석) ① 검사는 피의자 후방의 적절한 위치에 신문에 참여하는 변호인의 좌석을 마련하여야 한다.

○ 관련조항

- 변호인의 피의자신문 참여 운영 지침(2005. 6. 20. 시행 대검찰청 지침) 제

<u>12조(준용규정)</u> 본 지침은 검찰수사관 등 사법경찰관의 직무를 수행하는
검찰청직원이 피의자를 신문하는 경우에 준용한다.

O 청구인의 주장요지

이 사건 후방착석요구행위, 이 사건 참여신청서요구행위 및 이 사건 접견
불허행위는 과잉금지원칙에 반하여 변호인의 접견교통권을 침해하고, 이 사건
지침은 법률유보원칙 및 명확성원칙에 위배되며, 과잉금지원칙에 반하여 변호
인의 접견교통권을 침해한다.

O 적법요건에 관한 판단

가. 이 사건 후방착석요구행위

(1) 공권력행사성

(가) 헌법소원은 공권력 행사 또는 불행사로 인하여 헌법상 보장된 기본
권을 침해받은 자가 제기하는 권리구제수단이다. 행정청의 사실행위는 경고·
권고·시사와 같은 정보제공 행위나 단순한 행정지도와 같이 대외적 구속력이
없는 '비권력적 사실행위'와 행정청이 우월적 지위에서 일방적으로 강제하는
'권력적 사실행위'로 나눌 수 있고, 이 중에서 권력적 사실행위만 헌법소원의
대상이 되는 공권력 행사에 해당하고 비권력적 사실행위는 공권력 행사에 해
당하지 아니한다.

그런데 일반적으로 어떤 행정청의 사실행위가 권력적 사실행위인지 또는
비권력적 사실행위인지 여부는, 당해 행정주체와 상대방과의 관계, 그 사실행
위에 대한 상대방의 의사·관여정도·태도, 그 사실행위의 목적·경위, 법령에
의한 명령·강제수단의 발동가부 등 그 행위가 행하여질 당시의 구체적 사정을
종합적으로 고려하여 개별적으로 판단하여야 한다(헌재 1994. 5. 6. 89헌마35; 헌재
2009. 12. 29. 2008헌마617; 헌재 2012. 10. 25. 2011헌마429 등 참조).

(나) 피의자가 구속상태로 2016. 4. 21. 16:30경 피청구인에게 변호인의
참여를 요청하였고, 그로부터 45분이 경과한 17:15경 청구인이 부산지방검찰청
동부지청 수사과 2호실에 도착하였으며, 청구인은 피의자 바로 옆에 앉으려고
하였으나 이 사건 후방착석요구행위로 인하여 피의자의 오른쪽 뒤쪽에 앉아

피의자신문에 참여하였음은 앞서 본 바와 같다.

피청구인이 청구인을 잠재적으로 피의자신문을 방해할 수 있는 존재로 파악하여 피의자신문이 본격적으로 시작되기 전부터 이 사건 후방착석요구행위를 한 것으로 보이는 점, 이 사건 후방착석요구행위는 수사기관의 신문실이라는 밀폐된 공간에서 이루어진 만큼, 변호인의 역할을 통제하려는 의도가 있었다고 보이는 점, 청구인이 이 사건 후방착석요구행위에 대하여 시정을 요구할 경우 신문을 방해하였다는 구실로 청구인의 퇴실을 명할 가능성도 배제할 수 없는 점 등을 고려하여 보면, 이 사건 후방착석요구행위는 피청구인이 자신의 우월한 지위를 이용하여 청구인에게 일방적으로 강제한 것으로서 권력적 사실행위에 해당한다. 따라서 이 사건 후방착석요구행위는 헌법소원의 대상이 되는 공권력의 행사에 해당한다.

(2) 보충성

헌법소원심판청구는 다른 법률에 구제절차가 있는 경우에는 그 절차를 모두 거친 후가 아니면 청구할 수 없다(헌법재판소법 제68조 제1항 단서).

형사소송법 제417조는 제243조의2에 따른 변호인의 참여 등에 관한 처분에 대하여 불복이 있으면 준항고를 제기할 수 있다고 규정하고 있지만, 이 사건 후방착석요구행위와 같은 행위에 대하여 준항고가 제기된 사례가 발견되지 아니하는데다가, 실제로 형사소송법 제417조의 준항고로 다툴 수 있는지 여부도 불명확하므로, 보충성의 예외가 인정된다.

(3) 권리보호이익

(가) 이 사건 후방착석요구행위는 2016. 4. 21. 종료되었으므로, 이에 대한 심판청구가 인용된다고 하더라도 청구인의 권리구제에는 도움이 되지 아니한다. 그러나 기본권 침해행위가 장차 반복될 위험이 있거나 당해 분쟁의 해결이 헌법질서의 유지·수호를 위하여 긴요한 사항이어서 헌법적으로 그 해명이 중대한 의미를 지니고 있는 때에는 예외적으로 심판이익을 인정할 수 있다(헌재 2011. 12. 29. 2010헌마285; 헌재 2016. 5. 26. 2013헌마879 등 참조).

(나) 형사소송법 제243조의2 제1항은 검사 또는 사법경찰관은 피의자 또

는 변호인 등의 신청에 따라 변호인을 정당한 사유가 없는 한 피의자에 대한 신문에 참여하게 하여야 한다고 규정하고 있다. 즉 검사 또는 사법경찰관은 정당한 사유가 있는 경우 변호인에 대해 피의자신문참여를 제한할 수 있다.

이 사건 지침은 "검사는 피의자 후방의 적절한 위치에 신문에 참여하는 변호인의 좌석을 마련하여야 한다."고 규정하고 있고, 피청구인은 이 사건 지침에 따라 이 사건 후방착석요구행위를 하였다고 주장하고 있다. 이 사건 지침은 행정조직 내부에서 업무처리지침으로서의 효력만을 갖는 행정규칙에 불과하고(대법원 2007. 11. 30.자 2007모26 결정 참조), 피의자신문에 참여한 변호인에게 피의자의 후방에 착석할 의무를 부과하는 내용이라고 보기도 어렵다. 그러나 수사기관은 이 사건 지침에 근거하여 피의자 옆에 앉으려는 변호인에게 이를 허용하지 아니하고 피의자의 후방에 착석하여야 한다는 요구를 할 가능성을 배제할 수 없으므로, 이러한 후방착석요구행위는 앞으로 반복될 위험성이 있다.

(다) 청구인이 이 사건 심판청구에서 다투는 것은 피청구인이 이 사건 지침에 따라 변호인이 피의자의 옆에 앉으려는 것을 불허하고 피의자의 후방에 착석할 것을 요구한 행위가 헌법상 보장되는 기본권을 침해하였는지에 관한 것이다. 이는 수사기관이 지침에 따라 변호인에 대해 계속적·반복적으로 행할 수 있는 '피의자신문 시 후방착석요구행위'가 헌법상 기본권을 제한하는 행위인지, 그 행위가 헌법상 기본권을 제한한다면 그 행위의 헌법적 한계를 확정짓고 그에 대한 합헌적 기준을 제시함으로써 판단될 수 있다.

물론 이 사건 후방착석요구행위는 수사기관이 변호인에 대하여 행한 '피의자신문 시 후방착석요구행위'의 경위, 조사받는 피의자 및 참고인의 수, 조사하는 장소의 구조 등 구체적 사정이 고려되어 위헌 여부에 대한 판단이 달라질 수 있다. 그러나 수사기관이 변호인에 대하여 행한 '피의자신문 시 후방착석요구행위'의 헌법적 한계를 확정짓고 그에 대한 합헌적 기준을 제시하는 문제는, 단순히 개별행위에 대한 위법 여부의 문제를 넘어 변호인의 피의자신문참여에 관한 권리에 대한 헌법적 성격과 그 범위를 확인하고 이를 제한하는 행위의 헌법적 한계를 확정짓는 것이므로 헌법적 해명이 필요한 문제이다.

한편 대법원은 수사기관이 피의자신문을 하면서 형사소송법 제243조의2

제1항의 "정당한 사유"가 존재하지 않음에도 불구하고 변호인에 대하여 피의자로부터 떨어진 곳으로 옮겨 앉으라고 지시를 한 다음 이러한 지시를 따르지 않았음을 이유로 변호인에게 퇴실을 명한 사안에서 피의자신문참여권이 침해되었다고 판단하였다(대법원 2008. 9. 12.자 2008모793 결정 참조). 그러나 위 결정에서는 변호인에게 퇴실을 명한 처분을 다루었을 뿐, 이 사건처럼 변호인의 위치를 제한한 처분이 문제된 것은 아니므로, 위 결정만으로 이 사건 후방착석요구행위의 위헌성에 대한 의문이 해소되었다고 보기는 어렵다. 위 문제에 대하여 헌법재판소에서 헌법적 해명이 이루어진 적도 없으므로, 헌법적 해명의 필요성 역시 인정된다.

(라) 그렇다면 이 사건 후방착석요구행위에 대한 권리보호이익은 소멸하였으나, 심판이익은 인정될 수 있다.

(4) 소결

이 사건 후방착석요구행위에 대한 심판청구는 적법하다.

나. 이 사건 참여신청서요구행위

청구인이 이 사건 참여신청서요구행위에 따라 수사관이 출력해 준 신청서에 인적사항을 기재하여 제출한 사실은 앞서 본 바와 같은바, 이는 청구인이 피의자의 변호인임을 밝혀 피의자신문에 참여할 수 있도록 하기 위한 검찰 내부 절차를 수행하는 과정에서 이루어진 단순한 비권력적 사실행위에 불과하므로, 헌법소원의 대상이 되는 공권력의 행사에 해당한다고 보기 어렵다.

다. 이 사건 접견불허행위

헌법재판소법 제68조 제1항 본문은 "공권력의 행사 또는 불행사로 인하여 헌법상 보장된 기본권을 침해받은 자는 법원의 재판을 제외하고는 헌법재판소에 헌법소원심판을 청구할 수 있다."고 규정하고 있으므로, 헌법소원의 대상이 되는 공권력의 행사 또는 불행사 사실이 존재하지 아니하는 경우에는 그 심판청구는 부적법하다(헌재 2012. 5. 31. 2011헌마76 참조).

청구인은 변호인 접견신청서를 제출하라는 말에 그날 접견은 하지 않은 채 피의자에게 다음 날 구치소로 찾아가겠다고 말한 사실은 앞서 본 바와 같은 바, 사정이 그러하다면, 청구인이 스스로 접견을 하지 않기로 결정한 것이지 피청구인의 접견 불허행위가 있었다고 보기는 어려우므로, 이 사건 접견불허행위에 대하여 공권력의 행사가 존재한다고 할 수 없어, 이 부분 헌법소원심판청구는 부적법하다.

라. 이 사건 지침

이 사건 지침은 피의자신문 시 변호인 참여와 관련된 제반 절차를 규정한 검찰청 내부의 업무처리지침 내지 사무처리준칙으로서 청구인에게도 효력이 미치는 규정이라고 보기 어려울 뿐만 아니라, 실무상으로도 변호인이 피의자신문에 참여할 때 피의자 옆에 앉기도 하고 뒤에 앉기도 하는 등 각양각색으로 신문참여가 이루어지고 있는 만큼 이 사건 지침을 가리켜 공권력의 행사라고 볼 수 있는 대외적인 구속력을 가지고 있다고 볼 수 없으므로 헌법소원심판의 대상이 될 수 없다. 따라서 이 부분 심판청구는 부적법하다.

마. 소결

이 사건 참여신청서요구행위, 이 사건 접견불허행위, 이 사건 지침에 대한 심판청구는 부적법하다. 이하에서는 이 사건 후방착석요구행위가 청구인의 기본권을 침해하였는지 여부에 관하여 살펴본다.

O 결정요지

가. 변호인이 피의자신문에 자유롭게 참여할 수 있는 권리는 피의자가 가지는 변호인의 조력을 받을 권리를 실현하는 수단이므로 헌법상 기본권인 변호인의 변호권으로서 보호되어야 한다.

피의자신문에 참여한 변호인이 피의자 옆에 앉는다고 하여 피의자 뒤에 앉는 경우보다 수사를 방해할 가능성이 높아진다거나 수사기밀을 유출할 가능성이 높아진다고 볼 수 없으므로, 이 사건 후방착석요구행위의 목적의 정당성과 수단의 적절성을 인정할 수 없다.

이 사건 후방착석요구행위로 인하여 위축된 피의자가 변호인에게 적극적으로 조언과 상담을 요청할 것을 기대하기 어렵고, 변호인이 피의자의 뒤에 앉게 되면 피의자의 상태를 즉각적으로 파악하거나 수사기관이 피의자에게 제시한 서류 등의 내용을 정확하게 파악하기 어려우므로, 이 사건 후방착석요구행위는 변호인인 청구인의 피의자신문참여권을 과도하게 제한한다. 그런데 이 사건에서 변호인의 수사방해나 수사기밀의 유출에 대한 우려가 없고, 조사실의 장소적 제약 등과 같이 이 사건 후방착석요구행위를 정당화할 그 외의 특별한 사정도 없으므로, 이 사건 후방착석요구행위는 침해의 최소성 요건을 충족하지 못한다.

이 사건 후방착석요구행위로 얻어질 공익보다는 변호인의 피의자신문참여권 제한에 따른 불이익의 정도가 크므로, 법익의 균형성 요건도 충족하지 못한다.

따라서 이 사건 후방착석요구행위는 변호인인 청구인의 변호권을 침해한다.

나. 청구인은 이 사건 참여신청서요구행위에 따라 수사관이 출력해 준 신청서에 인적사항을 기재하여 제출하였는데, 이는 청구인이 피의자의 변호인임을 밝혀 피의자신문에 참여할 수 있도록 하기 위한 검찰 내부 절차를 수행하는 과정에서 이루어진 비권력적 사실행위에 불과하므로, 헌법소원의 대상이 되는 공권력의 행사에 해당하지 않는다.

다. 이 사건 지침은 피의자신문 시 변호인 참여와 관련된 제반 절차를 규정한 검찰청 내부의 업무처리지침 내지 사무처리준칙으로서 대외적인 구속력이 없으므로, 헌법소원의 대상이 되는 공권력의 행사에 해당하지 않는다.

[재판관 강일원, 재판관 조용호의 이 사건 후방착석요구행위에 대한 별개의견]

이 사건 후방착석요구행위에 대하여 위헌확인을 하여야 한다는 점에 있어서는 법정의견과 견해를 같이 하나, 변호인의 변호권은 법률상 권리에 불과하므로 법정의견이 변호인의 변호권을 헌법상 기본권으로 파악한 부분에 대해서는 동의하기 어렵고, 이 사건 후방착석요구행위는 청구인의 직업수행의 자유를 침해한 것으로 보면 충분하다.

[재판관 안창호의 이 사건 후방착석요구행위 법정의견에 대한 보충의견]

　피의자 및 피고인에 대하여 변호인이 조력할 권리는 헌법 제15조에 따른 변호사의 직업수행의 자유 및 헌법 제12조 제4항 등에 의해 보장되는 '피의자 및 피고인이 가지는 변호인의 조력을 받을 권리'에서 도출되는 별도의 헌법상 기본권으로서 보호될 수 있다. 따라서 이 사건 후방착석요구행위에 관하여 변호사의 직업수행의 자유가 아니라 피의자 및 피고인에 대하여 변호인이 조력할 권리를 침해하는지 여부를 살펴볼 수 있으며, 엄격한 기준에 의해 심사하는 것이 상당하다.

[재판관 김창종의 이 사건 후방착석요구행위에 대한 반대의견]

　형사소송법 등 관련 법령에 피의자신문에 참여하는 변호인의 좌석 위치에 관하여 아무런 규정이 없고, 이 사건 지침은 대외적인 효력이 없으므로, 청구인은 이 사건 후방착석요구행위에 따라야 할 법률상 의무를 부담하지 않는다. 피의자신문에 참여하는 변호인은 피의자와는 달리 수사기관과 대등한 위치에 있으므로, 청구인이 이 사건 후방착석요구행위로 인하여 심리적으로 위축되어 부득이 그 요구에 그대로 따랐다고 보기도 어렵다. 실제로 청구인은 이 사건 후방착석요구행위에 대하여 강하게 항의한 후 피청구인이 요구한 위치보다 피의자와 더 가까운, 피의자 뒤 오른편 대각선 위치에 앉았고, 피의자신문에 참여하여 피의자를 충분히 조력하였으므로, 청구인이 이 사건 후방착석요구행위로 인하여 어떠한 불이익을 받았다고 볼 수 없다. 따라서 이 사건 후방착석요구행위는 비권력적 사실행위에 불과하여 헌법소원의 대상이 되는 공권력의 행사에 해당하지 않는다.

　'변호인으로서 조력할 권리'는 피의자 등의 헌법상 기본권인 '변호인의 조력을 받을 권리'를 충실하게 보장하기 위하여 입법자가 형사소송법 등 개별 법률을 통하여 구체적으로 형성한 결과로서 인정되는 '법률상의 권리'에 불과하다. 다수의견처럼 변호인의 피의자신문참여권이 헌법상 기본권에 해당한다고 보더라도, 청구인은 적극적으로 피의자에게 진술거부권 행사를 조력하는 등 피의자신문참여권을 행사함에 있어 어떠한 지장도 받지 않았으므로 이 사건 후방착석요구행위에 대한 심판청구는 기본권침해가능성이 없다.

다수의견과 같이 이 사건 후방착석요구행위가 권력적 사실행위라면 형사소송법 제417조의 '제243조의2에 따른 변호인 참여 등에 관한 처분'에 해당하여 준항고로 다툴 수 있으므로, 준항고 절차를 거치지 아니한 채 제기된 이 사건 후방착석요구행위에 대한 심판청구는 보충성 요건을 구비하지 못하였다.

이 사건 후방착석요구행위는 이미 종료하였으므로 이에 대한 심판청구는 주관적 권리보호이익이 없고, 수사기관의 후방착석요구행위가 변호인의 피의자신문참여권을 침해하는지 여부는 수사기관이 형사소송법 제243조의2에 규정된 변호인의 권리를 침해하였는지 여부의 문제, 즉 '위법성 판단'의 문제에 불과하므로 심판청구의 이익도 인정할 수 없다.

따라서 이 사건 후방착석요구행위에 대한 심판청구는 부적법하다.

O 주 문

1. 피청구인이 2016. 4. 21. 17:15경 부산지방검찰청 동부지청 수사과 2호실에서 피의자신문에 참여한 청구인에게 피의자 후방에 앉으라고 요구한 행위는 변호인인 청구인의 변호권을 침해한 것으로서 위헌임을 확인한다.

2. 청구인의 나머지 심판청구를 모두 각하한다.

(3) 헌법재판소 2016. 12. 29. 2013헌마142 구치소 내 과밀수용행위 위헌확인

O 당 사 자

청 구 인　　　강성준
　　　　　　　대리인 변호사 설현천
피청구인　　　서울구치소장

O 사건개요

가. 청구인은 업무방해죄 등으로 기소되어 2012. 4. 10. 벌금 70만 원 및 위 벌금을 납입하지 않는 경우 5만 원을 1일로 환산한 기간 동안 피고인을 노역장에 유치한다는 판결을 선고받았고(서울서부지방법원 2011노1134), 그 판결은 2012. 6. 8. 상고기각 결정으로 확정되었다(대법원 2012도4785).

나. 청구인은 위 벌금의 납입을 거부하여 노역장 유치명령에 따라 2012.
12. 8. 16:00경부터 2012. 12. 18. 13:00경까지 서울구치소 13동 하층 14실(면
적 8.96㎡, 정원 6명, 이하 '이 사건 방실'이라 한다)에 수용되었고, 2012. 12. 18.
13:00경부터 2012. 12. 20. 00:00경까지 서울구치소 내 사회복귀방에 수용되었
다가 형기만료로 석방되었다.

다. 청구인은 2013. 3. 7. 피청구인이 청구인을 2012. 12. 8. 16:00경부터
2012. 12. 18. 13:00경까지 이 사건 방실에 수용한 행위가 청구인의 인간의 존
엄과 가치 및 행복추구권, 인격권, 인간다운 생활을 할 권리 등 기본권을 침해
한다고 주장하면서 그 위헌확인을 구하는 이 사건 헌법소원심판을 청구하였다.

심판대상

이 사건 심판대상은 피청구인이 2012. 12. 8. 16:00경부터 2012. 12. 18.
13:00경까지 청구인을 이 사건 방실에 수용한 행위(이하 '이 사건 수용행위'라 한다)
가 청구인의 기본권을 침해하는지 여부이고, 관련조항의 내용은 다음과 같다.

- 형의 집행 및 수용자의 처우에 관한 법률(2007. 12. 21. 법률 제8728호로 전
  부개정 된 것) 제1조(목적) 이 법은 수형자의 교정교화와 건전한 사회복귀
  를 도모하고, 수용자의 처우와 권리 및 교정시설의 운영에 관하여 필요
  한 사항을 규정함을 목적으로 한다.

- 형의 집행 및 수용자의 처우에 관한 법률(2007. 12. 21. 법률 제8728호로 전
  부개정 된 것) 제4조(인권의 존중) 이 법을 집행하는 때에 수용자의 인권은
  최대한으로 존중되어야 한다.

- 형의 집행 및 수용자의 처우에 관한 법률(2007. 12. 21. 법률 제8728호로 전
  부개정 된 것) 제6조(교정시설의 규모 및 설비)
  ① 생략
  ② 교정시설의 거실·작업장·접견실이나 그 밖의 수용생활을 위한 설비
  는 그 목적과 기능에 맞도록 설치되어야 한다. 특히, 거실은 수용자가
  건강하게 생활할 수 있도록 적정한 수준의 공간과 채광·통풍·난방을

위한 시설이 갖추어져야 한다.

- 형의 집행 및 수용자의 처우에 관한 법률(2007. 12. 21. 법률 제8728호로 전부개정 된 것) 제14조(독거수용) 수용자는 독거수용한다. 다만, 다음 각 호의 어느 하나에 해당하는 사유가 있으면 혼거수용할 수 있다.
  1. 독거실 부족 등 시설여건이 충분하지 아니한 때
  2. 수용자의 생명 또는 신체의 보호, 정서적 안정을 위하여 필요한 때
  3. 수형자의 교화 또는 건전한 사회복귀를 위하여 필요한 때

- 형의 집행 및 수용자의 처우에 관한 법률(2007. 12. 21. 법률 제8728호로 전부개정 된 것) 제15조(수용거실 지정) 소장은 수용자의 거실을 지정하는 경우에는 죄명·형기·죄질·성격·범죄전력·나이·경력 및 수용생활 태도, 그 밖에 수용자의 개인적 특성을 고려하여야 한다.

- 형의 집행 및 수용자의 처우에 관한 법률(2007. 12. 21. 법률 제8728호로 전부개정 된 것) 55조(수형자 처우의 원칙) 수형자에 대하여는 교육·교화프로그램, 작업, 직업훈련 등을 통하여 교정교화를 도모하고 사회생활에 적응하는 능력을 함양하도록 처우하여야 한다.

- 형의 집행 및 수용자의 처우에 관한 법률(2008. 12. 11. 법률 제9136호로 개정된 것) 제13조(분리수용)
  ① 생략
  ② 제12조에 따라 수형자와 미결수용자, 19세 이상의 수형자와 19세 미만의 수형자를 같은 교정시설에 수용하는 경우에는 서로 분리하여 수용한다.

- 형의 집행 및 수용자의 처우에 관한 법률 시행령(2008. 10. 29. 대통령령 제21095호로 전부개정된 것) 제8조(혼거수용 인원의 기준) 혼거수용 인원은 3명 이상으로 한다. 다만, 요양이나 그 밖의 부득이한 사정이 있는 경우에는 예외로 한다.

- 형의 집행 및 수용자의 처우에 관한 법률 시행령(2008. 10. 29. 대통령령 제21095호로 전부개정된 것) 제9조(혼거수용의 제한) 소장은 노역장 유치명령을 받은 수형자와 징역형·금고형 또는 구류형을 선고받아 형이 확정된 수형자를 혼거수용해서는 아니 된다. 다만, 징역형·금고형 또는 구류형의 집행을 마친 다음에 계속해서 노역장 유치명령을 집행하거나 그 밖에 부득이한 사정이 있는 경우에는 그러하지 아니하다.

O 청구인의 주장

이 사건 수용행위는 '법무시설 기준규칙'이나 '수용구분 및 이송·기록 등에 관한 지침'에도 위반하는 과밀수용으로, 범죄 감염을 조장하고 수용자 간 폭행 등 교정사고를 초래할 우려가 있으며 수형자의 교정교화와 건전한 사회복귀를 저해한다. 청구인은 이 사건 수용행위로 인하여 이 사건 방실에서 발을 뻗고 자기도 어려울 정도로 불편함을 겪었고 이는 청구인이 수인할 수 있는 한계를 넘는 것이다. 따라서 이 사건 수용행위는 헌법상 보장된 청구인의 인간의 존엄과 가치, 행복추구권, 인격권 및 인간다운 생활을 할 권리를 침해한 것이다.

O 적법요건에 대한 판단

가. 이 사건 수용행위는 피청구인이 우월적 지위에서 청구인의 의사와 상관없이 일방적으로 행한 권력적 사실행위로서 헌법소원심판의 대상이 되는 공권력 행사에 해당한다.

나. 다만, 청구인은 2012. 12. 20. 이미 노역장 유치집행을 마치고 석방되었으므로 이 사건 수용행위의 위헌확인에 따른 청구인의 권리구제는 불가능한 상태이어서 주관적 권리보호의 이익은 소멸되었다. 그러나 헌법소원제도는 개인의 주관적인 권리구제뿐만 아니라 헌법질서를 보장하는 기능도 갖고 있으므로, 헌법소원이 주관적 권리구제에는 별 도움이 되지 않는다 하더라도 그러한 침해행위가 앞으로도 반복될 위험이 있거나 당해 분쟁의 해결이 헌법질서의 수호·유지를 위하여 긴요한 사항이어서 헌법적으로 그 해명이 중대한 의미를 지니는 경우에는 심판청구의 이익을 인정할 수 있다. 청구인의 주장과 같은 교정시설 내 과밀수용행위는 앞으로도 반복될 우려가 있을 뿐만 아니라 수형자

들에 대한 기본적 처우와 관련된 중요한 문제로서 그에 대한 헌법적 해명이 헌법질서의 수호·유지를 위하여 중요한 의미를 가지므로, 예외적으로 심판청구의 이익을 인정할 수 있다(헌재 2001. 7. 19. 2000헌마546 참조).

O 결정요지

1. 청구인은 형기만료로 이미 석방되었으므로, 이 사건 심판청구가 인용되더라도 청구인의 권리구제는 불가능한 상태이다. 그러나 이 사건에서 문제되는 교정시설 내 과밀수용행위는 계속 반복될 우려가 있고, 수형자들에 대한 기본적 처우에 관한 중요한 문제로서 그에 대한 헌법적 해명의 필요성이 있으므로 예외적으로 심판의 이익을 인정할 수 있다.

2. 헌법 제10조에서 보장하는 인간의 존엄과 가치는 국가가 형벌권을 행사함에 있어 사람을 국가행위의 단순한 객체로 취급하거나 비인간적이고 잔혹한 형벌을 부과하는 것을 금지하고, 행형(行刑)에 있어 인간 생존의 기본조건이 박탈된 시설에 사람을 수용하는 것을 금지한다. 구금의 목적 달성을 위하여 필요최소한의 범위 내에서는 수형자의 기본권에 대한 제한이 불가피하다 하더라도, 국가는 어떠한 경우에도 수형자의 인간의 존엄과 가치를 훼손할 수 없다.

3. 수형자가 인간 생존의 기본조건이 박탈된 교정시설에 수용되어 인간의 존엄과 가치를 침해당하였는지 여부를 판단함에 있어서는 1인당 수용면적뿐만 아니라 수형자 수와 수용거실 현황 등 수용시설 전반의 운영 실태와 수용기간, 국가 예산의 문제 등 제반 사정을 종합적으로 고려할 필요가 있다. 그러나 교정시설의 1인당 수용면적이 수형자의 인간으로서의 기본 욕구에 따른 생활조차 어렵게 할 만큼 지나치게 협소하다면, 이는 그 자체로 국가형벌권 행사의 한계를 넘어 수형자의 인간의 존엄과 가치를 침해하는 것이다.

이 사건의 경우, 성인 남성인 청구인이 이 사건 방실에 수용된 기간 동안 1인당 실제 개인사용가능면적은, 2일 16시간 동안에는 1.06㎡, 6일 5시간 동안에는 1.27㎡였다. 이러한 1인당 수용면적은 우리나라 성인 남성의 평균 신장인 사람이 팔다리를 마음껏 뻗기 어렵고, 모로 누워 '칼잠'을 자야 할 정도로 매우 협소한 것이다. 그렇다면 청구인이 이 사건 방실에 수용된 기간, 접견 및 운동으로 이 사건 방실 밖에서 보낸 시간 등 제반 사정을 참작하여 보더라도, 청구인은 이 사건 방실에서 신체적·정신적 건강이 악화되거나 인격체로서의 기본 활동에 필요한 조건을 박탈당하는 등 극심한 고통을 경험하였을 가능성이 크다. 따라서 청구인이 인간으로서 최소한의 품위를 유지할 수 없을 정도로 과밀한 공간에서 이루어진 이 사건 수용행위는 청구인의 인간으로서의 존엄과 가치를 침해한다.

○ 주 문

피청구인이 청구인을 2012. 12. 8. 16:00경부터 2012. 12. 18. 13:00경까지 서울구치소 13동 하층 14실에 수용한 행위는 청구인의 인간의 존엄과 가치를 침해한 것으로 위헌임을 확인한다.

⑷ 2018. 5. 31. 2015헌마476 물포 발포행위 등 위헌확인

○ 사건개요

청구인들은 2015. 5. 1.부터 2일 동안 서울 종로구 안국동사거리 일대에서 개최된 '4·16 세월호참사 진상규명 및 안전사회 건설 등을 위한 특별법 시행령안'의 폐기를 촉구하는 범국민 철야행동(다음부터 '이 사건 집회'라 한다)에 참가하였다. 피청구인은 청구인들을 포함한 이 사건 집회 참가자들이 청와대 방향으로 행진하는 것을 막기 위하여 2015. 5. 1. 22:13경부터 23:20경까지 최루액 파바(PAVA)를 물에 섞은 용액을 살수차로 집회 참가자들을 향하여 살수하였다. 청구인들은 피청구인의 살수행위로 눈과 얼굴 피부 등에 통증을 느끼는 등의 피해를 입었다고 주장하면서 2015. 5. 6. 이 사건 헌법소원심판을 청구하였다.

○ 심판대상

청구인들은 피청구인의 최루액 살수 행위가 법률유보원칙 및 과잉금지원칙에 위배하여 청구인들의 생명권·인격권·행복추구권·집회의 자유 등을 침해하고, 최루액 살수행위의 근거규정인 살수차 운용지침 중 최루액 혼합살수 관련 부분이 법률유보원칙 및 명확성원칙에 위배된다고 주장한다. 청구인들 주장에 따르면 이 사건 심판대상은 ① 피청구인이 2015. 5. 1. 22:13경부터 23:20경까지 사이에 최루액을 물에 섞은 용액을 청구인들에게 살수한 행위(다음부터 '이 사건 혼합살수행위'라 한다)와 ② 혼합살수행위의 근거 규정인 '살수차 운용지침'(2014. 4. 3.) 제2장 중 최루액 혼합살수에 관한 부분(다음부터 '이 사건 지침'이라 한다)이 청구인들의 기본권을 침해하는지 여부다. 이 사건 지침은 다음과 같다.

☐ 살수차 운용지침(2014. 4. 3)

제2장 살수차의 운용

  3. 집회시위현장 살수차 운용방법

    나. 살수방법

      4) 최루액 혼합살수

        가) 살수요령: 살수차의 물탱크에 최루액 등 작용제를 불법행위자 제압에 필요한 적정 농도로 혼합하여 살수하며, 주변의 제3자에게 피해가 최소화되도록 노력하여야 한다.

        나) 사용요건: 곡사 또는 직사살수로도 해산치 않는 경우, 지방경찰청장의 허가를 받아 사용한다.

○ 청구인들의 주장

살수차는 국민의 생명이나 신체에 중대한 위해를 가할 수 있는 경찰장비이므로 구체적 사용 기준 등 중요한 사항은 법률에 직접 규정되어 있어야 한다. 그런데 '경찰관 직무집행법' 제10조 제4항과 제6항은 살수차를 경찰장비 중 하나로 규정하고 있을 뿐, 그 사용 기준에 대해서는 구체적 규정 없이 바로 대통령령에 위임하고 있다. 또 '위해성 경찰장비의 사용기준 등에 관한 규정'(다음부터 '이 사건 대통령령'이라 한다) 제13조 제1항과 '경찰장비관리규칙'(다음부터 '이 사건 규칙'이라 한다) 제97조 제2항 제3호도 살수차 사용에 대한 명확한 기준에 대해 규정하지 않고 '필요한 최소한의 범위 안에서'라는 일반적·포괄적 기준만 반복하고 있을 뿐이다. 특히, 최루액 혼합살수에 관해서는 '경찰관 직무집행법'이나 이 사건 대통령령과 규칙 어디에서도 규정하고 있지 않고, 이 사건 규칙의 하위 규정인 이 사건 지침에서만 살수 방법의 하나로 최루액 혼합살수가 규정되어 있을 뿐이다. 따라서 이 사건 지침과 이에 따른 혼합살수행위는 법률유보원칙에 위배된다.

나아가 국민의 생명이나 신체에 심각한 위험을 야기할 수 있는 혼합살수행위는 그 자체로 금지되어야 한다. 집회해산 방법으로 최루액 혼합살수가 필요한 경우가 있다고 가정하더라도, 이 사건에서 청구인들에 대하여 이루어진 혼합살수행위는 신체에 상해를 입힐 정도로 과도하게 이루어져 과잉금지원칙에 위배된다.

○ 적법요건에 대한 판단

(1) 이 사건 지침은 최루액 혼합살수의 요령 및 사용요건을 정한 것으로서 집회·시위 현장에서 경찰의 '혼합살수행위'라는 구체적 집행행위를 예정하고 있다. 이 사건 지침에 따라 최루액 혼합살수가 이루어질 것인지 여부는 개별적·구체적 집회 또는 시위 현장에서 행정기관의 재량적 판단에 따른 집행행위를 필요로 한다. 따라서 청구인들에 대한 기본권 침해 상황은 이 사건 지침으로 인한 것이 아니라 구체적 집행행위인 '혼합살수행위'로 인하여 발생한 것이다. 따라서 이 사건 지침은 기본권 침해의 직접성을 인정할 수 없고, 이에 대한 헌법소원심판은 부적법하다.

(2) 이 사건 혼합살수행위로 인한 청구인들의 기본권 침해상황은 이미 종료되었다. 그러나 '경찰관 직무집행법'과 이 사건 대통령령 및 규칙은 살수차를 경찰장비의 하나로 규정하면서 불법집회나 시위 현장에서 사용할 수 있도록 규정하고 있고, 이 사건 지침은 살수 방법으로 최루액을 혼합하여 살수할 수 있다고 규정하고 있다. 이러한 규정에 따르면 각종 집회나 시위 현장에서 혼합살수행위가 반복될 가능성이 있다. 최루액 혼합살수행위는 사람의 생명이나 신체에 위험을 초래할 수 있는 중대한 법익 침해가 예견되는 공권력 행사다. 그런데 헌법재판소가 최루액 혼합살수행위가 헌법에 합치하는지 여부에 대한 해명을 한 바 없으므로, 이 사건 혼합살수행위에 대하여는 심판의 이익이 인정된다.

○ 결정요지

1. 집회나 시위 해산을 위한 살수차 사용은 집회의 자유 및 신체의 자유

에 대한 중대한 제한을 초래하므로 살수차 사용요건이나 기준은 법률에 근거를 두어야 하고, 살수차와 같은 위해성 경찰장비는 본래의 사용방법에 따라 지정된 용도로 사용되어야 하며 다른 용도나 방법으로 사용하기 위해서는 반드시 법령에 근거가 있어야 한다. 혼합살수방법은 법령에 열거되지 않은 새로운 위해성 경찰장비에 해당하고 이 사건 지침에 혼합살수의 근거 규정을 둘 수 있도록 위임하고 있는 법령이 없으므로, 이 사건 지침은 법률유보원칙에 위배되고 이 사건 지침만을 근거로 한 이 사건 혼합살수행위 역시 법률유보원칙에 위배된다. 따라서 이 사건 혼합살수행위는 청구인들의 신체의 자유와 집회의 자유를 침해한다.

　2. 청구인들의 기본권 침해 상황은 이 사건 지침으로 인한 것이 아니라 행정기관의 구체적인 집행행위인 혼합살수행위로 인하여 발생한 것이므로, 이 사건 지침으로 인한 기본권 침해의 직접성을 인정할 수 없다.

ㅇ 주 문

　1. 피청구인이 2015. 5. 1. 22:13경부터 23:20경까지 사이에 최루액을 물에 혼합한 용액을 살수차를 이용하여 청구인들에게 살수한 행위는 위헌임을 확인한다.

　2. 청구인들의 나머지 심판청구를 모두 각하한다.

04　공고에 대한 헌법소원

(1) 헌법재판소 2001. 9. 27. 2000헌마159 제42회 사법시험 제1차시험 시행일자 위헌확인

ㅇ 판시사항

　1. 행정자치부장관이 제42회 사법시험 제1차시험의 시행일자를 일요일로 정하여 공고한 2000년도 공무원임용시험시행계획 공고가 헌법소원의 대상이 되는 공권력의 행사에 해당하는지 여부(적극)

2. 위 시험일정이 모두 종료하여 이 사건에서 인용결정을 받더라도 시험에 응시하는 것이 불가능하지만 기본권침해가 반복될 위험이 있어 예외적으로 권리보호의 이익이 있는 것으로 인정된 사례

3. 위 공고가 기독교를 신봉하는 청구인의 종교의 자유를 침해하고 평등의 원칙에 위배되는지 여부(소극)

4. 위 공고가 공무담임권을 침해하는지 여부(소극)

5. 위 공고가 휴식권을 침해하는지 여부(소극)

○ 결정요지

1. 이 사건 공고는 사법시험 등의 시험실시계획을 일반에게 알리는 것을 내용으로 하는 통지행위로서 일반적으로는 행정심판이나 행정쟁송의 대상이 될 수 있는 행정처분이나 공권력의 행사는 될 수 없지만 사전안내의 성격을 갖는 통지행위라도 그 내용이 국민의 기본권에 직접 영향을 끼치는 내용이고 앞으로 법령의 뒷받침에 의하여 그대로 실시될 것이 틀림없을 것으로 예상될 수 있는 것일 때에는 그로 인하여 직접적으로 기본권침해를 받게 되는 사람에게는 사실상의 규범작용으로 인한 위험성이 이미 발생하였다고 보아야 할 것이므로 이러한 것도 헌법소원의 대상이 될 수 있다. 사법시험 응시자격은 구 사법시험령 제4조에, 시험방법과 과목은 구 사법시험령 제5조와 제7조에 이미 규정되어 있으므로 그에 대한 공고는 이미 확정되어 있는 것을 단순히 알리는 데에 지나지 않는다 할 것이나 구체적인 시험일정과 장소는 위 공고에 따라 비로소 확정되는 것이다. 따라서 이 사건 공고는 헌법소원의 대상이 되는 공권력의 행사에 해당한다고 보아야 할 것이다.

2. 제42회 사법시험은 2000. 12. 31.경 최종 합격자 발표를 마치고 그 시험일정이 모두 종료하였으므로 청구인이 이 사건 심판청구에서 인용결정을 받더라도 위 시험에 다시 응시하는 것은 불가능하여 권리보호의 이익이 없다고 보아야 할 것이나, 동종의 침해행위가 앞으로도 반복될 위험이 있거나 헌법질서의 수호·유지를 위하여 긴요한 사항이어서 그 해명이 중대한 의미를 지니고 있는 때에는 예외적으로 권리보호의 이익이 인정되는 것인바, 사법시험은 매년 반

복하여 시행되고 피청구인의 의견서에 의하면 그 1차 시험은 응시자가 대폭 줄어드는 등의 특별한 사정이 없는 한 매년 일요일에 시행될 예정이므로 사법시험을 준비하고 있는 청구인으로서는 매년 사법시험 제1차 시험에 응시하기 위하여는 예배행사에 빠질 수밖에 없어 이 사건 역시 청구인의 기본권 침해가 반복될 위험이 있는 경우에 해당하여 권리보호의 이익을 인정하여야 할 것이다.

3. 이 사건에서 청구인은 자신의 신앙적 의무를 지키기 위하여 사법시험 응시를 포기하고 예배행사에 참여하였다는 것이므로 사법시험 시행일을 일요일로 정한 피청구인의 처분이 직접적으로 청구인의 종교의 자유를 침해하였다고 보기는 어렵다. 다만 매년 반복하여 시행되는 사법시험의 시행일을 일요일로 정하는 것이 청구인의 일요일에 예배행사에 참석할 종교적 행위의 자유를 제한하는 것으로 볼 수 있는지가 문제이나, 종교적 행위의 자유는 신앙의 자유와는 달리 절대적 자유가 아니라 질서유지, 공공복리 등을 위하여 제한할 수 있는 것으로서 사법시험 제1차시험과 같은 대규모 응시생들이 응시하는 시험의 경우 그 시험장소는 중·고등학교 건물을 임차하는 것 이외에 특별한 방법이 없고 또한 시험관리를 위한 2,000여 명의 공무원이 동원되어야 하며 일요일 아닌 평일에 시험이 있을 경우 직장인 또는 학생 신분인 사람들은 결근, 결석을 하여야 하고 그밖에 시험당일의 원활한 시험관리에도 상당한 지장이 있는 사정이 있는바, 이러한 사정을 참작한다면 피청구인이 사법시험 제1차 시험 시행일을 일요일로 정하여 공고한 것은 국가공무원법 제35조에 의하여 다수 국민의 편의를 위한 것이므로 이로 인하여 청구인의 종교의 자유가 어느 정도 제한된다 하더라도 이는 공공복리를 위한 부득이한 제한으로 보아야 할 것이고 그 정도를 보더라도 비례의 원칙에 벗어난 것으로 볼 수 없고 청구인의 종교의 자유의 본질적 내용을 침해한 것으로 볼 수도 없다.

또한 기독교 문화를 사회적 배경으로 하고 있는 구미 제국과 달리 우리나라에서는 일요일은 특별한 종교의 종교의식일이 아니라 일반적인 공휴일로 보아야 할 것이고 앞서 본 여러 사정을 참작한다면 사법시험 제1차 시험 시행일을 일요일로 정한 피청구인의 이 사건 공고가 청구인이 신봉하는 종교를 다른 종교에 비하여 불합리하게 차별대우하는 것으로 볼 수도 없다.

4. 사법시험은 원칙적으로 자격시험의 성격이 있고 그 시험에 합격하여 사법연수원의 소정 과정을 마친 사람 중에서 판사나 검사를 임용하고 있으므로 그 한도에서 공무원임용시험의 성격을 가지고 있는바, 피청구인이 사법시험 제1차 시험의 시행일을 일요일로 정하였다고 하여 청구인의 공무담임권이 침해되었다고 볼 수는 없다. 즉 청구인이 자신이 신봉하는 종교의 특별한 교리를 이유로 일요일에는 예배행사 참여와 기도와 선행 이외의 다른 행위를 할 수 없다는 것일 뿐이므로 다수 국민의 편의를 위하여 시험 시행일을 일요일로 정한 피청구인의 이 사건 공고가 특별히 청구인의 사법시험 응시 기회를 차단한다고 볼 수 없다.

5. 휴식권은 헌법상 명문의 규정은 없으나 포괄적 기본권인 행복추구권의 한 내용으로 볼 수 있을 것이다. 사법시험 시행일을 일요일로 정한 피청구인의 이 사건 공고는 청구인 등에게 공무담임의 기회를 제공하는 것이어서 행복추구의 한 방편이 될지언정 거꾸로 이를 침해한다고 볼 수는 없다.

O 사건의 개요

(1) 피청구인은 2000. 1. 3. 행정자치부 공고 제2000-1호로 2000년도 공무원임용시험시행계획을 공고하였으며 위 계획 제5항에는 제42회 사법시험 제1차 시험일자를 2000. 2. 20. 시행한다고 되어 있는데 위 날짜는 일요일이다.

(2) 청구인은 ○○대학교 법대 4학년 재학 중인 자로서 제42회 사법시험 제1차 시험에 응시원서를 접수하였으나 청구인이 신봉하는 기독교의 교리상 일요일에는 교회에 출석하여 예배행사에 참석하는 것이 신앙적 의무이기 때문에 일요일에 시행하는 위 사법시험 제1차 시험에 응시할 수 없었다.

(3) 이에 청구인은 위 시험일자를 일요일로 한 피청구인의 위 공고가 청구인의 헌법상 보장된 종교의 자유, 공무담임권, 휴식권 등의 기본권을 침해하는 공권력의 행사에 해당한다는 이유로 2000. 3. 3. 이 사건 헌법소원심판을 청구하였다.

O 심판의 대상

이 사건 심판의 대상은 피청구인이 2000. 1. 3. 행정자치부공고 제2000-1

호로 공고한 2000년도 공무원 임용시험 시행계획공고(이하 "이 사건 공고"라고 한다) 중 제42회 사법시험 제1차 시험을 일요일인 2000. 2. 20.로 정하여 공고한 것이 청구인의 기본권을 침해하였는지 여부이다. 위 사법시험의 공고는 구 사법시험령 제9조에 근거하여 행정자치부장관이 공고한 것으로 위 제9조의 내용은 다음과 같다.

- 구 사법시험령 제9조(시험의 시행 및 공고) ① 시험은 매년 1회 이상 실시하되 연초에 그 실시계획을 공고한다.

  ② 행정자치부장관은 시험을 실시하고자 할 때에는 그 일시·장소·시험방법 및 과목·응시자격·선발예정인원과 출원절차 등을 모든 응시자가 알 수 있도록 시험기일 30일전에 공고하여야 한다. 다만, 불가피한 사유로 공고내용을 변경할 경우에는 시험기일 10일전까지 그 변경사항을 공고하여야 한다.

O 청구이유의 요지

(1) 청구인은 어려서부터 신봉하는 기독교 신앙에 따라 일요일에는 교회에 출석하여 예배행사에 참석하고 기도와 자선, 봉사행위에 참가하는 등 거룩하게 지내야 하는 것으로 믿고 있다.

그런데도 피청구인이 제42회 사법시험 제1차 시험일자를 일요일인 2000. 2. 20.에 실시하는 것으로 공고를 함으로써 청구인은 신앙상의 이유로 위 시험에 응시할 수 없게 되었다. 피청구인의 위와 같은 조치는 청구인이 신앙하는 종교인 기독교를 차별대우하여 종교의 자유를 침해하는 것이고 이로 인하여 청구인으로 하여금 위 시험에 응시하지 못하도록 하여 결국 공무담임권을 침해하는 것이다.

(2) 헌법 제37조 제1항에 의한 헌법에 열거되지 아니한 기본권 중에는 휴식권이 포함된다 할 것이고 이 휴식권은 기본적 권리로서 일요일에 휴식할 권리도 포함된다. 피청구인이 위와 같이 일요일에 사법시험 제1차 시험을 치르도록 한 것은 청구인의 휴식권을 침해한 것이다.

○ 적법요건의 검토

(1) 헌법소원의 대상이 되는 공권력의 행사

먼저 이 사건 심판청구의 심판대상인 이 사건 공고가 헌법소원심판의 대상이 될 수 있는 공권력의 행사에 해당하는지 여부에 관하여 보건대, 공고가 어떠한 법률효과를 가지는지는 일률적으로 말할 수 없고 개별 공고의 내용과 관련 법령의 규정에 따라 구체적으로 판단하여야 할 것이다. 피청구인의 이 사건 공고는 사법시험 등의 시험실시계획을 일반에게 알리는 것을 내용으로 하는 통지행위로서 일반적으로는 행정심판이나 행정쟁송의 대상이 될 수 있는 행정처분이나 공권력의 행사는 될 수 없지만 사전안내의 성격을 갖는 통지행위라도 그 내용이 국민의 기본권에 직접 영향을 끼치는 내용이고 앞으로 법령의 뒷받침에 의하여 그대로 실시될 것이 틀림없을 것으로 예상될 수 있는 것일 때에는 그로 인하여 직접적으로 기본권침해를 받게 되는 사람에게는 사실상의 규범작용으로 인한 위험성이 이미 발생하였다고 보아야 할 것이므로 이러한 것도 헌법소원의 대상이 될 수 있다(헌재 1992. 10. 1. 92헌마68 등; 헌재 2000. 1. 27. 99헌마123 결정).

그런데 응시자격은 구 사법시험령 제4조에, 시험방법과 과목은 구 사법시험령 제5조와 제7조에 이미 규정되어 있으므로 그에 대한 공고는 이미 확정되어 있는 것을 단순히 알리는 데에 지나지 않는다 할 것이나 구체적인 시험일정과 장소는 위 공고에 따라 비로소 확정되는 것이다. 따라서 이 사건 공고는 헌법소원의 대상이 되는 공권력의 행사에 해당한다고 보아야 할 것이다.

(2) 권리보호의 이익

청구인이 일요일인 2000. 2. 20. 시행되는 제42회 사법시험에 관한 이 사건 공고에 대하여 헌법소원심판청구를 하여 왔지만 이미 제42회 사법시험은 2000. 12. 31.경 최종 합격자 발표를 마치고 그 시험일정이 모두 종료하였다. 따라서 청구인이 이 사건 심판청구에서 인용결정을 받더라도 이미 종료한 제42회 사법시험에 다시 응시하는 것은 불가능하므로 권리보호의 이익이 없다고 보아야 할 것이다.

그러나 동종의 침해행위가 앞으로도 반복될 위험이 있거나 헌법질서의 수호·유지를 위하여 긴요한 사항이어서 그 해명이 중대한 의미를 지니고 있는 때에는 예외적으로 권리보호의 이익이 인정되는 것인바(헌재 1992. 1. 28. 91헌마111), 사법시험은 매년 반복하여 시행되고 피청구인의 의견서에 의하면 그 1차 시험은 응시자가 대폭 줄어드는 등의 특별한 사정이 없는 한 매년 일요일에 시행될 예정이므로 사법시험을 준비하고 있는 청구인으로서는 매년 사법시험 제1차 시험에 응시하기 위하여는 예배행사에 빠질 수밖에 없어 이 사건 역시 청구인의 기본권 침해가 반복될 위험이 있는 경우에 해당하여 권리보호의 이익을 인정하여야 할 것이다.

(2) 헌법재판소 2007. 5. 31. 2006헌마627 군미필자 응시자격 제한 위헌확인

O 판시사항 중 일부

국가정보원의 2005년도 7급 제한경쟁시험 채용공고 중 '남자는 병역을 필한 자' 부분(이하 '이 사건 공고'라고 한다)이 헌법소원 대상인지 여부(적극)

O 결정요지 중 일부

이 사건 공고는 시험실시기관의 장이 신규채용경쟁시험을 실시함에 있어 직무수행에 필요한 자격요건을 정할 수 있다는 국가공무원법 제36조 등 법령의 내용을 바탕으로 응시자격을 구체적으로 결정하여 알리는 것이므로, 헌법소원의 대상이 되는 공권력 행사에 해당한다.

O 당 사 자

청구인   박○하(국선대리인 변호사 조영선)
피청구인   국가정보원장

O 사건의 개요

청구인은 2004. 2. 1. ○○장교로 임관되어 복무하던 중 전역과 동시에 국가정보원 직원으로 근무하기 위하여 피청구인이 주관하는 7급 제한경쟁시험에 미리 응시하려 하였다. 그런데 피청구인은 2005. 7. 13.부터 같은 해 8. 10.까지 국가정보원 홈페이지를 통해 행한 2005년도 7급 제한경쟁시험 채용공고에서 '남자는 병역을 필한 자'로 응시자격을 제한하였다. 이에 청구인은 위 공고 내용이 자신의 직업선택의 자유 및 병역의무이행으로 불이익을 받지 않을 권리 등을 침해한다고 주장하면서 이 사건 헌법소원심판을 청구하였다.

○ 심판의 대상

이 사건 심판대상은 피청구인이 2005. 7. 13.부터 같은 해 8. 10.까지 국가정보원 홈페이지를 통해 행한 2005년도 7급 제한경쟁시험 채용공고 중 '남자는 병역을 필한 자'라는 부분(이하 '이 사건 공고'라고 한다)이 청구인의 기본권을 침해하는 것으로서 위헌인지 여부이다. 관련조항의 내용은 아래와 같다.

(1) 국가공무원법(2004. 3. 11. 법률 제7187호로 개정된 것) 제36조(응시자격) 각종시험에 있어서 담당할 직무수행에 필요한 최소한도의 학력·경력·연령 기타 필요한 자격요건은 국회규칙·대법원규칙·헌법재판소규칙·중앙선거관리위원회규칙 또는 대통령령으로 정한다.

(2) 공무원임용시험령(2004. 6. 11. 대통령령 제18424호로 개정된 것) 제19조(응시자격 등의 예외) ③ 시험실시기관의 장은 제한경쟁특별채용시험의 경우 임용예정 직위의 직무수행상 특히 필요하다고 인정되는 때에 한하여 연령·학력 및 거주요건 등 응시자격을 제한하여 시험을 실시할 수 있다.

제47조(시험의 공고) ① 시험실시기관의 장은 공개경쟁채용시험 또는 공개경쟁승진시험을 실시하고자 할 때에는 다음 각 호의 사항을 모든 응시자격자가 알 수 있도록 시험기일 20일 전(기능직공무원의 경우 채용예정인원이 10인 이하일 때에는 10일 전)에 일간신문 및 방송 그 밖의 효과적인 방법에 의하여 공고하여야 한다. 다만, 불가피한 사유로 공고내용을 변경할 경우에는 시험기일 7일 전에 다시 공고하여야 하며, 기능직공무원의 채용시험에 있어서는 게시판과 일간신문이나 방송 그 밖의 효과적인 방법에 의하여 이를 공고할 수 있다.

1. 법 제37조에 규정된 사항

2. 시험과목 및 배점비율

3. 합격자발표의 시기 및 방법

4. 응시원서의 교부장소 및 접수장소와 그 기한

5. 합격자에 대한 각종 특전 및 수혜에 관한 사항

6. 그 밖에 시험실시에 관하여 필요한 사항

② 시험실시기관의 장은 제한경쟁특별채용시험을 실시하고자 할 때에는 제1항의 규정에 불구하고 시험기일 10일 전까지 제1항 각 호의 사항을 모든 응시자격자가 알 수 있도록 시험실시기관의 인터넷 홈페이지 등에 공고하여야 한다.

(3) 국가정보원직원법(2005. 5. 26. 법률 제7522호로 개정된 것) 제9조(직원의 신규채용) 직원의 신규채용은 경쟁시험에 의한다. 다만, 직무에 관하여 특별한 학식·경험이나 기술 또는 연구실적이 있는 자를 임용할 때에는 그러하지 아니하다.

제30조(국가공무원법의 준용) 직원에 대하여는 이 법에 특별한 규정이 있는 경우를 제외하고는 국가공무원법 중 일반공무원에 관한 규정을 준용한다.

(4) 국가정보원직원법 시행령(1999. 3. 31. 대통령령 제16211호로 개정된 것) 제3조(경쟁시험에 의한 채용) 원장은 법 제9조 본문의 규정에 의한 신규채용 경쟁시험을 실시함에 있어서 법 제30조 및 국가공무원법 제36조의 규정에 의하여 직무수행에 필요한 최소한도의 경력 기타 필요한 자격요건을 정할 수 있다.

O 청구인의 주장

이 사건 공고는 2005년도 국가정보원 7급 제한경쟁시험의 응시자격을 병역을 필한 자로 제한하여 청구인의 응시기회를 박탈하였는바, 이는 군복무를 필하였는지 여부와 같은 객관적 요건에 따라 직업의 자유를 지나치게 제한하는 것이다. 군미필자를 채용할 경우 인력수급에 공백이 생길 위험이 있더라도 이는 채용후보자등록제도 등을 활용함으로써 충분히 대처할 수 있으므로, 군미필자의 응시자격을 무조건 박탈하는 것은 과잉금지원칙에 반한다. 또 이는 병역의무 이행으로 인하여 불이익한 처우를 금지한 헌법 제39조 제2항에 위배되며, 헌법 제11조의 평등원칙에도 반한다.

O 결정이유 중 일부

가. 헌법소원 대상 여부

피청구인의 이 사건 채용공고는 국가정보원의 시험실시계획을 일반에게 알리는 것을 내용으로 하는 사전안내로서 이러한 사전안내는 원칙적으로 행정심판이나 행정쟁송의 대상이 될 수 있는 행정처분이나 공권력의 행사는 될 수 없다. 그러나 사전안내라도 그 내용이 국민의 기본권에 직접 영향을 미치는 내용이고 앞으로 법령의 뒷받침에 의하여 그대로 실시될 것이 틀림없을 것으로 예상될 수 있는 것일 때에는 그로 인하여 직접적으로 기본권침해를 받게 되는 사람에게는 사실상의 규범작용으로 인한 위험성이 이미 발생하였다고 보아야 할 것이므로 이러한 것도 헌법소원의 대상이 될 수 있다(헌재 2001. 9. 27. 2000헌마159).

공고가 어떠한 법률효과를 가지는지에 대해서는 일률적으로 말할 수 없고 개별 공고의 내용과 관련 법령의 규정에 따라 개별적·구체적으로 판단하여야 한다(헌재 2000. 1. 27. 99헌마123).

군미필자 자격제한에 관련한 사항은 법률상 명시적으로 정해져있지 않으나, 국가공무원법 제36조는 각종시험에 있어서 담당할 직무수행에 필요한 최소한도의 학력·경력·연령 기타 필요한 자격요건은 대통령령으로 정한다고 하고, 이에 따라 공무원임용시험령 제19조 제3항은 시험실시기관의 장은 제한경쟁특별채용의 경우 임용 예정 직위의 직무 수행상 특히 필요하다고 인정되는 때에 한하여 연령·학력 및 거주요건 등 응시자격을 제한하여 시험을 실시할 수 있다고 하며, 국가정보원직원법 시행령 제3조는 신규채용경쟁시험을 실시함에 있어서 국가공무원법 제36조의 규정에 의하여 시험실시기관의 장이 직무수행에 필요한 최소한도의 경력 기타 필요한 자격요건을 정할 수 있다고 한다. 그렇다면 이 사건 공고는 법령의 내용을 바탕으로 응시자격을 구체적으로 결정하여 알리는 것이므로 헌법소원의 대상이 되는 공권력의 행사에 해당한다고 보아야 할 것이다.

나. 권리보호이익

신청인이 응시하고자 한 이 사건 공고에 따른 국가정보원의 7급 신입채용 절차는 이미 종료되었고, 청구서에 따르면 현재 청구인은 군복무기간도 종료하여 권리보호이익이 없다고 볼 수 있다.

그런데 이 사건 공고에서 국가정보원 직원 채용 시 응시자격을 '남자는 병역을 필한 자'로 제한한 것은 국가공무원법 제36조, 공무원임용시험령 제19조 제3항과 '국가정보원직원법 시행령' 제3조에 근거하여 시행되고 있으므로 이 사건 기본권침해가 반복될 위험이 있고, 군미필자 응시자격제한에 대한 헌법적 해명을 할 필요성도 있으므로 권리보호이익을 인정하기로 한다.

05 부작위에 대한 헌법소원

가. 개념

- 진정입법부작위: 입법자가 헌법상 입법의무가 있는 사항에 대해서 입법을 하지 아니함으로써 '입법행위의 흠결이 있는 경우'(즉, 입법권의 불행사)
- 부진정입법부작위: 입법자가 어떤 사항을 입법은 하였으나 그 내용·범위·절차 등이 당해 사항을 불완전, 불충분 또는 불공정하게 규율함으로써 '입법행위에 결함이 있는 경우'(즉, 결함이 있는 입법권의 행사)

나. 진정입법부작위

- 헌법재판소 1994. 12. 29. 89헌마2 헌법재판소 조선철도(주) 주식의 보상금청구에 관한 헌법소원 ⇒ 진정입법부작위의 위헌성을 인정한 예

○ 결정요지 중 일부

우리 헌법은 제헌 이래 현재까지 일관하여 재산의 수용, 사용 또는 제한에 대한 보상금을 지급하도록 규정하면서 이를 법률이 정하도록 위임함으로써 국가에게 명시적으로 수용 등의 경우 그 보상에 관한 입법의무를 부과하여 왔

는바, 해방 후 사설철도회사(私設鐵道會社)의 전 재산을 수용하면서 그 보상절차
를 규정한 군정법령(軍政法令) 제75호에 따른 보상절차가 이루어지지 않은 단계
에서 조선철도(造船鐵道)의 통일폐지법률(統一廢止法律)에 의하여 위 군정법령이
폐지됨으로써 대한민국의 법령에 의한 수용은 있었으나 그에 대한 보상을 실
시할 수 있는 절차를 규정하는 법률이 없는 상태가 현재까지 계속되고 있으므
로, 대한민국은 위 군정법령에 근거한 수용에 대하여 보상에 관한 법률을 제정
하여야 하는 입법자의 헌법상 명시된 입법의무가 발생하였으며, 위 폐지법률이
시행된 지 30년이 지나도록 입법자가 전혀 아무런 입법조치를 취하지 않고 있
는 것은 입법재량의 한계를 넘는 입법의무불이행으로서 보상청구권이 확정된
자의 헌법상 보장된 재산권을 침해하는 것이므로 위헌이다.

O 주 문

재조선미국육군사령부군정청법령 제75호 조선철도의 통일(1946. 5. 7. 제정)
을 폐지한 조선철도의 통일폐지법률(1961. 12. 30. 법률 제922호)이 시행되기 전에
같은 군정청법령 제2조에 의하여 수용된 조선철도주식회사, 경남철도주식회사
및 경춘철도주식회사 재산의 재산관계권리자로서 같은 법령 제3조에 따라 같
은 군정청 운수부장에게 보상청구서면을 제출하여 위 수용으로 인한 보상청구
권을 포기하지 않은 것으로 확정된 자 또는 그 보상청구권을 승계취득한 자에
대하여 위 수용으로 인한 손실보상금을 지급하는 절차에 관한 법률을 제정하
지 아니하는 입법부작위는 위헌임을 확인한다.

다. 부진정입법부작위

(1) **헌법재판소 2000. 4. 27. 99헌마76 국가유공자 등 예우 및 지원에**
   관한 법률 제4조 위헌확인
   ⇒ 부진정입법부작위에 해당하지만 청구기간 도과로 각하한 예

O 결정요지

국가유공자의 범위를 규정하면서 청구인들과 같은 특수부대원을 그 범위

에 포함시키고 있지 아니한 것은 국가유공자에 대한 사항을 불완전·불충분하게 규율한 것으로서 이른바 부진정입법부작위에 해당하며, 부진정입법부작위에 대한 헌법소원은 헌법재판소법 소정의 청구기간 내에 제기하여야 한다.

O 사건개요

청구인들은 1952. 11. 28. 창설된 육군 제4863부대(일명 HID) 직할 제1교육대(이하 "특수부대"라 한다) 대원들로서 6·25사변 기간 및 휴전 후 명령에 따라 북한지역에 침투하여 무공을 세우고 귀대하였다. 그러나 청구인들과 같은 특수부대원은 그 임무의 특수성으로 인하여 정식 군편제에서 제외되었으며 그 존재와 활동도 수십년간 기밀사항이었으므로 1993년경부터 그 일부가 세상에 알려지게 되었다.

특수부대원인 청구인들에 대하여 법률에서 국가유공자로 인정하는 명시적 규정을 두지 아니한 것은 평등의 원칙 등에 위반된다는 이유로 1999. 2. 6. 이 헌법소원심판을 청구하였다.

O 심판대상

- 국가유공자 등 예우 및 지원에 관한 법률(1984. 8. 2. 법률 제3742호로 제정된 것. 이하 "법"이라 한다) 제4조(적용대상 국가유공자) ① 다음 각 호의 1에 해당하는 국가유공자와 그 유족 등(다른 법률에서 이 법에 규정된 예우 등을 받도록 규정된 자를 포함한다)은 이 법에 의한 예우를 받는다.
  1. 순국선열
  2. 애국지사
  3. 전몰군경
  4. 전상군경
  5. 순직전경
  6. 공상군경
  (이하 생략)

○ 청구인들의 주장

(1) 적법요건에 관한 주장

(가) 이 법률조항에서 법의 적용을 받는 국가유공자의 범위를 정하면서 청구인들과 같은 특수부대원들을 국가유공자로 규정하지 아니한 것은 입법사항에 대해 질적·절대적(혹은 부분적)으로 규율하지 아니하는 진정입법부작위에 해당하므로 이에 대한 헌법소원심판청구에는 청구기간의 제한이 적용되지 아니한다.

(나) 위의 입법부작위가 부진정입법부작위에 해당한다 하더라도 청구인들은 전역시 특수부대의 활동을 공개하지 아니하기로 서약하여 오랫동안 특수부대의 존재를 이야기할 수 있는 상황이 아니었다. 1993.경 특수부대의 실체가 언론매체에 공개되기 시작하면서 청구인들을 중심으로 같은 해 7월경부터 국방부·국가보훈처 등에 탄원서를 제출하여 특수부대원들의 군인신분 확인과 생존자 보상 등을 포함한 명예회복조치를 요청하였으나 소기의 목적을 달성하지 못하여 이 심판청구를 하게 된 것이므로 청구기간 준수를 하지 못한 데에는 정당한 사유가 있다.

○ 판 단

가. '입법부작위'에는, 첫째, 입법자가 헌법상 입법의무가 있는 사항에 대해서 입법을 하지 아니함으로써 '입법행위의 흠결이 있는 경우'(즉, 입법권의 불행사)와 둘째, 입법자가 어떤 사항을 입법은 하였으나 그 내용·범위·절차 등이 당해 사항을 불완전, 불충분 또는 불공정하게 규율함으로써 '입법행위에 결함이 있는 경우'(즉, 결함이 있는 입법권의 행사)로 나눌 수 있는데, 전자를 진정입법부작위 후자를 부진정입법부작위라고 한다.

'진정입법부작위'를 대상으로 하는 헌법소원은, 헌법에서 기본권보장을 위하여 명시적인 입법위임을 하였음에도 불구하고 입법자가 상당한 기간 내에 이를 이행하지 아니하거나 또는 헌법의 해석상 특정인에게 구체적인 기본권이 생겨 이를 보장하기 위한 국가의 행위의무 내지 보호의무가 있음에도 불구하고 아무런 입법조치를 하지 아니하는 경우이어야 하고, '부진정입법부작위'를 대상으로 하는 헌법소원은, 당해 입법규정 그 자체를 대상으로 하여 그것이 평등원칙에 위배된다는 등의 이유를 내세워 헌법소원을 하여야 하고 헌법재판소법에서 정한 청구기간도 준수하여야 한다(헌재 1996. 10. 31. 94헌마108).

나. 이 법률조항은 국가유공자에 대해 아무런 규정을 두지 아니한 것이 아니라 국가유공자의 범위를 순국선열·전몰군경 등 16종으로 규정하면서도 청구인들과 같은 특수부대원을 그 범위에 포함시키지 아니하는 국가유공자에 대한 사항을 불완전·불충분하게 규율하고 있는 것이다. 따라서 이 법률조항의 흠결은 부진정입법부작위에 해당한다 할 것이므로 이 조항 자체를 대상으로 하는 헌법소원에는 헌법재판소법 소정의 청구기간의 준수가 그 요건사항인 것이다.

그리고 청구인들과 같은 특수부대원을 헌법상 국가유공자로 한다거나 국가유공자로 하도록 법률에 위임하는 규정이 없고, 청구인들의 기본권을 보호하여야 할 입법자의 행위의무 내지 보호의무가 있는 것도 아니다.

다. 헌법재판소법 제69조 제1항에 의하면 헌법소원심판은 그 사유가 있음을 안 날로부터 60일 이내에, 그 사유가 있은 날로부터 180일 이내에 청구하도록 규정하고 있다. 그런데 청구인들은 1950년대 혹은 1960년대에 특수부대 복무를 마쳤고, 이 사건 법률조항은 1984. 8. 2. 법률 제3742호로 제정되어 1985. 1. 1.부터 시행되었는데, 이 헌법소원심판은 1999. 2. 6. 제기되었으므로 청구기간을 도과한 것임이 분명하다.

한편 헌법재판소법 제40조는 헌법소원심판에 관하여 행정소송법을 준용하고 있고 행정소송법 제20조 제2항은 정당한 사유가 있는 경우에는 제소기간이 도과한 후에도 행정소송을 제기할 수 있다고 규정하고 있다. 여기서 '정당한 사유'라 함은 청구기간 도과의 원인 등 여러 가지 사정을 종합하여 지연된 심판청구를 허용하는 것이 사회통념상으로 보아 상당한 경우를 뜻한다(헌재 1993. 7. 29. 89헌마31).

청구인들은 특수부대의 활동을 공개하지 아니하기로 한 서약과 사회 상황, 국방부 등 관련기관에 대한 탄원을 근거로 하여 청구기간 도과에는 정당한 사유가 있다고 하나, 청구인들이 국방부 등에 탄원서를 제출한 1993. 7.경부터는 헌법소원심판청구가 가능한 것으로 보이고 그밖에 청구기간의 도과에 정당한 사유가 있다고 볼만한 다른 사정은 발견되지 아니한다.

○ 주 문

이 심판청구를 모두 각하한다.

(2) 헌법재판소 2002. 7. 18. 2000헌마707 평균임금결정·고시부작위
   위헌확인

   ⇒ 행정입법부작위에 대하여 위헌성을 인정한 예

○ 결정요지 중 일부

산업재해보상보험법 제4조 제2호 단서 및 근로기준법 시행령 제4조는 근로기준법과 같은 법 시행령에 의하여 근로자의 평균임금을 산정할 수 없는 경우에 노동부장관으로 하여금 평균임금을 정하여 고시하도록 규정하고 있으므로, 노동부장관으로서는 그 취지에 따라 평균임금을 정하여 고시하는 내용의 행정입법을 하여야 할 의무가 있다고 할 것인바, 노동부장관의 그러한 작위의무는 직접 헌법에 의하여 부여된 것은 아니나, 법률이 행정입법을 당연한 전제로 규정하고 있음에도 불구하고 행정권이 그 취지에 따라 행정입법을 하지 아니함으로써 법령의 공백상태를 방치하고 있는 경우에는 행정권에 의하여 입법권이 침해되는 결과가 되는 것이므로, 노동부장관의 그러한 행정입법 작위의무는 헌법적 의무라고 보아야 한다.

○ 당 사 자

· 청 구 인   김○○ 외 1인
                 청구인들 대리인 법무법인 한라 담당변호사 정대권 외
                 2인
  피청구인   노동부장관

○ 사건의 개요

(1) 청구인 김○○의 남편인 송○○과 청구인 이○○의 남편인 김○○는

1998. 1. 9. 제999공용호(옥돔잡이 연승어선)의 선원으로 첫 승선하여 조업 중 같은 달 11. 서귀포 남방 80마일 해상에서 위 어선이 풍랑으로 침몰하여 실종되었다.

(2) 청구인들은 위 실종자들의 생사불명 상태가 3개월 이상 계속되어 실종자들의 사망이 추정됨을 사유로 근로복지공단에 산업재해보상보험법에 의한 유족급여 및 장의비의 지급을 청구하였는데, 근로복지공단은 위 공용호가 산업재해보상보험의 적용제외 사업장에 해당함을 이유로 그 지급을 거부하였으나, 청구인들이 그 부지급처분의 취소를 구하는 행정소송(제주지방법원 98구673)을 제기하여 승소하였다.

(3) 위 판결선고 후 청구인들은 노동부장관이 발행한 임금구조기본통계조사보고서의 어업숙련근로자 급여액을 기준으로 하여, 청구인 김정화는 유족보상일시금 97,734,000원 및 장의비 9,021,600원을, 청구인 이용자는 유족보상일시금 58,726,200원 및 장의비 5,420,880원을 각 청구하였다.

(4) 이에 근로복지공단은 청구인들에 대한 유족급여 및 장의비를 지급하기 위하여 위 실종자들의 임금을 조사하였다. 그 조사결과에 의하면 위 공용호와 같은 옥돔잡이 연승어선의 선원들은 일반적으로 전체 어획물 판매대금에서 비용을 공제한 금액을 선주와 선장 및 선원들이 일정 비율로 분배하는 방식으로 임금을 받아 왔는데, 위 공용호의 경우 선주가 30%, 선장이 20%, 나머지 선원 5명이 각 10%씩을 분배받기로 되어 있었다. 그러나 근로복지공단은 위 실종자들이 선주에게 채용된 후 실제로 임금을 지급받았다는 자료가 없음을 이유로, 산업재해보상보험법(1999. 12. 31. 법률 제6100호로 개정되기 전의 것) 제38조 제4항 및 같은 법 시행규칙(2000. 7. 29. 노동부령 제165호로 개정되기 전의. 것) 제10조 제1항에 의한 최저보상기준인 1일 금22,353원을 기준으로 유족급여 및 장의비를 산정하여 청구인들에 대하여 각 유족일시금 29,058,900원(평균임금의 1,300일분) 및 장의비 2,682,360원(평균임금의 120일분)을 각 지급하는 내용의 처분을 하였다.

(5) 이에 대하여 청구인들은, "위 실종자들이 1998. 1. 9. 채용되어 첫 출어에 나섰다가 재해를 당하였으므로 근로기준법의 관계규정에 의하여 평균임

금을 산정할 수 없는 경우에 해당되고, 이런 경우 근로기준법 시행령 제4조에 따라 노동부장관이 정하는 바 또는 산업재해보상보험법 제4조 제2호에 의하여 노동부장관이 정하여 고시하는 바에 따라 평균임금을 산정하여야 할 것이나, 아직까지 노동부장관의 정함이나 고시가 시행되지 않고 있으므로, 결국 근로자의 통상의 생활임금을 사실대로 산정할 수 있는 방법에 의하여야 할 것인데, 신속하고 공정한 재판을 위하여 노동부장관이 통계법에 근거하여 발표하는 임금구조기본통계조사보고서에 의하여 평균임금을 산정하는 것이 타당하다"라는 이유로 위 처분의 취소를 구하는 행정소송을 제기하였고(제주지방법원2000구201), 그 소송계속 중 청구인들은 근로기준법의 규정에 의하여 위 실종자들의 평균임금을 산정할 수 없는 경우에 해당함에도 불구하고 노동부장관이 이에 관한 결정 또는 고시를 하지 아니함은 청구인들의 평등권, 재산권, 재판을 받을 권리 및 근로의 권리 등을 침해하는 것으로서 헌법에 위반된다는 이유로 2000. 11. 9. 이 사건 헌법소원 심판을 청구하였다.

(6) 한편 위 소송에서 제주지방법원은 청구인들의 임금구조기본통계조사보고서에 의한 평균임금 산정주장을 배척하고, 위 실종자들의 실제임금을 기존 대법원판례의 취지에 따라 추산하여 보아도 그 금액이 산업재해보상보험법 시행규칙 제10조 제1항 소정의 최저보상기준에 미달함을 이유로 하여 2001. 4. 25. 원고 패소판결을 선고하였고, 이에 대한 청구인들의 항소(광주고등법원 제주부 2001누153) 및 상고(대법원 2001두9387)도 모두 기각되었다.

O 심판대상

이 사건 헌법소원의 심판대상은 산업재해보상보험법 제4조 제2호 단서 및 근로기준법 시행령 제4조가 정하는 경우에 관하여 피청구인이 평균임금을 정하여 고시하지 아니하는 부작위가 청구인들의 헌법상 보장된 기본권을 침해한 것으로서 헌법에 위반되는지 여부이다.

O 관계법령

• <u>산업재해보상보험법 제4조(정의)</u> 이 법에서 사용하는 용어의 정의는 다음 각 호와 같다.

1. 생략

2. "근로자"·"임금"·"평균임금"·"통상임금"이라 함은 각각 근로기준법에 의한 "근로자"·"임금"·"평균임금"·"통상임금"을 말한다. 다만, 근로기준법에 의하여 "임금" 또는 "평균임금"을 결정하기 곤란하다고 인정되는 경우에는 노동부장관이 정하여 고시하는 금액을 당해 "임금" 또는 "평균임금"으로 한다.

3. 생략

• 근로기준법 제19조(평균임금의 정의) ① 이 법에서 "평균임금"이라 함은 이를 산정하여야 할 사유가 발생한 날 이전 3월간에 그 근로자에 대하여 지급된 임금의 총액을 그 기간의 총일수로 나눈 금액을 말한다. 취업후 3월 미만도 이에 준한다.
② 제1항의 규정에 의하여 산출된 금액이 당해 근로자의 통상임금보다 저액일 경우에는 그 통상임금액을 평균임금으로 한다.

• 근로기준법 시행령 제2조(평균임금의 계산에서 제외되는 기간 및 임금)
①, ② 생략

• 근로기준법 시행령 제3조(일용근로자의 평균임금) 일용근로자에 대하여는 노동부장관이 사업별 또는 직업별로 정하는 금액을 평균임금으로 한다.

• 근로기준법 시행령 제4조(특별한 경우의 평균임금) 법 제19조, 이 영 제2조 및 제3조의 규정에 의하여 평균임금을 산정할 수 없는 경우에는 노동부장관이 정하는 바에 의한다.

○ 청구인의 주장요지

산업재해보상보험법은 유족보상일시금을 근로기준법상 평균임금의 1,300일분에 상당하는 금액으로 하도록 하면서 근로기준법에 의하여 평균임금을 결정하기 곤란하다고 인정되는 경우에는 노동부장관이 정하여 고시하는 금액을 당해 평균임금으로 하도록 규정하고 있으며, 근로기준법시행령은 평균임금을

산정할 수 없는 경우에는 노동부장관이 이를 정하도록 규정하고 있다. 그럼에
도 불구하고 피청구인은 위 실종자들과 같은 근로자의 평균임금을 정하여 고
시한 바 없고, 그 결과 위 실종자들과 같이 고용기간이 극히 짧아 수령임금이
없는 사람은 정당한 산재보험급여를 받을 수 없게 됨으로써 청구인들의 헌법
상 보장된 재산권, 재판을 받을 권리, 평등권, 근로의 권리가 침해되었다.

○ 적법요건에 대한 판단

가. 청구기간

넓은 의미의 입법부작위에는 입법자가 헌법상 입법의무가 있는 어떠한 사
항에 관하여 전혀 입법을 하지 아니함으로써 입법행위의 흠결이 있는 이른바
진정입법부작위의 경우와, 입법자가 어떤 사항에 관하여 입법을 하였으나 그 입
법의 내용·범위·절차 등이 당해 사항을 불완전·불충분 또는 불공정하게 규율
함으로써 입법행위에 결함이 있는 이른바 부진정입법부작위의 경우로 나누어 볼
수 있다(헌재 1996. 11. 28. 95헌마161; 헌재 1996. 10. 31. 94헌마108, 판례집 8-2, 480).
그리고 공권력의 불행사로 인한 기본권침해는 그 불행사가 계속되는 한 기본권
침해의 부작위가 계속된다고 할 것이므로 공권력의 불행사에 대한 헌법소원심
판은 그 불행사가 계속되는 한 기간의 제약없이 적법하게 청구할 수 있다(헌재
1994. 12. 29. 89헌마2 판례집 6-2, 395, 408).

이 사건의 경우 법률인 산업재해보상보험법 및 대통령령인 근로기준법 시
행령이 정하는 경우에 관하여 노동부장관이 평균임금을 결정·고시하는 내용의
규정이 있음에도 불구하고 노동부장관이 이에 따른 행정입법권을 행사하지 아
니하고 있는 것이므로 이는 진정입법부작위에 속한다. 따라서 위 진정입법부작
위의 위헌 여부를 다투는 이 사건 헌법소원심판은 청구기간의 제한을 받지 않
는다고 할 것이므로 청구기간 경과의 위법은 없다.

나. 보충성

행정입법부작위에 대한 행정소송의 적법여부에 관하여 대법원은 이를 부
적법한 것으로 보고 있다. 즉 대법원은 1992. 5. 8. 선고 91누11261 판결에서
"행정소송은 구체적 사건에 대한 법률상 분쟁을 법에 의하여 해결함으로써 법

적 안정을 기하자는 것이므로 부작위위법확인소송의 대상이 될 수 있는 것은 구체적 권리의무에 관한 분쟁이어야 하고 추상적인 법령에 관하여 제정의 여부 등은 그 자체로서 국민의 구체적인 권리의무에 직접적 변동을 초래하는 것이 아니어서 행정소송의 대상이 될 수 없다"고 판시하였다.

그 밖에 피청구인의 행정입법부작위를 대상으로 하여 그 위헌 또는 위법 여부를 직접 다툴 수 있는 권리구제절차는 없다. 물론 행정입법부작위를 원인으로 한 국가배상 등의 청구가 전혀 불가능한 것은 아니지만 이러한 사후적·보충적 권리구제수단은 헌법재판소법 제68조 제1항 단서 소정의 "다른 권리구제절차"에 해당하지 아니한다(헌재 1993. 7. 29. 92헌마51, 판례집 5-2, 175). 따라서 이 사건 헌법소원 심판청구는 다른 법률에 구제절차가 없는 경우에 해당하므로 보충성의 요건을 흠결하였다고 볼 수 없다.

다. 자기관련성 및 권리보호의 이익

청구인들은 모두 산업재해보상보험법에 의한 보험급여의 최선순위 수급권자로서 노동부장관의 평균임금 산정에 관한 결정·고시가 이루어진다면 이를 기초로 하여 계산된 보험급여를 받게 될 것이므로 청구인들은 이 사건 헌법소원 심판청구의 자기관련성이 있다고 할 것이다.

그런데 앞서 본 바와 같이 청구인들은 근로복지공단의 최저보상기준에 의한 보험급여 결정·지급 처분에 대하여 행정소송을 제기하였고 그 소송에서 청구인들의 패소가 이미 확정되었으므로 별도의 절차에 의하여 위 확정판결의 기판력이 제거되지 아니하는 한 청구인들로서는 근로복지공단의 위 처분에 관한 위법성을 더 이상 다투지 못하게 되었다. 또한 청구인들의 이 사건 헌법소원 심판청구가 인용된다고 하더라도 그 사유만으로는 위 확정판결에 대하여 재심을 청구할 수도 없다. 이러한 점에서 청구인들은 노동부장관의 평균임금 산정에 관한 결정·고시가 이루어지더라도 권리구제를 받을 수 없어 이 사건 헌법소원 심판청구는 그 권리보호의 이익이 없는 것이 아닌가 하는 의문을 가질 수도 있다.

그러나 청구인들의 이 사건 헌법소원 심판청구가 인용되어 노동부장관이 평균임금 산정에 관한 결정·고시를 하게 되면, 위와 같이 기판력에 의하여 더이상 위법성을 다툴 수 없게 된 처분과는 별도로 그 결정·고시에 따른 새로운 처분이 이루어져야 할 것이므로 그 한도 내에서 이 사건 헌법소원 심판청구는 권리보호의 이익이 있다고 보아야 할 것이다.

그리고 헌법소원제도는 주관적인 권리구제 뿐만 아니라 객관적인 헌법질서보장의 기능도 겸하고 있으므로, 설사 주관적인 권리보호의 이익이 없는 경우라고 하더라도 동종의 기본권침해가 반복될 위험이 있거나 헌법질서의 유지·수호를 위하여 헌법적 해명이 중대한 의미를 지니고 있을 때에는 예외적으로 심판청구의 이익이 인정되는 것이 우리 재판소의 선례이다(헌재 1999. 5. 27. 97헌마 137, 판례집 11−1 653, 660−661 등). 이 사건에서 설사 청구인들의 주관적인 권리보호의 이익이 없다고 보는 경우라고 하더라도 노동부장관의 행정입법 부작위로 인하여 청구인들과 같은 처지에 있는 사건들이 계속 반복될 수 있을 뿐만아니라, 그러한 부작위가 헌법에 위반되는지 여부에 대한 해명이 헌법질서의 수호·유지를 위하여 필요하다고 보지 않을 수 없으므로 이 사건 헌법소원 심판청구는 그 심판청구의 이익도 인정된다.

○ 본안판단 중 일부

4. 평균임금의 의의 및 산정방법

가. 평균임금의 의의

근로기준법상 평균임금이라 함은 이를 산정하여야 할 사유가 발생한 날 이전 3개월간에 그 근로자에 대하여 지급된 임금의 총액을 그 기간의 총 날짜수로 나눈 금액을 말한다(근로기준법 제19조 제1항). 다만, 위와 같은 방법에 의하여 산출된 금액이 근로자의 통상임금보다 저액일 경우에는 그 통상임금액을 평균임금으로 한다(근로기준법 제19조 제2항). "평균임금"은 근로기준법상의 퇴직금, 휴업수당, 연차휴가수당, 산업재해보상보험법상의 휴업급여, 장해급여, 유족급여, 상병보상연금, 장의비 등을 산출하는 기초가 된다는 데에 그 의의가 있다.

나. 평균임금의 산정방법

평균임금은 이를 산정하여야 할 사유가 발생한 날 이전 3개월 동안 근로자에 대하여 지급된 임금의 총액을 그 기간의 총일수로 나누는 방법에 의하여 계산한다(근로기준법 제19조 제1항). 다만, 근로기준법시행령 제2조는 평균임금의 계산에서 제외되는 기간 및 임금에 관한 특칙을 규정하고 있다. 그리고 산업재해보상보험법에 의한 급여산정과 관련하여 평균임금을 산정하는 방법에 있어서도 근로자보호를 위한 몇 가지의 특례를 제외하고는 근로기준법상의 평균임금 산정방법과 아무런 차이가 없다.

그런데 근로기준법 시행령 제3조는 일용근로자의 평균임금에 관하여 노동부장관이 사업별 또는 직업별로 정하는 금액을 평균임금으로 한다고 규정하고 있고, 제4조는 이와 같은 근로기준법의 관계규정에 의하여 평균임금을 산정할 수 없는 경우에는 노동부장관이 정하는 바에 의한다고 규정하고 있다.

그러나 피청구인은 근로자의 퇴직 후 업무상 질병이 발생한 경우 산업재해보상보험급여의 산정기초인 평균임금을 정하기 위한 예규(1981. 5. 7. 노동부예규 제31호, 개정 1982. 6. 26. 노동부예규 제66호)로서 '퇴직근로자평균임금산정업무처리규정'을 마련한 것 외에는 현재까지 이에 관한 아무런 구체적인 산정방법을 마련하고 있지 않다.

이에 대법원은 근로기준법의 관계규정에 의하여 평균임금을 산정할 수 없고 그에 관한 노동부장관의 정함이나 고시도 없는 경우에 관한 구체적 사건해결을 위하여 다음과 같은 법리를 제시한 바 있다. 그 법리에 의하면, 근로기준법시행령 제4조의 '평균임금을 산정할 수 없는 경우'에는 근로자의 통상의 생활임금을 사실대로 산정하는 것을 기본원리로 하되, 그와 같은 방법이 없을 때에는 당해 근로자가 근로하고 있는 지역을 중심으로 한 일대에 있어서 동종의 직업에 종사하고 있는 상용근로자의 평균임금의 액을 표준으로 하여 산정하여야 한다(대법원 1991. 4. 26. 선고 90누2772 판결, 1993. 12. 28. 선고 93누14936 판결, 1995. 2. 28. 선고 94다8631 판결, 1997. 11. 28. 선고 97누14798 판결 등 다수). 따라서 지금까지 근로기준법의 관계규정에 의하여 평균임금을 산정할 수 없는 경우 위 예규에 의하여 해결되는 극히 일부의 경우를 제외하고는 전부 대법원이 제시하고 있는 위 법리에 의하여 해결되고 있는 실정이다.

5. 위헌 여부에 관한 판단

행정입법의 부작위에 대한 헌법소원이 인정되기 위하여는 첫째, 행정청에게 헌법에서 유래하는 행정입법의 작위의무가 있어야 하고 둘째, 상당한 기간이 경과하였음에도 불구하고 셋째, 행정입법의 제정(개정)권이 행사되지 않아야한다(헌재 1996. 6. 13. 94헌마118등, 판례집 8-1, 500; 헌재 1998. 7. 16. 96헌마246, 판례집 10-2, 305, 306).

가. 행정입법의 작위의무

산업재해보상보험법이 1963. 11. 5. 법률 제1438호로 제정될 당시에는 현행법과 같이 노동부장관으로 하여금 평균임금을 정하여 고시하도록 하는 규정은 없었으나, 1973. 3. 13. 법률 제2607호로 개정될 때 현행법 제4조 제2호 단서에서와 같이 당시 노동청장으로 하여금 평균임금을 정하여 고시하도록 하는 규정을 신설한 이후 현재에 이르고 있다.

한편 현행 근로기준법 시행령 제4조에서와 같이 노동부장관으로 하여금 평균임금을 정하도록 하는 취지의 규정은 그 제정당시인 1954. 4. 7.부터 존재하여 왔는데, 처음에는 제5조에서 규정하고 있다가, 1997. 3. 27. 대통령령 제15320호로 개정되면서 조문위치가 바뀌었을 뿐이다.

이와 같이 산업재해보상보험법 제4조 제2호 단서와 근로기준법 시행령 제4조가 정하는 경우에 노동부장관으로 하여금 평균임금을 정하여 고시하도록한 것은 퇴직금, 유족보상금 등의 산정기초가 되는 평균임금을 근로기준법에 의하여 산정할 수 없거나 이를 적용하는 것이 현저히 부적당한 경우에 대비하여 노동부장관으로 하여금 구체적 타당성을 가진 상세한 기준을 마련하도록한 것으로서 그 표현은 서로 다르지만 그 취지는 동일한 것으로 보아야 한다.

위 규정들은 평균임금의 산정방법을 규정하고 있는 근로기준법 및 같은법 시행령에 의하여도 근로자의 평균임금을 산정할 수 없는 경우를 예정하고있고, 실제로도 그러한 경우가 많이 발생하고 있으므로, 노동부장관으로서는위 규정들의 취지에 따라 행정입법을 하여야 할 의무가 있다고 할 것이다.

물론 이 사건에 있어서 노동부장관의 작위의무는 산업재해보상보험법 및 근로기준법 시행령에 의하여 부여된 것이고, 직접 헌법의 명문규정에 의하여 부여된 것은 아니다. 그러나 삼권분립의 원칙, 법치행정의 원칙을 당연한 전제로 하고 있는 우리 헌법하에서 행정권의 행정입법의무는 헌법적 의무라고 보아야 한다. 왜냐하면 법률이 행정입법을 당연한 전제로 규정하고 있고 그 법률의 시행을 위하여 그러한 행정입법이 필요함에도 불구하고 행정권이 그 취지에 따라 행정입법을 하지 아니함으로써 법령의 공백상태를 방치하고 있는 경우에는 행정권에 의하여 입법권이 침해되는 결과가 되기 때문이다(헌재 1998. 7. 16. 96헌마246, 판례집 10-2, 284).

그리고 현재까지의 행정입법 부작위로 인한 법령의 공백을 대법원 판례가 대신하고 있어 실질적으로는 평균임금 산정방법이 불가능한 경우가 없게 되었다고 하더라도, 이것은 노동부장관의 행정입법 부작위로 인하여 법령의 공백상태가 발생함으로써 이를 메우기 위하여 부득이 법원의 판례가 형성되었던 것에 불과하므로 그러한 사유로는 노동부장관의 행정입법 작위의무가 면제된다고 볼 수 없다.

나. 작위의무의 내용

산업재해보상보험법 제4조 제2호 단서는 "……경우에는 노동부장관이 정하여 고시하는 금액을……"이라고 규정하고 있다. 여기에서 "금액을"이라는 표현을 하였음을 근거로 하여 근로기준법에 의하여 평균임금을 결정하기 곤란한 경우가 발생할 때마다 노동부장관이 구체적인 평균임금의 금액을 결정하여야 하는 취지로 규정된 것이라고 보는 견해도 있을 수 있다.

그러나 위 규정에서 문언상 "금액을"이라는 표현을 하였다고 하더라도, 평균임금을 근로기준법의 규정에 의하여 결정하기 곤란한 경우가 발생할 때마다 노동부장관으로 하여금 구체적인 평균임금의 금액을 결정하도록 하는 내용으로 해석하는 것은 부당하다. 왜냐하면 위 규정에서 "고시"하도록 한 것은 노동부장관으로 하여금 행정입법을 하여 일반 국민에게 널리 알리라는 취지로 보아야 할 것인바, 구체적인 경우마다 금액을 결정하라고 한다면 그 금액을 구태여 고시할 필요가 없을 것이기 때문이다. 즉 위 규정의 취지는 노동부장관으로 하여금 평균임금 산정의 기준을 만들어 이를 "고시"함으로써 법령의 공백상태를 방지하라고 하는 취지로 보아야 할 것이다.

그리고 근로기준법 시행령 제4조는 "……경우에는 노동부장관이 정하는 바에 의한다."라고 규정하고 있는바, 이 규정도 위와 마찬가지로 노동부장관으로 하여금 행정입법을 하도록 한 취지로 해석된다.

여하튼 노동부장관이 어떠한 내용의 행정입법을 할 것인지는 노동부장관의 광범위한 입법재량에 달려있다. 앞서 본 대법원 판례가 제시하고 있는 법리와 동일한 내용의 추상적인 기준이 제시되는 형식으로 규정될 수도 있고, 각종 통계자료를 근거로 하여 새로운 평균임금의 산정방법을 제시하는 방법을 취한다든지, 예외적인 사례가 발생한 경우에는 근로복지공단 등으로 하여금 구체적인 금액을 결정하도록 하는 내용의 규정을 두는 방법도 가능할 것이다.

다. 입법지체의 정당화 사유

상위법령을 시행하기 위하여 하위법령을 제정하거나 필요한 조치를 함에 있어서는 상당한 기간을 필요로 하므로 합리적인 기간 내의 지체를 위헌적인 부작위로 볼 수 없을 것이다. 그러나 산업재해보상보험법이 1973. 3. 13. 법률 제2607호로 개정되어 행정입법의 작위의무가 발생한 때로부터 이미 30년 정도가 경과되어 그동안 충분한 시간적 여유가 있었음에도 불구하고(근로기준법 시행령의 제정당시인 1954. 4. 7.부터는 약 50년 정도가 경과되었다) 아직도 행정입법의 작위의무를 이행하지 아니하고 있으므로 이는 합리적인 기간 내의 지체라고 볼 수 없다.

라. 기본권의 침해

청구인들은 업무상 재해로 인하여 사망한 것으로 추정되는 위 실종자들의 유족으로서 모두 산업재해보상보험법에 의한 유족급여 및 장의비의 최선순위 수급권자들이다. 그리고 그 유족급여 및 장의비는 모두 위 실종자들의 평균임금을 기초로 하여 산정된다. 그런데 위 실종자들은 모두 위 어선에 처음으로 승선하여 임금을 한 번도 받아보지 못한 채 실종되어 근로기준법의 관계규정에 의하여 위 실종자들의 평균임금을 산정하기가 곤란한 경우에 해당하므로 피청구인이 정하여 고시하는 바에 따라 이를 산정할 수밖에 없음에도 불구하고 그에 관한 피청구인의 정함이나 고시가 아직 없는 것이다. 즉 산업재해보상보험법 제4조 제2호 단서에 관한 입법자의 의사는 청구인들과 같은 경우에는 피청구인의 정함이나 고시를 적용받아 구체적인 권리구제를 받을 수 있도록 한 것인데도, 그 부존재로 말미암아 그러한 권리를 침해당하고 있는 것이다. 물론 청구인들이 행정소송을 통하여 권리구제를 받을 수 있는 것이고 피청구인의 정함이나 고시를 대신할 수 있는 대법원 판례가 형성되어 있지만, 그와 같은 간접적·보충적·사후적 권리구제 방법이 존재하고 피청구인의 정함이나 고시를 대신할 재판규범이 마련되어 있다는 점만으로는 청구인들의 기본권 침해가 부정된다고 할 수 없다. 왜냐하면 청구인들로서는 피청구인의 정함이나 고시가 부존재함으로 인하여 이를 직접 적용받아 권리구제를 받을 기회를 원천적으로 박탈당하였고, 그 대신 근로복지공단의 처분 또는 이에 대한 법원의 재판 등 그 처분에 대한 불복방법에 의하여 우회적이고 비경제적인 권리구제방법을 택하지 않을 수 없게 되었기 때문이다. 결국 청구인들은 피청구인의 위와 같은 부작위로 말미암아 산업재해보상보험법에 따른 정당한 유족급여 및 장의비를 받게 될 재산권 및 인간다운 생활을 할 권리를 침해당하고 있는 것이다.

또한 향후 피청구인의 평균임금 산정에 관한 정함이나 고시가 마련되고 청구인들에게 적용된 결과 청구인들에게 지급될 보험급여액이 청구인들에게 유리하게 변동될 것인지 여부와 관계없이 청구인들에 대한 위와 같은 기본권 침해에는 아무런 영향이 없다고 보아야 한다. 왜냐하면 청구인들이 산업재해보상보험법상의 보험급여를 받기 위하여는 피청구인의 행정입법을 적용받아야 하는데, 피청구인이 헌법에서 유래하는 행정입법의 작위의무가 있음에도 불구하고 상당한 기간이 경과하도록 이를 이행하지 아니하고 있다면, 향후 그 행정입법의 내용에 의하여 청구인들에 대한 보험급여액이 달라질 것인지의 여부와는 관계없이 그 자체로 청구인들의 재산권을 침해하는 것이기 때문이다.

❍ 결정요지

1. 공권력의 불행사로 인한 기본권침해는 그 불행사가 계속되는 한 기본권침해의 부작위가 계속된다고 할 것이므로 공권력의 불행사에 대한 헌법소원

은 그 불행사가 계속되는 한 기간의 제약없이 적법하게 청구할 수 있다.

2. 헌법소원제도는 주관적인 권리구제 뿐만 아니라 객관적인 헌법질서보장의 기능도 겸하고 있으므로, 설사 주관적인 권리보호의 이익이 없는 경우라고 하더라도 동종의 기본권침해가 반복될 위험이 있거나 헌법질서의 유지·수호를 위하여 헌법적 해명이 중대한 의미를 지니고 있을 때에는 예외적으로 심판청구의 이익이 인정된다.

3. 산업재해보상보험법 제4조 제2호 단서 및 근로기준법 시행령 제4조는 근로기준법과 같은 법 시행령에 의하여 근로자의 평균임금을 산정할 수 없는 경우에 노동부장관으로 하여금 평균임금을 정하여 고시하도록 규정하고 있으므로, 노동부장관으로서는 그 취지에 따라 평균임금을 정하여 고시하는 내용의 행정입법을 하여야 할 의무가 있다고 할 것인바, 노동부장관의 그러한 작위의무는 직접 헌법에 의하여 부여된 것은 아니나, 법률이 행정입법을 당연한 전제로 규정하고 있음에도 불구하고 행정권이 그 취지에 따라 행정입법을 하지 아니함으로써 법령의 공백상태를 방치하고 있는 경우에는 행정권에 의하여 입법권이 침해되는 결과가 되는 것이므로, 노동부장관의 그러한 행정입법 작위의무는 헌법적 의무라고 보아야 한다.

○ 주 문

피청구인이 산업재해보상보험법 제4조 제2호 단서와 근로기준법 시행령 제4조의 위임에 의하여 평균임금을 정하여 고시하지 아니하는 행정입법 부작위는 위헌임을 확인한다.

(3) **헌법재판소 2018. 5. 31. 2016헌마626 입법부작위 위헌확인**
⇒ 행정입법부작위에 대하여 위헌성을 인정한 예

○ 당 사 자

청 구 인 손○화
대리인 법무법인 세종 담당변호사 이승수 외 2인
피청구인 대통령

○ 사건개요

청구인은 북한에서 1984. 1. 22. 사망한 국군포로 망 손○식의 자녀로, 북한에서 태어나 2005. 12. 19. 탈북하여 2013. 10. 대한민국에 입국한 북한이탈주민이다. 청구인은, 망 손○식과 같이 억류지에서 사망하여 대한민국으로 생환하지 못한 국군포로에 대한 대우와 지원에 관한 입법조치를 취하지 않은 국회의 입법부작위 및 '국군포로의 송환 및 대우에 관한 법률'(이하 '국군포로법'이라 한다) 제15조의5 제2항에 따른 대통령령을 제정하지 않은 행정입법부작위가 청구인의 기본권을 침해한다고 주장하며, 2016. 7. 28. 이 사건 헌법소원심판을 청구하였다.

○ 심판대상

이 사건 심판대상은 '국군포로의 송환 및 대우 등에 관한 법률'에서 대한민국에 귀환하여 등록한 포로에 대한 보수 기타 대우 및 지원만을 규정하고, 대한민국으로 귀환하기 전에 사망한 국군포로에 대하여는 이에 관한 입법조치를 하지 않은 입법부작위(이하 '이 사건 입법부작위'라 한다) 및 피청구인 대통령이 '국군포로의 송환 및 대우 등에 관한 법률'(2015. 3. 27. 법률 제13237호로 개정된 것) 제15조의5 제2항의 위임에 따른 대통령령을 제정하지 아니한 행정입법부작위(이하 '이 사건 행정입법부작위'라 한다)가 청구인의 기본권을 침해하는지 여부이다. 관련조항의 내용은 다음과 같다.

○ 관련조항

- 국군포로의 송환 및 대우 등에 관한 법률(2013. 3. 22. 법률 제11652호로 개정된 것) 제9조(보수의 특례) ① 국방부장관은 등록포로에게 억류기간에 대한 보수(수당을 포함한다. 이하 이 조에서 같다)를 지급한다. 다만, 억류기간 종료일에 60세를 초과한 경우에는 60세가 되는 날이 속하는 달까지의 보수를 지급한다.

- 제11조(위로지원금) ① 국방부장관은 등록포로를 위로하고 이들의 안정적인 국내 정착을 지원하기 위한 위로지원금을 월지원금과 일시지원금

으로 나누어 지급한다.

- 국군포로의 송환 및 대우 등에 관한 법률(2006. 3. 24. 법률 제7896호로 제
  정된 것) 제14조(의료지원) 국방부장관은 등록포로에 대하여 대통령령이
  정하는 바에 따라 무상으로 의료지원을 할 수 있다.

- 제15조(억류지 출신 포로가족에 대한 지원금) ① 국방부장관은 제6조의 규
  정에 따라 등록된 억류지 출신 포로가족에 대하여 지원금을 지급할 수
  있다.

- 국군포로의 송환 및 대우 등에 관한 법률(2015. 3. 27. 법률 제13237호로 개
  정된 것) 제15조의3(억류지 출신 포로가족에 대한 취업지원) 국방부장관은 대
  한민국으로 귀환한 억류지 출신 포로가족의 안정적인 국내 정착을 위하
  여 대통령령으로 정하는 바에 따라 취업지원을 할 수 있다.

- 제15조의4(고궁 등의 이용지원) ① 등록포로와 대한민국으로 귀환한 억류
  지 출신 포로가족에게는 국가나 지방자치단체가 관리하는 고궁과 공원
  등의 시설을 무료로 이용하게 하거나 그 요금을 할인하여 이용하게 할
  수 있다.

- 제15조의5(국군포로에 대한 예우) ① 국방부장관은 등록포로, 제6조에 따
  른 등록을 하기 전에 사망한 귀환포로, 귀환하기 전에 사망한 국군포로
  에게 억류기간 중의 행적이나 공헌의 정도에 상응하는 예우를 할 수
  있다.
  ② 제1항에 따른 예우의 신청, 기준, 방법 등에 필요한 사항은 대통령
  령으로 정한다.

O 청구인 주장

가. 국군포로법은 국군포로 및 그 가족의 생활안정과 복지 향상에 기여함
을 목적으로 제정되었음에도, '등록포로'의 개념을 만들어 귀환하여 등록한 포
로에 한하여 보수 지급 및 각종 대우 또는 지원을 받을 수 있도록 규정하고 있

다. 헌법 제10조, 제11조 제1항, 제34조 제1항에 비추어볼 때 국가는 평등과 인간의 존엄성이라는 가장 기본적인 인권을 보호하는 방향으로 입법할 의무가 있으므로, 헌법해석상 귀환하지 못한 채 사망한 국군포로에 대해서도 보수 등을 규정할 작위의무 내지 보호의무가 있다. 그럼에도 불구하고 국군포로법은 귀환하기 전에 사망한 국군포로에 대한 대우 또는 지원에 관한 사항을 규정하지 않음으로써, 청구인의 평등권, 인간다운 생활을 할 권리를 침해한다.

나. 국군포로법 제15조의5 제2항이 국군포로에 대한 예우의 신청, 기준, 방법 등에 필요한 사항을 대통령령으로 정하도록 위임하고 있음에도, 국군포로법 시행령은 이에 관하여 아무런 내용도 규정하지 않고 있다. 이러한 행정입법 부작위는 청구인의 재산권을 침해한다.

❍ 결정요지

1. 청구인은 대한민국으로 귀환하기 전에 사망한 국군포로의 보수 기타 대우와 지원에 관하여는 아무런 입법조치가 이루어지고 있지 않다고 주장하나, 국군포로법은 제9조 제1항, 제11조 제1항, 제15조 제1항 등을 통하여 등록포로에 대해서는 보수와 위로지원금을 지급하고, 귀환하기 전에 사망한 국군포로에 관해서는 그 억류지출신 포로가족에게 지원금을 지급하도록 하고 있으므로, 청구인의 주장은 결국 등록포로에 대한 보수·지원에 관한 규정이나 억류지 출신 포로가족에 대한 지원을 규정하고 있는 규정이 불완전, 불충분한 입법이라는 부진정입법부작위를 다투는 것이다. 부진정입법부작위를 다투기 위해서는 그 불완전한 법규 자체를 대상으로 한 헌법소원이 가능함은 별론으로 하고, 입법부작위로서 헌법소원의 대상으로 삼을 수는 없다. 설령 청구인의 취지가 국군포로법 제9조, 제11조, 제15조가 불완전, 불충분하다는 것으로 선해하더라도, 이 부분 심판청구는 청구기간을 도과하여 제기된 것으로 부적법하다.

2. 국군포로법 제15조의5 제2항은 같은 조 제1항에 따른 예우의 신청, 기준, 방법 등에 필요한 사항은 대통령령으로 정한다고 규정하고 있으므로, 피청구인은 등록포로, 등록하기 전에 사망한 귀환포로, 귀환하기 전에 사망한 국군포로(이하 '등록포로 등'이라 한다)에 대한 예우의 신청, 기준, 방법 등에 필요한

사항을 대통령령으로 제정할 의무가 있다. 국군포로법 제15조의5 제1항이 국방부장관으로 하여금 예우 여부를 재량으로 정할 수 있도록 하고 있으나, 이것은 예우 여부를 재량으로 한다는 의미이지, 대통령령 제정 여부를 재량으로 한다는 의미는 아니다. 이처럼 피청구인에게는 대통령령을 제정할 의무가 있음에도, 그 의무는 상당 기간 동안 불이행되고 있고, 이를 정당화할 이유도 찾아보기 어렵다. 그렇다면 이 사건 행정입법부작위는 등록포로 등의 가족인 청구인의 명예권을 침해하는 것으로서 헌법에 위반된다.

[재판관 김창종, 재판관 강일원, 재판관 조용호의 이 사건 행정입법부작위 부분에 대한 반대의견

행정권의 행정입법 등 법집행의무는 헌법적 의무이나, 이는 행정입법 제정이 법률의 집행에 필수적임에도 이를 이행하지 않는 것이 곧 입법권 침해의 결과를 초래하는 경우를 가리키는 것이고, 입법부가 어떤 법률의 시행 여부나 시행시기까지 행정권에게 위임하여 재량권을 부여한 경우에까지 헌법상 행정입법 작위의무가 인정되는 것은 아니다. 국군포로법 제15조의5 제1항은 국방부장관에게 등록포로 등에 대한 예우 여부 및 시행시기 등에 관한 재량권을 부여한 것으로 보아야 하고, 따라서 피청구인에게도 국군포로법 제15조의5 제2항에 따른 대통령령을 제정할 헌법상 작위의무는 인정되지 않는다. 그렇다면 청구인의 이 사건 행정입법부작위에 대한 심판청구는 피청구인에게 헌법상 유래되는 구체적 작위의무가 인정되지 않는 공권력 행사를 대상으로 한 것으로서 부적법하다.

나아가 국군포로법 제15조의5는 등록포로 등에 대한 예우를 할 수 있도록 한 규정일 뿐이므로 이 사건 행정입법부작위가 청구인의 명예권이나 재산권을 제한하거나 침해한다고 볼 수 없으므로, 이 부분 심판청구는 이런 점에서도 부적법하다.

[재판관 강일원의 반대의견에 대한 보충의견]

국군포로법 제15조의5 제2항에서 '예우의 신청, 기준, 방법 등에 필요한 사항'을 대통령령으로 정하도록 한 것은, 법령에 근거 없이 할 수 없는 특별한

예우를 하고자 할 경우 대통령령에 그 근거를 두고 시행할 수 있도록 한 것으로 보아야 한다. 국방부장관이 국군포로법 제15조의5 제1항에 따라 국군포로 등을 예우할 것인지 여부는 국방부장관의 재량에 달려 있고, 마찬가지로 같은 조 제2항에 따른 대통령령의 제정 의무도 대통령의 재량에 달려있다. 국군포로법 제15조의5 제2항을 의무규정이라고 보는 것은 국군포로법 및 관련 법령의 전체 체제와도 맞지 않는다.

○ 주 문

1. 피청구인이 국군포로의 송환 및 대우 등에 관한 법률(2015. 3. 27. 법률 제13237호로 개정된 것) 제15조의5 제2항의 위임에 따른 대통령령을 제정하지 아니한 행정입법부작위는 위헌임을 확인한다.

2. 청구인의 나머지 심판청구를 각하한다.

(4) **헌법재판소 2009. 7. 30. 2006헌마358 입법부작위 위헌확인**
⇒ 조례입법부작위에 대하여 위헌성을 인정한 예

○ 당 사 자

청 구 인   [별지 1]과 같음
              청구인들 대리인 변호사 신창언 외 2인

피청구인   1. 서울특별시
                대표자 교육감 공정택
            2. 인천광역시
                대표자 교육감 나근형
            3. 경기도
                대표자 교육감 김상곤
            4. 전라북도
                대표자 교육감 최규호

○ 사건의 개요

청구인들은 서울특별시·인천광역시·경기도·전라북 도의 각급 학교에서 지방방호원·지방난방원·지방조무원·지방운전원·지방전기원 등으로 근무하고 있는 기능직 공무원들이다.

청구인들은, 지방공무원법(1973. 3. 12. 법률 제2594호로 개정된 것, 이하 같다) 제58조 제2항이 노동운동을 할 수 있는 '사실상 노무에 종사하는 공무원의 범위'를 조례에서 정하도록 위임하였음에도 불구하고 피청구인들이 그러한 내용의 조례를 제정하지 아니함으로써 헌법 제33조 제2항에 위반하여 청구인들의 근로3권을 침해한다고 주장하면서 이 사건 헌법소원심판을 청구하였다.

○ 심판의 대상 및 관련규정

이 사건 심판의 대상은 피청구인들이 지방공무원법 제58조 제2항의 위임에 따라 '사실상 노무에 종사하는 공무원의 범위'를 정하는 조례를 제정하지 아니한 부작위(이하 '이 사건 부작위'라 한다)가 청구인들의 근로3권을 침해하는지 여부이고, 관련규정의 내용은 아래와 같다.

- 지방공무원법 제58조(집단행위의 금지) ① 공무원은 노동운동 기타 공무 이외의 일을 위한 집단행위를 하여서는 아니 된다. 다만, 사실상 노무에 종사하는 공무원은 그러하지 아니하다.
  ② 제1항 단서에 규정된 사실상 노무에 종사하는 공무원의 범위는 조례로 정한다.

- 국가공무원법 제66조(집단행위의 금지) ① 공무원은 노동운동 기타 공무 이외의 일을 위한 집단적 행위를 하여서는 아니된다. 다만, 사실상 노무에 종사하는 공무원은 예외로 한다.
  ② 제1항 단서의 사실상 노무에 종사하는 공무원의 범위는 국회규칙·대법원규칙·헌법재판소규칙·중앙 선거관리위원회규칙 또는 대통령령으로 정한다.

- 국가공무원 복무규정 제28조(사실상 노무에 종사하는 공무원) 법 제66조에

규정된 "사실상 노무에 종사하는 공무원"이라 함은 정보통신부 소속의 현업기관과 국립의료원의 작업현장에서 노무에 종사하는 기능직공무원(기능직공무원의 정원을 대체하여 채용된 일반계약직공무원 및 시간제일반계약직공무원을 포함한다) 및 고용직공무원으로서 다음 각 호의 어느 하나에 해당하지 아니하는 자에 한한다.

1. 서무·인사 및 기밀업무에 종사하는 자
2. 경리 및 물품출납사무에 종사하는 자
3. 노무자의 감독사무에 종사하는 자
4. 「보안업무규정」에 의한 보안 목표시설의 경비업무에 종사하는 자
5. 승용자동차 및 구급차의 운전에 종사하는 자

❍ 참조조문

- 공무원의 노동조합 설립 및 운영에 관한 법률(2005. 1. 27. 법률 제7380호로 제정된 것) 제2조(정의) 이 법에서 "공무원"이라 함은 국가공무원법 제2조 및 지방공무원법 제2조에서 규정하고 있는 공무원을 말한다. 다만, 국가공무원법 제66조 제1항 단서 및 지방공무원법 제58조 제1항 단서의 규정에 의한 사실상 노무에 종사하는 공무원과 교원의 노동조합설립 및 운영 등에 관한 법률의 적용을 받는 교원인 공무원을 제외한다.

- 공무원의 노동조합 설립 및 운영에 관한 법률(2005. 1. 27. 법률 제7380호로 제정된 것) 제5조(노동조합의 설립) ① 공무원이 노동조합을 설립하고자 하는 경우에는 국회·법원·헌법재판소·선거관리위원회·행정부·특별시·광역시·도·시·군·구(자치구를 말한다) 및 특별시·광역시·도의 교육청을 최소단위로 한다.
  ② 노동조합을 설립하고자 하는 자는 노동부장관에게 설립신고서를 제출하여야 한다.

- 공무원의 노동조합 설립 및 운영에 관한 법률(2005. 1. 27. 법률 제7380호로 제정된 것) 제6조(가입범위) ① 노동조합에 가입할 수 있는 공무원의

범위는 다음 각 호와 같다.

1. 6급 이하의 일반직공무원 및 이에 상당하는 연구 또는 특수기술직렬의 일반직공무원

2. 특정직공무원 중 6급 이하의 일반직공무원에 상당하는 외무행정·외교정보관리직공무원

3. 기능직공무원

4. 6급 이하의 일반직공무원에 상당하는 별정직공무원 및 계약직공무원

5. 고용직공무원

②~④ 생략

- 공무원의 노동조합 설립 및 운영에 관한 법률(2005. 1. 27. 법률 제7380호로 제정된 것) 제8조(교섭 및 체결권한 등) ① 노동조합의 대표자는 그 노동조합에 관한 사항 또는 조합원의 보수·복지 그 밖의 근무조건에 관한 사항에 대하여 국회사무총장·법원행정처장·헌법재판소사무처장·중앙선거관리위원회사무총장·행정자치부장관(행정부를 대표한다)·특별시장·광역시장·도지사·시장·군수·구청장(자치구의 구청장을 말한다) 또는 특별시·광역시·도의 교육감 중 어느 하나에 해당하는 자(이하 "정부교섭대표"라 한다)와 각각 교섭하고 단체협약을 체결할 권한을 가진다. 다만, 법령 등에 의하여 국가 또는 지방자치단체가 그 권한으로 행하는 정책결정에 관한 사항, 임용권의 행사 등 그 기관의 관리·운영에 관한 사항으로서 근무조건과 직접 관련되지 아니하는 사항은 교섭의 대상이 될 수 없다.
② 정부교섭대표는 법령 등에 의하여 스스로 관리하거나 결정할 수 있는 권한을 가진 사항에 대하여 노동조합의 교섭요구가 있는 때에는 정당한 사유가 없는 한 이에 응하여야 한다.
③ 정부교섭대표는 효율적인 교섭을 위하여 필요한 경우 다른 정부교섭대표와 공동으로 교섭하거나, 다른 정부교섭대표에게 교섭하고 단체협약을 체결할 권한을 위임할 수 있다.
④ 정부교섭대표는 효율적인 교섭을 위하여 필요한 경우 정부교섭대표

가 아닌 관계 기관의 장으로 하여금 교섭에 참여하게 할 수 있고, 다른
기관의 장이 관리하거나 결정할 권한을 가진 사항에 대하여는 당해 기
관의 장에게 교섭하고 단체협약을 체결할 권한을 위임할 수 있다.

⑤ 제2항 내지 제4항의 규정에 따라 정부교섭대표 또는 다른 기관의 장
이 단체교섭을 하는 경우 소속공무원으로 하여금 교섭하고 단체협약을
체결하게 할 수 있다.

- 국가공무원법(1973. 2. 5. 법률 제2460호로 개정된 것) 제66조(집단행위의 금지)
  ① 공무원은 노동운동 기타 공무 이외의 일을 위한 집단적 행위를 하여
  서는 아니된다. 다만, 사실상 노무에 종사하는 공무원은 예외로 한다.
  ②~④ 생략

- 지방공무원법(1973. 3. 12. 법률 제2594호로 개정된 것) 제58조(집단행위의 금
  지) ① 공무원은 노동운동 기타 공무 이외의 일을 위한 집단행위를 하
  여서는 아니된다. 다만, 사실상 노무에 종사하는 공무원은 그러하지 아
  니하다.
  ② 제1항 단서에 규정된 사실상 노무에 종사하는 공무원의 범위는 조례
  로 정한다.
  ③ 제1항 단서에 규정된 사실상 노무에 종사하는 공무원으로서 노동조
  합에 가입된 자가 조합업무에 전임하고자 하는 경우에는 소속지방자치
  단체의 장의 허가를 얻어야 한다.
  ④ 제3항의 규정에 의한 허가에는 필요한 조건을 붙일 수 있다.

○ 청구인들의 주장 및 이해관계기관의 의견

가. 청구인들의 주장

피청구인들이 법률에서 위임하고 있는 '사실상 노무에 종사하는 공무원'
의 범위를 규정하는 조례를 제정하지 아니함으로써 청구인들에게 헌법상 보장
된 노동3권이 침해되었다.

나. 피청구인들의 답변

'인천광역시 교육감 소속 지방공무원 복무조례' 제27조, '전라북도 교육위원회 및 교육감 소속 지방공무원 복무조례' 제28조, '경기도 교육감 소속 지방공무원 복무조례' 제27조, '서울특별시 교육감 소속 지방공무원 복무조례' 제15조 및 '서울특별시 교육감 소속 지방공무원 근무사항에 관한 규칙' 제26조에 따라 위 각 조례 또는 규칙에 규정되지 아니한 사항은 '국가공무원 복무규정'이 준용되는데, '국가공무원 복무규정' 제28조는 국가공무원법 제66조에 규정된 '사실상 노무에 종사하는 공무원'의 범위를 정하고 있으므로, 피청구인들은 입법의무를 다한 것이다.

조례에 의하여 지방방호원, 지방난방원, 지방조무원, 지방운전원, 지방전기원이 사실상 노무에 종사하는 공무원에 해당하는 것으로 정할 경우, 국립대학 소속의 국가공무원 또는 타 부처 유사직렬의 공무원과 형평이 맞지 않을 뿐만 아니라, 청구인들이 수행하는 업무는 교육과 독립된 별도의 업무가 아니라 교육활동이 이루어지는 과정에서 필수적으로 요구되는 교육지원활동이므로 청구인들이 주장하는 단체행동권이 인정될 경우 학생교육에 직접적인 피해가 우려되므로 조례를 제정하지 아니한 부작위에 상당한 이유가 있다.

○ 적법요건에 대한 판단

가. 피청구인 적격

앞에서 본 바와 같이, 이 사건 심판의 대상은 지방공무원법 제58조 제2항의 위임에 따라 '사실상 노무에 종사하는 공무원의 범위'를 정하는 조례를 제정하지 아니한 부작위가 청구인들의 근로3권을 침해하는지 여부이고, 이 사건 심판청구가 인용되면 피청구인은 '사실상 노무에 종사하는 공무원의 범위'를 정하는 조례를 제정하여야 한다(헌법재판소법 제75조 제4항).

따라서 이 사건 심판청구의 피청구인은 '사실상 노무에 종사하는 공무원의 범위'를 정하는 조례를 제정하는 공권력을 행사할 수 있는 주체이어야 하는바, 지방자치법에 의하면, 조례는 지방자치단체의 장이나 재적의원 5분의 1 이상 또는 의원 10명 이상의 발의에 의하여(제66조 제1항) 지방의회의 의결로 제정되고(제39조 제1항 제1호) 지방자치단체의 장이 공포함으로써 효력을 발생하므로(제26조), 이 사건 헌법소원심판청구의 피청구인이 지방자치단체인지 또는 지방의회인지가 문제된다.

그런데 헌법 제117조 제1항은 "지방자치단체는 …… 법령의 범위 안에서 자치에 관한 규정을 제정할 수 있다"고 규정하고 있고, 지방자치법 제22조도 "지방자치단체는 법령의 범위 안에서 그 사무에 관하여 조례를 제정할 수 있다"고 규정함으로써 조례 제정의 주체를 지방자치단체로 규정하고 있다. 따라서 이 사건 조례를 제정하지 아니한 부작위의 위헌 확인을 구하는 헌법소원심판청구의 피청구인은 지방자치단체라고 봄이 상당하다고 할 것이다.

한편, 지방공무원법 제58조 제2항의 위임에 따라 지방자치단체가 '사실상 노무에 종사하는 공무원의 범위'를 정하는 조례를 제정하는 일은 해당 지방자치단체의 지방공무원 전체를 대상으로 하는 것이지만, 이 사건 청구인들은 모두 시·도 교육청 소속 지방공무원이고 이 사건 부작위도 청구인들의 근로3권을 침해하는 것인지 여부에 한하여 심판대상으로 되는 것이므로, 이 사건 심판청구에 관해서는 각 시·도의 교육감이 대표자로 된다고 할 것이다.

나. 부진정 입법부작위인지 여부

피청구인들은 각자의 지방공무원 복무조례에서 국가공무원법 제66조의 위임에 따라 '사실상 노무에 종사하는 공무원의 범위'를 정하고 있는 '국가공무원 복무규정' 제28조를 준용하고 있으므로, 피청구인들의 진정 입법부작위는 없으며, 그 준용규정의 내용이 불충분하다면 부진정 입법부작위에 불과할 뿐이라고 주장한다.

그러나 '국가공무원 복무규정' 제28조는 국가공무원 중에서 '사실상 노무에 종사하는 국가공무원의 범위'를 정하고 있을 뿐이어서 지방공무원에게 준용될 여지가 없다. 그러므로 피청구인들은 지방공무원 중 '사실상 노무에 종사하는 지방공무원의 범위'를 전혀 정하지 않았다고 봄이 상당하고, 결국 청구인들의 이 사건 심판청구는 그러한 진정 입법부작위의 기본권 침해 여부를 다투는 것이라고 할 것이다.

다. 기본권침해가능성 및 자기관련성

헌법 제33조 제2항과 지방공무원법 제58조 제1항 단서 및 제2항에 의하면, 조례에 의하여 '사실상 노무에 종사하는 공무원'으로 규정되는 지방공무원은 단결권·단체교섭권 및 단체행동권을 가진다.

헌법재판소는, 지방공무원법 제58조 제1항 단서에 의하여 노동운동이 허용되는 '사실상 노무에 종사하는 공무원'이란 공무원의 주된 직무를 정신활동으로 보고 이에 대비되는 신체활동, 즉 육체노동을 통한 직무수행에 종사하는 공무원으로 해석하면서, 그 범위를 각 지방자치단체의 특수한 사정을 감안하지 아니하고 법률에서 일일이 정하는 것은 곤란하다고 판시하였다(헌재 2005. 10. 27. 2003헌바50). 이처럼 근로3권이 보장되는 '사실상 노무에 종사하는 공무원의 범위'는 각 지방자치단체의 특수한 사정을 감안하여 조례로 정해지게 되는 결과, 청구인들과 같은 기능직공무원들은 해당 조례에서 '신체활동에 종사하는 공무원'의 범위가 어떻게 정하여지는지에 따라 지방공무원법 제58조 제1항 단서의 '사실상 노무에 종사하는 공무원'이 될 수도 있고, 그에 포함되지 않을 수도 있게 된다.

한편, '공무원의 노동조합 설립 및 운영 등에 관한 법률'(이하 '공무원노조법'이라 한다)에 의하면, 지방공무원 중 기능직공무원과 고용직공무원도 모두 공무원노동조합에 가입할 수 있고(제2조, 제6조 제1항), 그 경우 단결권과 단체교섭권이 부여된다(제5조 내지 제10조). 그런데 만일 지방공무원법 제58조 제2항에 따라 해당 조례로 '사실상 노무에 종사하는 공무원의 범위'에 기능직공무원이 포함된다면, 그들은 공무원노조법의 적용대상에서 제외되면서(제2조 단서), 단결권과 단체교섭권은 물론 단체행동권까지 가질 수 있게 된다.

결국 청구인들은 해당 조례가 어떻게 제정되는지에 따라 그들이 향유할 수 있는 근로3권의 범위에 차이가 발생할 가능성이 있으므로, 그 조례를 제정조차 하지 않은 이 사건 부작위에 의하여 기본권이 침해될 가능성이 있고, 아울러 이 사건 심판청구에 관한 자기관련성도 인정된다.

O 결정요지

1. '공무원의 노동조합 설립 및 운영 등에 관한 법률'(이하 '공무원노조법'이라 한다)에 의하면, 지방공무원 중 기능직공무원과 고용직공무원은 모두 공무원노동조합에 가입할 수 있고, 단결권과 단체교섭권을 가진다. 그런데 만일 지방공무원법 제58조 제2항에 따라 제정된 조례가 기능직공무원을 '사실상 노무에 종사하는 공무원'의 범위에 포함시킨다면 기능직공무원들은 공무원노조법의 적용대상에서 제외되어 단결권과 단체교섭권은 물론 단체행동권까지 가질 수 있게 되는바, 해당 조례가 어떻게 제정되는지에 따라 기능직공무원인 청구인들이 향유할 수 있는 근로3권의 범위가 달라지게 된다. 따라서 이 사건 부작위에 의하여 청구인들의 기본권이 침해될 가능성이 있으며 아울러 청구인들은 이 사건 심판청구에 관한 자기관련성도 인정된다.

2. 지방공무원법 제58조 제2항은 '사실상 노무에 종사하는 공무원'의 구체적인 범위를 조례로 정하도록 하고 있기 때문에 그 범위를 정하는 조례가 제정되어야 비로소 지방공무원 중에서 단결권·단체교섭권 및 단체행동권을 보장받게 되는 공무원이 구체적으로 확정된다. 그러므로 지방자치단체는 소속 공무원 중에서 지방공무원법 제58조 제1항의 '사실상 노무에 종사하는 공무원'에 해당하는 지방공무원이 단결권·단체교섭권 및 단체행동권을 원만하게 행사할 수 있도록 보장하기 위하여 그 구체적인 범위를 조례로 제정할 헌법상 의무를 부담하며, 지방공무원법 제58조가 '사실상 노무에 종사하는 공무원'에 대하여 단체행동권을 포함한 근로3권을 인정하더라도 업무 수행에 큰 지장이 없고 국민에 대한 영향이 크지 아니하다는 입법자의 판단에 기초하여 제정된 이상, 해당 조례의 제정을 미루어야 할 정당한 사유가 존재한다고 볼 수도 없다.

3. 헌법 제33조 제2항과 지방공무원법 제58조 제1항 단서 및 제2항에 의하면 조례에 의하여 '사실상 노무에 종사하는 공무원'으로 규정되는 지방공무원만이 단체행동권을 보장받게 되므로 조례가 아예 제정되지 아니하면 지방공무원 중 누구도 단체행동권을 보장받을 수 없게 된다. 따라서 이 사건 부작위는 청구인들이 단체행동권을 향유할 가능성조차 봉쇄하여 버리는 것으로 청구인들의 기본권을 침해한다.

[재판관 김종대의 별개위헌의견]

국회는 근로3권을 보장하는 내용의 입법을 하여야 할 의무를 가지므로 법률이 근로3권이 인정되는 공무원의 범위를 스스로 정하지 아니한 채 "사실상 노무에 종사하는 자"라고만 규정하고 그 구체적인 범위를 하위법령에 재위임하는 것은 헌법이 명한 입법의무를 위반한 것이다. 따라서 이 사건 부작위의 위헌성은 근본적으로는 헌법이 법률로써 정하도록 명한 근로3권이 인정되는 지방공무원의 범위를 스스로 구체적으로 정하지 아니한 채 조례에 재위임한 지방공무원법 제58조 제2항 자체의 위헌성에 기인한 것이다. 그러므로 원칙적으로 이 사건 부작위의 위헌확인을 구하는 것은 허용되지 아니한다고 할 것이나, 이러한 견해를 고집할 경우 근로3권을 누려야 할 일정한 범위의 공무원들이 입법의 혼란으로 인해 근로3권을 향유하지 못하게 되는 결과가 초래되어 헌법의 취지가 몰각되게 되므로 부득이 지방공무원법 제58조 제2항이 정한 조례의 미제정을 입법부작위로 보아 헌법에 위반된다고 판단한다.

[재판관 이강국, 재판관 김희옥, 재판관 이동흡의 각하의견]

이 사건 부작위로 인하여 직접 기본권의 침해를 받는 자는 '사실상 노무에 종사하는 공무원'에 한정된다고 할 것이므로, 심판청구의 적법요건인 자기관련성 인정 여부는 청구인들이 '사실상 노무에 종사하는 공무원'에 해당하는지의 여부에 따라 결정된다. 그런데 청구인들은 각급 학교에서 지방방호원 등으로 근무하고 있는 기능직 공무원들로서 이들은 학교 교육과 독립된 별도의 업무를 담당하는 것이 아니라 교육활동이 이루어지는 각급 학교에서 필수적으로 요구되는 교육지원활동에 종사하고 있는 공무원들이라 할 것이므로, 각 지방자치단체에 소속된 현업기관의 작업현장에서 노무에 종사하는 공무원이라고 볼 수는 없다고 할 것이다. 따라서 청구인들의 이 사건 헌법소원심판청구에 대한 자기관련성은 인정되지 아니한다.

○ 주 문

피청구인들이 지방공무원법 제58조 제2항의 위임에 따라 사실상 노무에 종사하는 공무원의 범위를 정하는 조례를 제정하지 아니한 것은 위헌임을 확인한다.

III. 기본권의 침해

01. 헌법재판소 1994. 12. 29. 94헌마201 경기도 남양주시 등 33개 도농복합형태의 시 설치 등에 관한 법률

O 결정요지 중 일부

지방자치단체의 폐치(廢置)·분합(分合)에 관한 것은 지방자치단체의 자치행정권 중 지역고권(地域高權)의 보장 문제이나, 대상지역 주민들은 그로 인하여 인간다운 생활공간에서 살 권리, 평등권, 정당한 청문권, 거주이전의 자유, 선거권, 공무담임권(公務擔任權), 인간다운 생활을 할 권리, 사회보장·사회복지 수급권(社會福祉 受給權) 및 환경권 등을 침해받게 될 수도 있다는 점에서 기본권과도 관련이 있어 헌법소원의 대상이 될 수 있다.

02. 헌법재판소 1995. 2. 23. 90헌마125 입법권침해 등에 대한 헌법소원

O 판시사항

국가기관이나 그 구성원의 지위에 있는 자가 그 직무상 권한을 침해당했다는 이유로 헌법소원을 청구할 수 있는지 여부(소극)

O 결정요지

헌법 제68조 제1항의 규정에 의한 헌법소원은, 헌법이 보장하는 기본권의 주체가 국가기관의 공권력의 행사 또는 불행사로 인하여 그 기본권을 침해받았을 경우 이를 구제하기 위한 수단으로 인정된 것이므로, 헌법소원을 청구할 수 있는 자는 원칙으로 기본권의 주체로서의 국민에 한정되며 국민의 기본권을 보호 내지 실현할 책임과 의무를 지는 국가기관이나 그 일부는 헌법소원을 청구할 수 없다.

국회의원이 국회 내에서 행하는 질의권·토론권 및 표결권 등은 입법권 등 공권력을 행사하는 국가기관인 국회의 구성원의 지위에 있는 국회의원에게 부여된 권한이지 국회의원 개인에게 헌법이 보장하는 권리 즉 기본권으로 인정된 것이라고 할 수 없으므로, 설사 국회의장의 불법적인 의안처리행위로 헌법의 기본원리가 훼손되었다고 하더라도 그로 인하여 헌법상 보장된 구체적 기본권을 침해당한 바 없는 국회의원인 청구인들에게 헌법소원심판청구가 허용된다고 할 수 없다.

O 당 사 자

청구인	강금식 외 78인
	대리인 변호사 강철선 외 32인
피청구인	국회의장
	대리인 변호사 이진우, 복대리인 변호사 안범수

O 이 유

1. 청구인들이 이 사건 헌법소원심판청구 이유로서 주장하는 바는 다음과 같다.

가. 1990. 7. 14. 제150회 국회 제11차 본회의에서 피청구인의 직무를 대리한 국회부의장 김재광은 민주자유당에서 미리 마련한 '날치기강행통과작전 시나리오'에 의하여 같은 당 소속 국회의원들이 겹겹이 에워싼 가운데, 소형녹음기에 대고 의사봉도 없이 육성으로 개회선언을 한 뒤 별지 제2목록 기재의 26개 의안을 일괄상정하여 일체의 토론과 질의를 생략한 채 불과 33초만에 위 의안을 날치기로 가결 또는 폐기처리하였는바, 위 의안처리행위는 다음과 같은 점에서 헌법과 법률에 위반된다. 즉 ① 제150회 국회 제11차 본회의는 일반인의 방청을 일체 불허함으로써 사실상 비공개로 진행되었다. ② 국회의장이 부의장에 대하여 직무대리에 관한 구체적 지정행위를 한 바 없음에도 국회부의장이 국회의장의 직무를 대리하여 의안을 처리하였다. ③ 별지 2목록 24항 및 25항 기재의 법률안에 대하여는 소관 상임위원회인 법사위원회의 고유 법안심사를 거치지 않았음에도 불구하고 제안자의 취지설명도 없이 이를 처리하였다. ④ 국회의장은 별지 제2목록 26항 기재의 법률안을 소관 특별위원회인 '5 · 18 광주민주화운동 진상조사특별위원회'에서 불법으로 회수하여 법사위원회에 회

부한 것임에도, 이러한 국회의장의 불법행위가 시정되지 아니한 채 위 의안이 본회의에 직권회부되었다. ⑤ 별지 제2목록 17항 기재의 법률안은 국방위원회에서, 18항 내지 20항 기재의 3개 법률안은 문공위원회에서, 7항 내지 12항 기재의 6개 법률안은 보사위원회에서 각 불법으로 날치기처리된 것임에도 이러한 불법이 시정되지 아니한 채 본회의에 직권회부되었다. ⑥ 별지 제2목록 24항 내지 26항 기재의 각 법률안은 심사기간의 정함이 없이 회부된 것임에도 국회의장이 사후에 불법으로 심사기간을 정하였다. ⑦ 의안처리 당시 속기사석이나 기타 의석에서는 의장의 발언내용이 청취될 수 없는 상황에서 의사정족수나 의결정족수의 확인도 없이 의사를 진행하였으며, 이의를 제기하는 의원들이 있었음에도 국회법이 정하는 표결절차를 거치지 아니하였다. 따라서 위와 같이 헌법과 법률에 위반하여 이루어진 이 사건 의안처리행위는 당연무효이다.

나. 헌법재판소법 제68조 제1항에서 말하는 "헌법상 보장된 기본권의 침해"는 헌법 제2장에 규정된 "국민의 자유와 권리"의 침해만을 의미하는 것이 아니고 기본권의 상위개념인 국민주권주의, 법치주의, 적법절차의 원리 등 헌법의 기본원리의 침해도 포함하는 것이다. 청구인들은 국민으로부터 입법권을 부여받은 국회의원들인 바, 피청구인은 청구인들의 입법권(구체적으로 질의권, 토론권, 표결권 등)을 침해하여 이 사건 의안들을 위와 같이 불법으로 변칙처리 함으로써 헌법의 기본원리를 훼손하였고, 그로 인하여 청구인들은 헌법의 기본원리가 보장됨으로써 누릴 수 있는 자신들의 기본권을 현재 직접 침해받은 것이다.

국회의 의결이나 의사진행을 통치행위로 보아 사법심사의 대상에서 제외된다고 주장하는 견해도 있으나, 설사 이 사건 의안처리 행위를 통치행위로 본다고 하더라도 정치적 사법기관인 헌법재판소는 그 위헌 여부를 심판할 수 있는 것이며, 국회의 불법적인 의안처리에 대하여는 다른 법률에 의한 구제절차가 마련되어 있지도 아니하므로 그 의안처리행위는 헌법재판소법 제68조 제1항에 의한 헌법소원의 대상이 된다.

다. 따라서 청구인들은 피청구인의 이 사건 의안처리행위가 위헌적인 공권력의 행사로서 무효임을 확인받기 위하여 이 사건 헌법소원심판을 청구한다는 것이다.

2. 이에 대하여 피청구인은, 이 사건 의안처리행위는 고도의 정치행위에 속하는 것으로서 헌법소원의 대상이 될 수 없고 개인이 아닌 국회의원의 자격에서는 헌법소원을 청구할 수 없으며 청구인들이 침해당하였다고 주장하는 입법권은 기본권이 아니고 헌법의 기본원리의 침해는 헌법재판소법 제68조 제1항 소정의 기본권침해에 해당하지 아니하므로 이 사건 심판청구는 부적법하며, 설사 심판청구가 적법하다고 하더라도 이 사건 의안처리는 청구인들의 극한적인 물리력에 의한 의사진행방해가 있는 상태에서 적법하고도 합리적인 방법으로 행해진 것이므로 위법하지 아니하다고 주장하고 있다.

3. 그러므로 먼저 이 사건 심판청구가 적법한 것인지 여부에 관하여 살펴본다.

가. 헌법재판소법 제68조 제1항은 법원의 재판을 제외한 공권력의 행사 또는 불행사로 인하여 헌법상 보장된 기본권을 침해받은 자는 헌법소원심판을 청구할 수 있도록 규정하고 있다. 위 규정에 의한 헌법소원은 헌법이 보장하는 기본권의 주체가 국가기관의 공권력의 행사 또는 불행사로 인하여 그 기본권을 침해받았을 경우 이를 구제하기 위한 수단으로 인정된 것이다. 그러므로 헌법소원을 청구할 수 있는 자는 원칙으로 기본권의 주체로서의 국민에 한정되며 국민의 기본권을 보호 내지 실현할 책임과 의무를 지는 국가기관이나 그 일부는 헌법소원을 청구할 수 없다(헌법재판소 1994. 12. 29. 선고, 93헌마120 결정 참조).

나. 입법권은 헌법 제40조에 의하여 국가기관으로서의 국회에 속하는 것이고, 국회의원이 국회 내에서 행사하는 질의권·토론권 및 표결권 등은 입법권 등 공권력을 행사하는 국가기관인 국회의 구성원의 지위에 있는 국회의원에게 부여된 권한으로서 국회의원 개인에게 헌법이 보장하는 권리 즉 기본권으로 인정된 것이라고 할 수는 없다. 그러므로 국회의 구성원인 지위에서 공권력작용의 주체가 되어 오히려 국민의 기본권을 보호 내지 실현할 책임과 의무를 지는 국회의원이 국회의 의안처리과정에서 위와 같은 권한을 침해당하였다고 하더라도 이는 헌법재판소법 제68조 제1항에서 말하는 "기본권의 침해"에는 해당하지 않으므로, 이러한 경우 국회의원은 개인의 권리구제수단인 헌법소

원을 청구할 수 없다고 할 것이다.

다. 그리고 헌법소원심판 과정에서 공권력의 행사 또는 불행사가 위헌인
지 여부를 판단함에 있어서 국민주권주의, 법치주의, 적법절차의 원리 등 헌법
의 기본원리 위배 여부를 그 기준으로 적용할 수는 있으나, 공권력의 행사 또
는 불행사로 헌법의 기본원리가 훼손되었다고 하여 그 점만으로 국민의 기본
권이 직접 현실적으로 침해된 것이라고 할 수는 없고 또한 공권력 행사가 헌법
의 기본원리에 위반된다는 주장만으로 헌법상 보장된 기본권의 주체가 아닌
자가 헌법소원을 청구할 수도 없는 것이므로, 설사 피청구인의 불법적인 의안
처리행위로 헌법의 기본원리가 훼손되었다고 하더라도 그로 인하여 헌법상 보
장된 구체적 기본권을 침해당한 바 없는 국회의원인 청구인들에게 헌법소원심
판청구가 허용된다고 할 수는 없다.

라. 따라서 청구인들이 입법권 등을 행사하는 공권력 주체인 국회라는 국
가기관의 구성원인 지위에서, 피청구인의 의안처리행위로 인하여 그들의 권한
이 침해되고 헌법의 기본원리가 훼손되었음을 이유로 하여 제기한 이 사건 헌
법소원심판청구는 현행 법제도상 허용될 수 없는 것이라고 할 것이다.

4. 그렇다면, 청구인들의 이 사건 심판청구는 부적법하므로 다른 주장에
관하여 더 나아가 판단할 필요 없이 이를 각하하기로 하여 관여재판관 전원의
일치된 의견으로 주문과 같이 결정한다.

ㅇ 주 문

이 사건 심판청구를 각하한다.

Ⅳ. 기본권 침해의 법적 관련성

01 자기 관련성

가. 원칙

청구인 자신의 기본권이 침해당한 경우에만 헌법소원을 제기할 수 있고, 제3자의 기본권이 침해당한 경우에는 원칙적으로 헌법소원심판을 청구할 수 없다. 즉, 헌법소원은 원칙적으로 자기의 기본권을 침해당하고 있는 자만이 제기할 수 있고, 공권력 작용에 단지 간접적·사실적 또는 경제적인 이해관계로만 관련이 있는 제3자에게는 자기관련성이 인정되지 않는다.

● 헌법재판소 1991. 6. 3. 90헌마56 영화법 제12조 등에 대한 헌법소원

○ 결정요지

1. 청구인 한국영화인협회 감독위원회는 한국영화인협회로부터 독립된 별개의 단체가 아니고, 영화인협회의 내부에 설치된 8개의 분과위원회 가운데 하나에 지나지 아니하며, 달리 단체로서의 실체를 갖추어 당사자능력이 인정되는 법인 아닌 사단으로 볼 자료가 없으므로 헌법소원심판 청구능력이 있다고 할 수 없다.

2. 단체는 원칙적으로 단체 자신의 기본권을 직접 침해당한 경우에만 그의 이름으로 헌법소원심판을 청구할 수 있을 뿐이고 그 구성원을 위하여 또는 구성원을 대신하여 헌법소원심판을 청구할 수 없다 할 것인데, 청구인 사단법인 한국영화인협회는 그 자신의 기본권이 침해당하고 있음을 이유로 하여 이 사건 헌법소원심판을 청구한 것이 아니고, 그 단체에 소속된 회원들인 영화인들의 헌법상 보장된 예술의 자유와 표현의 자유가 침해당하고 있음을 이유로 하여 이 사건 헌법소원심판을 청구하여 자기관련성의 요건을 갖추지 못하였다.

O 청구인

1. 사단법인 한국영화인협회

   대표자 이사장 유제동

2. 한국영화인협회 감독위원회

   대표자 위원장 김 ○ 선

   청구인들 대리인 변호사 박용일

O 사건의 개요

청구인 사단법인 한국영화인협회는 영화제작에 관여하는 영화인 상호간의 친목도모 및 영화예술의 발전과 영화시책의 개선 건의 등을 목적으로 설립된 사단법인이며, 청구인 한국영화인협회 감독위원회는 청구인 사단법인 한국영화인협회의 산하에 있는 영화감독들의 모임이다.

청구인들은 그 회원들이 영화를 제작·상영함에 있어서 공연윤리위원회의 사전심의를 반드시 거치도록 하여 사전검열을 규정하고 있는 영화법 제12조 제1항 때문에 그 심의과정에서 제작된 영화의 일부를 삭제당하거나 사회비판적 소재를 다루는 영화의 경우 기획단계에서 중단하여야 하는 등 영화제작활동상 큰 피해를 입고 있다고 주장하면서 이러한 심의와 관련된 법률조항들의 위헌여부에 대한 이 사건 헌법소원심판의 청구에 이르렀다.

O 심판의 대상

이 사건 헌법소원심판의 대상이 되는 영화법(1973. 2. 16. 법률 제2536호 제정)의 조항은 공연윤리위원회의 심의를 규정한 제12조와 심의기준을 규정한 제13조 및 그 벌칙규정인 제32조 제5호(청구인들은 제32조 전부를 심판청구의 대상으로 하고 있으나, 심의와 관련된 벌칙규정은 제5호이다)로서, 그 법률조항의 내용은 다음과 같다.

- 구 영화법 제12조(심의) ① 영화(그 예고편을 포함한다)는 그 상영 전에 공연법에 의하여 설치된 공연윤리위원회의 심의를 받아야 한다. 〈개정 1984. 12. 31.〉

② 제1항의 규정에 의한 심의를 필하지 아니한 영화는 이를 상영하지 못한다. 〈개정 1984. 12. 31.〉

③ 삭제 〈1984. 12. 31.〉

④ 제1항의 규정에 의하여 심의를 받은 극영화를 텔리비젼방송에 방영하고자 할 때에는 다시 방송법에 의하여 설치된 방송위원회의 검열을 받아야 한다. 〈개정 1984. 12. 31., 1987. 11. 28.〉

- <u>구 영화법 제13조(심의기준)</u> ① 공연윤리위원회 또는 방송심의위원회는 제12조 제1항 또는 제4항의 규정에 의한 심의에 있어서 다음 각 호의 1에 해당된다고 인정되는 영화에 대하여는 이를 심의필한 것으로 결정하지 못한다. 다만, 그 해당 부분을 삭제하여도 상영에 지장이 없다고 인정될 때에는 그 부분을 삭제하고 심의필을 결정할 수 있다. 〈개정 1984. 12. 31.〉

1. 헌법의 기본질서에 위배되거나 국가의 권위를 손상할 우려가 있을 때
2. 공서양속을 해하거나 사회질서를 문란하게 할 우려가 있을 때
3. 국제간의 우의를 훼손할 우려가 있을 때
4. 국민정신을 해이하게 할 우려가 있을 때

② 제1항의 심의기준에 따르는 세부사항은 대통령령으로 정한다. 〈개정 1984. 12. 31.〉

- <u>구 영화법 제32조(벌칙)</u> 다음 각 호의 1에 해당하는 자는 2년 이하의 징역 또는 500만원 이하의 벌금에 처한다. 〈개정 1984. 12. 31.〉

5. 제12조 제1항 또는 제4항의 규정에 의한 심의를 받지 아니하고 영화를 상영한 자

○ 청구인들의 주장

심의기관인 공연윤리위원회는 문화부장관이 위촉한 위원들로 구성되는 등 행정부의 영향아래 있고, 심의기준이 모호할 뿐 아니라, 예술표현행위를 금지하는 영화상영금지나 영화내용 중 일부 삭제까지 행할 수 있으며, 그러면서도

그러한 판정에 대한 구제절차가 없고, 심의에 관한 규정을 위반한 때에는 무거운 형사벌로써 처벌하도록 규정하고 있다. 그러므로 공연윤리위원회의 사전심의에 관련된 영화법의 규정들은 예술의 자유를 보장한 헌법 제22조 제1항과 언론자유의 보장 및 언론에 대한 검열금지를 규정한 헌법 제21조 제1항·제2항에 위반된다.

○ 법무부장관의 의견 중 일부

청구인 한국영화인협회 감독위원회는 청구인 사단법인 한국영화인협회의 내부기관에 불과하며 소원능력이 없으므로 청구인 한국영화인협회 감독위원회의 이 사건 헌법소원심판청구는 부적법하다.

헌법재판소법 제68조 제2항에 의하지 아니하고는 법률의 위헌여부에 대하여 직접 헌법소원을 제기할 수 없으므로 이 사건 헌법소원은 부적법하다. 가사 이 사건 헌법소원이 처분적 법률을 대상으로 하여 그 청구가 가능한 것이라고 하더라도 청구인들이 영화법의 규정에 의하여 직접 권리침해를 받은 것은 아니며, 구제절차를 거치지도 아니하였으므로 이 사건 헌법소원은 부적법하다.

헌법소원의 심판청구는 심판의 대상이 되는 법률이 효력을 발생한 날로부터 180일 이내에, 또는 늦어도 헌법재판소 구성일로부터 30일 이내에 청구하여야 하는데, 이 사건 헌법소원은 그 기간이 경과한 1990. 3. 30.에야 비로소 청구되었으므로 부적법하다.

○ 결정이유 중 일부

가. 청구인들의 헌법소원심판청구능력

우리 헌법은 법인의 기본권향유능력을 인정하는 명문의 규정을 두고 있지 않지만, 본래 자연인에게 적용되는 기본권규정이라도 언론·출판의 자유, 재산권의 보장 등과 같이 성질상 법인이 누릴 수 있는 기본권을 당연히 법인에게도 적용하여야 한 것으로 본다. 따라서 법인도 사단법인·재단법인 또는 영리법인·비영리법인을 가리지 아니하고 위 한계 내에서는 헌법상 보장된 기본권이 침해되었음을 이유로 헌법소원심판을 청구할 수 있다.

또한, 법인 아닌 사단·재단이라고 하더라도 대표자의 정함이 있고 독립된 사회적 조직체로서 활동하는 때에는 성질상 법인이 누릴 수 있는 기본권을 침해당하게 되면 그의 이름으로 헌법소원심판을 청구할 수 있다(민사소송법 제48조 참조).

청구인 사단법인 한국영화인협회(이하 영화인협회라고 줄여 쓴다)는 "영화예술인 상호간의 친목도모 및 자질향상, 민족영화예술의 창달발전을 기함을 목적으로, 그 목적을 달성하기 위하여" 설립된 민법상의 비영리사단법인으로서 성질상 법인이 누릴 수 있는 기본권에 관한 한 그 이름으로 헌법소원심판을 청구할 수 있다.

그러나 청구인 한국영화인협회 감독위원회(이하 감독위원회라고 줄여 쓴다)는 영화인협회로부터 독립된 별개의 단체가 아니고, 영화인협회의 내부에 설치된 8개의 분과위원회 가운데 하나에 지나지 아니하며(사단법인 한국영화인협회의 정관 제6조), 달리 단체로서의 실체를 갖추어 당사자 능력이 인정되는 법인 아닌 사단으로 볼 자료도 없다. 따라서 감독위원회는 그 이름으로 헌법소원심판을 청구할 수 있는 헌법소원심판청구능력이 있다고 할 수 없는 것이므로 감독위원회의 이 사건 헌법소원심판청구는 더 나아가 판단할 것 없이 부적법하다.

나. 영화인협회의 헌법소원심판청구 적격

(1) 헌법재판소법 제68조 제1항에 의하면 공권력의 행사 또는 불행사로 인하여 헌법상 보장된 기본권을 침해받은 자는 헌법소원심판을 청구할 수 있도록 규정하고 있고, 위 규정에 정한 공권력에는 입법권도 포함된다고 할 것이므로 당연히 법률에 대한 헌법소원심판의 청구도 가능하다.

그러나 직접 법률에 대한 헌법소원심판을 청구하려면 먼저 청구인 스스로가 당해 법률 또는 법률조항과 법적인 관련성이 있어야 할 뿐만 아니라 당해 법률 또는 법률조항에 의하여 별도의 구체적인 집행행위의 매개없이 직접·현재 헌법상 보장된 기본권을 침해당하고 있는 경우이어야 한다(헌법재판소 1989. 3. 17. 선고 88헌마1 결정; 1989. 7. 21. 선고 89헌마12 결정; 1991. 3. 11. 선고 91헌마21 결정 등 참조).

(2) 이 사건 헌법소원심판청구의 청구원인에 의하면, 영화인협회는 그 자

신의 기본권이 침해당하고 있음을 이유로 하여 이 사건 헌법소원심판을 청구한 것이 아니고, 그 단체에 소속된 회원들이 영화를 제작·상영함에 있어서 공연법에 의하여 설치된 공연윤리위원회의 사전검열로 말미암아 헌법상 보장된 기본권인 예술의 자유와 표현의 자유를 각 침해당하고 있음을 이유로 하여 이 사건 헌법소원심판을 청구한 것임이 명백하다.

그러나 단체와 그 구성원을 서로 별개의 독립된 인격체로 인정하고 있는 현행의 우리나라 법제 아래에서는 헌법상 보장된 기본권을 직접 침해당한 사람만이 원칙적으로 헌법소원심판 절차에 따라 권리구제를 청구할 수 있는 것이고, 단체의 구성원이 기본권을 침해당한 경우 단체가 구성원의 권리구제를 위하여 그를 대신하여 헌법소원심판을 청구하는 것은 원칙적으로 허용될 수 없다.

헌법재판소법 제68조 제1항에 정한 헌법소원의 기능이 객관적 헌법보장제도의 기능도 가지고 있는 것이지만, 주관적 기본권의 보장이 보다 중요한 기능의 하나인 것으로 본다면 더욱 그러하다. 왜냐하면 특정이 기본권을 침해당한 경우, 그 권리구제를 받기 위한 헌법소원심판을 청구할 것인가 아니할 것인가의 여부는 오로지 그 본인의 뜻에 달려 있다 할 것이고, 또 그 본인이야 말로 사건의 승패에 따른 가장 큰 이해를 가진 사람이라 할 것이므로 누구보다도 적극적으로, 또한 진지하게 헌법소원절차를 유지·수행할 사람이기 때문이다.

따라서 단체는 특별한 예외적인 경우를 제외하고는 헌법소원심판제도가 가진 기능에 미루어 원칙적으로 단체 자신의 기본권을 직접 침해당한 경우에만 그의 이름으로 헌법소원심판을 청구할 수 있을 뿐이고, 그 구성원을 위하여 또는 구성원을 대신하여 헌법소원심판을 청구할 수 없는 것으로 보아야 할 것이다.

(3) 이 사건 심판의 대상이 된 법률조항은 영화를 제작하여 상영하려는 영화업자·기타 영화제작자 또는 영화의 제작에 참여하는 감독·연기인 등 영화인을 그 적용대상으로 하는 것이며(영화법 제2조 제8호·제9호, 제4조, 제5조의 2), 영화인협회는 스스로 영화제작 또는 상영사업을 수행하지 않는 이상 직접 위 법률조항의 적용을 받는 것으로 보기 어렵다(영화인협회의 정관 제4조 참조). 뿐만

아니라 위 법률조항이 영화업자 또는 영화인협회 회원인 감독·연기인 등 영화인들의 헌법상 기본권을 제한한다고 하여 이로써 영화인협회가 직접적으로 회복할 수 없는 손해를 입게 된다는 특별한 사정이 있음을 인정할 자료가 없다. 더구나 이 사건에서는 영화업자 또는 영화인협회의 회원인 영화인들이 스스로 헌법소원심판을 청구하여 그들의 헌법상 보장된 기본권의 침해에 대한 구제를 받을 수 있는 길이 막혀있다거나, 그 행사가 심히 어려운 것으로 보아야 할 사정도 찾아볼 수 없다.

따라서 영화인협회의 이 사건 헌법소원심판청구는 자기관련성의 요건을 갖추지 못한 부적법한 것이다.

4. 결론

그렇다면, 이 사건 헌법소원심판청구 중 감독위원회의 심판청구는 헌법소원청구 능력이 없는 자의 청구인 경우에, 영화인협회의 심판청구는 자기 관련성이 없는 경우에, 각 해당하여 부적법한 것이어서 이를 모두 각하하여야 할 것이므로 주문과 같이 결정한다.

O 주 문

이 사건 심판청구를 모두 각하한다.

O 반대의견

[재판관 변정수의 반대의견]

1. 사단법인은 구성원 전체의 이익을 위한 것일 때에는 구성원의 권리구제를 위하여 자기의 이름으로 헌법소원을 제기할 수 있으므로 청구인 영화인협회는 자기 자신의 기본권은 직접 침해된 것이 아니라고 하더라도 자기 구성원의 기본권 구제를 위하여 헌법소원을 제기할 수 있다.

2. 청구인 협회가 자기 자신이 향유(享有)하고 있는 언론·출판의 자유, 예술의 자유가 직접 침해되었다고 주장하고 헌법소원심판을 청구할 수 있는 지위에 있는 이상 위 협회가 주장하는 청구이유) 가운데에는 자기 자신의 기본권 침해 주장)이 당연히 포함되어 있다고 볼 수 있다.

[재판관 한병채의 반대의견]

1. 청구인 감독위원회는 별도의 대표자를 갖고 독립적인 기능과 업무를 수행하는 권리능력 없는 사단으로서의 법률적 지위를 가지고 있으므로 실질적인 요건을 검토하여 권리능력 없는 사단의 경우와 같이 헌법소원심판을 청구할 수 있다고 보는 것이 합당하다.

2. 헌법재판에 있어서는 청구의 내용에 따라 집단의 당사자적격을 인정하여야 하는 것이 헌법적 정의실현에 합당한 경우도 있을 수 있으므로 청구인들의 당사자능력과 적격의 문제는 헌법심판의 본질적 기능에 보다 실질적으로 심리검토하여야 한다.

나. 예외

(1) 헌법재판소 2008. 6. 26. 2005헌마506 방송법 제32조 제2항 등 위헌확인

O 사건의 개요

청구인은 강릉시에서 ○○건어물을 경영하는 자인바, 2005. 3. 25. YTN 방송국에 ○○건어물의 방송광고를 청약하였으나 위 방송국으로부터 방송법 제32조, 방송법 시행령 제21조의2 등에 의한 사전심의를 받지 않았다는 이유로 방송청약을 거절당하였다. 이에 청구인은 방송법 제32조 제2항, 제3항, 방송법 시행령 제21조의2가 청구인의 기본권을 침해한다고 주장하며 2005. 5. 23. 이 사건 헌법소원심판을 청구하였고, 다음날인 2005. 5. 24. '방송심의에 관한 규정' 제59조와 '방송광고심의에 관한 규정' 전체를 심판대상에 추가하는 헌법소원심판청구취지 정정신청서를 헌법재판소에 제출하였다.

한편, 방송법 제32조는 2008. 2. 29. 법률 제8867호로 개정되어 방송광고 사전심의의 주체를 방송통신심의위원회로 변경하였다.

O 심판대상조문

• 방송법(2004. 3. 22. 법률 7213호로 개정되고, 2008. 2. 29. 법률 제8867호로 개정

되기 전의 것) 제32조(방송의 공정성 및 공공성 심의)

② 위원회[8]는 제1항의 규정에 불구하고 대통령령이 정하는 방송광고에 대하여는 방송되기 전에 그 내용을 심의하여 방송 여부를 심의·의결할 수 있다.

③ 방송사업자는 제2항의 규정에 의한 방송광고에 대해서 위원회의 심의·의결의 내용과 다르게 방송하거나 심의·의결을 받지 않은 방송광고를 방송하여서는 아니된다.

- 방송법(2008. 2. 29. 법률 제8867호로 개정된 것) 제32조(방송의 공정성 및 공공성 심의)

② 방송통신심의위원회는 제1항의 규정에 불구하고 대통령령이 정하는 방송광고에 대하여는 방송되기 전에 그 내용을 심의하여 방송 여부를 심의·의결할 수 있다.

③ 방송사업자는 제2항의 규정에 의한 방송광고에 대해서 방송통신심의위원회의 심의·의결의 내용과 다르게 방송하거나 심의·의결을 받지 않은 방송광고를 방송하여서는 아니된다.

- 방송법 시행령(2004. 9. 17. 대통령령 18548호로 개정된 것) 제21조의2 (사전심의 대상 방송광고) 법 제32조 제2항에서 "대통령령이 정하는 방송광고"라 함은 방송사업자가 행하는 텔레비전방송광고·라디오방송광고 및 데이터방송광고(동영상 및 음성이 포함된 방송광고에 한한다)로서 다음 각 호의 방송광고를 제외한 방송광고를 말한다.

1. 법 제73조 제4항의 규정에 의한 비상업적 공익광고

2. 제59조 제4항 제1호 및 제2호의 규정에 해당하는 방송광고

3. 공직선거 및 선거부정방지법 제70조 제1항의 규정에 의한 선거운동을 위한 방송광고

4. 그 밖에 공익 목적으로 하는 방송광고로서 방송위원회가 고시하는

---

8) 방송위원회.

방송광고

- 방송심의에 관한 규정(2000. 8. 28. 방송위원회규칙 제22호로 제정된 것) 제59조(심의미필 등 방송광고의 금지) 사업자는 방송광고심의에 관한 규정에 의해 방송가(放送可) 결정을 받지 아니한 광고물, 결정을 받은 내용과는 다른 내용의 광고물 및 동 규정에서 정한 유효기간이 지난 광고물을 방송하여서는 아니된다.

○ 참조조문

- 구 방송법 제32조(방송의 공정성 및 공공성 심의) ① 방송위원회는 방송·중계유선방송 및 전광판방송의 내용과 기타 전기통신회선을 통하여 공개를 목적으로 유통되는 정보 중 방송과 유사한 것으로서 대통령령이 정하는 정보의 내용이 공정성과 공공성을 유지하고 있는지의 여부와 공적 책임을 준수하고 있는지의 여부를 방송 또는 유통된 후 심의·의결한다. 이 경우 매체별·채널별 특성을 고려하여야 한다.
④ 누구든지 제2항의 규정에 의한 방송광고에 대해서 거짓 그 밖의 부정한 방법으로 방송사업자가 위원회의 심의·의결의 내용과 다르게 방송하도록 하거나 심의·의결을 받지 않은 방송광고를 방송하도록 하여서는 아니된다.

- 구 방송법 제103조(권한의 위임·위탁)
② 방송위원회는 제32조 제2항의 규정에 의한 방송광고물의 사전심의에 관련된 업무를 대통령령이 정하는 바에 의하여 민간기구·단체에 위탁한다.

- 구 방송법 제108조(과태료) ① 다음 각 호의 어느 하나에 해당하는 자는 3천만 원 이하의 과태료에 처한다.
2의2. 제15조의2 제1항 단서의 규정에 의한 신고를 하지 아니한 자

- 방송법 제32조(방송의 공정성 및 공공성 심의) ① 방송통신심의위원회는 방

송·중계유선방송 및 전광판방송의 내용과 기타 전기통신회선을 통하여 공개를 목적으로 유통되는 정보 중 방송과 유사한 것으로서 대통령령이 정하는 정보의 내용이 공정성과 공공성을 유지하고 있는지의 여부와 공적 책임을 준수하고 있는지의 여부를 방송 또는 유통된 후 심의·의결한다. 이 경우 매체별·채널별 특성을 고려하여야 한다.

④ 누구든지 제2항의 규정에 의한 방송광고에 대해서 거짓 그 밖의 부정한 방법으로 방송사업자가 방송통신심의위원회의 심의·의결의 내용과 다르게 방송하도록 하거나 심의·의결을 받지 않은 방송광고를 방송하도록 하여서는 아니된다.

- 방송법 제103조(권한의 위임·위탁)

  ② 방송통신심의위원회는 제32조 제2항의 규정에 의한 방송광고물의 사전심의에 관련된 업무를 대통령령이 정하는 바에 의하여 민간기구·단체에 위탁한다.

- 방송법 제108조(과태료) ① 다음 각 호의 어느 하나에 해당하는 자는 3천만 원 이하의 과태료에 처한다.

  2의3. 제32조 제3항 또는 제4항의 규정을 위반한 자

- 방송법 시행령 제68조(권한의 위임·위탁)

  ③ 방송위원회는 법 제103조 제2항의 규정에 의하여 방송광고물의 사전심의에 관련된 업무를 민간기구·단체에 위탁하고자 하는 경우에는 문화관광부장관과 협의하여 위탁하고자 하는 기구 또는 단체를 정하여 이를 고시하여야 한다. 이 경우 당해 기구 또는 단체의 방송·광고업계에 있어서의 대표성과 수탁능력을 고려하여야 한다.

O 청구인의 주장

(1) 청구인은 YTN방송국에 방송광고 테이프를 보내 광고청약을 하였으나 이 사건 규정들이 사전심의를 받지 않은 광고물에 대해서는 방송광고를 하지 못하도록 규정하고 있어 청약 거절통보를 받았는바, 이 사건 규정들은 청구인

의 기본권을 현재 그리고 직접 침해하고 있다고 할 것이다.

(2) 헌법 제21조 제2항은 모든 사전검열을 예외 없이 금지하고 있으므로 표현의 자유의 한 내용으로서 보호받고 있는 광고의 경우에도 사전검열은 금지되어야 할 것이다. 그러나 이 사건 규정들은 방송위원회로 하여금 방송광고물에 대하여 사전심의를 하도록 하고 있고, 방송위원회는 한국광고자율심의기구(이하 '자율심의기구'라 한다)에 방송광고 사전심의 업무를 위탁하여 여기에서 이 업무를 하도록 하고 있는바, 이는 사전검열금지원칙 위반으로서 방송광고를 하려는 자들의 표현의 자유를 침해하는 것이다.

(3) 설령 위 자율심의기구에 의한 사전심의제도가 헌법 제21조 제2항에서 금지하고 있는 사전검열에 해당하지 않는다 하더라도 현행의 광고물에 대한 규제는 방송사업자의 자율적 규제나 사후심사제도를 채택하지 아니하고 기본권 침해가 중대한 사전심의제도를 채택하고 있고, 심의 대상을 너무 광범위하고 추상적으로 규정하고 있는바, 이는 표현의 자유를 본질적으로 침해하는 것이다.

○ 결정이유 중 일부

3. 적법요건에 대한 판단

가. 직접성 충족 여부

법령에 의한 기본권침해의 직접성이란 집행행위에 의하지 아니하고 법령 그 자체에 의하여 자유의 제한, 의무의 부과, 권리 또는 법적 지위의 박탈이 생긴 경우를 뜻하므로 구체적 집행행위를 통하여 비로소 당해 법령에 의한 기본권침해의 법률효과가 발생하는 경우에는 직접성의 요건이 결여된다. 다만 법규범이 집행행위를 예정하고 있더라도 법규범의 내용이 집행행위 이전에 이미 국민의 권리관계를 직접 변동시키거나 국민의 법적 지위를 결정적으로 정하는 것이어서 국민의 권리관계가 집행행위의 유무나 내용에 의하여 좌우될 수 없을 정도로 확정된 상태라면 그 법규범의 권리침해의 직접성이 인정된다(헌재 1991. 3. 11. 91헌마21; 헌재 1997. 7. 16. 97헌마38; 헌재 2003. 12. 18. 2001헌마543).

그런데, 구 방송법 제32조 제2항은 '위원회는 제1항의 규정에 불구하고 대통령령이 정하는 방송광고에 대하여는 방송되기 전에 그 내용을 심의하여 방송 여부를 심의·의결할 수 있다'고 규정하고 있어 마치 이 사건 규정들에 의한 기본권 침해는 방송위원회의 심의·의결이라는 집행행위를 매개로 하여서만 발생하는 것처럼 보이나, 제3항은, '방송사업자는 제2항의 규정에 의한 방송광고에 대해서 위원회의 심의·의결의 내용과 다르게 방송하거나 심의·의결을 받지 않은 방송광고를 방송하여서는 아니된다'고 규정함으로써 방송광고를 하고자 하는 자는 누구든지 사전에 심의를 거치도록 의무화하고 있고, '방송심의에 관한 규정' 제59조가 이를 확인하고 있으며, 방송법 시행령 제21조의2는 사전심의를 받아야 하는 방송광고의 종류를 나열함으로써 사전심의 대상을 구체화하고 있다. 즉, 이 사건 규정들은 서로 불가분적으로 결합하여 그 자체에서 텔레비전 방송광고의 사전심의라는 의무를 부과하고 있는 것이다. 그렇다면 이 사건 규정들은 집행행위 이전에 이미 국민의 권리관계를 직접 확정적으로 정하고 있다고 할 것이고, 따라서 이 사건 규정들의 권리침해의 직접성은 인정된다.

　　나. 자기관련성 존재 여부

　　헌법재판소법 제68조 제1항에 의하면, 헌법소원심판은 공권력의 행사 또는 불행사로 인하여 헌법상 보장된 기본권을 침해받은 자가 청구할 수 있는바, 기본권을 침해받은 자라 함은 공권력의 행사 또는 불행사로 인하여 자기의 기본권이 현재 그리고 직접적으로 침해받은 자를 의미하며, 단순히 간접적, 사실적 또는 경제적인 이해관계가 있을 뿐인 제3자는 이에 해당하지 않는다(헌재 1993. 3. 11. 91헌마233; 헌재 1994. 6. 30. 92헌마61; 헌재 1999. 4. 29. 97헌마382). 다만 공권력 작용의 직접적인 상대방이 아닌 제3자라고 하더라도 공권력 작용이 그 제3자의 기본권을 직접적이고 법적으로 침해하고 있는 경우에는 그 제3자에게 도 자기관련성이 있다(헌재 1993. 3. 11. 91헌마233; 헌재 1993. 7. 29. 89헌마123; 헌재 1994. 6. 30. 92헌마61). 그런데 이 사건 규정들은 방송광고의 사전심의 주체로 방송위원회만을, 이러한 절차를 거친 방송광고물에 대한 방송의 주체로 방송사업자만을 정하여 이 사건 청구인과 같은 광고주를 그 법규 수범자 범위에서 제외하고 있다. 이러한 규정 형식과 관련하여 이 사건 규정들에 대한 청구인의 자기관련성에 의문이 제기될 수 있으나, 청구인과 같이 방송을 통해 광고를 하고 자 하는 자는 이 사건 규정들 때문에 반드시 사전에 심의를 거쳐야 하고, 그렇 지 않을 경우 자신이 원하는 방송광고를 할 수 없게 되므로 청구인과 같은 광 고주의 경우도 이 사건 규정들에 의해 자신의 기본권을 제한받고 있다고 할 것 이다.[9]

ㅇ 결정요지

1. 한국광고자율심의기구는 행정기관적 성격을 가진 방송위원회로부터 위 탁을 받아 이 사건 텔레비전 방송광고 사전심의를 담당하고 있는바, 한국광고 자율심의기구는 민간이 주도가 되어 설립된 기구이기는 하나, 그 구성에 행정 권이 개입하고 있고, 행정법상 공무수탁사인으로서 그 위탁받은 업무에 관하여 국가의 지휘·감독을 받고 있으며, 방송위원회는 텔레비전 방송광고의 심의 기 준이 되는 방송광고 심의규정을 제정, 개정할 권한을 가지고 있고, 자율심의기 구의 운영비나 사무실 유지비, 인건비 등을 지급하고 있다. 그렇다면 한국광고 자율심의기구가 행하는 방송광고 사전심의는 방송위원회가 위탁이라는 방법에 의해 그 업무의 범위를 확장한 것에 지나지 않는다고 할 것이므로 한국광고자 율심의기구가 행하는 이 사건 텔레비전 방송광고 사전심의는 행정기관에 의한 사전검열로서 헌법이 금지하는 사전검열에 해당한다.

2. 구 방송법 제32조는 2008. 2. 29. 법률 제8867호로 개정되어 방송광고 사전심의의 주체를 방송통신심의위원회로 변경하였는데, 방송통신심의위원회 의 구성이나 업무, 업무처리 방식 등은 구 방송위원회의 그것과 다르지 않다고 할 것인바, 법질서의 정합성과 소송경제의 측면에서 개정된 방송법에 대해서도 위헌을 선언할 필요가 있다고 할 것이므로 구 방송법 규정과 함께 개정된 방송 법 제32조 제2항, 제3항에 대해서도 위헌을 선언한다.

---

[9] 이 사건 규정들은 직접적으로는 방송사업자의 표현의 자유를 침해하고 있지만, 청구인(방송광고 의뢰인)도 이 사건규정과의 자기관련성이 있다. 아울러 그렇게 보는 이상 청구인의 침해된 기본 권은 '표현의 자유'라고 보아야 하지, 영업의 자유나 재산권의 침해 등이라고 보는 것은 부적절 하다.

○ 주 문

1. 구 방송법(2004. 3. 22. 법률 7213호로 개정되고, 2008. 2. 29. 법률 제8867호로 개정되기 전의 것) 제32조 제2항, 제3항, 방송법 시행령(2004. 9. 17. 대통령령 제18548호로 개정된 것) 제21조의2 본문 중 '텔레비전방송광고' 부분 및 '방송심의에 관한 규정'(2000. 8. 28. 방송위원회규칙 제22호로 제정된 것) 제59조는 헌법에 위반된다.

2. 방송법(2008. 2. 29. 법률 제8867호로 개정된 것) 제32조 제2항, 제3항은 헌법에 위반된다.

(2) 헌법재판소 1997. 9. 25. 96헌마133 공직선거 및 선거부정방지법 제60조 제1항 제5호 등 위헌확인

○ 판시사항

후보자가, 자신이 선거운동원으로 활용하고자 하는 자의 선거운동을 금하고 있는 법률규정의 위헌 여부를 다툴 기본권 침해의 자기관련성이 있는지 여부(소극)

○ 결정요지

1. 법률에 의한 기본권침해의 경우에 원칙적으로 법률에 의하여 직접 기본권을 침해당하고 있는 자만이 헌법소원심판청구를 할 수 있다고 할 것이고 제3자는 특단의 사정이 없는 한 기본권침해에 직접 관련되었다고 볼 수 없다.

2. 어떠한 경우에 제3자의 자기관련성을 인정할 수 있는가의 문제는 무엇보다도 법의 목적 및 실질적인 규율 대상, 법규정에서의 제한이나 금지가 제3자에게 미치는 효과나 진지성의 정도, 규범의 직접적인 수규자(受規者)에 의한 헌법소원 제기의 기대가능성 등을 종합적으로 고려하여 판단해야 한다.

3. 이 사건 법률조항은 법의 목적 및 규율대상에 있어서 제3자인 청구인을 함께 규율하려고 의도하지도 않을 뿐 아니라 제3자에 미치는 효과의 정도에 있어서도 청구인에 미치는 효과의 정도가 미약하므로, 청구인이 입는 이러한 불이익은 청구인의 법적 지위에 대한 직접적 침해가 아니라 청구인이 단순히 일정 생활관계에 필연적으로 관련됨으로써 파생하는 간접적, 사실적 연관성

에 불과하다. 따라서 청구인에게는 이 사건 규정의 위헌 여부를 다툴 기본권 침해의 자기관련성이 결여되어 있다고 할 것이다.

[재판관 김용준, 재판관 이재화, 재판관 고중석의 반대의견]

1. 선거운동기구를 통한 선거운동을 허용하고 있는 이상 후보자가 자신의 선거운동기구의 구성원으로 선임할 선거운동원의 범위를 제한하는 것은 다수의견과 같이 단순히 후보자인 청구인의 간접적, 사실적인 불이익에 불과한 것이 아니라 직접적으로 청구인의 선거운동의 자유를 제한하는 것으로 보아야 한다.

2. 선거운동의 궁극적인 목적은 후보자의 당선에 있는 것이므로 후보자가 선임할 수 있는 선거운동원의 범위를 제한하는 것은 다수의견이 주장하는 바와 같이 후보자에 미치는 효과가 결코 미약한 것이라고 볼 수 없을 뿐만 아니라 설사 미약하다고 하더라도 그 제한이 간접적, 사실적 불이익이라고 불과한 것이라고 볼 수도 없다.

○ 사건의 개요

청구인은 1996. 4. 11. 실시된 제15대 국회의원선거의 성동구 을선거구에 무소속으로 등록한 후보자인바, 1996. 4. 2. 선거운동의 효율성을 높이기 위하여 기존 선거운동원을 서울특별시 지하철공사직원인 청구외 이재용, 같은 배상조로 교체하여 관할 선거관리위원회에 신고하였다. 그러나 성동을 선거관리위원회 위원장은 공직선거 및 선거부정방지법 제60조 제1항 제5호에 의해 위 교체 선거운동원이 선거운동을 할 수 없는 지방공사의 직원이라는 이유로 이미 발급한 신분증의 반환을 요청하는 한편 선거운동원으로서의 활동을 금지시켰다. 이에 청구인은 1996. 4. 4. 헌법재판소법 제68조 제1항에 따라 위 법 제60조 제1항 제5호에 대한 헌법소원을 제기하였다.

○ 심판의 대상

이 사건 심판의 대상은 공직선거 및 선거부정방지법(1994. 3. 16. 법 제4739호로 제정되어 1995. 12. 30. 법 제5127호로 개정된 것, 이하 '법'이라 한다) 제60조 제1

항 제5호(이하 '이 사건 법률조항'이라 한다)의 "제53조(공무원 등의 입후보) 제1항 제6호에 해당하는 자(지방공기업법 제2조에 규정된 지방공사와 지방공단의 상근 임·직원)" 중 '직원'을 선거운동을 할 수 없는 자에 포함시킨 것이 위헌인지의 여부이고, 위 규정의 내용은 다음과 같다.

- 공직선거 및 선거부정방지법(1994. 3. 16. 법 제4739호로 제정되어 1995. 12. 30. 법 제5127호로 개정된 것) 제60조(선거운동을 할 수 없는 자) ① 다음 각 호의 1에 해당하는 자는 선거운동을 할 수 없다. 다만 국회의원선거에 있어서 제4호 내지 제9호에 해당하는 자가 후보자의 배우자인 경우에는 그러하지 아니하다.
  5. 제53조(공무원 등의 입후보) 제1항 제2호 내지 제8호에 해당하는 자

- 공직선거 및 선거부정방지법 제53조(공무원 등의 입후보) ① 다음 각 호의 1에 해당하는 자로서 후보자가 되고자 하는 자는 선거일전 90일(전국구 국회의원선거와 비례대표시·도의원선거 및 보궐선거 등에 있어서는 후보자등록신청전)까지 그 직을 그만두어야 한다. 다만, 대통령선거와 국회의원선거에 있어서 국회의원이 그 직을 가지고 입후보하는 경우와 지방의회의원 및 지방자치단체의 장의 선거에 있어서 당해 지방의회의원 및 지방자치단체의 장이 그 직을 가지고 입후보하는 경우에는 그러하지 아니하다.
  6. 지방공기업법 제2조(적용범위)에 규정된 지방공사와 지방공단의 상근 임·직원

O 청구인의 주장요지

(1) 국민의 주권행사의 의미를 지니는 선거과정에의 참여행위는 원칙적으로 자유롭게 행해질 수 있도록 최대한으로 보장해야 한다. 선거운동의 자유는 널리 선거과정에서 자유로이 의사를 표현할 자유의 일환으로서 표현의 자유의 한 태양이기도 하므로, 헌법이 정한 언론·출판·집회·결사의 자유보장 규정에 의한 보호를 받는다. 선거권이 제대로 행사되기 위해서는 후보자에 대한 정보의 자유로운 교환이 필연적이므로, 선거운동의 자유는 선거권, 즉 참정권의 제

한으로도 파악되는데, 이에 대한 제한은 언제나 필요한 최소한의 정도에 그쳐야 한다.

(2) 서울특별시지하철공사와 같은 지방공사의 경우 경영에 직접적인 영향을 미칠 수 있는 위치인 임원과는 달리 일반 직원은 업무의 성격상 사기업체의 근로자와 마찬가지로 임원의 보조업무를 담당하는데 불과하다. 청구인이 신고한 교체운동원인 이재용, 배상조는 그 직책이 단순한 근로자에 불구하여 선거의 공정성에 영향을 미칠 정도의 정치적 중립이 요구되는 직책에 있는 자들이 아님에도 불구하고 이들에게도 국회의원선거의 선거운동을 제한하는 이 사건 법률조항은 일반 사기업체 직원들과 비교하여 부당한 사회적 신분에 의한 차별로서 기본권의 합리적인 제한의 범위를 벗어난 것이다. 따라서 이 사건 법률조항은 공기업직원의 평등권과 참정권 및 선거운동의 자유를 침해하는 위헌적인 법률이며, 결국 청구인의 공무담임권이 침해될 것이 확실히 예상된다.

(3) 이 사건 법률조항은 지방공사의 임·직원의 입후보를 제한하는 법 제53조 제1항 제6호 규정을 전제로 하고 있는 것인데, 헌법재판소는 이미 정부투자기관 등 공기업의 직원에 대하여 공직선거의 입후보를 제한하는 법 제53조 제1항 제4호의 규정이 위헌임을 확인하였고(헌법재판소 1995. 5. 25. 선고, 91헌마67 결정; 1995. 6. 12. 선고, 95헌마172 결정), 그 판시이유는 지방공사의 임·직원 중 직원에 대하여 공직선거 후보자 등록을 제한하는 법 제53조 제1항 제6호 규정에도 그대로 타당하므로, 위 법률조항 역시 위헌이다. 또한 선거운동을 제한하는 규정은 그 자격요건에 비추어 입후보를 제한하는 규정보다 완화된 정도의 제한이므로, 공직선거의 입후보가 가능한 지방공사직원에 대하여 선거운동을 제한하는 이 사건 법률조항은 참정권의 본질적인 내용에 반하는 위헌적 규정이다.

O 결정이유 중 일부

헌법재판소법 제68조 제1항에 의하면 헌법소원심판은 공권력의 행사 또는 불행사로 인하여 기본권을 침해받은 자가 청구하여야 한다고 규정하고 있다. 이 때 공권력의 행사 또는 불행사로 인하여 기본권의 침해를 받은 자라 함은 공권력의 행사 또는 불행사로 인하여 자기의 기본권이 현재 그리고 직접적으로 침해받은 경우를 의미하므로 원칙적으로 공권력의 행사 또는 불행사의 직접적인 상대방만이 이에 해당한다고 할 것이고, 공권력의 작용에 단순히 간접적, 사실적 또는 경제적인 이해관계에 있을 뿐인 제3자는 이에 해당하지 않는다(헌법재판소 1993. 3. 11. 선고, 91헌마233 결정; 1993. 7. 29. 선고, 89헌마123 결정; 1994. 6. 30. 선고, 92헌마61 결정).

법률에 의하여 기본권을 침해받은 경우에는 법률에 의하여 직접 기본권을 침해당하고 있는 자만이 헌법소원심판청구를 할 수 있다고 할 것이고 제3자는 특별한 사정이 없는 한 기본권 침해에 직접 관련되었다고 볼 수 없다. 청구인은 지방공사의 직원의 선거운동을 제한하는 것을 내용으로 하는 이 사건 법률조항이 공기업 직원들의 표현의 자유와 평등권을 침해함으로써 결국 청구인의 공무담임권을 침해한다고 주장하나, 이 사건 법률조항에 의하여 청구인의 기본권이 직접 침해될 여지는 거의 없다고 보여진다. 왜냐하면 지방공사 임·직원의 선거운동금지를 내용으로 하는 이 사건 법률조항은 지방공사의 임·직원을 수규자(受規者)로 하는 금지규범으로서 입후보자가 선거운동원으로 활용할 수 있는 인적 범위를 간접적으로 제한함으로써 비록 입후보자의 선거운동을 제한하는 결과에 이르기는 하나 입후보자의 선거운동에 미치는 효과는 단순한 반사적 불이익을 넘어서지 않기 때문이다.

어떠한 경우에 제3자의 자기관련성을 인정할 수 있는가의 문제는 입법의 목적, 실질적인 규율대상, 법규정에서의 제한이나 금지가 제3자에게 미치는 효과나 진지성의 정도 및 규범의 직접적인 수규자에 의한 헌법소원제기의 기대가능성 등을 종합적으로 고려하여 판단해야 하는바, 이 사건 법률조항은 법의 목적 및 규율대상에 있어서나 제3자에 미치는 효과의 정도에 있어서 제3자인 청구인의 자기관련성을 인정할 수 있는 정도의 것에 이른다고 할 수 없다.

선거운동금지조항을 통하여 달성하려는 이 사건 법률조항의 목적과 의도는 자신의 지위와 권한을 선거운동에 남용할 위험이 있는 자를 선거운동원으로서 배제하여 선거의 공정성과 형평성을 확보하고 업무전념성을 보장하고자 하는데 있지, 청구인과 같은 입후보자의 선거운동을 제한하고자 하는 것이 아니며, 그 규범의 수규자 외에 제3자인 입후보자를 함께 규율하려고 의도하는 것으로도 볼 수 없다. 또한 이 사건 법률조항은 그 수규자인 지방공사직원에게는 선거운동의 금지를 뜻함으로써 다른 인적 집단(예컨대 사기업체의 근로자)과의 관계에서 기본권의 차별적인 제한의 문제와 과도한 제한의 문제가 발생하나, 후보자의 경우에는 선거운동의 제한 규정이 모든 입후보자에게 동일하게 적용되므로 다른 입후보자에 비하여 특별히 받는 차별이 있다고 할 수 없고, 후보자의 선거권이나 피선거권의 제한을 그 규율대상으로 하고 있지도 않으므로 이 사건 법률조항에 의하여 청구인의 참정권이 침해될 수도 없다. 다만, 이 사건 법률조항이 입후보자에 미치는 영향은 후보자가 원하는 임의의 사람을 선거운동원으로 활용할 수 있는 자유에 대한 경미한 제한이므로 이 사건 법률조항이 규범의 직접적인 수규자인 지방공단직원에게 미치는 효과와 제3자인 후보자에게 미치는 효과를 같은 측면에서 판단할 수 없다.

결국 이 사건 법률조항은 제3자인 청구인을 함께 규율하려고 의도하지도 않을 뿐 아니라 청구인에게 미치는 효과의 정도가 미약하고, 따라서 청구인이 입는 이러한 불이익은 청구인의 법적 지위에 대한 직접적 침해가 아니라 청구인이 단순히 일정 생활관계에 필연적으로 관련됨으로써 파생하는 간접적, 사실적 연관성에 불과하므로 청구인에게는 이 사건 법률조항에 대한 위헌여부를 다툴 기본권침해의 자기관련성이 결여되어 있다고 할 것이다.

○ 주 문

이 사건 심판청구를 각하한다.

(3) 헌법재판소 2018. 5. 31. 2014헌마346 변호인접견불허처분 등 위헌확인

○ 자기관련성 충족 여부에 관한 판단

변호인이 의뢰인을 조력하는 행위와 의뢰인이 변호인의 조력을 받는 행위는 하나의 사건을 다른 방향에서 바라본 것이어서 서로 표리관계에 있다. 이러한 이유 때문에 이 사건 변호인 접견신청 거부의 직접적인 상대방은 청구인이 아니라 청구인의 변호인이었지만, 그로 인하여 청구인은 변호인의 도움을 받지 못하게 되었다. 따라서 이 사건 변호인 접견신청 거부는 청구인의 변호인의 조력을 받을 권리를 침해할 가능성이 있다(헌재 2011. 5. 26. 2009헌마341 참조).

02 직접성

가. 의의

기본권의 침해는 그 침해를 야기한 공권력 행사 그 자체로 인하여 바로 청구인에게 발생되는 침해라야 한다. 심판대상인 공권력 작용 이외의 공권력 작용이 매개되어야만 기본권 침해가 발생한다면 기본권 침해의 직접성이 인정되지 않는다.

나. 법령 헌법소원에서의 직접성

- 법령 헌법소원의 경우 기본권 침해의 직접성이란 집행행위에 의하지 아니하고 법령 그 자체에 의하여 자유의 제한, 의무의 부과, 법적 지위의 박탈이 발생하는 경우를 말하므로, 당해 법령에 근거한 구체적인 집행행위를 통하여 비로소 기본권 침해의 법률효과가 발생하는 경우에는 직접성의 요건이 인정되지 않는다.

(1) <u>헌법재판소 1990. 6. 25. 89헌마220 지방공무원법 제31조, 제61조에 대한 헌법소원</u>

○ 사건의 개요

청구인은 1977. 8. 10.부터 충청북도 지방공무원(지방행정주사보)으로 근무하여 오다가 1989. 8. 8. 청주지방법원에서 사문서위조, 동행사, 사기 등 죄명으로 징역 8월형의 선고유예 판결을 선고받고 항소하였다가 1989. 8. 29. 항소를 취하함으로써 위 선고유예 판결이 확정되었는데, 충청북도지사는 위 사실이

지방공무원법 제31조(결격사유) 제5호 소정의 지방공무원 결격사유에 해당된다는 이유로 1989. 9. 9.자로 청구인에게 지방공무원법 제61조의 규정에 의하여 1989. 8. 29. 자로 당연퇴직되었다는 인사발령 통지를 보내자 청구인은 1989. 9. 26. 이 사건 헌법 소원을 제기하였음을 알 수 있다.

○ 참조조문

- 지방공무원법 제31조(결격사유) 다음 각 호에 1에 해당하는 자는 공무원이 될 수 없다.

  5. 금고 이상의 형의 선고유예를 받은 경우에 그 선고유예기간 중에 있는 자

- 지방공무원법 제60조(신분보장의 원칙) ① 공무원은 형의 선고·징계 또는 이 법이 정하는 사유에 의하지 아니하고는 그 의사에 반하여 휴직·강임 또는 면직을 당하지 아니한다. 다만, 1급 공무원은 그러하지 아니하다.

- 지방공무원법 제61조(당연퇴직) 공무원이 제31조 각 호의 1에 해당할 때에는 당연히 퇴직한다.

○ 청구인의 주장요지

청구인이 주장하는 청구이유의 요지는, 금고 이상의 형의 선고유예 판결을 선고받고 그 선고유예 기간 중에 있는 자를 지방공무원이 될 수 없도록 하고 있는 지방공무원법 제31조 제5호의 규정과 이 규정에 해당되는 것을 당연퇴직 사유로 하고 있는 같은 법 제61조의 규정은 지방공무원의 신분보장의 원칙규정인 같은 법 제60조 제1항 "공무원은 형의 선고, 징계 또는 이 법이 정하는 사유에 의하지 아니하고는 그 의사에 반하여 휴직, 강임 또는 면직을 당하지 아니한다"하는 규정에도 반하고 벌금형의 선고유예를 지방공무원 결격사유로 아니하고 있는 것과 비교하여 형평하지도 못하여 공무원의 신분을 보장하도록 한 헌법 제7조 제2항의 규정에 저촉되는 위헌법률이며 결국 청구인은 지방공무원법 제31조 제5호, 제61조의 각 규정에 의하여 직접 기본권을 침해당하고 있다는 것이다.

❍ 결정이유 중 일부

이 사건은 금고 이상의 형의 선고유예를 받은 경우에 그 유예기간 중에 있는 자를 공무원이 될 수 없도록 규정한 지방공무원법 제31조 제5호 및 지방 공무원이 위 결격조항에 해당할 때에는 당연히 퇴직한다고 규정한 같은 법 제 61조에 대한 헌법소원으로서 입법권의 행사로 인하여 제정된 법률에 의하여 직접 헌법상의 기본권이 침해되었음을 이유로 하는 것인 바, 헌법소원심판의 청구사유를 규정한 헌법재판소법 제68조 제1항 본문에 규정된 공권력 가운데 는 입법권도 당연히 포함되고 따라서 법률에 대한 헌법소원도 가능하다고 할 것이나 모든 법률이 다 헌법소원의 대상이 되는 것이 아니고 그 법률이 별도의 구체적 집행행위를 기다리지 않고 직접적으로, 그리고 현재적으로 헌법상 보장 된 기본권을 침해하는 경우에 한정됨을 원칙으로 하며, 같은 법률 조항 단서는 다른 법률에 구제절차가 있는 경우에는 그 절차를 모두 거친 후가 아니면 헌법 소원 심판을 청구할 수 없도록 규정하고 있으나 법률 자체에 의한 직접적인 기 본권침해 여부가 문제될 때에는 그 법률 자체의 효력을 직접 다투는 것을 소송 물로 하여 일반 법원에 소송을 제기하는 길이 없어 구제절차가 있는 경우가 아 니므로 다른 구제절차를 거칠 것 없이 바로 헌법소원을 제기할 수 있는 것이다 (당 재판소 1989. 3. 17. 선고, 88헌마1 결정 참조). 그리고 법률에 대한 헌법소원의 제소기간은 그 법률의 공포와 동시에 기본권 침해를 당한 자는 그 법률이 공포 된 사실을 안 날로부터 60일 이내에, 아니면 법률이 공포된 날로부터 180일 이 내에, 그렇지 아니하고 법률공포 후 그 법률에 해당되는 사유가 발생하여 비로 소 기본권의 침해를 받게 된 자는 그 사유가 발생하였음을 안 날로부터 60일 이내에, 아니면 그 사유가 발생한 날로부터 180일 이내에 헌법소원을 제기하여 야 할 것이며 "사유가 발생한 날"은 당해법률이 청구인의 기본권을 명백히 구 체적으로 현실 침해하였거나 그 침해가 확실히 예상되는 등 실체적 제 요건이 성숙하여 헌법판단에 적합하게 된 때를 말한다.

그리고 앞에서 본 것처럼 청구인은 1989. 8. 8. 제1심 법원에서 징역형의 선고유예 판결을 선고받고 항소하였다가 같은 달 29일 항소를 취하함으로써 동일자로 징역형의 선고유예 판결이 확정되었으니 청구인에 대하여는 1989. 8.

29. 지방공무원법 제61조 소정의 당연퇴직 사유인 같은 법 제31조 제5호 사유가 발생하였다고 볼 수 있다. 따라서 그때부터 60일 이내인 1989. 9. 26.에 제기된 이 헌법소원은 적법하게 제기된 것이다.

(2) 헌법재판소 2008. 6. 26. 2005헌마506 방송법 제32조 제2항 등 위헌확인

O 결정이유 중 일부

● 직접성 충족 여부

법령에 의한 기본권침해의 직접성이란 집행행위에 의하지 아니하고 법령 그 자체에 의하여 자유의 제한, 의무의 부과, 권리 또는 법적 지위의 박탈이 생긴 경우를 뜻하므로 구체적 집행행위를 통하여 비로소 당해 법령에 의한 기본권침해의 법률효과가 발생하는 경우에는 직접성의 요건이 결여된다. 다만 법규범이 집행행위를 예정하고 있더라도 법규범의 내용이 집행행위 이전에 이미 국민의 권리관계를 직접 변동시키거나 국민의 법적 지위를 결정적으로 정하는 것이어서 국민의 권리관계가 집행행위의 유무나 내용에 의하여 좌우될 수 없을 정도로 확정된 상태라면 그 법규범의 권리침해의 직접성이 인정된다(헌재 1991. 3. 11. 91헌마21; 헌재 1997. 7. 16. 97헌마38; 헌재 2003. 12. 18., 2001헌마543).

그런데, 구 방송법 제32조 제2항은 '위원회는 제1항의 규정에 불구하고 대통령령으로 정하는 방송광고에 대하여는 방송되기 전에 그 내용을 심의하여 방송 여부를 심의·의결할 수 있다'고 규정하고 있어 마치 이 사건 규정들에 의한 기본권 침해는 방송위원회의 심의·의결이라는 집행행위를 매개로 하여서만 발생하는 것처럼 보이나, 제3항은, '방송사업자는 제2항의 규정에 의한 방송광고에 대해서 위원회의 심의·의결의 내용과 다르게 방송하거나 심의·의결을 받지 않은 방송광고를 방송하여서는 아니된다'고 규정함으로써 방송광고를 하고자 하는 자는 누구든지 사전에 심의를 거치도록 의무화하고 있고, '방송심의에 관한 규정' 제59조가 이를 확인하고 있으며, 방송법 시행령 제21조의2는 사전심의를 받아야 하는 방송광고의 종류를 나열함으로써 사전심의 대상을 구체화하고 있다. 즉, 이 사건 규정들은 서로 불가분적으로 결합하여 그 자체에서 텔레비전 방송광고의 사전심의라는 의무를 부과하고 있는 것이다. 그렇다면 이 사건 규정들은 집행행위 이전에 이미 국민의 권리관계를 직접 확정적으로 정하고 있다고 할 것이고, 따라서 이 사건 규정들의 권리침해의 직접성은 인정된다.

(3) 헌법재판소 2009. 4. 30. 2006헌마1261 법인세법 제29조 제1항 제4호 등 위헌확인

O 결정이유 중 일부

기본권 침해의 직접성이란 집행행위에 의하지 아니하고 법령 그 자체에 의하여 자유의 제한, 의무의 부과, 법적 지위의 박탈이 발생하는 경우를 말하므로, 당해 법령에 근거한 구체적인 집행행위를 통하여 비로소 기본권 침해의 법률효과가 발생하는 경우에는 직접성의 요건이 인정되지 않는다.

조세법령의 경우에는 과세관청의 부과처분에 의하여 조세채무가 확정되는 부과과세 방식(국세기본법 시행령 제10조의2 제3호)이나 납세의무자가 스스로 조세채무 성립요건의 충족을 확인하고 이에 관계 세법을 적용하여 과세표준과 세액을 신고함으로써 조세채무를 확정시키는 신고납세 방식(국세기본법 시행령 제10조의2 제1호)을 불문하고 과세처분이라는 구체적인 집행행위를 매개로 하여 기본권을 침해하는 것이고, 그 자체로 직접 기본권을 침해하는 것이 아니므로 직접성이 인정되지 않는다고 할 것이다.

(4) 헌법재판소 2003. 7. 24. 2003헌마3 동해시 개인택시운송사업면허 사무처리규정 제4조 제1항 위헌확인

O 결정요지

가. 법령에 대한 헌법소원에 있어서 "기본권 침해의 직접성"을 요구하는 이유는, 법령은 일반적으로 구체적인 집행행위를 매개로 하여 비로소 기본권을 침해하게 되므로 기본권의 침해를 받은 개인은 먼저 일반 쟁송의 방법으로 집행행위를 대상으로 하여 기본권 침해에 대한 구제절차를 밟는 것이 헌법소원의 성격상 요청되기 때문이다. 특히, 법령에 근거한 구체적인 집행행위가 "재량행위"인 경우에는 법령은 집행기관에게 기본권 침해의 가능성만을 부여할

뿐 법령 스스로가 기본권의 침해행위를 규정하고 행정청이 이에 따르도록 구속하는 것이 아니고, 이 때의 기본권침해는 집행기관의 의사에 따른 집행행위, 즉 재량권의 행사에 의하여 비로소 이루어지고 현실화되므로 이러한 경우에는 법령에 의한 기본권 침해의 직접성이 인정될 여지가 없다.

나. 청구인이 주장하는 기본권(직업선택의 자유)의 침해 즉 개인택시운송사업면허를 취득하지 못하게 되었다는 것은 동해시의 청구인에 대한 2003. 2. 11.자 "개인택시운송사업면허제외처분"에 의하여 현실화된 것이고, 이에 대하여는 별도의 구제절차가 마련되어 있다. 즉, 관할관청의 개인택시운송사업면허 제외처분에 대하여는 행정심판 및 행정소송을 제기할 수 있고, 뿐만 아니라 그 소송절차에서 이 사건 사무처리규정과 같은 지방자치단체의 사무처리규정에 대하여도 그 적법 여부를 다툴 수 있다. 실제로 청구인은 동해시장의 위 2003. 2. 11.자 개인택시운송사업면허 제외처분에 대하여 행정심판을 제기하여 현재 그 심판이 계속 중에 있다. 결국, 이 사건 심판대상규정은 집행행위에 의하지 아니하고 법령 그 자체에 의하여 자유의 제한, 의무의 부과, 권리 또는 법적 지위의 박탈이 생긴 경우라고 할 수 없으므로, 이 사건 심판청구는 법령에 대한 헌법소원의 직접성 요건을 결여하여 부적법하다.

○ 사건의 개요

(1) 강원도 동해시는 2002. 10. 15. 동해시 공고 제2002－220호로 2002년도 「개인택시운송사업 면허대상자 모집공고」를 하였고, 청구인은 같은 해 11. 4. 이에 응모하였다. 한편, 청구인은 1987. 4. 22. 1종 대형 운전면허를 취득하고 강원도 동해시 소재 택시회사인 삼안운수에서 1990. 12. 16.부터 1996. 7. 20.까지, 같은 시 소재 택시회사인 명신운수에서 1996. 9. 19.부터 1998. 3. 3. 까지, 그리고 다시 위 삼안운수에서 1998. 3. 5.부터 위 모집공고일인 2002. 10. 15. 현재까지 운전기사로 근무하여 운전경력이 11년 8월 3일이고, 그 중 무사고경력은 2002. 10. 15.까지 10년 3월 11일이다(그 밖에 표창으로 무사고 운전 경력 1년이 가산되었다).

(2) 동해시 개인택시운송사업면허 사무처리 규정 제2조의2 [별표: 동해시

개인택시운송사업면허 우선순위]에 의하면, 제1순위는 가.부터 마.까지로 되어 있고, 그 중 가.항은 "택시를 10년 이상 무사고로 운전한 자로서 동일 택시회사에서 5년 이상 근속 중인 자 ……"로 규정되어 있다.

그런데 위 사무처리규정 제4조 제1항은 위 별표에서 말하는 '동일회사 장기근속' 경력을 "회사의 인사발령 원부에 기재된 취업일로부터 퇴직한 사실이 없이 면허신청공고일까지 계속하여 운전자의 신분으로 근무한 경력으로" 하도록 규정하고 있기 때문에, 청구인은 2002. 12. 13. 발표한 개인택시면허신청자 무사고운전경력 심사표 통보(동해시 교행 91100-5484) 결과 "1순위 나"에 해당한다는 통보를 받았다.

(3) 이에 청구인은 2003. 1. 2. 위 동해시 개인택시운송사업면허 사무처리규정 제4조 제1항으로 말미암아 직업선택의 자유 등 기본권을 침해당했다고 주장하면서 이 사건 헌법소원심판을 청구하였다.

한편, 동해시의 위 심사표 통보서에 의하면 무사고운전경력 심사결과에 대하여 불만이 있는 자는 2002. 12. 23.부터 같은 달 30.까지 7일간 이의신청을 할 수 있다고 기재되어 있고, 실제로 청구인은 2002. 12. 30. 이의신청을 하였다. 그리고 동해시는 2003. 2. 11. 「동해시공고 제2003-121호」로 2002년도분 개인택시운송사업 면허대상자를 공고하면서 청구인에게는 위 이의신청에 대한 대답으로서 「2002년도분 개인택시운송사업면허 확정심의 결과통보」를 하였는데(개인택시 운송사업면허 제외처분), 이에 의하면 청구인의 우선순위는 "2순위 가"로 오히려 하향 조정되었다. 2003. 6. 12. 접수된 동해시장의 사실조회 회보에 의하면, 이러한 이의신청 결과에 대하여 청구인은 2003. 5. 9. 행정심판을 청구하여 현재 강원도행정심판위원회에 사건이 계속 중에 있다(사건번호 강행심 2003-58).

○ 심판의 대상

심판의 대상은 동해시 개인택시운송사업면허 사무처리규정(1996. 3. 11. 동해시훈령 제156호로 제정되고, 1999. 10. 16. 동해시훈령 제209호로 개정된 것) 제4조 제1항 중 "동일회사 장기근속 경력은 회사의 인사발령 원부에 기재된 취업일로부터 퇴직한 사실이 없이 면허신청 공고일까지 계속하여 운전자의 신분으로 근무한 경력으로 하되" 부분(이하 '이 사건 심판대상규정'이라 한다)이고, 이 조항의 내용은 다음과 같다.

- 동해시 개인택시운송사업면허 사무처리규정(1996. 3. 11. 동해시훈령 제156호로 제정되고, 1999. 10. 16. 동해시훈령 제209호로 개정된 것) 제4조(면허발급 우선순위 적용기준 등) ① 동일회사 장기근속 경력은 회사의 인사발령 원부에 기재된 취업일로부터 퇴직한 사실이 없이 면허신청 공고일까지 계속하여 운전자의 신분으로 근무한 경력으로 하되 면허취소, 정지기간 중 소속회사의 운수종사자로서의 신분이 계속되는 기간은 근속으로 인정하나, 운전경력에는 제외하며 다음 각 호의 1에 해당하는 경우에는 같은 회사 운전자로 근무한 것으로 본다.
  1. 퇴직 후 7일 이내에 퇴직하였던 회사에 다시 운전자로 취업한 경우
  2. 회사의 분리 또는 합병으로 인하여 소속회사의 명칭이 변경된 경우와 회사의 폐업으로 인하여 7일 이내에 다른 회사의 운전자로 취업한 경우

O 청구인의 주장요지

(1) 이 사건 심판대상규정 및 위 사무처리규정 제2조의2 [별표]에 따르면 개인택시운송사업면허의 우선순위를 확정함에 있어 무사고 운전경력과 동일택시회사 근속경력이 가장 중요한 기준이 된다. 그런데 10년 이상의 무사고 택시운전경력은 별론으로 하고, 면허신청 공고일 현재 동일 택시회사에서 5년 이상 계속 근무 중일 것을 요구하는 것은 지입제 경영에서 파생하는 문제점 개선, 시민들에 대한 서비스 개선, 운송사업에 임하는 성실성 등 개인택시운송사업 면허제도의 목적을 달성하는데 적합한 것이라고 볼 수 없어 평등의 원칙에 반한다.

(2) 면허신청공고일 현재 동일 택시회사에 5년 이상 계속 근무 중일 것을 요구하는 이 사건 심판대상규정은 결국 택시회사에 고용된 운전기사가 개인택시운송사업면허 발급을 원한다면 현재 종사하는 택시회사로부터 위법·부당한 대우를 받더라도 이를 수용하고 전직함이 없이 계속 근무하도록 강제하고 있

는데, 이는 택시운전기사의 전직의 자유를 침해하고 택시회사에 대한 예속성을 강화함으로써 직업선택의 자유를 침해하고 있다.

○ 결정이유 중 일부

3. 판 단

가. 개인택시운송사업면허의 법적 성격

이 사건 사무처리규정은 행정규칙의 일종인 동해시의 "훈령"으로서 구 자동차운수사업법 시행규칙 제15조 또는 개정된 여객자동차운수사업법 시행규칙 제17조 제1항의 규정에 의한 개인택시사업면허제도의 효율적인 운영을 위해 법령 및 규칙에서 정하지 않은 필요한 사항을 규정함을 목적으로 제정된 것이다(동 규정 제1조).

대법원은 여객자동차운수사업법에 따른 개인택시운송사업면허는 특정인에게 권리나 이익을 부여하는 재량행위라고 보고 있다(대법원 2002. 1. 22. 선고 2001두8414 판결).

나. 법령에 대한 헌법소원의 직접성 요건

(1) 무릇 헌법소원의 청구인은 그가 심판의 대상으로 주장하는 공권력작용으로 인하여 직접적으로 기본권이 침해되어야 한다. 이 직접성의 요건은 법령에 대한 헌법소원에서는 특히 중요한 의미를 가진다. 즉, 법령 자체가 헌법소원의 대상이 될 수 있으려면 그 법령에 의하여 구체적인 집행행위를 기다리지 아니하고 직접·현재·자기의 기본권을 침해받아야 하는 것을 요건으로 하고, 여기서 말하는 기본권침해의 직접성이란 집행행위에 의하지 아니하고 법령 그 자체에 의하여 자유의 제한, 의무의 부과, 권리 또는 법적 지위의 박탈이 생긴 경우를 뜻한다(헌재 1992. 11. 12. 91헌마192 참조).

법령에 대한 헌법소원에 있어서 '기본권침해의 직접성'을 요구하는 이유는, 법령은 일반적으로 구체적인 집행행위를 매개로 하여 비로소 기본권을 침해하게 되므로 기본권의 침해를 받은 개인은 먼저 일반 쟁송의 방법으로 집행행위를 대상으로 하여 기본권 침해에 대한 구제절차를 밟는 것이 헌법소원의 성격상 요청되기 때문이다. 특히, 법령에 근거한 구체적인 집행행위가 "재량행위"인 경우에는 법령은 집행기관에게 기본권침해의 가능성만을 부여할 뿐 법령 스스로가 기본권의 침해행위를 규정하고 행정청이 이에 따르도록 구속하는 것이 아니고, 이 때의 기본권의 침해는 집행기관의 의사에 따른 집행행위, 즉 재량권의 행사에 의하여 비로소 이루어지고 현실화되므로 이러한 경우에는 법령에 의한 기본권침해의 직접성이 인정될 여지가 없다(헌재 1998. 4. 30. 97헌마141).

(2) 그러나 구체적 집행행위가 존재한 경우라고 하여 언제나 반드시 법령 자체에 대한 헌법소원심판청구의 적법성이 부정되는 것은 아니다. 즉, 집행행위가 존재하는 경우라도 그 집행행위를 대상으로 하는 구제절차가 없거나 구제절차가 있다고 하더라도 권리구제의 기대가능성이 없고 다만 기본권 침해를 당한 청구인에게 불필요한 우회절차를 강요하는 것밖에 되지 않는 경우에는 당해 법령을 직접 헌법소원의 대상으로 삼을 수 있다(헌재 1997. 8. 21. 96헌마48).

그리고 법령의 집행행위를 기다렸다가 그 집행행위에 대한 권리구제절차를 밟을 것을 국민에게 요구할 수 없는 경우에도 예외적으로 기본권침해의 직접성이 인정될 수 있다. 예컨대, 형법상의 법률조항은 엄밀한 의미에서 법률 그 자체에 의하여 국민의 신체의 자유를 제한하는 것이 아니라 넓은 의미의 재량행위(법관의 양형)의 하나인 형법조항의 적용행위라는 구체적인 집행행위를 통하여 비로소 국민의 기본권이 제한되는 것이지만, 국민에게 그 합헌성이 의심되는 형법조항에 대하여 위반행위를 우선 범하고 그 적용·집행행위인 법원의 판결을 기다려 헌법소원심판을 청구할 것을 요구할 수는 없다. 따라서 이러한 경우에는 예외적으로 집행행위가 재량행위임에도 불구하고 법령에 의한 기본권침해의 직접성을 인정할 수 있다(헌재 1996. 2. 29. 94헌마213; 헌재 1998. 4. 30. 97헌마141).

(3) 이 사건으로 돌아와 보면, 대법원은 여객자동차운수사업법에 따른 개인택시운송사업면허를 "특정인에게 권리나 이익을 부여하는 재량행위"로 보고 있음은 전술한 바와 같고, 청구인이 주장하는 기본권(직업선택의 자유)의 침해 즉 개인택시운송사업면허를 취득하지 못하게 되었다는 것은 동해시의 청구인에 대한 2003. 2. 11.자 '개인택시운송사업면허 제외처분'에 의하여 현실화된 것이고, 이에 대하여는 별도의 구제절차가 마련되어 있다. 즉, 관할관청의 개인

택시운송사업면허 제외처분에 대하여는 행정심판 및 행정소송을 제기할 수 있고, 뿐만 아니라 그 소송절차에서 이 사건 사무처리규정과 같은 지방자치단체의 사무처리규정에 대하여도 그 적법 여부를 다툴 수 있다(대법원 2002. 1. 11. 선고 2001두8995 판결 참조). 실제로 청구인은 동해시장의 위 2003. 2. 11.자 개인택시운송사업면허 제외처분에 대하여 행정심판을 제기하여 현재 그 심판이 계속중에 있다(사건번호 강행심 2003-58). 그러므로 이러한 구제절차가 권리구제의 기대가능성이 없고 다만 기본권침해를 당한 청구인에게 불필요한 우회절차를 강요하는 것이라고 볼 수는 없다. 또한 이 사건 심판대상규정이 형벌이나 행정벌에 관련되어 있어 집행행위를 기다렸다가 그 집행행위에 대한 권리구제절차를 밟을 것을 국민에게 요구할 수 없는 경우라고도 볼 수 없다.

다. 결국, 이 사건 심판대상규정은 "집행행위에 의하지 아니하고 법령 그 자체에 의하여 자유의 제한, 의무의 부과, 권리 또는 법적 지위의 박탈이 생긴 경우"라고 할 수 없으므로, 이 사건 심판청구는 법령에 대한 헌법소원의 직접성 요건을 결여한다고 할 것이다.

(5) 헌법재판소 2013. 12. 26. 2012헌마162·252(병합) 유통산업발전법 제12조의2 등 위헌확인

○ 사건의 개요

(1) 2012헌마162 사건의 청구인들은 유통산업발전법(이하 '유통법'이라 한다)에 의한 대규모점포 및 준대규모점포를 경영하는 회사들[10]이고, 2012헌마252 사건의 청구인들은 유통법상 대규모점포를 경영하는 주식회사 GS리테일 등과 프랜차이즈형 체인사업에 대한 가맹계약을 체결하여 준대규모점포를 운영하고 있는 사업자들이다.

(2) 구 유통법(2012. 1. 17. 법률 제11175호로 개정되고, 2013. 1. 23. 법률 제11626호로 개정되기 전의 것) 제12조의2는 시장 등 지방자치단체의 장이 필요하다고 인정하는 경우, 대규모점포 중 대통령령으로 정하는 것과 준대규모점포에 대하여

---

10) 이마트, 홈플러스 등.

오전 0시부터 오전 8시까지의 범위에서 영업시간 제한을 명하거나 매월 1일 이상 2일 이내의 범위에서 의무휴업일을 지정하여 의무휴업을 명할 수 있고, 영업시간 제한 및 의무휴업일 지정에 필요한 사항은 해당 지방자치단체의 조례로 정하도록 규정하였다.

(3) 이에 청구인들은 위 유통법 제12조의2 등이 청구인들의 직업의 자유 및 평등권을 침해한다고 주장하며 2012. 2. 17.(2012헌마162), 2012. 3. 13.(2012헌마252) 각 헌법소원심판을 청구하였다.

○ 심판의 대상

2012헌마162 사건의 청구인들은 유통법 제12조의2, 2012헌마252 사건의 청구인들은 유통법 제12조의2 중 '준대규모점포' 부분에 대하여 심판청구를 하고 있다.

그런데 청구인들은 시장 등 지방자치단체의 장에게 대규모점포 등에 대하여 영업시간 제한 또는 의무휴업일을 지정할 수 있도록 한 유통법 제12조의2 제1항, 제2항, 제3항의 규정이 청구인들의 직업의 자유, 평등권을 침해한다고 주장하고 있을 뿐, 영업시간 제한 및 의무휴업일 지정에 필요한 사항을 해당 지방자치단체의 조례로 정하도록 한 유통법 제12조의2 제4항에 대하여는 별도의 기본권 침해 주장을 하지 않고 있으므로 유통법 제12조의2 제4항은 심판대상에서 제외한다.

그러므로 이 사건 심판대상은 구 유통법(2012. 1. 17. 법률 제11175호로 개정되고, 2013. 1. 23. 법률 제11626호로 개정되기 전의 것) 제12조의2 제1항, 제2항, 제3항(이하 '이 사건 법률조항'이라 한다)이 청구인들의 기본권을 침해하는지 여부이고, 심판대상조항 및 관련조항의 내용은 다음과 같다.

○ 심판대상조항

● 구 유통산업발전법(2012. 1. 17. 법률 제11175호로 개정되고, 2013. 1. 23. 법률 제11626호로 개정되기 전의 것) 제12조의2(대규모점포 등에 대한 영업시간의 제한 등) ① 시장·군수·구청장은 건전한 유통질서 확립, 근로자의 건강권 및 대규모점포등과 중소유통업의 상생발전을 위하여 필요하다고 인정하

는 경우 대규모점포 중 대통령령으로 정하는 것과 준대규모점포에 대하여 다음 각 호의 영업시간 제한을 명하거나 의무휴업일을 지정하여 의무휴업을 명할 수 있다. 다만, 연간 총매출액 중 「농수산물 유통 및 가격안정에 관한 법률」에 따른 농수산물의 매출액 비중이 51퍼센트 이상인 대규모점포 등으로서 해당 지방자치단체의 조례로 정하는 대규모점포 등에 대하여는 그러하지 아니하다.

1. 영업시간 제한

2. 의무휴업일 지정

② 시장·군수·구청장은 제1항 제1호에 따라 오전 0시부터 오전 8시까지의 범위에서 영업시간을 제한할 수 있다.

③ 시장·군수·구청장은 제1항 제2호에 따라 매월 1일 이상 2일 이내의 범위에서 의무휴업일을 지정할 수 있다.

○ 청구인들의 주장요지

가. 적법요건에 대한 주장

이 사건 법률조항이 집행행위를 예정하고 있다고 하더라도 지방자치단체의 장의 처분에 의하여 오전 0시부터 오전 8시까지의 범위에서 영업시간이 제한되거나 매월 1일 이상 2일 이내의 범위에서 의무휴업일이 지정될 수 있는 것은 이 사건 심판대상조항에 의하여 직접 발생한 효과이다. 또한 이 사건 법률조항은 농수산물의 매출액 비중이 51퍼센트 이상인 대규모점포에 대하여는 영업시간 제한 및 의무휴업일 지정의 예외 사유로 규정하고 있으므로 집행행위 이전에 이 사건 법률조항에 의하여 청구인들이 평등권 침해 상태가 확정되었다.

그리고 이 사건 법률조항의 내용상, 조례가 없다고 하더라도 시장 등 지방자치단체의 장이 영업시간 제한 및 의무휴업일 지정을 할 수 있으므로 해당 지방자치단체의 조례 제정 여부와 관계없이 기본권 침해의 직접성이 인정된다.

나아가 지방자치단체의 장의 영업시간 제한 등 처분을 다툴 수 있다고 하더라도 각 지방자치단체들을 상대로 소송을 제기하는 것은 현실적으로 가능하지 않고, 소송에 대한 판단이 법원에 따라 다를 수 있으며, 소송에서 승소한다고 하더라도 이 사건 법률조항의 효력이 유지되는 한, 동일한 처분이 내려질 가능성이 있으므로 집행행위에 대한 구제절차가 없거나, 구제절차가 있다고 하더라도 권리구제의 기대가능성이 인정되지 않아 기본권 침해의 직접성이 인정된다

나. 본안에 대한 주장(생략)

O 적법요건에 대한 판단

가. 직접성 요건

법률 또는 법률조항 자체가 헌법소원의 대상이 될 수 있으려면 그 법률 또는 법률조항에 의하여 구체적인 집행행위를 기다리지 아니하고 직접, 현재 자기의 기본권을 침해받아야 한다. 여기서 말하는 기본권 침해의 직접성이란 집행행위에 의하지 아니하고 법률 그 자체에 의하여 자유의 제한, 의무의 부과, 권리 또는 법적 지위의 박탈이 생긴 경우를 말하므로, 당해 법률에 근거한 구체적인 집행행위를 통하여 비로소 기본권 침해의 법률효과가 발생하는 경우에는 직접성이 없다(헌재 1998. 11. 26. 96헌마55 등; 헌재 2013. 5. 30. 2011헌마718 등 참조).

법령에 대한 헌법소원에 있어 이와 같이 기본권 침해의 직접성을 요구하는 이유는, 법령은 일반적으로 구체적인 집행행위를 매개로 하여 비로소 기본권을 침해하게 되므로, 기본권의 침해를 받은 개인은 먼저 일반쟁송의 방법으로 집행행위를 대상으로 하여 기본권 침해에 대한 구제절차를 밟는 것이 '예외적이고 보충적인 특별권리수단'이라는 헌법소원의 성격상 요청되기 때문이다. 특히, 법령에 근거한 구체적인 집행행위가 재량행위인 경우에는 법령은 집행기관에게 기본권 침해의 가능성만을 부여할 뿐 법령 스스로가 기본권의 침해행위를 규정하고 행정청이 이에 따르도록 구속하는 것이 아니고, 기본권 침해는 집행기관의 의사에 따른 집행행위, 즉 재량권의 행사에 의하여 비로소 이루어지고 현실화되므로, 이러한 경우에는 법령에 의한 기본권 침해의 직접성이 인정될 여지가 없다(헌재 1998. 4. 30. 97헌마141; 헌재 2009. 3. 26. 2007헌마988 등 참조).

다만, 법령이 집행행위를 예정하고 있는 경우에도 법령의 내용이 집행행

위 이전에 이미 국민의 권리관계를 직접 변동시키거나 국민의 법적 지위를 결정적으로 정하는 것이어서 국민의 권리관계가 집행행위의 유무나 내용에 의하여 좌우될 수 없을 정도로 확정된 상태이거나, 집행행위가 존재하는 경우라도 그 집행행위를 대상으로 하는 구제절차가 없거나 그러한 절차가 있다 하더라도 권리구제의 기대가능성이 없고, 다만 기본권 침해를 당한 청구인에게 불필요한 우회절차를 강요하는 것에 지나지 않는 경우 등에는 예외적으로 직접성이 인정된다(헌재 1997. 8. 21. 96헌마48; 헌재 2011. 5. 26. 2010헌마365 등 참조).

또한 집행행위에는 입법행위도 포함되므로 법령규정이 하위규범의 시행을 예정하고 있는 경우에는 당해 법률규정의 직접성은 부인되나, 법령규정과 하위규범이 결합하여 직접 국민의 권리와 의무에 대한 사항을 정하고 있는 경우에는 법령조항은 하위규범과 함께 직접성을 충족한다고 볼 여지가 있다(헌재 2004. 1. 29. 2001헌마894 등 참조).

나. 판단

이 사건 법률조항에 따르면, 시장·군수·구청장은 건전한 유통질서 확립, 근로자의 건강권 및 대규모점포 등과 중소유통업의 상생발전을 위하여 필요하다고 인정하는 경우 대규모점포 중 대통령령으로 정하는 것과 준대규모점포에 대하여 영업시간 제한을 명하거나 의무휴업일을 지정하여 의무휴업을 명할 수 있다고 규정하면서 영업시간의 제한의 경우 오전 0시부터 오전 8시까지, 의무휴업일 지정의 경우 월 1일 이상 2일 이내의 범위에서 할 수 있도록 규정하고 있다.

그러므로 시장 등 지방자치단체의 장은 영업시간 제한 및 의무휴업일 지정과 관련하여 그러한 조치가 필요한지 여부 및 이를 시행할지 여부에 관한 판단에 있어 재량권을 가지고 있고, 구체적인 시행과 관련하여서도 특정시간대 또는 특정일(휴일 포함 여부)을 지정하여 시행할 수 있는 재량권도 가지고 있다.

따라서 청구인들이 주장하는 기본권 침해의 법률효과는 시장 등 지방자치단체의 장이 해당 지방자치단체의 실정에 따라 영업시간 제한 및 의무휴업일 지정에 관한 구체적인 처분을 하였을 때 그 처분에 의하여 비로소 발생하는 것이지, 이 사건 법률조항에 의하여 곧바로 발생하는 것이 아니므로 기본권 침해의 직접성을 인정할 수 없다.

이에 대하여 청구인들은 이 사건 법률조항이 지방자치단체의 장의 집행행위를 예정하고 있다고 하더라도 구체적인 영업시간의 제한의 범위나 의무휴업일 지정 일수의 범위 및 농수산물의 매출액 비중이 51퍼센트 이상인 대규모점포 등과 그렇지 않은 대규모점포 등의 차별 문제는 이 사건 법률조항에 의하여 직접 발생하는 효과이기 때문에 기본권 침해의 직접성이 인정된다고 주장한다.

그러나 이 사건 법률조항은 지방자치단체의 장에게 영업시간 제한 및 의무휴업일 지정이 필요한지 여부에 관한 판단 및 영업시간 제한 및 의무휴업일 지정이 필요하다면 그러한 처분을 행할 것인지 여부에 대하여 재량을 인정하고 있기 때문에 이 사건 법률조항에서 영업시간 제한의 범위 및 의무휴업일수의 범위를 규정하고 있다고 하더라도 지방자치단체의 장이 영업시간 제한 및 의무휴업일 지정에 관한 구체적인 처분을 하기 전에는 청구인들의 법적 지위나 권리·의무는 어떠한 영향도 받지 않는다.

또한 이 사건 법률조항은 연간 총매출액 중 농수산물의 매출액 비중이 51퍼센트 이상이고 해당 지방자치단체의 조례로 정하는 대규모점포 등의 경우에는 지방자치단체의 장이 영업시간 제한 및 의무휴업일 지정 처분을 하지 않도록 규정하고 있으나, 농수산물의 매출액 비중이 51퍼센트 이상인 대규모점포 등과 그렇지 않은 대규모점포 등 사이의 차별 문제 역시 이 사건 법률조항에 의하여 직접 발생하는 것이 아니라 영업시간 제한 및 의무휴업일 지정 처분에서 제외되는 대규모점포 등에 대하여 해당 지방자치단체의 의회가 조례로 정하고, 지방자치단체의 장이 그 외 대규모점포 등에 대하여 영업시간 제한 및 의무휴업일 지정 처분을 함으로써 비로소 발생하게 된다.

한편, 지방자치단체의 장이 대규모점포 등에 대하여 영업시간을 제한하고 의무휴업일을 지정하는 행위는 행정처분으로서 행정소송의 대상이 되고, 각기 다른 지방자치단체의 장의 처분에 각 그 취소를 구하는 소송을 제기해야 한다거나, 각 처분에 대한 법원의 판단이 다를 가능성이 있다고 하여 집행행위를 대상으로 하는 구제절차가 없거나 그러한 절차가 있다 하더라도 권리구제의 기대가능성이 없는 경우라고 볼 수 없다.

한편, 이 사건 법률조항은 영업시간 제한 및 의무휴업일 지정의 대상이 되는 대규모점포에 대하여는 법률에 직접 규정하지 않고 대통령령으로 정할 것을 규정하고 있고, 유통법 제12조의2 제4항은 영업시간 제한 및 의무휴업일 지정에 필요한 사항은 조례로 정하도록 하고 있다.

그런데 이 사건 법률조항은 지방자치단체의 장에게 대통령령으로 정한 대규모점포에 대하여 영업시간을 제한하거나 의무휴업일 지정을 할 것인지에 대한 재량을 인정하고 있으므로, 이 사건 법률조항 중 대규모점포 부분과 위 시행령 조항이 결합하여 직접 국민의 권리와 의무에 대한 사항을 정하고 있는 경우라고 볼 수 없고, 조례의 제정이 없어도 지방자치단체의 장은 영업시간 제한 등의 처분이 필요하다고 판단할 경우에는 처분을 할 수 있으므로 이 사건 법률조항이 하위규범인 조례와 불가분의 관계를 가지면서 직접 국민의 권리와 의무에 관한 사항을 정하고 있는 경우라고도 볼 수 없다.

다. 소결

따라서 이 사건 법률조항에 대한 심판청구는 기본권 침해의 직접성이 인정되지 않으므로 부적법하다.

○ 결정요지

이 사건 법률조항은 지방자치단체의 장이 필요하다고 인정하는 경우 대규모점포 등에 대하여 영업시간 제한을 명하거나 의무휴업일을 지정하여 의무휴업을 명할 수 있다고 규정하면서, 영업시간 제한은 오전 0시부터 오전 8시까지, 의무휴업일 지정의 경우 월 1일 이상 2일 이내의 범위에서 할 수 있도록 하였다.

따라서 청구인들이 주장하는 기본권 침해의 법률효과는 지방자치단체의 장이 해당 지방자치단체의 실정에 따라 영업시간 제한 및 의무휴업일 지정에 관한 구체적인 처분을 하였을 때 그 처분에 의하여 비로소 발생하는 것이지, 이 사건 법률조항에 의하여 곧바로 발생하는 것이 아니므로 기본권 침해의 직접성을 인정할 수 없다.

○ 주 문

이 사건 심판청구를 모두 각하한다.

다. 직접성의 예외:

집행행위가 예정되어 있는 경우라도 예외적으로 기본권 침해의 직접
성이 인정되는 경우

(1) **집행행위를 대상으로 한 구제절차의 부재 또는 집행행위에 대한 구
제절차를 밟을 것을 요구할 수 없는 경우 등**

① 헌법재판소 1992. 4. 14. 90헌마82 국가보안법 제19조에 대한 헌법소원

○ 결정요지 중 일부

헌법소원심판의 대상이 될 수 있는 법률은 그 법률에 기한 다른 집행행위
를 기다리지 않고 직접 국민의 기본권을 침해하는 법률이어야 하지만 구체적
집행행위가 존재한다고 하여 언제나 반드시 법률 자체에 대한 헌법소원심판청
구의 적법성이 부정되는 것은 아니고, 예외적으로 집행행위가 존재하는 경우에
도 그 집행행위를 대상으로 하는 구제절차가 없거나 구제절차가 있다고 하더
라도 권리구제의 기대가능성이 없고 다만 기본권 침해를 당한 자에게 불필요
한 우회 절차를 강요하는 것밖에 되지 않는 경우로서 당해 법률에 대한 전제
관련성이 확실하다고 인정되는 때에는 당해 법률을 헌법소원의 직접 대상으로
삼을 수 있다.

○ 결정이유 중 일부

1. 소원심판기록에 의하면 청구인들 중 청구인 박문재를 제외한 나머지
청구인들은 1990. 2. 16. 국가보안법위반 등 혐의로 구속되어 치안본부(지금의
경찰청) 대공분실에서 수사를 받으면서 국가보안법 제19조 제1항에 의하여 같
은 달 26.부터 구속기간이 1차 연장되었고, 청구인 박문재는 역시 국가보안법
위반 혐의로 1990. 2. 21. 구속되어 치안본부 대공분실에서 수사를 받으면서
같은 법률조항에 의하여 1990. 3. 2.부터 구속기간이 1차 연장되었으며, 청구

인들 전원은 1990. 3. 6. 서울지방검찰청에 송치되어 수사를 받던 중 1990. 3. 16.부터 구속기간이 1차 연장되고 국가보안법 제19조 제2항에 의하여 같은 달 26.부터 다시 구속기간이 2차 연장되었다가 1990. 4. 4. 전원이 국가보안법 제7조 위반으로 서울형사지방법원에 공소제기되었는데, 청구인들은 법원에 사건이 계속 중 서울 구치소에 수감되어 있으면서 1990. 5. 3. 이 사건 헌법소원의 심판청구를 하였음을 알 수 있다.

2. 심판청구 대상법률은 국가보안법 제19조(구속기간의 연장)인데 동조 제1항은 "지방법원판사는 제3조 내지 제10조의 죄로서 사법경찰관이 검사에게 신청하여 검사의 청구가 있는 경우에 수사를 계속함에 상당한 이유가 있다고 인정한 때에는 형사소송법 제202조의 구속기간의 연장을 1차에 한하여 허가할 수 있다."라고 되어 있고 동조 제2항은 "지방법원판사는 제1항의 죄로서 검사의 청구에 의하여 수사를 계속함에 상당한 이유가 있다고 인정한 때에는 형사소송법 제203조의 구속기간의 연장을 2차에 한하여 허가할 수 있다."라고 되어 있으며 동조 제3항은 "제1항 및 제2항의 기간의 연장은 각 10일 이내로 한다."라고 되어 있다.

3. 청구인들이 주장하는 심판청구이유의 요지는 형사소송법 제202조는 "사법경찰관이 피의자를 구속한 때에는 10일 이내에 피의자를 검사에게 인치하지 아니하면 석방하여야 한다."라고 규정하고 있고 같은 법 제203조는 "검사가 피의자를 구속한 때 또는 사법경찰관으로부터 피의자의 인치를 받은 때에는 10일 이내에 공소를 제기하지 아니하면 석방하여야 한다."라고 규정하고 있으며 같은 법 제205조 제1항은 "지방법원 판사는 검사의 청구에 의하여 수사를 계속함에 상당한 이유가 있다고 인정한 때에는 10일을 초과하지 아니하는 한도에서 제203조의 구속기간의 연장을 1차에 한하여 허가할 수 있다."라고 규정하고 있어 이 규정들에 의하면 사법경찰관은 구속기간연장을 할 수 없고 검사는 1차에 한하여 10일을 초과하지 아니하는 한도에서 구속기간을 연장할 수 있게 되어 있어 결국 경찰수사단계에서는 10일 이내의 한도에서, 검찰수사단계에서는 20일 이내의 한도에서 피의자를 구속할 수 있도록 되어 있는데 국가보안법 제19조가 위와 같은 원칙에 대한 예외를 설정하여 국가보안법 제3조 내

지 제10조 위반 피의자에 대한 구속기간을 사법경찰관과 검사에 대하여 각 10일씩을 더 연장할 수 있도록 허용한 것은 국가보안법위반 피의자를 일반 형사피의자와 합리적 이유없이 차별하여 수사기간에 대하여 과도한 장기구속을 허용하는 것이어서 이는 헌법 제11조 제1항의 평등권, 제12조 제1항의 신체의 자유 및 제27조 제4항의 신속한 재판을 받을 권리를 침해하는 위헌법률이고 청구인들은 이러한 위헌법률에 의하여 수사기관에서 부당하게 장기구속을 당하여 기본권을 침해당하였으므로 헌법소원심판을 청구한다는 것이다.

4. 먼저 이 사건 헌법소원심판청구가 적법한 것인가에 대하여 본다.

(가) 헌법소원심판의 대상이 될 수 있는 법률은 그 법률에 기한 다른 집행행위를 기다리지 않고 직접 국민의 기본권을 침해하는 법률이라야 한다(직접성)는 것은 헌법재판소가 일찍이 확립한 원칙이다. 그런데 국가보안법 제19조는 그 규정 자체에 의하여 직접 구속기간이 연장되는 것이 아니라 수사기관의 연장허가신청에 의한 지방법원판사의 연장허가라는 별도의 구체적 처분이 있어야 하기 때문에 법률자체에 대한 헌법소원심판청구요건으로서의 직접성이 결여된 것임에는 틀림없다. 그러나 구체적 집행행위가 존재한 경우라고 하여 언제나 반드시 법률 자체에 대한 헌법소원심판청구의 적법성이 부정되는 것은 아니다. 구체적 집행행위가 존재한다면 대체로 그 집행행위를 대상으로 하여 구제절차를 밟을 수 있는 것이기 때문에 그 과정에서 문제된 해당 법률의 적용여부에 관련하여 전제된 사안의 사실적·법률적 관계를 심사하고 심판청구인의 권리보호이익, 해당 법률의 위헌여부심판의 필요성 등을 판단토록 하기 위하여, 집행행위의 근거가 되는 법률을 직접 헌법소원의 대상으로 삼아서는 안된다는 이유에서 구체적 집행행위가 존재하는 경우에는 직접성이 부정되고 적법한 헌법소원의 요건을 갖추지 못한 것이 되어 각하되어야 하는 것이다. 그러나 예외적으로 집행행위가 존재하는 경우라도 그 집행행위를 대상으로 하는 구제절차가 없거나 구제절차가 있다고 하더라도 권리구제의 기대가능성이 없고 다만 기본권침해를 당한 청구인에게 불필요한 우회절차를 강요하는 것밖에 되지 않는 경우 등으로서 당해 법률에 대한 전제관련성이 확실하다고 인정되는 때에는 당해 법률을 헌법소원의 직접 대상으로 삼을 수 있다 할 것이다. 이 사건

의 경우를 보건대, 국가보안법 제19조에 따른 수사기관의 구속기간연장허가신청에 대한 지방법원판사의 허가결정에 대하여는 형사소송법상 항고, 준항고, 즉시항고 등의 불복방법이 마련되어 있지 아니하다. 즉 구속기간연장을 허가하는 지방법원판사는 "독립된 재판기관"(강학상 수임판사)으로서 "수소법원"에 해당되지 아니하여 형사소송법 제402조에 의한 항고의 대상도 되지 아니하고, "재판장 또는 수명법관(受命法官)"에도 해당되지 아니하여 형사소송법 제416조에 의한 준항고의 대상도 되지 아니하며, 또한 구속기간의 연장허가는 형사소송법 제403조 제2항이 정하는 "판결전의 소송절차"에 있어서의 구금에 관한 결정에도 해당되지 아니하여 위 규정에 의한 항고도 할 수 없다. 나아가서 형사소송법 제214조의2가 규정하고 있는 구속적부심사의 경우를 보더라도 구속적부심사의 대상에 여기에서 문제로 되고 있는 "수사를 계속함에 상당한 이유가 있는지의 여부"도 포함되는 것인지, 이론과 실무상의 관행이 확립되어 있지 아니한 상황 아래서 사전적인 권리구제절차로서 구속적부심사를 반드시 거쳐오는 것을 기대할 수 없으며, 더욱이 구속기간의 연장은 10일 이내라고 하는 단기간에 걸쳐서 행해지는 것인데, 그럼에도 불구하고 국가보안법 제19조의 규정의 위헌성을 다투기 위하여는 먼저 구속적부심사의 청구를 하고 그 과정에서 위 법률조항의 위헌성 여부를 다투어 위헌여부심판의 제청신청을 하고 그 제청신청이 기각된 경우에는 다시 헌법재판소법 제68조 제2항의 규정에 따라 헌법소원심판을 청구하도록 하는 것은, 이러한 절차가 10일이라고 하는 단기간 내에 모두 이루어지리라고 예상하기 어려운 상황에서 청구인들로 하여금 이러한 절차를 거친 후에 헌법소원심판을 청구하도록 하는 것은 권리구제의 기대가능성이 없는 불필요한 우회절차를 요구하는 것밖에 되지 아니한다. 따라서 국가보안법 제19조는 다른 구제절차를 거칠 것 없이 직접 헌법소원심판청구의 대상으로 삼을 수 있는 법률이라 할 것이다.

○ 주 문

국가보안법(1980. 12. 31. 법률 제3318호, 개정 1991. 5. 31. 법률 제4373호) 제19조 중 제7조 및 제10조의 죄에 관한 구속기간연장 부분은 헌법에 위반된다.

② 헌법재판소 2003. 12. 18. 2002헌마593 형사소송법 제201조 제1항 위헌
  확인

O 사건의 개요

(1) 수사기관은 2001. 7.경 청구인의 국가보안법위반 등 피의사실에 관련
하여 청구인의 주거지에 수차례 출석요구서를 발송하였는데 청구인은 이에 응
하지 아니하였고, 검사는 2001. 8. 6.경 관할 지방법원 판사로부터 체포영장을
발부받았다.

(2) 한편, 사법경찰관이 2002. 7. 10. 위 체포영장에 근거하여 청구인을
체포한 다음 검사가 판사에게 구속영장을 청구하였는데, 판사는 형사소송법(이
하, '법'이라고 약칭한다) 제201조의2의 규정에 따른 피의자심문을 한 다음, 같은
해 7. 13. 법 제201조 제1항의 구속사유가 인정되지 아니한다는 등의 이유로
위 영장청구를 기각하였다.

(3) 그 후 검사는 2002. 8. 9. 동일한 범죄사실에 관련하여 법 제201조 제
1항의 규정에 따라서 청구인에 대한 구속영장을 다시 청구하였는데, 그 청구서
에는 같은 조 제5항 소정의 구속영장 재청구의 취지 및 이유 등이 기재되어 있
었다. 한편, 위와 같이 재청구된 구속영장에 관하여 판사는 법 제201조의2에
따른 피의자심문을 한 다음, 같은 해 8. 20. 그 구속사유가 인정된다는 이유로
영장을 발부하였다.

(4) 이에 대하여 청구인은 법 제201조 제1항 소정의 구속사유가 인정되지
아니한다는 이유로 법원에서 제1차로 구속영장을 기각한 피의자에 관하여 검
사가 다시 구속영장을 청구하는 사안에 대하여는 최초 구속사유에 실질적 가
중요건(實質的 加重要件)을 추가하는 것이 헌법적 요구임에도 불구하고, 법 제
201조 제1항은 이러한 가중적 요건을 규정하지 아니함으로써 청구인의 신체의
자유, 평등권, 행복추구권, 인격권 등을 침해하고 있다고 주장하면서 2002. 9.
19. 이 사건 헌법소원심판을 청구하였다.

O 이 사건 심판의 대상 및 관련 규정

(1) 이 사건 심판대상은 법 제201조 제1항(1995. 12. 29. 법률 제5054호로 개

정된 것, 이하, 이 사건 '법률조항'이라 한다) 중 본문의 위헌 여부로서 그 구체적인 내용은 다음과 같다(청구인은 이 사건 법률조항 전체의 위헌 여부가 심판대상이라고 주장하지만, 이 사건 법률조항 중 단서 부분은 청구인과 아무런 관련이 없다. 따라서 자기관련성이 인정되는 것은 이 사건 법률조항 본문의 위헌성에 한정되므로 이 부분만을 이 사건 심판대상으로 한다).

「피의자가 죄를 범하였다고 의심할 만한 상당한 이유가 있고 제70조 제1항 각 호의 1에 해당하는 사유가 있을 때에는 검사는 관할 지방법원 판사에게 청구하여 구속영장을 받아 피의자를 구속할 수 있고 사법경찰관은 검사에게 신청하여 검사의 청구로 관할 지방법원 판사의 구속영장을 받아 피의자를 구속할 수 있다.」

(2) 관련 규정
- 형사소송법 제70조 ① 법원은 피고인이 죄를 범하였다고 의심할 만한 상당한 이유가 있고 다음 각 호의 1에 해당하는 사유가 있는 경우에는 피고인을 구속할 수 있다.
  1. 피고인이 일정한 주거가 없는 때
  2. 피고인이 증거를 인멸할 염려가 있는 때
  3. 피고인이 도망하거나 도망할 염려가 있는 때

○ 청구인의 주장
(1) '피의자에 대한 재구속' 등에 관하여 청구인이 주장하는 원칙
청구인은 '법은 수사단계에서 한번 체포·구속되었던 사람을 재체포·재구속하는 경우, 최초의 체포·구속사유에 일정한 요건을 가중하는 것을 원칙으로 하고 있다.'라고 전제하고, 이 사건 법률조항이 이러한 원칙을 위반함으로써 아래와 같이 청구인의 신체의 자유, 평등권, 행복추구권 및 인격권 등을 침해하고 있다고 주장한다.

(2) 신체의 자유에 대한 침해
(가) 현행법을 살펴보면, ① 검사 등에 의하여 구속되었다가 석방된 피의

자에 대한 법 제208조 제1항의 경우 '다른 중요한 증거를 발견한 경우'를 재구속이 가능한 사유로, ② ㉮ 체포·구속적부심사결정에 의하여 석방된 피의자에 대한 법 제214조의3 제1항의 경우 '피의자가 도망하거나 죄증을 인멸하는 경우'를, ㉯ 기소전 보석결정에 의하여 석방된 피의자에 대한 법 제214조의3 제2항의 경우 '도망한 때 등과 같이 열거적으로 기재된 특별한 사유'를 각각 재체포·재구속이 가능한 사유로 규정하고 있다.

(나) 그런데, 이 사건 법률조항의 경우 법원에 의하여 구속영장청구가 기각된 피의자에 관한 구속영장의 재청구에 대하여 가중적 요건을 규정하지 않고 있다.

(다) 한편, 현행법상 피의자에 대한 구속영장청구를 기각한 법원의 결정에 대하여는 항고나 재항고가 허용되지 않는데, 구속영장의 재청구에 관하여 가중적 요건을 규정하지 아니한 이 사건 법률조항으로 인하여 불복이 금지된 구속영장의 기각결정에 대하여 실질적으로 검사의 불복이 허용되고 법 제201조의2 소정의 '영장실질심사제도'가 사실상 무력화되는 결과가 초래된다.

(라) 따라서, 최초의 구속영장청구와 동일한 요건에 따라서 영장을 재청구할 수 있도록 허용한 이 사건 법률조항은 청구인의 신체의 자유를 침해하는 위헌적 법률이다. 예비적으로, 이 사건 법률조항을 법원이 구속영장청구를 기각한 경우에도 검사가 가중적 요건 없이 다시 영장청구를 할 수 있다고 해석하는 것은 위헌이다.

(3) 평등권에 대한 침해

이 사건 법률조항에 근거한 검사의 구속영장청구에 대한 판사의 기각결정은 당해 피의자의 구속필요성이 인정되지 않는다는 법원의 결정이라는 측면에서, 구속적부심사절차상 법원의 '석방결정(또는 기소전 보석결정)'과 본질적으로 동일함에도 불구하고, 이 사건 법률조항은 구속영장청구에 관하여 판사의 기각결정을 받은 피의자와 구속적부심사절차에서 석방된 피의자를 합리적 이유 없이 차별하고 있다.

(4) 행복추구권 및 인격권에 대한 침해

이 사건 법률조항의 경우, '법원이 검사의 구속영장청구를 기각한 경우에는 법 제214조의3 제1항의 사유가 인정되는 경우에 한하여 검사가 다시 구속영장을 청구할 수 있다.'라는 취지로 해석하여야 한다. 그렇게 해석하지 않으면, 법원이 제1차로 피의자에 대한 구속영장청구를 기각한 이후에도 검사가 아무런 귀책사유가 없는 피의자에 대하여 다시 구속영장을 청구하고 법원이 이를 발부할 수 있고, 따라서 헌법 제13조 제1항 소정의 '일사부재리의 원칙'에 위배되는 방식으로 당해 피의자의 헌법 제10조 소정의 행복추구권 및 인격권이 침해되는 결과를 초래하기 때문이다.

○ 적법요건에 대한 판단

가. 직접성·보충성에 대한 검토

(1) 헌법재판소법 제68조 제1항의 헌법소원심판은 공권력의 행사 또는 불행사로 인하여 헌법상 보장된 자기의 기본권을 현재 직접적으로 침해받는 자만이 이를 청구할 수 있는 것이고, 따라서 법령에 대한 헌법소원심판청구는 원칙적으로 별도의 구체적인 집행행위의 매개 없이 법령 그 자체로 인하여 직접적으로 자기의 기본권을 침해당한 경우에 한하여 허용된다. 그런데, 이 사건의 경우 이 사건 법률조항 자체에 의하여 직접 청구인에 대한 구속이 결정된 것은 아니고, 이 사건 법률조항에 근거하여 이루어진 '검사의 구속영장청구에 따른 판사의 영장발부'라는 별도의 구체적 재판에 의하여 비로소 청구인에 대한 기본권제한이 발생한 것이기 때문에, 법률 자체에 대한 헌법소원심판청구요건으로서의 '직접성'이 결여된 것은 분명하다.

(2) 그러나 구체적 집행행위가 존재하는 경우에도, 그 집행행위를 대상으로 하는 구제절차가 없거나 혹은 구제절차가 있다고 하더라도 권리구제의 기대가능성이 없고 단지 청구인에게 불필요한 우회절차를 강요하는 것에 불과한 사안에서 당해 법률규정에 대한 전제관련성이 확실하다고 인정되는 때에는 예외적으로 당해 법률규정을 직접 헌법소원대상으로 삼을 수 있다(헌재 1992. 4. 14. 90헌마82 참조). 이 사건에 대하여 살펴보면, 현행법상 모든 피의자는 이 사건 법

률조항에 근거한 구속영장의 발부결정에 대하여 항고·준항고와 같은 일반적인 방법으로 불복할 수 없고, 법 제214조의2 소정의 구속적부심사절차의 경우 본질적으로 법원의 영장발부에 관한 일반적 구제절차라고 보기 어려울 뿐만 아니라, 만일 이 사건 법률조항의 위헌성을 다투기 위해서 반드시 적부심사절차에서 위헌제청신청을 해야 한다고 보게 되면, 법원이 위헌심판제청을 하는 경우 원칙적으로 우리 재판소의 결정이 있을 때까지 적부심사에 관한 재판이 정지됨으로써 청구인이 구속된 상태에서 위 결정을 계속 기다려야 하는 상황이 발생할 수 있다는 점 등 여러 사정에 비추어 볼 때, 청구인으로 하여금 위와 같은 절차를 통하여 이 사건 법률조항의 위헌 여부를 다투도록 하는 것은 권리구제의 기대가능성이 없는 불필요한 우회절차를 강요하는 것으로 판단된다.

(3) 따라서, 이 사건의 경우 '직접성' 및 '보충성'에 관한 예외적 사정을 인정하여 이 사건 법률조항을 직접 헌법소원심판청구의 대상으로 삼을 수 있다고 봄이 상당하다.

나. 권리보호이익에 대한 검토

(1) 한편, 검사가 청구인에 대하여 청구한 구속영장이 2002. 8. 20. 집행되었고, 수사단계에서 그 영장의 효력이 연장될 수 있는 최대 상한선인 30일(혹은 50일)이 이미 경과되었다는 점 등에 비추어 볼 때, 청구인이 제기한 이 사건 헌법소원심판청구의 경우 주관적 권리보호이익이 더 이상 존재하지 아니하여 부적법하다고 볼 여지가 있다.

(2) 그러나, 우리 재판소에서 헌법소원심판절차를 진행하는 데에 소요되는 일반적 기간(청구인 및 이해관계인들에 대한 헌법소원심판회부통지, 이해관계인들의 의견서 제출 등을 위한 기간) 등을 고려하여 볼 때, 실무적으로 이 사건과 같은 유형의 사건에서 청구인의 주관적 권리보호이익이 존속되고 있는 기간 내에 우리 재판소가 최종판단을 하기는 어렵고, 따라서 이러한 유형의 사건에서 청구인의 주관적 권리보호이익이 사후적으로 소멸하였다는 사유로 헌법소원심판청구를 각하하는 것은 이 사건 법률조항 등의 위헌여부에 관한 헌법소원심판청구를 사실상 봉쇄하는 부당한 결과를 초래할 수 있다. 또한 헌법소원심판제도

는 청구인들의 개인적인 권리구제 뿐만 아니라 객관적인 헌법질서 수호를 목적으로 하고 있는데, 이 사건 법률조항의 경우 인신구속에 관한 중요한 사항을 규율하고 있을 뿐만 아니라 수사단계에서 검사가 법원에 구속영장을 청구할 때마다 이 사건 법률조항의 위헌성 여부에 관하여 다툼이 계속 발생할 수 있기 때문에, 이에 관하여 헌법적 해명을 할 필요가 있는 것으로 판단된다(헌재 1995. 5. 25. 91헌마67 참조).

(3) 따라서 이 사건 헌법소원청구의 경우 권리보호이익 등에 관한 예외적 상황을 인정하여 본안 판단을 하기로 한다.

(2) 직접성 요건을 충족시키는 규정들과 직접성 요건이 결여된 규정들이 그 내용상 서로 내적인 연관관계에 있는 경우

- 헌법재판소 2000. 6. 29. 99헌마289 국민건강보험법 제33조 제2항 등 위헌확인

O 결정요지

1. 국민건강보험법 부칙 제6조 및 제7조의 직접적인 수규자는 법인이나, 직장의료보험조합은 공법인으로서 기본권의 주체가 될 수 없을 뿐만 아니라, 법규정의 실질적인 규율대상이 수규자인 법인의 지위와 아울러 제3자인 청구인들(직장의료보험조합의 조합원들)의 법적 지위라고 볼 수 있으며, 법규정이 내포하는 불이익이 수규자의 범위를 넘어 제3자인 청구인들에게도 유사한 정도의 불이익을 가져온다는 의미에서 거의 동일한 효과를 가지고 있으므로, 법의 목적 및 실질적인 규율대상, 법규정에서의 제한이나 금지가 제3자에게 미치는 효과나 진지성의 정도, 규범의 수규자에 의한 헌법소원의 제기가능성 등을 종합적으로 고려하여 판단할 때, 청구인들의 자기관련성을 인정할 수 있다.

2. 이 사건의 경우에 직접성 요건을 충족시키는 규정들과 직접성 요건이 결여된 규정들이 그 내용상 서로 내적인 연관관계에 있으면서 '재정통합은 직장·지역가입자 사이의 보험료부담의 평등원칙에 위반된다'는 하나의 통일적인 청구취지를 구성하고 있다. 보험료산정규정의 내용을 고려하지 않고서는 재정

통합의 위헌 여부를 부담평등의 관점에서 판단할 수 없기 때문에, 이러한 경우에 직접성 요건의 결여를 이유로 심판대상규정 중 보험료산정규정만을 분리하여 실체적 판단으로부터 배제하는 것은 적절치 않다.

O 사건의 개요

청구인들은 모두 직장의료보험조합의 조합원들로서, 국민건강보험법(이하 "법"이라 한다)이 2000. 7. 1. 시행됨에 따라, 직장가입자와 지역가입자의 재정을 통합하여 운영한다는 법 제33조 제2항, 직장가입자와 지역가입자의 월별 보험료 부과대상 소득을 실질적으로 차별하는 법 제62조 제3항 및 제4항, 직장가입자와 지역가입자의 보험료 산정기준이 되는 소득을 달리 규정하는 법 제63조 및 제64조, 직장가입자와 지역가입자 간의 보험료 부담방법을 차별하고 지역가입자에 대해서만 국가가 보험료를 분담하는 법 제67조가 청구인들의 평등권을 침해할 뿐 아니라, 또한 직장의료보험조합을 강제로 자동 해산하도록 규정한 법 부칙 제6조 및 그의 재정적립금을 강제로 국민건강보험공단(이하 "공단"이라 한다)에 이전시키도록 규정한 법 부칙 제7조가 직장가입자들의 재산권을 침해한다는 이유로, 위 법률조항들에 대하여 1999. 5. 20. 이 사건 헌법소원심판을 청구하였다.

O 심판의 대상

(1) 이 사건 심판의 대상은 국민건강보험법(1999. 2. 8. 법률 제5854호로 제정되어 1999. 12. 31. 법률 6093호로 개정된 것) 제33조 제2항, 제62조 제3항 및 제4항, 제63조, 제64조, 제67조 제3항, 부칙 제6조, 제7조가 헌법에 위반되는지 여부이고, 그 규정들의 내용은 다음과 같다. 청구인들은 법 제67조 전부에 대하여 위헌판단을 구하고 있으나, 청구인들이 다투고자 하는 것은 지역가입자와 직장가입자를 구분하여 지역가입자에게만 국고지원을 할 수 있도록 규정한 법 제67조 제3항의 위헌여부일 뿐, 제1항 및 제2항의 규정내용을 문제삼는 것이 아니므로, 이 부분 심판대상을 법 제67조 제3항으로 한정한다.

• <u>국민건강보험법 제33조(회계)</u> ② 공단은 직장가입자와 지역가입자의 재

정을 통합하여 운영한다.

- **국민건강보험법 제62조(보험료)** ③ 직장가입자의 월별 보험료액은 제63조의 규정에 의하여 산정한 표준보수월액에 제65조의 규정에 의한 보험료율을 곱하여 얻은 금액으로 한다.

  ④ 지역가입자의 월별 보험료액은 세대단위로 산정하되, 지역가입자가 속한 세대의 월별보험료액은 제64조의 규정에 의하여 산정한 부과표준소득에 따라 대통령령이 정하는 등급구분에 의하여 재정운영위원회의 의결을 거쳐 공단의 정관이 정하는 금액으로 한다.

- **국민건강보험법 제63조(표준보수월액)** ① 제62조 제3항의 규정에 의한 표준보수월액은 직장가입자가 일정기간 동안 지급받는 보수를 기준으로 하여 등급별로 산정한다.

  ② 휴직 기타의 사유로 보수의 전부 또는 일부가 지급되지 아니하는 가입자의 보험료는 당해 사유가 발생하기 전월의 표준보수월액을 기준으로 보험료를 산정한다.

  ③ 제1항의 규정에 의한 보수는 근로자·공무원 및 교직원이 근로의 제공으로 인하여 사용자·국가 또는 지방자치단체로부터 지급받는 금품(실비변상적인 성격의 것을 제외한다)으로서 대통령령이 정하는 것을 말한다.

  ④ 제1항의 규정에 의한 등급별 표준보수월액의 산정 및 보수가 지급되지 아니하는 사용자의 표준보수월액의 산정 등에 관하여 필요한 사항은 대통령령으로 정한다.

- **국민건강보험법 제64조(부과표준소득)** ① 제62조 제4항의 규정에 의한 부과표준소득은 지역가입자의 소득·재산·생활수준·직업·경제활동참가율 등을 참작하여 정하되, 부과표준소득의 산정방법·기준 기타 필요한 사항은 대통령령으로 정한다.

  ② 제1항의 규정에 의하여 부과표준소득의 산정방법·기준을 정함에 있어 법령에 의하여 재산권의 행사가 제한되는 재산에 대하여는 다른 재

산과 달리 정할 수 있다.

- 국민건강보험법 제67조(보험료의 부담) ③ 국가는 대통령령이 정하는 바에 의하여 예산의 범위 안에서 지역가입자가 부담할 보험료의 일부를 부담할 수 있다.

- 국민건강보험법 부칙 제6조(법인의 해산) 이 법 시행 당시 종전의 의료보험법에 의하여 설립된 의료보험조합 및 의료보험연합회는 이 법 시행과 동시에 각각 해산된다.

- 국민건강보험법 부칙 제7조(권리의 포괄승계 등) ① 이 법 시행 당시 종전의 의료보험법에 의한 의료보험조합 및 의료보험연합회의 권리와 의무는 공단이 포괄승계한다. 다만, 의료보험연합회의 심사업무와 관련된 권리와 의무는 심사평가원이 포괄승계한다.
② 이 법 시행 당시 종전의 의료보험법에 의한 의료보험조합의 재산은 공단의 재산으로 보며, 의료보험연합회의 재산은 심사평가원의 재산으로 본다.

O 청구인들의 주장요지

(1) 청구인들 중 일부의 경우 국민건강보험법 시행으로 인하여 발생할 수 있는 보험료 인하의 가능성은 약 130여개의 직장의료보험조합의 관리조직과 재정이 통합됨으로써 일시적으로 발생하는 현상에 불과하고, 법에 의하여 야기되는 보험료부과의 불평등과 재산권 침해의 문제는 여전히 존재하는 것이다. 법 부칙 제6조 및 제7조와 관련하여 청구인들이 위 규정들의 직접 상대방이 아닌 제3자의 위치에 있다 하더라도, 제3자가 법률적으로 기본권을 침해받을 것이 분명한 이상, 자기관련성이 인정된다.

(2) 법 제33조 제2항, 제62조 제3항, 제4항, 제63조, 제64조, 제67조는 모두 의료보험통합을 전제로 보험료 부과체계에 있어서 직장가입자와 지역가입자를 차별적으로 규정함으로써 평등권을 침해하는 조항들이므로, 특정 규정 하나만을 따로 분리하여 직접성 요건의 흠결을 문제삼을 수 없다. 설사 구체적

집행행위에 대한 구제절차가 있더라도, 권리구제의 기대가능성이 없어서 기본권의 침해를 당한 자에게 불필요한 우회절차를 강요하는 경우에 해당한다. 따라서 이 사건 심판대상규정들은 기본권침해의 직접성 요건을 충족시키고 있다.

(3) 법은 장래 그 실시가 확실한 법률로서 법의 시행으로 불이익을 받게 되는 것이 헌법소원청구 시점에 충분히 예측된다면, 기본권 침해의 현재성이 인정되어야 한다.

(4) 직장가입자와 지역가입자는 소득파악, 소득신고, 소득결정방법, 보험료부과대상소득의 발생시점에 있어서 근본적인 차이가 있으므로, 그 차이를 무시한 채, 강제로 통합관리하는 것은 직장가입자의 평등권을 침해하는 것이다.

법은 직장가입자와 지역가입자에 대하여 모두 보험료 부과기준을 '소득'으로 규정하고 있으나, 직장가입자인 임금노동자들의 경우에는 100% 소득이 노출되고 파악되는 반면, 지역가입자인 도시자영업자 및 농어민의 경우에는 그들의 소득파악율이 각 약 23% 및 약 55%에 그치기 때문에, 직장가입자와 지역가입자 사이에 현저한 소득파악율의 차이가 존재한다. 따라서 지역가입자의 소득파악율이 직장가입자의 소득파악율에 근접하지 않는 한, 소득이 파악되는 직장가입자가 소득이 파악되지 않는 지역가입자의 보험료를 부담해야 하는 결과가 발생한다. 또한, 소득신고의 관점에서 보더라도, 직장가입자의 경우에는 사용자가 실소득을 그대로 신고하는 반면, 지역가입자의 경우에는 자영업자 스스로가 자신의 소득을 신고하므로, 이 경우 영수증제도가 아직 정착되지 않은 우리 현실에 비추어 실매출액이 제대로 파악되지도 않을 뿐 아니라, 자영업자가 실매출액을 그대로 신고하는 경우는 거의 없다. 뿐만 아니라, 소득결정의 방법에 있어서도 임금노동자의 경우에는 필요경비까지 포함된 수입에 대하여 보험료가 부과되는 반면, 자영업자의 경우에는 필요경비와 가족공제를 제외한 순소득에 대하여 보험료가 부과된다. 마지막으로 보험료부과대상소득의 발생시점이란 관점에서 보더라도, 임금근로자의 경우에는 소득이 발생한 당해 월을 기준으로 보험료를 즉시 부과하나, 자영업자의 경우에는 예컨대 1998년에 발생한 종합소득의 신고가 2000년 보험료의 부과자료로 사용되기 때문에, 결국 2년 전의 소득에 대하여 보험료를 부과하게 됨으로써, 부과시점이 같더라도 소득의 발생시점의 차이로 인하여 물가상승 등 시차에 따른 소득격차를 조정할 수 없어 부담의 불평등이 발생한다.

(5) 재정통합 후에도 국가가 지역가입자의 보험료에 대해서만 분담을 해주고 직장가입자의 보험료에 대해서는 분담을 해주지 않는 것은 세금을 부담하는 국민을 차별하는 조치로서 평등원칙에 위반된다. 직장의료보험조합과 지역의료보험조합의 재정통합 전이라면, 양 조합들이 각각 별도의 관리체계를 가지고 있기 때문에, 국가가 지역의료보험의 재정에 대하여 국고를 지원하는 것이 가능하였으나, 재정통합 이후에는 국가가 지역가입자에만 국고를 지원하는 것은 명백한 평등권의 침해에 해당한다.

(6) 따라서 직장가입자와 지역가입자의 재정을 통합하여 운영한다는 법 제33조, 직장가입자와 지역가입자의 월별 보험료 부과대상 소득을 실질적으로 달리 차별하는 법 제62조 제3항 및 제4항, 직장가입자와 지역가입자의 보험료 산정기준이 되는 표준보수월액을 달리 규정한 법 제63조 및 제64조, 직장가입자와 지역가입자 간의 보험료 부담방법을 차별하고 지역가입자에 대해서만 국가가 보험료를 분담하는 법 제67조는 청구인들의 평등권을 침해하는 것이다. 뿐만 아니라, 법 제62조 제4항은 지역가입자의 보험료 부과기준을 공단의 정관으로 정하도록 함으로써 '조세의 종목과 세율은 법으로 정한다'는 조세법률주의에 위반된다.

(7) 직장의료보험조합을 강제로 해산하도록 규정한 법 부칙 제6조 및 그 재산을 강제로 이전하거나 포괄승계하도록 규정한 법 부칙 제7조는 직장가입자들의 재산권을 다음과 같은 이유로 침해하는 것이다.

직장의료보험조합의 재산은 의료보험법 제52조에 의하여 피보험자를 사용하는 사용자와 피보험자가 각 절반씩을 분담하여 납입한 보험료로써 형성된다. 피보험자가 부담하는 보험료는 보수로부터 공제하여 사용자가 대신 납부하는 임금이며, 사용자가 납부하는 1/2의 보험료 역시 피보험자에 대한 사용자의 임금지원적 성격의 금원이다. 지역의료보험조합과는 달리, 직장의료보험조합의 재정에 대한 국가의 지원은 지금까지 단 한 푼도 없었다. 따라서 직장의료보험조합의 재산인 재정적립금은 처음부터 직장가입자들의 의료비로 사용될 것을 전제로 하여 피보험자들의 임금으로 납부되고 축적된 재산으로서 직장의료보험조합 소속 피보험자인 임금근로자들의 총유적 재산이므로, 당해 조합이 해산되는 경우에는 민법상의 해산절차에 따라 그 청산잔여분이 직장가입자들에게 귀속되어야 한다.

O 보건복지부장관과 법무부장관의 의견

(1) 2000. 7. 1. 법 시행으로 인하여, 오히려 청구인들의 보험료가 종전보다 인하될 것인지, 아니면 더 부담하게 될 것인지가 확실치 않다. 즉 심판대상규정들은 모두 그 자체가 청구인들의 기본권을 직접적으로 침해하는 조항이 아니라, 일련의 집행행위가 있어야만 그 구체적인 내용이 확정되는 것이므로, 기본권침해의 직접성 요건을 결여하고 있다.

(2) 직장의료보험조합은 법률에 의하여 권리능력이 인정된 법인으로서 독립된 권리와 의무의 주체이다. 그러므로 직장의료보험조합과 지역의료보험조합의 재정을 통합하거나 직장의료보험조합을 해산하고 그 권리를 포괄승계시키는 경우, 이는 독립된 기본권의 주체인 의료보험조합의 기본권과 관련되는 것이며, 청구인들에게는 단지 사실적, 간접적 이해관계만이 인정될 뿐이므로, 청구인들의 자기관련성이 부인되어야 한다.

(3) 청구인들은 아직 시행되지도 않은 법률조항에 대하여 위헌여부의 판단을 구하고 있고, 법 부칙 제10조에 의하면, 법 시행일인 2000. 7. 1.부터 2001. 12. 31.까지는 직장가입자의 재정과 지역가입자의 재정을 구분하여 계리하도록 규정하고 있으므로 법 시행일로부터 1년 반 동안은 청구인들 소속 직장의료보험조합의 보험재정을 지역의료보험을 위하여 사용할 일은 없을 것이다. 따라서 청구인들에 대한 기본권의 침해가 가까운 장래에 확실히 예상된다고 볼 수 없으므로, 이 사건 심판청구는 기본권침해의 현재성이 결여되어 부적법하다.

(이하 생략)

O 결정이유 중 일부

가. 심판청구의 적법성 여부

(1) 기본권침해의 자기관련성

헌법재판소법 제68조 제1항에 의하면 헌법소원심판은 '공권력의 행사 또는 불행사로 인하여 기본권을 침해받은 자'가 청구하여야 한다. 이 때 '공권력의 행사 또는 불행사로 인하여 기본권의 침해를 받은 자'라 함은 공권력의 행사 또는 불행사로 인하여 자기의 기본권이 현재 그리고 직접적으로 침해받은 경우를 의미하므로, 원칙적으로 공권력의 행사 또는 불행사의 직접적인 상대방만이 이에 해당한다고 할 것이고, 공권력의 작용에 단순히 간접적, 사실적 또는 경제적인 이해관계에 있을 뿐인 제3자는 이에 해당하지 않는다(헌재 1994. 6. 30. 92헌마61). 그러므로 법률에 의한 기본권침해의 경우, 법률에 의하여 직접적으로 관련되어 기본권을 침해당하고 있는 자만이 헌법소원심판청구를 할 수 있다고 할 것이고 제3자는 특단의 사정이 없는 한 기본권침해에 직접 관련되었다고 볼 수 없다.

보건복지부장관은 법인의 해산과 권리의 포괄승계를 규정하는 법 부칙 제6조 및 제7조에 의하여 법인인 직장의료보험조합의 기본권이 침해되었을 뿐, 조합원들인 청구인들의 기본권은 침해된 바가 없다고 주장한다.

물론 법 부칙 제6조 및 제7조의 직접적인 수규자는 법인이나, 직장의료보험조합은 공법인으로서 기본권의 주체가 될 수 없을 뿐만 아니라, 법규정의 실질적인 규율대상이 수규자인 법인의 지위와 아울러 제3자인 청구인들의 법적 지위라고 볼 수 있으며, 법규정이 내포하는 불이익이 수규자의 범위를 넘어 제3자인 청구인들에게도 유사한 정도의 불이익을 가져온다는 의미에서 거의 동일한 효과를 가지고 있으므로, 법의 목적 및 실질적인 규율대상, 법규정에서의 제한이나 금지가 제3자에게 미치는 효과나 진지성의 정도, 규범의 수규자에 의한 헌법소원의 제기가능성 등을 종합적으로 고려하여 판단할 때(헌재 1997. 9. 25. 96헌마133), 청구인들의 자기관련성을 인정할 수 있다.

또한 기본권침해의 자기관련성이란 심판대상규정에 의하여 청구인들의 기본권이 '침해될 가능성'이 있는가에 관한 것이므로, 법의 시행과 재정통합으로 인하여 청구인들의 기본권이 침해될 가능성이 존재하는 한, 청구인들의 보험료가 법의 시행으로 인하여 인하될 것인지, 아니면 인상될 것인지가 불확실하다는 사실은 청구인들의 기본권침해의 자기관련성 여부에 아무런 영향을 미치지 아니한다.

(2) 기본권 침해의 현재성

보건복지부장관은 '청구인들이 아직 시행되지 않은 법률조항에 대하여 그 위헌확인을 구하고 있기 때문에, 이 사건 심판청구는 기본권침해의 현재성이 결여되어 있다'고 주장한다. 그러나 헌법재판소는 종래의 결정에서 기본권의 침해가 장래에 발생하더라도 그 침해가 틀림없을 것으로 현재 확실히 예측된다면, 기본권 구제의 실효성을 위하여 침해의 현재성을 인정하였다(헌재 1992. 10. 1. 92헌마68 등; 1996. 8. 29. 95헌마108 참조). 이 사건의 경우, 비록 법이 2001. 12. 31.까지 직장·지역가입자의 재정을 분리하여 계리하도록 규정함으로써 재정통합과 관련하여 청구인들의 기본권의 침해가 재정통합이 이루어지는 2002. 1. 1.에 비로소 현실적으로 발생한다고 하더라도, 법이 시행되는 2000. 7. 1.에 이미 청구인들이 소속되어 있는 직장의료보험조합이 해산될 뿐 아니라, 헌법재판소의 판례에 의하면, 법률의 시행에 유예기간을 두고 있는 경우에도 유예기간과 관계없이 법 시행일에 기본권의 침해를 받는 것으로 보아야 하므로(헌재 1996. 3. 28. 93헌마198), 청구인들의 기본권이 법이 시행되는 2000. 7. 1.에 침해되리라는 것이 확실히 예상된다.

만일 청구인들이 법 시행 이후에 헌법소원을 제기해야 비로소 헌법소원의 현재성이 인정된다면, 의료보험이 통합된 후에야 비로소 헌법재판소의 결정을 기대할 수 있으므로, 헌법소원제도가 일차적으로 의도하는 기본권구제의 실효성이 달성될 수 없다. 따라서 효율적인 권리구제를 위해서는 법 시행 이전에 헌법재판소가 판단을 할 필요가 있고, 기본권의 침해가 구체화·현실화된 시점에서는 적시에 권리구제를 기대하는 것이 불가능하다면, 이러한 경우에는 헌법소원의 현재성을 인정해야 한다.

(3) 기본권 침해의 직접성

법령 또는 법령조항 자체가 헌법소원의 대상이 될 수 있으려면, 청구인의 기본권이 구체적인 집행행위를 기다리지 아니하고, 그 법령 또는 법령조항에 의하여 직접 침해받아야 한다. 여기서 말하는 기본권침해의 직접성이란 집행행위에 의하지 아니하고, 법령 그 자체에 의하여 자유의 제한, 의무의 부과, 법적 지위의 박탈이 발생하는 경우를 말하므로, 당해 법령에 근거한 구체적인 집행행위를 통하여 비로소 기본권 침해의 법률효과가 발생하는 경우에는 직접성의 요건이 결여된다(헌재 1992. 11. 12. 91헌마192).

심판대상규정 중 법 제33조 제2항(재정통합), 제67조(보험료의 부담), 법 부칙 제6조(법인의 해산), 제7조(권리의 포괄승계)의 경우, 기본권의 침해가 법의 집행행위란 매개행위없이 직접 심판대상규정들에 의하여 이루어지기 때문에, 직접성요건이 충족된다는 것에 대하여 의심의 여지가 없다. 그러나 보험료의 산정방법을 규정한 법 제62조 제3항 및 제4항, 제63조, 제64조의 경우에는, 청구인들이 주장하는 기본권의 침해가 위 조항들에 의하여 직접 발생하는 것이 아니라, 위 규정들을 근거로 하여 이루어진 별도의 집행행위인 보험료 부과처분에 의하여 비로소 현실적으로 나타나는 것이므로, 위 규정들을 직접 심판대상으로 하는 헌법소원은 기본권침해의 직접성 요건을 결여하고 있다.

그러나 이 사건의 경우에 직접성 요건을 충족시키는 규정들인 법 제33조 제2항(재정통합), 제67조(보험료의 부담)와 직접성 요건이 결여된 규정들인 법 제62조 제3항 및 제4항, 제63조, 제64조(보험료 산정규정)가 그 내용상 서로 내적인 연관관계에 있으면서 '재정통합은 직장·지역가입자 사이의 보험료 부담의 평등원칙에 위반된다'는 하나의 통일적인 청구취지를 구성하고 있다. 보험료 산정규정의 내용을 고려하지 않고서는 재정통합의 위헌 여부를 부담평등의 관점에서 판단할 수 없기 때문에, 이러한 경우에 직접성 요건의 결여를 이유로 심판대상규정 중 보험료 산정규정만을 분리하여 실체적 판단으로부터 배제하는 것은 적절치 않다. 따라서 이 사건의 경우에는 기본권 침해의 직접성 요건을 충족시키는가의 여부에 관계없이 보험료 산정규정을 함께 본안 판단에 포함시킬 필요가 있다.

03 현재성

가. 원칙

- 헌법재판소 1989. 7. 21. 89헌마12 형사소송법 개정 등에 관한 헌법소원

O 결정요지

법률에 대하여 바로 헌법소원을 제기하려면 우선 청구인 스스로가 당해 규정에 관련되어야 할 뿐만 아니라 당해 규정에 의해 현재 권리침해를 받아야 한다는 것을 요건으로 하는바, 청구인이 고소 또는 고발을 한 사실은 없고 단순히 장래 잠재적으로 나타날 수 있는 권리침해의 우려에 대하여 헌법소원심판을 청구한 것에 불과하다면 본인의 관련성과 권리침해의 현재성이 없는 경우에 해당하여 부적법하다.

O 참조조문

- 형사소송법 제260조(재정신청) ① 형법 제123조 내지 제125조의 죄에 대하여 고소 또는 고발을 한 자는 검사로부터 공소를 제기하지 아니한다는 통지를 받은 때에는 그 검사 소속의 고등검찰청에 대응하는 고등법원에 그 당부(當否)에 관한 재정(裁定)을 신청할 수 있다.

O 결정이유 중 일부

1. 청구인은 형사소송법 제260조 제1항에서 재정신청의 대상이 되는 범죄를 형법 제123조 내지 제125조에 규정한 범죄에만 한정하고 그 밖의 범죄에 대한 검사의 불기소처분에 대해서는 사법적 심사의 길을 봉쇄하여 결국 검찰을 특수계급화 함으로써 평등의 원칙을 규정한 헌법에 위반하였다는 것이다.

2. 먼저 이 사건 심판청구의 적법 여부에 관하여 살펴본다. 청구인의 청구는 형식상 재정신청 대상범죄를 모든 범죄로 확대하지 아니한 입법부작위를 대상으로 하는 것으로 보여지지만, 형사소송법 제260조 제1항 및 제262조 제1항 제1호의 규정에 의하면 형법 제123조 내지 제125조에 규정된 범죄가 아닌

다른 범죄에 대한 불기소처분에 대해서는 재정신청 자체를 허용하지 않겠다는 입법자의 의사가 표현된 것이라고 인정되므로, 결국 소원인의 청구는 입법자의 순수한 부작위를 대상으로 하는 것이 아니라 위와 같이 형법 제123조 내지 제125조 소정의 범죄가 아닌 다른 범죄에 대한 불기소처분에 대해서는 재정신청을 허용하지 않겠다는 입법자의 작위를 대상으로 하는 것이라 할 수 있다.

우리 헌법재판소법 제68조에 따르면 공권력의 행사 또는 불행사로 인하여 기본권을 침해받은 자는 헌법소원을 제기할 수 있다고 규정되어 있는 바, 입법자의 공권력 행사 즉 법률에 대하여 바로 헌법소원을 제기하려면 우선 청구인 스스로가 당해 규정에 관련되어야 할 뿐 아니라 당해 규정에 의해 현재 권리침해를 받아야 하나 다른 집행행위를 통해서가 아니라 직접 당해 법률에 의해 권리침해를 받아야만 한다는 것을 요건으로 한다.

그런데 이 사건 기록에 의하더라도 청구인은 그 자신이 고소 또는 고발을 한 사실이 없을 뿐 아니라(다만 청구인은 사회정화위원회에 고발장 형식의 서면을 낸 사실이 있으나 이는 형사소송법에서 규정한 고발이라 할 수 없고, 따라서 이에 대한 불기소처분 또한 내려진 사실이 없다) 청구인이 장차 언젠가는 위와 같은 형사소송법의 규정으로 인하여 권리침해를 받을 우려가 있다 하더라도 그러한 권리침해의 우려는 단순히 장래 잠재적으로 나타날 수도 있는 것에 불과하여 권리침해의 현재성을 구비하였다고 할 수 없다.

3. 그렇다면 이 사건 소원심판청구는 헌법소원심판청구의 요건인 본인의 관련성과 침해의 현재성이 없는 경우에 해당하므로 부적법하여 이에 관여한 재판관 전원의 일치된 의견에 따라 주문과 같이 결정한다.

나. 예외

(1) 헌법재판소 2015. 3. 26. 2014헌마372 품질경영 및 공산품안전관리법 시행규칙 제2조 제3항 별표3 제2호 마목 등 위헌확인

○ 결정요지 중 일부

이 사건 심판청구 당시 심판대상조항들은 공포는 되었으나 그 시행 전이

었으므로 청구인이 심판대상조항들로 인한 기본권 침해를 현실적으로 받았던 것은 아니나, 가까운 장래에 심판대상조항들이 시행되면 청구인의 직업수행의 자유 등 기본권이 침해되리라는 것이 확실히 예상되므로 예외적으로 기본권 침해의 현재성이 인정된다.

(2) 헌법재판소 1995. 11. 30. 94헌마97 공직선거 및 선거부정방지법 제59조 등 위헌확인

○ 결정요지 중 일부 발췌·수정

기본권 침해가 장래에 발생하더라도 현재 그 침해가 예측된다면 기본권 구제의 실효성을 위하여 침해의 현재성을 인정할 수 있다.

이 사건 심판대상조항에 의한 기본권 침해가 형사사건의 상고심에서 원심대로 형이 확정되어야 현실적으로 발생하는 것이더라도 여러 사정에 비추어 법률심인 상고심에서 원심판결이 번복될 가능성이 객관적으로 많지 않은 것으로 보이는 이상 기본권 구제의 실효성을 위하여 침해의 현재성을 인정할 수 있다.

○ 사건의 개요

(1) 대구직할시 수성갑구 출신 국회의원인 청구외 박철언이 특정범죄가중처벌에 관한 법률 위반(알선수재)사건으로 징역형을 선고받아 국회의원의 자격이 상실됨에 따라 1994. 8. 2. 위 지역에서 국회의원 보궐선거가 실시되었는데, 청구인은 이 사건 헌법소원심판청구시(1994. 5.경) 위 보궐선거에 무소속으로 입후보하기 위한 준비를 하고 있었다.

(2) 청구인은 사전선거운동을 제한하는 공직선거 및 선거부정방지법 제59조와 그 처벌조항인 제254조 제2항 제4호, 기부행위에 대해 규정한 제112조 제2항 제3호와 후원회에 대해 규정한 정치자금에 관한 법률 제3조 제8호가 위헌이라는 이유로 1994. 5. 15. 이 사건 헌법소원심판을 청구하였다.

○ 심판의 대상

- 공직선거 및 선거부정방지법(1994. 3. 16. 법률 제4739호로 제정, 1994. 12. 22. 법률 제4796호로 개정 전의 것, 이하 "선거법"이라고 한다) 제59조(선거운동

<u>기간)</u> 선거운동은 당해 후보자의 등록이 끝난 때부터 선거일 전일까지에 한하여 이를 할 수 있다.

- <u>선거법 제254조(선거운동기간 위반죄)</u> 제2항: 선거운동기간 전에 다음 각 호의 1에 해당하는 행위를 한 자는 이 법에 다른 규정이 있는 경우를 제외하고는 2년 이하의 징역 또는 400만원 이하의 벌금에 처한다.

  4. 선거운동을 위한 기구를 설치하거나 사조직을 만들어 선거운동을 하거나 하게 한 자

- <u>선거법 제112조(기부행위의 정의 및 제한기간 등)</u> 제2항: 제1항의 규정에 불구하고 의례적이거나 직무상의 행위로서 다음 각 호의 1에 해당하는 행위는 기부행위로 보지 아니한다.

  2. ······ 이 경우 통상적인 범위 안에서 제공하는 다과 또는 음료라 함은 일상적인 예를 갖추는데 필요한 정도로 현장에서 소비될 것으로 제공하는 것을 말하며, 기념품 또는 선물 등을 제외한다.

  3. 국회의원·지방의회의원 및 지방자치단체의 장의 직무상의 행위로서 개최하는 의정활동보고회 등 집회에서 통상적인 범위 안에서 다과·떡 또는 음료(주류를 제외한다)를 제공하는 행위. 이 경우 제2호 후단의 규정을 준용한다.

- <u>정치자금에 관한 법률(1980. 12. 31. 법률 제3302호 제정, 1994. 3. 16. 법률 제4740호 최종 개정, 이하 "정치자금법"이라고 한다) 제3조(정의)</u> 이 법에서 사용되는 용어의 정의는 다음과 같다.

  8. "후원회"라 함은 정당의 중앙당(정당법 제8조의 규정에 의하여 중앙선거관리위원회에 신고된 창당준비위원회를 포함한다. 이하 같다)이나 시·도지부, 지구당·국회의원 또는 국회의원 입후보등록을 한 자(이하 "지구당 등"이라 한다)에 대한 정치자금의 기부를 목적으로 설립·운영되는 단체로서 관할선거관리위원회에 등록된 것을 말한다.

O 청구인의 주장

(1) 대구직할시 수성갑구 출신 국회의원인 청구외 박철언은 특정범죄가중처벌 등에 관한 법률 위반(알선수재) 사건으로 1993. 5. 22. 구속되어 서울형사지방법원에서 유죄판결을 선고받고 항소하였으나 1994. 3. 14. 같은 법원 항소부에서 징역 1년 6월의 형을 선고받아 상고하여 이 사건 심판청구일 현재 대법원에 계속 중이고, 위 유죄판결이 확정되는 경우 위 박철언의 국회의원 자격이 상실됨에 따라 90일 이내에 대구직할시 수성갑구의 지역구 국회의원 보궐선거를 실시해야 한다.

(2) 청구인은 위 보궐선거에서 무소속으로 입후보하기 위하여 준비를 하던 과정에서 이 사건 심판대상 각 법률조항으로 인하여 헌법상 보장된 청구인의 평등권, 언론·출판·집회·결사의 자유, 공무담임권 등 기본권을 침해받고 있는바, 위 각 법률조항은 다음과 같은 이유로 위헌이다.

(가) 선거법 제59조의 규정에 의하여 사전선거운동을 제한하여 선거운동기간을 지나치게 짧게 하는 것은 대의민주주의에 있어서 후보자 및 정치지망생과 유권자와의 단절을 가져오는 한편, 지명도가 높은 기성정치인에 비하여 정치지망생들에 대하여 불리하게 작용함으로써 그들의 정치활동의 자유를 침해하는 것이다.

(나) 선거법 제254조 제2항 제4호는 선거운동기간 전에 선거운동을 위한 기구를 설치하거나 사조직을 만들어 선거운동을 하거나 하게 한 자는 처벌한다고 규정하고 있다. 그런데 같은 법 제144조 제1항은 정당은 선거기간 중 당원을 모집하거나 입당원서를 배부할 수 없다고 규정함으로써 선거기간 중이 아닌 한 정당에 대하여는 당원을 모집하는 등의 통상적인 정치활동을 허용하고 있고, 또 같은 법 제143조 제1항은 정당은 선거기간 개시일전 30일(보궐선거 등에 있어서는 선거일 공고일)부터 선거일까지 소속 당원의 훈련·연수 기타 명목 여하를 불문하고 선거가 실시될 예정이거나 선거가 실시 중인 선거구 안이나 선거구민인 당원을 대상으로 당원교육을 실시할 수 있게 되어 있다. 그러나 무소속으로 국회의원 입후보를 하려고 하는 자가 선거운동기간 전에 선거운동을 위한 기구를 설치하거나 사조직을 만들면 사전선거운동으로 인정되어 처벌을

받게 되는바, 이는 평등의 원칙에 위배되고 나아가 국민의 공무담임권을 제한한다.

(다) 선거법 제112조는 기부행위를 할 수 없는 기간을 임기만료에 의한 선거에 있어서는 선거일전 180일부터 선거일까지, 보궐선거 등에 있어서는 그 선거의 실시사유가 확정된 때부터 선거일까지로 규정하고(제3항), 또 기부행위에 관한 정의(제1항)와 기부행위로 보지 않는 행위(제2항)를 규정하면서 국회의원·지방의회의원 및 지방자치단체의 장의 직무상의 행위로서 개최하는 의정활동보고회 등 집회에서 통상적인 범위 안에서 다과 등을 제공하는 행위는 기부행위로 보지 않는다고 규정하고 있다(제2항 제3호). 그러나 국회의원·지방의회의원 및 지방자치단체의 장이 아닌 사람이 기부행위 제한기간 중에 위와 같은 행위를 하면 5년 이하의 징역 또는 1천만원 이하의 벌금에 처하게 된다(선거법 제257조 제1항). 따라서 위 규정도 평등의 원칙에 위배되어 위헌이다.

(라) 정치자금법 제3조 제8호에 의하면 정당의 지구당이나 국회의원은 선거운동기간 이전부터 후원회를 조직하여 정치자금을 기부받을 수 있으나, 선거법 제59조 소정의 선거운동기간 제한 규정으로 인하여 무소속후보자는 국회의원 입후보등록을 한 이후에만 정치자금법 제3조 제8호 소정의 후원회를 설립할 수 있고, 그 선거운동기간도 17일 정도 밖에 되지 않는 단기간이므로 후원회를 조직하여 정치자금을 기부받는다는 것은 사실상 불가능하다. 따라서 정치자금법 제3조 제8호는 헌법상의 평등의 원칙에 위배된다.

○ 적법요건에 관한 판단

당 재판소는 기본권 침해가 장래에 발생하더라도 현재 그 침해가 예측된다면 기본권 구제의 실효성을 위하여 침해의 현재성을 인정한다고 결정한 바 있다[헌법재판소 1991. 3. 11. 선고, 91헌마21 결정; 1992. 10. 1. 선고, 92헌마68·76 결정(병합); 1993. 7. 29. 선고, 91헌마69 결정 각 참조].

국회법 제136조 제2항은 "의원이 법률에 규정된 피선거권이 없게 된 때에는 퇴직된다."라고 규정하고 있고, 선거법 제19조 제2호에 의하면 금고 이상의 형의 선고를 받고 그 형이 실효되지 아니한 자는 피선거권이 인정되지 아니한다. 이 사건에서 대구시 수성갑구 출신 국회의원 청구외 박철언은 특정범죄 가중처벌 등에 관한 법률(알선수재) 사건으로 구속되어 1994. 3. 14. 서울형사지방법원에서 징역 1년 6월의 형을 선고받았으며 이 사건 심판청구일 현재 대법원에 소송계속 중이었다. 청구외 박철언에게 위 형이 확정되는 경우 당연히 국회의원직이 상실되고, 선거법 제35조 제2항에 의하여 그 지역구에서는 위 판결확정일로부터 90일 이내에 보궐선거를 실시해야 한다. 그 형사사건의 상고심에서 원심대로 형이 확정될 것인가는 명확한 것은 아니었다. 그러나 그 사건이 이미 항소심에서 실형이 선고되었으며, 사건의 쟁점이 뇌물을 받았는지 아닌지에 관한 사실인정 문제였던 점 등을 볼 때 법률심인 상고심에서 원심판결이 번복될 가능성은 객관적으로 많지 않았다고 할 것이다. 따라서 청구인이 상고심 판결이 원심대로 확정될 것을 전제로 보궐선거의 실시를 예측하였던 것이 잘못이라고 할 수 없다.

그렇다면 이 사건에서 청구인의 현재 관련성 요건은 준수된 것으로 본다.

한편 이 사건은 선거법상의 관계규정에 대한 위헌심판청구인데 선거법에 따른 국회의원 보궐선거가 이미 종료하여 청구인이 주장하는 바의 선거법에 의한 기본권 침해행위가 이미 종료되었다.

그러나 이 사건은 선거제도상의 원칙과 평등의 원칙에 대해 그러한 침해행위가 앞으로도 반복될 위험이 있거나 당해 분쟁의 해결이 헌법질서의 수호·유지를 위하여 긴요한 사항이어서 헌법적으로 그 해명이 중대한 의미를 지니고 있다고 할 수 있을 것이므로 심판청구의 이익을 인정한다(헌법재판소 1992. 1. 28. 선고 91헌마111 결정; 1993. 3. 11. 선고 92헌마98 결정; 1993. 7. 29. 선고 89헌마31 결정 각 참조).

V. 보충성

01 원칙

- 헌법재판소법 제68조(청구 사유) ① 공권력의 행사 또는 불행사로 인하여 헌법상 보장된 기본권을 침해받은 자는 법원의 재판을 제외하고는 헌법재판소에 헌법소원심판을 청구할 수 있다. 다만, 다른 법률에 구제절차가 있는 경우에는 그 절차를 모두 거친 후에 청구할 수 있다.

- 헌법재판소 2015. 3. 26. 2013헌마214·245·445·804·833, 2014헌마104·506·1047(병합) 진정사건 각하결정 취소 등

❍ 결정이유 중 일부

헌법소원은 그 본질상 헌법상 보장된 기본권 침해에 대한 예비적이고 보충적인 최후의 수단이므로, 공권력의 작용으로 말미암아 기본권 침해가 있는 경우에는 먼저 다른 법률이 정한 절차에 따라 그 절차를 모두 거친 후에야 비로소 청구할 수 있다(헌법재판소법 제68조 제1항 단서). 다만 권리구제절차가 허용되는지 여부가 객관적으로 불확실하여 전심절차를 이행할 가능성이 없을 때에는 예외가 인정될 수 있다(헌재 2008. 5. 29. 2007헌마712 참조).

02 예외

가. 다른 권리구제절차가 없는 경우

(1) 법령 헌법소원

- 헌법재판소 2010. 9. 30. 2008헌마758 요양급여의 적용기준 및 방법에 관한 세부사항(약제) 개정 고시 위헌확인

⭘ 결정이유 중 발췌·수정

이 사건 고시의 개별성 및 구체성의 정도를 종합하여 보면, 이 사건 고시는 처분의 성격을 지닌 것이라기보다는 행정규칙 형식의 법규명령으로서 일반적·추상적인 규정의 성격을 지닌 것이라 봄이 상당하다.

이처럼 이 사건 고시는 처분성이 결여된 법규명령인바, 법령 자체에 의한 직접적인 기본권 침해가 문제될 때에는 그 법령 자체의 효력을 직접 다투는 것을 소송물로 하여 일반법원에 그 소송을 제기하는 길이 없어 구제절차가 있는 경우가 아니므로, 다른 구제절차를 거치지 아니한 채 바로 이 사건 고시에 대하여 헌법소원심판을 청구할 수 있다.

⭘ 사건의 개요

청구인들은 모두 국민건강보험법 제40조 제1항 제1호에 따른 요양기관을 개설한 의사들이자, 국민건강보험법 제5조에 의한 국민건강보험 가입자이다.

보건복지가족부는 기존에 처방한 약제가 소진되기 7일 전에 동일 요양기관에서 동일 성분의 의약품 처방을 금지하는 내용의 '요양급여의 적용기준 및 방법에 관한 세부사항(약제) 중 개정'(2008. 5. 13. 보건복지가족부 고시 제2008-35호, 이하 '개정 전 고시'라 한다)을 고시하였고, 부칙에서 이를 2008. 10. 1.부터 시행하도록 하였다. 그러자 청구인들은 2008. 12. 29. 위 개정 전 고시가 청구인들의 기본권을 침해한다고 주장하면서 그 위헌확인을 구하는 헌법소원심판을 청구하였다.

한편, 보건복지가족부는 청구인들의 위 헌법소원심판청구 후인 2009. 4. 22. 위 고시를 개정하여 '요양급여의 적용기준 및 방법에 관한 세부사항(약제) 중 개정'(2009. 4. 22. 보건복지가족부 고시 제2009-71호, 이하 '이 사건 고시'라 한다)을 고시하고, 부칙에서 이를 2009. 6. 1.부터 시행하도록 하였다.

이에 청구인들은 2009. 7. 9. 청구취지를 개정 전 고시에서 이 사건 고시의 위헌확인으로 변경하였다.

⭘ 심판대상조항 및 관련조항

이 사건 심판대상은 '요양급여의 적용기준 및 방법에 관한 세부사항(약제)

중 개정'(2009. 4. 22. 보건복지가족부 고시 제2009−71호)이 청구인들의 기본권을 침해하는지 여부이다. 이 사건 고시의 내용 및 관련조항은 다음과 같다.

O 심판대상조항

보건복지가족부 고시 제2009−71호

「국민건강보험법」 제39조 제2항 및 「국민건강보험 요양급여의 기준에 관한 규칙」 제5조 제2항에 따른 「요양급여의 적용기준 및 방법에 관한 세부사항(보건복지가족부 고시 제2009−59호, 2009. 3. 31.)」을 다음과 같이 개정 고시합니다.

2009년 4월 22일

보건복지가족부장관

요양급여의 적용기준 및 방법에 관한 세부사항(약제)중 개정

"Ⅱ. 약제"의 "2. 약제별 세부인정기준 및 방법" 중 "일반원칙"의 "동일성분 의약품 중복처방 관리에 관한 기준"을 다음과 같이 개정한다.

구분란의 "(근거: 「국민건강보험 요양급여의 기준에 관한 규칙」 [별표 1] 제1호 사목 후단)"를 삭제한다.

제1호를 다음과 같이 한다.

1. 동일 요양기관에서 같은 환자에게 동일성분 의약품을 중복으로 처방 시에는 아래 각 목의 어느 하나에 해당하는 경우에 한하여 요양급여를 인정한다. 다만, 아래 각 목의 어느 하나에 해당하지 않는 사유로 환자가 기존에 처방한 의약품의 소진 전 새로운 처방을 원하는 경우 약값의 전액을 환자가 부담하도록 할 수 있다.

　　　　　　　　　　− 아　　래 −

가. 환자가 장기 출장이나 여행, 예약날짜 등으로 인하여 의약품이 소진되기 전 처방을 받아야 하는 경우

나. 의약품 부작용, 용량 조절 등으로 약제 변경이 불가피하거나, powder 형태의 조제 등으로 인하여 기존 처방의약품 중 특정 성분만을 구분하여 별도

처방할 수 없는 경우

다. 항암제 투여 중인 환자나 소아환자로서 구토로 인해 약 복용 중 약제가 소실된 경우 등 환자의 귀책사유 없이 약제가 소실·변질된 경우

제2호를 삭제한다.

제3호를 제2호로 하고 "제2호"를 "동일환자에게 제1호 가목"으로, "조기처방을 하더라도 다음 각목의 어느 하나에 해당하는 경우를 제외하고는 조기처방에 의한"을 "의약품이 소진되기 전 처방을 하더라도"로 하며, "매 180일 기준 7일"을 "180일 기준 30일"로 하고 같은 호 각목을 삭제한다.

부   칙

이 고시는 2009년 6월 1일부터 시행한다.

O 관련조항

- 구 국민건강보험법(2010. 1. 18. 법률 제9932호로 일부 개정되기 전의 것) 제39조(요양급여) ① 가입자 및 피부양자의 질병·부상·출산 등에 대하여 다음 각 호의 요양급여를 실시한다.

  1. 진찰·검사
  2. 약제·치료재료의 지급
  3. 처치·수술 기타의 치료
  4. 예방·재활
  5. 입원
  6. 간호
  7. 이송

  ② 제1항의 규정에 의한 요양급여(이하 "요양급여"라 한다)의 방법·절차·범위·상한 등 요양급여의 기준은 보건복지가족부령으로 정한다.

  ③ 보건복지가족부장관은 제2항의 규정에 의하여 요양급여의 기준을 정함에 있어 업무 또는 일상생활에 지장이 없는 질환 기타 보건복지가족부령이 정하는 사항은 요양급여의 대상에서 제외할 수 있다.

- 구 국민건강보험 요양급여의 기준에 관한 규칙(2010. 3. 19. 보건복지부령 제1호로 일부 개정되기 전의 것) 제1조(목적) 이 규칙은 「국민건강보험법」 제39조 제2항 및 동 조 제3항의 규정에 의하여 요양급여의 방법·절차·범위·상한 및 제외대상 등 요양급여기준에 관하여 필요한 사항을 규정함을 목적으로 한다.

- 제5조(요양급여의 적용기준 및 방법) ① 요양기관은 가입자 등에 대한 요양급여를 [별표 1]의 요양급여의 적용기준 및 방법에 의하여 실시하여야 한다.

  ② 제1항의 규정에 의한 요양급여의 적용기준 및 방법에 관한 세부사항은 의약계·공단 및 건강보험심사평가원의 의견을 들어 보건복지가족부장관이 정하여 고시한다.

  ③ (생략)

[별표 1] 요양급여의 적용기준 및 방법 (제5조 제1항 관련)

1. 요양급여의 일반원칙

   가. 요양급여는 가입자 등의 연령·성별·직업 및 심신상태 등의 특성을 고려하여 진료의 필요가 있다고 인정되는 경우에 정확한 진단을 토대로 하여 환자의 건강증진을 위하여 의학적으로 인정되는 범위 안에서 최적의 방법으로 실시하여야 한다.

   나. 요양급여를 담당하는 의료인은 의학적 윤리를 견지하여 환자에게 심리적 건강효과를 주도록 노력하여야 하며, 요양상 필요한 사항이나 예방의학 및 공중보건에 관한 지식을 환자 또는 보호자에게 이해하기 쉽도록 적절하게 설명하고 지도하여야 한다.

   다. 요양급여는 경제적으로 비용효과적인 방법으로 행하여야 한다.

   (라목 내지 바목 생략)

   사. 개설자가 동일한 요양기관은 동일가입자 등의 동일상병에 대하여 같은 날 외래로 요양급여를 중복하여 실시하여서는 아니 된다. 이 경우 요양

급여 중복의 범위는 보건복지가족부장관이 정하여 고시한다.

2. 진찰·검사, 처치·수술 기타의 치료

3. 약제의 지급
   가. 처방·조제
   (1) 영양공급·안정·운동 그밖에 요양상 주의를 함으로써 치료효과를 얻을 수 있다고 인정되는 경우에는 의약품을 처방·투여하여서는 아니되며, 이에 관하여 적절하게 설명하고 지도하여야 한다.
   (2) 의약품은 약사법령에 의하여 허가 또는 신고된 사항(효능·효과 및 용법·용량 등)의 범위 안에서 환자의 증상 등에 따라 필요·적절하게 처방·투여하여야 한다.

(이하 생략)

보건복지가족부 고시 제2008-35호(개정 전 고시)

「국민건강보험법」 제39조 제2항 및 「국민건강보험 요양급여의 기준에 관한 규칙」 제5조 제2항에 따른 「요양급여의 적용기준 및 방법에 관한 세부사항(보건복지부 고시 제2008-32호, 2008. 4. 29.)」을 다음과 같이 개정 고시합니다.

2008년 5월 13일

보건복지가족부장관

요양급여의 적용기준 및 방법에 관한 세부사항(약제)중 개정

"Ⅱ. 약제"의 "2. 약제별 세부인정기준 및 방법"중 "붙임"을 신설한다.

부   칙
이 고시는 2008년 10월 1일부터 시행한다.

[붙임] 신설

구분	세부인정기준 및 방법	사유
[일반원칙] 동일성분 의약품 중복처방 관리에 관한 기준(근거:「국민건강보험 요양급여의 기준에 관한 규칙」 별표 1 제1호 사목 후단)	1. 기존에 처방한 약제가 소진되기 7일 이전에 동일 요양기관에서 동일 성분의 의약품을 중복으로 처방하여서는 아니된다. 2. 제1호에도 불구하고 다음 각 목의 어느 하나에 해당하는 경우에는 약제가 소진되기 7일 이전이라도 조기처방할 수 있다. 　가. 환자가 장기 출장 또는 여행으로 인하여 중복처방을 받아야 하는 경우 　나. 요양기관의 예약 날짜 등에 따라 부득이하게 중복처방하는 경우 　다. 의약품 부작용, 용량 조절 등으로 약제 변경이 불가피하나, powder 형태의 조제 등으로 인하여 기존 처방의약품 중 특정 성분만을 구분하여 별도 처방할 수 없는 경우 　라. 기타 중복처방을 하여야 하는 부득이한 사유로서 가목부터 다목까지의 사유에 준하는 사유가 있는 경우 3. 제2호에 따라 조기처방을 하더라도 다음 각 목의 어느 하나에 해당하는 경우를 제외하고는 조기처방에 의한 중복투약일수는	장기처방의 경우 약제가 소진되기 전 처방을 받는 경우가 많아 처방기간이 중복되어 약제비의 낭비요인으로 작용하는 바, 이를 방지함으로써 약제비를 적정히 관리하기 위함.

구분	세부인정기준 및 방법	사유
	매 180일 기준 7일을 초과할 수 없다. 가. 제2호 다목에 해당하는 경우 나. 제2호 라목에 해당하는 경우로서 항암제 투여로 인하여 구토가 심한 환자나 소아환자로서 약 복용 중 구토로 인하여 약제 소실이 있는 경우 등 명세서에 그 사유를 기재하는 경우 ※ "동일성분 의약품"이라 함은 국민건강보험법 시행령 제24조 제3항 및 「국민건강보험 요양급여의 기준에 관한 규칙」 제8조 제2항에 의한 '약제급여목록 및 급여 상한금액표' 상의 주성분코드를 기준으로, 1~4째 자리(주성분 일련번호)와 7째 자리(투여경로)가 동일한 의약품을 말함. (예) 123101ATB, 123102ATB, 123102ATR, 123104ATR은 모두 동일 성분 의약품에 해당됨	

O 청구인들의 주장요지

(1) 상위법령 위반

이 사건 고시에서 근거 규정을 삭제하였다 하더라도 그 근거 규정은 기존 고시와 마찬가지로 이 사건 시행령 [별표 1]의 사목의 후문이라고 볼 수밖에 없다. 그런데 이 사건 규칙 [별표 1]의 사목은 '개설자가 동일한 요양기관은 동일가입자 등의 동일상병에 대하여 같은 날 외래로 요양급여를 중복하여 실시하여서는 아니 된다. 이 경우 요양급여 중복의 범위는 보건복지가족부장관이 정하여 고시한다.'고 규정하고 있다. 그럼에도 불구하고 이 사건 고시는 다른 날 내원한 환자에 대하여서까지 처방전 발급을 금지하고 있다. 따라서 이 사건 고시는 상위법령의 위임범위를 벗어나 근거 없이 제정된 것이다. 또한 이 사건 고시의 근거 규정을 삭제하여 이 사건 고시의 근거 규정이 이 사건 시행령 [별표 1]의 사목의 후문이 아니라고 한다면 이 역시 상위법령의 아무런 근거나 위임 없이 개정된 고시라고 할 것이다.

(2) 진료권 침해

상위법령의 위임에 근거하지 아니하고 권한 없이 개정 고시된 이 사건 고시로 인하여 처방전의 발급이 제한되고, 처방전을 발급할 수 있는 예외사유의 존부 여부의 판단을 의사들인 청구인들에게 요구함으로써 이 사건 고시는 의사들의 진료권을 침해한다.

(3) 진료 받을 권리 침해

청구인들은 요양기관을 개설한 의사이자 국민건강보험 가입자로서 이 사건 고시로 인하여 중복처방을 받기 위해서는 예외사유의 존재를 증명해야 하고 예외사유에 해당되지 아니하면 약값을 환자가 전액 지급하여야 하므로 이 사건 고시는 환자들의 진료 받을 권리를 침해한다.

O 결정이유 중 일부

3. 적법요건에 관한 판단

가. 기본권침해 가능성

(1) 직업수행의 자유

살피건대, 요양기관인 의사들이 중복처방이 허용되는 사유에 해당된다고 판단하여 약제를 처방하였음에도 불구하고 이후 건강보험심사평가원이 이를 요양급여로 인정하지 않는 경우, 의사들이 환자에게 약제비를 청구하는 것은 현실적으로 불가능하므로 결국 본인부담금을 제외한 약값을 의사들이 부담하게 되는데, 이러한 불이익을 회피하기 위하여 의사들은 약효는 동일하나 성분이 동일하지 아니한 약품을 처방해야 하는 등의 제한을 받게 된다.

따라서 이 사건 고시는 의사인 청구인들의 처방전 발급에 관한 진료행위를 일정하게 제한하는 것이므로 청구인들의 직업수행의 자유 침해와 관련된다.

(2) 진료를 받을 권리

청구인들은 이 사건 고시로 인하여 중복처방을 받기가 어려워졌으므로 환자들의 진료를 받을 권리가 침해되었다고 주장하나, 이 사건 고시에 의하면 의사와의 진찰은 언제라도 가능하되 다만 일정한 사유에 따라 약제를 본인 전액 부담으로 하는 경우가 있게 될 뿐인 점, 통상의 진료행위에 있어서도 환자는 일정한 약제만을 건강보험 적용하에 지급받는 점, 진료받을 권리라는 것이 환자가 원하는 경우 언제든지 모든 약제를 건강보험의 적용 하에 얻을 수 있는 권리를 의미한다고 보기는 어려운 점 등에 비추어, 이 사건 고시가 청구인들의 의료접근권 자체를 제한한다고 보기는 어렵다.

나. 직접성

이 사건 고시에 의하여 요양기관으로서는 일정한 사유에 해당되지 아니하면 국민건강보험공단에 대하여 그 약제비용을 요양급여로 청구할 수 없고 요양급여를 받은 환자 본인에게만 약제비용을 청구할 수 있게 되므로, 요양급여의 실시·요양급여비용 청구 등과 같은 사실행위나 법률행위 이전에 이미 요양기관의 중복처방이 일정하게 제한되는 효과가 발생하게 된다.

이처럼 이 사건 고시에 의하여 바로 청구인들의 중복처방에 관한 법률관계에 변동을 가져오기 때문에 그 자체로서 요양기관과 국민건강보험공단 사이의 권리관계를 직접 규율한다고 할 것이므로, 이 사건 고시는 기본권침해의 직접성 요건도 갖추었다.

다. 보충성

(1) 보충성과 관련하여 법령보충적 행정규칙인 이 사건 고시에 대한 항고소송이 허용되는지 문제된다. 만약 이 사건 고시의 처분성이 인정된다면 행정소송법 제2조 제1항 제1호에 의하여 행정법원에 항고소송을 제기하여야 하는 것이고, 이에 대하여 헌법소원을 제기한다면 다른 법률에 구제절차가 있는 경우에 해당되어 보충성원칙 위반으로 각하될 것이기 때문이다.

(2) 행정소송의 대상이 되는 처분이란 구체적 사실에 관한 공권력행사로서(행정소송법 제2조 제1항 제1호) 그 처분의 '관련자가 개별적'이고, '규율대상이 구체적'인 것을 의미하는바, 먼저 이 사건 고시의 '관련자의 개별성'을 검토해 본다.

이 사건 고시의 경우 '중복처방 시 요양급여가 인정되는 기준을 정한 것'이다. 즉, 일정한 사유가 있는 경우 요양급여가 인정되는 중복처방이 가능하고 그 사유에 해당하지 아니하면 환자 전액 부담으로 중복처방이 가능하다는 것이다. 이러한 규정의 '관련자'는 주로 요양기관과 보험가입자라 할 것인데, 보험가입자는 특정되지 아니한 일반 국민을 의미하는 것이므로 개별성 요건을 충족시키지 못함은 명백하다. 한편, 요양기관을 구성하는 의사를 살펴보면, 일반 국민과의 관계에서는 요양기관을 개설한 의사들은 특정되었다고 볼 여지도 있으나, 요양기관을 개설한 의사들 전체에 대한 규율을 특정인에 대한 공권력의 행사로 보기는 어렵다.

(3) 다음으로 이 사건 고시의 '규율대상의 구체성' 여부를 검토한다. 구 국민건강보험법 제39조 제2항은 요양급여의 방법·절차·범위·상한 등 요양급여의 기준을 보건복지가족부령으로 정하도록 하고 있고, 보건복지가족부령인 구 '국민건강보험 요양급여의 기준에 관한 규칙' 제5조 제2항은 요양급여의 적

용기준 및 방법에 관한 세부사항을 보건복지가족부 고시로서 정하도록 하고 있다. 이 사건 고시는 이러한 위임에 따라 요양급여의 기준의 세부사항 중 중복처방의 경우 요양급여를 받을 수 있는 일정한 기준을 정하고 있는 것으로서, 중복처방의 경우 원칙적으로 요양급여를 인정하지 아니하고 환자의 전액부담으로 하되, 일정한 사유가 있는 경우는 요양급여를 인정한다는 것이다. 따라서 이는 요양기관과 국민건강보험공단 및 건강보험가입자 사이에 시간과 공간이 특정된 구체적 사건을 규율하는 것이 아니고, 중복처방 시 요양급여로 인정할 것인지 말 것인지 하는 장래의 불특정하고 추상적이며 반복되는 요양급여 인정 기준을 정한 것이다.

(4) 위와 같이 이 사건 고시의 개별성 및 구체성의 정도를 종합하여 보면, 이 사건 고시는 처분의 성격을 지닌 것이라기보다는 행정규칙 형식의 법규명령으로서 일반적·추상적인 규정의 성격을 지닌 것이라 봄이 상당하다.

이처럼 이 사건 고시는 처분성이 결여된 법규명령인바, 법령자체에 의한 직접적인 기본권침해가 문제될 때에는 그 법령 자체의 효력을 직접 다투는 것을 소송물로 하여 일반법원에 그 소송을 제기하는 길이 없어 구제절차가 있는 경우가 아니므로, 다른 구제절차를 거치지 아니한 채 바로 이 사건 고시에 대하여 헌법소원심판을 청구할 수 있다.

(2) 권력적 사실행위에 대한 헌법소원

① 헌법재판소 1995. 7. 21. 92헌마144 서신검열 등 위헌확인

○ 당 사 자

청구인   이수호 외 1인(청구인들 대리인 변호사 유현석 외 5인)
피청구인   진주교도소장

○ 사건의 개요

(1) 청구인 이수호는 교사로서 전국교직원노동조합(이하 "전교조"라 한다) 부위원장으로 있으면서 1989. 12. 11. 명동성당 입구에서 "전교조 합법성 쟁취 및 해직교사 원상복직을 위한 결의대회" 등을 주도한 혐의로 1991. 6. 25. 집

회 및 시위에 관한 법률 위반죄 등으로 구속·기소되어 1, 2심에서 징역 2년 6월의 형을 선고받고 이에 불복하여 1992. 4. 25. 상고한 후 진주교도소에 수용 중이었으며, 청구인 박승옥은 변호사로서 위 사건의 1, 2심에서 변호인으로 선임되었었고 상고심에서도 1992. 5. 29. 변호인 선임신고서를 제출하였다.

(2) 피청구인은, ① 청구인 이수호가 1992. 5. 25. 전교조 진주지회 소속 청구외 유경렬 앞으로 보내기 위하여 발송의뢰한 서신을 검열한 다음 그 발송을 거부하였고, ② 청구인 박승옥이 위 이수호에게 보낸 1992. 5. 25.자 서신(발송은 같은 달 26.) 및 같은 해 5. 26.자 서신(발송은 같은 달 27.)을 각각 같은 해 5. 29.과 5. 30.에 접수하여 이를 각 검열하고 같은 해 6. 2. 오후에 비로소 위 이수호에게 교부하였으며, ③ 위 이수호가 위 박승옥에게 보내기 위하여 발송의뢰한 1992. 6. 2.자 서신(같은 달 3.에 사방 근무자에게 제출)을 검열하고 같은 해 6. 7.에 비로소 발송하였다(같은 해 6. 8.자 진주우체국의 소인이 있다).

(3) 청구인들은, 피청구인의 위 ①의 서신검열·발송거부행위(청구인 이수호는 피청구인이 그 서신을 폐기하였다고까지 주장하나, 기록에 의하면 피청구인이 이를 폐기하지 아니하고 보관 중에 있음을 알 수 있다), 위 ②의 서신검열·지연교부행위 및 위 ③의 서신검열·지연발송행위로 청구인들의 헌법상 보장된 기본권을 침해받았다고 주장하면서 1992. 7. 6. 이 사건 헌법소원심판을 청구하였다.

(4) 한편 청구인 이수호는 1992. 8. 14. 상고기각으로 그 형이 확정되어 복역 중 1993. 3. 6. 사면으로 출소하였다.

○ 심판의 대상

(1) 이 사건 심판의 대상은, 피청구인이 청구인 이수호의 1992. 5. 25.자 서신을 각 검열·발송거부한 행위와 청구인 박승옥의 1992. 5. 25.자 서신과 5. 26.자 서신을 각 검열·지연교부·지연발송한 행위 및 청구인 이수호의 1992. 6. 2. 서신을 각 검열·지연발송한 행위로서 청구인들의 기본권을 침해받았는지 여부이다.

(2) 한편 위 심판대상행위와 관련되는 구 행형법(1995. 1. 5. 법률 제4936호로 개정되기 전의 것, 이하 "구법"이라 한다) 등 관계법령의 규정내용은 다음과 같다.

- 구 행형법 제18조[접견과 서신의 수발] ① 수형자는 소장의 허가를 받아 타인과 접견하거나 서신을 수발할 수 있다.

  ③ 수형자의 접견과 서신수발은 교도관의 참여 또는 검열을 요한다.

- 구 행형법 제62조[미결수용자에 대한 본법의 준용] 미결수용자에 대하여 본법 또는 본법의 규정에 의하여 발하는 명령에 특별한 규정이 없는 때에는 수형자에 관한 규정(제46조 제2항 제7호의 접견·서신금지 중 변호인 또는 변호인이 되려고 하는 자와의 접견·서신금지를 제외한다)을 준용한다.

다만 1995. 1. 5. 법률 제4936호로 행형법이 개정되었는바, 개정된 행형법은 제18조에서 수형자와 미결수용자를 포함하는 "수용자"에 대하여 규정하고 구법 제62조의 준용규정을 삭제하였다.

그리고 위 행형법에 근거한 시행령은 서신의 검열과 제한에 관하여 다음과 같이 규정하고 있다.

- 행형법 시행령 제62조[서신의 검열] ① 소장은 재소자가 수발하는 서신을 검열하여야 한다.

  ② 수형자가 발송하는 서신은 봉함을 하지 아니하고 교도소에 제출하게 하며, 수형자가 수령할 서신은 교도소에서 개피하여 검인을 압날하여야 한다.

- 행형법 시행령 제63조[서신의 제한] 소장은 수형자의 교도상 부적당하다고 인정되는 서신은 그 수발을 허가하지 아니한다.

O 청구인들의 주장요지

(1) 헌법 제18조에 의한 서신의 자유와 비밀의 보장은 서신을 보내는 자와 이를 받는데 특정한 이익을 가진 자 쌍방에 대하여 보장되는 것이고, 미결구금자는 무죄추정의 원칙에 의하여 필요한 최소한의 범위 내에서 기본권이 제한되어야 하고 특히 미결구금자의 국가기관 또는 지방자치단체에의 접근권 및 변호인의 조력을 받을 권리가 효과적으로 보장되기 위하여는 미결구금자와

변호인 사이의 서신에 대한 비밀이 보장되어야 한다.

그런데 구법 제62조, 제18조, 구법 시행령 제62조, 제63조는 교도관이 필요적으로 서신을 검열하도록 규정하고 있고, 특히 시행령 제63조는 "교도상 부적당하다고 인정되는 서신"이라는 극히 추상적이고도 애매한 규정에 의하여 서신의 수발을 불허할 수 있도록 규정하고 있으므로 이는 헌법 제27조 제4항(무죄추정권), 헌법 제18조(통신의 자유와 비밀을 보장받을 권리), 헌법 제10조(인간으로서의 존엄과 가치 및 행복추구권), 헌법 제12조 제4항(변호인의 조력을 받을 권리)의 본질적인 내용을 침해하는 위헌의 규정이며, 피청구인이 위헌인 위 구법의 규정을 적용하여 청구인들의 각 서신을 검열한 행위와 청구인 이수호의 청구외 유경렬에 대한 1992. 5. 25.자 서신의 발송을 거부한 행위는 청구인들의 헌법상 보장된 위 각 기본권을 침해한 것으로서 위헌이다.

(2) 피청구인이 청구인들 사이의 위 각 서신을 지연교부 또는 지연발송한 행위는 청구인들의 통신의 자유와 비밀을 침해한 것이고 청구인 이수호에 대하여는 변호인의 조력을 받을 권리를 침해한 것이다.

○ 피청구인 및 법무부장관의 의견요지

(1) 본안전 요건에 대한 의견

(가) 피청구인의 각 처분에 대하여 청구인들은 행정심판 및 행정소송에 의한 사전구제절차를 밟지 아니한 채 헌법소원심판을 청구하고 있으므로 이 사건 심판청구는 부적법하다.

(나) 청구인 이수호는 이 사건 헌법소원심판청구 후 형이 확정되어 복역 중 1993. 3. 6. 사면으로 출소하였으므로, 미결수용자에 대한 서신검열로 인한 기본권침해를 이유로 한 이 사건 심판청구는 그 권리보호이익이 소멸되었다.

(2) 본안에 대한 의견

(가) 구법 제62조, 제18조, 구법 시행령 제62조, 제63조가 미결수용자의 서신검열 및 수발제한을 규정함으로써 헌법 제18조에 의한 통신의 자유나 비밀을 보장받을 권리를 제한하고 있지만, 이는 미결수용자에 대한 구금의 목적이나 구금시설의 질서유지 등을 위한 것으로서 헌법 제37조 제2항에 따른 것이며 그로

인하여 통신의 비밀을 보장받을 권리, 인간으로서의 존엄과 가치 및 행복추구권, 그리고 무죄추정권의 본질적 내용이 침해된다고 할 수 없다. 뿐만 아니라 변호인과 미결수용자와의 서신에 대하여도 단순히 서신의 표면에 수신인 또는 발신인이 변호인이라고 규정되어 있는 것만으로는 그 서신이 변호인의 조력을 받기 위한 것이었는지 여부를 확인할 수는 없고 그 내용을 확인할 필요가 있으므로, 위 규정이 변호인의 조력을 받을 권리를 침해하는 것도 아니다.

(나) 청구인들이 지연교부 또는 지연발송되었다고 주장하는 각 서신에 대하여는 그 지연된 시간이 교도소 내의 문서수발절차에 불가피하게 소요되는 정도에 불과하므로 이를 가지고 청구인들의 통신의 자유, 청구인 이수호의 변호인의 조력을 받을 권리가 침해되었다고 할 수 없다.

○ 심판청구의 적법 여부에 관한 판단

(1) 먼저 청구인 이수호가 청구외 유경렬에게 보내기 위하여 발송의뢰한 1992. 5. 25.자 서신에 대하여 피청구인이 발송을 거부한 행위를 대상으로 한 심판청구부분에 관하여 살펴본다.

헌법소원심판은 다른 법률에 구제절차가 있는 경우에는 그 절차를 모두 거친 후가 아니면 청구할 수 없게 되어 있는데, 피청구인은 위 발송거부행위에 대하여는 행정소송법 및 행정심판법에 의하여 행정소송이나 행정심판이 가능할 것이므로 이러한 절차를 거치지 아니한 채 이 사건 심판청구부분은 부적법하다고 할 것이다.

(2) 다음으로 피청구인의 위 각 서신검열과 서신의 지연발송 및 지연교부 행위를 대상으로 한 심판청구부분이 적법한지 여부에 관하여 살펴본다.

이에 관하여 피청구인은 사전구제절차를 거치지 아니하였다거나 또는 이미 청구인 이수호가 출소하여 권리보호이익이 소멸하였다고 주장한다. 그러나 <u>위 각 행위는 이른바 권력적 사실행위로서 행정심판이나 행정소송의 대상이 된다고 단정하기도 어려울 뿐 아니라 설사 그 대상이 된다고 하더라도 이미 종료된 행위로서 소의 이익이 부정될 가능성이 많아 헌법소원심판을 청구하는 외에 달리 효과적인 구제방법이 있다고 보기 어려우므로 보충성의 원칙에 대</u>

한 예외에 해당한다고 할 것이고, 또 비록 피청구인의 위 각 행위는 이미 종료되었고 청구인 이수호도 출소하였지만 헌법소원의 본질은 개인의 주관적 권리구제뿐만 아니라 객관적인 헌법질서의 보장도 겸하고 있는 것인데, 위와 같은 미결수용자의 서신에 대한 검열이나 지연발송 및 지연교부행위는 헌법상 보장된 통신의 자유나 비밀을 침해받지 아니할 권리 및 변호인의 조력을 받을 권리와의 관계에서 그 위헌 여부가 해명되어야 할 중요한 문제이고, 그러한 검열행위는 행형법의 규정에 따라 앞으로도 계속될 것으로 보이며 검열 후 서신의 발송지연·교부지연행위 등의 위헌 여부에 대하여도 논란의 여지가 있으므로, 이 사건 심판청구는 헌법질서의 수호·유지를 위하여 긴요한 사항으로서 그 해명이 중대한 의미를 지니고 있고 동종행위의 반복위험성도 있어 심판청구의 이익이 있다고 할 것이다.

따라서 이 부분에 관한 피청구인의 위 주장은 이유 없고 그 심판청구부분은 적법하다고 할 것이다.

O 결정요지

가. 헌법소원의 본질은 개인의 주관적 권리구제뿐만 아니라 객관적인 헌법질서의 보장도 겸하고 있는 것인데, 미결수용자의 서신에 대한 검열이나 지연발송 및 지연교부행위는 헌법상 보장된 통신의 자유나 비밀을 침해받지 아니할 권리 및 변호인의 조력을 받을 권리와의 관계에서 해명되어야 할 중요한 문제이고, 또 검열행위는 행형법의 규정에 따라 앞으로도 계속될 것으로 보이므로, 이러한 침해행위가 아미 종료되었다 하더라도, 이 사건 심판청구는 헌법질서의 수호·유지를 위하여 긴요한 사항으로서 그 해명이 중대한 의미를 지니고 있고 동종행위의 반복위험성도 있어서 심판청구의 이익이 있다.

나. 질서유지 또는 공공복리를 위하여 구속제도가 헌법 및 법률상 이미 용인되어 있는 이상, 미결수용자는 구속제도 자체가 가지고 있는 일면의 작용인 사회적 격리의 점에 있어 외부와의 자유로운 교통과는 상반되는 성질을 가지고 있으므로, 증거인멸이나 도망을 예방하고 교도소 내의 질서를 유지하여 미결구금제도를 실효성 있게 운영하고 일반사회의 불안을 방지하기 위하여 미

결수용자의 서신에 대한 검열은 그 필요성이 인정된다고 할 것이고, 이로 인하여 미결수용자의 통신의 비밀이 일부 제한되는 것은 질서유지 또는 공공복리라는 정당한 목적을 위하여 불가피할 뿐만 아니라 유효적절한 방법에 의한 최소한의 제한으로서 헌법에 위반된다고 할 수 없다.

다. 헌법 제12조 제4항 본문은 신체구속을 당한 사람에 대하여 변호인의 조력을 받을 권리를 규정하고 있는바, 이를 위하여서는 신체구속을 당한 사람에게 변호인과 사이의 충분한 접견교통을 허용함은 물론 교통내용에 대하여 비밀이 보장되고 부당한 간섭이 없어야 하는 것이며, 이러한 취지는 접견의 경우뿐만 아니라 변호인과 미결수용자 사이의 서신에도 적용되어 그 비밀이 보장되어야 할 것이다.

다만 미결수용자와 변호인 사이의 서신으로서 그 비밀을 보장받기 위하여는, 첫째, 교도소 측에서 상대방이 변호인이라는 사실을 확인할 수 있어야 하고, 둘째, 서신을 통하여 마약 등 소지 금지품의 반입을 도모한다든가 그 내용에 도주·증거인멸·수용시설의 규율과 질서의 파괴·기타 형벌법령에 저촉되는 내용이 기재되어 있다고 의심할 만한 합리적인 이유가 있는 경우가 아니어야 한다.

라. 구 행형법 제62조는 형이 확정된 수형자에 대하여 서신검열을 규정한 같은 법 제18조 제3항 및 시행령 제62조를 미결수용자에 대하여도 준용하도록 규정하고 있고, 피청구인의 위 검열행위도 위 규정에 따른 것이므로, 위 검열행위가 위헌임을 확인함에 있어서, 구 행형법 제62조의 규정 중 앞서 본 변호인과의 서신검열이 허용되는 조건을 갖추지 아니한 경우에도 검열을 할 수 있도록 준용하는 부분에 대하여는 헌법재판소법 제75조 제5항에 따라 위헌을 선언한다.

○ 주 문

1. 청구인 박승옥이 1992. 5. 26. 청구인 이수호에게 발송한 서신 및 청구인 이수호가 같은 해 6. 2. 청구인 박승옥에게 보내기 위하여 발송의뢰한 서신을 피청구인이 각 검열한 행위는 청구인들의 통신의 비밀을 침해받지 아니할 권리, 청구인 이수호의 변호인의 조력을 받을 권리를 침해한 것으로서 위헌임

을 확인한다.

2. 청구인 이수호가 1992. 5. 25. 청구외 유경렬에게 보내기 위하여 발송 의뢰한 서신을 피청구인이 발송거부한 부분에 관한 심판청구를 각하하고, 나머지 부분에 관한 심판청구를 기각한다.

3. 구 행형법(1995.1.5. 법률 제4936호로 개정되기 전의 것) 제62조의 준용규정 중 같은 법 제18조 제3항 및 같은 법 시행령 제62조를, 미결수용자와 그 변호인 또는 변호인이 되려는 자 사이의 서신으로서 그 서신에 마약 등 소지금지품이 포함되어 있거나 그 내용에 도주·증거인멸·수용시설의 규율과 질서의 파괴 기타 형벌법령에 저촉되는 내용이 기재되어 있다고 의심할 만한 합리적인 이유가 없는 경우에도 준용하는 것은 헌법에 위반된다.

② 헌법재판소 1998. 8. 27. 96헌마398 통신의 자유 침해 등 위헌확인

O 결정요지 중 일부

수형자의 서신을 교도소장이 검열하는 행위는 이른바 권력적 사실행위로서 행정심판이나 행정소송의 대상이 되는 행정처분으로 볼 수 있으나, 위 검열행위가 이미 완료되어 행정심판이나 행정소송을 제기하더라도 소의 이익이 부정될 수밖에 없으므로 헌법소원심판을 청구하는 외에 다른 효과적인 구제방법이 있다고 보기 어렵기 때문에 보충성의 원칙에 대한 예외에 해당한다.

나. 전심절차를 통한 권리구제의 가능성이 거의 없는 경우

• 헌법재판소 2006. 6. 29. 2005헌마415 선거방송 대담토론 초청대상 후보자 제외결정 위헌확인

O 당 사 자

청 구 인   권○관

                대리인 1. 법무법인 굿모닝코리아 담당변호사 이상천

                       2. 변호사 김 욱 태

피청구인   김해시선거방송토론위원회

○ 사건의 개요

(1) 청구인은 2005. 4. 30. 실시된 김해시 갑선거구 지역구 국회의원 재선거에 무소속으로 입후보하여 낙선한 자이고, 피청구인은 공직선거 및 선거부정방지법(2004. 3. 12. 법률 제7189호로 개정되고, 2005. 8. 4. 법률 제7681호로 개정되기 전의 것, 이하 '공선법'이라 한다) 제8조의7에 근거하여 설치된 같은 법 제82조의2 제3항의 지역구 국회의원 선거 후보자 초청 대담·토론회를 주관·진행하는 위원회이다.

(2) 피청구인은 2005. 4. 17. 언론기관이 선거기간 개시일 전 30일부터 선거기간 개시일 전일까지 사이에 실시하여 공표한 여론조사결과를 평균한 지지율이 100분의 5 이상인 후보자를 위 대담·토론회의 초청대상 후보자로 정한 공선법 제82조의2 제4항 제3호 다목(이하 '이 사건 법률조항'이라 한다)에 근거하여 '경남신문사가 실시한 여론조사결과 5% 미만의 지지율을 획득한 청구인은 김해시선거방송토론위원회 주관 후보자 대담·토론회의 초청대상 후보자에 해당하지 않는다.'라고 결정하여 이를 청구인에게 통지하였고, 그 결정에 따라 청구인을 2005. 4. 20. 실시된 마산문화방송 주식회사의, 같은 달 22. 실시된 한국방송공사 창원방송총국의 각 선거방송대담토론회의 초청대상에서 제외하였다.

(3) 이에 청구인은 피청구인의 위 2005. 4. 17.자 결정과 위 각 선거방송대담토론회에서 청구인을 제외한 사실로 인하여 자신의 공무담임권과 평등권이 침해되었다고 주장하면서 2005. 4. 21. 그 위헌확인을 구하는 이 사건 헌법소원심판을 청구하였다.

○ 심판의 대상

청구인은 이 사건 심판청구서에서 위헌확인의 대상으로 "피청구인이 2005. 4. 17. 청구인을 선거방송대담토론회(이하 '선거방송토론'이라 한다)의 초청대상 후보자에서 제외한 결정"과 "피청구인이 청구인을 2005. 4. 20. 마산문화방송 주식회사의, 같은 달 22. 한국방송공사 창원방송총국의 각 선거방송토론에서 제외한 행위"를 모두 적시하고 있다.

그러나 피청구인이 청구인을 위 각 선거방송토론에서 제외한 행위는 피청구인이 이 사건 법률조항에 근거하여 청구인을 선거방송토론의 초청대상 후보자에서 제외한 결정에 후행하는 사실적인 집행행위에 불과하므로 직권으로 이를 심판대상에서 제외함이 상당하다.

따라서 이 사건 심판의 대상은 "피청구인이 2005. 4. 17. 청구인을 선거방송토론의 초청대상 후보자에서 제외한 결정(이하 '이 사건 결정'이라 한다)"의 위헌여부이고, 관련 법률조항의 내용은 다음과 같다.

- <u>공선법 제8조의7(선거방송토론위원회)</u> ① 각급선거관리위원회(투표구선거관리위원회를 제외한다. 이하 이 조에서 같다)는 제82조의2(선거방송토론위원회 주관 대담·토론회)의 규정에 의한 대담·토론회와 제82조의3(선거방송토론위원회 주관 정책토론회)의 규정에 의한 정책토론회(이하 이 조에서 "대담·토론회 등"이라 한다)를 공정하게 주관·진행하기 위하여 각각 선거방송토론위원회(이하 이 조에서 "각급선거방송토론위원회"라 한다)를 설치·운영하여야 한다. 다만, 구·시·군선거관리위원회에 설치하는 구·시·군선거방송토론위원회(이하 "구·시·군선거방송토론위원회"라 한다)는 지역구 국회의원 선거구 단위 또는 방송법에 의한 종합유선방송사업자의 방송권역 단위로 설치·운영할 수 있다.
  ② 각급선거방송토론위원회는 국회에 교섭단체를 구성하는 정당 및 공영방송사(한국방송공사와 방송문화진흥회법에 의한 방송문화진흥회가 최다출자자인 방송사업자를 말한다. 이하 같다)가 추천하는 자 각 1인과 방송위원회·학계·법조계·시민단체가 추천하는 자 등 학식과 덕망있는 자 중에서 각급선거관리위원회에서 위촉하는 자를 포함하여 9인[중앙선거관리위원회에 설치하는 중앙선거방송토론위원회(이하 "중앙선거방송토론위원회"라 한다)에 있어서는 11인] 이내의 위원으로 구성하며, 위원의 임기는 3년으로 한다.
  ③ 각급선거방송토론위원회에 위원장 1인을 두되, 위원장은 위원 중에서 호선한다.
  ④ 내지 ⑨ (생략)
  ⑩ 각급선거방송토론위원회의 구성·운영, 위원 및 상임위원의 대우, 사

무국의 조직·직무범위 기타 필요한 사항은 중앙선거관리위원회규칙으로 정한다.

- 공선법 제82조의2(선거방송토론위원회 주관 대담·토론회)

①, ② (생략)

③ 구·시·군선거방송토론위원회는 지역구국회의원선거의 후보자를 초청하여 1회 이상의 대담·토론회 또는 합동방송연설회를 개최하여야 한다. 이 경우 합동방송연설회의 연설시간은 후보자마다 10분 이내의 범위에서 균등하게 배정하여야 한다.

④ 각급선거방송토론위원회는 제1항 내지 제3항의 대담·토론회를 개최하는 때에는 다음 각 호의 1에 해당하는 후보자를 대상으로 개최한다.

1. 대통령선거

　가.,. 나. (생략)

　다. 중앙선거관리위원회규칙이 정하는 바에 따라 언론기관이 선거기간 개시일 전 30일부터 선거기간 개시일 전일까지의 사이에 실시하여 공표한 여론조사결과를 평균한 지지율이 100분의 5 이상인 후보자

2. (생략)

3. 지역구국회의원선거 및 시·도지사선거

　가.,. 나. (생략)

　다. 제1호 다목에 의한 여론조사결과를 평균한 지지율이 100분의 5 이상인 후보자

○ 청구인의 주장요지

(1) 이 사건 법률조항은 지역구국회의원선거의 선거방송토론 초청대상 후보자의 선정기준을 "언론기관이 선거기간 개시일 전 30일부터 선거기간 개시일 전일까지의 사이에 실시하여 공표한 여론조사결과를 평균한 지지율이 100분의 5 이상인 후보자"라고 규정하고 있는바, 이 때 '평균한 지지율'이란 적어도 두 곳 이상의 언론기관이 실시한 여론조사결과를 전제로 한다. 그런데 피청

구인은 경남신문사가 여론조사기관인 ○○리서치에 의뢰하여 조사한 여론조사 결과(지지율 3.2%)만을 가지고 청구인을 초청대상 후보자에서 제외하였으므로 이 사건 결정은 이 사건 법률조항에 위반된다.

(2) 지역구 국회의원 선거에서 언론기관이 여론조사를 실시하지 않거나, 실시하더라도 피청구인에게 그 결과를 통보하지 않는 경우에 정치신인으로서 무소속 후보자인 청구인은 선거방송토론의 초청대상 후보자 선정기준을 정한 공선법 제82조의2 제4항 제3호의 가. 내지 다.목 어디에도 해당될 수 없다. 따라서 선거방송토론을 개최하기 위해서는 후보자에 대한 여론조사가 필수적이므로 여론조사결과의 공정성을 담보하기 위하여 두 곳 이상 언론기관의 여론조사결과를 평균하여 초청대상 후보자를 결정하라는 것이 이 사건 법률조항의 취지이다.

(3) 만일 이 사건 법률조항의 내용이 복수의 여론조사결과를 전제로 한 것이 아니라 피청구인의 질의에 대한 중앙선거관리위원회 위원장의 답변내용대로 '한 번의 여론조사결과로도 5% 이상의 지지율을 얻지 못한 무소속 후보자를 선거방송토론의 초청대상에서 제외'할 수 있는 것으로 해석한다면, 이는 헌법에 위반된다. 선거방송토론은 그 영향력이 매우 크고 후보자 간 비교를 통하여 그 우열을 뚜렷이 알려주는 미디어선거의 대표적 방법으로서, 그 초청대상 후보자를 정하는 기준이 명확하고 공정하여야 할 것인데, 한 번의 여론조사결과로써 초청대상 후보자에서 제외하는 것은 청구인으로 하여금 공무를 담당할 기회를 박탈할 뿐 아니라 무소속의 정치신인을 합리적인 이유 없이 차별한다.

○ 결정이유 중 발췌·수정

● 피청구인의 법적 지위와 이 사건 결정의 법적 성격

한편 이 사건 법률조항과 선거방송토론위원회의 구성 및 운영에 관한 규칙 제23조는 토론위원회가 선거방송토론을 개최함에 있어서 중앙선거관리위원회규칙이 정하는 언론기관이 선거기간 개시일 전 30일부터 선거기간 개시일 전일까지의 사이에 실시하여 공표한 여론조사결과를 평균한 지지율이 100분의 5 이상인 후보자를 초청대상자로 선정하고, 이를 초청대상 후보자에게 통지하도록 규정하고 있다.

그러므로 이 사건 결정은 선거방송토론을 주관·진행하는 행정관청인 피청구인이 이 사건 법률조항과 선거방송토론위원회의 구성 및 운영에 관한 규칙 제23조에 근거하여 청구인을 선거방송토론의 초청대상 후보자에서 제외하는 개별·구체적인 행정처분으로서의 법적 성격을 가지고, 이로써 행정소송법 제2조 제1항 제1호가 정하는 행정소송의 대상인 '처분'에 해당한다.

나. 이 사건 결정에 대한 헌법소원심판의 청구와 보충성원칙의 예외

(1) 헌법재판소법 제68조 제1항 단서는 헌법소원심판청구를 함에 있어 다른 법률에 구제절차가 있는 경우에는 그 절차를 모두 거친 후가 아니면 이를 청구할 수 없다고 규정하고 있으므로 청구인으로서는 다른 법률에 구제절차가 있다면 심판청구에 앞서 이를 거쳤어야 할 것이고, 이를 거치지 아니하였다면 특단의 사정이 없는 한 부적법한 심판청구라 할 것이다. 다만 헌법소원심판청구에 있어서 청구인이 그의 불이익으로 돌릴 수 없는 정당한 이유가 있는 착오로 전심절차를 밟지 않은 경우 또는 전심절차로 권리가 구제될 가능성이 거의 없거나 권리구제절차가 허용되는지의 여부가 객관적으로 불확실하여 전심절차이행의 기대가능성이 없을 때에는 보충성의 예외가 인정된다(헌재 1998. 2. 27. 94헌마77; 헌재 1999. 12. 23. 97헌마136).

먼저 공선법은 청구인과 같이 선거방송토론의 초청대상에서 제외된 후보자가 토론위원회의 제외결정을 다툴 불복절차를 마련하지 아니하여, 이 사건 결정에 대한 공선법상의 구제절차는 따로 존재하지 아니한다. 그러나 위에서 본 바와 같이 이 사건 결정은 취소소송 등 행정소송의 대상이 되는 처분에 해당하므로, 이로 인하여 선거방송토론에 확정적으로 참여할 수 없는 청구인으로서는 그 취소를 구하는 행정소송을 통하여 그 침해된 권리를 구제받을 가능성이 있다고 볼 것이다.

(2) 한편 이러한 행정소송을 통한 권리구제가 청구인에게 직접적이고 실효적인 권리구제수단이 되려면 적어도 선거방송토론이 개최되는 2005. 4. 20. 이전에 그 취소를 명하는 판결이 있거나 또는 그와 동일한 효과를 가지는 집행

정지결정 등의 조치가 있어야 할 것이고, 만일 그렇지 않다면 이 사건 결정에 대한 헌법소원에 앞서 행정소송을 거치도록 하는 것은 실효성 없는 우회절차를 강요하는 것에 지나지 아니한다.

그런데 이 사건의 경우 후보자등록 마감일의 다음날부터 선거일 전일까지의 십여 일 남짓한 선거운동기간(공선법 제59조)에 선거방송토론이 개최되어야 하고, 게다가 이 사건 결정의 처분일자와 선거방송토론일과의 기간이 사흘 정도에 불과한 점을 감안할 때, 이 기간 내에 청구인이 행정소송을 제기하고 법원이 그에 대하여 종국판결을 선고할 수 있으리라 기대하기는 사실상 어렵다.

나아가 이 사건 결정과 같이 일회적인 선거방송토론에의 참여를 배제하는 결정의 경우 청구인에게 사실상 선거방송토론에 참여할 기회를 부여하는 집행정지절차나 초청대상 후보자로서의 임시지위를 정하는 가처분절차로도 충분히 행정소송에서의 종국판결과 실질적으로 동일한 효과를 가질 수 있지만, 집행정지결정으로 당연히 선거방송토론에 참여할 수 있는 법적 지위가 부여된다고 단정할 수 없고, 실무관행상 취소소송 등 행정소송에 민사소송법상의 가처분절차가 준용된다고 보기도 어려워, 이들 절차 역시 직접적이고 실효적인 권리구제수단이라고 볼 수 없다.

(3) 결국 이 사건 결정이 행정소송의 대상이 되는 처분에 해당하고 그 처분의 성질상 본안소송 전의 가구제절차로도 충분히 권리구제를 받을 수 있다고 하더라도, 위와 같은 이유로 권리구제의 기대가능성이 없어 불필요한 우회절차를 강요하는 것밖에 되지 않으므로 헌법재판소법 제68조 제1항 단서의 예외에 해당한다.

다. 권리보호이익의 존재 여부

(1) 헌법소원제도는 국민의 기본권침해를 구제해 주는 제도이므로 그 제도의 목적상 권리보호의 이익이 있는 경우에만 이를 제기할 수 있다. 즉 권리보호의 이익이 없는 경우 헌법소원심판청구는 부적법하여 각하를 면할 수 없다.

청구인이 이 사건 헌법소원심판청구를 통하여 의도하는 바는 선거방송토론에 참여하여 이를 통하여 선거운동을 하려는 것인데, 이 사건 헌법소원을 청구한 후에 바로 선거방송토론과 국회의원 재선거가 실시되었으므로 청구인이 주장하는 기본권침해는 이미 종료되었다. 따라서 이러한 경우는 기본권침해를 받은 자가 그 구제를 위해 헌법소원심판을 청구한 뒤 사실관계의 변화로 인하여 기본권에 대한 침해행위가 종료되어 청구인이 더 이상 기본권을 침해받지 않는 때에 해당하므로, 적어도 청구인의 주관적 권리구제를 위해서는 본안에 관하여 심판의 이익이 없다고 보아야 한다.

(2) 한편, 헌법소원제도는 개인의 권리구제 뿐 아니라 객관적인 헌법질서의 보장기능도 가지므로 헌법소원심판청구가 청구인의 주관적 권리구제에 도움이 되지는 아니한다 하더라도, 그러한 침해행위가 앞으로도 반복될 위험이 있거나 그 심판대상에 대한 위헌 여부의 해명이 헌법질서의 수호·유지를 위하여 긴요한 사항이어서 헌법적으로 중요한 의미를 가지고 있는 경우에는, 심판청구의 이익을 인정하여 이미 종료한 침해행위가 위헌이었음을 확인할 수 있다(헌재 1991. 7. 8. 89헌마181, 판례집 3, 356, 367; 헌재 1997. 11. 27. 94헌마60, 판례집 9-2, 675, 688 등 참조).

(가) 행정청이 법률을 단순히 잘못 해석·적용함으로써 결과적으로 국민의 기본권을 침해하였다고 하여 그러한 행정청의 행위가 모두 헌법소원의 대상이 되는 것은 아니다. 만일 그러한 경우도 헌법소원의 대상이 된다면, 오늘날 다수의 법률이 국민의 기본권을 제한하는 법률이므로 이들 법률을 청구인에게 불리하게 잘못 해석·적용하는 것은 필연적으로 기본권침해의 결과를 가져온다는 점에서, 결국 우리 재판소는 법률의 거의 모든 해석과 적용에 대하여 그 타당성을 심사해야 할 것이다. 그러나 사실관계의 확정과 평가, 법률을 해석하고 개별사건에 구체적으로 적용하는 것은 법원의 고유한 과제로서, 우리 재판소에 의한 심사의 대상이 아니다. 행정청은 법률, 특히 사법상의 일반조항, 불확정 법개념이나 행정청의 재량행사규정 등을 해석을 통하여 구체화하는 과정에서 기본권을 비롯한 헌법의 기본결정을 내용적 지침으로서 고려해야 하는데, 법적용기관이 법률에 미치는 헌법의 영향을 간과하거나 또는 오인하여 소송당사자에게 불리하게 판단함으로써 헌법의 정신을 고려하지 않은 법적용을 통하여 그의 기본권을 침해한다면, 바로 이러한 경우에 법률의 해석·적용은 헌법재판

소의 심사대상이 되는 것이다. 그러나 행정청이 법률을 잘못 해석·적용하였는지의 여부가 헌법에 의해서가 아니라 적용된 법률에 근거하여 판단된다면, 즉 헌법이 아니라 법률이 행정청에 의한 해석·적용의 타당성을 심사하는 규범이 된다면, 이 경우 법률의 해석·적용에 대한 판단은 법원의 관할에 속하는 것이다(헌재 2003. 2. 27. 2002헌마106; 헌재 2005. 10. 27. 2005헌마126 참조).

(나) 이 사건에서 청구인이 헌법소원청구를 통하여 다투고자 하는 것은 행정청이 이 사건 법률조항을 해석함에 있어서 관련 기본권의 효력을 간과하거나 오해함으로써 이 사건 법률조항을 위헌적으로 해석·적용하였는가의 문제, 즉 이 사건 결정 자체의 위헌성에 관한 판단이 아니라, '이 사건 법률조항이 정하는 평균한 지지율의 의미가 무엇인가?', '경남신문사가 실시한 한 번의 여론조사결과도 평균지지율로 볼 수 있는가?', '한 번의 여론조사결과를 근거로 하여 청구인을 초청대상 후보자에서 제외한 이 사건 결정이 이 사건 법률조항 및 관련 공선법 조항의 체계적 해석에 부합하는가?'에 관한 판단이라고 할 수 있다.

그런데 이러한 판단은 헌법이 정하는 공무담임권이나 선거운동의 기회균등과 관련한 기본권적 보호에 비추어 텔레비전을 통한 선거운동의 기회를 제한하는 법률규정을 해석하는 문제라기보다는, 이 사건 법률조항의 입법취지에 비추어 '평균지지율의 개념과 범위'를 확정하고 이러한 법률해석에 기초하여 경남신문사가 행한 여론조사결과를 이 사건 법률조항의 적용영역으로 포섭해 나가는 문제, 즉 '순수한 법률의 해석과 적용의 문제'인 것이다. 그런데 이러한 판단은 헌법재판소의 관할이 아니라 일차적으로 법원의 과제에 속한다.

(다) 이러한 관점에서 볼 때, 이 사건 심판청구는 헌법질서의 수호·유지를 위하여 긴요한 사항이어서 그 위헌 여부의 해명이 헌법적으로 중요한 의미를 지니고 있는 경우라고 볼 수 없으므로 권리보호이익이 없어 부적법하다. 그리고 설사 유사한 침해행위가 앞으로도 반복될 위험이 있다 하더라도, 공권력 행사의 위헌성이 아니라 단지 위법성이 문제되는 경우에는 공권력 행사의 위헌 여부를 확인할 실익이 없고, 이에 따라 심판청구의 이익이 부인된다고 할 것이다.

O 결정요지

가. 이 사건 법률조항과 선거방송토론위원회의 구성 및 운영에 관한 규칙 제23조는 선거방송토론위원회(이하 '토론위원회'라고 한다)가 선거방송토론을 개최함에 있어서 '중앙선거관리위원회규칙이 정하는 언론기관이 선거기간 개시일 전 30일부터 선거기간 개시일 전일까지의 사이에 실시하여 공표한 여론조사결과를 평균한 지지율이 100분의 5 이상인 후보자를 초청대상자로 선정하고, 이를 초청대상 후보자에게 통지'하도록 규정하고 있으므로, 이 사건 결정은 선거방송토론을 주관·진행하는 행정관청인 피청구인이 이 사건 법률조항과 선거방송토론위원회의 구성 및 운영에 관한 규칙 제23조에 근거하여 청구인을 선거방송토론의 초청대상 후보자에서 제외하는 개별·구체적인 행정처분으로서의 법적 성격을 가진다.

나. 후보자등록 마감일의 다음날부터 선거일 전일까지의 십여 일 남짓한 선거운동기간에 선거방송토론이 개최되어야 하고, 게다가 이 사건 결정의 처분일자와 선거방송토론일과의 기간이 사흘 정도에 불과한 점을 감안할 때, 이 기간 내에 청구인이 행정소송을 제기하고 법원이 그에 대하여 종국판결을 선고할 수 있으리라 기대하기는 사실상 어렵다. 그리고 이 사건 결정과 같이 일회적인 선거방송토론에의 참여를 배제하는 결정의 경우 청구인에게 사실상 선거방송토론에 참여할 기회를 부여하는 집행정지절차나 초청대상 후보자로서의 임시지위를 정하는 가처분절차로도 충분히 행정소송에서의 종국판결과 실질적으로 동일한 효과를 가질 수 있지만, 집행정지결정으로 당연히 선거방송토론에 참여할 수 있는 법적 지위가 부여된다고 단정할 수 없고, 실무관행상 취소소송 등 행정소송에 민사소송법상의 가처분절차가 준용된다고 보기도 어려워, 이들 절차 역시 직접적이고 실효적인 권리구제수단이라고 볼 수 없다. 따라서 이 사건 결정에 대하여는 구제절차가 있다고 하더라도 권리구제의 기대가능성이 없고 기본권 침해를 당한 자에게 불필요한 우회절차를 강요하는 것밖에 되지 않아 보충성의 예외를 인정한다.

다. 이 사건에서 청구인이 헌법소원청구를 통하여 다투고자 하는 것은 행정청이 이 사건 법률조항을 해석함에 있어서 관련 기본권의 효력을 간과하거나 오해함으로써 이 사건 법률조항을 위헌적으로 해석·적용하였는가의 문제, 즉 이 사건 결정 자체의 위헌성에 관한 판단이 아니라, '이 사건 법률조항이 정하는 평균한 지지율의 의미가 무엇인가?', '경남신문사가 실시한 한 번의 여론조사결과도 평균지지율로 볼 수 있는가?'라는 순수한 법률의 해석과 적용의 문제이다. 그러므로 이 사건 심판청구는 헌법질서의 수호·유지를 위하여 긴요한 사항이어서 그 위헌 여부의 해명이 헌법적으로 중요한 의미를 지니고 있는 경우라고 볼 수 없고, 설사 유사한 침해행위가 앞으로도 반복될 위험이 있다 하더라도 단지 그 위법성만이 문제되므로 공권력행사의 위헌 여부를 확인할 실익이 없다.

[재판관 조대현의 위헌의견]

이 사건 선거방송토론과 당해 선거가 이미 종료되었다고 하더라도, 피청구인의 결정은 이 사건 법률조항에 따른 것이고 그 조항의 내용은 헌법 제116조 제1항에 위배된다고 볼 여지가 있으며 2005. 8. 4. 공직선거법으로 개정된 후에도 그대로 유지되어 앞으로도 이 사건과 같은 사태나 기본권 침해 여부를 둘러싼 헌법적 분쟁이 반복되리라고 예상되므로 이 사건에 대한 헌법적 해명은 객관적인 헌법질서의 수호·유지를 위하여 긴요하다고 할 수 있다.

선거방송토론위원회가 방송에 의한 선거운동을 주관하면서 일부 후보자를 참여시키지 아니하는 것은, 후보자들 사이에 가장 효율적인 선거운동의 기회를 차별하는 것일 뿐만 아니라, 선거권자에게 선거방송토론회에 참석한 후보자와 초청받지 못한 후보자를 차별하여 인식시키는 기능을 한다. 그리고 허용되는 선거운동방법이 매우 제한되어 있고 종전의 합동연설회가 폐지되어 후보자들이 한꺼번에 비교·평가받을 수 있는 기회도 없기 때문에 선거방송토론회에 초청받지 못한 후보자가 위와 같은 차별효과를 극복할 방법도 찾기 어렵다. 더구나 이와 같이 방송에 의한 대담·토론회나 합동방송연설회에 초청하는 후보자를 차별하는 제도는 정치권의 기득권자를 보호하고 정치 신인의 진입을 가로막는 장벽의 역할을 할 뿐만 아니라 선거권자의 선택에 필요한 정보를 제한할 우려가 있다. 그럼에도 불구하고 피청구인이 청구인을 선거방송토론회에 참여시키지 않은 것은 청구인에게 선거운동의 균등한 기회를 보장하지 아니한 것으로서 헌법 제116조 제1항에 위반된다.

O 주 문
청구인의 심판청구를 각하한다.

다. 권리구제절차가 허용되는지 여부가 객관적으로 불확실한 경우

(1) 헌법재판소 1998. 8. 27. 97헌마372·398·417(병합) 방송토론회 진행사항 결정 행위 등 취소

O 당 사 자
청 구 인   1. 권영길(97헌마372)

　　　　　　　　대리인 법무법인 시민종합법률사무소 담당변호사

　　　　　　　　김선수 외 6인

　　　　　　　2. 신정일(97헌마398)

　　　　　　　　대리인 변호사 용태영

　　　　　　　3. 허경영(97헌마417)

　　　　　　　　대리인 변호사 용태영

피청구인   대통령선거방송토론위원회

　　　　　　　대표자 위원장 유재천

　　　　　　　대리인 변호사 박인제

O 사건의 개요
(1) 1997. 12. 18. 실시된 제15대 대통령선거에, 청구인 권영길은 정당 「건설국민승리 21」의, 청구인 신정일은 「통일한국당」의, 청구인 허경영은 「공화당」의 추천을 받아 입후보하였다가 모두 낙선하였다.

(2) 공직선거 및 선거부정방지법(1997. 11. 14. 법률 제5412호로 개정된 것, 이하 공직선거법이라고 한다) 제82조의2에 의하여 공영방송사가 대통령선거의 선거운동기간중 3회 이상 개최하여 보도하도록 되어 있는 '대통령후보자 초청 공영

방송 텔레비전 대담·토론회(이하 방송토론회라고 한다)'의 주관자인 대통령선거방송토론위원회(이하 토론위원회라고 한다)는 위 선거 실시전인 1997. 11. 24. 제15대 대통령선거의 방송토론회의 진행과 관련하여, 3회에 걸쳐 다자간 합동방송토론회를 개최하되, 초청대상 후보자는 원내교섭단체 보유 정당의 대통령후보자와 5개 이상의 중앙종합일간지와 3개 텔레비전 방송사가 조사한 후보등록 이전 10일간(1997. 11. 16.부터 같은 달 25.까지)의 여론조사결과 평균지지율 10% 이상인 후보자로 하며 다만 위 기준에 해당하지 않는 후보자에 대해서도 대담·토론의 기회를 줄 수 있다고 결정하여 공표하였다.

(3) 위 기준에 해당하지 않는 청구인들은 공권력의 행사라고 보아야 할 위 토론위원회의 결정 및 공표행위에 의하여 자신들의 공무담임권과 평등권 등이 침해되었다고 주장하면서, 청구인 권영길은 1997. 11. 28.에, 청구인 신정일은 1997. 12. 17.에, 청구인 허경영은 1997. 12. 30.에 이 사건 헌법소원심판을 청구하였다.

○ 심판의 대상

이 사건 심판의 대상은, 원내교섭단체 보유 정당의 대통령후보자와 5개 이상의 중앙종합일간지와 3개 텔레비전 방송사가 조사한 후보등록 이전 10일간 여론조사결과 평균지지율 10% 이상인 대통령후보자를 초청하여 3회에 걸쳐 다자간 합동방송토론회를 개최하기로 한 토론위원회의 1997. 11. 24.자 결정 및 그 공표행위가 헌법에 위반되는지 여부이고, 관련규정인 공직선거법 제82조의2의 내용은 다음과 같다.

- <u>공직선거법 제82조의2(공영방송 텔레비전 대담·토론회)</u> ① 공영방송사(한국방송공사와 방송문화진흥회법에 의한 방송문화진흥회가 출자한 방송법인을 말한다. 이하 이 조에서 같다)는 공동하여 대통령선거에 있어서 선거운동기간 중 후보자 중에서 1인 또는 수인을 초청하여 소속정당의 정강·정책이나 후보자의 정견 기타사항을 알아보기 위하여 텔레비전방송을 이용한 대담·토론회를 3회 이상 개최하여 보도하여야 한다.

  ② 공영방송사는 공동하여 제1항의 규정에 의한 대담·토론회를 주관하

게 하기 위하여 대통령선거일전 60일까지 대통령선거방송토론위원회(이하 이 조에서 "토론위원회"라 한다)를 설치하여야 한다.

③ 토론위원회는 방송법인·방송학계·대한변호사협회·언론인단체 및 시민단체 등이 추천하는 자와 국회에 의석을 가진 정당이 추천하는 각 1인을 포함하여 11인 이내의 위원으로 구성한다. 이 경우 토론위원회의 위원을 추천하는 방송법인·방송학계·언론인단체 및 시민단체 등의 범위와 추천절차 등은 공영방송사가 협의하여 결정한다.

④ 토론위원회의 위원은 정당에 가입할 수 없다.

⑤ 토론위원회는 초청 후보자와 사회자·질문자의 선정, 대담·토론의 형식, 주제와 시간의 설정 기타 제1항의 규정에 의한 대담·토론회의 진행에 관하여 필요한 사항을 결정하여 이를 공표하여야 한다.

⑥ 공영방송사는 공동하여 제1항의 규정에 의한 대담·토론회의 개최일 전일까지 중앙선거관리위원회에 대담·토론회의 개최신고를 하여야 한다.

⑦, ⑧ 생략

○ 청구인들의 주장요지

(1) 공직선거법의 취지는, 공영방송사는 모든 후보자들이 3회 이상 초청되도록 하여 방송토론회를 개최하되, 다만 그 방법으로서 1회에 1인 또는 수인을 초청하는 형식 중 어느 하나를 선택할 수 있다는 것이다. 그리고 방송토론회는 다른 선거운동방식과는 비교가 되지 않을 정도로 그 영향력이 크고 광범위하며, 후보자간의 정견이나 정책을 그 자리에서 명확하게 상호 비교평가할 수 있다는 점에서 후보자간의 우열을 뚜렷이 알게 해주는, 선거운동의 사활이 걸린 매우 중차대한 것이다. 따라서 공직선거법에 의하여 대통령선거와 관련된 공적인 임무를 부여받은 토론위원회로서는 헌법상 기회균등의 원칙과 적법절차의 이념 및 공직선거법상 선거의 공정성이라는 이념을 최대한 구현할 수 있는 방식으로 방송토론회의 진행사항을 결정하여야 할 헌법적, 법률적 의무를 부담하고 있다 할 것이며, 당선가능성과는 관계없이 모든 후보자에게 선거운동의 기회를 균등하게 부여하여야 할 것이다. 그럼에도 불구하고 토론위원회는

그 의무에 위배하여 대통령후보자 중 일부인 소위 주요 후보 3인만을 초청하여 3회에 걸쳐 방송토론회를 개최하겠다고 결정·공표함으로써 그 초청대상에서 제외된 청구인들을 합리적 이유 없이 차별할 뿐 아니라 청구인들의 공무담임권마저 침해하고 있으므로 이는 위헌적인 공권력의 행사로서 취소되어야 마땅하다.

(2) 유권자인 국민의 입장에서는 당선가능성의 높고 낮음을 떠나 모든 후보자들의 정견과 정책에 대하여 정보를 제공받을 권리를 가진다. 더욱이 주요 후보자 3인이 언론에 의하여 광범위하게 소개되었다는 사정을 고려하면 군소후보에 대하여 그나마 법에 의하여 보장된 최소한의 기회를 최대한 보장하는 것이 국민의 알권리와 자유로운 후보선택권을 충족시키는 길이 된다. 따라서 피청구인의 이 사건 결정 및 공표행위는 소수자 보호라는 민주주의 기본원칙에 반하고 국민의 알 권리와 선거의 자유를 침해하는 것이다.

○ 피청구인의 답변요지

(1) 적법요건에 관하여

(가) 이 사건 헌법소원청구는 모두 행정심판이나 행정소송 등의 구제절차를 거치지 않았으므로 헌법소원의 보충성의 요건을 충족하지 못한다.

(나) 토론위원회의 결정에 따른 방송토론회는 모두 시행되었으며, 또한 청구인들은 위 기준에 해당하지 않는 대통령후보자 4인을 초청대상으로 하여 피청구인이 별도로 개최하기로 한 대담·토론회에 참석할 것을 이미 승낙하였으므로 위 결정 및 공표행위의 취소를 구할 법률상의 이익이 없다.

(2) 본안에 관하여

공직선거법의 취지는 대통령후보자 1인 또는 수인을 초청하여 3회 이상 방송토론회를 개최하여 보도하라는 것이지 모든 후보자들을 기계적으로 평등하게 취급하라는 것은 아니며 합리적인 차별을 당연한 전제로 하고 있다. 원내 교섭단체 보유 정당의 대통령후보자와 주요 언론의 여론조사결과 평균지지율 10% 이상인 후보자를 초청하여 합동토론회를 개최하기로 한 토론위원회의 결정은 다당제인 우리의 현실, 후보자의 당선가능성, 기탁금 반환에 관한 공직선거법 제57조 제1항 제1호의 규정, 공중파방송매체의 효율적 활용 등 여러 사정을 고려한 합리적인 결정이며, 더구나 위 기준에 못미치는 후보자들을 별도로 초청하여 합동토론회를 1회 개최하기로 결정하는 등 청구인들과 같은 이른바 군소 후보자들에게도 기회를 주고 있으므로, 공무담임권과 평등권이 침해되었다는 등 청구인들의 주장들은 모두 이유 없다.

○ 적법요건에 관한 판단

(1) 피청구인인 토론위원회의 결정 및 공표행위가 공권력의 행사인지 여부

토론위원회의 이 사건 결정 및 공표행위가 공권력의 행사에 해당하여 헌법소원의 대상이 될 수 있느냐 하는 점은 공직선거법에 의하여 방송토론회의 개최·보도의무를 부담하고 있는 공영방송사를 공권력의 주체로 볼 수 있느냐 하는 문제와 불가분의 관계에 있다.

헌법재판소법 제68조 제1항에 의하여 헌법소원의 대상이 되는 행위는 국가기관의 공권력작용에 속하여야 한다. 여기서의 국가기관은 입법·행정·사법 등의 모든 기관을 포함하며, 간접적인 국가행정, 예를 들어 공법상의 사단, 재단 등의 공법인, 국립대학교(헌재 1992. 10. 1. 92헌마68 등)와 같은 영조물 등의 작용도 헌법소원의 대상이 된다고 할 것이다.

그런데 헌법 제115조 제1항은, 선거운동은 각급 선거관리위원회의 관리하에 법률이 정하는 범위 안에서 하도록 규정하고 있으며, 텔레비전방송을 이용한 대담·토론회는 전국을 하나의 선거구로 하여 국정의 최고 책임자인 대통령을 선출하는 대통령선거에 있어서 가장 중요한 선거운동이라고 할 수 있고, 공영방송사는 공직선거법에 의하여 이러한 방송토론회를 공동으로 3회 이상 개최하여 보도할 법적 의무를 부담하고 있으며(제82조의2 제1항), 중앙선거관리위원회에 방송토론회의 개최신고를 하도록 되어 있다(제82조의2 제6항). 즉 중앙선거관리위원회는 방송토론회와 관련하여 공영방송사의 감독기관적 지위에 있다고 할 수 있다.

그렇다면 공영방송사는 가장 중요한 선거운동방법인 방송토론회의 개최기관으로서 선거관리업무의 일환으로 볼 수 있는 작용을 하고 있다고 보아야 할

것이므로 공권력의 주체라고 하지 않을 수 없다. 이는 공영방송사의 구성원에 한국방송공사와 같은 공법인 이외에 사법인인, 방송문화진흥회법에 의한 방송문화진흥회가 출자한 방송법인이 포함되어 있다고 하여 달리 볼 것은 아니라 할 것이다. 왜냐하면 공영방송사는 그 구성원인 개개 방송사로부터 독립하여 개념적 실체로서 독자적인 법적 성질을 가지며, 그 성질은 공직선거법이 공영방송사라는 그 구성원과 분리된 별도의 실체에 대하여 부여하고 있는 기능에 의하여 파악되어야 할 것이기 때문이다(헌재 1996. 10. 4. 93헌가13 등 참조).

한편 공직선거법은, 방송토론회의 형식, 주제, 시간의 설정 등 그 진행에 관하여 필요한 구체적 사항을 정하여 이를 주관하는 토론위원회를 공영방송사로 하여금 설치하도록 규정하면서, 아울러 그 위원의 수와 자격, 위원의 정당가입금지의무 등에 관하여도 규정하고 있다. 이러한 관계규정에 비추어 보면 방송토론회의 주관자인 토론위원회는 공영방송사와 일체가 되어 공직선거법에 따른 업무를 수행하는 공권력의 주체라고 하지 않을 수 없다.

그렇다면 피청구인인 토론위원회의 이 사건 결정 및 공표행위는 헌법소원의 대상이 되는 공권력의 행사라고 할 것이다.

(2) 보충성

헌법소원심판은 다른 법률에 구제절차가 있는 경우에는 그 절차를 모두 거친 후가 아니면 청구할 수 없으므로, 이 점에 관하여 검토한다.

우선 공직선거법은 후보자가 토론위원회의 결정에 불복하여 이의 시정을 구할 수 있는 장치를 명시적으로 두고 있지 않다. 즉 토론위원회 자체에 그 결정의 시정을 구하는 절차나, 감독기관이라고 할 수 있는 중앙선거관리위원회에 불복하는 절차를 전혀 두고 있지 아니하므로 토론위원회의 결정에 대한 공직선거법상의 구제절차는 없다 할 것이다.

그밖에 토론위원회의 결정을 일종의 행정처분으로 보아 행정심판이나 행정소송 등에 의하여 그 시정을 구할 수 있다는 견해가 있을 수도 있으나 토론위원회의 결정이 행정쟁송의 대상인 처분, 즉 행정청이 행하는 구체적 사실에 대한 법집행으로서 공권력의 행사 또는 거부에 해당하는지 여부는 객관적으로 불확실하며, 나아가 가사 처분에 해당한다고 하더라도 후보자 등록일부터 선거일전일까지라는 짧은 법정선거운동기간에 행정쟁송절차가 완료되어 구제될 가능성은 기대하기 어려우므로, 토론위원회의 결정을 다툼에 있어 행정쟁송을 거칠 것을 요구하는 하는 것은 실효성없는 우회절차를 요구하는 것 밖에 되지 않는다 할 것이다.

그렇다면 이 사건 헌법소원은 법률상 구제절차가 없는 경우에 해당하거나 사전에 구제절차를 거칠 것을 기대하기가 곤란한 경우에 해당하여(헌재 1989. 9. 4. 88헌마22 참조) 보충성의 요건을 충족하였다고 할 것이다.

(3) 권리보호의 이익

이 사건의 경우 헌법소원심판 계속 중에 토론위원회의 결정에 따른 방송토론회는 이미 모두 시행되었으며, 제15대 대통령선거도 실시되어 새로운 대통령이 취임하였으므로 이 사건 결정 및 공표행위의 위헌여부에 관한 심판을 구할 청구인들의 주관적인 권리보호이익은 소멸되었다고 할 수 있다.

그러나 헌법소원제도는 개인의 주관적 권리구제뿐 아니라 객관적인 헌법질서의 수호·유지의 기능도 아울러 가지고 있으므로 심판 계속 중에 주관적인 권리보호이익이 소멸된 경우라도 그러한 기본권 침해행위가 반복될 위험이 있거나 그에 관한 헌법적 해명의 중대성이 인정되는 경우에는 심판청구의 이익을 인정하는 것이 헌법재판소의 확립된 판례이다(헌재 1992. 1. 28. 91헌마111 등 참조).

그런데 토론위원회의 결정에 따른 방송토론회 및 제15대 대통령선거가 이미 종료되었다고 하더라도 공직선거법 제82조의2가 존속하고 있는 이상 이후 차기 대통령선거 등에서 이 사건과 유사한 사태나 기본권침해 여부를 둘러싼 헌법적 분쟁이 반복되리라는 것은 쉽게 예상할 수 있으므로, 이 사건에 대한 헌법적 해명은 객관적인 헌법질서의 수호·유지를 위하여 긴요하다고 할 수 있다.

그렇다면 이 사건 헌법소원은 심판청구의 이익이 인정되어 적법하다 할 것이다.

O 결정요지 중 일부

1. 헌법소원의 대상이 되는 공권력은 입법·행정·사법 등의 모든 기관뿐만 아니라, 간접적인 국가행정, 예를 들어 공법상의 사단, 재단 등의 공법인, 국립대학교와 같은 영조물 등의 작용도 포함된다. 대통령선거방송위원회는 공직선거법 규정에 의해 설립되고 동법에 따른 법적 업무를 수행하는 공권력의 주체이므로, 이 사건 결정 및 공표행위는 헌법소원의 대상이 되는 공권력의 행사이다.

2. 법률상 구제절차가 없는 경우에 해당하거나 사전에 구제절차를 거칠 것을 기대하기가 곤란한 경우에는 보충성의 요건을 충족한 것이다. 토론위원회의 결정이 행정쟁송의 대상인 처분인 여부는 객관적으로 불확실하며, 처분에 해당한다고 하더라도 짧은 법정선거운동기간에 행정쟁송절차가 완료되어 구제될 가능성은 기대하기 어려우므로, 토론위원회의 결정을 다툼에 있어 행정쟁송을 거칠 것을 요구하는 것은 적절치 않다.

(2) 헌법재판소 2018. 5. 31. 2014헌마346 변호인접견불허처분 등 위헌확인

O 결정이유 중 일부

• 보충성원칙

송환대기실의 설치·운영에 관하여 피청구인의 권한을 정하는 법령상의 근거가 없다. 피청구인은 이와 같이 자신에게 송환대기실에 수용된 사람의 변호인 접견을 허가할 권한이나 의무가 없다는 이유를 들어 변호인 접견신청을 거부하였다. 따라서 청구인이 피청구인을 상대로 이 사건 변호인 접견신청 거부의 취소를 구하는 행정심판이나 행정소송을 제기한다 하더라도 이 사건 변호인 접견신청 거부가 구체적 사실에 관한 "법집행"이 아니어서 행정소송법상 "처분"에 해당되지 않는다는 이유로 각하될 가능성이 크다.

따라서 이 사건 심판청구는 행정심판이나 행정소송이라는 권리구제절차가 허용되는지 여부가 객관적으로 불확실하여 전심절차이행의 기대가능성이 없는 경우에 해당한다. 이 사건 심판청구는 보충성의 예외가 인정된다(헌재 1991. 5. 13. 90헌마133 참조).

VI. 권리보호이익

01 의의

헌법소원제도는 국민의 기본권침해를 구제해 주는 제도이므로 그 제도의 목적상 권리보호의 이익이 있는 경우에만 이를 제기할 수 있다. 즉 권리보호의 이익이 소멸되거나 제거된 경우에는 헌법소원심판청구는 원칙적으로 부적법하여 각하를 면할 수 없다.

02 원칙: 권리보호이익의 존속

가. 권리보호이익은 헌법소원의 제기시에는 물론이고 결정시에도 존속하여야 한다.

나. 따라서, 헌법소원심판청구 당시 권리보호이익이 인정되더라도 심판계속 중에 사실관계 또는 법률관계의 변동으로 말미암아 청구인들이 주장하는 기본권침해가 종료된 경우에는 원칙적으로 권리보호이익이 없으므로 헌법소원이 부적법한 것으로 된다.

예컨대, 다음과 같은 경우에는 권리보호이익이 없어 헌법소원심판청구는 각하된다.[11]

(1) 헌법소원심판청구 제기 당시에는 침해행위가 있었지만, 침해행위가 이미 종료된 경우

(2) 헌법소원심판청구 후에 기본권 침해의 원인이 된 공권력의 행사가 취소되거나 새로운 공권력의 행사 등의 사정변경으로 말미암아 청구인이 더 이상 기본권 침해를 받지 않는 경우

---

11) 다만, 이 경우에도 뒤에서 말하는 '권리보호이익 요건의 완화'에 해당하면 권리보호이익이 있다.

다. 헌법재판소 결정례

(1) 헌법재판소 2014. 6. 26. 2011헌마815 물포사용행위 위헌확인

○ 판시사항

피청구인이 2011. 11. 10. 15:46경부터 16:16경까지 사이에 청구인들에게 한 물포발사행위(이하 '이 사건 물포발사행위'라 한다)에 대한 심판청구가 권리보호이익이 있는지 여부(소극)

○ 결정요지

이 사건 물포발사행위는 이미 종료되어 청구인들의 기본권 침해상황이 종료되었으므로, 이 사건 심판청구가 인용된다고 하더라도 청구인들의 권리구제에 도움이 되지 않아, 권리보호이익이 없다.

또한, 구 경찰관직무집행법(1999. 5. 24. 법률 제5988호로 개정되고, 2014. 5. 20. 법률 제12600호로 개정되기 전의 것) 제10조, 경찰장비의 사용기준 등에 관한 규정 제2조 제4호, 구 경찰장비관리규칙(2009. 9. 30. 경찰청훈령 제571호로 전부개정되고, 2014. 4. 28. 경찰청훈령 제732호로 개정되기 전의 것) 제97조 제2항 제3호, 물포운용지침 등 관련규정과 대법원 판례에 의하면, 물포발사행위는 타인의 법익이나 공공의 안녕질서에 대하여 직접적이고 명백한 위험을 초래하는 집회나 시위에 대하여 구체적인 해산사유를 고지하고 최소한의 범위 내에서 이루어져야 하므로, 집회 및 시위 현장에서 청구인들이 주장하는 것과 같은 유형의 근거리에서의 물포 직사살수라는 기본권 침해가 반복될 가능성이 있다고 보기 어렵고, 설령 물포발사행위가 그러한 법령상의 한계를 위반하면 위법함이 분명하므로, 헌법재판소가 헌법적으로 해명할 필요가 있는 사안이라고 보기도 어렵다.

[재판관 이정미, 재판관 김이수, 재판관 서기석의 반대의견]

집회 및 시위현장에서 물포의 반복 사용이 예상되고, 이에 대한 헌법재판소의 해명도 없었으므로, 예외적으로 심판의 이익을 인정하여 본안 판단에 나아갈 수 있다.

물포는 국민의 생명이나 신체에 중대한 위해를 가할 수 있는 경찰장비이므로, 구체적인 사용 근거와 기준 등에 관한 중요한 사항이 법률 자체에 직접 규정되어야 한다. 그런데 구 경찰관직무집행법은 아무런 규정을 두고 있지 않으므로, 이를 근거로 행한 이 사건 물포발사행위는 법률유보원칙에 위배된다.

또한 이 사건 물포발사행위는 적법한 해산명령절차를 거치지 아니하였으므로, 적법절차원칙에 위배된다.

피청구인은 시위참가자들이 피켓 등을 들고 마이크와 스피커를 이용하여 구호를 외치면서 국회의사당 쪽으로 진행을 시도한 것 외에 적극적인 공격이나 폭력을 행사하였다거나 위험한 물건 등을 소지하였다고 볼 만한 사정이 없었음에도, 행진한 지 10여 분 정도밖에 되지 않는 시점에 물포발사를 매우 신속하게 진행하였고, 그 중 생명, 신체에 가장 위험을 끼칠 수 있는 직사살수를 가장 긴 시간 동안 집중적으로 하였다. 직사살수는 발사자의 의도이든 조작실수에 의한 것이든 생명과 신체에 치명적인 결과를 가져올 수 있으므로, 타인의 법익이나 공공의 안녕질서에 직접적인 위험을 명백하게 초래한 경우에 한하여 보충적으로만 사용하여야 함에도 불구하고, 이 사건 물포발사행위는 그러한 위험이 명백하게 초래되었다고 볼 만한 사정이 없었음에도 직사살수의 방법으로 이루어져 집회의 자유를 침해하였다.

(2) 헌법재판소 2005. 9. 29. 2004헌마323 공직선거 및 선거부정방지법 제38조 제1항 위헌확인

O 판시사항

부재자신고의 대상을 정한 공직선거 및 선거부정방지법 제38조 제1항에 대한 헌법소원심판이 헌법재판소에 계속 중 당해 법률조항의 개정으로 청구인들이 더 이상 기본권침해를 받을 여지가 없게 된 경우 권리보호이익이 인정되는지 여부(소극)

O 결정요지

헌법소원심판청구 당시 권리보호이익이 인정되더라도 심판 계속 중에 사실관계 또는 법률관계의 변동으로 말미암아 청구인들이 주장하는 기본권침해가 종료된 경우에는 원칙적으로 권리보호이익이 없으므로 헌법소원이 부적법한 것으로 된다. 그런데 이 사건 헌법소원이 제기된 후인 2005. 8. 4. 법률 제7681호로 개정된 공직선거 및 선거부정방지법 제38조 제1항은 개정 전 법률조항의 '국내 거주자 중 다음 각 호의 1에 해당하는 자' 부분을 '국내거주자[제15조(선거권) 제2항 제2호의 규정에 따른 외국인을 제외한다]'로 개정하고 각 호 부분을 삭제함으로써 선거 당일에 관할 투표소에서 투표를 할 수 없는 모든 선거권자를 그 사유를 불문하고 모두 부재자신고의 대상으로 하였다. 따라서 이 사건의 경우 청구인들이 더 이상 위 법률조항으로 인한 기본권침해를 받을 여지가 없게 된 때에 해당하여 본안에 대하여 심판을 받을 권리보호이익이 없다.

O 사건의 개요

청구인 한○석은 ○○국제공항 소방대에서 1일 3교대제로, 청구인 조○옥은 ○○국제공항 터미널사업소 기계팀에서 1일 2교대제로 각 근무하는 근로자인바, 2004. 4. 20. '교대제 근로'를 하는 근로자들을 부재자투표의 대상에서 제외한 공직선거 및 선거부정방지법 제38조 제1항이 자신들의 평등권, 선거권 등을 침해한다고 주장하면서 그 위헌확인을 구하는 이 사건 헌법소원심판을 청구하였다.

O 심판대상조문

- 공직선거 및 선거부정방지법(2005. 8. 4. 법률 제7681호로 개정되기 전의 것) 제38조(부재자신고) ① 선거인명부에 오를 자격이 있는 국내거주자 중 다음 각 호의 1에 해당하는 자가 선거일에 자신이 투표소에 가서 투표할 수 없는 때에는 선거인명부 작성기간 중에 구·시·읍·면의 장에게 서면으로 부재자신고를 할 수 있다. 이 경우 우편요금은 무료로 한다.

  1. 선거인명부 작성기간 만료일 이전부터 주민등록지인 구·시·군 밖으로 떠난 자로서 선거일까지 주민등록지로 돌아올 수 없는 자
  2. 법령에 의하여 영내 또는 함정에 장기 기거하는 군인이나 경찰공무원
  3. 병원·요양소·수용소·교도소(구치소를 포함한다) 또는 선박 등에 장기 기거하는 자

4. 신체에 중대한 장애가 있어 거동할 수 없는 자

5. 선거일에 투표소에 가기 어려운 멀리 떨어진 외딴 섬 중 중앙선거관리위원회규칙으로 정하는 섬에 거주하는 자

6. 각급선거관리위원회의 위원·직원(파견 또는 위촉된 공무원을 포함한다) 기타 선거일에 자신이 투표할 투표소가 아닌 다른 투표소에 근무할 것이 예정된 투표사무원과 투표소 경비가 예정된 경찰공무원

O 청구인들의 주장요지

(1) 부재자투표제도의 취지는 주민등록상의 주소지에서 투표시간 내에 투표하는 것이 곤란한 국민에게 선거권행사의 편의를 제공하는 데 있다. 따라서 이러한 부재자투표제도의 취지에 비추어 볼 때, 국제공항이라는 근무지의 특성상 정해진 투표시간 내에 투표를 할 수 없는 청구인들과 이 사건 법률조항이 정하는 부재자투표의 대상자들을 달리 취급할 합리적인 이유가 없다.

(2) 민주주의와 국민주권주의를 실현하는 수단으로서 선거의 중요성에 비추어 볼 때, 국가는 가능한 한 많은 국민이 선거에 참여할 수 있도록 배려하여야 한다. 그런데 청구인들과 같이 투표시간과 근무시간이 겹치는 근로자들이나 또는 항공사·철도·고속버스·선박의 운전자 등 불가피하게 주거지를 떠나 있는 근로자들의 경우에는 부재자투표를 할 수 없는 한 사실상 선거권이 박탈되는 결과가 초래된다.

(3) 부재자투표라는 방법으로 선거권을 행사하는 것이 기술적으로 충분히 가능함에도 불구하고 국가가 이들을 부재자투표의 대상에 포함시키고 있지 않은 것은 헌법 제10조 제2항이 정하는 국가의 기본권보장의무에 위배될 뿐 아니라, 선거권을 과도하게 제한하고 국민주권주의의 실현을 방해한다.

O 결정이유 중 일부

3. 판 단

가. 헌법소원제도는 주로 국민의 기본권 침해를 구제하기 위한 제도이므로 그 제도의 목적에 비추어 권리보호이익이 있는 경우에만 이를 제기할 수 있다. 헌법소원이 비록 적법하게 제기되었더라도 권리보호이익은 헌법재판소의 결정

당시에도 존재해야 한다. 그러므로 헌법소원심판청구 당시 권리보호이익이 인정되더라도 심판 계속 중에 사실관계 또는 법률관계의 변동으로 말미암아 청구인이 주장하는 기본권침해가 종료된 경우에는 원칙적으로 권리보호이익이 없으므로 헌법소원이 부적법한 것으로 된다(헌재 1997. 3. 27. 93헌마251 등 참조).

나. 이 사건 법률조항은 공직선거에 있어서 부재자신고의 대상을 '국내거주자 중 다음 각 호의 1에 해당하는 자'로 제한하고 있는바, 그로 인하여 부재자신고의 대상에서 제외된 선거권자의 경우 투표 당일에 관할 투표소에서 투표를 할 수 없는 상황임에도 불구하고 부재자투표를 할 수 없게 된다. 그리고 청구인들과 같이 교대제 형태의 근로를 하는 근로자의 경우에도 투표시간과 근무시간이 겹치는 경우 직접 투표소에서 투표를 할 수 없음에도 불구하고 이 사건 법률조항이 정하는 부재자신고의 대상에 포함되지 않아 결국 선거권의 행사가 불가능하게 된다.

다. 그런데 이 사건 헌법소원이 제기된 후인 2005. 8. 4. 법률 제7681호로 개정된 법 제38조 제1항은 이 사건 법률조항의 '국내 거주자 중 다음 각 호의 1에 해당하는 자' 부분을 '국내거주자[제15조(선거권) 제2항 제2호의 규정에 따른 외국인을 제외한다]'로 개정하고 각 호 부분을 삭제함으로써 선거 당일에 관할 투표소에서 투표를 할 수 없는 모든 선거권자를 그 사유를 불문하고 모두 부재자신고의 대상으로 하였다.

따라서 청구인들과 같이 교대제 근로를 하는 근로자들의 경우에도 모두 부재자신고의 대상에 포함되어 법이 정하는 절차에 따라 부재자신고를 하고 부재자투표를 할 수 있게 되었다.

라. 그렇다면 이 사건의 경우 청구인들이 이 사건 법률조항으로 인한 기본권침해를 주장하며 헌법소원을 청구한 뒤에 이 사건 법률조항이 위와 같이 개정되어 청구인들이 더 이상 이로 인한 기본권침해를 받을 여지가 없게 되었으므로 본안에 대하여 심판을 받을 이익이 없다고 보아야 할 것이다.

○ 주 문

청구인들의 심판청구를 각하한다.

03 / 예외: 권리보호이익요건의 완화[12]

가. 의의

헌법소원제도는 개인의 주관적 권리구제뿐 아니라 객관적인 헌법질서의 수호·유지의 기능도 아울러 가지고 있으므로, 심판 계속 중에 주관적인 권리보호이익이 소멸된 경우라도 그러한 기본권 침해행위가 반복될 위험이 있거나 그에 관한 헌법적 해명의 중대성이 인정되는 경우에는 헌법재판소는 심판청구의 이익을 인정한다.

나. 헌법재판소 결정례

(1) 헌법재판소 1998. 8. 27. 97헌마372·398·417(병합) 방송토론회 진행사항 결정 행위 등 취소

O 결정이유 중 일부

● 권리보호의 이익

이 사건의 경우 헌법소원심판 계속 중에 토론위원회의 결정에 따른 방송토론회는 이미 모두 시행되었으며, 제15대 대통령선거도 실시되어 새로운 대통령이 취임하였으므로 이 사건 결정 및 공표행위의 위헌 여부에 관한 심판을 구할 청구인들의 주관적인 권리보호이익은 소멸되었다고 할 수 있다.

그러나 헌법소원제도는 개인의 주관적 권리구제뿐 아니라 객관적인 헌법질서의 수호·유지의 기능도 아울러 가지고 있으므로 심판 계속 중에 주관적인 권리보호이익이 소멸된 경우라도 그러한 기본권 침해행위가 반복될 위험이 있거나 그에 관한 헌법적 해명의 중대성이 인정되는 경우에는 심판청구의 이익

---

12) 헌법재판소는 이를 가리켜 "권리보호의 이익은 없지만 심판청구의 이익이 있다."고 표현하고 있는바, 요컨대 '권리보호의 이익'은 '주관적인 이익'이라는 의미로, '심판청구의 이익'은 '객관적인 이익'이라는 의미로 쓰고 있다. 이런 논리가 적절한지는 의문이다. '심판청구의 이익'이라는 관념 대신에 '권리보호의 이익의 예외'라고 표현하면 충분하지 않을까 생각한다.

을 인정하는 것이 헌법재판소의 확립된 판례이다(헌재 1992. 1. 28. 91헌마111).

그런데 토론위원회의 결정에 따른 방송토론회 및 제15대 대통령선거가 이미 종료되었다고 하더라도 공직선거법 제82조의2가 존속하고 있는 이상 이후 차기 대통령선거 등에서 이 사건과 유사한 사태나 기본권침해 여부를 둘러싼 헌법적 분쟁이 반복되리라는 것은 쉽게 예상할 수 있으므로, 이 사건에 대한 헌법적 해명은 객관적인 헌법질서의 수호·유지를 위하여 긴요하다고 할 수 있다.

그렇다면 이 사건 헌법소원은 심판청구의 이익이 인정되어 적법하다 할 것이다.

(2) 헌법재판소 2003. 12. 18. 2002헌마593 형사소송법 제201조 제1항 위헌확인

O 결정이유 중 일부

● 권리보호이익에 대한 검토

(1) 한편, 검사가 청구인에 대하여 청구한 구속영장이 2002. 8. 20. 집행되었고, 수사단계에서 그 영장의 효력이 연장될 수 있는 최대 상한선인 30일(혹은 50일)이 이미 경과되었다는 점 등에 비추어 볼 때, 청구인이 제기한 이 사건 헌법소원심판청구의 경우 주관적 권리보호이익이 더 이상 존재하지 아니하여 부적법하다고 볼 여지가 있다.

(2) 그러나, 우리 재판소에서 헌법소원심판절차를 진행하는 데에 소요되는 일반적 기간(청구인 및 이해관계인들에 대한 헌법소원심판회부통지, 이해관계인들의 의견서 제출 등을 위한 기간) 등을 고려하여 볼 때, 실무적으로 이 사건과 같은 유형의 사건에서 청구인의 주관적 권리보호이익이 존속되고 있는 기간 내에 우리 재판소가 최종판단을 하기는 어렵고, 따라서 이러한 유형의 사건에서 청구인의 주관적 권리보호이익이 사후적으로 소멸하였다는 사유로 헌법소원심판청구를 각하하는 것은 이 사건 법률조항 등의 위헌 여부에 관한 헌법소원심판청구를 사실상 봉쇄하는 부당한 결과를 초래할 수 있다. 또한 헌법소원심판제도는 청구인들의 개인적인 권리구제 뿐만 아니라 객관적인 헌법질서 수호를 목적으로 하고 있는데, 이 사건 법률조항의 경우 인신구속에 관한 중요한 사항을

규율하고 있을 뿐만 아니라 수사단계에서 검사가 법원에 구속영장을 청구할 때마다 이 사건 법률조항의 위헌성 여부에 관하여 다툼이 계속 발생할 수 있기 때문에, 이에 관하여 헌법적 해명을 할 필요가 있는 것으로 판단된다(헌재 1995. 5. 25. 91헌마67 참조).

(3) 따라서 이 사건 헌법소원청구의 경우 권리보호이익 등에 관한 예외적 상황을 인정하여 본안 판단을 하기로 한다.

(3) 헌법재판소 2006. 6. 29. 2005헌마415 선거방송 대담토론 초청대상 후보자 제외결정 위헌확인

○ 결정이유

● 권리보호이익의 존재 여부

(1) 헌법소원제도는 국민의 기본권침해를 구제해 주는 제도이므로 그 제도의 목적상 권리보호의 이익이 있는 경우에만 이를 제기할 수 있다. 즉 권리보호의 이익이 없는 경우 헌법소원심판청구는 부적법하여 각하를 면할 수 없다.

청구인이 이 사건 헌법소원심판청구를 통하여 의도하는 바는 선거방송토론에 참여하여 이를 통하여 선거운동을 하려는 것인데, 이 사건 헌법소원을 청구한 후에 바로 선거방송토론과 국회의원 재선거가 실시되었으므로 청구인이 주장하는 기본권침해는 이미 종료되었다. 따라서 이러한 경우는 기본권침해를 받은 자가 그 구제를 위해 헌법소원심판을 청구한 뒤 사실관계의 변화로 인하여 기본권에 대한 침해행위가 종료되어 청구인이 더 이상 기본권을 침해받지 않는 때에 해당하므로, 적어도 청구인의 주관적 권리구제를 위해서는 본안에 관하여 심판의 이익이 없다고 보아야 한다.

(2) 한편, 헌법소원제도는 개인의 권리구제 뿐 아니라 객관적인 헌법질서의 보장기능도 가지므로 헌법소원심판청구가 청구인의 주관적 권리구제에 도움이 되지는 아니한다 하더라도, 그러한 침해행위가 앞으로도 반복될 위험이 있거나 그 심판대상에 대한 위헌 여부의 해명이 헌법질서의 수호·유지를 위하여 긴요한 사항이어서 헌법적으로 중요한 의미를 가지고 있는 경우에는, 심판청구의 이익을 인정하여 이미 종료한 침해행위가 위헌이었음을 확인할 수 있

다(헌재 1991. 7. 8. 89헌마181; 헌재 1997. 11. 27. 94헌마60).

(가) 행정청이 법률을 단순히 잘못 해석·적용함으로써 결과적으로 국민의 기본권을 침해하였다고 하여 그러한 행정청의 행위가 모두 헌법소원의 대상이 되는 것은 아니다. 만일 그러한 경우도 헌법소원의 대상이 된다면, 오늘날 다수의 법률이 국민의 기본권을 제한하는 법률이므로 이들 법률을 청구인에게 불리하게 잘못 해석·적용하는 것은 필연적으로 기본권 침해의 결과를 가져온다는 점에서, 결국 우리 재판소는 법률의 거의 모든 해석과 적용에 대하여 그 타당성을 심사해야 할 것이다. 그러나 사실관계의 확정과 평가, 법률을 해석하고 개별 사건에 구체적으로 적용하는 것은 법원의 고유한 과제로서, 우리 재판소에 의한 심사의 대상이 아니다. 행정청은 법률, 특히 사법상의 일반조항, 불확정 법개념이나 행정청의 재량행사규정 등을 해석을 통하여 구체화하는 과정에서 기본권을 비롯한 헌법의 기본결정을 내용적 지침으로서 고려해야 하는데, 법적용기관이 법률에 미치는 헌법의 영향을 간과하거나 또는 오인하여 소송당사자에게 불리하게 판단함으로써 헌법의 정신을 고려하지 않은 법적용을 통하여 그의 기본권을 침해한다면, 바로 이러한 경우에 법률의 해석·적용은 헌법재판소의 심사대상이 되는 것이다. 그러나 행정청이 법률을 잘못 해석·적용하였는지의 여부가 헌법에 의해서가 아니라 적용된 법률에 근거하여 판단된다면, 즉 헌법이 아니라 법률이 행정청에 의한 해석·적용의 타당성을 심사하는 규범이 된다면, 이 경우 법률의 해석·적용에 대한 판단은 법원의 관할에 속하는 것이다(헌재 2003. 2. 27. 2002헌마106; 헌재 2005. 10. 27. 2005헌마126 참조).

(나) 이 사건에서 청구인이 헌법소원청구를 통하여 다투고자 하는 것은 행정청이 이 사건 법률조항을 해석함에 있어서 관련 기본권의 효력을 간과하거나 오해함으로써 이 사건 법률조항을 위헌적으로 해석·적용하였는가의 문제, 즉 이 사건 결정 자체의 위헌성에 관한 판단이 아니라, '이 사건 법률조항이 정하는 평균한 지지율의 의미가 무엇인가?', '경남신문사가 실시한 한 번의 여론조사결과도 평균지지율로 볼 수 있는가?', '한 번의 여론조사결과를 근거로 하여 청구인을 초청대상 후보자에서 제외한 이 사건 결정이 이 사건 법률조항 및 관련 공선법조항의 체계적 해석에 부합하는가?'에 관한 판단이라고 할

수 있다.

그런데 이러한 판단은 헌법이 정하는 공무담임권이나 선거운동의 기회균등과 관련한 기본권적 보호에 비추어 텔레비전을 통한 선거운동의 기회를 제한하는 법률규정을 해석하는 문제라기보다는, 이 사건 법률조항의 입법취지에 비추어 '평균지지율의 개념과 범위'를 확정하고 이러한 법률해석에 기초하여 경남신문사가 행한 여론조사결과를 이 사건 법률조항의 적용영역으로 포섭해 나가는 문제, 즉 '순수한 법률의 해석과 적용의 문제'인 것이다. 그런데 이러한 판단은 헌법재판소의 관할이 아니라 일차적으로 법원의 과제에 속한다.

(다) 이러한 관점에서 볼 때, 이 사건 심판청구는 헌법질서의 수호·유지를 위하여 긴요한 사항이어서 그 위헌 여부의 해명이 헌법적으로 중요한 의미를 지니고 있는 경우라고 볼 수 없으므로 권리보호이익이 없어 부적법하다. 그리고 설사 유사한 침해행위가 앞으로도 반복될 위험이 있다 하더라도, 공권력행사의 위헌성이 아니라 단지 위법성이 문제되는 경우에는 공권력행사의 위헌 여부를 확인할 실익이 없고, 이에 따라 심판청구의 이익이 부인된다고 할 것이다.

(4) 2018. 5. 31. 2015헌마476 물포 발포행위 등 위헌확인

O 적법요건에 관한 판단 중 일부

이 사건 혼합살수행위로 인한 청구인들의 기본권 침해상황은 이미 종료되었다. 그러나 '경찰관 직무집행법'과 이 사건 대통령령 및 규칙은 살수차를 경찰장비의 하나로 규정하면서 불법집회나 시위 현장에서 사용할 수 있도록 규정하고 있고, 이 사건 지침은 살수 방법으로 최루액을 혼합하여 살수할 수 있다고 규정하고 있다. 이러한 규정에 따르면 각종 집회나 시위 현장에서 혼합살수행위가 반복될 가능성이 있다. 최루액 혼합살수행위는 사람의 생명이나 신체에 위험을 초래할 수 있는 중대한 법익 침해가 예견되는 공권력 행사다. 그런데 헌법재판소가 최루액 혼합살수행위가 헌법에 합치하는지 여부에 대한 해명을 한 바 없으므로, 이 사건 혼합살수행위에 대하여는 심판의 이익이 인정된다.

Ⅶ. 청구기간

01 법률 규정

- 헌법재판소법 제69조(청구기간) ① 제68조 제1항에 따른 헌법소원의 심판은 그 사유가 있음을 안 날부터 90일 이내에, 그 사유가 있는 날부터 1년 이내에 청구하여야 한다. 다만, 다른 법률에 따른 구제절차를 거친 헌법소원의 심판은 그 최종결정을 통지받은 날부터 30일 이내에 청구하여야 한다.

  ② 제68조 제2항에 따른 헌법소원심판은 위헌 여부 심판의 제청신청을 기각하는 결정을 통지받은 날부터 30일 이내에 청구하여야 한다.

  [전문개정 2011. 4. 5.]

- 참고: 2003. 3. 12. 개정 전의 구 헌법재판소법 제69조(청구기간) ① 제68조 제1항의 규정에 의한 헌법소원의 심판은 그 사유가 있음을 안 날로부터 60일 이내에, 그 사유가 있은 날로부터 180일 이내에 청구하여야 한다. 다만, 다른 법률에 의한 구제절차를 거친 헌법소원의 심판은 그 최종결정을 통지받은 날로부터 30일 이내에 청구하여야 한다.

  ② 제68조 제2항의 규정에 의한 헌법소원심판은 위헌법률심판의 제청신청이 기각된 날로부터 14일 이내에 청구하여야 한다.

- 헌법재판소법 제70조(국선대리인) ① 헌법소원심판을 청구하려는 자가 변호사를 대리인으로 선임할 자력(資力)이 없는 경우에는 헌법재판소에 국선대리인을 선임하여 줄 것을 신청할 수 있다. 이 경우 제69조에 따른 청구기간은 국선대리인의 선임신청이 있는 날을 기준으로 정한다.

  ② 제1항에도 불구하고 헌법재판소가 공익상 필요하다고 인정할 때에는 국선대리인을 선임할 수 있다.

  ③ 헌법재판소는 제1항의 신청이 있는 경우 또는 제2항의 경우에는 헌

법재판소규칙으로 정하는 바에 따라 변호사 중에서 국선대리인을 선정한다. 다만, 그 심판청구가 명백히 부적법하거나 이유 없는 경우 또는 권리의 남용이라고 인정되는 경우에는 국선대리인을 선정하지 아니할 수 있다.

④ 헌법재판소가 국선대리인을 선정하지 아니한다는 결정을 한 때에는 지체 없이 그 사실을 신청인에게 통지하여야 한다. 이 경우 신청인이 선임신청을 한 날부터 그 통지를 받은 날까지의 기간은 제69조의 청구기간에 산입하지 아니한다.

⑤ 제3항에 따라 선정된 국선대리인은 선정된 날부터 60일 이내에 제71조에 규정된 사항을 적은 심판청구서를 헌법재판소에 제출하여야 한다.

⑥ 제3항에 따라 선정한 국선대리인에게는 헌법재판소규칙으로 정하는 바에 따라 국고에서 그 보수를 지급한다.

02 헌법재판소 결정례

(1) 헌법재판소 1996. 3. 28. 93헌마198 약사법 제37조 등 위헌확인

○ 결정요지 중 일부

법령에 대한 헌법소원의 청구기간도 기본권을 침해받은 때로부터 기산하여야 할 것이지 기본권을 침해받기도 전에 그 침해가 확실히 예상되는 등 실체적 제 요건(諸 要件)이 성숙하여 헌법판단에 적합하게 된 때로부터 기산할 것은 아니므로, 법령의 시행과 동시에 기본권 침해를 받은 자는 그 법령이 시행된 사실을 안 날로부터 60일 이내에, 그 법령이 시행된 날로부터 180일 이내에 청구하여야 할 것이나, 법령이 시행된 후에 비로소 그 법령에 해당하는 사유가 발생하여 기본권의 침해를 받게 된 경우에는 그 사유가 발생하였음을 안 날로부터 60일 이내에, 그 사유가 발생한 날로부터 180일 이내에 청구하여야 할 것이다. 따라서 종전에 이와 견해를 달리하여 법령에 대한 헌법소원의 청구기간의 기산점에 관하여 기본권의 침해가 확실히 예상되는 때로부터도 청구기간을 기산한다는 취지로 판시한 우리 재판소의 의견은 이를 변경하기로 한다.

(2) 헌법재판소 2002. 1. 31. 2000헌마274 교육공무원법 제47조 위헌 확인

○ 결정요지

우리 재판소의 결정례(헌재 1996. 3. 28. 93헌마198)는, 법령에 대한 헌법소원의 청구기간은 법령이 시행된 후에 비로소 그 법령에 해당하는 사유가 발생한 경우에는 언제나 법령 시행일이 아닌 해당사유 발생일로부터 기산하여야 한다는 것이 아니라, 법령 시행일을 청구기간 기산일로 하는 것이 기본권 구제의 측면에서 부당하게 청구기간을 단축하는 결과가 되거나, 침해가 확실히 예상되는 때로부터 기산한다면 오히려 기산일을 불확실하게 하여 청구권의 유무를 불안정하게 하는 결과를 가져올 경우 등에는, 법령 시행일이 아닌 법령이 적용될 해당사유가 발생하여 기본권침해가 비로소 현실화된 날부터 기산함이 상당하다는 취지이다.

청구인은 이 사건 법률조항의 시행으로 인하여 그 즉시 정년이 62세로 단축된 중등교원의 지위를 갖게 된 것이지, 이후 62세에 달하여 실제 정년퇴직에 이르러서야 비로소 기본권의 제한을 받게 되었다고 할 것은 아니므로, 청구기간의 기산점은 이 사건 법률조항의 공포일(시행일)로 보는 것이 타당하다.

○ 당 사 자

청구인   정○○

국선대리인 변호사 정명택

○ 사건의 개요

청구인은 경남 진영제일고등학교의 교장으로 근무하다가 2000. 2. 29.자로 정년(62세, 1938. 2. 28.생) 퇴직한 자로서, 교육공무원법 제47조 제1항이 대학교원을 제외한 교육공무원의 정년을 종전의 65세에서 62세로 단축하는 것으로 개정·시행(1999. 1. 29. 법률 제5717호)되는 바람에, 조기에 정년퇴직하게 되어 자신의 공무담임권, 평등권 등의 기본권이 침해되었다면서 위 개정된 법률조항에 대한 위헌확인을 구하여 2000. 4. 24. 이 사건 헌법소원심판을 청구하였다.

O 심판의 대상

이 사건 심판의 대상은 교육공무원법(1999. 1. 29. 법률 제5717호로 개정된 것) 제47조 제1항(이하 '이 사건 법률조항'이라 한다)이 청구인의 기본권을 침해하는지의 여부이고, 이 사건 법률조항 및 관련조항의 내용은 다음과 같다.

- 교육공무원법(1999. 1. 29. 법률 제5717호로 개정된 것) 제47조(정년) ① 교육공무원의 정년은 62세로 한다. 다만, 고등교육법 제14조의 규정에 의한 교원인 교육공무원의 정년은 65세로 한다.
  ② 교육공무원(임기가 있는 교육공무원을 포함한다)은 그 정년이 달한 날이 속하는 학기의 말일에 당연히 퇴직된다.

부 칙
- 제1조(시행일) 이 법은 공포한 날부터 시행한다.

- 고등교육법 제14조(교직원의 구분) ① 대학·산업대학·교육대학 및 방송·통신대학에는 학교의 장으로서 총장 또는 학장을 두며, 전문대학 및 기술대학에는 학장을 둔다.
  ② 학교에 두는 교원은 제1항의 규정에 의한 총장 및 학장 외에 교수·부교수·조교수 및 전임강사로 구분한다.
  (③ 및 ④ 생략)

O 청구이유의 요지

(1) 이 사건 법률조항은 그것이 공포·시행되기 이전에 임용된 교원인 청구인에게까지 소급적용됨으로써 신뢰보호의 원칙에 위배되며, 공무원의 신분을 보장한 헌법 제7조 제2항에 위반된다.

(2) 이 사건 법률조항이 고등교육법 제14조에 정한 교원(대학교수 등 대학교원)의 정년은 65세로 하면서 나머지 교원의 정년을 62세로 한 것은 합리적 이유없이 중등교원인 청구인을 대학교원과 차별대우하는 것으로 평등권을 침해

한 것이다.

(3) 이 사건 법률조항이 일률적으로 교원의 정년을 단축한 것은 과잉금지 원칙에 위반하여 청구인의 직업의 자유 및 행복추구권 등의 기본권을 침해한 것이다.

O 결정이유 중 일부

3. 판 단

(1) 이 사건 법률조항은 1999. 1. 29. 공포되어 같은 날 시행되었고 청구 인은 그로부터 180일이 경과한 2000. 4. 24. 이 사건 헌법소원심판을 청구하였 으므로, 이 사건 법률조항의 시행일로부터 기산하면, 청구기간이 이미 도과되 었다고 할 것이다.

그런데, 청구인은 이 사건 법률조항이 시행되고 나서 청구인이 그에 따른 정년퇴직을 한 2000. 2. 29.에야 비로소 기본권의 침해를 받았고, 그로부터 기 산하여 60일 이내에 청구된 이 사건 심판청구는 적법한 것이라고 주장하면서 우리재판소의 결정례(헌재 1996. 3. 28. 93헌마198)를 인용하고 있다.

(2) 살피건대, 위 결정례는, 법령에 대한 헌법소원의 청구기간은 법령이 시행된 후에 비로소 그 법령에 해당하는 사유가 발생한 경우에는 언제나 법령 시행일이 아닌 해당사유 발생일로부터 기산하여야 한다는 것이 아니라, 법령시 행일을 청구기간 기산일로 하는 것이 기본권 구제의 측면에서 부당하게 청구 기간을 단축하는 결과가 되거나, 침해가 확실히 예상되는 때로부터 기산한다 면, 오히려 기산일을 불확실하게 하여 청구권의 유무를 불안정하게 하는 결과 를 가져올 경우 등에는, 법령 시행일이 아닌 법령이 적용될 해당사유가 발생하 여 기본권 침해가 비로소 현실화된 날부터 기산함이 상당하다는 취지라고 할 것이다.

이는 또한 자기관련성의 요건과 관련하여 볼 때 청구인이 법령의 적용을 장차 받게 될 것인지 여부가 명백하지 않은 경우까지도 법령 시행일로부터 청 구기간을 준수하여 다툴 것을 요구할 수 없다고 할 것이지만, 이미 법령의 적 용을 받아 자신의 지위에 변동을 받고 있는 경우에까지 이를 확대하여 청구기간의 기산점을 늦추라는 취지로 볼 것은 아니다.

(3) 그렇다면, 이 사건에서 청구인은 이 사건 법률조항의 시행으로 인하여 그 즉시 정년이 62세로 단축된 중등교원의 지위를 갖게 되는 효과를 받게 된 것이지, 이후 62세에 달하여 실제 정년퇴직에 이르러서야 비로소 기본권의 제한을 받게 되었다고 할 것은 아니므로, 청구기간의 기산점은 이 사건 법률조항의 공포일(시행일)로 보는 것이 타당하다.

그렇게 보아도 이 사건 청구인의 청구기간이 부당히 단축되었다거나 청구기간의 기산일이 불확실하게 된다고 볼 수 없을 뿐만 아니라, 거꾸로 이 사건 법률조항에 의한 초중등교원의 실제 퇴직일부터 기산하는 경우에는 이 사건 법률조항 시행 당시 이미 임용 중이던 초중등교원들이 향후 수십년간 정년퇴직할 때마다 이 사건과 동일한 취지의 헌법소원을 청구기간을 준수하여 적법하게 청구할 수 있다고 보아야 할 것이므로 오히려 법적 안정성을 해치는 결과가 되기 때문이다.

더욱이 이 사건 청구인은 그의 정년이 단축되어 조기에 정년퇴직하게 됨을 전제로 정년퇴직 후 계약제 초빙교장을 희망하는 희망원을 경상남도 교육감에게 제출하는 등 이 사건 법률조항의 시행으로 인하여 자신의 종전 정년이 단축되었음을 그 시행일부터 익히 알고 있었다고 할 것이므로, 이를 다투는 이 사건 헌법소원의 청구기간은 이 사건 법률조항의 시행일로부터 기산하여 60일이 경과함으로써 이미 종료되었다고 볼 것이다.

(3) 헌법재판소 2004. 4. 29. 2003헌마484 건축법 제21조 제1항 위헌확인

○ 판시사항 중 일부

법령에 대한 헌법소원심판에 있어서, 청구기간이 '법령에 해당하는 사유가 발생'하여 진행이 개시된 이후에 다시 '법령에 해당하는 사유가 발생'하면 새로이 청구기간의 진행이 개시되는지 여부(소극)

O 결정요지

법령에 대한 헌법소원심판은 법령의 시행과 동시에 기본권의 침해를 받은 자는 그 법령이 시행된 사실을 안 날로부터 90일 이내에, 그 법령이 시행된 날로부터 1년 이내에 청구하여야 하고, 법령이 시행된 후에 비로소 그 법령에 해당하는 사유가 발생하여 기본권의 침해를 받게 된 경우에는 그 사유가 발생하였음을 안 날로부터 90일 이내에, 그 사유가 발생한 날로부터 1년 이내에 청구하여야 한다.(헌법재판소법 제69조 제1항 참조) 여기서 청구기간 산정의 기산점이 되는 '법령에 해당하는 사유가 발생한 날'이란 법령의 규율을 구체적이고 현실적으로 적용받게 된 최초의 날을 의미하는 것으로 보는 것이 상당하다. 즉, 일단 '법령에 해당하는 사유가 발생'하면 그 때로부터 당해 법령에 대한 헌법소원의 청구기간의 진행이 개시되며, 그 이후에 새로이 '법령에 해당하는 사유가 발생'한다고 하여서 일단 개시된 청구기간의 진행이 정지되고 새로운 청구기간의 진행이 개시된다고 볼 수는 없다. 여기에서 더 나아가 '법령에 해당하는 사유가 발생'한 이후에 당해 법령의 규율을 적용받게 되는 사유가 발생하는 때마다 새로이 청구기간이 진행된다고 본다면 사실상 법령에 대한 헌법소원에 대하여는 청구기간의 제한이 적용되지 아니하는 것으로 보는 결과를 초래하게 될 것이고, 이는 법령소원의 경우에도 헌법재판소법 제69조 제1항의 청구기간 요건이 적용되어야 함을 일관되게 판시하고 있는 우리 헌법재판소의 입장에 반한다.

O 사건의 개요

청구인은 건축사로서 인천 남동구 만수동에서 '예지'건축사무소를 운영하면서 건축물의 설계, 공사감리와 건축물의 현장조사, 검사 및 확인 등을 그 업무로 하는 자이다.

청구인은 2002. 4. 2. 건축주 겸 공사시공자인 청구외 김은석과 인천 남동구 운연동 258의 4 소재 운연동 근린생활시설공사(대지면적 1358제곱미터, 연면적 240제곱미터, 건축면적 240제곱미터, 이하 '이 사건 공사'라 한다)의 설계계약을 체결하고, 이어 2003. 4. 30. 위 김은석에 의하여 이 사건 공사의 공사감리인으로 선임되어 같은 해 5. 8. 및 6. 3. 두 차례에 걸쳐 감리중간보고서를 제출하고, 2003. 6. 14. 감리완료보고서를 사용승인신청서와 함께 인천 남동구청장에게 제출하였으며, 위 건축물은 같은 해 7. 11. 인천 남동구청장으로부터 사용승인을 받았다.

청구인은 건축주가 직접 공사감리자를 지정하여 공사감리를 하도록 규정함으로써 공사감리자로 하여금 건축주의 위법행위를 지적하고 추궁하기 어렵도록 하고 있는 건축법 제21조 제1항이 자신의 행복추구권, 직업선택의 자유 및 헌법 제34조 제6항이 규정하는 국가의 재해예방의무에 상응하는 국민의 권리를 침해하고 있다고 주장하면서, ① 주위적으로는 건축법 제21조 제1항(1999. 2. 8. 법률 제5895호로 개정된 것)의 위헌확인을 구하고, ② 예비적으로는 위 법률조항은 건축주와 공사시공자가 동일인인 경우에도 적용하는 것으로 해석하는 한 헌법에 위반된다고 주장하면서 이에 대한 위헌확인을 구하여 2003. 7. 22. 이 사건 헌법소원심판을 청구하였다.

※ 청구인은 예비적으로 이 사건 법률조항이 건축주와 공사시공자가 동일한 경우에도 적용하는 것으로 해석하는 한 위헌이라는 주장을 하고 있으나, 위 예비적 청구는 주위적 청구와 동일한 심판대상에 관하여 동일한 청구원인을 내용으로 하고 있고 주위적 청구의 양적 일부분에 불과하여 헌법재판상의 예비적 청구라고 볼 수 없으므로 따로 나누어 판단하지 아니한다(대법원 1991. 5. 28. 선고 90누1120호 사건, 1972. 2. 29. 선고 71다1313호 사건 참조).

O 심판대상조문

- 건축법(1999. 2. 8 법률 제5895호로 개정된 것) 제21조(건축물의 공사감리) ① 건축주는 대통령령이 정하는 용도·규모 및 구조의 건축물을 건축하는 경우에는 건축사 또는 대통령령이 정하는 자를 공사감리자로 지정하여 공사감리를 하게 하여야 한다.

O 청구인의 주장요지

이 사건 법률조항으로 인하여 건축주는 건축사가 설계하여야 하는 건축물을 건축하는 경우에는 원칙적으로 건축사를 공사감리자로 지정하여야 하고 이 경우 건축주는 대부분 당해 건축물의 설계자인 건축사를 공사감리자로 지정하고 있다. 공사감리는 건축물이 설계도서의 내용대로 시공되는지 여부를 확인하고 품질이나 안전관리가 제대로 이루어지는가를 감독하고 건축주나 공사시공자의 잘못이 있으면 허가권자에게 그 사실을 보고하여 시정, 처벌을 받도록 함으로써 위법, 부실 건축물의 출현을 방지하는 제도인데, 현실적으로 이 사건 법률조항에 의하여 건축주가 직접 공사감리자를 선정하도록 함으로써 그것도 당해 건축물의 설계자인 건축사를 공사감리자로 선정함으로써 사실상 공사감리자가 건축주에게 고용되어 있기 때문에 건축주의 위법행위를 지적하고 추궁할 수 없는 구조적인 문제가 있다.

현재 공공 부문의 건축물을 제외한 대부분의 건축물은 건축주가 공사시공자를 겸하고 있고 이러한 소위 집장사 건축주는 건축사와 설계계약을 체결하면서 설계비 지급시기를 건축허가 및 사용승인시점 등과 연계하고 공사감리비는 무료로 하는 것이 일반적 관행이다. 만약 공사감리자인 건축사가 건축주인 공사시공자의 위법을 허가권자에게 고발(보고)하게 되면 건축사는 이후 건축주들에게 낙인을 찍혀 설계 및 감리업무 수임에 곤란을 겪게 되어 생계의 위협을 받게 될 것이고, 검찰의 고발을 꺼려하는 허가권자인 담당공무원으로부터도 불이익을 받는 경우도 종종 있다.

이러한 상황에서 피고용자의 지위에 있는 건축사로 하여금 그를 고용한 건축주의 의사에 반하여 건축주의 잘못을 감시, 고발하게 하고 이를 어겼을 경우 형벌을 부과하고 행정적 제재를 가하는 것은 건축사의 핵심업무인 설계 및 공사감리업무를 더 이상 수임받을 수 없게 된다는 점에서 결국 건축사의 생계수단을 박탈하는 결과가 되어 건축사들로 하여금 생존권적 위험을 감수하면서까지 그 업무수행을 강요하는 것이 되어 행복추구권의 한 내용인 일반적 행동자유권을 침해하는 것이다.

뿐만 아니라 건축주가 그가 시공한 건축물의 공사감리자를 직접 선임하도록 하는 현행 공사감리제도는 건축사가 건축법령에 의한 엄격한 공사감리업무를 수행하면 결국 고용주(건축주)에게 밉보여 그의 생계수단인 설계, 감리업무를 수임하지 못하는 반면 공사감리업무를 고용주에게 유리한 방향으로 수행할 경우 또한 결국 형벌(건축법 제77조의2의 10년 이하의 징역형에서부터 같은 법 제79조의3의 4의 2년 이하의 징역까지)과 더불어 행정처분으로서 건축사업무정지 또는 건축사업무신고 효력상실 등의 처분(건축사법 제28조)을 받음으로써 전문직업인인 건축사의 헌법상 보장된 직업선택의 자유(헌법 제15조) 그 중에서도 직업수행의 자유를 침해하고 있는 것이다.

또한 현재의 건축공사감리제도는 위법부실 건축물을 양산함으로써 국민의 생명, 신체, 재산 등의 침해를 가져온다. 특히 건축주가 공사시공자를 겸하면서 당해 건축물의 설계자인 건축사를 공사감리자로 지정하는 경우에 그 위헌성과 문제가 더욱 뚜렷하다. 결국 현재의 공사감리제도는 헌법 제34조 제6항의 국가의 재해예방의무를 위반한 것이고 이로 인하여 청구인은 국민의 한사람으로서 위와 같은 국가의 재해예방의무로부터 파생되는 생명, 재산 등의 안전을 보호받을 권리를 침해받은 것이다.

○ 결정이유 중 일부

법령에 대한 헌법소원심판은 법령의 시행과 동시에 기본권의 침해를 받은 자는 그 법령이 시행된 사실을 안 날로부터 90일 이내에, 그 법령이 시행된 날로부터 1년 이내에 청구하여야 하고, 법령이 시행된 후에 비로소 그 법령에 해당하는 사유가 발생하여 기본권의 침해를 받게 된 경우에는 그 사유가 발생하였음을 안 날로부터 90일 이내에, 그 사유가 발생한 날로부터 1년 이내에 청구하여야 한다[헌법재판소법(2003. 3. 12. 법률 제6861호로 개정된 것) 제69조 제1항 및 헌재 1996. 3. 28. 93헌마198 등 참조].

여기서 청구기간산정의 기산점이 되는 '법령에 해당하는 사유가 발생한 날'이란 '법령의 규율을 구체적이고 현실적으로 적용받게 된 날'을 가리킨다 할 것이다. 따라서 이 사건의 경우에는 청구인이 이 사건 법률조항에 기하여 건축주로부터 공사감리자로 지정된 날을 기산점으로 보는 것이 상당하다. 그런데 청구인은 1978. 4. 17. 건축사무소 '예지'라는 상호로 사업자등록(개업)을 하고 1981. 1. 9.자로 건축사면허를 받아 영업을 하여온 자이고, 더욱이 헌법재판소 2003헌마400 사건에서 청구인이 스스로 주장한 바와 같이 2002. 11. 4. 건축주 겸 공사시공자인 청구외 엄태봉과 인천 남구 도화동 98의 10 소재 도화동 다세대주택신축공사와 관련하여 공사감리계약을 체결한 사실이 있으므로, 청구인으로서는 늦어도 위 계약체결시에는 이 사건 법률조항에 의한 기본권침해를 알았다고 보아야 할 것인데, 그로부터 90일이 경과한 이후인 2003. 7. 22.에 이르러 이 사건 헌법소원심판을 청구하였다. 따라서 청구인의 이 사건 심판청구는 청구기간을 도과하여 제기한 것으로서 부적법하다고 할 것이다.

청구인은 이 사건 공사에 관한 공사감리계약을 체결한 시점인 2003. 4. 30.로부터 새로이 청구기간을 기산하여야 한다고 주장한다. 법령에 대한 헌법소원의 대상이 되는 공권력 행사는 법규정립행위(입법행위)로서 일종의 법률행위이므로 그 행위의 속성상 행위 자체는 한 번에 끝나는 것이고 그러한 입법행위의 결과인 권리침해상태가 계속될 수 있을 뿐이므로(헌재 1992. 6. 26. 91헌마25), 헌법재판소법 제69조 제1항 본문의 청구기간을 법령에 대한 헌법소원에 문자 그대로 적용하는 경우에는 법령으로 인한 기본권 침해를 그에 대한 헌법소원을 통하여 구제받을 수 있는 가능성은 현저히 축소되고, 결과적으로 헌법소원을 통한 기본권 구제의 실효성이 현저히 저하되게 되므로 헌법재판소는 위에서 언급한 바와 같이 법령에 대한 헌법소원의 청구기간을 해석을 통해 법령의 시행과 동시에 기본권을 침해받는 경우와 법령이 시행된 뒤 비로소 기본권을 침해받게 된 경우로 나누어 기산함으로써 결과적으로 법령에 대한 헌법소원의 청구기간을 확장하고 있다. 그러나 이와 같이 확장된 청구기간에 대한 해석 하에서도 청구기간 산정의 기산점이 되는 '법령에 해당하는 사유가 발생한 날'이란 법령의 규율을 구체적이고 현실적으로 적용받게 된 최초의 날을 의미하는 것으로 보는 것이 상당하다. 즉, 일단 '법령에 해당하는 사유가 발생'하면 그 때로부터 당해 법령에 대한 헌법소원의 청구기간의 진행이 개시되며, 그 이후에 새로이 '법령에 해당하는 사유가 발생'한다고 하여서 일단 개시된 청구기간의 진행이 정지되고 새로운 청구기간의 진행이 개시된다고 볼 수는 없다. 여기에서 더 나아가 '법령에 해당하는 사유가 발생'한 이후에 당해 법령의 규율을 적용받게 되는 사유가 발생하는 때마다 새로이 청구기간이 진행된다고 본다면 사실상 법령에 대한 헌법소원에 대하여는 청구기간의 제한이 적용되지 아니하는 것으로 보는 결과를 초래하게 될 것이고, 이는 법령소원의 경우에도 헌법재판소법 제69조 제1항의 청구기간요건이 적용되어야 함을 일관되게 판시하고 있는 우리 헌법재판소의 입장에 반한다(헌재 1995. 2. 23. 92헌마165; 1996. 6. 13. 95헌마115; 1996. 8. 29. 92헌마137 등).

따라서 청구인의 이 사건 심판청구는 청구기간을 준수하지 아니한 것으로서 다른 요건에 대한 적법 여부를 더 이상 따져볼 필요없이 부적법하다고 할 것이다.

(4) 장래 침해

① 헌법재판소 2001. 11. 29. 2000헌마84 법무사법 제4조 제1항 제1호 등 위헌확인

❍ 결정요지 중 일부

청구인들은 이 사건 헌법소원을 제기할 당시에는 법무사시험이 아직 시행되지 않은 상황이었으나, 이 사건 법률조항에 의한 청구인들의 기본권침해 여부가 문제되는 상황이 장래에 발생할 것이 확실히 예측되고 때문에 기본권침해를 예방하기 위해서는 청구인들이 미리 헌법소원을 제기하는 것을 허용할 필요가 있으므로, 청구기간의 준수 여부는 문제되지 않는다.

❍ 사건의 개요

청구인들은 2000년도 법무사시험을 보려고 준비 중인 자들인데 ① 일정경력근무자에 대하여 법무사자격을 당연히 부여하는 내용의 법무사법 제4조 제1항 제1호, ② 법원행정처장이 미리 법무사시험의 제2차시험 합격자의 선발예정인원을 공고하고 그 범위 안에서 고득점자순으로 합격자를 결정할 수 있다는 내용의 법무사법 시행규칙 제7조 제6호, 제13조 제2항 단서, ③ 법원행정처장의 법무사시험 선발예정인원 결정·공고행위 등이 각기 청구인들의 직업선택의 자유 등을 침해한다고 주장하며 그 위헌확인을 구하는 헌법소원을 2000. 2. 2. 제기하였다.

○ 심판의 대상

청구인들이 위헌의 확인을 구한다고 지목한 것은 다음의 세 가지이다.

① 법무사법(1996. 12. 12. 법률 제5180호로 전문개정되고 1997. 12. 13. 법률 제5453호로 최종개정된 것) 제4조 제1항 제1호(이하 '이 사건 법률조항'이라 한다)

② 법무사법 시행규칙(1990. 2. 26. 대법원규칙 제1108호로 전문개정되고 1997. 8. 4. 대법원규칙 제1476호로 개정된 것) 제7조 제6호 및 제13조 제2항 단서(이하 '이 사건 시행규칙조항들'이라 한다)

③ 법원행정처장의 법무사시험 선발예정인원 결정·공고행위

그런데 이중 ③의 행위는 ②의 규칙들의 중심내용을 이루는 것이고 ②의 규칙들의 위헌확인을 구하는 내용을 보면 그 규정의 내용인 ③의 행위가 위헌이기 때문에 그 규칙 자체가 위헌이라는 것이므로 결국 ③의 행위에 대한 위헌확인청구는 ②에 대한 청구와 별개의 것이 아니다.

원래 헌법소원을 청구할 때에는 기본권을 침해하는 구체적인 공권력의 행사 또는 불행사를 특정하여 제시하여야만 하고 그렇게 하지 않으면 원칙으로 그 청구는 부적법하게 되는데, 청구인들은 법원행정처장의 선발예정인원의 결정·공고행위의 위헌확인을 청구한다고 하면서도 구체적으로 어느 때의 어떤 결정·공고행위를 대상으로 하는 것인지를 전혀 특정하여 제시하지 않고 있다. 이 점으로 보아도 청구인들의 ③에 대한 주장은 ②에 대한 주장을 강조하는 반복에 불과하다. 그러므로 ③의 행위는 별도의 심판대상으로 삼을 필요가 없다.

심판대상이 되는 법률과 규칙의 내용은 다음과 같다.

• <u>법무사법 제4조(자격)</u> ① 다음 각 호의 1에 해당하는 자는 법무사의 자격이 있다.

   1. 법원·헌법재판소·검찰청의 법원사무직렬·검찰사무직렬 또는 마약수사직렬 공무원으로 10년 이상 근무한 자 중 5년 이상 5급 이상의 직에 있었거나 법원·헌법재판소·검찰청의 법원사무직렬·검찰사무직렬 또는 마약수사직렬 공무원으로 15년이상 근무한 자 중 7년 이

상 7급 이상의 직에 있었던 자로서 법무사 업무의 수행에 필요한 법률지식과 능력이 있다고 대법원장이 인정한 자

2. 법무사시험에 합격한 자

● 법무사법 시행규칙 제7조(시험의 공고) 법원행정처장은 시험을 실시하고자 할 때에는 다음 각 호의 사항을 시험기일 30일 전까지 2종 이상의 일간신문에 공고하여야 한다. 다만, 불가피한 사유로 공고내용을 변경할 경우에는 시험기일 7일전까지 그 변경내용을 공고하여야 한다.

6. 제2차시험 합격자의 선발예정인원이 정하여진 경우에는 그 예정인원

● 법무사법 시행규칙 제13조(합격자의 결정) ② 제2차시험에 있어서는 매 과목 100점을 만점으로 하여 매 과목 40점 이상, 전과목 평균 60점 이상을 득점한 자를 합격자로 결정한다. 다만, 법무사의 수급상 필요하다고 인정하여 법원행정처장이 미리 제2차시험 합격자의 선발예정인원을 공고한 경우에는 매과목 40점 이상을 득점한 자 중 선발예정인원의 범위 안에서 전과목 총득점의 고득점자순으로 합격자를 결정할 수 있다.

O 청구인들의 주장요지

이 사건 법률조항은 법원·헌법재판소·검찰청의 법원사무직렬·검찰사무직렬 또는 마약수사직렬 공무원으로 10년 이상 근무한 자 중 5년 이상 5급 이상의 직에 있었거나 법원·헌법재판소·검찰청의 법원사무직렬·검찰사무직렬 또는 마약수사직렬 공무원으로 15년 이상 근무한 자 중 7년 이상 7급 이상의 직에 있었던 자(이하 '경력 공무원'이라 한다)들에게 법무사시험에 의한 실제 능력의 객관적 평가 없이 법무사자격을 부여함으로써 그 숫자만큼 법무사시험 합격인원을 축소케 하여 청구인들이 법무사시험에 합격할 수 있는 기회를 감소시키고, 이 사건 시행규칙조항들은 법원행정처장으로 하여금 시험선발예정인원을 결정·공고하고 그 선발예정인원의 범위 내에서만 합격자를 결정할 수 있도록 함으로써 청구인들이 그 실제의 능력이나 자질에 불구하고 법무사시험에 합격할 수 없게 하므로 이들 규정 및 그에 따른 법원행정처장의 행위는 청구인

들의 직업선택의 자유와 평등권을 침해한다.

O 법원행정처장의 의견요지

(1) 이 사건 법률조항 및 시행규칙조항들은 1997. 1. 1.부터 현재까지 그대로 시행되고 있으므로 청구인들이 주장하는 바와 같은 기본권 침해의 사유는 위 시행일에 발생하였다고 볼 것이고 그렇다면 2000. 2. 2.에 제기된 이 사건 심판청구는 그로부터 180일이 지난 뒤에 제기된 것이어서 부적법하다.

(2) 헌법 제107조 제2항은 명령·규칙 또는 처분이 헌법이나 법률에 위반되는지 여부에 대한 최종심사권이 대법원의 권한임을 명시하고 있으므로 규칙에 대한 헌법소원은 허용되지 않는 것이다.

(3) 법무사법이 법무사업무를 수행하려고 하는 자에 대하여 일정한 자격을 요구하되 그 자격을 부여함에 있어서 일정한 요건을 갖춘 경우에는 조건을 감경하고 있는 것은 우리 법무사제도의 현실 여건과 특성에 맞는 것이고 현행 법무사법은 그밖에도 법무사시험을 통하여 그 자격을 취득할 수 있는 길을 열어 놓고 있다. 따라서 이 사건 법률조항이 평등권이나 직업선택의 자유를 침해한다고 볼 수 없다.

O 결정이유 중 일부

3. 적법요건에 대한 판단

가. 이 사건 법률조항에 대한 청구 부분

(1) 자기관련성의 존재

법률에 대한 헌법소원심판청구는 당해 법률에 의하여 청구인 자신의 기본권이 침해될 가능성이 없는 경우, 즉 자기관련성이 없는 경우에는 허용되지 않는 것이지만 평등권의 침해를 주장하는 헌법소원사건에서는 비교집단에게 혜택을 부여하는 법규정이 위헌이라고 선고되어 그러한 혜택이 제거된다면 비교집단과의 관계에서 청구인들의 법적 지위가 상대적으로 향상된다고 볼 여지가 있는 때에는 청구인들이 그 법규정의 직접적인 적용을 받는 자가 아니라고 할지라도 그들의 자기관련성을 인정할 수 있다.

이 사건 법률조항은 신규 법무사의 수요를 충당하는 두 개의 공급원 즉,

하나는 경력공무원이고 다른 하나는 시험합격자라고 하는 두 개의 공급원을 규정하고 있으므로 이 두 개의 공급원은 어떤 형태와 어떤 정도에 의해서든 개념상 서로 상관관계를 가질 수밖에 없다. 이러한 상관관계는, 이 사건 시행규칙 제13조 제2항이 법무사의 「수급상 필요」에 따라 법원행정처장이 「시험합격자의 선발예정인원」을 결정할 수 있도록 규정하고 있는 데서 드러나듯이 관계법령에서도 그 존재를 인정하고 있는 것이다. 그러므로 경력공무원에 의한 신규 법무사의 충원이 중단된다면 시험합격자에 의한 충원의 기회는 개념상 늘어날 수밖에 없고 따라서 청구인들의 법적 지위가 상대적으로 향상 된다고 볼 여지가 있다.

그렇다면 청구인들은 이 사건 법률조항의 위헌 여부에 대하여 자기관련성을 갖는다.

[재판관 김영일, 재판관 주선회의 반대의견]

이 사건 법률조항이 위헌으로 결정된다고 하더라도, 헌법재판소의 위헌결정은 일정경력 공무원에게 부여된 혜택을 제거할 뿐, 법무사시험의 합격자 수가 많아지는 것도 아니므로, 법무사자격 취득과정에서 일정경력 공무원과 경쟁관계에 있는 청구인들의 법적 지위가 향상되는 것은 아니다. 따라서 단지 법무사시험을 통해 법무사자격을 취득하고자 하는 청구인들은 이 사건 법률조항에 대한 기본권침해의 자기관련성이 없으므로, 이에 대한 심판청구를 각하하여야 한다.

(2) 청구기간의 준수

청구인들은 2000. 7. 9.에 제1차 시험이 실시되는 제6회 법무사시험을 보려고 준비하던 사람들로서 2000. 2. 2. 이 사건 헌법소원을 제기할 당시에는 이 법무사시험이 아직 시행되지 않은 상황이었다. 그런데 이 사건에서는, 시험을 보지 않고 법무사자격을 취득하는 경력공무원들과의 상관관계 하에서 장차 청구인들의 합격 여부가 결정될 가능성이 존재하기 때문에 이 사건 법률조항에 의한 청구인들의 기본권침해 여부가 문제되는 상황, 즉 합격 여부의 결정이 장래에 발생할 것이 확실히 예측되고 따라서 기본권침해를 예방하기 위하여 청구인들이 미리 헌법소원을 제기하는 것을 허용할 필요가 있는데 이러한 경우에는 청구기간의 준수 여부는 문제되지 않는다. 왜냐하면 청구기간의 준수 여부에 대한 심사는 기본권 침해 여부가 문제되는 상황이 과거에 이미 발생한 경우를 전제로 하는 것이므로 기본권 침해 여부가 문제되는 상황이 장래에 발생할 것이 확실하여 미리 앞당겨 헌법소원의 제기를 허용하는 경우에는 청구기간은 아직 그 진행이 개시조차 된 것이 아니기 때문이다.

나. 이 사건 시행규칙조항들에 대한 청구 부분

헌법 제107조 제2항이 규정한 명령·규칙에 대한 대법원의 최종심사권은 구체적인 소송사건에서 명령·규칙의 위헌 여부가 재판의 전제가 되었을 경우 법률의 경우와는 달리 헌법재판소에 제청할 것 없이 대법원이 최종적으로 이를 심사할 수 있다는 의미일 뿐이므로 명령·규칙 그 자체에 의하여 직접 기본권이 침해되는 경우에는 헌법소원으로 그 위헌 여부의 확인을 구할 수 있는 것이다. 그리고 헌법재판소법 제68조 제1항이 규정하고 있는 헌법소원심판의 대상으로서의 공권력의 행사는 대법원의 규칙제정행위를 포함하므로 대법원규칙도 그것이 별도의 집행행위를 기다리지 않고 직접 기본권을 침해하는 것일 때에는 헌법소원심판의 대상이 될 수 있다(헌재 1990. 10. 15. 89헌마178; 1996. 4. 25. 95헌마331 참조).

그런데 이 사건 시행규칙조항들을 보면 그 모두가 선발예정인원의 결정과 공고, 합격자 결정 등의 구체적 집행행위를 법원행정처장이 행한 때에 비로소 그 내용이 실현되는 것들이고 그 조항 자체로는 아직 청구인들의 기본권에 무슨 영향을 미치는 것이 아니다.

그렇다면 이 사건 시행규칙조항들 자체는 청구인들의 기본권을 직접 침해하는 것이 아니므로 이들 조항에 대한 심판청구는 부적법하다.

② 헌법재판소 2007. 6. 28. 2004헌마644, 2005헌마360(병합) 공직선거 및 선거부정방지법 제15조 제2항 등 위헌확인 등

O 결정요지 중 일부

이 사건 심판청구는 2005. 8. 4. 개정되기 전의 구 '공직선거 및 선거부정방지법' 조항들에 대해 제기되었으나, 주기적으로 반복되는 선거의 경우 매번 새로운 후보자들이 입후보하고 매번 새로운 범위의 선거권자들에 의해 투표가 행해질 뿐만 아니라 선거의 효과도 차기 선거에 의한 효과가 발생할 때까지로 한정되므로, 매 선거는 새로운 선거에 해당한다는 점, 청구인들의 진정한 취지는 장래 실시될 선거에서 발생할 수 있는 기본권침해를 문제 삼고 있는 것으로 볼 수 있다는 점을 고려하면 이 사건 심판청구는 향후 실시될 각종 선거에서 청구인들이 선거에 참여하지 못함으로써 입게 되는 기본권침해, 즉 장래 그 도래가 확실히 예측되는 기본권침해를 미리 앞당겨 다투는 것으로 볼 수 있다.

O 사건의 개요

(1) 2004헌마644

(가) 청구인들은 모두 대한민국 국적을 보유한 일본 영주권자들로서 현재 일본에 거주(청구인 1 내지 6)하고 있거나 국내에 거주(청구인 7 내지 10)하고 있는 만 19세 이상의 국민들인바, 구 '공직선거 및 선거부정방지법'(2005. 8. 4. 법률 제7681호로 개정되기 전의 것) 제15조 제2항, 제16조 제3항 및 제37조 제1항이 국민의 참정권 행사를 위한 요건으로 주민등록을 요구함으로써 주민등록을 할 수 없는 청구인들로 하여금 대통령·국회의원 선거권, 지방선거 선거권 및 피선거권을 행사할 수 없도록 한 것은 청구인들의 헌법상 기본권을 침해한다고 주장하면서 2004. 8. 14. 이 사건 헌법소원심판을 청구하였다.

(나) 청구인들은 2005. 10. 11. 청구취지의 추가적 변경을 통해 국민투표법 제14조 제1항이 국가의 중요정책 및 헌법개정안에 대한 국민투표권 행사의 요건으로 주민등록을 요구함으로써 주민등록을 할 수 없는 청구인들로 하여금 국민투표권을 행사할 수 없도록 한 것은 청구인들의 기본권을 침해한다고 주장하면서 위 국민투표법 조항에 대한 헌법소원심판청구를 추가하였다.

(2) 2005헌마360

청구인들은 대한민국 국적을 보유한 만19세 이상의 미국 또는 캐나다 영주
권자들로서, 구 '공직선거 및 선거부정방지법'(2005. 8. 4. 법률 제7681호로 개정되기
전의 것) 제37조 제1항이 국내에 주민등록이 되어 있는 자만이 선거인명부에 등
재되어 선거권을 행사할 수 있도록 함으로써, 국내에 주민등록이 되어 있지 아
니하거나 말소된 국외거주자에 대하여는 선거권을 행사할 수 없도록 하고, 동법
제38조 제1항이 선거인명부에 오를 자격이 있는 국내거주자에 대하여만 부재자
신고를 할 수 있도록 함으로써 주민등록이 되어 있지 아니한 국외거주자가 부
재자로서 투표권을 행사할 수 없도록 한 것은 청구인들의 헌법상 기본권을 침
해한다고 주장하면서 2005. 4. 6. 이 사건 헌법소원심판을 청구하였다.

○ 심판대상조문

• 공직선거법(2005. 8. 4. 법률 제7681호로 개정된 것) 제15조(선거권)

② 다음 각 호의 어느 하나에 해당하는 자는 그 구역에서 선거하는 지
방자치단체의 의회의원 및 장의 선거권이 있다.

1. 19세 이상의 국민으로서 제37조(명부작성) 제1항의 선거인명부작성기
   준일 현재 당해 지방자치단체의 관할구역 안에 주민등록이 되어 있
   는 자

• 공직선거법(2005. 8. 4. 법률 제7681호로 개정된 것) 제16조(피선거권)

③ 선거일 현재 계속하여 60일 이상(공무로 외국에 파견되어 선거일 전 60일
후에 귀국한 자는 선거인명부작성기준일부터 계속하여 선거일까지) 당해 지방자
치단체의 관할 구역 안에 주민등록이 되어 있는 주민으로서 25세 이상
의 국민은 그 지방의회의원 및 지방자치단체의 장의 피선거권이 있다.
이 경우 60일의 기간은 그 지방자치단체의 설치·폐지·분할·합병 또는
구역변경[제28조(임기 중 지방의회의 의원정수의 조정 등)의 규정에 의한 경우를
포함한다]에 의하여 중단되지 아니한다.

• 공직선거법(2005. 8. 4. 법률 제7681호로 개정된 것) 제37조(명부작성) ① 선거

를 실시하는 때에는 그때마다 구청장(자치구의 구청장을 포함하며, 도농복합형태의 시에 있어서는 동지역에 한한다)·시장(구가 설치되지 아니한 시의 시장을 말하며, 도농복합형태의 시에 있어서는 동지역에 한한다)·읍장·면장(이하 "구·시·읍·면의 장"이라 한다)은 대통령선거에 있어서는 선거일 전 28일, 국회의원선거와 지방자치단체의 의회의원 및 장의 선거에 있어서는 선거일 전 19일(이하 "선거인명부작성기준일"이라 한다) 현재로 그 관할구역 안에 주민등록이 되어 있는 선거권자[지방자치단체의 의회의원 및 장의 선거의 경우 제15조(선거권) 제2항 제2호의 규정에 따른 외국인을 포함한다]를 투표구별로 조사하여 선거인명부작성기준일부터 5일 이내(이하 "선거인명부작성기간"이라 한다)에 선거인명부를 작성하여야 한다.

- 공직선거법(2005. 8. 4. 법률 제7681호로 개정된 것) 제38조(부재자신고) ① 선거인명부에 오를 자격이 있는 국내거주자[제15조(선거권) 제2항 제2호의 규정에 따른 외국인을 제외한다]로서 선거일에 자신이 투표소에 가서 투표할 수 없는 때에는 선거인명부작성기간 중에 구·시·읍·면의 장에게 서면으로 부재자신고를 할 수 있다. 이 경우 우편요금은 무료로 한다. 이 경우 우편에 의한 부재자신고는 등기우편으로 처리하되, 그 우편요금은 국가 또는 당해 지방자치단체가 부담한다.

- 국민투표법(1994. 12. 22. 법률 제4796호로 개정된 것) 제14조(투표인명부의 작성) ① 국민투표를 실시할 때에는 그때마다 구청장(자치구의 구청장을 포함하며, 도농복합형태의 시에 있어서는 동지역에 한한다)·시장(구가 설치되지 아니한 시의 시장을 말하며, 도농복합형태의 시에 있어서는 동지역에 한한다)·읍장·면장(이하 "구·시·읍·면의 장"이라 한다)은 국민투표일공고일 현재로 그 관할 구역 안에 주민등록이 된 투표권자를 투표구별로 조사하여 국민투표일공고일로부터 5일 이내에 투표인명부를 작성하여야 한다.

◯ 청구인들의 주장요지

(1) 법 제37조 제1항은 관할 구역 안에 주민등록이 되어 있는 선거권자에

한해 선거인명부에 오를 수 있게 하고, 선거인명부에 오른 자에 한해 선거권 행사를 할 수 있도록 하여, 국외에 거주하고 있거나 또는 국내에 거주하고 있더라도 주민등록법 제6조 제3항에 따라 주민등록을 할 수 없는 재외국민은 선거인명부에 오를 수가 없어서 선거권 행사를 하지 못하도록 함으로써 부당하게 그들의 대통령 및 국회의원 선거권을 박탈하고 있다.

(2) 법 제38조 제1항은 선거인명부에 오를 자격이 있는 국내거주자에 한해 부재자신고를 허용함으로써 주민등록 여부를 기준으로 해 국내거주자와 해외거주자를 합리적 이유 없이 차별하고 있다.

(3) 지방자치법 제12조, 제13조 제2항은 지방의회 의원이나 지방자치단체의 장의 선거 참여권을 주민등록 여부에 관계없이 "국민인 주민"에게 부여하고 있음에도 불구하고, 법 제15조 제2항 제1호, 법 제16조 제3항, 법 제37조 제1항은 지방선거 참여권을 주민등록이 되어 있는 자로 한정함으로써 '국민인 주민' 중에서 재외국민등록을 한 주민인 '주민등록이 되어 있지 않은 국민'으로부터 부당하게 지방선거 참여권을 박탈하고 있다.

(4) 선거인의 의사능력 등 선거권 및 선거제도의 본질상 요청되는 내재적 사유에 의한 내재적 제한을 제외하고, 보통선거원칙에 위배되는 선거권제한입법을 하기 위해서는 헌법 제37조 제2항에 따라야 하고, 기본권의 본질적 내용을 침해할 수 없다. 법 제37조 제1항과 제38조 제1항은 선거권을 행사할 수 있는 요건으로서 주민등록에 의한 거주요건을 설정하는 것인바, 이와 같은 거주요건은 선거권 배제의 당위성과 같은 본질적인 이유보다는 선거인명부 작성상의 필요 및 선거실시의 편의성 등 주로 기술적 요인에 기인하는 것이므로, 이러한 기술적 요건을 통해 국민의 선거권을 완전히 박탈하는 것은 입법목적의 정당성, 방법의 적정성, 피해의 최소성 및 법익의 균형성의 어떤 측면에서도 정당화될 수 없을 뿐만 아니라 선거권의 본질을 침해하는 것이다.

(5) 헌법 제72조와 제130조 제2항의 위임에 따라 제정된 국민투표법 제7조에 의하면 모든 국민은 국내거주 여부나 주민등록 여부에 관계없이 국민투표권을 가지는 것임에도 불구하고 국민투표법 제14조 제1항은 투표권자를 주민등록이 되어 있는 자로 한정함으로써 청구인들의 국민투표권을 침해하고 있다.

(6) 외국영주권자의 경우 거주지역의 공관에 재외국민등록법에 따른 재외국민등록을 할 수 있고, 국내에 거주하는 경우에도 '재외동포의 출입국과 법적 지위에 관한 법률'에 따라 국내거소신고를 할 수 있는바, 이와 같이 재외국민 등록 또는 국내거소신고를 기준으로 선거권 및 국민투표권 행사절차를 규정하는 등 합리적인 방법이 있음에도 불구하고 그 행사절차에 관하여 아무런 규정도 두지 않은 입법적 불비는 보통선거의 원칙에 위반하여 청구인들의 선거권을 침해하고, 헌법이 부여하고 있는 국민투표권을 침해한 것이다.

O 결정이유 중 일부

가. 공직선거법 조항들에 대한 청구

(1) 이 사건 심판청구는 2005. 8. 4. 개정되기 전의 구 '공직선거 및 선거부정방지법' 조항들에 대해 제기되었으나, 그 실질적 내용에 있어 아무런 차이가 없는 개정 이후의 공직선거법 조항들을 심판의 대상으로 한 것은 앞에서 본바와 같다. 그런데 구 '공직선거 및 선거부정방지법' 조항들을 기준으로 할 경우, 제17대 국회의원선거가 2004. 4. 15.에 실시되었고 그로부터 90일이 경과한 후인 2004. 8. 4.과 2005. 4. 6.에 제기된 이 사건 심판청구들에 대해 청구기간의 준수 여부에 의문이 제기될 수 있다.

(2) 그런데 주기적으로 반복되는 선거의 경우 매번 새로운 후보자들이 입후보하고 매번 새로운 범위의 선거권자들에 의해 투표가 행해질 뿐만 아니라, 선거의 효과도 차기 선거에 의한 효과가 발생할 때까지로 한정되므로 매 선거는 새로운 선거에 해당한다. 그리고, 청구인들이 이 사건 헌법소원을 제기한 진정한 취지는, 이미 종료한 과거 선거에서의 기본권침해를 문제 삼는 것이라기보다는, 장래 실시될 선거에서 발생할 수 있는 기본권침해를 문제 삼고 있는 것으로 볼 수 있다.

(3) 결국 이 같은 선거의 속성과 청구인들의 주장 취지를 종합적으로 고려하면, 이 사건 심판청구는 향후 실시될 각종 선거에서 청구인들이 선거에 참여하지 못함으로써 입게 되는 기본권침해, 즉 장래 그 도래가 확실히 예측되는 기본권침해를 미리 앞당겨 다투는 것으로 볼 수 있다. 그렇다면 기본권침해의

사유가 이미 발생한 사실을 전제로 한 청구기간 도과의 문제는 발생할 여지가 없다(헌재 1999. 12. 23. 98헌마363; 헌재 2001. 2. 22. 2000헌마25).

나. 이 사건 국민투표법 조항에 대한 청구

국민투표법은 1994. 12. 22. 법률 제4796호로 개정되었는데, 그 후 헌법 제72조에 의한 중요정책에 대한 국민투표나 헌법 제130조에 따른 헌법개정안에 대한 국민투표는 아직 한 번도 실시된 바 없어 국민투표법 제14조에 의한 기본권침해는 아직 발생하지 않았다. 하지만 국민투표는 그 속성상 불측의 시점에 실시되는 것이어서 국민투표가 실시될 때 즈음하여 비로소 헌법소원을 청구할 수 있다고 한다면 기본권구제의 실효성을 기대하기 어렵다. 그렇다면 이 부분 심판청구는 장래 국민투표가 실시될 경우에 틀림없이 발생하게 될 기본권침해를 미리 다투는 것으로 보아야 하므로, 위 공직선거법 조항들의 경우와 마찬가지로 청구기간 도과의 문제는 발생하지 아니한다.

(5) 계속되는 공권력 행사에 대한 헌법소원

- 헌법재판소 2005. 5. 26. 99헌마513, 2004헌마190(병합) 주민등록법 제17조의8 등 위헌확인 등

계속되는 권력적 사실행위를 대상으로 하는 헌법소원심판청구의 경우 청구기간 도과의 문제는 발생하지 아니한다.

(6) 부작위에 대한 헌법소원의 청구기간

- 헌법재판소 2000. 4. 27. 99헌마76 국가유공자 등 예우 및 지원에 관한 법률 제4조 위헌확인 ⇒ 부진정입법부작위에 해당하지만 청구기간 도과로 각하한 예

○ 결정요지

국가유공자의 범위를 규정하면서 청구인들과 같은 특수부대원을 그 범위에 포함시키고 있지 아니한 것은 국가유공자에 대한 사항을 불완전·불충분하게 규율한 것으로서 이른바 부진정입법부작위에 해당하며, 부진정입법부작위

에 대한 헌법소원은 헌법재판소법 소정의 청구기간 내에 제기하여야 한다.

○ 사건개요

청구인들은 1952. 11. 28. 창설된 육군 제4863부대(일명 HID) 직할 제1교육대(이하 "특수부대"라 한다) 대원들로서 6·25사변 기간 및 휴전 후 명령에 따라 북한지역에 침투하여 무공을 세우고 귀대하였다. 그러나 청구인들과 같은 특수부대원은 그 임무의 특수성으로 인하여 정식 군편제에서 제외되었으며 그 존재와 활동도 수십년간 기밀사항이었으므로 1993년경부터 그 일부가 세상에 알려지게 되었다.

특수부대원인 청구인들에 대하여 법률에서 국가유공자로 인정하는 명시적 규정을 두지 아니한 것은 평등의 원칙 등에 위반된다는 이유로 1999. 2. 6. 이 헌법소원심판을 청구하였다.

나. 심판대상

● 국가유공자 등 예우 및 지원에 관한 법률(1984. 8. 2. 법률 제3742호로 제정된 것. 이하 "법"이라 한다) 제4조(적용대상 국가유공자) ① 다음 각 호의 1에 해당하는 국가유공자와 그 유족 등(다른 법률에서 이 법에 규정된 예우 등을 받도록 규정된 자를 포함한다)은 이 법에 의한 예우를 받는다.

1. 순국선열(구체적인 내용은 생략)
2. 애국지사(구체적인 내용은 생략)
3. 전몰군경(구체적인 내용은 생략)
4. 전상전경(구체적인 내용은 생략)
5. 순직전경(구체적인 내용은 생략)
6. 공상군경(구체적인 내용은 생략)

(이하 생략)

○ 청구인들의 주장

(1) 적법요건에 관한 주장

(가) 이 법률조항에서 법의 적용을 받는 국가유공자의 범위를 정하면서

청구인들과 같은 특수부대원들을 국가유공자로 규정하지 아니한 것은 입법사항에 대해 질적·절대적(혹은 부분적)으로 규율하지 아니하는 진정입법부작위에 해당하므로 이에 대한 헌법소원심판청구에는 청구기간의 제한이 적용되지 아니한다.

(나) 위의 입법부작위가 부진정입법부작위에 해당한다 하더라도 청구인들은 전역시 특수부대의 활동을 공개하지 아니하기로 서약하여 오랫동안 특수부대의 존재를 이야기할 수 있는 상황이 아니었다. 1993.경 특수부대의 실체가 언론매체에 공개되기 시작하면서 청구인들을 중심으로 같은 해 7월경부터 국방부·국가보훈처 등에 탄원서를 제출하여 특수부대원들의 군인신분 확인과 생존자 보상 등을 포함한 명예회복조치를 요청하였으나 소기의 목적을 달성하지 못하여 이 심판청구를 하게 된 것이므로 청구기간 준수를 하지 못한 데에는 정당한 사유가 있다.

○ 판 단

가. '입법부작위'에는, 첫째, 입법자가 헌법상 입법의무가 있는 사항에 대해서 입법을 하지 아니함으로써 '입법행위의 흠결이 있는 경우'(즉, 입법권의 불행사)와 둘째, 입법자가 어떤 사항을 입법은 하였으나 그 내용·범위·절차 등이 당해 사항을 불완전, 불충분 또는 불공정하게 규율함으로써 '입법행위에 결함이 있는 경우'(즉, 결함이 있는 입법권의 행사)로 나눌 수 있는데, 전자를 진정입법부작위 후자를 부진정입법부작위라고 한다.

'진정입법부작위'를 대상으로 하는 헌법소원은, 헌법에서 기본권보장을 위하여 명시적인 입법위임을 하였음에도 불구하고 입법자가 상당한 기간 내에 이를 이행하지 아니하거나 또는 헌법의 해석상 특정인에게 구체적인 기본권이 생겨 이를 보장하기 위한 국가의 행위의무 내지 보호의무가 있음에도 불구하고 아무런 입법조치를 하지 아니하는 경우이어야 하고, '부진정입법부작위'를 대상으로 하는 헌법소원은, 당해 입법규정 그 자체를 대상으로 하여 그것이 평등원칙에 위배된다는 등의 이유를 내세워 헌법소원을 하여야 하고 헌법재판소법에서 정한 청구기간도 준수하여야 한다(헌재 1996. 10. 31. 94헌마108).

나. 이 법률조항은 국가유공자에 대해 아무런 규정을 두지 아니한 것이 아니라 국가유공자의 범위를 순국선열·전몰군경 등 16종으로 규정하면서도 청구인들과 같은 특수부대원을 그 범위에 포함시키지 아니하는 국가유공자에 대한 사항을 불완전·불충분하게 규율하고 있는 것이다. 따라서 이 법률조항의 흠결은 부진정입법부작위에 해당한다 할 것이므로 이 조항 자체를 대상으로 하는 헌법소원에는 헌법재판소법 소정의 청구기간의 준수가 그 요건사항인 것이다.

그리고 청구인들과 같은 특수부대원을 헌법상 국가유공자로 한다거나 국가유공자로 하도록 법률에 위임하는 규정이 없고, 청구인들의 기본권을 보호하여야 할 입법자의 행위의무 내지 보호의무가 있는 것도 아니다.

다. 헌법재판소법 제69조 제1항에 의하면 헌법소원심판은 그 사유가 있음을 안 날로부터 60일 이내에, 그 사유가 있는 날로부터 180일 이내에 청구하도록 규정하고 있다. 그런데 청구인들은 1950년대 혹은 1960년대에 특수부대 복무를 마쳤고, 이 사건 법률조항은 1984. 8. 2. 법률 제3742호로 제정되어 1985. 1. 1.부터 시행되었는데, 이 헌법소원심판은 1999. 2. 6. 제기되었으므로 청구기간을 도과한 것임이 분명하다.

한편 헌법재판소법 제40조는 헌법소원심판에 관하여 행정소송법을 준용하고 있고 행정소송법 제20조 제2항은 정당한 사유가 있는 경우에는 제소기간이 도과한 후에도 행정소송을 제기할 수 있다고 규정하고 있다. 여기서 '정당한 사유'라 함은 청구기간 도과의 원인 등 여러 가지 사정을 종합하여 지연된 심판청구를 허용하는 것이 사회통념상으로 보아 상당한 경우를 뜻한다(헌재 1993. 7. 29. 89헌마31).

청구인들은 특수부대의 활동을 공개하지 아니하기로 한 서약과 사회 상황, 국방부 등 관련기관에 대한 탄원을 근거로 하여 청구기간 도과에는 정당한 사유가 있다고 하나, 청구인들이 국방부 등에 탄원서를 제출한 1993. 7.경부터는 헌법소원심판청구가 가능한 것으로 보이고 그밖에 청구기간의 도과에 정당한 사유가 있다고 볼만한 다른 사정은 발견되지 아니한다.

O 주 문

이 심판청구를 모두 각하한다.

Ⅷ. 변호사강제주의

- 헌법재판소법 제25조(대표자·대리인)

   ③ 각종 심판절차에서 당사자인 사인(私人)은 변호사를 대리인으로 선임하지 아니하면 심판청구를 하거나 심판 수행을 하지 못한다. 다만, 그가 변호사의 자격이 있는 경우에는 그러하지 아니하다.

4장 위헌법률심판 또는 헌법재판소법 제68조 제2항의 헌법소원에 대한 의견서

제1절 관련 법령

- <u>헌법재판소법 제44조(소송사건 당사자 등의 의견)</u> 당해 소송사건의 당사자 및 법무부장관은 헌법재판소에 법률의 위헌 여부에 대한 의견서를 제출할 수 있다.

- <u>헌법재판소법 제74조(이해관계기관 등의 의견 제출)</u> ① 헌법소원의 심판에 이해관계가 있는 국가기관 또는 공공단체와 법무부장관은 헌법재판소에 그 심판에 관한 의견서를 제출할 수 있다.
  ② 제68조 제2항에 따른 헌법소원이 재판부에 심판 회부된 경우에는 제27조 제2항 및 제44조를 준용한다.

- <u>헌법재판소법 제27조(청구서의 송달)</u> ① 헌법재판소가 청구서를 접수한 때에는 지체 없이 그 등본을 피청구기관 또는 피청구인(이하 "피청구인"이라 한다)에게 송달하여야 한다.

② 위헌법률심판의 제청이 있으면 법무부장관 및 당해 소송사건의 당사자에게 그 제청서의 등본을 송달한다.

제2절　헌법재판소법 제68조 제2항 헌법소원에 대한 의견서 기재례[1]

문화체육관광부
의견서

사건　　2013헌바135 게임산업진흥에 관한 법률 제38조 제3항 제1호 등 위헌소원

당해사건　서울행정법원 2013구24601　수거처분 무효확인 등

청구인　　구영상

2013헌바135 게임산업진흥에 관한 법률 제38조 제3항 제1호 등의
위헌 여부에 대한 의견

1. 청구인의 주장 요지
2. 게임산업법 제21조 제1항 제1호 부분 청구에 대한 의견
3. 게임산업법 제38조 제3항 제1호의 위헌 여부에 대한 의견

2013.　.　.

문화체육관광부장관
대리인 법무법인 ○○
담당변호사 ○○○

헌법재판소 귀중

---

1) 제4회 모의시험(2013. 6. 24.) 수정.

5장 헌법재판소법 제68조 제1항 헌법소원에 대한 답변서

제1절 **관련 법령**

- <u>헌법재판소법 제29조(답변서의 제출)</u> ① 청구서 또는 보정 서면을 송달받은 피청구인은 헌법재판소에 답변서를 제출할 수 있다.

  ② 답변서에는 심판청구의 취지와 이유에 대응하는 답변을 적는다.

제2절 헌법재판소법 제68조 제1항 헌법소원에 대한 답변서 기재례

답변서

사건   2017 헌마 ○○○

청구인   ○○○

피청구인   ○○○○

위 사건에 대하여 피청구인은 다음과 같이 답변합니다.

청구취지에 대한 답변

청구인의 심판청구를 각하(기각)한다

라는 결정을 구합니다.

청구원인에 대한 답변

1. 청구인의 주장 요지

2. 본안전 항변

3. 본안에 관한 답변(위헌 여부에 대한 의견)

4. 결론

2017. . .

피청구인 ○○○○ (인)

대리인 법무법인 ○○

담당변호사 ○○○

헌법재판소 귀중

6장 흔히 문제되는 공통적인 위헌사유

Ⅰ. 과잉금지원칙[1] 위반

01 의의

과잉금지의 원칙은, 국가가 국민의 기본권을 제한하는 내용의 입법활동을 함에 있어서 ① 목적의 정당성, ② 수단의 적합성, ③ 피해의 최소성, ④ 법익의 균형성을 갖추어야 하며 그 어느 하나에라도 위배되면 위헌이 된다는 헌법상의 원칙을 말한다.

● 헌법재판소 2000. 6. 1. 99헌가11·12(병합) 여객자동차운수사업법 제76조 제1항 단서 중 제8호 부분 위헌제청

○ 결정이유 중 일부

헌법 제37조 제2항은 국민의 자유와 권리는 국가안전보장, 질서유지 또는 공공복리를 위하여 필요한 경우에 한하여 법률로써 제한할 수 있으며, 그 경우에도 자유와 권리의 본질적인 내용을 침해할 수 없다고 규정하여 국가가 국민의 기본권을 제한하는 내용의 입법을 함에 있어서 준수하여야 할 기본원칙을 천명하고 있다. 따라서 기본권제한입법은 입법목적의 정당성과 그 목적달성을 위한 방법의 적정성, 입법으로 인한 피해의 최소성, 그리고 그 입법에 의해 보호하려는 공익과 침해되는 사익의 균형성을 모두 갖추어야 하며, 이를 준수하지 않은 법률 내지 법률조항은 기본권제한의 입법적 한계를 벗어난 것으로서 헌법에 위반된다(헌재 1993. 12. 23. 93헌가2; 헌재 1997. 3. 27. 94헌마196 등).

---

1) '비례원칙'이라고 표현하는 학자도 있으나, 헌법상의 과잉금지원칙을 행정법상의 비례원칙과 구별하기 위하여 헌법상으로는 '과잉금지원칙'으로 부르는 것이 적절할 것이다.

02 과잉금지원칙의 내용

가. 목적의 정당성

국민의 기본권을 제한하는 입법은 그 목적이 헌법과 법률의 체계 내에서 정당성을 인정받을 수 있는 것이어야 한다는 원칙.

나. 수단의 적합성

국민에게 의무를 부과하고 그 불이행에 대해 제재를 가하는 것이 입법목적을 달성하기 위해 적합하여야 한다는 원칙.

다. 피해의 최소성[2]

입법자가 선택한 기본권의 제한 조치가 입법 목적 달성을 위하여 적절하다고 하더라도 완화된 수단이나 방법을 모색함으로써 그 제한을 필요최소한의 것이 되게 하여야 한다는 원칙

즉, 어떤 법률의 입법목적이 정당하고 그 목적을 달성하기 위해 국민에게 의무를 부과하고 그 불이행에 대해 제재를 가하는 것이 적합하다고 하더라도 입법자가 그러한 수단을 선택하지 아니하고도 보다 덜 제한적인 방법을 선택하거나, 아예 국민에게 의무를 부과하지 아니하고도 그 목적을 실현할 수 있음에도 불구하고 국민에게 의무를 부과하고 그 의무를 강제하기 위하여 그 불이행에 대해 제재를 가한다면 이는 과잉금지원칙의 한 요소인 "최소침해성의 원칙"에 위배된다(헌법재판소 2006. 6. 29. 2002헌바80·87·88, 2003헌가22(병합) 구 법인세법 제41조 제14항 위헌소원 등).

---

[2] 과잉금지원칙의 네 가지 내용 중 가장 중요하므로 자세하게 쓸 필요가 있고, 특히 기본권을 덜 침해하는 어떤 대안이 있는지를 구체적으로 제시할 필요가 있다.

라. 법익의 균형성

어떤 행위를 규제함으로써 얻어지는 공익과 그로 인하여 초래되는 사적 불이익을 비교형량하여, 공익이 사익보다 크거나 아니면 적어도 양자 간에 균형이 유지되어야 한다는 원칙

03 헌법재판소 결정례

가. 헌법재판소 2014. 3. 27. 2012헌마652 피의사실 언론공표 등 위헌확인

O 사건 개요

피청구인(강동경찰서 사법경찰관)은 2012. 4. 24. 사기 혐의로 구속된 청구인을 강동경찰서 조사실에서 조사하면서, 같은 날 경찰서 기자실에서 "교통사고 위장, 보험금 노린 형제 보험사기범 검거"라는 제목의 보도자료를 기자들에게 배포하였다. 보도자료에는 피의자인 청구인과 청구인의 형의 나이 및 직업, 실명 중 2글자가 각각 표시되어 있고, 이들의 범죄전력과 피의사실, 범행방법, 증거의 내용 등이 기재되어 있었다.

피청구인은 보도자료 배포 직후 기자들의 취재 요청에 응하여 청구인이 강동경찰서 조사실에서 양손에 수갑을 찬 채 조사받는 모습을 촬영할 수 있도록 허용하였다. KBS, 중앙일보 등 각 언론사는 2012. 4. 25. 청구인의 범죄사실에 관한 뉴스 및 기사를 보도하였는데, 청구인을 '정모씨(36세)' 또는 'A씨' 등으로 표현하였고, 청구인이 수갑을 차고 얼굴을 드러낸 상태에서 경찰로부터 조사받는 장면이 흐릿하게 처리되어 방송되었다.

청구인은, 피청구인이 언론기관에 보도자료를 배포하여 청구인의 피의사실을 알리고 기자들로 하여금 청구인의 모습을 촬영할 수 있도록 허용한 행위가 무죄추정원칙에 반하여 청구인의 인격권 등을 침해하였다고 주장하면서, 2012. 7. 20. 그 위헌확인을 구하는 헌법소원심판을 청구하였다.

○ 심판대상

이 사건의 심판대상은 피청구인이 2012. 4. 24. 청구인에 관한 보도자료를 배포한 행위(이하 '보도자료 배포행위'라 한다) 및 청구인에 대한 조사과정의 촬영을 허용한 행위(이하 '촬영허용행위'라 한다)가 청구인의 기본권을 침해하는지 여부이며, 관련조항의 내용은 다음과 같다.

○ 관련조항

- 형법(1953. 9. 18. 법률 제293호로 제정된 것) 제126조(피의사실공표) 검찰, 경찰 기타 범죄수사에 관한 직무를 행하는 자 또는 이를 감독하거나 보조하는 자가 그 직무를 행함에 당하여 지득한 피의사실을 공판청구 전에 공표한 때에는 3년 이하의 징역 또는 5년 이하의 자격정지에 처한다.

- 구 인권보호를 위한 경찰관 직무규칙(2005. 10. 4. 경찰청훈령 제461호로 제정되고, 2012. 7. 23. 경찰청훈령 제674호로 폐지되기 전의 것)

- 제83조(수사사건 언론공개의 기준) ① 경찰관은 원칙적으로 수사사건에 대하여 공판청구 전 언론공개를 하여서는 아니된다.

  ② 제1항의 규정에도 불구하고 공공의 이익 및 국민의 알권리를 보장하기 위해 다음 각 호의 1에 해당하는 경우 홍보책임자는 언론공개를 할 수 있다.

  1. 중요범인 검거 및 참고인·증거 발견을 위해 특히 필요하다고 인정되는 경우
  2. 국민의혹 또는 불안을 해소하거나 유사범죄 예방을 위해 특히 필요하다고 인정되는 경우
  3. 기타 공익을 위해 특히 필요하다고 인정되는 경우

  ③ 제1항에 의해 언론공개를 하는 경우에도 객관적이고 정확한 증거 및 자료를 바탕으로 필요한 사항만 공개하여야 한다.

  ④ 개인의 신상정보 등이 기록된 모든 서류 및 부책 등은 외부로 유출되지 않도록 보안관리 하여야 한다.

- 제84조(수사사건 언론공개의 한계) 제83조 제2항의 언론공개를 할 때에도 다음 각 호의 1에 해당하는 사항은 공개하지 않아야 한다.

  1. 범죄와 직접 관련이 없는 명예·사생활에 관한 사항

  2. 보복 당할 우려가 있는 사건관계인의 신원에 관한 사항

  3. 범죄 수법 및 검거 경위에 관한 자세한 사항

  4. 기타 법령에 의하여 공개가 금지된 사항

- 제85조(초상권 침해 금지) 경찰관은 경찰관서 안에서 피의자, 피해자 등 사건관계인의 신원을 추정할 수 있거나 신분이 노출될 우려가 있는 장면이 촬영되지 않도록 하여야 한다.

- 구 인권보호를 위한 경찰관 직무규칙(2010. 12. 27. 경찰청훈령 제617호로 개정되고, 2012. 7. 23. 경찰청훈령 제674호로 폐지되기 전의 것) 제85조의2(예외적 촬영 허용) 경찰관은 「특정강력범죄의 처벌에 관한 특례법」 제8조의2 제1항 또는 「성폭력범죄의 처벌 등에 관한 특례법」 제23조 제1항에 해당하는 경우에는 피의자의 얼굴, 실명, 및 나이 등 신상에 관한 정보를 공개할 수 있다.

○ 결정요지 중 일부

1. 보도자료 배포행위는 수사기관이 공소제기 이전에 피의사실을 대외적으로 알리는 것으로서, 이것이 형법 제126조의 피의사실공표죄에 해당하는 범죄행위라면 청구인은 이를 수사기관에 고소하고 그 처리결과에 따라 검찰청법에 따른 항고를 거쳐 재정신청을 할 수 있으므로, 위와 같은 권리구제절차를 거치지 아니한 채 제기한 보도자료 배포행위에 대한 심판청구는 보충성 요건을 갖추지 못하여 부적법하다.

2. 사람은 자신의 의사에 반하여 얼굴을 비롯하여 일반적으로 특정인임을 식별할 수 있는 신체적 특징에 관하여 함부로 촬영당하지 아니할 권리를 가지고 있으므로, 촬영허용행위는 헌법 제10조로부터 도출되는 초상권을 포함한 일반적 인격권을 제한한다고 할 것이다. 원칙적으로 '범죄사실' 자체가 아닌 그

범죄를 저지른 자에 관한 부분은 일반 국민에게 널리 알려야 할 공공성을 지닌다고 할 수 없고, 이에 대한 예외는 공개수배의 필요성이 있는 경우 등에 극히 제한적으로 인정될 수 있을 뿐이다. 피청구인은 기자들에게 청구인이 경찰서 내에서 수갑을 차고 얼굴을 드러낸 상태에서 조사받는 모습을 촬영할 수 있도록 허용하였는데, 청구인에 대한 이러한 수사 장면을 공개 및 촬영하게 할 어떠한 공익 목적도 인정하기 어려우므로 촬영허용행위는 목적의 정당성이 인정되지 아니한다. 피의자의 얼굴을 공개하더라도 그로 인한 피해의 심각성을 고려하여 모자, 마스크 등으로 피의자의 얼굴을 가리는 등 피의자의 신원이 노출되지 않도록 침해를 최소화하기 위한 조치를 취하여야 하는데, 피청구인은 그러한 조치를 전혀 취하지 아니하였으므로 침해의 최소성 원칙도 충족하였다고 볼 수 없다. 또한 촬영허용행위는 언론 보도를 보다 실감나게 하기 위한 목적 외에 어떠한 공익도 인정할 수 없는 반면, 청구인은 피의자로서 얼굴이 공개되어 초상권을 비롯한 인격권에 대한 중대한 제한을 받았고, 촬영한 것이 언론에 보도될 경우 범인으로서의 낙인 효과와 그 파급효는 매우 가혹하여 법익균형성도 인정되지 아니하므로, 촬영허용행위는 과잉금지원칙에 위반되어 청구인의 인격권을 침해하였다.

〇 주 문

1. 피청구인이 2012. 4. 24. 청구인에 대한 조사과정의 촬영을 허용한 행위는 청구인의 인격권을 침해하여 위헌임을 확인한다.

2. 청구인의 나머지 청구를 각하한다.

나. 2018. 5. 31. 2013헌바322, 2016헌바354, 2017헌바360·398·471, 2018헌가3·4·9(병합) 집회 및 시위에 관한 법률 제11조 제1호 위헌소원 등

〇 심판대상조문

• 집회 및 시위에 관한 법률(2007. 5. 11. 법률 제8424호로 전부개정된 것) 제11조(옥외집회와 시위의 금지 장소) 누구든지 다음 각 호의 어느 하나에 해당

하는 청사 또는 저택의 경계 지점으로부터 100미터 이내의 장소에서는 옥외집회 또는 시위를 하여서는 아니 된다.

1. 국회의사당, 각급 법원, 헌법재판소

2.~4. 생략

• 집회 및 시위에 관한 법률(2007. 5. 11. 법률 제8424호로 전부개정된 것) 제23조(벌칙) 제10조 본문 또는 제11조를 위반한 자, 제12조에 따른 금지를 위반한 자는 다음 각 호의 구분에 따라 처벌한다.

1. 주최자는 1년 이하의 징역 또는 100만 원 이하의 벌금

2. 질서유지인은 6개월 이하의 징역 또는 50만 원 이하의 벌금·구류 또는 과료

3. 그 사실을 알면서 참가한 자는 50만 원 이하의 벌금·구류 또는 과료

O 결정요지 중 일부

1. 가. 국회는 국민을 대표하는 대의기관으로서 법률을 제정하거나 개정하며, 국정통제기관으로서 특히 행정부에 대한 강력한 통제권한을 행사하는 등 국가정책결정의 주요한 기능을 담당하고 있다. 이와 같은 국회의 기능과 역할은 그 특수성과 중요성에 비추어 특별하고도 충분한 보호가 요청된다.

심판대상조항은 국회의원과 국회에서 근무하는 직원, 국회에 출석하여 진술하고자 하는 일반 국민이나 공무원 등이 어떠한 압력이나 위력에 구애됨이 없이 자유롭게 국회의사당에 출입하여 업무를 수행하며, 국회의사당을 비롯한 국회 시설의 안전이 보장될 수 있도록 하기 위한 목적에서 입법된 것으로 그 목적은 정당하고, 국회의사당 경계지점으로부터 100미터 이내의 장소(이하 '국회의사당 인근'이라 한다)에서의 옥외집회를 전면적으로 금지하는 것은 국회의 기능을 보호하는 데 기여할 수 있으므로 수단의 적합성도 인정된다.

나. 국회의 헌법적 기능은 국회의사당 인근에서의 집회와 양립이 가능한 것이며, 국회는 이를 통해 보다 충실하게 헌법적 기능을 수행할 수 있다. 국회의원은 국가이익을 우선하여 양심에 따라 직무를 수행해야 하므로, '민의의 수렴'이라는 국회의 기능을 고려할 때 국회가 특정인이나 일부 세력의 부당한 압

력으로부터 보호될 필요성은 원칙적으로 국회의원에 대한 물리적인 압력이나 위해를 가할 가능성 및 국회의사당 등 국회 시설에의 출입이나 안전에 위협을 가할 위험성으로부터의 보호로 한정되어야 한다.

심판대상조항의 입법취지를 감안하여 '국회의사당'을 '국회 본관뿐만 아니라 의원회관, 국회도서관 등 국회의 기능적 활동이 이루어지는 국회 부지 내의 장소 전체'로 해석할 수 있으나, 심판대상조항을 이와 같이 해석하게 되면 국회의사당으로의 출입과 무관한 지역 및 국회 부지로부터 도로로 분리되어 있거나 인근 공원·녹지인 장소까지도 집회금지장소에 포함된다. 더욱이 대한민국 국회는 국회 부지의 경계지점에 담장을 설치하고 있고, 국회의 담장으로부터 국회의사당 건물과 같은 국회 시설까지 상당한 공간이 확보되어 있으므로 국회의 헌법적 기능은 이를 통하여서도 보장될 수 있다.

한편 국회의사당 인근에서의 집회가 심판대상조항에 의하여 보호되는 법익에 대한 직접적인 위협을 초래한다는 일반적 추정이 구체적인 상황에 의하여 부인될 수 있는 경우라면, 입법자로서는 예외적으로 옥외집회가 가능할 수 있도록 심판대상조항을 규정하여야 한다. 예를 들어, 국회의 기능을 직접 저해할 가능성이 거의 없는 '소규모 집회', 국회의 업무가 없는 '공휴일이나 휴회기 등에 행하여지는 집회', '국회의 활동을 대상으로 한 집회가 아니거나 부차적으로 국회에 영향을 미치고자 하는 의도가 내포되어 있는 집회'처럼 옥외집회에 의한 국회의 헌법적 기능이 침해될 가능성이 부인되거나 또는 현저히 낮은 경우에는, 입법자로서는 심판대상조항으로 인하여 발생하는 집회의 자유에 대한 과도한 제한 가능성이 완화될 수 있도록 그 금지에 대한 예외를 인정하여야 한다.

물론 국회의사당 인근에서 폭력적이고 불법적인 대규모 집회가 행하여지는 경우 국회의 헌법적 기능이 훼손될 가능성이 커지는 것은 사실이다. 그러나 '집회 및 시위에 관한 법률'은 이러한 상황에 대처할 수 있도록 다양한 규제수단들을 규정하고 있고, 집회 과정에서의 폭력행위나 업무방해행위 등은 형사법상의 범죄행위로서 처벌된다.

이처럼, 심판대상조항은 입법목적을 달성하는 데 필요한 최소한도의 범위를 넘어, 규제가 불필요하거나 또는 예외적으로 허용하는 것이 가능한 집회까지도 이를 일률적·전면적으로 금지하고 있으므로 침해의 최소성 원칙에 위배된다.

다. 심판대상조항은 국회의 헌법적 기능을 무력화시키거나 저해할 우려가 있는 집회를 금지하는 데 머무르지 않고, 그 밖의 평화적이고 정당한 집회까지 전면적으로 제한함으로써 구체적인 상황을 고려하여 상충하는 법익간의 조화를 이루려는 노력을 전혀 기울이지 않고 있다. 심판대상조항으로 달성하려는 공익이 제한되는·집회의 자유 정도보다 크다고 단정할 수는 없다고 할 것이므로 심판대상조항은 법익의 균형성 원칙에도 위배된다.

라. 심판대상조항은 과잉금지원칙을 위반하여 집회의 자유를 침해한다.

○ 주 문

1. 집회 및 시위에 관한 법률(2007. 5. 11. 법률 제8424호로 전부개정된 것) 제11조 제1호 중 '국회의사당'에 관한 부분 및 제23조 중 제11조 제1호 가운데 '국회의사당'에 관한 부분은 모두 헌법에 합치되지 아니한다.

2. 위 법률조항은 2019. 12. 31.을 시한으로 개정될 때까지 계속 적용한다.

II. 포괄위임금지원칙 위반

01 포괄위임금지원칙의 의의

(1) 헌법 제75조: 대통령은 법률에서 구체적으로 범위를 정하여 위임받은 사항과 법률을 집행하기 위하여 필요한 사항에 관하여 대통령령을 발할 수 있다.

(2) 헌법은 제75조에서 "대통령은 법률에서 구체적으로 범위를 정하여 위임받은 사항 …… 에 관하여 대통령령을 발할 수 있다."고 규정함으로써 위임입법의 근거를 마련함과 동시에, 입법상 위임은 '구체적으로 범위를 정하여' 하도록 함으로써 그 한계를 제시하고 있다.

여기서 '구체적으로 범위를 정하여'라 함은 법률에 대통령령 등 하위법령에 규정될 내용 및 범위의 기본사항이 가능한 한 구체적이고도 명확하게 규정되어 있어서 누구라도 당해 법률 그 자체로부터 대통령령 등에 규정될 내용의 대강을 예측할 수 있어야 함을 의미한다고 할 것이고, 다만 그 예측가능성의 유무는 당해 특정조항 하나만을 가지고 판단할 것은 아니고 관련 법조항 전체를 유기적·체계적으로 종합 판단하여야 하며, 각 대상 법률의 성질에 따라 구체적·개별적으로 검토하여야 한다(헌법재판소 2014. 4. 24. 2013헌바110 구 가축전염병 예방법 제48조 제1항 위헌소원).

(3) 헌법 제75조에서 규정하고 있는 포괄위임입법금지의 원칙은 법률이 대통령령 등의 하위규범에 입법을 위임할 경우에는 법률로써 그 위임의 범위를 구체적으로 정하여야 하며 일반적이고 포괄적인 입법위임은 허용되지 아니한다는 것을 뜻하는 것이므로, 문제된 법률조항에서 규율될 사항에 관한 기준이나 구체적 내용 등을 대통령령 등 하위규범에 위임하지 아니하고 있는 경우에는 당초부터 포괄위임금지의 원칙이 적용될 여지가 없다(헌법재판소 2000. 7. 20. 98헌바63 결정).

02 헌법재판소 결정례

• 헌법재판소 2007. 7. 26. 2006헌가4 의료법 제46조 제4항 등 위헌제청

O 사건의 개요

당해 사건 피고인은 충주시에서 ○○정형외과를 운영하는 의사인바, 2004. 9. 일자 미상경부터 2005. 5. 16.경까지 사이에 위 정형외과 인터넷 홈페이지 '관절클리닉-관절경 수술란'에 '진단적 관절 내시경술-관절경에 의한 확진율은 99%까지 가능, 최근 의학이 발달, 최첨단의료장비 개발로 관절경 검사와 동시에 관절경 수술로 치료가능, 관절의 상처가 거의 남지 않고 정확한 진단과 동시에 수술가능' 등의 내용 및 수술장면 사진을 게재하였다.

당해 사건에서 검사는 주위적 공소사실로서 위 의료광고행위가 과대광고

라며 의료법 제69조, 제46조 제1항에 의하여 기소함과 아울러, 예비적 공소사실로서, 피고인은, 의료법인·의료기관 및 의료인은 보건복지부령에 정한 의료업무에 관한 광고의 범위 이외의 사항에 대하여는 광고할 수 없음에도 앞에서와 같은 내용의 광고를 함으로써 의료법 제69조, 제46조 제4항을 위반하였다고 기소하였다.

제청법원은 예비적 공소사실에 적용될 의료법 제69조, 제46조 제4항에 대하여 헌법재판소에 위헌 여부 심판을 제청하였다.

O 심판의 대상 및 관련 조항

이 사건 심판의 대상은, "의료법(2002. 3. 30. 법률 제6686호로 개정되고, 2007. 1. 3. 법률 제8203호로 개정되기 전의 것, 이하 '법'이라 한다) 제69조 중 제46조 제4항 부분"(이하 '이 사건 조항'이라 한다)의 위헌 여부이다. 제청법원은 제69조 및 제46조 제4항의 위헌 여부 심판을 제청하였으나 위헌제청취지를 보면 제69조 중 '제46조 제4항' 부분을 다투는 것이며, 제46조 제4항에 대하여 독자적으로 심판을 구하는 것으로 볼 수 없으므로 심판의 대상을 위와 같이 한정한다. 이 사건 조항 및 관련조항은 다음과 같다.

- 의료법(2002. 3. 30. 법률 제6686호로 개정되고, 2007. 1. 3. 법률 제8203호로 개정되기 전의 것) 제69조(벌칙) …… 제46조 …… 제4항 ……에 위반한 자 ……는 300만 원 이하의 벌금에 처한다.

- 의료법 제46조(과대광고 등의 금지) ① 의료법인·의료기관 또는 의료인은 의료업무 또는 의료인의 경력에 관하여 허위 또는 과대한 광고를 하지 못한다.
  ② 의료법인·의료기관 또는 의료인이 아닌 자는 의료에 관한 광고를 하지 못한다.
  ③ 누구든지 특정의료기관이나 특정의료인의 기능·진료방법·조산방법이나 약효 등에 관하여 대중광고·암시적 기재·사진·유인물·방송·도안 등에 의하여 광고를 하지 못한다.

④ 의료업무에 관한 광고의 범위 기타 의료광고에 필요한 사항은 보건복지부령으로 정한다.

- 의료법 시행규칙(2003. 10. 1. 보건복지부령 제261호로 개정되고, 2007. 4. 6. 보건복지부령 제393호로 개정되기 전의 것) 제33조(의료광고의 범위 등) ① 법 제46조 제4항의 규정에 의하여 의료법인·의료기관 및 의료인이 행할 수 있는 의료광고의 범위는 다음 각 호와 같다.
  1. 진료담당 의료인의 성명·성별 및 그 면허의 종류
  2. 전문과목 및 진료과목
  3. 의료기관의 명칭 및 그 소재지와 전화번호 및 인터넷 홈페이지 주소
  4. 진료일·진료시간
  5. 응급의료 전문인력·시설·장비 등 응급의료시설 운영에 관한 사항
  6. 예약진료의 진료시간·접수시간·진료인력·진료과목 등에 관한 사항
  7. 야간 및 휴일진료의 진료일자·진료시간·진료인력 등에 관한 사항
  8. 주차장에 관한 사항
  9. 의료인 및 보건의료인의 환자 수에 대한 배치비율 및 각 인원수
  10. 의료인의 해당 분야에서의 1년 이상 임상경력
  11. 법 제32조의3의 규정에 의한 시설 등의 공동이용에 관한 사항
  12. 법 제47조의2의 규정에 의한 최근 3년 이내의 의료기관 평가결과
  ② 제1항의 광고는 텔레비전과 라디오를 제외한 모든 매체(인터넷 홈페이지를 포함한다)에 의하여 할 수 있다. 다만, 일간신문에 의한 광고는 월 2회를 초과할 수 없다.
  ③ 의료기관이 새로 개설되거나 휴업·폐업 또는 이전한 때에는 제2항 단서의 규정에 불구하고 일간신문에 그 사실을 3회에 한하여 광고할 수 있다.

O 제청법원의 위헌제청이유

(1) 당해 사건에서 주위적 공소사실은 무죄로 선고될 가능성이 높다. 그 이유는 첫째, 법 제46조 제1항(허위, 과장광고 금지)에 적용될 광고행위는 적어도

제46조 제4항에 의하여 허용되는 의료광고에 속할 것이 전제되는데, 피고인의 광고행위의 경우 제46조 제4항이 허용한 광고에 속하지 않아 제46조 제4항 위반은 될 수 있으나 제46조 제1항 위반은 될 수 없기 때문이다. 둘째, 양 조항의 관계를 달리 보더라도 피고인의 광고행위는 허위, 과장광고라고 보기 어렵기 때문에 제46조 제1항은 적용되기 어렵고, 따라서 예비적 공소사실에 관한 이 사건 조항이 적용될 가능성이 높다. 따라서 이 사건 조항의 위헌 여부에 따라 재판의 주문이 달라질 수 있으므로 재판의 전제성이 있다.

(2) 이 사건 조항은 "의료광고에 필요한 사항"이 어떤 것일지 하위법에서 예측하기 어려울 정도로 추상적이고 광범위하며, "의료광고의 범위" 역시 보건복지부장관이 자의적으로 판단한 사항을 부령에 규정할 수 있어 지나치게 포괄적이다. 이 사건 조항은 범죄의 구성요건을 포괄적으로 위임하고 있어 죄형법정주의와 포괄위임입법금지원칙에 위배된다.

(3) 이 사건 조항이 죄형법정주의와 포괄위임입법금지원칙에 위배되지 않는다 하더라도, 이 사건 조항은 포괄적으로 보건복지부령에서 정한 광고의 범위를 넘는 광고금지행위에 대하여 벌금형에 처하도록 함으로써, 입법목적과 수단 간의 비례성을 갖추지 못하여 표현의 자유와 직업수행의 자유를 침해하고 있다.

○ 결정이유 중 일부

(2) 포괄위임입법금지원칙 위반 여부

(가) 헌법 제75조는 "법률에서 구체적인 범위를 정하여 위임받은 사항"에 관하여 대통령령을 발할 수 있도록 하고, 헌법 제95조는 "법률의 위임을 받아" 부령을 발할 수 있도록 규정하고 있는바, 이는 대통령령이나 부령으로 규정될 내용 및 범위의 기본사항이 이미 법률에 구체적으로 규정되어 있어서 누구라도 당해 법률로부터 대통령령이나 부령에 규정될 내용의 대강 내지 기본적 윤곽을 예측할 수 있어야 함을 의미한다(헌재 1996. 8. 29. 95헌바36). 다만 당해 법률의 전반적 체계와 관련규정에 비추어 위임조항의 내재적인 위임의 범위나 한계를 객관적으로 분명히 확정할 수 있다면 이를 포괄적인 위임에 해당하는

것으로 볼 수 없다(헌재 1994. 7. 29. 93헌가12; 헌재 1995. 11. 30. 91헌바1 등).

(나) 법 제46조 제4항을 보면 그 문언상 무엇을 부령에 위임하는 취지인지 전혀 구체화되어 있지 않다. 즉, 위에서 본 바와 같이 위임되는 내용이 허용되는 의료광고의 범위인지, 금지되는 의료광고의 범위인지 모호할 뿐 아니라, 하위법령에 규정될 의료광고의 범위에 관한 내용이 한정적인 것인지, 예시적인 것인지도 불분명하다. 나아가 위 조항이 위임하고 있는 내용이 광고의 내용에 관한 것인지, 절차에 관한 것인지 그 위임의 범위를 특정하기도 쉽지 않다.

(다) 그렇다면 이 사건 조항은 형사처벌의 대상이 되는 구성요건을 구체적으로 위임하지 않고 있으며, 통상의 사람에게는 물론 법률전문가에게도 하위법령에서 어떤 행위가 금지될 것인지에 관하여 예측할 수 없게 하므로, 헌법 제75조 및 제95조의 포괄위임입법금지원칙에 위반된다.

> ※ 참고: 현행 의료법 제56조(의료광고의 금지 등) ① 의료법인·의료기관 또는 의료인이 아닌 자는 의료에 관한 광고를 하지 못한다.
>
> ② 의료법인·의료기관 또는 의료인은 다음 각 호의 어느 하나에 해당하는 의료광고를 하지 못한다. <개정 2009. 1. 30.>
>
> 1. 제53조에 따른 평가를 받지 아니한 신의료기술에 관한 광고
>
> 2. 치료효과를 보장하는 등 소비자를 현혹할 우려가 있는 내용의 광고
>
> 3. 다른 의료기관·의료인의 기능 또는 진료 방법과 비교하는 내용의 광고
>
> 4. 다른 의료법인·의료기관 또는 의료인을 비방하는 내용의 광고
>
> 5. 수술 장면 등 직접적인 시술행위를 노출하는 내용의 광고
>
> 6. 의료인의 기능, 진료 방법과 관련하여 심각한 부작용 등 중요한 정보를 누락하는 광고
>
> 7. 객관적으로 인정되지 아니하거나 근거가 없는 내용을 포함하는 광고
>
> 8. 신문, 방송, 잡지 등을 이용하여 기사(記事) 또는 전문가의 의견 형태로 표현되는 광고
>
> 9. 제57조에 따른 심의를 받지 아니하거나 심의받은 내용과 다른 내용

의 광고

10. 제27조 제3항에 따라 외국인환자를 유치하기 위한 국내광고

11. 그 밖에 의료광고의 내용이 국민건강에 중대한 위해를 발생하게 하거나 발생하게 할 우려가 있는 것으로서 대통령령으로 정하는 내용의 광고

③ 의료법인·의료기관 또는 의료인은 거짓이나 과장된 내용의 의료광고를 하지 못한다.

④ 의료광고는 다음 각 호의 방법으로는 하지 못한다.

1. 「방송법」 제2조 제1호의 방송

2. 그 밖에 국민의 보건과 건전한 의료경쟁의 질서를 유지하기 위하여 제한할 필요가 있는 경우로서 대통령령으로 정하는 방법

⑤ 제1항이나 제2항에 따라 금지되는 의료광고의 구체적인 기준 등 의료광고에 관하여 필요한 사항은 대통령령으로 정한다.

○ 주 문

의료법(2002. 3. 30. 법률 제6686호로 개정되고, 2007. 1. 3. 법률 제8203호로 개정되기 전의 것) 제69조 중 '제46조 제4항' 부분은 헌법에 위반된다.

Ⅲ. 법률유보원칙 위반

01 / 법률유보원칙

국민의 기본권은 헌법 제37조 제2항에 의하여 국가안전보장, 질서유지 또는 공공복리를 위하여 필요한 경우에 한하여 이를 제한할 수 있으나 그 제한은 원칙적으로 법률로써만 가능하며, 제한하는 경우에도 기본권의 본질적 내용을 침해할 수 없고 필요한 최소한도에 그쳐야 한다. 이러한 법률유보의 원칙은 '법률에 의한' 규율만을 뜻하는 것이 아니라 '법률에 근거한' 규율을 요청하는 것

이므로 기본권 제한의 형식이 반드시 법률의 형식일 필요는 없다 하더라도 법률상의 근거는 있어야 한다 할 것이다. 따라서 모법의 위임이 없거나 위임의 범위를 벗어난 하위법령은 법률의 근거가 없는 것으로 법률유보원칙에 위반된다.

02 의회유보원칙

오늘날의 법률유보원칙은 단순히 행정작용이 법률에 근거를 두기만 하면 충분한 것이 아니라, 국가공동체와 그 구성원에게 기본적이고도 중요한 의미를 갖는 영역, 특히 국민의 기본권 실현에 관련된 영역에 있어서는 행정에 맡길 것이 아니라 국민의 대표자인 입법자 스스로 그 본질적 사항에 대하여 결정하여야 한다는 요구, 즉 의회유보원칙까지 내포하는 것으로 이해되고 있다.

※ 참고 1: 법률유보원칙과 포괄위임금지원칙의 구별

법률유보원칙과 포괄위임금지원칙의 구별

I. 개념

1. 법률유보원칙의 의의

(가) 헌법재판소 2010. 4. 29. 2007헌마910 행정사법 시행령 제4조 제3항 위헌확인

우리 헌법은 제75조에서 "대통령은 법률에서 구체적으로 범위를 정하여 위임받은 사항과 법률을 집행하기 위하여 필요한 사항에 관하여 대통령령을 발할 수 있다."고 규정하여 대통령이 발할 수 있는 위임입법의

근거를 마련하는 한편, 대통령령은 '법률에서 구체적으로 범위를 정하여 위임받은 사항'에 관하여만 발할 수 있다고 한정함으로써 위임입법의 범위와 한계를 제시하고 있다. 위임입법의 내용에 관한 헌법적 한계는 그 수범자가 누구냐에 따라 입법권자에 대한 한계와 수권법률에 의해 법규명령을 제정하는 수임자에 대한 한계로 구별할 수 있다. 즉, 국회가 법률에 의하여 입법권을 위임하는 경우에도 헌법 등 상위규범에 위반해서는 아니된다는 것이 전자의 문제이고, 반면에 법률의 우위원칙에 따른 위임입법의 내용적 한계는 후자에 속한다. 일반적으로 위임입법의 내용적 한계라고 하는 경우에는 주로 후자가 문제된다. 그러므로 위임명령의 내용은 수권법률이 수권한 규율대상과 목적의 범위 안에서 정해야 하는데 이를 위배한 위임명령은 위법이라고 평가되며, 여기에서 모법의 수권조건에 의한 위임명령의 한계가 도출된다. 즉, 모법상 아무런 규정이 없는 입법사항을 하위명령이 규율하는 것은 위임입법의 한계를 위배하는 것이다.

　　이러한 문제는 법률유보원칙과 연결되는바, 국민의 기본권은 헌법 제37조 제2항에 의하여 국가안전보장·질서유지 또는 공공복리를 위하여 필요한 경우에 한하여 이를 제한할 수 있으나, 그 제한의 방법은 원칙적으로 법률로써만 가능하고 제한의 정도도 기본권의 본질적 내용을 침해할 수 없으며 필요한 최소한도에 그쳐야 한다. 여기서 기본권 제한에 관한 법률유보원칙은 '법률에 근거한 규율'을 요청하는 것이므로, 그 형식이 반드시 법률일 필요는 없다 하더라도 법률상의 근거는 있어야 한다 할 것이다. 따라서 <u>모법의 위임범위를 벗어난 하위법령은 법률의 근거가 없는 것으로 법률유보원칙에 위반된다.</u>

　(나) <u>헌법재판소 2011. 8. 30. 2009헌바128·148(병합) 도시 및 주거 환경정비법 제8조 제3항 등 위헌소원</u>

　　헌법은 법치주의를 그 기본원리의 하나로 하고 있으며, 법치주의는 행정작용에 국회가 제정한 형식적 법률의 근거가 요청된다는 법률유보를 그 핵심적 내용의 하나로 하고 있다. 그런데 오늘날 법률유보원칙은 단순히 행정작용이 법률에 근거를 두기만 하면 충분한 것이 아니라, 국가공동체와 그 구성원에게 기본적이고도 중요한 의미를 갖는 영역, 특히 국민의 기본권실현에 관련된 영역에 있어서는 행정에 맡길 것이 아니라 국민의 대표자인 입법자 스스로 그 본질적 사항에 대하여 결정하여야 한다는 요구까지 내포하는 것으로 이해하여야 한다(이른바 의회유보원칙). 입법자가 형식적 법률로 스스로 규율하여야 하는 그러한 사항이 어떤 것인가는 일률적으로 획정할 수 없고, 구체적 사례에서 관련된 이익 내지 가치의 중요성, 규제 내지 침해의 정도와 방법 등을 고려하여 개별적으로 결정할 수 있을 뿐이나, 적어도 헌법상 보장된 국민의 자유나 권리를 제한할 때에는 그 제한의 본질적인 사항에 관한 한 입법자가 법률로써 스스로 규율하여야 할 것이다. 헌법 제37조 제2항은 "국민의 모든 자유와 권리는 국가안전보장·질서유지 또는 공공복리를 위하여 필요한 경우에 한하여 법률로써 제한할 수 있다."고 규정하고 있는바, 여기서 "법률로써"라고 한 것은 국민의 자유나 권리를 제한하는 행정작용의 경우 적어도 그 제한의 본질적인 사항에 관한 한 국회가 제정하는 법률에 근거를 두는 것만으로 충분한 것이 아니라 국회가 직접 결정함으로써 실질에 있어서도 법률에 의한 규율이 되도록 요구하고 있는 것으로 이해하여야 한다.

2. 포괄위임금지원칙의 의의

● 헌법재판소 2004. 7. 15. 2003헌가2 공익법인의 설립·운영에 관한 법률 제14조 제2항 위헌제청

원래 입법권은 국회에 속하는 것이지만 고도로 복잡다양하고 급속히 변화하는 행정환경 하에서 입법권비위임 또는 권한위임금지의 원칙은 더 이상 그 엄격성을 유지할 수 없고, 현대국가에 있어 국민의 권리·의무에

관한 것이라고 하더라도 모든 사항을 국회에서 제정한 법률만으로 규정하는 것은 불가능하게 되었다. 현대 행정영역이 복잡·다기하여 상황의 변화에 따라 다양한 방식으로 적절히 대처할 필요성이 요구되는 반면, 국회의 기술적·전문적 능력이나 시간적 적응능력에는 한계가 있기 때문이다.

그러나 입법권은 법률의 유보가 적용되는 범위 내에서 국회의 배타적인 권한이므로 행정권의 자의적인 법률의 해석과 집행을 방지하고 의회입법과 법치주의의 원칙을 달성하기 위하여 위임입법에는 일정한 한계가 있다고 보지 않으면 안된다. 이에 헌법 제75조는 "법률에 구체적으로 범위를 정하여 위임받은 사항······에 관하여 대통령령을 발할 수 있다"라고 규정하여 일반적인 위임입법의 근거와 아울러 그 범위 및 한계를 제시하고 있다. 위와 같은 헌법 제75조의 입법취지에 비추어 볼 때, '구체적으로 범위를 정하여'라 함은 법률에 대통령령 등 하위법규에 규정될 내용 및 범위의 기본 사항이 가능한 한 구체적이고도 명확하게 규정되어 있어서 누구라도 당해 법률 그 자체로부터 대통령령 등에 규정될 내용의 대강을 예측할 수 있어야 함을 의미한다고 할 것이고, 그 예측가능성의 유무는 당해 특정 조항 하나만을 가지고 판단할 것은 아니고 관련 법조항 전체를 유기적·체계적으로 종합 판단하여야 하며, 각 대상법률의 성질에 따라 구체적·개별적으로 검토하여야 한다. 그리고 이와 같은 위임의 구체성·명확성의 요구 정도는 그 규율 대상의 종류와 성격에 따라 달라질 것이지만 특히 처벌법규나 조세법규와 같이 국민의 기본권을 직접적으로 제한하거나 침해할 소지가 있는 법규에서는 구체성·명확성의 요구가 강화되어 그 위임의 요건과 범위가 일반적인 급부행정의 경우보다 더 엄격하게 제한적으로 규정되어야 하는 반면에, 규율대상이 지극히 다양하거나 수시로 변화하는 성질의 것일 때에는 위임의 구체성·명확성의 요건이 완화되어야 할 것이다.

Ⅱ. 헌법재판소 결정례

1. 헌법재판소 2003. 9. 25. 2000헌바94, 2001헌가21(병합) 공무원연금법 제47조 제3호 위헌소원, 공무원연금법 제47조 제2호 위헌제청

O 사건의 개요

1. 2000헌바94 사건

청구인들은 공무원 퇴직 후 1995. 5. 1.부터 근로복지공단의 직원으로 근무하고 있는데 근로복지공단이 공무원연금법 제47조 제3호의 연금지급정지대상기관으로 새로 지정되면서 공무원연금관리공단이 청구인들의 매월 퇴직연금액 중 2분의 1의 지급을 2000. 2.분부터 정지하였다.

청구인들은 공무원연금관리공단을 상대로 법원에 퇴직연금 지급거부처분 취소소송(서울행정법원 2000구29260호)을 제기하고 공무원연금법 제47조 제3호에 대한 위헌제청을 신청(2000아1324)하였으나 법원이 이를 기각하자 이 소원을 제기하였다.

2. 2001헌가21 사건

제청신청인들은 공무원 퇴직 후 아시아나항공주식회사에서 근무하고 있는데 위 회사가 공무원연금법 제47조 제2호의 연금지급정지대상기관으로 새로 지정되면서 제청신청인들의 매월 퇴직연금액 중 2분의 1의 지급을 공무원연금관리공단이 2000. 2.분부터 정지하였다.

제청신청인들이 공무원연금관리공단을 상대로 법원에 퇴직연금 지급거부처분 취소소송(서울행정법원 2000구22450호)을 제기하고 공무원연금법 제47조 제2호에 대한 위헌제청을 신청(2000아1346)하자 법원이 이를 받아들여 위헌심판제청을 하였다.

○ 심판대상조문

- 공무원연금법(2000. 12. 30. 법률 제6328호로 개정되기 전의 것) 제47조 (퇴직연금 또는 조기퇴직연금의 지급정지) 퇴직연금 또는 조기퇴직연금의 수급자가 다음 각 호의 1에 해당하는 기관으로부터 보수 기타 급여를 지급받고 있는 때에는 그 지급기간 중 대통령령이 정하는 바에 따라 퇴직연금 또는 조기퇴직연금의 전부 또는 일부의 지급을 정지할 수 있다.

  1. 국가나 지방자치단체의 기관 또는 사립학교교직원연금법 제3조의 학교기관

  2. 국가·지방자치단체가 자본금의 전부 또는 일부를 출자한 기관 및 한국은행(이하 "정부투자기관"이라 한다)과 정부투자기관이 자본금의 전부 또는 일부를 출자한 기관으로서 행정자치부령이 정하는 기관

  3. 국가 또는 지방자치단체가 직접 또는 간접으로 출연금·보조금 등 재정지원을 하는 기관으로서 행정자치부령이 정하는 기관

  4. 국·공유재산의 귀속·무상양여 및 무상대부에 의하여 설립된 기관 또는 국가·지방자치단체의 출연에 의하여 설립된 기관으로서 행정자치부령이 정하는 기관

  5. 법령의 규정에 의하여 대통령·중앙행정기관의 장, 지방자치단체의 장 또는 그 권한의 위임을 받은 자가 임원을 선임하거나 그 선임의 승인을 하는 기관으로서 행정자치부령이 정하는 기관

○ 참조조문

- 공무원연금법 시행령(2000. 12. 30. 대통령령 제17101호로 개정되기 전의 것) 제40조(퇴직연금·조기퇴직연금 및 장해연금의 지급정지) ① 퇴직연금·조기퇴직연금 또는 장해연금의 수급자가 법·군인연금법 또는 사립학교교원연금법의 적용을 받는 공무원·군인 또는 사립학교교

직원으로 복무하는 경우에는 그 재직기간 중 해당 연금의 전액에 대한 지급을 정지한다.

② 퇴직연금·조기퇴직연금 또는 장해연금의 수급자가 선거에 의하여 취임하는 공무원이나 법 제47조 제2호 내지 제5호에 해당하는 기관의 임·직원으로 재직하고 보수 또는 이에 준하는 급여를 받게 된 경우에는 해당 연금액의 2분의 1에 대한 지급을 정지한다.

(③항 생략)

- 공무원연금법 시행규칙(2000. 1. 31. 행정자치부령 제89호로 전문개정된 것) 제5조(퇴직·조기퇴직·장해연금의 지급정지대상기관) ① 공무원연금법 (이하 "법"이라 한다) 제47조 제2호 내지 제5호(법 제55조 제1항의 규정에 의하여 준용되는 경우를 포함한다)의 규정에 의하여 퇴직연금·조기퇴직 연금 또는 장해연금의 지급이 정지되는 기관은 별표 1과 같다.

(②항 생략)

[별표 1] 연금지급정지대상기관

1. 법 제47조 제2호의 기관 중 라. 재투자기관 (46) 아시아나항공주식 회사

2. 법 제47조 제3호의 기관 중 가. 일반기관 (28) 근로복지공단

O 결정요지 중 일부

2. 법 제47조 제2호의 경우 정부투자기관·재투자기관 중에서 그 일부를 대상으로 선별한다면 국회는 정부투자의 규모와 비율에 관한 일정한 기준을 먼저 법률로 정한 다음 그 범위 내에서 하위법규가 이를 선별하도록 위임하였어야 함에도 불구하고, 위 조항은 물론 그 밖의 어느 규정도 이에 관한 아무런 기준을 제시하지 아니함으로써 비록 아무리 투자의 비율 또는 규모가 작더라도 투자가 이루어지기만 하면 행정자치부령이 정하는 바에 따라 지급정지대상기관이 될 수 있게 되어 정부투자기관·재

투자기관의 확정을 실질적으로 행정부에 일임한 것이 되었다.

또한 법 제47조 제3호의 경우 정부재정지원기관 중에서 그 일부를 대상으로 선별한다면 국회는 정부재정지원의 규모와 형태에 관한 일정한 기준을 먼저 법률로 정한 다음 그 범위 내에서 하위법규가 이를 선별하도록 위임하였어야 함에도 불구하고, 위 조항은 물론 그 밖의 어느 규정도 재정지원의 방식·형태·규모 등에 관한 아무런 기준을 제시하지 아니함으로써 비록 아무리 적은 규모라도 어떤 형태로든지 정부의 재정지원이 있기만 하면 행정자치부령이 정하는 바에 따라 지급정지대상기관이 될 수 있게 되어 정부재정지원기관의 확정을 실질적으로 행정부에 일임한 결과가 되었다.

결국 법 제47조 제2호 및 제3호는 연금지급정지의 대상이 되는 정부투자기관·재투자기관 및 정부재정지원기관에 관하여 구체적으로 범위를 정하지 아니하고 포괄적으로 행정자치부령에 입법을 위임하고 있는바 이는 헌법상 입법위임의 한계를 일탈한 것으로서 헌법 제75조 및 제95조에 위반된다.

3. 지급정지제도의 본질에 비추어 지급정지의 요건 및 내용을 규정함에 있어서는 소득의 유무뿐만 아니라 소득의 수준에 대한 고려는 필수적인 것임에도 불구하고, 이 사건 심판대상조항은 이를 규정함에 있어 지급정지와 소득수준의 상관관계에 관하여 아무런 정함이 없이 대통령령에 포괄적으로 입법을 위임한 것으로서 헌법 제75조가 정하는 포괄위임금지의 원칙에 위반된다.

나아가 이 사건 심판대상조항은, 퇴직연금 중 본인의 기여금에 해당하는 부분은 임금의 후불적 성격이 강하므로 재산권적 보호가 강조되어야 하는 점을 고려하여, '퇴직연금 또는 조기퇴직연금의 2분의 1의 범위 안에서'라는 구체적 범위를 정하여 위임하여야 함에도 불구하고 그러한 범위를 정하지 아니한 채 위임하고 있다는 점에서도 위헌이라고 보아야 한다.

4. 법 제47조 제4호 및 제5호는 이 사건 심판대상조항과 지급정지

대상기관의 종류만 다를 뿐 구체적인 대상기관의 선정을 행정자치부령에 위임하고 지급정지의 요건 및 내용을 대통령령에 위임하면서 구체적으로 범위를 정하지 않고 위임을 하고 있는 점에서는 전적으로 동일하다.

따라서 이 사건 심판대상조항이 포괄위임금지의 원칙에 위반된다는 이유로 위헌으로 인정되는 이상 법 제47조 제4호 및 제5호 부분도 같은 이유로 위헌이라고 보아야 할 것이고, 그럼에도 불구하고 이들 부분을 따로 분리하여 존속시켜야 할 이유가 없으므로 헌법재판소법 제45조 단서 및 제75조 제6항에 의하여 이들 조항에 대하여도 아울러 위헌을 선고하기로 한다.

O 주 문

구 공무원연금법(2000. 12. 30. 법률 제6328호로 개정되기 전의 것) 제47조 제2호 내지 제5호는 헌법에 위반된다.

O 현행 법률

- 공무원연금법 제47조(퇴직연금 또는 조기퇴직연금의 지급정지) ① 퇴직연금 또는 조기퇴직연금의 수급자가 다음 각 호의 어느 하나에 해당하는 경우에는 그 재직기간 중 해당 연금 전부의 지급을 정지한다. 다만, 제3호부터 제5호까지에 해당하는 경우로서 근로소득금액이 전년도 공무원 전체의 기준소득월액 평균액의 100분의 160 미만인 경우에는 그러하지 아니하다.

   1. 이 법이나 「군인연금법」 또는 「사립학교교직원 연금법」의 적용을 받는 공무원·군인 또는 사립학교교직원으로 임용된 경우
   2. 선거에 의한 선출직 공무원에 취임한 경우
   3. 「공공기관의 운영에 관한 법률」 제4조에 따른 공공기관 중 국가가 전액 출자·출연한 기관에 임직원으로 채용된 경우
   4. 「지방공기업법」 제2조에 따른 지방직영기업·지방공사 및 지방

공단 중 지방자치단체가 전액 출자·출연한 기관에 임직원으로
채용된 경우

5. 「지방자치단체 출자·출연 기관의 운영에 관한 법률」 제2조 제1
항에 따른 기관 중 지방자치단체가 전액 출자·출연한 기관에
임직원으로 채용된 경우

② 제1항 제3호부터 제5호까지에 해당하는 기관의 지정 및 고시
등에 관한 사항은 대통령령으로 정한다.

③, ④항 생략

2. 헌법재판소 1999. 5. 27. 98헌바70 한국방송공사법 제35조 등 위헌소원

○ 사건의 개요

한국전력공사는 1998. 2. 2. 청구인에 대하여 1998년 2월분 텔레비
전방송수신료(이하 "수신료"라 한다) 금 2,500원의 부과처분을 하였다. 청구
인은 1998. 4. 21. 서울행정법원에 한국전력공사를 상대로 위 부과처분의
취소를 구하는 행정소송을 제기하고(98구4473), 위 소송계속 중에 부과처
분의 근거가 된 한국방송공사법 제35조, 제36조 제1항이 헌법상의 조세법
률주의에 위반된다고 주장하며 위헌심판제청신청을 하였으나(98아310),
1998. 8. 20. 부과처분 취소청구와 함께 위 신청이 기각되고 1998. 8. 25.
그 결정을 송달받자, 1998. 9. 8. 헌법재판소법 제68조 제2항에 따라 이
사건 헌법소원심판을 청구하였다.

○ 청구인의 주장

수신료는 비록 명칭상 조세가 아니라 할지라도 아무런 반대급부 없
이 국민으로부터 강제적·의무적으로 징수하고 있어 실질에 있어서 조세
이므로, 수신료의 징수근거는 물론이고 징수권자·납부의무자·납부기간·

납부액 등 제반 사항은 헌법 제59조가 정한 조세법률주의에 따라 법률의 형식으로 규정되어야 한다.

그런데 한국방송공사법 제35조는 첫째, 한국방송공사(이하 "공사"라 한다)라는 일개 공법인으로 하여금 수신료를 부과·징수할 수 있게 하고, 둘째, 수신료의 납부에 관한 규정을 법률에 일의적으로 규정하지 않은 채 대통령령에 위임하고 있으며, 셋째, '텔레비전방송을 수신하기 위하여 텔레비전수상기(이하 "수상기"라 한다)를 소지한 자'라는 막연한 요건만으로 수신료를 부과하도록 함으로써 조세법률주의에 위반되는 위헌규정이고, 한국방송공사법 제36조 제1항은 실질적으로 조세인 수신료의 금액 및 납부기간 등을 형식적 의미의 법률로 정하지 아니하고 공사의 이사회 및 공보처장관의 승인을 통해 결정하도록 하고 있으므로 역시 조세법률주의에 반하는 위헌규정이다.

○ 심판대상조문

- 한국방송공사법(1990. 8. 1. 법률 제4264호로 개정된 것) 제35조(텔레비전수상기의 등록과 수신료 납부의무) 텔레비전방송을 수신하기 위하여 텔레비전수상기(이하 "수상기"라 한다)를 소지한 자는 대통령령이 정하는 바에 따라 공사에 그 수상기를 등록하고 텔레비전방송수신료(이하 "수신료"라 한다)를 납부하여야 한다. 다만, 대통령령이 정하는 수상기에 대하여는 그 등록을 면제하거나 수신료의 전부 또는 일부를 감면할 수 있다.

- 한국방송공사법(1990. 8. 1. 법률 제4264호로 개정된 것) 제36조(수신료의 결정) ① 수신료의 금액은 이사회가 심의·결정하고, 공사가 공보처장관의 승인을 얻어 이를 부과·징수한다.

  ("공보처장관"은 1998. 2. 28. 법률 제5529호 정부조직법 중 개정법률에 의하여 "문화관광부장관"으로 개정되었다)

○ 참조조문

● <u>한국방송공사법 시행령 제14조(수상기의 등록)</u> ① 법 제35조 본문의 규정에 의하여 텔레비전수상기(이하 "수상기"라 한다)의 등록을 하고자 하는 자는 그 수상기를 소지한 날로부터 30일 이내에 공사, 법 제38조 제2항의 규정에 의하여 공사로부터 수상기의 등록업무 및 텔레비전방송수신료(이하 "수신료"라 한다) 징수업무를 위탁받은 수상기의 생산자·판매인·수입판매인 또는 공사가 지정하는 자(이하 "판매인 등"이라 한다)에게 수상기등록신청서를 제출하여야 한다.

(②항 생략)

[전문개정 1990. 9. 3.]

● <u>한국방송공사법 시행령 제15조(등록이 면제되는 수상기)</u> 법 제35조 단서의 규정에 의하여 그 등록이 면제되는 수상기는 다음 각 호와 같다.

1. 흑백수상기

(2호 내지 17호 생략)

● <u>한국방송공사법 시행령 제18조(수신료의 징수)</u>

(내용 생략)

● <u>한국방송공사법 시행령 제20조(수신료의 면제)</u> ① 법 제35조 단서의 규정에 의하여 다음 각 호의 1에 해당하는 수상기에 대하여는 수신료를 면제한다.

1. 생활보호법에 의한 보호대상자가 소지한 수상기

(2호 내지 10호 생략)

(②항 이하 생략)

● <u>한국방송공사법 시행령 제21조(수신료의 감액)</u> ① 법 제35조 단서의 규정에 의하여 다음 각 호의 1에 해당하는 수상기에 대하여는 수

신료의 일부를 감액한다.

1. 방송국(전국적인 텔레비전 동일방송망을 가진 방송국을 말한다)의 텔레비전방송 중 전부 또는 일부의 시청이 불가능한 지역(이하 "난시청지역"이라 한다)에 거주하는 자가 소지한 수상기. 다만, 건물 및 구축물의 신축 등 인위적인 원인으로 인하여 시청이 불가능한 경우에는 그러하지 아니하다.

2. 기타 공보처장관이 감액이 필요하다고 인정하여 지정하는 수상기

(②항 이하 생략)

[전문개정 1990. 9. 3.]

O 결정요지 중 일부

오늘날 법률유보원칙은 단순히 행정작용이 법률에 근거를 두기만 하면 충분한 것이 아니라, 국가공동체와 그 구성원에게 기본적이고도 중요한 의미를 갖는 영역, 특히 국민의 기본권실현과 관련된 영역에 있어서는 국민의 대표자인 입법자가 그 본질적 사항에 대해서 스스로 결정하여야 한다는 요구까지 내포하고 있다(의회유보원칙). 그런데 텔레비전방송수신료는 대다수 국민의 재산권 보장의 측면이나 한국방송공사에게 보장된 방송자유의 측면에서 국민의 기본권실현에 관련된 영역에 속하고, 수신료 금액의 결정은 납부의무자의 범위 등과 함께 수신료에 관한 본질적인 중요한 사항이므로 국회가 스스로 행하여야 하는 사항에 속하는 것임에도 불구하고 <u>한국방송공사법 제36조 제1항에서 국회의 결정이나 관여를 배제한 채 한국방송공사로 하여금 수신료 금액을 결정해서 문화관광부장관의 승인을 얻도록 한 것은 법률유보원칙에 위반된다.</u>

O 결정이유 중 발췌·수정

1. 한국방송공사법 제35조

한국방송공사법 제35조 본문은 수신료 납부의무자의 범위에 관하여

'텔레비전방송을 수신하기 위하여 텔레비전수상기를 소지한 자는……텔레비전방송수신료를 납부하여야 한다'라고 규정하고 있는바, 이는 누구라도 수신료 납부의무자의 범위를 잘 알 수 있는 명확한 규정이라 할 것이다. 다만, 같은 조 단서는 등록면제 또는 수신료가 감면되는 수상기의 범위에 관하여 아무런 조건없이 단순히 대통령령이 정하도록 하고 있으나, 등록면제 또는 수신료감면에 관한 규정은 국민에게 이익을 부여하는 수익적 규정에 해당하는 것이어서 이에 대하여 요구되는 위임입법의 구체성·명확성의 정도는 상대적으로 완화될 수 있는 것이고, 또한 수신료 납부의무자의 범위가 '텔레비전방송을 수신하기 위하여' 수상기를 소지한 자로 되어 있으며, 수신료의 징수목적이 공사의 경비충당에 있다는 점을 감안하면 대통령령에서 정할 수신료감면 대상자의 범위는 텔레비전방송의 수신이 상당한 기간 동안 불가능하거나 곤란하다고 볼만한 객관적 사유가 있는 수상기의 소지자, 공사의 경비충당에 지장이 없는 범위 안에서 사회정책적으로 수신료를 감면하여 줄 필요가 있는 수상기소지자 등으로 그 범위가 정하여 질 것임을 예측할 수 있다. 따라서 이 법 제35조는 헌법 제75조에 규정된 포괄위임금지의 원칙에 위반되지 아니한다고 할 것이다.

2. 한국방송공사법 제36조 제1항의 법률유보원칙 위반 여부

(가) 이 법 제36조 제1항은 "수신료의 금액은 이사회가 심의·결정하고, 공사가 공보처 장관의 승인을 얻어 이를 부과·징수한다"고 규정하고 있는바, 수신료의 금액을 공보처장관의 승인을 필요로 하는 외에는 전적으로 공사(공사의 이사회)가 결정하여 부과·징수하도록 한 것이 헌법에 위반되는 것이 아닌지 문제된다.

헌법은 법치주의를 그 기본원리의 하나로 하고 있으며, 법치주의는 행정작용에 국회가 제정한 형식적 법률의 근거가 요청된다는 법률유보를 그 핵심적 내용의 하나로 하고 있다. 그런데 오늘날 법률유보원칙은 단순

히 행정작용이 법률에 근거를 두기만 하면 충분한 것이 아니라, 국가공동체와 그 구성원에게 기본적이고도 중요한 의미를 갖는 영역, 특히 국민의 기본권 실현에 관련된 영역에 있어서는 행정에 맡길 것이 아니라 국민의 대표자인 입법자 스스로 그 본질적 사항에 대하여 결정하여야 한다는 요구까지 내포하는 것으로 이해하여야 한다(이른바 의회유보원칙). 그리고 행정작용이 미치는 범위가 광범위하게 확산되고 있으며, 그 내용도 복잡·다양하게 전개되는 것이 현대행정의 양상임을 고려할 때, 형식상 법률상의 근거를 갖출 것을 요구하는 것만으로는 국가작용과 국민생활의 기본적이고도 중요한 요소마저 행정에 의하여 결정되는 결과를 초래하게 될 것인바, 이러한 결과는 국가의사의 근본적 결정권한이 국민의 대표기관인 의회에 있다고 하는 의회민주주의의 원리에 배치되는 것이라 할 것이다.

입법자가 형식적 법률로 스스로 규율하여야 하는 그러한 사항이 어떤 것인가는 일률적으로 획정할 수 없고, 구체적 사례에서 관련된 이익 내지 가치의 중요성, 규제 내지 침해의 정도와 방법 등을 고려하여 개별적으로 결정할 수 있을 뿐이나, 적어도 <u>헌법상 보장된 국민의 자유나 권리를 제한할 때에는 그 제한의 본질적인 사항에 관한 한 입법자가 법률로써 스스로 규율하여야 할 것이다.</u> 헌법 제37조 제2항은 "국민의 모든 자유와 권리는 국가안전보장·질서유지 또는 공공복리를 위하여 필요한 경우에 한하여 법률로써 제한할 수 있다"고 규정하고 있는바, 여기서 "법률로써"라고 한 것은 국민의 자유나 권리를 제한하는 행정작용의 경우 적어도 그 제한의 본질적인 사항에 관한 한 국회가 제정하는 법률에 근거를 두는 것만으로 충분한 것이 아니라 국회가 직접 결정함으로써 실질에 있어서도 법률에 의한 규율이 되도록 요구하고 있는 것으로 이해하여야 한다.

(나) 이러한 관점에서 볼 때, 이 법 제36조 제1항은 법률유보, 특히 의회유보의 원칙에 위반된다.

공사는 비록 행정기관이 아니라 할지라도 그 설립목적, 조직, 업무 등에 비추어 독자적 행정주체의 하나에 해당하며, 수신료는 특별부담금으로 서 국민에게 금전납부의무를 부과하는 것이므로, 공사가 수신료를 부과·징수하는 것은 국민의 재산권에 대한 제한을 가하는 행정작용임에 분명하고, 그 중 수신료의 금액은 수신료 납부의무자의 범위, 수신료의 징수절차와 함께 수신료 부과·징수에 있어서 본질적인 요소이다. 대부분의 가구에서 수상기를 보유하고 있는 현실에서 수신료의 결정행위는 그 금액의 다과를 불문하고 수많은 국민들의 이해관계에 직접 관련된다. 따라서 수신료의 금액은 입법자가 스스로 결정하여야 할 사항이다.

한편 오늘날 텔레비전방송은 언론자유와 민주주의의 실현에 있어 불가결의 요소이고 여론의 형성에 결정적인 영향력을 행사하며, 정치적·사회적 민주주의의 발전에도 중요한 영향을 미친다. 공영방송사인 공사가 실시하는 텔레비전방송의 경우 특히 그 공적 영향력과 책임이 더욱 중하다 하지 아니할 수 없다. 이러한 공사가 공영방송사로서의 공적 기능을 제대로 수행하면서도 아울러 언론자유의 주체로서 방송의 자유를 제대로 향유하기 위하여서는 그 재원조달의 문제가 결정적으로 중요한 의미를 지닌다. 공사가 그 방송프로그램에 관한 자유를 누리고 국가나 정치적 영향력, 특정 사회세력으로부터 자유롭기 위하여는 적정한 재정적 토대를 확립하지 아니하면 아니되는 것이다. 이 법은 수신료를 공사의 원칙적인 재원으로 삼고 있으므로 수신료에 관한 사항은 공사가 방송의 자유를 실현함에 있어서 본질적이고도 중요한 사항이라고 할 것이므로 의회 자신에게 그 규율이 유보된 사항이라 할 것이다.

이와 같이 수신료는 국민의 재산권보장의 측면에서나 공사에게 보장된 방송자유의 측면에서나 국민의 기본권실현에 관련된 영역에 속하는 것이고, 수신료 금액의 결정은 납부의무자의 범위, 징수절차 등과 함께 수신료에 관한 본질적이고도 중요한 사항이므로, 수신료 금액의 결정은 입법자인 국회가 스스로 행하여야 할 것이다. 물론 여기서 입법자의 전적인 자의가 허용되는 것은 아니어서, 입법자는 공사의 기능이 제대로 수행될 수 있으며 방송프로그램에 관한 자율성이 보장될 수 있도록 적정한 규모의 수신료를 책정하여야 하고, 공사에게 보장된 방송의 자유를 위축시킬 정도의 금액으로 결정하여서는 아니된다.

<u>국회가 수신료 금액을 법률로써 직접 규정하는 것에 어려움이 있다면 적어도 그 상한선만이라도 정하고서 공사에 위임할 수도 있고, 공사의 예산을 국회에서 승인토록 하는 절차규정을 둘 수도 있을 것이며, 또 수신료 금액의 1차적인 결정권한을 전문성과 중립성을 갖춘 독립된 위원회에 부여하고서 국회가 이를 확정하는 방안도 있을 수 있다.</u>

그런데 이 법 제36조 제1항은 국회의 결정 내지 관여를 배제한 채 공사로 하여금 수신료의 금액을 결정하도록 맡기고 있다. 공사가 전적으로 수신료 금액을 결정할 수 있게 되면 공영방송사업에 필요한 정도를 넘는 금액으로 정할 수 있고, 또 일방적 수신자의 처지에 놓여 있는 국민의 경제적 이해관계가 무시당할 수도 있다. 이 조항은 공사의 수신료금액 결정에 관하여 공보처장관의 승인을 얻도록 규정하고 있으나, 이는 행정기관에 의한 방송통제 내지 영향력 행사를 초래할 위험을 내포하는 것이어서 위와 같은 문제점에 대한 하등의 보완책이 되지 못한다.

이상과 같은 이유로 이 법 제36조 제1항은 법률유보원칙(의회유보원칙)에 어긋나는 것이어서, 헌법 제37조 제2항과 법치주의원리 및 민주주의원리에 위반된다 아니할 수 없다.

○ 현행 법률

- <u>방송법 제43조(설치 등)</u> ① 공정하고 건전한 방송문화를 정착시키고 국내외 방송을 효율적으로 실시하기 위하여 국가기간방송으로서 한국방송공사(이하 이 장에서 "공사"라 한다)를 설립한다.

- <u>방송법 제64조(텔레비전수상기의 등록과 수신료 납부)</u> 텔레비전방송을

수신하기 위하여 텔레비전수상기(이하 "수상기"라 한다)를 소지한 자
는 대통령령이 정하는 바에 따라 공사에 그 수상기를 등록하고 텔
레비전방송수신료(이하 "수신료"라 한다)를 납부하여야 한다. 다만,
대통령령이 정하는 수상기에 대하여는 그 등록을 면제하거나 수신
료의 전부 또는 일부를 감면할 수 있다.

- **방송법 제65조(수신료의 결정)** 수신료의 금액은 이사회가 심의·의결
  한 후 방송통신위원회를 거쳐 국회의 승인을 얻어 확정되고, 공사
  가 이를 부과·징수한다.

3. 헌법재판소 2005. 2. 24. 2003헌마289 행형법 시행령 제145조 제2항 등 위헌확인

◯ 사건의 개요

(1) 청구인은 살인죄로 징역 20년의 형을 선고받고 1999. 10. 1. 그
판결이 확정되어 전주교도소에 수감되었다. 그러던 중 청구인은 2003. 3.
6. 교도관에게 폭언 등을 한 이유로 교도소장으로부터 조사수용 처분을
받자 그 처분에 불복하는 행정소송의 소장과 청원서의 작성을 위해 교도
소장에게 집필 허가를 신청하였으나 불허되었다.

(2) 다시 청구인은 같은 달 21. 다른 수용자를 폭행하였다는 이유로
금치 1월의 징벌처분을 받자 그 처분에 불복하는 행정소송과 청원서의 작
성을 위한 집필 허가를 신청하였으나 그 역시 불허되었다.

(3) 이에 청구인은 전주교도소장이 청구인의 집필을 허가하지 않은
근거가 된 행형법 시행령 제145조 제2항과 수용자 규율 및 징벌 등에 관
한 규칙 제7조 제2항이 청구인의 재판을 받을 권리와 평등권 및 청원권
등을 침해하여 위헌이라고 주장하며 이 사건 헌법소원심판을 청구하였다.

○ 청구인의 주장

(1) 국민의 자유와 권리를 제한하고자 하는 경우 그 내용은 반드시 법률로써 규정하여야 하고 대통령령 또는 부령으로 제한하고자 하는 때에는 법률의 구체적 위임이 있어야 한다. 행형법은 징벌의 종류로서 2월 이내의 금치를 규정하고 있으나 금치는 일반 재소자와 분리하여 징벌실에 수용하는 것이므로 그 자체만으로 강력한 불이익처분이다. 그런데 모법인 행형법에서 그 밖에 금치와 관련하여 부수적인 제한에 관하여 대통령령에 별다른 위임을 하고 있지 아니함에도 대통령령과 법무부령에서는 금치처분을 받은 자에 대해 광범위한 기본권제한을 인정하고 있고 그 중에서 이 사건 심판대상조항들은 집필을 전면 금지하거나 금지할 수 있다고 규정하고 있다. 이는 모법의 근거도 위임도 없는 사항을 하위명령에 규정한 것으로서 위임입법의 한계를 벗어난 입법으로 헌법에 위반된다.

(2) 이 사건 심판대상조항들은 금치기간 중 또는 규율 위반사실의 조사수용 기간 중의 집필을 금지하거나 금지할 수 있다고 하고 있는데, 이는 금치 또는 조사수용 처분이 위법한 경우 그것을 직접 다투기 위한 재판청구나 처우에 대한 불복으로서 행형법이 보장하고 있는 청원 등을 위한 집필까지도 무차별 불허하고 있는 점에서 징벌의 목적 달성을 위한 최소한의 제한을 넘은 과도한 기본권 제한으로서 과잉금지의 원칙에 위반하여 청구인의 재판청구권과 청원권, 평등권을 침해하는 규정이다.

(3) 헌법상 적법절차 원칙은 국민에 대한 모든 불이익처분의 경우에 반드시 지켜야 할 원칙이므로 교도소에 수용된 자에 대한 규율 위반사실의 조사를 위한 수용이나 징벌처분에 있어서도 사전 고지와 변명의 기회가 보장되어야 하고 실효성 있는 불복절차가 함께 마련되어 있어야 한다. 그럼에도 이 사건 심판대상조항들은 그러한 제도와 절차를 마련하지 않고 있어 적법절차 원칙에 위반된다.

(4) 청구인에 대한 금치처분은 2003. 4. 10. 종료하여 현재 청구인에

대한 기본권 침해는 종료하였지만 이 사건 심판대상조항들에 의한 기본권침해가 반복될 가능성이 있으므로 권리보호이익도 인정된다.

O 심판대상조문

● 행형법 시행령(2000. 3. 28. 대통령령 제16579호로 개정된 것) 제145조 (징벌의 집행)

① 생략

② 금치의 처분을 받은 자는 징벌실에 수용하고 그 기간 중 접견, 서신수발, 전화통화, *집필*, 작업, 운동, 신문·도서열람, 라디오청취, 텔레비전시청 및 자비부담 물품의 사용을 금지한다. 다만, 미결수용자의 소송서류 작성, 변호인과의 접견 및 서신 수발은 예외로 하며, 소장이 교화 또는 처우상 특히 필요하다고 인정하는 때에는 접견·서신 수발 또는 도서 열람을 허가할 수 있다.

③, ④ 생략

● 구 수용자 규율 및 징벌 등에 관한 규칙(2004. 6. 29. 법무부령 제555호로 개정되기 전의 것) 제7조(조사절차)

① 생략

② 소장은 규율위반사실에 대한 진상을 조사하기 위하여 필요하다고 인정할 때에는 조사기간 중 당해 수용자에 대한 접견·서신수발·전화통화·집필·작업·운동·신문 및 도서 열람·라디오 청취·텔레비전 시청과 자비부담 물품의 사용을 제한하거나 금지할 수 있다. 다만, 미결수용자의 소송서류의 작성, 변호인과의 접견 및 서신수발은 예외로 한다.

③~⑥ 생략

O 참조조문

● 행형법 제33조의3(집필) ① 수용자는 소장의 허가를 받아 문서 또는

도화를 작성하거나 문학·학술 기타 사항에 관한 집필을 할 수 있다. 다만, 그 내용이 다음 각 호의 1에 해당하는 경우에는 예외로 한다.

1. 교도소 등의 안전과 질서를 해칠 우려가 있는 경우
2. 기타 교화상 부적당한 경우

② 집필용구의 관리, 집필의 시간·장소, 집필한 문서 등의 보관 및 외부제출에 관하여 필요한 사항은 대통령령으로 정한다.

- 행형법 제45조(규율 등) ① 수용자는 교도소 등의 안전과 질서를 유지하기 위하여 법무부장관이 정하는 규율을 준수하여야 한다.
  ② 수용자는 소장이 정하는 일과시간표를 준수하여야 한다.
  ③ 수용자는 교도관의 직무상 지시에 복종하여야 한다.

- 행형법 제46조(징벌) ① 수용자가 다음 각 호의 1에 해당하는 행위를 한 때에는 징벌을 부과할 수 있다.
  1. 형법·폭력행위 등 처벌에 관한 법률 등의 형벌 규정에 저촉되는 행위
  2. 자해행위
  3. 정당한 이유없이 작업·교육 등을 거부하거나 태만히 하는 행위
  4. 흉기·주류 등 허가되지 아니하는 물건을 제작·소지·사용·수수 또는 은닉하는 행위
  5. 기타 법무부장관이 정하는 규율을 위반하는 행위
  ② 징벌의 종류는 다음과 같다.
  1. 경 고
  2. 1월 이내의 신문 및 도서열람의 제한
  3. 2월 이내의 신청에 의한 작업의 정지
  4. 작업 상여금의 전부 또는 일부의 삭감
  5. 2월 이내의 금치

6.~9. 삭제

③ 징벌은 동일한 행위에 대하여 거듭하여 부과할 수 없으며, 행위의 동기 및 경중, 행위 후의 정황 기타 사정을 참작하여 수용목적을 달성하는 데 필요한 최소한도에 그쳐야 한다.

④ 징벌을 부과함에 있어서 필요한 기준은 법무부장관이 정한다.

O 결정요지

1. 구 수용자 규율 및 징벌 등에 관한 규칙(2004. 6. 29. 법무부령 제555호로 개정되기 전의 것) 제7조 제2항 본문은, 교도소 내 규율 위반을 이유로 조사수용된 수형자에 대하여 교도소장이 조사기간 중 집필을 금지할 수 있도록 규정하고 있으나, 조사수용 기간 중에 있는 수용자라고 하여 직접 집필이 금지되는 것이 아니라 교도소장이 필요하다고 판단하여 집필을 금지한 경우에 비로소 집필이 금지되는 것이므로, 위 규칙조항은 교도소장에 의한 집필의 금지라는 구체적 집행행위를 통하여 비로소 집필에 대한 제한을 가하는 것이어서 기본권 침해의 직접성이 인정되지 않는다.

2. 행형법상 징벌의 일종인 금치처분을 받은 자에 대하여 금치기간 중 집필을 전면 금지한 행형법 시행령 제145조 제2항 본문 부분(이하 '이 사건 시행령 조항'이라 한다)은, 금치대상자의 자유와 권리에 관한 사항을 규율하는 것이므로 모법의 근거 및 위임이 필요하다. 행형법 제46조 제2항 제5호는 징벌의 일종으로 "2월 이내의 금치"를 규정하고 있으나, 금치의 개념 자체로부터는 그 사전적 의미가 제시하는 징벌실 수용이라는 특수한 구금형태만을 추단할 수 있을 뿐이고 거기에 집필의 전면적 금지와 같은 일정한 처우의 제한 내지 박탈이라는 금치의 효과 내지 집행방법까지 포함되어 있다거나 동 조항으로부터 곧바로 제한되는 처우의 내용이 확정된다고 볼 수 없고, 행형법 제46조 제4항은 징벌을 부과함에 있어 필요한 기준을 법무부장관이 정하도록 규정하고 있으나, 그 위임사항이 "징벌의 부과 기준"이지 "징벌의 효과나 대상자의 처우"가 아님은 문언상 명백하므

로, 모두 이 사건 시행령 조항의 법률적 근거가 된다고 할 수 없다. 다만 행형법 제33조의3 제1항은 수용자에 대하여 원칙적으로 집필을 금지하고 있다고 볼 수 있으나, 이 사건 시행령 조항은 같은 조항에서 규정하고 있는 접견이나 서신수발 등과 달리 교도소장이 예외적으로라도 이를 허용할 가능성마저 봉쇄하고 있고, 위 행형법 제33조의3 제1항보다 가중된 제한을, 그것도 모법과 상이한 사유를 원인으로 집필의 자유를 박탈하고 있으므로 이 역시 이 사건 시행령 조항의 법률적 근거가 된다고 할 수 없어 <u>이 사건 시행령 조항은 금치처분을 받은 수형자의 집필에 관한 권리를 법률의 근거나 위임 없이 제한하는 것으로서 법률유보의 원칙에 위반된다.</u>

3. 이 사건 시행령 조항은 규율 위반자에 대해 불이익을 가한다는 면만을 강조하여 금치처분을 받은 자에 대하여 집필의 목적과 내용 등을 묻지 않고, 또 대상자에 대한 교화 또는 처우상 필요한 경우까지도 예외 없이 일체의 집필행위를 금지하고 있음은 입법목적 달성을 위한 필요최소한의 제한이라는 한계를 벗어난 것으로서 과잉금지의 원칙에 위반된다.

O 주 문

1. 행형법 시행령(2000. 3. 28. 대통령령 제16759호로 개정된 것) 제145조 제2항 본문 중 "집필" 부분은 헌법에 위반된다.

2. 구 수용자규율 및 징벌 등에 관한 규칙(2001. 1. 18. 법무부령 제502호로 개정되고 2004. 6. 29. 법무부령 제555호로 개정되기 전의 것) 제7조 제2항 본문 중 "집필" 부분에 대한 심판청구 부분을 각하한다.

4. <u>헌법재판소 2000. 7. 20. 99헌가15 약사법 제77조 제1호 중 '제19조 제4항' 부분 위헌제청</u>

O 사건의 개요

당해 사건의 피고인 송O자는 "대구 남구 봉덕1동에서 ○○ 약국이라는 상호로 약국을 경영하던 중, (1) 유효기간 또는 사용기한이 경과된 의약품을 판매하거나 판매의 목적으로 저장, 진열하지 아니하여야 함에도 불구하고 1999. 7. 14. 약국조제실 내에서 유효기간이 경과한 16개 약품을 조제·판매 목적으로 저장, 진열하고, (2) 약국을 관리하는 약사는 보건복지부령으로 정하는 약국관리에 필요한 사항으로 백색위생복을 입고 명찰을 달아야 함에도 불구하고 같은 일시 같은 장소에서 백색위생복 및 명찰을 착용하지 아니하고 성명불상의 고객 등에게 의약품을 판매하였다"는 이유로 제(1)사실에 대하여는 약사법 제76조 제1항, 제38조 위반으로, 제(2)사실에 대하여는 같은 법 제77조 제1호, 제19조 제4항 위반으로 벌금 1,000,000원에 약식기소되었다.

그런데 제청법원은 제(2)사실에 대하여 적용된 약사법 제77조 제1호 중 제19조 제4항 부분에 대하여 1999. 10. 26. 위헌심판제청결정을 하였다.

○ 심판대상조문

- 약사법(1994. 1. 7. 법률 제4731호로 개정된 것) 제77조(벌칙) 다음 각 호의 1에 해당하는 자는 200만원 이하의 벌금에 처한다.

  1. 제19조 제4항·제24조·제25조·제30조 제1항·제31조 제1항·제47조 제3항·제49조·제50조·제51조·제52조·제57조(제59조에서 준용하는 경우를 포함한다)·제58조 또는 제60조의 규정에 위반한 자
  2. 삭제
  3. 생략

○ 참조조문

- 약사법(1997. 12. 13. 법률 제5454호로 개정된 것) 제19조(약국의 관리의무)
  ①~③ 생략
  ④ 약국을 관리하는 약사 또는 한약사는 보건복지부령으로 정하는 약국관리에 필요한 사항을 준수하여야 한다.

- <u>약사법 시행규칙(1996. 7. 19. 보건복지부령 제30호로 개정된 것) 제11조 (약국관리상의 준수사항)</u> ① 법 제19조 제4항의 규정에 의하여 약국 개설자와 약국관리자는 그 약국관리에 있어서 다음 각 호의 사항 을 준수하여야 한다.

    1. 약국의 시설과 의약품을 보건위생상 위해가 없고 의약품의 효 능이 떨어지지 아니하도록 관리할 것
    2. 보건위생상의 사고가 없도록 종업원에 대한 감독을 철저히 할 것
    3. 보건위생상 위해가 발생할 염려가 있는 물건은 이를 약국에 두 지 말 것
    4. 약사 또는 한약사는 백색 위생복을 입고 명찰을 달아야 하며, 약사 또는 한약사가 아닌 종업원에게 약사 또는 한약사로 오인 될 수 있는 백색 위생복을 입히지 말 것
    5. 의약품 등의 사용과 관련하여 부작용등이 발생한 때에는 보건 복지부장관이 정하는 바에 따라 보고하고 필요한 안전대책을 강구할 것

    ② 생략

O 제청법원의 위헌심판제청이유

(1) 약사법 제77조 제1호(1994. 1. 7. 법률 제4731호로 개정된 것) 중 '제 19조 제4항의 규정에 위반한 자' 부분(이하 '이 사건 법률조항'이라 한다)은 '약 국을 관리하는 약사가 보건복지부령으로 정하는 약국관리에 필요한 사항 을 준수하지 아니하는 것'을 처벌한다는 것이므로 결국 범죄구성요건의 전 부를 보건복지부령에 위임한 것인 바, 보건복지부령에 규정될 내용과 범위 에 관한 기본사항을 구체적으로 정하고 있지 아니하고 막연히 '약국관리에 필요한 사항'이라고만 하고 있어 작위의무의 내용과 구성요건적 행위의 태 양이 구체적으로 나타나 있지 않으며, 그 개념 또한 너무 추상적이고 광범 위하여 약사법상의 다른 관련조항들을 종합하여 보더라도 보건복지부령에

어떠한 내용의 범죄구성요건이 정해질 지를 예측하기가 매우 어렵다.

설사, 이 사건 법률조항의 적용대상이 약사라는 점을 감안하더라도, 같은 법 시행규칙 제11조 제1항에서 '약국관리상의 준수사항'으로 열거하고 있는 것들은 법규정 이전에 직업윤리적 의무로서, 특히 일반의 법감정과 사회통념상 약사가 백색 위생복과 명찰을 착용하지 않았다고 하여 범죄로 인식되기는 어려운 점, 부령은 대통령령보다 더 빈번히 변경되고 법률전문가가 아닌 일반인이 부령인 시행규칙을 찾아보기는 쉽지 않다는 점 등을 고려하면, 약사로서도 이 규칙조항에 어떠한 내용의 준수사항이 규정되어 있는지, 그리고 이를 위반하였을 경우에 과태료나 과징금의 부과 또는 업무정지 등의 행정처분 외에 형벌에 의한 제재를 받을 것인지 등을 알기는 쉽지 않다.

더구나 위 시행규칙 조항이 정하고 있는 준수사항은 5개 항목에 불과하고, 급변하는 사회현상에 맞추어 긴급하게 개정할 필요가 있는 것도 찾아보기 어려워 입법기술상 법률에 규정하는 것이 현저히 곤란하다고 보이지 않으므로, 처벌법규로서 행정입법에 포괄적으로 위임하여야할 부득이한 사정이 있다고 보기 어렵다.

따라서 이 사건 법률조항은 처벌대상인 행위가 어떠한 것인지 예측할 수 있는 기준과 범위를 정함이 없이 범죄의 요건을 하위법규에 포괄적으로 위임하는 것이어서 위임입법의 한계를 규정한 헌법 제75조에 위반될 뿐만 아니라, 죄형법정주의를 규정한 헌법 제12조 제1항, 제13조 제1항에 위반된다는 의심이 든다.

(2) 행정벌을 과하는 경우, 벌금이나 과태료의 상한 등을 지나치게 높게 설정하는 경우 뿐만 아니라 여러 행정벌을 불필요하게 중복하여 부과하는 경우에도 행정벌 체계상 균형의 상실이 초래될 수 있다.

그런데 위 시행규칙 조항에서 약사에게 부과하고 있는 준수사항들은 모두 약사의 본의무(약사면허취득과 약국개설등록 등)의 이행 후 그 부수의무의 이행과 관련된 것들로서 그 위반자에게 형벌을 가할 만한 법배반성과 비난가능성이 있다고는 보기 어려운 점, 하나의 법조항 위반에 대한 벌칙으로 벌금과 과태료를 중복하여 규정하는 것은 극히 이례적이고 입법기술상으로도 바람직하지 아니하고 이와 관련하여 현재 행정법규 위반에 대하여 단기자유형과 벌금형을 과태료나 범칙금 등으로 전환하는 추세에 있고 실제로 이에 관한 법령정비작업이 진행되고 있는 점, 하나의 의무위반행위에 대하여 과태료나 벌금이 중복부과되면 위반자가 입는 불이익의 정도로 볼 때 일사부재리에 준하는 이중처벌이 되는 점, 약사법에서도 위반행위에 대한 벌칙으로 벌금과 과태료가 모두 규정된 경우는 제19조 제4항 위반뿐이라는 점, 그리하여 이 사건 법률조항을 널리 적용하면 수사기관의 과잉단속과 불필요한 전과자 양산 등의 부작용이 우려되는 점 및 유사직역인 의사나 간호사에게는 백색위생복과 명찰 착용 등의 의무가 법령으로 강제되고 있지 않은 점 등을 고려하면, 이 사건 법률조항은 입법재량권이 자의적으로 행사된 경우로서 헌법 제37조 제2항의 비례의 원칙 내지 과잉입법금지의 원칙에 위반된다는 의심이 든다.

○ 결정요지

이 사건 법률조항은 '약국관리에 필요한 사항'이라는 처벌법규의 구성요건 부분에 관한 기본사항에 관하여 보다 구체적인 기준이나 범위를 정함이 없이 그 내용을 모두 하위법령인 보건복지부령에 포괄적으로 위임함으로써, 약사로 하여금 광범위한 개념인 '약국관리'와 관련하여 준수하여야 할 사항의 내용이나 범위를 구체적으로 예측할 수 없게 하고, 나아가 헌법이 예방하고자 하는 행정부의 자의적인 행정입법을 초래할 여지가 있으므로, 헌법상 포괄위임입법금지 원칙 및 죄형법정주의의 명확성원칙에 위반된다.

○ 주 문

약사법(1994. 1. 7. 법률 제4731호로 개정된 것) 제77조 제1호 중 '제19조 제4항' 부분은 헌법에 위반된다.

○ 결정이유 중 일부

3. 판   단

이 사건 법률조항은 약국관리상 준수할 사항을 부령에 위임하고 있으면서 그 위반행위에 대하여 200만원 이하의 벌금형에 처한다는 내용인바, 따라서 이 사건의 쟁점은 이 사건 법률조항이 죄형법정주의 내지 포괄위임입법금지원칙에 위배되는지 및 그 법정형이 비례의 원칙에 어긋나는지 여부이다.

먼저 죄형법정주의 내지 포괄위임입법금지원칙 위배 여부를 본다.

법률에 의한 처벌법규의 위임은, 헌법이 특히 인권을 최대한 보장하기 위하여 죄형법정주의와 적법절차를 규정하고 법률에 의한 처벌을 강조하고 있는 기본권보장 우위사상에 비추어 바람직하지 못한 일이므로, 그 요건과 범위가 보다 엄격하게 제한적으로 적용되어야 한다(헌재 1991. 7. 8. 91헌가4; 헌재 1994. 6. 30. 93헌가15등; 헌재1997. 5. 29. 94헌바22).

일반적으로 헌법에 의하여 위임입법이 용인되는 한계인, 법률에서 구체적으로 범위를 정하여 위임받은 사항이라 함은 법률에 이미 하위법령으로 규정될 내용 및 범위의 기본사항이 구체적으로 규정되어 있어서 누구라도 당해 법률로부터 하위법령에 규정될 내용의 대강을 예측할 수 있어야 한다는 것을 의미한다. 위임입법의 위와 같은 구체성 내지 예측가능성의 요구정도는 문제된 그 법률이 의도하는 규제대상의 종류와 성질에 따라 달라질 것임은 물론이고, 그 예측가능성의 유무를 판단함에 있어서는 당해 특정 조항 하나만을 가지고 판단할 것이 아니라 관련 법조항 전체를 유기적·체계적으로 종합판단하여야 하며, 각 대상법률의 성질에 따라 구체적·개별적으로 검토하여야 한다. 특히 처벌법규에 관하여는 앞에서 본 바와 같이 그 요건과 범위가 보다 엄격하게 제한적으로 적용되어야 하는 것이므로, <u>처벌법규의 위임은 특히 긴급한 필요가 있거나 미리 법률로써 자세히 정할 수 없는 부득이한 사정이 있는 경우에 한정되어야</u>

하며 이러한 경우일지라도 법률에서 범죄의 구성요건은 처벌대상행위가 어떠한 것일 것이라고 예측할 수 있을 정도로 구체적으로 정하고 형벌의 종류 및 그 상한과 폭을 명백히 규정하여야 한다(헌재 1991. 7. 8. 91헌가4; 헌재 1995. 10. 26. 93헌바62; 헌재 1997. 9. 25. 96헌가16 참조)

이 사건 법률조항은 처벌법규의 구성요건 부분의 위임에 해당한다. 그러나 이 사건 법률조항은 그 자체에서 '약국관리에 필요한 사항'이 어떠한 것일 것이라고 예측할 수 있을 정도로 구체적으로 정하고 있다고 보기 어렵다. 이 사건 법률조항에서 '보건복지부령으로 정하는' 부분을 빼고 보면, "약국을 관리하는 약사 또는 한약사가 약국관리에 필요한 사항을 준수하지 아니하는 것"이 처벌규정의 구성요건이 되는데, 여기서 행위요소인 '약국관리에 필요한 사항'은 행위주체인 '약국을 관리하는 약사 또는 한약사'와의 관계에서 동어반복에 불과하고, 그 개념 또한 추상적이고 광범위한 측면이 있다.

한편 이 사건 법률조항의 처벌대상행위는 관련 법조항 전체를 유기적·체계적으로 종합 판단하여도 그 내용을 예측하기 어렵다. 약사법은 약사의 조제, 의약품의 취급 등에 관하여는 별도의 장·절로 구체적인 규정을 두고 있으나, 약국의 관리에 관하여는 약국의 개설등록(제16조) 및 폐업 등의 신고(제20조) 이외에 특별한 관련규정을 두고 있지 않다. 또 약사법의 일반적인 목적(제1조)을 볼 때, "이 법은 약사에 관한 사항을 규정하고 그 적정을 기하여 국민보건 향상에 기여함을 목적으로 한다"고 되어 있는바, 이러한 입법목적만으로는 '약국관리에 필요한 사항'이 어떠한 것인지에 관하여 예측하기도 쉽지 않다. 또한 약사법은 약국개설자 자신이 약국을 관리할 수 없는 경우 승인을 얻어 약국을 관리하게 할 자를 지정할 수 있게 하였으나(제19조 제2항), 이 조항에서도 약국관리의 개념에 관한 내용이 어떤 것인지를 찾아볼 수 없다.

비록 형벌법규의 구성요건을 규정함에 있어서는 가치개념을 포함하는 일반적, 규범적 개념을 사용하지 않을 수 없지만, 범죄구성요건에 일반적, 규범적 개념을 사용하더라도 법률의 규정에 의하여 그 해석이 가능하고 또한 일반인이 금지된 행위와 허용된 행위를 구분하여 인식할 수 있어야 할 것이다(헌재 1996. 8. 29. 94헌바15). 그런데 일반적으로 '관리'란 개념의 사전적 의미는 통상 그 내연과 외포가 광범위한 것이며, 약국관리에 필요한 사항이란, 예를 들자면, 약국의 설비, 의약품의 저장 및 진열, 약국의 위생상태, 약국종업원에 관한 사항, 약국관리상 장부의 기록과 보관, 영업시간, 당국에 대한 보고의무 등 일반적으로 약국의 관리에 필요한 매우 넓은 범위의 사항이 포함될 것인데, 이 중에서도 구체적으로 어떠한 사항이 위반시 형사처벌을 받게 되는 '준수'사항으로 정하여 질 것인지는 약사법 제19조 제4항의 규정만으로는 쉽게 그 대강을 예측하기 어려운 것이다.

비록 이 사건 법률조항의 수범자(受範者)는 이 분야의 전문가인 영업허가를 받은 약사 또는 한약사로서 이들이 일반인들보다는 위임입법으로 규정될 준수사항을 더 잘 알 수 있는 지위에 있는 것은 사실이나, 앞에서 살펴 본 바와 같은 '약국관리'라는 개념 하에서 상정될 수 있는 많은 유형의 관리행위 중 구체적으로 어떠한 것이 보건복지부령으로 입법될 것인지를 예측하기 어려운 점은 약사, 한약사에게 있어서도, 다소간의 차이가 있을 뿐, 여전히 존재한다고 볼 것이다. 대구지방검찰청검사장은 약사의 경우 다른 직업보다도 고도의 윤리성과 전문성을 지니고 있으며 약사회를 통한 의사소통으로 어떠한 준수사항이 있고 어떠한 제재가 따른다는 것을 잘 알 수 있다고 주장하나, 앞에서 언급한 바와 같이 '약국관리'상 준수하여야 할 내용은 광범위하므로 당국이 특정 시기에 어떤 준수사항을 마련할지 구체적으로 그 대강을 예측하기는 어렵다고 할 것이며, 비록 약사회 등을 통하여 그 구체적 내용을 숙지할 수 있다고 하더라도 법률에 의한 수권에 의거한 명령의 내용이 어떠한 것이 될 수 있을 것인가를 예측가능한 것임을 요구하는 것은 "법규명령에 의하여 비로소가 아니라 그 보다 먼저 그 수권법률의 내용으로부터 예견가능하여야 하는 것을 의미하는 것이므로"(헌재 1993. 5. 13. 92헌마80 참조), 그러한 위임입법은 법률 자체로부터 장래 정립될 법규명령의 기본적 윤곽에 대한 예견가능성이 보장되지 않으면 안되는 것이다.

이 사건 약사법 시행규칙 제11조 제1항이 정하고 있는 준수사항은 위임입법의 취지 중 하나인 급변하는 사회현상에 맞추어 수시로 긴급하게 개정할 필요가 있는 것으로 보기 어려운 동시에 입법기술상 법률에 규정하는 것이 현저히 곤란하다고 보이지도 않으며 처벌규정으로서 그 구성요건을 행정입법에 포괄적으로 위임하여야 할 부득이한 사정이 있다고 보기 힘들다. 보건복지부장관은 이 사건에서 의약분업의 성공적 정착을 위해서는 약국에서 준수해야 할 사항들을 규정할 필요가 있는데 이들을 모두 법에 명시하는 데는 무리가 있다고 지적하나, 위 시행규칙 조항의 약국관리상의 준수의무 내용들을 보면 기본적으로 이는 특별히 의약분업의 성공적 정착에 초점을 맞추어 제정된 규정된 것이라기보다는 일반적으로 약국관리에 관련된 사항을 규정한 것으로서 의약분업 시행 이후 위 규정들이 보다 엄격히 집행될 수는 있겠으나 위 규정들 자체가 의약분업 제도와 필수적으로 연관된 것은 아니라고 보여진다.

한편 이 사건 법률조항상의 '약국관리에 필요한 사항'이라는 표현은, 그 부준수(不遵守)가 단순한 훈시규정 위반에 그치거나, 행정상의 과태료와 같은 제재대상에 그치지 아니하고, 벌금형에 처해지게 되어 있는 것을 감안한다면, 보다 구체적이고 명확한 것이어야만 했던 것이다. 이 사건 법률조항과 같이 행정부에게 지나치게 광범위한 입법재량권을 주게 되면 약사 또는 한약사를 자의적 행정입법에 불안정한 상태로 노출시키게 되는 결과가 되고, 이는 결국 헌법상의 죄형법정주의와 포괄위임입법금지 원칙이 예방하고자 하는 '행정권에 의한 자의적인 법률의 해석과 집행'을 쉽게 용인하는 결과를 초래할 수 있게 되는 것이다.

이상의 이유에서 이 사건 법률조항은 '약국관리에 필요한 사항'에 관하여 보다 구체적인 기준이나 범위를 정함이 없이 그 내용을 모두 하위법령인 보건복지부령에 위임하고 있는 것이므로, 죄형법정주의를 규정한 헌법 제12조 제1항 후문 및 제13조 제1항 전단과 위임입법의 한계를 규정한 헌법 제75조, 제95조에 위반된다.

ㅇ 참고: 현행 법률

- 약사법 제21조(약국의 관리의무) ① 약사 또는 한약사는 하나의 약국만을 개설할 수 있다.

  ② 약국개설자는 자신이 그 약국을 관리하여야 한다. 다만, 약국개설자 자신이 그 약국을 관리할 수 없는 경우에는 대신할 약사 또는 한약사를 지정하여 약국을 관리하게 하여야 한다.

  ③ 약국을 관리하는 약사 또는 한약사는 약국 관리에 필요한 다음 각 호의 사항을 지켜야 한다.

  1. 약국의 시설과 의약품을 보건위생상 위해(危害)가 없고 의약품의 효능이 떨어지지 아니하도록 관리할 것

  2. 보건위생과 관련된 사고가 없도록 종업원을 철저히 감독할 것

  3. 보건위생에 위해를 끼칠 염려가 있는 물건을 약국에 두지 아니할 것

  4. 의약품 등의 사용과 관련하여 부작용 등이 발생한 경우에는 필요한 안전대책을 강구할 것

  5. 그밖에 제1호부터 제4호까지의 규정에 준하는 사항으로서 약국의 시설과 의약품을 보건상 위해가 없도록 관리하기 위하여 필요하다고 인정하여 식품의약품안전처장과 협의하여 보건복지부령으로 정하는 사항

- 약사법 시행규칙 제10조(약국 관리상의 준수사항) ① 약국을 관리하

는 약사 또는 한약사는 법 제21조 제3항 제5호에 따라 약국 관리 시 다음 각 호의 사항을 준수하여야 한다. 〈개정 2014. 7. 4.〉

1. 약사, 한약사 또는 제14조 제3호에 따라 조제행위를 하는 약학을 전공하는 대학의 학생(이하 이 호에서 "실습생"이라 한다)이 아닌 종업원에게 약사, 한약사 또는 실습생으로 오인될 수 있는 위생복을 입히지 말 것

2. 삭제 〈2015. 1. 5.〉

3. 용기나 포장이 개봉된 상태의 의약품을 서로 섞어서 보관하지 아니할 것

② 약국개설자는 법 제21조 제2항 단서에 따라 약국을 관리하도록 지정한 약사 또는 한약사로부터 제1항 각 호의 의무이행을 위하여 필요한 사항을 요청받은 경우에는 정당한 사유 없이 이를 거부해서는 아니 된다.

- <u>의약품 등의 안전에 관한 규칙 제62조(의약품등의 안전 및 품질 관련 유통관리 준수사항)</u> 법 제47조 제1항 및 영 제32조 제4항 제1호에 따라 약국개설자, 의약품의 품목허가를 받은 자, 수입자, 의약품 판매업자 및 그 밖에 이 법에 따라 의약품을 판매할 수 있는 자는 의약품의 안전 및 품질 관련 유통관리를 위하여 다음 각 호의 사항을 준수하여야 한다. 〈개정 2014. 8. 21.〉

1. 의약품은 의약품이 아닌 다른 것과 구별하여 저장하거나 진열할 것

2. 변질·변패(變敗)·오염·손상되었거나 유효기한 또는 사용기한이 지난 의약품을 판매하거나 판매의 목적으로 저장·진열하지 아니하여야 하며, 의약품의 용기나 포장을 훼손하거나 변조하지 아니할 것

3. 식품의약품안전처장 또는 지방청장이 수거하거나 폐기할 것을

명한 의약품을 판매하거나 판매의 목적으로 저장·진열하지 아니할 것

4. 약국개설자, 안전상비의약품판매자, 한약업사, 법률 제8365호 약사법 전부개정법률 부칙 제5조에 따른 약업사·매약상, 의약품 도매상 또는 법 제21조에 따라 약국을 관리하는 자는 불량 의약품의 처리에 관한 기록을 작성하여 갖추어 두고 이를 1년 간 보존할 것

5. 약국개설자, 한약업사 또는 의약품 도매상은 대한민국약전 또는 대한민국약전외한약(생약)규격집에 기준이 설정된 한약 중 제8호에 따른 품질관리 기준에 맞는 제품(이하 "규격품"이라 한다)으로 판매할 것을 식품의약품안전처장이 지정·고시한 한약의 경우 규격품이 아닌 것을 판매하거나 판매의 목적으로 저장·진열하지 아니할 것

6. 약국개설자, 한약업사 또는 의약품 도매상은 한약재를 판매하는 경우 원산지를 표시할 것

7. 식품의약품안전처장이 보건복지부장관과 협의하여 정하는 별표 6의 의약품 유통품질 관리기준에서 정하는 사항을 준수할 것

8. 식품의약품안전처장이 정하여 고시하는 한약재의 품질관리에 관한 사항을 준수할 것

5. 법률유보원칙 위반인지, 과잉금지원칙 위반인지 – 안마사 자격 헌법소원 사건

- 헌법재판소 2006. 5. 25. 2003헌마715, 2006헌마368(병합) 안마사에 관한 규칙 제3조 제1항 제1호 등 위헌확인

○ 사건의 개요

(1) 2003헌마715 사건

청구인 신○웅을 제외한 나머지 청구인들은 스포츠마사지 시술방법을 가르치는 대학이나 학원에서 그와 관련된 교육을 받고 스포츠마사지업에 종사하고자 하는 자들로서 2003. 10. 28. 서울특별시장에게 안마사 자격인정 신청을 하였으나, 같은 해 11. 6. 이들이 시각장애인이 아니고 안마수련기관 등에서 관련교육을 이수하지 않았다는 이유로 신청서가 모두 반려되었다.

이에 앞서 청구인들은 자신들이 스포츠마사지업을 영위하고자 하나, 안마사에 관한 규칙 제3조 제1항 제1호 및 제2호가 앞을 보지 못하는 사람이 아닌 자는 안마사의 자격인정을 받을 수 없도록 규정함으로써 청구인들의 직업선택의 자유 등 기본권을 침해한다고 주장하면서 2003. 10. 21. 헌법소원심판을 청구하였다.

(2) 2006헌마368 사건

청구인 이○석은 전국스포츠마사지업소연합회 회장, 청구인 박○수는 전국스포츠마사지업소연합회 서울 ○○지부 회장으로서, 안마사가 되기 위한 교육을 받거나 안마사자격인정 신청을 하려고 하나, 안마사에 관한 규칙 제3조 제1항 제1호 및 제2호가 앞을 보지 못하는 사람이 아닌 자는 안마사 자격인정을 받을 수 없도록 규정함으로써 청구인들의 직업선택의 자유 등 기본권을 침해한다고 주장하면서 2006. 3. 20. 헌법소원심판을 청구하였다.

○ 심판의 대상

이 사건의 심판대상은 안마사에 관한 규칙(2000. 6. 16. 보건복지부령 제153호로 개정된 것) 제3조 제1항 제1호와 제2호 중 각 "앞을 보지 못하는" 부분(이하 '이 사건 규칙조항'이라 한다)의 위헌 여부이며, 그 내용은 다음과 같다.

(1) 심판대상 조항

● <u>안마사에 관한 규칙 제3조(안마사의 자격)</u> ① 안마사의 자격인정을 받을 수 있는 자는 다음 각 호의 1에 해당하는 자로 한다.

　1. 초·중등교육법 제2조 제5호의 규정에 의한 특수학교 중 고등학교에 준한 교육을 하는 학교에서 제2조의 규정에 의한 물리적 시술에 관한 교육과정을 마친 <u>앞을 보지 못하는</u> 사람

　2. 중학교 과정 이상의 교육을 받고 보건복지부장관이 지정하는 안마수련기관에서 2년 이상의 안마수련과정을 마친 <u>앞을 보지 못하는</u> 사람

(2) 관련규정

● <u>의료법 제61조(안마사)</u> ① 안마사가 되고자 하는 자는 시·도지사의 자격인정을 받아야 한다.

② 제1항의 안마사는 제25조의 규정에 불구하고 안마업무에 종사할 수 있다.

③ (생략)

④ 안마사의 자격인정, 그 업무한계 및 안마시술소 또는 안마원의 시설기준 등에 관하여 필요한 사항은 보건복지부령으로 정한다.

○ 청구인들의 주장

(1) 이 사건 규칙조항은 안마사의 자격인정을 받을 수 있는 자를 '앞을 보지 못하는' 사람으로 제한함으로써 시각장애인이 아닌 일반인이 안마사 자격인정을 받을 수 있는 기회를 원천적으로 박탈하고 있다. 이는 모법인 의료법 제61조 제1항 및 제4항이 안마사 자격인정제도를 채택하면서 안마사의 자격인정, 그 업무한계 및 안마시술소 또는 안마원의 시설기준 등에 관하여 필요한 사항을 보건복지부령으로 정하도록 위임하였음에도 불구하고 위임의 한계를 벗어나 아예 시각장애인이 아닌 일반인은 안마사

자격인정을 받을 수 없도록 규정한 것으로서 법률유보원칙에 위배된다.

(2) 시각장애인에 한해 안마사 자격인정을 받을 수 있도록 규정한 것은 시각장애인이 아닌 국민의 직업선택의 자유를 본질적인 내용까지 침해하는 것이며, 합리적인 이유 없이 안마사 자격인정을 받을 수 있는 자의 범위에서 일반인을 배제하는 차별적 취급을 하고 있으므로 평등원칙에도 위배된다. 또 이 사건 규칙조항은 일반인으로 하여금 특수학교나 안마수련기관에서 안마사 자격취득과 관련된 교육을 받을 권리를 제한하고 있다.

○ 결정요지

1. 이 사건 규칙조항은 안마사의 자격인정을 받을 수 있는 자를 일정한 범위의 "앞을 보지 못하는" 사람으로 한정하는, 이른바 비맹제외기준(非盲除外基準)을 설정함으로써 시각장애인이 아닌 일반인으로 하여금 안마사 자격을 받을 수 없도록 규정하고 있다. 이는 시각장애인이 아닌 일반인이 안마사 직업을 선택할 수 있는 자유를 원천적으로 제한하는 것으로서, 아래에서 보는 바와 같이 기본권 제한에 관한 법률유보원칙이나 과잉금지원칙에 위배하여 일반인의 직업선택의 자유를 침해하고 있으므로 헌법에 위반된다.

2. 가. 재판관 윤영철, 재판관 권 성의 의견

이 사건 규칙조항은 보건복지부장관이 규칙제정권을 행사함에 있어서 위임의 기준과 범위가 불분명하거나 지나치게 포괄적인 의료법 제61조 제4항을 빌미로 시각장애인이 아닌 자들이 안마사업에 종사하지 못하게 규정을 둠으로써 일반인의 직업선택의 자유를 제한하고 있다. 즉 국민의 기본권 제한에 관한 법령의 체계위반, 즉 위임입법의 한계일탈 상황은 위임조항인 모법에서 뿐만 아니라 이 사건 규칙조항에서도 마찬가지로 발생하고 있다.

나. 재판관 전효숙, 재판관 이공현, 재판관 조대현의 의견

안마사 자격인정에 있어서 비맹제외기준은 기본권의 제한과 관련된 중요하고도 본질적인 사항임에도 불구하고, 이 사건 규칙조항은 모법으로

부터 구체적으로 범위를 정하여 위임받지 아니한 사항을 기본권 제한사유로 설정하고 있으므로, 위임입법의 한계를 명백히 일탈한 것으로서 법률유보원칙에 위배된다.

또한 비맹제외기준은 시각장애인을 보호하고 이들의 생계를 보장하기 위한 것으로서 입법목적이 정당하다고 하더라도, 특정 직역에 대한 일반인의 진입 자체를 원천적으로 봉쇄하고 있어 합리적이고 적절한 수단이라 할 수 없고, 시각장애인 중에서도 일부에 불과한 등록안마사를 위하여 나머지 신체장애인 나아가 일반 국민의 직업선택의 자유를 지나치게 침해함으로써 기본권침해의 최소성원칙에도 어긋나며, 이를 통해 달성하려는 시각장애인의 생계보장 등 공익에 비하여 비(非)시각장애인들이 받게 되는 기본권침해의 강도가 지나치게 커서 법익의 균형성을 상실하고 있다.

다. 재판관 주선회의 의견

이 사건 규칙조항은 모법으로부터 구체적으로 기준과 범위를 정하여 위임받은 사항을 규율하고 있는지 여부를 살필 것 없이, 그 규정 자체만을 살펴보더라도 시각장애인에 대한 생계보장이라는 입법목적을 달성하기 위해 안마사라는 특정한 직역에 종사하려는 일반인의 진입자체를 봉쇄하는 것으로서 과잉금지원칙에 위배하여 직업선택의 자유를 본질적인 내용까지 침해하고 있다.

라. 재판관 송인준의 의견

이 사건 규칙조항은 모법에서 정하고 있는 위임의 기준과 범위 내에서 기본권 제한사유를 정한 것이니 만큼 법률유보원칙에 위배되지 않는다.

그러나 이 사건 규칙조항은 기본권 제한의 정도면에서 과잉규제에 해당되어 헌법에 위반된다. 즉 시각장애인에 대한 생계보장 등의 입법목적을 감안하더라도 과잉금지원칙에 위배하여 일반인의 직업선택의 자유를 본질적인 내용까지 침해한다.

다만 신체장애자 보호에 대한 헌법적 요청 등에 기하여 일반인에 비하여 열악한 처지에 있는 시각장애인의 생계를 보호하기 위한, 이 사건 규칙조항과 같은 수준의 우선적 처우는 헌법상 평등원칙에 위배되지 않는다.

[재판관 김효종의 반대의견]

헌법재판소 2003. 6. 26. 2002헌가16 결정의 합헌의견에서 밝힌 바와 같이, 의료법 제61조 제4항이 법률유보원칙이나 포괄위임입법금지원칙에 위배되지 않음은 물론, 이 사건 규칙조항도 위 법률조항이 구체적으로 범위를 정하여 위임한 사항을 규율하고 있으므로 법률유보원칙에 위배되지 않는다.

비맹제외기준은 헌법 제34조 제5항의 신체장애자에 대한 국가의 보호, 장애인복지시책 등에 바탕을 두고서 일반인에 비해 취업상 극히 불리한 처지에 놓이게 되는 시각장애인을 보호하고 그들의 생계를 보장하기 위한 것으로서 입법목적의 정당성이 인정되고, 시각장애인의 신체적 조건 및 전문적 기술 등을 고려하여 이들에게만 안마사 자격을 허용하는 것은 필요하고도 적합한 수단에 해당한다. 일반인은 안마사 자격인정 대상에서 배제되더라도 다른 직업을 선택하여 생계를 유지할 수 있을 뿐만 아니라 만약 안마 등의 직종에서 일하기를 원할 경우 일련의 수련과정과 시험을 거쳐 물리치료사 자격을 취득하고 그 분야에서 종사할 수 있어 피해의 최소성에 반하지 않으며, 무엇보다도 일반인의 직업선택의 자유를 보호하는 것과는 비교할 수 없을 만큼 시각장애인의 인간다운 생활을 보장해 주어야 하는 공익이 월등히 우선한다고 할 것이므로 시각장애인의 생계보장 등 공익을 위하여 비(非)시각장애인의 직업선택의 자유를 어느 정도 제한하는 것은 법익의 균형성에 반하지 않는다.

또한 위와 같은 여러 사정을 고려할 때, 시각장애인에 대한 우선적 처우로 말미암아 일반인에게 가해지는 역(逆)차별적 취급에는 합리적인 이유가 있으므로, 이 사건 규칙조항은 시각장애인이 아닌 일반인의 평등권을 침해한다고 볼 수 없다.

O 주 문

1. 청구인 신ㅇ웅, 같은 이ㅇ석, 같은 박ㅇ수의 심판청구를 각하한다.

2. 안마사에 관한 규칙(2000. 6. 16. 보건복지부령 제153호로 개정된 것) 제3조 제1항 제1호와 제2호 중 각 "앞을 보지 못하는" 부분은 헌법에 위반된다.

O 결정이유 중 일부

4. 본안에 관한 판단

나. 이 사건 규칙조항의 위헌 여부

이 사건 규칙조항은 아래에서 살펴보는 바와 같이 기본권 제한의 방식에서 법률유보원칙에 위배되거나 그 제한의 정도가 과잉금지원칙에 위배되어 위헌임을 면하기 어렵다.

(1) 재판관 윤영철, 재판관 권 성의 의견

국민의 기본권은 헌법 제37조 제2항에 의하여 국가안전보장·질서유지 또는 공공복리를 위하여 필요한 경우에 한하여 이를 제한할 수 있으나, 그 제한의 방법은 원칙적으로 법률로써만 가능하고 제한의 정도도 기본권의 본질적 내용을 침해할 수 없으며 필요한 최소한도에 그쳐야 한다. 여기서 기본권제한에 관한 법률유보원칙은 '법률에 근거한 규율'을 요청하는 것이므로, 그 형식이 반드시 법률일 필요는 없다 하더라도 법률상의 근거는 있어야 한다 할 것이다.

(가) 이 사건 규칙조항이 앞을 보지 못하는 사람이 아닌 사람은 안마사자격을 원천적으로 받을 수 없도록 이를 제외하는 기준 내지 범위(비맹제외기준)를 안마사의 자격인정요건으로 설정하고 있는 것은 국민들이 안마사 직업을 자유로이 선택할 수 없도록 제한하는 것이므로 이는 기본권의 제한과 관련된 중요하고도 본질적인 사항이어서 마땅히 법률로 정하

는 것이 원칙이고 하위법규에 그 입법을 위임할 수는 없는 문제이다. 이미 헌법재판소 2003. 6. 26. 2002헌가16 결정의 위헌의견에서, 이 사건 규칙조항이 위임근거로 삼고 있는 의료법 제61조 제4항이 비맹제외와 같은 기본권과 관련된 본질적인 사항을 하위법규에 입법위임을 한 것은 의회유보의 원칙(법률유보원칙)에 위배되는 것임을 지적한 바 있다.

즉 의료법 제61조 제4항은 안마사의 자격인정에 필요한 사항은 보건복지부령으로 정한다고 위임을 하면서도 위임사항에 관하여 구체적인 범위를 전혀 정한 바가 없다. 그러므로 국민들로서는 하위법규에서 구체적으로 정하여질 안마사의 자격인정요건이 어떤 것이 될 것인지를 위 법률조항만으로는 도저히 예측할 수 없다. 뿐만 아니라 의료법의 다른 규정 전체를 유기적·체계적으로 살펴보아도 안마사의 자격인정요건의 기본적 윤곽을 짐작케 하는 아무런 단서를 발견할 수 없고, 위와 같은 비맹제외 기준 같은 것을 시사하는 규정도 발견하기 어렵다. 그렇다면 의료법 제61조 제4항은 하위법규에 입법을 위임하면서 아무런 기준과 범위를 설정하지 아니한 것이어서 포괄위임을 금지한 헌법 제75조에도 위반된다.

(나) 다른 한편 이 사건 규칙조항은 보건복지부장관이 규칙제정권을 행사함에 있어서 위와 같이 위임의 기준과 범위가 불분명하거나 지나치게 포괄적인 법률조항을 빌미로 청구인들을 비롯한 시각장애인이 아닌 자들이 안마사업에 종사하지 못하게 규정을 둠으로써 그들 일반인의 직업선택의 자유를 제한하고 있다. 말하자면 국민의 기본권 제한에 관한 법령의 체계위반, 즉 위임입법의 한계일탈 상황은 위임조항인 모법에서 뿐만 아니라 이 사건 규칙조항에서도 마찬가지로 발생하고 있는 것이다.

그렇다면 이 사건 규칙조항은 모법인 의료법 규정과 더불어 기본권 제한에 관한 방식, 즉 법률유보원칙을 위배하고 있어서 그 자체로서 위헌임을 면키 어려우므로 기본권제한의 정도가 과도한 것인지 여부를 떠나서 헌법에 위반된다고 할 것이다.

(2) 재판관 전효숙, 재판관 이공현, 재판관 조대현의 의견

(가) 법률유보원칙 위배

의료법 제61조 제1항은 안마사가 되고자 하는 자는 시·도지사의 자격인정을 받아야 한다고 규정하고, 동조 제4항은 안마사의 자격인정 등에 관하여 필요한 사항은 보건복지부령으로 정한다고 규정하고 있다.

그런데 이 사건 규칙조항은 시각장애인을 안마사의 자격인정요건으로 설정함으로써 시각장애인이 아닌 국민들이 안마사 직업을 자유로이 선택할 수 없도록 원천적으로 제한하고 있다. 즉 이는 기본권의 제한과 관련된 중요하고도 본질적인 사항임에도 불구하고, 법률이 아닌 하위법규에서 비로소 입법화 한 것이다. 의료법은 안마사의 자격인정에 필요한 사항을 위임하였는데 이 사건 규칙조항은 안마사의 자격인정과 무관한 시각장애를 안마사 자격을 인정하기 위한 요건으로 규정하여 기본권을 침해하는 입법을 하였다. 이는 모법으로부터 구체적으로 범위를 정하여 위임받지 아니한 사항을 하위법규에서 기본권 제한 사유로 설정하고 있는 것이므로 이는 위임입법의 한계를 명백히 일탈하고 있는 것이다.

따라서 이 사건 규칙조항은 법률상 근거 없이 기본권을 제한하고 있으므로 법률유보원칙에 위배된다.

(나) 직업선택의 자유에 대한 과잉규제

모든 국민은 직업선택의 자유를 가지고 있고(헌법 제15조), 누구나 자유롭게 자신이 종사할 직업을 선택하고, 그 직업에 종사하며, 이를 변경할 수 있다. 따라서 직업의 자유에 대한 제한은 반드시 법률로써 하여야 할 뿐만 아니라 국가안전보장, 질서유지 또는 공공복리 등 정당하고 중요한 공공의 목적을 달성하기 위하여 필요하고 적정한 수단, 방법에 의해서만 가능하다(헌재 1989. 11. 20. 89헌가102). 특히 헌법재판소는 당사자의 능력이나 자격과 상관없는 객관적 사유에 의한 직업의 자유의 제한은 월등하게 중요한 공익을 위하여 명백하고 확실한 위험을 방지하기 위한 경우

에만 정당화될 수 있고, 따라서 이 경우 헌법 제37조 제2항이 요구하는 과잉금지의 원칙, 즉 엄격한 비례의 원칙이 그 심사척도가 된다고 판시한 바 있다(헌재 2002. 4. 25. 2001헌마614).

안마사 자격인정에 있어서 비맹제외기준은 시각장애인이 아닌 사람의 직업선택의 자유를 직접 침해하고 있고, 이는 당사자의 능력이나 자격과 상관없는 객관적 허가요건에 의한 직업선택의 자유에 대한 제한을 의미하므로, 헌법 제37조 제2항이 요구하는 과잉금지의 원칙을 충족하여야 할 것이다.

1) 목적의 정당성

(내용 생략)

2) 방법의 적절성

(내용 생략)

3) 피해의 최소성

(내용 생략)

4) 법익의 균형성

(내용생략)

— — —

따라서 신체장애자 보호에 대한 헌법적 요청, 시각장애인은 장애의 특수성으로 인해 사회생활에 적응하기 어렵다는 점 등을 모두 감안하더라도 특정한 직역 자체에 일반인의 진입자체를 봉쇄하는 것은 과잉금지 원칙을 위배하여 청구인들을 비롯한 국민의 직업선택의 자유를 본질적인 내용까지 침해하는 것으로서 위헌이라고 할 것이다.

(3) 재판관 주선회의 의견

이 사건 규칙조항은 모법으로부터 구체적으로 기준과 범위를 정하여 위임받은 사항을 규율하고 있는지 여부를 살필 것 없이, 그 규정 자체만을 살펴보더라도 시각장애인에 대한 생계보장이라는 입법목적을 달성하기 위하여 안마사라는 특정한 직역에 종사하려는 일반인의 진입자체를 봉쇄하는 것으로서 과잉금지원칙에 위배하여 직업선택의 자유를 본질적인 내용까지 침해하고 있다. 이 부분에 대한 의견은 재판관 전효숙, 재판관 이공현, 재판관 조대현의 위헌의견 중 '(나) 직업선택의 자유에 대한 과잉규제' 부분과 같은 취지이다.

따라서 이 사건 규칙조항은 과잉금지원칙에 위배하여 청구인들의 직업선택의 자유의 본질적인 내용까지 침해하는 것으로서 위헌이라고 할 것이다.

(4) 재판관 송인준의 의견

(가) 헌법재판소 2003. 6. 26. 2002헌가16 결정의 합헌의견에서 밝힌 바와 같이, 이 사건 규칙조항이 시각장애인이 아닌 사람에 대해 안마사 자격을 인정하지 않는 비맹제외기준을 설정하고 있더라도 이는 위임근거가 되는 의료법 제61조 제4항이 기본권과 관련된 본질적인 사항을 하위법규에 위임함에 있어서 법률유보원칙이나 포괄위임금지원칙에 위배된다고 볼 수 없다. 즉 비맹제외기준이 비록 의료법 제61조 제4항의 문언에 표시되어 있지 않았다고 하더라도 의료법상 안마사 자격인정제를 두는 취지, 행정부의 장애인 복지시책의 일환으로 시각장애인에 한해 안마사 자격을 부여한 점, 그 밖에 안마사제도의 시행 역사에 비추어 안마사는 원칙적으로 시각장애인에게 허용되는 업종이라는 일반인의 법의식이 형성되어 왔고, 이러한 정부정책에 대한 시각장애인들의 신뢰를 보호할 필요가 있다는 점 등을 고려할 때, 이 사건 규칙조항이 비맹제외기준을 설정한 것은 의료법 제61조 제4항에 내포된 의미를 확인하는 것으로 볼 수 있다. 그렇다면 이 사건 규칙조항 또한 명백히 모법에서 정하고 있는 위임의 기준과 범위 내에서 기본권 제한사유를 정한 것이니 만큼 법률유보

원칙에 위배되지 않는다.

그러나 이 사건 규칙조항은 기본권 제한의 정도면에서 고찰하면 과잉규제에 해당되어 헌법에 위반된다고 할 것이다. 즉 시각장애인에 대한 생계보장 등의 입법목적을 감안하더라도 과잉금지원칙에 위배하여 청구인들의 직업선택의 자유를 본질적인 내용까지 침해한다고 할 것이며, 이 부분의 의견은 재판관 전효숙, 재판관 이공현, 재판관 조대현의 위헌의견 중 '(나) 직업선택의 자유에 대한 과잉규제' 부분과 같은 취지이다.

(나) 다만 이 사건 규칙조항이 청구인들의 직업선택의 자유를 과도하게 제한하는 측면이 있기는 하지만, 청구인들과 같은 일반인과 시각장애인 사이의 차별적 취급의 문제가 헌법상 평등원칙에 위배될 정도는 아니라는 점을 덧붙여 둔다.

우리 헌법 제34조 제2항은 사회적 약자(弱者)를 위하여 국가가 적극적으로 사회보장·사회복지 정책을 펴 나가야 할 의무가 있음을 천명하고 있고, 특히 제5항에서 "신체장애자 및 질병·노령 기타의 사유로 생활능력이 없는 국민은 법률이 정하는 바에 의하여 국가의 보호를 받는다."라고 규정하여 신체장애자 등에 대한 국가의 우선적 처우보장의 길을 열어놓고 있다. 뿐만 아니라 각종 사회보장·사회보호 입법에서도 국가나 지방자치단체가 신체장애자를 위한 보호시책을 적극적으로 강구해 나가야 한다는 점을 분명히 밝히고 있다(장애인복지법 제6조, 제9조, 장애인고용촉진 및 직업재활법 제3조, 제13조 등). 이와 같은 여러 가지 사정을 두루 고려하면 비록 이 사건 규칙조항이 청구인들과 같은 일반인에 대하여 직업선택의 자유를 과도하게 제한하고 있더라도 평등원칙 위배 여부를 심사함에 있어서는 엄격한 심사가 아니라 완화된 기준에 의한 심사를 하여야 한다.

이러한 기본적인 인식에 터 잡아 이 사건 규칙조항이 헌법상 평등원칙에 위배되는지 여부를 살펴보면, 아래 6. 재판관 김효종의 반대의견 중 '(3) 평등원칙 위배 여부' 부분과 대체로 같은 취지에서 이 사건 규칙조항이 헌법상 평등원칙에는 위배되지 않는다고 할 것이다. 즉 이 사건 규칙조항은 신체장애자 보호에 대한 헌법적 요청 등에 기하여 일반인에 비하여 열악한 처지에 있는 시각장애인의 생계를 보호하기 위한 것으로서, 시각장애인과 비교하여 안마업에 종사하려는 일반인에게 가해지는 차별적 취급에는 합리적인 이유가 있다 할 것이므로 평등권을 침해한다고 볼 수 없다. 말하자면 신체장애자와 같은 사회적 약자를 위한 배려 차원에서 이루어지는, 이 사건 규칙조항과 같은 수준의 우선적 처우는 헌법상 평등원칙에 위배될 정도의 것은 아니고 다만 그 우선적 처우로 인하여 상대적으로 일반인에게 가해질 수 있는 역(逆)차별(기본권 제한)의 정도가 과잉금지원칙에 위배되어 헌법에 위반된다는 것이다.

5. 결 론

그렇다면, 이 사건 심판청구 중 청구인 신○웅, 같은 이○석, 같은 박○수의 심판청구는 부적법하여 각하하고, 이 사건 규칙조항은 보건복지부장관이 규칙제정권을 행사함에 있어서 법률유보원칙이나 과잉금지원칙에 위배하여 나머지 청구인들의 직업선택의 자유를 침해하고 있으므로, 헌법재판소법 제75조 제3항에 의하여 취소되어야 하는 것이나 이를 취소하는 의미에서 위헌선언을 하기로 하여 주문과 같이 결정한다. 이 결정은 재판관 김효종의 아래 6.과 같은 반대의견이 있는 외에는 나머지 관여 재판관 전원의 일치된 의견에 의한 것이다.

6. 재판관 김효종의 반대의견

<u>다수의견은 이 사건 규칙조항이 법률유보원칙이나 과잉금지원칙에 위배되어 위헌이라고 하나, 나는 이와는 달리 이 사건 규칙조항이 법률유보원칙을 준수하고 있을 뿐만 아니라 과잉금지원칙, 평등원칙에도 위배되지 아니하여 합헌이라고 판단하므로 다음과 같이 반대의견을 밝히는 바이다.</u>
(내용 생략)

포괄위임금지원칙과 법률유보원칙의 차이 요약

법률과 하위법규(시행령 등)의 관계를 예로 들어서, 포괄위임금지원칙과 법률유보원칙의 차이를 알기 쉽게 설명하면 아래와 같다.

1. 법률유보원칙 위반에는 세 가지 내용이 포함된다.

   첫째, 법률의 위임이 없는데도 하위법규에서 기본권의 제한에 관한 사항을 규정하고 있는 경우

   둘째, 법률에서 위임을 하여 주기는 하였으나, 하위법규에서 법률이 위임한 기준과 범위를 벗어나서 기본권의 제한에 관한 사항을 규정하고 있는 경우

   셋째, 기본권 제한의 본질적이고 중요한 사항이기 때문에 반드시 법률에 규정하여야 함에도 불구하고 하위법규에서 기본권의 제한에 관한 사항을 규정하고 있는 경우(의회유보의 원칙 위반)

2. 법률유보원칙 위반 중 위 첫째와 둘째는 법률이 아니라 하위법규의 하자(위헌성)를 논할 때에 문제된다. 의회유보원칙 위반은 주로는 하위법규의 위헌성을 논할 때에 주장할 수 있겠지만, 법률의 위헌성을 논할 때에도 주장할 수 있을 것이다.

3. 포괄위임금지원칙은 법률이 기본권의 제한에 관한 사항을 하위법령에 위임할 수는 있지만, 구체적인 기준과 범위를 정하여 위임하여야 한다는 원칙이다. 따라서, 포괄위임금지원칙 위반은 법률에 대한 하자(위헌성)를 논할 때에 주로 문제된다. 다만, 하위법령의 위헌성을 주장하는 사유 중의 하나로, 법률이 포괄위임금지원칙에 위반되기 때문에 이에 근거한 하위법령도 헌법에 위반되어서 무효라는 주장을 할 수는 있을

것이나 부수적인 주장이다.

4. 포괄위임금지원칙과 의회유보원칙의 차이는 다음과 같다.

포괄위임금지원칙은 법률이 기본권의 제한에 관한 사항을 하위법령에 위임할 수는 있지만, 위임형식(방법)이 구체적이라야 한다는 것이다. 그에 비하여, 의회유보원칙은 기본권 제한에 관한 본질적이고 중요한 사항은 아예 하위법령에 위임할 수 없다는 원칙, 즉 아무리 구체적이고 명확한 기준을 마련하더라도 하위법령에 위임할 수는 없고, 반드시 모법(법률)에 규정하여야 한다는 원칙이다.

참고 3: 법률우위의 원칙

법률우위의 원칙

I. 개념

(1) 법률우위의 원칙은 법률의 형태로 표현된 국가의사가 다른 국가의사에 대하여 우선한다는 원칙이다. 따라서, 모든 행정작용은 법률에 위배되어서는 아니된다.

(2) 법률우위의 원칙은 모든 공권력 작용에 대하여 적용되기 때문에 조례도 법률우위원칙에 따라야 한다. 헌법 제117조 제1항 및 지방자치법 제22조의 '법령의 범위 안에서'라는 표현은 법률우위의 원칙에 터잡은 것이라고 할 수 있다.

- 헌법 제117조 ① 지방자치단체는 주민의 복리에 관한 사무를 처리하고 재산을 관리하며, 법령의 범위 안에서 자치에 관한 규정을

제정할 수 있다.

- 지방자치법 제22조(조례) 지방자치단체는 <u>법령의 범위 안에서</u> 그 사무에 관하여 조례를 제정할 수 있다. 다만, 주민의 권리 제한 또는 의무 부과에 관한 사항이나 벌칙을 정할 때에는 법률의 위임이 있어야 한다.

(3) 법률우위는 소극적으로 기존 법률의 침해를 금하는 것이나(법의 단계질서의 문제), 법률유보는 적극적으로 행정기관이 행위를 할 수 있게 하는 법적 근거(입법과 행정의 권한 문제)의 문제이다.

Ⅱ. 법률우위원칙에 위반된다고 본 판례

1. <u>서울행정법원 2014. 4. 24. 선고 2013구합27449 판결 【퇴직급여 지급거부처분 취소】</u> ⇒ 서울고등법원 2014. 11. 11. 선고 2014누50431 판결(항소 기각) ⇒ 대법원 2015. 3. 12. 선고 2014두45635 판결(심리불속행)

○ 판시사항

교사로 재직하던 중 공무원연금공단으로부터 연금대출 등을 받았던 갑이 퇴직한 후 퇴직연금과 퇴직수당의 지급을 청구한 데 대하여, 공무원연금공단이 갑에게 '대출금의 액수가 퇴직수당과 월 퇴직연금 1/2의 3년간 합계액을 합친 액수를 초과하는데도 갑이 월 퇴직연금 1/2 초과공제에 동의하지 않았고 일시상환의 의사도 밝히지 않았다'는 이유로 퇴직급여 지급 거절 안내문을 발송 처분한 사안에서, 위 처분 중 갑에게 퇴직수당을 지급하지 않고 대출금에서 일시에 공제하는 부분은 적법하지만, 퇴직연금 전부의 지급을 거부하는 부분은 위법하다고 한 사례

O 판결요지

교사로 재직하던 중 공무원연금공단으로부터 연금대출 등을 받았던 갑이 퇴직한 후 퇴직연금과 퇴직수당의 지급을 청구한 데 대하여, 공무원연금공단이 갑에게 '대출금의 액수가 퇴직수당과 월 퇴직연금 1/2의 3년간 합계액을 합친 액수를 초과하는데도 갑이 월 퇴직연금 1/2 초과공제에 동의하지 않았고 일시상환의 의사도 밝히지 않았다'는 이유로 퇴직급여 지급 거절 안내문을 발송 처분한 사안에서, 공무원연금법 시행령 제72조 제6항 제3호에 따라 안전행정부장관이 정한 대여학자금 업무처리기준에서 퇴직수당을 미상환 원리금에서 일시에 공제할 수 있도록 한 것은 위 시행령 규정에 위배되지 않으므로 위 처분 중 갑에게 퇴직수당을 지급하지 않고 대출금에서 일시에 공제하는 부분은 적법하지만, 월 퇴직연금에 의한 상환기간을 최장 3년으로 설정하여 퇴직 공무원으로 하여금 '월 퇴직연금의 1/2을 초과하는 공제에 대한 동의' 또는 '개인적인 별도 부담에 의한 일부 일시상환'을 하도록 강제하고 있는 대여학자금 업무처리기준은 최대 퇴직연금의 1/2만 공제함으로써 퇴직공무원의 생계를 보장하도록 한 공무원연금법 제31조의2의 취지에 반하여 무효이므로, 퇴직연금의 1/2 뿐만이 아니라 퇴직연금 전부의 지급을 거부하는 부분은 위법하다고 한 사례.

O 참조조문

• 이 사건 당시 공무원연금법 제31조의2(미납금의 공제지급) 공무원이거나 공무원이었던 자가 다음 각 호의 어느 하나에 해당하는 채무가 있을 때에는 이 법에 따른 급여(제34조에 따른 단기급여는 제외한다)에서 공제하여 지급할 수 있다. 다만, 연금인 급여에 대하여는 매월 지급되는 연금에서 그 2분의 1을 초과하여 공제하지 아니한다.

  1. 제24조 제2항·제3항에 따른 반납금의 원리금
  2. 제31조에 따른 환수금의 원리금

3. 제47조 제2항에 따른 지급정지금액의 정산과 관련된 차액

4. 제66조 제1항·제3항 및 법률 제3586호 공무원연금법 개정법률 부칙 제7조 제2항·제3항에 따른 기여금을 내지 아니한 경우의 미납기여금

5. 제72조에 따른 대여학자금을 갚지 아니한 경우의 미상환(未償還) 원리금

6. 제74조 제2항 제5호에 따른 대부금을 갚지 아니한 경우의 미상환 원리금

[전문개정 2009. 12. 31.]

- 이 사건 당시 공무원연금법 시행령 제72조(대여학자금 부담금)

⑥ 대여학자금의 상환은 대여를 받은 공무원 본인 또는 그 자녀가 학교를 졸업한 후(자녀가 2년제 대학을 졸업하고 4년제 대학에 편입학한 경우에는 4년제 대학 졸업 후) 2년 거치 4년 분할상환하되, 기여금 징수의무자가 매월 보수에서 징수하여 공단에 내야 한다. 다만, 다음 각 호의 어느 하나에 해당하는 경우의 거치기간 및 상환기간은 안전행정부장관이 정하는 바에 따른다. 〈개정 2013. 3. 23.〉

1. 대여를 받은 공무원의 자녀가 중도에 퇴학하는 경우

2. 대여를 받은 공무원의 자녀가 졸업한 학교가 2년제 대학인 경우

3. 대여를 받은 공무원이 퇴직하는 경우

4. 세 자녀 이상의 대여학자금 상환기간이 겹치는 경우

⑦ 대여학자금의 대여대상·금액·시기 및 상환절차 등 필요한 사항은 관계 기관과의 협의를 거쳐 안전행정부장관이 정한다.

○ 전 문

【원 고】박무영(소송대리인 법무법인 이산 담당변호사 이원영)

【피 고】공무원연금공단

【변론종결】 2014. 4. 3.

ㅇ 주 문

1. 피고가 2013. 10. 11. 원고에 대하여 한 퇴직급여지급 거부처분 중 퇴직연금의 지급을 거부한 부분을 취소한다.

2. 원고의 나머지 청구를 기각한다.

3. 소송비용 중 1/3은 원고가, 나머지는 피고가 각 부담한다.

【청구취지】

주문 제1항 및 피고가 2013. 10. 11. 원고에 대하여 한 퇴직수당지급 거부처분을 취소한다.

【이 유】

1. 처분의 경위

가. 원고는 26년 3개월 동안 공립고등학교에서 교사로 근무하던 중 2013. 8. 31. 명예퇴직하였다.

나. 원고는 퇴직한 후 2013. 9. 30. 피고에게 '퇴직연금'과 '퇴직수당'의 지급을 구하는 조기퇴직연금 및 퇴직수당청구(이하 '이 사건 청구'라 한다)를 하였다.

다. 원고는 교사로 재직하던 중 피고로부터 연금대출과 대여학자금의 명목으로 금원을 차용하였는데, 2013. 9. 30. 기준으로 그 미상환 원리금 잔액은 각각 연금대출이 11,016,280원, 대여학자금이 66,780,000원이었다(합계 77,796,280원. 이하 원고의 피고에 대한 연금대출과 대여학자금을 합하여 '이 사건 대출금'이라 한다).

라. 피고는 원고의 퇴직급여청구서를 심사한 결과, ① 원고의 월 퇴직연금은 1,945,180원이고, 퇴직수당은 23,689,820원인데, 원고의 이 사건 대출금 77,796,280원에서 퇴직수당 23,689,820원을 일시에 공제하고, 그 나머지인 54,106,460원을 월 퇴직연금의 1/2인 월 972,590원으로 상환해 나간다고 하더라도, 그 상환기간이 대여학자금 업무처리규정이 정하고 있

는 최장 상환기간인 3년을 초과하게 되고(월 972,590원으로 3년간 상환할 경우 그 합계액은 35,013,240원으로 이 사건 대출금에 미달한다), ② 그럼에도 불구하고 원고가 이 사건 청구서에 '대여학자금 미상환액 등에 대한 상환방법'을 표기하지 아니하여 개인적 부담으로 위 부족분을 일시상환하지 않겠다는 의사를 표명하였고, 월 퇴직연금의 1/2을 초과하여 이 사건 대출금의 공제에 사용하는 것에 대한 동의서를 제출하지도 않았다는 것을 이유로, 2013. 10. 11. 원고에 대해 퇴직급여 지급결정을 할 수 없다는 내용의 안내문을 발송하였다.

마. 원고는 여기에 불복하여 2013. 11. 6. 이 사건 소를 제기하였다.

[인정 근거: 다툼 없는 사실, 갑 제1, 2호증, 을 제1호증의 각 기재, 변론 전체의 취지]

2. 본안전항변에 대한 판단

피고는 위 안내문의 발송은 원고에 대하여 퇴직급여 지급 거부의 의사표시를 한 것이 아니라 원고의 이 사건 청구서에 대여학자금 상환방법 등에 대하여 보완할 사항이 있으므로 그에 대한 안내를 한 것에 불과하고 따라서 처분으로 볼 수 없다는 취지의 주장을 한다.

그러나 공무원연금법에서는 연금의 종류와 연금수령자격 및 연금지급기간과 시기, 지급방법 등을 규정하고 있으므로, 공무원연금법상의 퇴직연금 등의 급여를 받을 권리를 가진 자가 소정의 절차를 거쳐 연금의 지급을 청구하였음에도 정당한 사유 없이 피고가 그 지급결정을 하지 않는 것은 연금수급권자의 권리에 직접 영향을 미치는 행정처분에 해당한다.

앞서 살펴본 인정 사실 및 증거들에 의하면, 피고는 2013. 10. 11. 공무원연금법상의 연금수급자격을 갖춘 원고에게 "이 사건 대출금의 액수가 퇴직수당과 월 퇴직연금 1/2의 3년간 합계액을 합친 액수를 초과하는데, 그럼에도 불구하고 원고가 월 퇴직연금 1/2 초과공제에 동의하지 않았고 일시상환의 의사도 밝히지 않았다."는 점을 이유로 퇴직수당과 퇴직연금의 지급을 거절하는 안내문을 발송한 사실을 인정할 수 있다. 이는 단순히 이 사건 청구서의 보완방법을 알린 것이 아니라 '국민의 권리에 직접 영향을 미치는 급여에 관한 거부결정'을 한 것으로서 항고소송의 대상이 된다. 따라서 피고의 위 본안전항변은 받아들일 수 없다(이하 피고의 위 안내문 발송을 '이 사건 처분'이라 한다).

3. 본안에 관한 판단

가. 원고의 주장

1) 퇴직수당에 관한 주장

공무원연금법의 위임을 받은 같은 법 시행령은 학자금 대여를 받은 공무원이 퇴직하는 경우의 미상환금의 거치기간 및 상환기간을 안전행정부장관이 정하도록 하고 있다. 한편 같은 법 시행령 제72조 제6항에서는 "대여학자금의 상환은 대여를 받은 공무원 본인 또는 그 자녀가 학교를 졸업한 후 2년 거치 4년 분할상환하되, 기여금징수의무자가 매월 보수에서 징수하여 공단에 내야 한다. 다만 다음 각 호의 어느 하나에 해당하는 경우의 거치기간 및 상환기간은 안전행정부장관이 정하는 바에 따른다." 라고 규정하고 있으므로, 안정행정부장관은 원고에 대한 퇴직급여 지급 여부 결정의 근거가 된 2013년도 대여학자금 업무처리기준(이하 '이 사건 처리기준'이라 한다)을 정함에 있어서 원고가 받을 퇴직수당에 관해서도 거치기간과 상환기간을 설정하였어야 한다. 그럼에도 불구하고 이 사건 처리기준은 매월상환액이 연금월액의 1/2을 초과하는 경우 그 초과금액은 퇴직수당 등 연금 이외 일시금 지급액에서 거치기간이나 상환기간 없이 즉시 일괄공제하도록 하고 있으므로 무효이고, 무효인 이 사건 처리기준에 따라서 원고에게 퇴직수당 23,689,820원을 지급하지 않고 원고의 이 사건 대출금 77,796,280원에서 위 퇴직수당을 일시에 공제하는 것을 내용으로 하는 위 안내문의 발송은 위법하다.

2) 퇴직연금에 관한 주장

공무원연금법은 공무원이었던 자가 피고에 대하여 이 사건 대출금과 같은 채무를 부담하는 경우에 퇴직연금에서 이를 공제하고 지급할 수 있도록 하고 있으나, 이 경우에도 그 퇴직연금에서 1/2을 초과하여 공제할 수는 없도록 하고 있다. 그럼에도 불구하고 이 사건 처리기준은 퇴직공무원에게 대여학자금이 있는 경우 퇴직급여청구서에 분할기간을 1년, 2년, 3년 중에서만 선택할 수 있도록 함으로써 상환기간을 최장 3년으로 설정하였고, 이에 따라서 공무원의 피고에 대한 대출금이 월 퇴직연금의 1/2의 3년간 합계액을 초과하는 경우에는 공무원 스스로의 부담에 의하여 일부 일시상환을 하거나 월 퇴직연금의 1/2을 초과하는 금액을 공제하는 데 동의하지 않는 한 피고는 퇴직연금의 지급을 거부하는 방침을 취하고 있는바, 결국 이러한 방침은 이 사건 처리기준의 모법인 공무원연금법의 위 규정 취지에 어긋나는 것이고, 그에 따라 이루어진 이 사건 처분 중 피고가 퇴직연금의 지급을 거부한 부분은 위법하다.

나. 관계 법령
별지와 같다.

다. 판단

1) 이 사건 대출금에서 퇴직수당을 즉시 공제한 것이 위법하다는 주장에 대한 판단

공무원연금법 제31조의2는 공무원이었던 자가 대여학자금의 미상환 원리금, 연금대출로 인한 미상환 원리금 등이 있는 경우에는 공무원연금법에 따른 급여에서 공제할 수 있다고 규정하면서, 같은 법 시행령 제72조 제6항은 대여학자금의 상환은 대여를 받은 공무원 본인 또는 그 자녀가 학교를 졸업한 후 2년 거치 4년 분할상환하되, 기여금징수의무자가 매월 보수에서 징수하여 공단에 내도록 하고 있다. 다만 그 단서 제3호에

따르면 대여를 받은 공무원이 퇴직하는 경우의 거치기간 및 상환기간은 안전행정부장관이 정하는 바에 따른다고 규정하고 있으며, 위 단서규정에 따라서 정해진 이 사건 처리기준에서는 퇴직수당을 미상환 원리금에서 일시에 공제할 수 있도록 하고 있다. 살피건대 학자금 상환과 관련하여 본인 또는 그 자녀가 학교를 졸업한 후 2년 거치 4년 분할하도록 한 위 시행령 조항은 공무원으로 계속 근무하면서 매월 보수를 지급받는 것을 전제로 한 것이므로, 공무원들이 퇴직하는 경우에도 반드시 거치기간과 상환기간을 두어 상환하도록 한 것으로 볼 수 없다. 따라서 이 사건 처리 기준에서 이 사건 대출금에서 퇴직수당을 일시에 공제할 수 있도록 한 것은 위 시행령 규정에 위배되지 않는다고 할 것이다. 따라서 이 사건 처분 중 피고가 원고에게 퇴직수당을 지급하지 않고 이 사건 대출금에서 일시에 공제한 부분이 위법하다는 주장은 받아들일 수 없다.

2) <u>이 사건 처리기준 중 퇴직공무원의 퇴직연금에 의한 대출금 상환 기간을 최장 3년으로 정한 것이 위법하다는 주장에 대한 판단</u>

공무원연금법 시행령 제72조 제6항은 대여학자금 대여를 받은 공무원이 재직 중에 공무원 본인이나 그 자녀가 졸업한 경우에 관해서는 거치기간과 상환기간을 직접 규정하면서, 대여를 받은 공무원이 퇴직한 경우에는 안전행정부장관이 그 거치기간과 상환기간을 정할 수 있도록 하고 있는데, 안전행정부장관이 이를 정할 수 있도록 규정하고 있을 뿐 특별히 거치기간과 상환기간의 설정에 관한 제한을 두지 않고 있으나, 공무원연금법 제31조의2는 공무원이었던 자가 대여학자금의 미상환 원리금, 연금대출로 인한 미상환 원리금 등이 있는 경우에는 공무원연금법에 따른 급여에서 공제할 수 있다고 규정하면서, 그 단서에서 특별히 퇴직연금은 최대 1/2까지만 공제할 수 있다고 규정하고 있다. 따라서 안전행정부장관이 위 공무원연금법 시행령의 위임에 따라 이 사건 대출금과 같은 퇴직 공무원의 피고에 대한 채무의 상환에 관한 처리기준을 마련함에 있어서는, 별도로 거치기간을 설정할 필요는 없다고 할 것이지만, 그 상환기간을 일률적으로 3년으로 제한할 수는 없고 공무원연금법의 위 규정 취지에 따라 월 퇴직연금에서 최대 1/2까지만 공제할 수 있도록 상환기간을 설정하여야 하는 것으로 해석된다. 그런데 이 사건 처리기준은 월 퇴직연금에 의한 상환기간을 최장 3년으로 설정하여 결과적으로 퇴직 공무원으로 하여금 '월 퇴직연금의 1/2을 초과하는 공제에 대한 동의' 또는 '개인적인 별도 부담에 의한 일부 일시상환'을 하도록 강제하고 있는바, 이는 최대 퇴직연금의 1/2만 공제함으로써 퇴직공무원의 생계를 보장하도록 한 위 공무원연금법의 취지에 반하는 것으로서 법률우위 원칙에 반하여 무효라고 보아야 하고, 피고는 이 사건과 같은 경우에도 원고에게 월 퇴직연금의 1/2에 해당하는 금액(월 972,590)을 지급할 의무가 있다. 따라서 이 사건 처분 중 피고가 원고에게 퇴직연금의 지급을 전부 거부한 부분은 위법하다(원고는 퇴직연금에 대해서도 이 사건 처리기준에서 거치기간과 상환기간을 두지 않은 것은 위법하다는 주장도 하고 있는 것으로 보이나, 이 주장은 위 퇴직수당에서의 판단과 같은 이유로 받아들일 수 없다).

라. 소결론

따라서 이 사건 처분 중 원고에게 퇴직수당 23,689,820원을 지급하지 않고 이 사건 대출금에서 이를 일시에 공제하는 것을 내용으로 하는 부분은 적법하다고 할 것이지만, 이 사건 처분 중 원고가 수령할 수 있는 퇴직연금의 1/2뿐만이 아니라 퇴직연금 전부의 지급을 거부하는 것을 내용으로 하는 부분은 위법하다.

4. 결론

그렇다면 이 사건 청구는 위 인정 범위 내에서 이유 있으므로 이를 인용하고, 나머지 청구는 이유 없으므로 기각하기로 하여, 주문과 같이 판결한다.

[[별 지] 관계 법령: 생략]

판사 김경란(재판장) 공현진 안좌진

2. 대법원 2007. 2. 9. 선고 2006추45 판결 [조례안재의결 무효]

O 판시사항

[1] 지방의회의 조례제정권의 범위와 한계

[2] 정부업무평가기본법 제18조에서 지방자치단체의 장의 권한으로 정하고 있는 자체평가업무에 관한 사항에 대하여 지방의회가 사전에 적극적으로 개입하는 내용의 조례를 제정하는 것이 허용되는지 여부(소극)

O 판결요지

[1] 지방자치법은 지방의회와 지방자치단체의 장에게 독자적 권한을 부여하고 상호견제와 균형을 이루도록 하고 있으므로, 지방의회는 법률에 특별한 규정이 없는 한 견제의 범위를 넘어서 상대방의 고유권한을 침해하는 내용의 조례를 제정할 수 없다.

[2] 정부업무평가기본법 제18조에서 지방자치단체의 장의 권한으로 정하고 있는 자체평가업무에 관한 사항에 대하여 지방의회가 견제의 범위 내에서 소극적·사후적으로 개입한 정도가 아니라 사전에 적극적으로 개입하는 내용을 지방자치단체의 조례로 정하는 것은 허용되지 않는다.

【전 문】

【원고】 제주특별자치도지사

소송대리인 법무법인 해오름 담당 변호사 진영진외 2인

【피고】 제주특별자치도의회

소송대리인 변호사 강문원

【변론종결】 2007. 1. 12.

○ 주 문

1. 피고가 2006. 6. 20.에 한 제주도 주요업무 자체평가에 관한 조례안에 대한 재의결은 그 효력이 없다.

2. 소송비용은 피고가 부담한다.

【청구취지】

주문과 같다.

【이 유】

1. 이 사건 조례안의 재의결 및 그 내용의 요지

갑 제1 내지 7호증 및 을 제1호증, 을 제5호증의 1, 2의 각 기재에 변론전체의 취지를 종합하면 다음의 사실을 인정할 수 있다.

가. 피고가 2006. 4. 21. 주문 기재 조례안(이하 '이 사건 조례안'이라 한다)을 의결하여 원고에게 이송하였고, 원고는 2006. 5. 12. 이 사건 조례안이 정부업무평가기본법 제18조 제5항에 위반된다는 이유로 피고에게 재의요구하였으나, 피고는 2006. 6. 20. 이 사건 조례안을 원안대로 재의결함으로써 이 사건 조례안이 확정되었다.

나. 이 사건 조례안의 주요내용은 다음과 같다.

이 사건 조례안은 정부업무평가기본법의 규정에 의하여 제주도 주요업무의 자체평가에 관한 기본적인 사항을 정함으로써 성과관리체제의 구축과 업무추진의 효율성과 책임성을 확보하며 도정에 대한 도민의 신뢰도를 제고함을 목적으로 제정된 것으로서(제1조), 도지사 및 공공기관의 장은 성과관리계획에 기초하여 당해 연도의 성과목표를 달성하기 위한 연도별 시행계획(이하 '성과관리시행계획'이라 한다)을 수립·시행하여야 하고, 성과관리시행계획에는 당해 기관의 임무·전략목표, 당해 연도의 성과목표·성과지표 및 재정부문에 관한 과거 3년간의 성과결과 등이 포함되어야 하며(제5조), 자체평가를 실시함에 있어서는 그 자율성과 독립성은 보장되어야 하고, 자체평가는 객관적이고 전문적인 방법을 통하여 결과의 신뢰성과 공정성이 확보되어야 한다(제6조). 기획관리실장은 매년 1월 31일까지 당해 연도 주요업무계획을 수립하여야 하고, 주요업무계획에는 사업의 목적, 추진계획, 전략적 과제, 평가지표 등을 명확하게 제시하고 자체평가결과 개선사항 등을 반영하여야 하며, 이에 따라 수립된 주요업무계획에 대하여 추가경정예산이 성립된 경우 등에는 변경할 수 있고(제7조), 도지사는 당해 연도의 자체평가 실시방향, 자체평가대상 주요업무 선정기준, 기타 자체평가의 실시에 필요한 사항에 대한 자체평가 지침을 작성하여 매년 1월 31일까지 도본청 각부서 및 직속기관과 사업소(이하 '부서'라 한다)에 시달하여야 한다(제8조). 도지사는 소관 정책 등의 성과를 높일 수 있도록 자체평가계획을 매년 2월 15일까지 수립하여야 하며, 도지사는 자체평가계획을 작성한 때에는 즉시 제주도 주요업무 자체평가위원회(이하 '위원회'라 한다)에 보고하고 위원회의 심의를 거쳐 매년 4월말까지 확정하여야 하며, 도지사는 확정된 자체평가계획서를 지체없이 도의회 소관 상임위원회에 보고하여야 한다(제9조). 정기평가는 부서장의 책임하에 연 2회, 상반기와 하반기로 나누어 실시하고, 상반기 평가는 1월부터 6월까지의 실적을 중간평가형태로, 하반기 평가는 1월부터 12월까지의 실적을 사후평가형태로 실시하며, 부서장은 위 평가를 매반기 종료 후 10일 이내에 실시하고 그 결과를 평가업무 총괄담당부서에 제출하여야 하고, 기획관리실장은 부서장이 제출한 자체평가결과 및 조치계획을 전체적으로 종합하여 위원회에 제출하여야 하며, 위원회는 평가결과를 심의하고, 그 결과를 도지사에게 보고하여야 한다(제10조). 자체평가결과 부진 또는 시행상의 문제점 등 시정을 요하는 사항이 있을 때에는 해당 부서장은 조치계획을 수립·시행하고 익년도 주요업무계획에 그 결과를 반영하여야 하고(제11조), 도지사는 도정운영과 관련하여 필요하다고 인정할 때에는 특정과제에 대한 수시평가를 할 수 있으며(제12조 제1항), 부서장은 특정과제 평가결과 시정을 요구하는 사항에 대하여는 지체없이 이를 시정조치하거나 그 시정방안을 도지사에게 보고하여야 한다(제13조). 도지사는 위원회에서 심의·의결된 전년도 정책 등에 대한 자체평가결과를 인터넷 홈페이지 등을 통하여 공개하고 도의회 소관 상임위원회에 보고하여야 하며, 자체평가결과 및 특정과제 평가결과를 도의회 소관 상임위원회 보고시 제시된 도의회의 의견에 대하여 도지사 및 공공기관의 장은 가능한 한 정책에 반영할 수 있도록 노력하여야 한다(제14조). 도지사는 자체평가를 효율적으로 실시하기 위하여 제주도 주요업무 자체평가위원회를 설치·운영하고(제15조), 위원회는 당해 연도 평가실시 방향 및 평가계획 수립에 관한 사항, 평가대상 주요업무 선정 및 평가방법에 관한 사항, 평가결과에 관한 사항, 그 밖의 자체평가에 관한 주요사항을 심의하며(제16조), 위원회는 위원장과 부위원장 각 1인을 포함하여 30인 이하의 위원으로 구성하고, 이 경우 자체평가의 공정성과 객관성을 담보하기 위하여 위원의 3분의 2 이상은 민간위원으로 하여야 하며, 위원장은 학식과 경험이 풍부한 민간위원 중에서 선출하고, 부위원장은 위원 중에서 위원장이 지명하며, 위원은 도본청실·국장급 이상 공무원, 평가업무에 전문적인 지식과 경험이 있는 자 중에서 도지사가 임명 또는 위촉한다(제17조).

2. 이 사건 조례안의 법령위반 여부

가. 지방자치법 제15조 본문은 "지방자치단체는 법령의 범위 안에서 그 사무에 관하여 조례를 제정할 수 있다."고 규정하는바, 여기서 말하는 '법령의 범위 안에서'란 '법령에 위반되지 않는 범위 내에서'를 가리키므로 지방자치단체가 제정한 조례가 법령에 위반되는 경우에는 효력이 없다(대법원 2002. 4. 26. 선고 2002추23 판결, 2004. 7. 22. 선고 2003추51 판결 등 참조).

나. 그러므로 이 사건 조례안이 법령에 위반되는지 여부를 살펴본다.

지방자치법은 지방의회와 지방자치단체의 장에게 독자적 권한을 부여하고 상호견제와 균형을 이루도록 하고 있으므로, 법률에 특별한 규정이 없는 한 조례로써 견제의 범위를 넘어서 상대방의 고유권한을 침해하는 규정을 할 수 없고(대법원 1996. 5. 14. 선고 96추15 판결, 2001. 11. 27. 선고 2001추57 판결 등 참조), 또한 개별적이고 중복적으로 실시되고 있는 각종 정책 등에 대한 평가를 통합·체계화하고 소관 정책을 스스로 평가하는 자체평가를 정부업무평가의 근간으로 하여 자율적인 평가역량을 강화하고, 지방자치단체와 공공기관을 포함한 정부업무 전반에 걸쳐 통합적인 성과관리체계를 구축하기 위하여 제정된 정부업무평가기본법 제18조에서는 지방자치단체의 장은 그 소속기관의 정책·사업·업무 등을 포함하여 자체평가를 실시하여야 하고(제1항), 지방자치단체의 장은 자체평가조직 및 자체평가위원회를 구성·운영하여야 하며, 이 경우 평가의 공정성과 객관성을 담보하기 위하여 자체평가위원의 3분의 2 이상은 민간위원으로 하여야 하고(제2항), 지방자치단체의 장은 정부업무평가시행계획에 기초하여 소관 정책 등의 성과를 높일 수 있도록 제15조 각 호의 사항이 포함된 자체평가계획을 매년 수립하여야 하며(제3항), 행정자치부장관은 평가의 객관성 및 공정성을 높이기 위하여 평가지표, 평가방법, 평가기반의 구축 등에 관하여 지방자치단체를 지원할 수 있고(제4항), 그 밖에 지방자치단체의 자체평가의 대상 및 절차 등에 관하여 필요한 사항은 지방자치단체의 장이 정하도록(제5항) 하고 있으므로, 정부업무평가기본법 소정의 자체평가업무는 지방자치단체의 장의 권한에 속한다고 할 것이고, 따라서 정부업무평가기본법 제18조에서 지방자치단체의 장의 권한으로 정하고 있는 자체평가 업무에 관한 사항에 대하여 지방의회가 견제의 범위 내에서 소극적·사후적으로 개입하는 정도가 아니라 사전에 적극적으로 개입하는 내용을 지방자치단체의 조례로 정하는 것은 허용되지 아니한다고 할 것이다.

그런데 이 사건 조례안 중 자체평가의 지침작성에 관한 제8조, 자체평가 계획의 수립에 관한 제9조, 정기평가에 관한 제10조, 자체평가결과의 처리에 관한 제11조 등은 법령의 근거없이 지방의회가 견제의 범위 내에서 소극적·사후적으로 개입한 정도를 넘어서서 직접 자체평가의 대상 및 절차 등을 규정하는 것으로서 정부업무평가기본법 제18조에 위반된 규정이라고 할 것이고, 그 각 규정이 법령에 위반된 이상, 설사 다른 규정이 법령에 위반되지 아니한다고 하더라도 이 사건 조례안에 대한 재의결은 그 효력을 모두 부정할 수밖에 없으므로(대법원 2000. 11. 10. 선고 2000추36 판결, 2001. 11. 27. 선고 2001추57 판결 등 참조), 이 사건 조례안에 대한 재의결의 효력 배제를 구하는 원고의 이 사건 청구는 이유가 있다.

3. 결 론

그러므로 원고의 청구를 인용하기로 하여 관여 법관의 일치된 의견으로 주문과 같이 판결한다.

대법관   박시환(재판장) 김용담 박일환 김능환(주심)

Ⅲ. 법률우위의 원칙 위반이 아니라고 본 판례

1. 대법원 2015. 5. 14. 선고 2013추98 판결 [조례안의결 무효확인] 〈학생인권조례안 사건〉

O 판시사항

[1] 학기당 2시간 정도의 인권교육의 편성·실시가 지방자치법 제9조 제2항 제5호에서 지방자치단체의 사무로 예시한 교육에 관한 사무로서 초등학교·중학교·고등학교 등의 운영·지도에 관한 사무에 속하는지 여부(적극)

[2] 교육부장관이 관할 교육감에게, 갑 지방의회가 의결한 학생인권조례안에 대하여 재의요구를 하도록 요청하였으나 교육감이 이를 거절하고 학생인권조례를 공포하자, 조례안 의결에 대한 효력 배제를 구하는 소를 제기한 사안에서, 위 조례안이 국민의 기본권이나 주민의 권리 제한에서 요구되는 법률유보원칙에 위배된다고 할 수 없고, 내용이 법령의 규정

과 모순·저촉되어 법률우위원칙에 어긋난다고 볼 수 없다고 한 사례

　　[3] 조례안재의결 무효확인소송에서 심리대상의 범위 및 이러한 법리는 주무부장관이 지방자치법 제172조 제7항에 따라 지방의회의 의결에 대하여 직접 제소함에 따른 조례안의결 무효확인소송에도 마찬가지로 적용되는지 여부(적극)

○ 판결요지

　　[1] 초·중등교육법 제7조, 제23조, 교육부장관이 고시한 '초·중등학교 교육과정' Ⅱ.4.가.(1)항, Ⅲ.1.나.(15)항의 내용 및 체계와 아울러, 학교는 교육과정을 운영하는 주체로서 대통령령이 정하는 교과를 포함하여 교육부장관이 고시하는 기본적인 교육과정을 구성하는 과목 외의 내용을 교육내용에 포함시킬 수 있는 재량이 있다고 보이는 점, 교육감은 지방자치단체의 교육·학예에 관한 사무를 담당하는 주체로서 교육부장관이 정한 교육과정의 범위 안에서 지역의 실정에 맞는 교육과정의 기준과 내용을 정할 수 있을 뿐만 아니라 관할구역 내 학교의 교육과정 운영에 대한 장학지도를 할 수 있는 점, 교육부장관이 정한 기본적인 교육과정과 대통령령에 정한 교과 외의 교육내용에 관한 결정 및 그에 대한 지도는 전국적으로 통일하여 규율되어야 할 사무가 아니라 각 지역과 학교의 실정에 맞는 규율이 허용되는 사무라고 할 것인 점 등에 비추어 보면, 학기당 2시간 정도의 인권교육의 편성·실시는 지방자치법 제9조 제2항 제5호가 지방자치단체의 사무로 예시한 교육에 관한 사무로서 초등학교·중학교·고등학교 등의 운영·지도에 관한 사무에 속한다.

　　[2] 교육부장관이 관할 교육감에게, 갑 지방의회가 의결한 학생인권조례안에 대하여 재의요구를 하도록 요청하였으나 교육감이 이를 거절하고 학생인권조례를 공포하자, 조례안 의결에 대한 효력 배제를 구하는 소를 제기한 사안에서, 위 조례안은 전체적으로 헌법과 법률의 테두리 안에서 이미 관련 법령에 의하여 인정되는 학생의 권리를 열거하여 그와 같은

권리가 학생에게 보장되는 것임을 확인하고 학교생활과 학교 교육과정에서 학생의 인권 보호가 실현될 수 있도록 내용을 구체화하고 있는 데 불과할 뿐, 법령에 의하여 인정되지 아니하였던 새로운 권리를 학생에게 부여하거나 학교운영자나 학교의 장, 교사 등에게 새로운 의무를 부과하고 있는 것이 아니고, 정규교과 시간 외 교육활동의 강요 금지, 학생인권 교육의 실시 등의 규정 역시 교육의 주체인 학교의 장이나 교사에게 학생의 인권이 학교 교육과정에서 존중되어야 함을 강조하고 그에 필요한 조치를 권고하고 있는 데 지나지 아니하여, 그 규정들이 교사나 학생의 권리를 새롭게 제한하는 것이라고 볼 수 없으므로, 국민의 기본권이나 주민의 권리 제한에서 요구되는 법률유보원칙에 위배된다고 할 수 없고, 내용이 법령의 규정과 모순·저촉되어 법률우위원칙에 어긋난다고 볼 수 없다고 한 사례.

[3] 조례안재의결 무효확인소송에서의 심리대상은 지방자치단체의 장이 지방의회에 재의를 요구할 당시 이의사항으로 지적하여 재의결에서 심의의 대상이 된 것에 국한된다. 이러한 법리는 주무부장관이 지방자치법 제172조 제7항에 따라 지방의회의 의결에 대하여 직접 제소함에 따른 조례안의결 무효확인소송에도 마찬가지로 적용되므로, 조례안의결 무효확인소송의 심리대상은 주무부장관이 재의요구 요청에서 이의사항으로 지적한 것에 한정된다.

【전 문】

【원 고】 교육부장관

　　　　　소송대리인 정부법무공단 담당변호사 최재정 외 3인

【피 고】 전라북도의회

　　　　　소송대리인 법무법인 지향 담당변호사 김진

【피고보조참가인】 전라북도교육감

　　　　　소송대리인 변호사 이연주

【변론종결】 2015. 4. 9.

○ 주 문

원고의 청구를 기각한다. 소송비용은 보조참가로 인한 부분을 포함하여 원고가 부담한다.

【청구취지】

피고가 2013. 6. 25. 전라북도 학생인권조례안에 관하여 한 의결은 효력이 없다.

【이 유】

1. 전라북도 학생인권조례안의 의결 경위와 내용

가. 갑 제1호증의 1, 2, 3, 갑 제2, 3, 4호증, 갑 제5호증의 1, 2의 각 기재에 변론 전체의 취지를 종합하면, 다음과 같은 사실을 인정할 수 있다.

(1) 피고는 2013. 6. 25. 그 소속 의원 9인에 의하여 발의된 전라북도 학생인권조례안(이하 '이 사건 조례안'이라 한다)을 의결하여 2013. 6. 26. 피고보조참가인에게 이송하였다.

(2) 원고는 2013. 7. 11. 피고보조참가인에게 이 사건 조례안 중 학생의 학습에 관한 권리를 정한 규정(제5조)을 비롯하여 아래에서 보는 바와 같은 여러 규정이 법령에 위반되고 피고보조참가인의 조례안 제안권을 침해하였다는 등의 이유로 재의요구를 하도록 요청하였으나, 피고보조참가인은 이에 따르지 아니하고 2013. 7. 12. 전라북도 학생인권조례를 공포하였다.

(3) 이에 원고는 지방교육자치에 관한 법률 제3조에 의하여 준용되는 지방자치법 제172조 제7항에 따라 이 사건 조례안 의결의 효력 배제를 구하는 이 사건 소를 직접 제기하였다.

나. 이 사건 조례안은 대한민국헌법, 「국제연합 아동의 권리에 관한 협약」, 교육기본법, 초·중등교육법에 근거하여 학생의 인권이 학교 교육과정과 학교생활에서 실현될 수 있도록 하는 것을 목적으로 하고 있다(제1조). 그 주요내용은 학생의 학습에 관한 권리(제5조), 정규교과 이외 교육

활동의 자유(제6조), 폭력으로부터 자유로울 권리(제9조), 휴식을 취할 권리
(제11조), 개성을 실현할 권리(제12조), 사생활의 자유(제13조), 정보에 관한
권리(제15조), 표현의 자유(제17조), 자치활동의 권리(제18조), 정책결정에
참여할 권리(제20조), 복지에 관한 권리(제21조), 급식에 대한 권리(제24조)
등 학교생활과 학교 교육과정에서 보장되어야 할 학생의 권리를 확인하
는 한편, 학생인권의 보장에 관한 학교의 설립자와 경영자, 학교의 장, 교
직원의 의무(제27조, 제30조, 제31조)를 규정하고, 그 구체적 실현을 위한 조
치로서 학생 인권교육을 실시하고 관련 행정기구 및 자문기관으로 학생
인권심의위원회, 학생인권교육센터, 학생인권옹호관을 두도록 하는 것(제
40조, 제42조, 제43조, 제47조) 등이다.

2. 본안전항변에 관한 판단

피고보조참가인은, 원고가 다른 지방자치단체의 학생인권조례에 관
하여는 재의요구 요청을 하지 아니하였음에도 이 사건 조례안에 대하여
만 재의요구 요청과 제소권을 행사하는 것은 국가기관으로서의 권한을
남용한 것이므로, 이 사건 소는 부적법하다는 취지로 주장한다.

그러나 원고가 다른 지방자치단체의 의회가 의결한 유사한 조례안에
대하여 재의요구 요청을 하지 아니하였다는 사정만으로 이 사건 조례안
에 대한 재의요구 요청과 이 사건 소 제기가 그 소관 사무의 조례안에 관
한 원고의 감독권한이나 조례안 의결에 대한 제소권을 남용한 것이라고
볼 수 없다. 이 부분 주장은 받아들일 수 없다.

3. 본안에 관한 판단

가. 조례제정권의 한계를 벗어났는지에 관하여

(1) 원고는, 교과의 편성은 초·중등교육법 제23조 제3항에 의하여
대통령령으로 정하여야 할 국가사무이므로, 이 사건 조례안 제30조 제1항
이 학기당 2시간의 인권교육을 실시하도록 규정한 것은 조례 제정의 대상

이 될 수 없는 사항을 정한 것으로서 위법하다고 주장한다.

　　(2) 초·중등교육법에 의하면, 교육부장관은 학교가 운영하여야 할 교육과정의 기준과 내용에 관한 '기본적인 사항'을 정하며, 교육감은 교육부장관이 정한 교육과정의 범위에서 지역의 실정에 맞는 기준과 내용을 정할 수 있고, 학교의 교과(敎科)는 대통령령으로 정하도록 되어 있다(제23조). 그리고 초·중등교육법 제23조 제2항에 따라 교육부장관이 고시한 「초·중등학교 교육과정」에 의하면, 학교는 위와 같은 교육과정을 바탕으로 학교 실정에 맞는 학교 교육과정을 편성·운영할 수 있고[위 고시 Ⅱ.4.가.(1)항], 교육과정에서 제시되지 아니한 교과목을 설치·운영하는 경우에 대비하여 교육청은 관련 지침을 학교에 제시하여 주고 학교로 하여금 필요한 사전 절차를 밟도록 지원한다고 규정하고 있다[위 고시 Ⅲ.1.나.(15)항]. 한편 교육감은 관할구역의 학교를 대상으로 교육과정 운영과 교수(敎授)·학습방법 등에 대한 장학지도를 할 수 있다(초·중등교육법 제7조).

　　이러한 관련 법령의 내용 및 체계와 아울러, 거기에서 알 수 있는 다음과 같은 사정, 즉 학교는 교육과정을 운영하는 주체로서 대통령령이 정하는 교과를 포함하여 교육부장관이 고시하는 기본적인 교육과정을 구성하는 과목 외의 내용을 교육내용에 포함시킬 수 있는 재량이 있다고 보이는 점, 교육감은 지방자치단체의 교육·학예에 관한 사무를 담당하는 주체로서 교육부장관이 정한 교육과정의 범위 안에서 지역의 실정에 맞는 교육과정의 기준과 내용을 정할 수 있을 뿐만 아니라 관할구역 내 학교의 교육과정 운영에 대한 장학지도를 할 수 있는 점, 교육부장관이 정한 기본적인 교육과정과 대통령령에 정한 교과 외의 교육내용에 관한 결정 및 그에 대한 지도는 전국적으로 통일하여 규율되어야 할 사무가 아니라 각 지역과 학교의 실정에 맞는 규율이 허용되는 사무라고 할 것인 점 등에 비추어 보면, 학기당 2시간 정도의 인권교육의 편성·실시는 지방자치법

제9조 제2항 제5호가 지방자치단체의 사무로 예시한 교육에 관한 사무로서 초등학교·중학교·고등학교 등의 운영·지도에 관한 사무에 속한다고 볼 수 있다.

(3) 따라서 이에 관한 이 사건 조례안 규정(제30조 제1항)은 조례제정권의 범위 내의 사항을 정한 것이므로, 원고의 위 주장은 이유 없다.

나. 이 사건 조례안이 법률유보원칙 및 법률우위원칙에 위배되는지에 관하여

(1) 원고는, 이 사건 조례안 규정들이 법령의 위임 없이 교사의 수업권을 제한하는 한편(제5, 6, 11, 12, 13, 15, 17, 18, 20, 21, 24, 27조), 학생의 권리를 법률이 아닌 학칙에 의하여 제한할 수 있도록 규정함으로써(제12조 제3항, 제13조 제4항, 제17조 제3항) 법률유보원칙에 위배되고, 교육의 자주성·전문성에 관한 헌법 규정과 교육기본법 및 초·중등교육법의 관련 규정으로부터 도출되는 교사의 자유를 침해하고, 학칙 제정권을 통하여 학교에 부여된 자율성과 학생지도에 관한 재량을 침해함으로써(제2조 제2호, 제9조, 제11, 12, 13조, 제17조) 법률우위원칙에도 위배된다고 주장한다.

(2) (가) 교육기본법 제12조 제1항은 "학생을 포함한 학습자의 기본적 인권은 학교 교육 또는 사회교육의 과정에서 존중되고 보호된다."고 규정하고, 제2항은 "교육내용·교육방법·교재 및 교육시설은 학습자의 인격을 존중하고 개성을 중시하여 학습자의 능력이 최대한으로 발휘될 수 있도록 마련되어야 한다."고 규정하고 있다. 또한 초·중등교육법 제18조의4는 "학교의 설립자·경영자와 학교의 장은 헌법과 국제인권조약에 명시된 학생의 인권을 보장하여야 한다."고 규정하고 있다.

(나) 한편 이 사건 조례안은 제1조에서 "이 조례는 대한민국헌법, 「국제연합 아동의 권리에 관한 협약」, 교육기본법, 초·중등교육법에 근거하여 학생의 인권이 학교 교육과정과 학교생활에서 실현될 수 있도록 함을 목적으로 한다."고 밝히고, 나아가 그 구체적인 내용으로, 정당한 사유

에 의하지 아니하고는 학습에 관한 권리를 침해받지 아니할 권리(제5조), 정규교과 시간 이외 교육활동을 자유롭게 선택하여 학습할 권리(제6조), 따돌림·집단 괴롭힘·성폭력 등 모든 물리적·언어적 폭력으로부터 자유로울 권리(제9조), 건강하고 개성 있는 자아의 형성·발달을 위하여 과중한 학습 부담에서 벗어나 적절한 휴식을 취할 권리(제11조), 복장, 두발의 길이·모양·색상 등 용모에서 자신의 개성을 실현할 권리(제12조), 학교의 부당한 간섭 없이 사생활의 자유를 가질 권리(제13조), 자유롭게 의사를 표현하고 집회의 자유를 누릴 수 있는 권리(제17조) 등을 규정하고 있다. 그 내용은 모두 헌법에 보장된 기본권에서 당연히 도출되는 학생의 권리를 학교생활의 영역에서 구체화하여 열거한 것이거나, "국민의 모든 자유와 권리는 국가안전보장·질서유지 또는 공공복리를 위하여 필요한 경우에 한하여 법률로써 제한할 수 있다."고 규정한 헌법 제37조 제2항과 학교 또는 교사와 학생 사이의 특수한 법률관계에서 이를 구체화한 초·중등교육법 제8조 제2항 및 그 위임에 따른 같은 법 시행령 제9조 제1항 제7호의 규정에 맞추어, 교육목적상의 정당한 필요가 있는 경우 등에는 그 권리를 학칙에 의하여 제한할 수 있도록 규정한 것이다(제5조 제1항, 제12조 제3항, 제13조 제4항, 제17조 제3항 등).

(다) 이러한 관련 법령과 이 사건 조례안의 내용에 비추어 보면, 이 사건 조례안은 전체적으로 헌법과 법률의 테두리 안에서 이미 관련 법령에 의하여 인정되는 학생의 권리를 열거하여 그와 같은 권리가 학생에게 보장되는 것임을 확인하고 학교생활과 학교 교육과정에서 학생의 인권보호가 실현될 수 있도록 그 내용을 구체화하고 있는 데 불과할 뿐, 법령에 의하여 인정되지 아니하였던 새로운 권리를 학생에게 부여하거나 학교운영자나 학교의 장, 교사 등에게 새로운 의무를 부과하고 있는 것이 아니다.

또한 교육의 자주성·전문성·정치적 중립성에 관한 헌법 규정에 비추어 이 사건 조례안에서 규율하고 있는 학교생활에서의 학생지도와 교육과정에서의 교사의 교육내용 및 교육방법의 선택은 교육감 등의 권력적인 지도·감독의 대상이 아니라 조언·권고 등 비권력적인 장학지도의 대상이 될 뿐이라고 새겨지고, 이 사건 조례안도 인권옹호관의 시정권고 외에 그 내용을 강제하는 어떤 제재수단을 두고 있지 아니한 점 등에 비추어 볼 때, 정규교과 시간 이외 교육활동의 강요 금지, 학생인권 교육의 실시 등의 규정 역시 교육의 주체인 학교의 장이나 교사에게 학생의 인권이 학교 교육과정에서 존중되어야 함을 강조하고 그에 필요한 조치를 권고하고 있는 데 지나지 아니한다고 보아야 한다.

(라) 이와 같이 이 사건 조례안 규정들이 헌법과 관련 법령에 의하여 인정되는 학생의 권리를 확인하거나 구체화하고 그에 필요한 조치를 권고하고 있는 데 불과한 이상 그 규정들이 교사나 학생의 권리를 새롭게 제한하는 것이라고 볼 수 없으므로, 국민의 기본권이나 주민의 권리의 제한에 있어 요구되는 법률유보원칙에 위배된다고 할 수 없고, 그 내용이 법령의 규정과 모순·저촉되어 법률우위원칙에 어긋난다고 볼 수도 없다.

(마) 그리고 더 나아가 아래에서 보는 바와 같이 이 사건 조례안 규정의 내용을 구체적으로 살펴보더라도 그 내용이 교육기본법과 초·중등교육법 등 관련 법령에 위배된다고 볼 수 없다.

① 학생의 정의에 관한 부분

이 사건 조례안 제2조 제2호는, 학생의 정의에 '학교 또는 유치원에 재학 중인 사람'뿐만 아니라 '입학과 퇴학 여부를 다투고 있는 사람'을 포함시키고 있다. 그런데 교육기본법과 초·중등교육법 등 관련 법령에서 입·퇴학 여부를 다투는 사람을 학생의 범위에서 명시적으로 배제하는 규정을 두고 있지 아니할 뿐 아니라, 관련 법령이 학교에 재학 중인 사람 외에 입·퇴학 여부를 다투는 사람의 학습권 보호를 적극적으로 금지하는 것이라고 볼 수는 없으므로, 이러한 조례안 규정이 법령에 모순·저촉되는 것이라고 할 수 없다.

② 체벌금지에 관한 부분

초·중등교육법 제18조 제1항 본문은 "학교의 장은 교육상 필요한 경우에는 법령과 학칙으로 정하는 바에 따라 학생을 징계하거나 그 밖의 방법으로 지도할 수 있다."고 규정하고, 같은 법 시행령 제31조 제8항은 "학교의 장은 법 제18조 제1항 본문에 따라 지도를 할 때에는 학칙으로 정하는 바에 따라 훈육·훈계 등의 방법으로 하되, 도구, 신체 등을 이용하여 학생의 신체에 고통을 가하는 방법을 사용해서는 아니 된다."고 규정하고 있다.

그런데 이 사건 조례안 제9조 제2항은 체벌의 정의나 범위를 구체적으로 정하지 아니한 채 "학교 교육과정에서 체벌은 금지된다."고만 규정하고 있으므로, 이 조례안 규정은 초·중등교육법 제18조 제1항과 같은 법 시행령 제31조 제8항의 범위 내에서 학생에 대한 체벌을 금지하는 취지로 해석된다. 따라서 이 조례안 규정 역시 관련 법령에 모순·저촉된다고 보기 어렵다.

③ 복장·두발 규제의 제한, 소지품 검사·압수의 제한 및 정규교과 이외 교육활동 편성에 관한 제한 부분

이 사건 조례안 제12조의 복장·두발 규제의 제한 부분, 제13조의 소지품 검사·압수의 제한 부분, 제17조의 집회 및 표현의 자유의 제한에 관한 부분은 헌법 제10조, 제17조, 제21조에서 보장하고 있는 인격의 자유로운 발현과 일반적인 행동자유권, 사생활의 비밀과 자유, 집회와 표현의 자유로부터 도출되는 학교생활영역에서의 학생의 권리를 구체적으로 확인한 다음, 교육목적상 정당한 사유가 있거나 학생의 학습권 보장을 위하여 필요한 경우 이를 학칙에 의하여 제한할 수 있도록 하고 있다. 그런데 이는 '두발·복장 등 용모, 교육목적상 필요한 소지품 검사, 휴대전화 등 전자기기의 사용, 학교 내 교육·연구활동 보호와 질서 유지에 관한 사항

등 학생의 학교생활에 관한 사항'을 학칙의 기재사항으로 규정하고 있는 초·중등교육법 제8조 및 그 위임에 따른 같은 법 시행령 제9조 제1항의 내용과 그 제한 범위를 일치시켜 규정한 것에 불과하고, 이 조례안 규정들 중 학칙에 의한 제한 규정이 없는 부분도 초·중등교육법 시행령에 의하여 허용된 학칙에 의한 규율을 제한하는 취지라고 볼 것은 아니다.

따라서 이 조례안 규정들이 법령에 위반하여 학칙 제정권을 통하여 학교에 부여된 자율성과 교사의 학생지도에 관한 재량을 침해한 것이라고 보기 어렵다.

그리고 이 사건 조례안 제11조 중 정규교과 시간 이외 교육활동 편성에 관한 제한 부분 역시 원래 교육감의 학교에 대한 일반적인 지도·감독권한 또는 장학지도의 대상이 되는 사항을 규정한 것에 불과하므로 법령에 위반된다고 할 수 없다.

(3) 따라서 이 사건 조례안 규정들이 법률유보원칙이나 법률우위원칙에 위배된다는 원고의 주장은 받아들일 수 없다.

다. 지방자치단체의 장의 조례안 제안권 등을 침해하여 위법한지에 관하여

(1) 원고는, 이 사건 조례안 중 학생인권심의위원회, 학생인권교육센터, 학생인권옹호관 등에 관한 부분은 집행기관에 속하는 행정기구 또는 자문기관의 설치·운영에 관한 규정으로서, 지방의회 의원에 의하여 발의된 이 사건 조례안은 교육감의 행정기구 등 설치에 관한 고유권한과 그에 관한 조례안 제안권을 침해한 것이라고 주장한다.

(2) (가) 지방자치법령은 지방자치단체의 장으로 하여금 지방자치단체의 대표자로서 당해 지방자치단체의 사무와 법령에 의하여 위임된 사무를 관리·집행하는 데 필요한 행정기구를 설치할 고유한 권한과 이를 위한 조례안의 제안권을 가지도록 하고 있으므로, 지방의회가 합의제 행정기관 또는 행정기구의 설치에 관한 조례안을 발의하여 이를 그대로 의

결, 재의결하는 것은 지방자치단체 장의 고유권한에 속하는 사항의 행사에 관하여 지방의회가 사전에 적극적으로 개입하는 것으로서 관련 법령에 위반되어 허용되지 아니하는 것이 원칙이다(대법원 2005. 8. 19. 선고 2005추48 판결, 대법원 2009. 9. 24. 선고 2009추53 판결 등 참조).

(나) 그런데 앞에서 본 증거와 변론 전체의 취지를 종합하면, ① 피고보조참가인은 2011. 10. 5. 및 2012. 9. 28. 두 차례에 걸쳐 이 사건 조례안과 같이 학생인권위원회, 학생인권옹호관 등의 설치 등이 포함된 전라북도 학생인권조례안을 발의하였다가 그 조례안이 피고의 교육위원회 및 본회의에서 부결된 사실, ② 피고 소속 의원 발의로 이루어진 이 사건 조례안이 본회의에서 의결되어 피고보조참가인에게 이송된 후인 2013. 7. 11. 원고가 피고보조참가인에게 피고보조참가인의 조례안 제안권 침해 등을 이유로 이 사건 조례안에 대하여 재의요구를 할 것을 요청하였으나, 피고보조참가인은 재의요구 요청을 거부하고 다음 날인 2013. 7. 12. 전라북도 학생인권조례를 공포한 사실, ③ 이에 원고가 이 사건 조례안 의결에 대한 효력 배제를 구하는 이 사건 소를 직접 제기하자, 피고보조참가인은 피고를 위하여 보조참가신청을 한 후 원고의 조례안 제안권 등 침해 주장을 반박하는 취지로 다투고 있는 사실 등이 인정된다.

(다) 이러한 사실에 비추어 보면, 행정기구와 자문기관의 설치에 관한 내용이 포함된 이 사건 조례안이 지방의회 의원에 의하여 발의되었다고 하더라도, 행정기구를 설치할 권한을 가진 피고보조참가인이 그 조례안의 내용에 동의한 사정이 분명하게 드러났다고 할 것이다. 따라서 조례안 제정에 관하여 지방자치단체 장의 의사와 지방의회의 의사가 일치되는 이러한 경우까지 형식적·기계적으로 그 조례안의 제안권의 소재를 따져 이 사건 조례안이 피고보조참가인의 행정기구 설치권한이나 조례안 제안권을 침해하였다고 볼 수는 없다.

라. 원고는 그 밖에 재의요구 요청 당시 이의사항으로 지적하지 아

니하였던 이 사건 조례안 제2조 제1호, 제4조, 제7조, 제8조, 제10조, 제14조, 제16조, 제19조, 제22조, 제23조, 제25조, 제26조, 제41조 등의 위법·무효도 주장하고 있다.

그러나 조례안재의결 무효확인소송에서의 심리대상은 지방자치단체의 장이 지방의회에 재의를 요구할 당시 이의사항으로 지적하여 재의결에서 심의의 대상이 된 것에 국한된다(대법원 1992. 7. 28. 선고 92추31 판결, 대법원 2007. 12. 13. 선고 2006추52 판결 등 참조). 이러한 법리는 주무부장관이 지방자치법 제172조 제7항에 따라 지방의회의 의결에 대하여 직접 제소함에 따른 조례안의결 무효확인소송에도 마찬가지로 적용된다고 할 것이므로, 조례안의결 무효확인소송의 심리대상은 주무부장관이 재의요구 요청에서 이의사항으로 지적한 것에 한정된다.

원고가 이 사건 소에서 새로이 위법·무효를 주장하는 이 사건 조례안의 위와 같은 규정들은 모두 이 사건 심리대상에 해당하지 아니하므로, 더 나아가 살필 것 없이 원고의 이 부분 주장은 받아들일 수 없다.

4. 결론

그러므로 원고의 청구는 이유 없어 기각하고, 소송비용은 보조참가로 인한 부분을 포함하여 원고가 부담하도록 하여 관여 대법관의 일치된 의견으로 주문과 같이 판결한다.

대법관   김창석(재판장)   이상훈(주심)   조희대

Ⅳ. 명확성원칙 위반

01 일반론

가. 의의

원칙적으로 헌법은 모든 법률이 최소한의 척도로서 명확성을 갖출 것을 요구한다. 이러한 '법률의 명확성원칙'은 입법자가 법률을 제정함에 있어 포섭되는 것이 무엇인지 그 의미 내용을 명확히 하여 일반인의 관점에서 볼 때 실정법이 규율하고자 하는 내용이 다의적으로 해석·적용되지 않도록 명확하게 만들어야 한다는 헌법원칙을 말한다.

구체적으로 말하자면, 명확성의 원칙은 법치국가원리의 한 표현으로서 기본권을 제한하는 법규범의 내용은 명확하여야 한다는 헌법상의 원칙이다. 법규범의 의미내용이 불확실하면 법적 안정성과 예측가능성을 확보할 수 없고, 법집행 당국의 자의적인 법해석과 집행을 가능하게 한다는 것을 그 근거로 한다. 즉, 법률은 명확한 용어로 규정함으로써 적용대상자에게 그 규제내용을 미리 알 수 있도록 공정한 고지를 하여 장래의 행동지침을 주어야 차별적이거나 자의적인 법해석을 예방할 수 있는 것인데, 법규범의 의미내용으로부터 무엇이 금지되는 행위이고 무엇이 허용되는 행위인지를 국민이 알 수 없다면, 법적 안정성과 예측가능성은 확보될 수 없게 될 것이고, 법집행 당국에 의한 자의적 집행이 가능하게 될 것이다.

다만, 모든 법규범의 문언을 순수하게 기술적 개념만으로 구성하는 것은 입법기술적으로 불가능하고 또 바람직하지도 않기 때문에 어느 정도 가치개념을 포함한 일반적, 규범적 개념을 사용하지 않을 수 없다. 따라서 명확성의 원칙이란 기본적으로 최대한이 아닌 최소한의 명확성을 요구하는 것이다. 그러므로 법문언이 해석을 통해서, 즉 법관의 보충적인 가치판단을 통해서 그 의미내용을 확인해낼 수 있고, 그러한 보충적 해석이 해석자의 개인적인 취향에 따라 좌우될 가능성이 없다면 명확성의 원칙에 반한다고 할 수 없다 할 것이다.

한편, 명확성의 원칙에서 명확성의 정도는 모든 법률에 있어서 동일한 정도로 요구되는 것은 아니고, 개개의 법률이나 법조항의 성격에 따라 요구되는 정도에 차이가 있을 수 있으며, 각각의 구성요건의 특수성과 그러한 법률이 제정되게 된 배경이나 상황에 따라 달라질 수 있다고 할 것이다. 일반론으로는 어떠한 규정이 부담적 성격을 가지는 경우에는 수익적 성격을 가지는 경우에 비하여 명확성의 원칙이 더욱 엄격하게 요구되고, 죄형법정주의가 지배하는 형사관련 법률에서는 명확성의 정도가 강화되어 더 엄격한 기준이 적용되지만, 일반적인 법률에서는 명확성의 정도가 그리 강하게 요구되지 않기 때문에 상대적으로 완화된 기준이 적용된다.

나. 헌법상 근거

명확성원칙이란 법령을 명확한 용어로 규정함으로써 적용 대상자 즉 수범자에게 그 규제내용을 미리 알 수 있도록 공정한 고지를 하여 장래의 행동지침을 제공하고, 동시에 법 집행자에게 객관적 판단지침을 주어 차별적이거나 자의적인 법해석 및 집행을 예방하기 위한 원칙을 의미하는 것으로서, 민주주의와 법치주의의 원리에 기초하여 모든 기본권 제한입법에 요구되는 원칙이다(헌법재판소 2002. 6. 27. 99헌마480 결정). 명확성원칙의 헌법적 근거로는 법치국가원리, 적법절차 원칙과 권력분립 원칙, 평등원칙 등이 언급된다.

다. 명확성원칙의 기능

명확성원칙은 모든 국민이 법률에 따라 행동할 수 있는 가능성을 제공하는 데 필수적인 것으로서 권력분립을 유지하는 데도 기여한다. 법률의 수범자 측면에서 법률은 일상생활에서의 행위기준이 되므로 법률은 예측가능성이 담보될 수 있을 정도로 명확하여야 한다. 다만, 이는 최대한이 아니라 최소한의 명확성을 요구하는 것이다.

또한, 법집행자 측면에서 법률은 객관적인 판단기준이 되며, 차별적·자의적으로 법을 해석하고 집행하는 것을 방지한다. 입법부가 만든 법을 행정부가 집행하며 사법부가 해석하는 권력분립의 원칙은 헌법상의 기본원칙이며 이를 유지하기 위해서 법률은 명확하여야 한다. 불명확한 법률은 법원이나 행정기관을 통해서 적용될 수 없으며, 오히려 그러한 기관에 입법 기능을 주는 경우가 발생할 수 있다. 우리 헌법재판소는 "명확성의 원칙을 산술적으로 엄격히 관철하도록 요구하는 것은 입법기술상 불가능하거나 현저히 곤란하므로, 어느 정도의 보편적 내지 일반적 개념의 용어 사용은 부득이하다고 할 수밖에 없으며, 당해 법률이 제정된 목적과 타 규범과의 연관성을 고려하여 합리적인 해석이 가능한지의 여부에 따라 명확성의 구비 여부가 가려져야 하고, 설혹 법문언에 어느 정도의 모호함이 내포되어 있다 하더라도 법문언이 법관의 보충적인 가치판단을 통해서 그 의미내용을 확인할 수 있고, 그러한 보충적 해석이 해석자의 개인적인 취향에 따라 좌우될 가능성이 없다면 명확성의 원칙에 반한다고 할 수 없다"면서 명확성원칙의 판단 기준을 설시하고 있다(헌법재판소 2011. 3. 31. 2008헌바 141 등).

02. 명확성의 원칙에 관한 헌법재판소 결정례

가. 명확성원칙에 반한다고 본 예

- 헌법재판소 2002. 6. 27. 99헌마480 전기통신사업법 제53조 등 위헌확인

○ 사건의 개요

청구인은 항공대학교 학생으로서, 1998. 9. 14.부터 주식회사 나우콤에서 운영하는 종합컴퓨터 통신망인 '나우누리'에 '이의제기'라는 이용자명(ID)으로 가입하여 컴퓨터통신을 이용하여 왔다.

청구인은 1999. 6. 15. 위 '나우누리'에 개설되어 있는 '찬우물'이라는 동호회의 '속보란' 게시판에 "서해안 총격전, 어설프다 김대중!"이라는 제목의 글을 게시하였는데, '니우누리' 운영자가 같은 달 21. 정보통신부장관의 명령에 따라 위 게시물을 삭제하고 청구인에 대하여 '나우누리' 이용을 1개월 중지시켰다.

이에 청구인은 정보통신부장관의 위와 같은 명령의 근거조항인 전기통신
사업법 제53조, 같은 법 제71조 제7호 중 제53조 제3항 부분 및 같은 법 시행
령 제16조가 청구인의 헌법상 보장된 표현의 자유, 학문과 예술의 자유를 침해
하고, 적법절차 및 과잉금지원칙에 어긋나는 위헌조항이라고 주장하면서,
1999. 8. 11. 이 사건 헌법소원심판을 청구하였다.

○ 심판대상조문

- 전기통신사업법(1991. 8. 10. 법률 제4394호로 전문개정된 것) 제53조(불온통신
  의 단속) ① 전기통신을 이용하는 자는 공공의 안녕질서 또는 미풍양속
  을 해하는 내용의 통신을 하여서는 아니된다.
  ② 제1항의 규정에 의한 공공의 안녕질서 또는 미풍양속을 해하는 것으
  로 인정되는 통신의 대상 등은 대통령령으로 정한다.
  ③ 정보통신부장관은 제2항의 규정에 의한 통신에 대하여는 전기통신
  사업자로 하여금 그 취급을 거부·정지 또는 제한하도록 명할 수 있다.

- 전기통신사업법(1996. 12. 30. 법률 제5220호로 개정된 것) 제71조(벌칙) 다음
  각 호의 1에 해당하는 자는 2년 이하의 징역 또는 2천만원 이하의 벌금
  에 처한다.
  1.~6. 생략
  7. 제53조 제3항 또는 제55조의 규정에 의한 명령을 이행하지 아니한 자
  8. 생략

- 전기통신사업법 시행령(1991. 12. 31. 대통령령 제13558호로 전문개정된 것)
  제16조(불온통신) 법 제53조 제2항의 규정에 의한 공공의 안녕질서 또는
  미풍양속을 해하는 것으로 인정되는 전기통신은 다음 각 호와 같다.
  1. 범죄행위를 목적으로 하거나 범죄행위를 교사하는 내용의 전기통신
  2. 반국가적 행위의 수행을 목적으로 하는 내용의 전기통신
  3. 선량한 풍속 기타 사회질서를 해하는 내용의 전기통신

○ 본안에 관한 판단 중 일부

가. 전기통신사업법상의 불온통신 규제제도

(1) 불온통신의 개념과 규제

전기통신사업법 제53조 제1항에 의하면, '불온통신'이라 함은 "공공의 안녕질서 또는 미풍양속을 해하는 내용의 통신"을 말한다.

그런데 같은 조 제2항은 공공의 안녕질서 또는 미풍양속을 해하는 것으로 인정되는 통신의 대상을 대통령령에 위임하고 있는바, 같은 법 시행령 제16조는 구체적 내용으로 다음과 같은 세 가지 유형의 불온통신을 규정하고 있다. 즉, "1. 범죄행위를 목적으로 하거나 범죄행위를 교사하는 내용의 전기통신, 2. 반국가적 행위의 수행을 목적으로 하는 내용의 전기통신, 3. 선량한 풍속 기타 사회질서를 해하는 내용의 전기통신"이 바로 그것이다.

나아가 같은 조 제3항은 위 불온통신에 대하여 정보통신부장관이 전기통신사업자로 하여금 그 취급을 거부·정지 또는 제한하도록 명할 수 있다고 규정하고 있으며, 같은 법 제71조 제7호는 전기통신사업자가 위 정보통신부장관의 취급 거부·정지 또는 제한의 명령을 이행하지 아니한 경우 2년 이하의 징역 또는 2천만원 이하의 벌금에 처하도록 규정하여 규제의 실효성을 담보하고 있다.

(2) 불온통신 규제제도의 의미와 구조

종래 전통적인 전신, 전화 등의 통신은 통신의 비밀보장과 관련하여 전달되는 정보의 내용에 대한 개입은 원칙적으로 허용되지 아니하였다. 그러나 통신산업의 기술적 발전으로 전신, 전화 등이 사적인 커뮤니케이션을 담는 데 그치지 않고 불특정다수인에 대한 정보전달매체로서의 기능을 갖게 됨에 따라 그 영향력에 대한 규제가 불가피하게 되었다 하지 아니할 수 없다.

그리하여, 위와 같은 불온통신에 대한 정보통신부장관의 취급거부·정지·제한명령제도는 전통적인 통신수단인 유선전화 내지 무선전화를 통해 유통되는 정보뿐만 아니라, 이른바 피씨(PC)통신이나 인터넷 등 '온라인매체'를 통해서 유통되는 정보를 규제하는 주요수단으로 기능하고 있다.

이러한 불온통신 규제제도는 다음과 같은 구조와 특성을 지니고 있다.

첫째, 정보통신부장관이라는 행정권력에 의해 표현의 자유에 대한 직접적인 내용규제가 이루어진다.

둘째, 그 규제의 법적 구조가 정보통신부장관－전기통신사업자－전기통신이용자의 삼각구도로 짜여져 있어, 명령 및 처벌의 대상자는 전기통신사업자이지만, 그로 인하여 실질적으로 표현의 자유를 침해받는 자는 이용자가 된다. 명령 및 처벌의 객체와 표현의 자유를 제한당하는 객체가 분리될 뿐 궁극적으로는 형사처벌의 담보하에 표현의 자유에 대한 규제가 행하여진다. 한편 전기통신이용자는 규제조치의 상대방이 아닌 제3자로서 행정절차에의 참여, 행정소송의 제기 등 권리구제의 면에서 어려움을 겪게 된다.

셋째, 형식적으로는 표현의 자유에 대한 사후제한이지만, 이용자－전기통신사업자 및 전기통신사업자－정보통신부장관의 역학관계에 비추어 볼 때 전기통신사업자는 정보통신부장관의 취급거부 등 명령이 없더라도 미리 사용약관 등에 의하여 이용자의 통신내용을 규제하고 이에 따라 이용자는 스스로 조심할 수밖에 없는, 실질적으로는 상시적인, 자체 검열체계로 기능하기 쉽다.

나. 표현의 자유의 제한법리

(1) 표현의 자유와 명확성의 원칙

법률은 명확한 용어로 규정함으로써 적용대상자에게 그 규제내용을 미리 알 수 있도록 공정한 고지를 하여 장래의 행동지침을 제공하고, 동시에 법집행자에게 객관적 판단지침을 주어 차별적이거나 자의적인 법해석을 예방할 수 있다(헌재 1992. 4. 28. 90헌바27등, 판례집 4, 255, 268－269). 법률은 되도록 명확한 용어로 규정하여야 한다는 이러한 명확성의 원칙은 민주주의·법치주의 원리의 표현으로서 모든 기본권제한입법에 요구되는 것이며, 죄형법정주의, 조세법률주의, 포괄위임금지와 같은 원칙들에도 명확성의 요청이 이미 내재되어 있다.

그런데 표현의 자유를 규제하는 입법에 있어서 이러한 명확성의 원칙은 특별히 중요한 의미를 지닌다. 현대 민주사회에서 표현의 자유가 국민주권주의의 이념의 실현에 불가결한 존재인 점에 비추어 볼 때, 불명확한 규범에 의한 표현의 자유의 규제는 헌법상 보호받는 표현에 대한 위축적 효과를 수반하고, 그로 인해 다양한 의견, 견해, 사상의 표출을 가능케 하여 이러한 표현들이 상호 검증을 거치도록 한다는 표현의 자유의 본래의 기능을 상실케 한다. 즉, 무엇이 금지되는 표현인지가 불명확한 경우에, 자신이 행하고자 하는 표현이 규제의 대상이 아니라는 확신이 없는 기본권주체는 대체로 규제를 받을 것을 우려해서 표현행위를 스스로 억제하게 될 가능성이 높은 것이다. 그렇기 때문에 표현의 자유를 규제하는 법률은 규제되는 표현의 개념을 세밀하고 명확하게 규정할 것이 헌법적으로 요구된다(헌재 1998. 4. 30. 95헌가16).

(2) 표현의 자유와 과잉금지원칙

헌법 제37조 제2항에 근거한 과잉금지원칙은 모든 기본권제한입법의 한계원리이므로 표현의 자유를 제한하는 입법도 이 원칙을 준수하여야 함은 물론이나, 표현의 자유의 경우에 과잉금지원칙은 위에서 본 명확성의 원칙과 밀접한 관련성을 지니고 있다. 불명확한 규범에 의하여 표현의 자유를 규제하게 되면 헌법상 보호받아야 할 표현까지 망라하여 필요 이상으로 과도하게 규제하게 되므로 과잉금지원칙과 조화할 수 없게 되는 것이다.

다. 전기통신사업법 제53조 제1항의 위헌여부

(1) 명확성원칙 위반 여부

(가) 전기통신사업법 제53조 제1항은 "전기통신을 이용하는 자는 공공의 안녕질서 또는 미풍양속을 해하는 내용의 통신을 하여서는 아니된다"고 규정하고 있다.

위에서 본 바와 같이 표현의 자유를 규제하는 경우에 일반적으로 명확성의 요구가 보다 강화된다고 할 것이고, 특히 위 조항과 같이 표현의 내용에 의한 규제인 경우에는 더욱 더 규제되는 표현의 개념을 세밀하고 명확하게 규정할 것이 요구된다고 할 것이다.

(나) 그런데, "공공의 안녕질서 또는 미풍양속을 해하는"이라는 불온통신의 개념은 너무나 불명확하고, 애매하다.

헌법 제37조 제2항은 모든 자유와 권리는 국가의 안전보장·질서유지 또는 공공복리를 위하여 필요한 경우에 한하여 법률로써 제한할 수 있음을 규정하고 있고, 헌법 제21조 제4항은 언론·출판은 공중도덕이나 사회윤리를 침해하여서는 아니된다고 규정하고 있다. 그런데 위 전기통신사업법 제53조 제1항은 불온통신을 "공공의 안녕질서 또는 미풍양속을 해하는 통신"으로 규정하고 이를 금지하고 있는바, 여기서의 "공공의 안녕질서"는 위 헌법 제37조 제2항의 "국가의 안전보장·질서유지"와, "미풍양속"은 헌법 제21조 제4항의 "공중도덕이나 사회윤리"와 비교하여 볼 때 동어반복이라 해도 좋을 정도로 전혀 구체화되어 있지 아니하다. 즉 "불온통신"의 개념을 정하고 있는 것이 아니라 헌법상 기본권제한에 필요한 최소한의 요건 또는 헌법상 언론·출판자유의 한계를 그대로 법률에 옮겨 놓은 것에 불과할 정도로 그 의미가 불명확하고 추상적이다.

이처럼, "공공의 안녕질서", "미풍양속"이라는 것은 매우 추상적인 개념이어서 어떠한 표현행위가 과연 "공공의 안녕질서"나 "미풍양속"을 해하는 것인지, 아닌지에 관한 판단은 사람마다의 가치관, 윤리관에 따라 크게 달라질 수밖에 없고, 법집행자의 통상적 해석을 통하여 그 의미내용을 객관적으로 확정하기도 어렵다.

위와 같이 불명확한 불온통신의 개념은, 비록 같은 조 제2항에서 그 대상 등을 대통령령으로 정하도록 규정하고 있어 시행령에 의하여 구체화될 것이 예정되어 있다고 하더라도 어떤 내용들이 대통령령에 정하여질지 예상할 수 없어, 수범자인 국민으로 하여금 어떤 내용의 통신이 금지되는 것인지 고지하여 주지 못하고 있다. "공공의 안녕질서"나 "미풍양속"에 관하여 어렴풋한 추측마저 전혀 불가능한 것은 아니라 할지라도, 그것은 각자마다 다른 대단히 주관적인 것일 수밖에 없다.

물론 입법에 있어서 추상적 가치개념의 사용이 필요한 것은 일반적으로 부인할 수 없으며, 또한 "공공의 안녕질서", "미풍양속"이라는 개념을 사용하는 것이 언제나 허용되지 않는다고 단정할 수도 없다. 법률의 입법목적, 규율의 대상이 되는 법률관계의 성격, 관련 법규범의 내용 등에 따라서는 그러한 개념의 사용이 허용되는 경우도 있을 수 있을 것이다. 그러나 적어도 공권력에 의하여 표현의 내용을 규제하는 입법에서 아무런 추가적인 제한요건 없이 막연히 "공공의 안녕질서 또는 미풍양속을 해하는"이라는 잣대로 일체의 표현을 규제하는 것은, 비록 같은 조 제2항에서 그 대상 등을 대통령령으로 정하도록 규정하고 있어 대통령령에 의하여 구체화될 것이 예정되어 있다고 하더라도, 표현의 자유에서 요구하는 명확성의 요청에 현저하게 부응하지 못한 것이라 하지 않을 수 없다.

정보통신부장관은 헌법에 유사한 개념이 사용되고 있다는 점을 들어 명확성원칙에 위배되지 않는다고 주장하나, 직접 국민의 자유와 권리를 제한하는 법률에서 헌법상의 개념이나 그와 같은 정도로 추상적인 개념을 그대로 사용하는 것이 정당화될 수는 없다.

(다) 표현의 자유를 위축시키지 않게 명확하면서도, 진정한 불온통신을 효과적으로 규제할 수 있도록 입법한다는 것은 쉬운 일이 아닐 것이다. 그러나 규제대상이 다양·다기하다 하더라도, 개별화·유형화를 통한 명확성의 추구를 포기하여서는 아니되고, 부득이한 경우 국가는 표현규제의 과잉보다는 오히려 규제의 부족을 선택하여야 할 것이다. 해악이 명백히 검증된 것이 아닌 표현을 규제하는 것은 득보다 실이 크다고 보는 것이 표현의 자유의 본질이기 때문이다.

(라) 결론적으로 전기통신사업법 제53조 제1항은 규제되는 표현의 내용이 명확하지 아니하여 명확성의 원칙에 위배된다.

O 주문 중 일부

1. 전기통신사업법(1991. 8. 10. 법률 제4394호로 전문개정된 것) 제53조, 같은 법 시행령(1991. 12. 31. 대통령령 제13558호로 전문개정된 것) 제16조는 헌법에 위반된다.

나. 명확성원칙에 반하지 않는다고 본 예

- 헌법재판소 2018. 6. 28. 2012헌마191·550, 2014헌마357(병합) 통신비밀보호법 제2조 제11호 바목 등 위헌확인 등

○ 명확성원칙 관련 쟁점

통신비밀보호법(2005. 5. 26. 법률 제7503호로 개정된 것) 제13조 제1항 중 '검사 또는 사법경찰관은 수사를 위하여 필요한 경우 전기통신사업법에 의한 전기통신사업자에게 제2조 제11호 바목, 사목의 통신사실 확인자료의 열람이나 제출을 요청할 수 있다' 부분(이하 '이 사건 요청조항'이라 한다)이 명확성원칙에 위반되는지 여부

○ 명확성원칙 관련 심판대상조문

- 통신비밀보호법(2005. 5. 26. 법률 제7503호로 개정된 것) 제13조(범죄수사를 위한 통신사실 확인자료제공의 절차) ① 검사 또는 사법경찰관은 수사 또는 형의 집행을 위하여 필요한 경우 전기통신사업법에 의한 전기통신사업자(이하 "전기통신사업자"라 한다)에게 통신사실 확인자료의 열람이나 제출(이하 "통신사실 확인자료제공"이라 한다)을 요청할 수 있다.

  ② 제1항의 규정에 의한 통신사실 확인자료제공을 요청하는 경우에는 요청사유, 해당 가입자와의 연관성 및 필요한 자료의 범위를 기록한 서면으로 관할 지방법원(보통군사법원을 포함한다. 이하 같다) 또는 지원의 허가를 받아야 한다. 다만, 관할 지방법원 또는 지원의 허가를 받을 수 없는 긴급한 사유가 있는 때에는 통신사실 확인자료제공을 요청한 후 지체 없이 그 허가를 받아 전기통신사업자에게 송부하여야 한다.

  ③~⑨ 생략

○ 명확성원칙 위반 여부에 관한 판단

(가) 법치국가원리의 한 표현인 명확성원칙은 기본적으로 모든 기본권제한 입법에 요구된다. 법규범이 명확한지 여부는 그 법규범이 수범자에게 법규의 의미내용을 알 수 있도록 공정한 고지를 하여 예측가능성을 주고 있는지 여부와 그 법규범이 법을 해석·집행하는 기관에게 충분한 의미내용을 규율하여 자의적인 법해석이나 법집행이 배제되는지 여부, 다시 말하면 예측가능성 및 자의적 법집행 배제가 확보되는지 여부에 따라 판단할 수 있다. 법규범의 의미내용은 그 문언뿐만 아니라 입법목적이나 입법취지, 입법연혁, 그리고 법규범

의 체계적 구조 등을 종합적으로 고려하는 해석방법에 의하여 구체화하게 되므로, 결국 법규범이 명확성원칙에 위반되는지 여부는 위와 같은 해석방법에 의하여 그 의미내용을 합리적으로 파악할 수 있는 해석기준을 얻을 수 있는지 여부에 달려 있다(헌재 2017. 4. 27. 2014헌바405 참조).

(나) 청구인들은 이 사건 요청조항 중 '수사를 위하여 필요한 경우'의 의미가 불분명하여 명확성원칙에 위배된다고 주장한다.

우선 '수사'라 함은 범죄혐의의 유무를 명백히 하여 공소를 제기·유지할 것인가의 여부를 결정하기 위해 범인을 발견·확보하고 증거를 수집·보전하는 수사기관의 활동을 말한다(형사소송법 제195조, 대법원 1999. 12. 7. 선고 98도3329 판결 등 참조). 이는 형사소송법을 비롯한 여러 법률에서 널리 사용되고 있을 뿐만 아니라 일상생활에서도 흔히 사용되는 용어이므로 그 의미가 불명확하다고 볼 수 없다.

다음으로 '필요한 경우'의 의미가 명확한지에 관하여 본다.

통신비밀보호법은 통신 및 대화의 비밀과 자유에 대한 제한 시 그 대상을 한정하고 엄격한 법적 절차를 거치도록 함으로써 통신비밀을 보호하고 통신의 자유를 신장함을 그 목적으로 하고(제1조), 수사기관이 통신사실 확인자료의 제공을 요청할 때 '요청사유, 해당 가입자와의 연관성, 필요한 자료의 범위'를 기재한 요청허가서를 작성하고 있다(제13조 제2항). 그리고 형사소송법은 수사기관이 근거 법률의 규정이 있고 필요한 최소한도의 범위 안에서만 강제처분을 하도록 규정하고 있다(제199조 제1항 단서). 이러한 점들에 비추어 보면, 수사기관이 통신사실 확인자료의 제공을 요청할 때에는 통신사실 확인자료가 범인의 발견이나 범죄사실의 입증에 기여할 개연성이 충분히 소명되어야 그 필요성이 인정될 수 있다(헌재 2018. 4. 26. 2015헌바370등 참조).

따라서 이 사건 요청조항의 '수사를 위하여 필요한 경우'란 '위치정보 추적자료가 범인의 발견이나 범죄사실의 입증에 기여할 개연성이 충분히 소명된다는 전제 하에, 범인을 발견·확보하며 증거를 수집·보전하는 수사기관의 활동을 위하여 그 목적을 달성할 수 있는 범위 안에서 관련 있는 자에 대한 위치정보 추적자료 제공요청이 필요한 경우'를 의미한다고 해석할 수 있다.

(다) 그렇다면 이 사건 요청조항은 건전한 상식과 통상적인 법감정을 가

진 사람이라면 그 취지를 예측할 수 있을 정도의 내용으로 확정되어 있어 불명확하다고 할 수 없으므로, 명확성원칙에 위배되지 아니한다.

03 명확성원칙과 포괄위임금지원칙의 관계

학생들 중에는 명확성원칙 위반을 너무 쉽게 주장하려는 경향이 있다. 예컨대, 법문(法文)의 의미를 둘러싸고 견해의 대립이 있다 하여 바로 명확성원칙 위반이라고 할 수는 없는데도, 그런 경우에 명확성원칙 위반을 주장하는 것과 같다. 또 다른 예로, 법률에서 하위법령에 백지위임을 한 경우에 포괄위임금지원칙 위반을 주장하는 것에서 더 나아가, "법률조항의 의미가 명백하지 않기 때문에 그 법률조항은 명확성원칙에 반한다"고 주장하는 것은 잘못이다. 이런 경우에는 포괄위임금지원칙 위반만 주장하면 되고, 명확성원칙 위반을 추가로 논하는 것은 부적절하다.

이에 비하여, 법률에서 사용하고 있는 추상적 용어가 하위 법령에 규정될 내용의 범위를 정하는 것에 관련된 것이 아니라 그와는 별도로 독자적인 규율 내용을 정하기 위한 것이라면 명확성원칙 위반이 문제될 수 있다.

즉, 일반적으로 법률에서 일부 내용을 하위 법령에 위임하고 있는 경우 위임을 둘러싼 법률 규정 자체에 대한 명확성의 문제는 포괄위임금지원칙 위반의 문제가 될 것이다. 다만 위임 규정이 하위 법령에 위임하고 있는 내용과는 무관하게 법률 자체에서 해당 부분을 완결적으로 정하고 있는 경우 포괄위임금지원칙 위반 여부와는 별도로 명확성의 원칙이 문제될 수 있는바, 위임입법에서 사용하고 있는 추상적 용어가 하위 법령에 규정될 내용의 범위를 구체적으로 정해주기 위한 역할을 하는지, 아니면 그와는 별도로 독자적인 규율 내용을 정하기 위한 것인지 여부에 따라 별도로 명확성원칙 위반의 문제가 나타날 수도 있고, 그렇지 않을 수도 있게 된다(헌법재판소 2016. 10. 27. 2015헌바360(병합) 학교보건법 제6조 제1항 제19호 등 위헌소원).

이에 관한 헌법재판소 결정례를 아래에서 본다.

가. 헌법재판소 2007. 4. 26. 2004헌가29, 2007헌바4(병합) 국민연금법 제3조 제1항 제3호 등 위헌제청 등

O 심판대상조문

● 국민연금법(1995. 1. 5. 법률 제4909호로 개정된 것) 제3조(정의 등) ① 이 법에서 사용하는 용어의 정의는 다음과 같다.

3. "소득"이라 함은 일정기간 동안의 근로의 제공 또는 사업 및 자산의 운영 등에서 얻는 수입을 말한다. 이 경우 국민연금가입자(이하 "가입자"라 한다)의 종별에 따른 소득의 범위는 대통령령으로 정한다.

● 국민연금법(1997. 12. 13. 법률 제5453호로 개정된 것) 제19조(신고)

② 지역가입자·임의가입자 및 임의계속가입자는 보건복지부령이 정하는 바에 의하여 그 자격의 취득·상실, 성명 또는 주소의 변경 및 소득에 관한 사항 등을 국민연금관리공단에 신고하여야 한다.

O 쟁 점

(1) 명확성원칙 위반 여부

(가) 국민연금법 제3조 제1항 제3호는 소득의 개념을 불명확하게 규정함으로써 기준의 대강을 알 수 없는 상태에서 소득의 범위를 하위 법규에 위임하고 있는바, 이는 명확성의 원칙에 위반되는가?

(나) 국민연금법 제19조 제2항은 지역가입자가 공단에 소득을 신고하여야 한다고 정하면서 어느 기간 동안의 소득을 신고하여야 하는지에 대하여 명확히 하지 않고 단지 소득에 관한 사항을 신고하여야 한다고만 규정하고 있기 때문에 명확성의 원칙에 위반되는가?

(2) 포괄위임금지원칙 위반 여부

(가) 국민연금법 제3조 제1항 제3호는 자격의 취득·상실, 성명 또는 주소의 변경 및 소득에 관한 사항 등에 관하여 아무런 기준이나 범위의 제한도 없이 보건복지부령에 위임함으로써 헌법 제75조의 포괄위임금지의 원칙에 위반되는가?

(나) 국민연금법 제19조 제2항은 자격의 취득·상실, 성명 또는 주소의 변경 및 소득에 관한 사항 등을 보건복지부령으로 정하도록 위임하면서 아무런 기준이나 범위도 정하고 있지 않기 때문에 포괄위임금지원칙에 위반되는가?

○ 판단: 결정이유 중 일부

(1) 명확성원칙 위반 여부 ⇒ 판단 불필요

헌법 제75조는 "대통령은 법률에서 구체적으로 범위를 정하여 위임받은 사항에 관하여 대통령령을 발할 수 있다."고 규정하여 위임입법의 헌법상 근거를 마련함과 동시에 위임은 구체적으로 범위를 정하여 하도록 하여 그 한계를 제시하고 있다. 이는 행정부에 입법을 위임하는 수권법률의 명확성원칙에 관한 것으로서 법률의 명확성원칙이 행정입법에 관하여 구체화된 특별규정이라고 할 수 있다(헌재 1999. 4. 29. 94헌바37).

따라서 이 사건 법률조항의 명확성원칙 위배 여부는 헌법 제75조의 포괄위임금지의 원칙의 위반 여부에 대한 심사로써 충족된다 할 것이므로 이하에서는 이 사건 법률조항의 포괄위임금지원칙 위배 여부에 대하여만 검토하기로 한다.

(2) 포괄위임금지원칙 위반 여부 ⇒ 위반 아님

① 국민연금 사업장가입자와 지역가입자 사이의 형평을 도모하고 소득재분배의 적절성을 유지하면서 지역가입자의 연금급여의 적정성을 달성하기 위해서는 연금급여의 기초가 되는 표준소득월액이 실제소득을 적절히 반영하고 있을 것이 요구되므로 가능한 한 세법상 파악되지 않는 부분까지 파악될 필요성이 있다 할 것인데, 소득형태나 발생주기 등이 매우 다양하고 수시로 변화하는 성질을 가지는 지역가입자의 소득을 정의함에 있어서는 일일이 법률로 정하기 어려우므로 하위법규에 위임할 필요성을 인정할 수 있고, 국민연금법 제3조 제1항 제3호의 위임에 따른 대통령령에서는 지역가입자가 근로활동이나 사업활동 또는 자산운영의 결과 벌어들인 수입 중 일정한 기간 동안의 것과 관련하여 소득산정의 방식이나 기간 등에 대하여 보다 구체적으로 정해질 것이라는 점을 예측할 수 있으므로 위임에 있어서 헌법상 요구되는 명확성·구체성의

한계를 준수하고 있다고 볼 것이다.

② 국민연금은 소득활동 및 소득발생 여부에 따라 수시로 가입과 탈퇴, 가입 및 자격상태가 변동하여 가입자의 자격과 연금보험료 부담의 연속성이 유지되지 않는 특성이 있고 지역가입자의 경우에는 이러한 특성이 더욱 두드러지게 나타나 소득의 시점을 일률적으로 법률에서 규정하는 것은 불가능하므로 위임의 필요성이 인정되고, 국민연금보험료는 표준소득월액을 기초로 하여 계산되는 점과 그 전반적인 운영방식을 고려하면 지역가입자의 경우에도 소득발생기간의 소득이 모두 '월액' 단위로 계산될 것임을 넉넉히 예상할 수 있다 할 것이므로, 국민연금법 제19조 제2항에서 신고할 사항으로 정하고 있는 '소득에 관한 사항'에는 '소득이 발생한 기간'이 포함됨을 알 수 있다 할 것이어서 위임에 있어서 헌법상 요구되는 명확성·구체성의 한계를 일탈했다고 보기 어렵다.

나. 헌법재판소 2011. 12. 29. 2010헌바385 등(병합) 노동조합 및 노동관계조정법 제42조의2 등 위헌소원

O 심판대상조문

● 노동조합 및 노동관계 조정법(2006. 12. 30. 법률 제8158호로 개정되어 2008. 1. 1. 시행된 것) 제42조의2(필수유지업무에 대한 쟁의행위의 제한) ① 이 법에서 "필수유지업무"라 함은 제71조 제2항의 규정에 따른 필수공익사업의 업무 중 그 업무가 정지되거나 폐지되는 경우 공중의 생명·건강 또는 신체의 안전이나 공중의 일상생활을 현저히 위태롭게 하는 업무로서 대통령령이 정하는 업무를 말한다.
② 필수유지업무의 정당한 유지·운영을 정지·폐지 또는 방해하는 행위는 쟁의행위로서 이를 행할 수 없다.

O 쟁 점

가. 명확성원칙위반 여부

'공중의 일상생활을 현저히 위태롭게 하는 업무' 등의 개념은 그 의미가 불명확하므로 명확성원칙에 위반되는가?

나. 포괄위임금지원칙 위반 여부

심판대상조문은 필수유지업무의 내용을 법률로 확정하고 있는 것이 아니라 대통령령으로 정하도록 하고 있기 때문에 포괄위임금지원칙에 위반되는가?

○ 판단: 결정이유 중 일부

가. 명확성원칙 위반 여부 ⇒ 판단 불필요

(1) 포괄위임금지원칙과 명확성원칙의 관계

(가) 이 사건 노동조합 및 노동관계 조정법 제42조의2 제1항은 "이 법에서 '필수유지업무'라 함은 제71조 제2항의 규정에 따른 필수공익사업의 업무 중 그 업무가 정지되거나 폐지되는 경우 공중의 생명·건강 또는 신체의 안전이나 공중의 일상생활을 현저히 위태롭게 하는 업무로서 대통령령이 정하는 업무를 말한다"고 규정하고 있다.

그런데 위 규정에서 사용하고 있는 '공중의 일상생활을 현저히 위태롭게 하는 업무'에서 '공중', '일상생활', '현저히', '위태롭게' 등은 추상적 의미의 용어들인바, 청구인은 이것이 포괄위임금지원칙과 명확성원칙에 위반된다고 주장한다.

(나) 그런데 헌법재판소는 명확성원칙과 포괄위임금지원칙의 관계에 대하여, 헌법 제75조는 "대통령은 법률에서 구체적으로 범위를 정하여 위임받은 사항에 관하여 대통령령을 발할 수 있다"고 규정하여 위임입법의 헌법상 근거를 마련함과 동시에 위임은 구체적으로 범위를 정하여 하도록 하여 그 한계를 제시하고 있는바, 이는 행정부에 입법을 위임하는 수권법률의 명확성원칙에 관한 것으로서 법률의 명확성원칙이 행정입법에 관하여 구체화된 특별규정이라고 할 수 있으므로 수권법률조항의 명확성원칙 위배 여부는 헌법 제75조의 포괄위임금지의 원칙의 위반 여부에 대한 심사로써 충족된다(헌재 2007. 4. 26. 2004헌가29, 판례집 19-1, 349, 365-366; 헌재 2011. 2. 24. 2009헌바13, 판례집 23-1상, 53, 63 등 참조)고 판시한 바 있다.

(다) 일반적으로 법률에서 일부 내용을 하위 법령에 위임하고 있는 경우 위임을 둘러싼 법률 규정 자체에 대한 명확성의 문제는 포괄위임금지원칙 위반의 문제가 될 것이다. 다만 위임 규정이 하위 법령에 위임하고 있는 내용과

는 무관하게 법률 자체에서 해당 부분을 완결적으로 정하고 있는 경우 포괄위임금지원칙 위반 여부와는 별도로 명확성의 원칙이 문제될 수 있는바, 위임입법에서 사용하고 있는 추상적 용어가 하위 법령에 규정될 내용의 범위를 구체적으로 정해주기 위한 역할을 하는지, 아니면 그와는 별도로 독자적인 규율 내용을 정하기 위한 것인지 여부에 따라 별도로 명확성원칙 위반의 문제가 나타날 수도 있고, 그렇지 않을 수도 있게 된다.

(라) 이 사건의 경우, 노동조합 및 노동관계 조정법 제42조의2 제1항은 대통령령에 정해질 필수유지업무의 요건으로 '필수공익사업의 업무 중 그 업무가 정지되거나 폐지되는 경우 공중의 생명·건강 또는 신체의 안전이나 공중의 일상생활을 현저히 위태롭게 하는 업무'일 것을 요구하고 있는바, 이는 필수유지업무로서 대통령령에서 담아내야 할 범위의 한계를 규정하고 있는 것에 불과하다. 즉, '공중의 생명·건강 또는 신체의 안전이나 공중의 일상생활을 현저히 위태롭게 하는 업무'라는 규정은 그 자체로 필수유지업무의 의미를 확정하는 것이 아니라 대통령령에 담아야 할 필수유지업무의 내용의 대강을 설명하고 있는 것이다. 그렇다면 이는 독자적인 명확성원칙의 문제가 아니라 명확성원칙이 헌법상 구체화된 포괄위임금지원칙의 문제라 할 것이므로 이 부분 청구인 주장과 관련해서는 포괄위임금지원칙 위반 여부에 대해서만 본다.

나. 포괄위임금지원칙 위반 여부 ⇒ 위반 아님

필수공익사업 중 필수유지업무는 필수공익사업별로 산업적 특성에 따라 구체화될 수밖에 없기 때문에 일반 공중의 생명이나 건강 등에 직접적으로 영향을 미치는 핵심적 업무인 필수유지업무를 사전에 전부 법률로써 일률적으로 정하는 것이 불가능한 점, 대통령령에 위임된 '업무가 정지되거나 폐지되는 경우 공중의 일상생활을 현저히 위태롭게 하는 업무'란 그 업무의 정지나 폐지로 '일반 사람들이 인간으로서 최소한으로 유지하여야 할 일상생활을 할 수 없을 정도로 영향을 미치는 업무'로서 그 대강의 내용을 예측할 수 있다는 점에서 '노동조합 및 노동관계조정법' 제42조의2 제1항이 포괄위임금지원칙에 위배된다고 볼 수 없다.

V. 소급입법금지원칙 위반

01. 진정소급과 부진정소급

소급입법은, 신법이 이미 종료된 사실관계에 작용하는지(과거에 완성된 사실 또는 법률관계를 규율대상으로 하는지), 아니면 과거에 시작되었으나 아직 완성되지 아니하고 현재 진행 중에 있는 사실관계에 작용하는지에 따라 '진정소급입법'과 '부진정소급입법'으로 구분되고, 전자는 헌법적으로 허용되지 않는 것이 원칙인 반면, 후자는 원칙적으로 허용되지만 소급효를 요구하는 공익상의 사유와 신뢰보호의 요청 사이의 교량과정에서 신뢰보호의 관점이 입법자의 형성권에 제한을 가하게 된다.

02. 진정소급효금지의 예외

기존의 법에 의하여 형성되어 이미 굳어진 개인의 법적 지위를 사후입법을 통하여 박탈하는 것 등을 내용으로 하는 진정소급입법은 개인의 신뢰보호와 법적 안정성을 내용으로 하는 법치국가원리에 의하여 헌법적으로 허용되지 않는 것이 원칙이지만, 특단의 사정이 있는 경우, 즉 기존의 법을 변경하여야할 공익적 필요는 심히 중대한 반면에 그 법적 지위에 대한 개인의 신뢰를 보호하여야 할 필요가 상대적으로 정당화될 수 없는 경우에는 예외적으로 허용될 수 있다. 그러한 진정소급입법이 허용되는 예외적인 경우로는 일반적으로, 국민이 소급입법을 예상할 수 있었거나, 법적 상태가 불확실하고 혼란스러웠거나 하여 보호할 만한 신뢰의 이익이 적은 경우와 소급입법에 의한 당사자의 손실이 없거나 아주 경미한 경우, 그리고 신뢰보호의 요청에 우선하는 심히 중대한 공익상의 사유가 소급입법을 정당화하는 경우를 들 수 있다. 이를 대별하면 진정소급입법이 허용되는 경우는 구법에 의하여 보장된 국민의 법적 지위에 대한 신뢰가 보호할 만한 가치가 없거나 지극히 적은 경우와 소급입법을 통하여 달성하려는 공익이 매우 중대하여 예외적으로 구법에 의한 법적 상태의 존속을 요구하는 국민의 신뢰보호이익에 비하여 현저히 우선하는 경우로 크게 나누어 볼 수 있다.

물론 그러한 "공익"적 필요가 존재하는지 여부의 문제를 심사함에 있어서는, 부진정소급입법의 경우에 있어서의 신뢰보호의 요청과 서로 비교형량되는 단순한 공익상의 사유보다도 훨씬 엄격한 조건이 적용되지 않으면 아니된다. 즉 매우 중대한 공익이 존재하는 예외적인 경우에만 그러한 진정소급입법은 정당화될 수 있다. 또한 진정소급입법을 헌법적으로 정당화할 수 있는 이러한 예외사유가 존재하는 여부는 특별법과 같이 신체의 자유에 대한 제한과 직결되는 등 중요한 기본권에 대한 침해를 유발하는 입법에 있어서는 더욱 엄격한 기준으로 판단하여야 할 것이다.

03 / 부진정소급입법이 허용되지 않는 경우

부진정소급입법은 원칙적으로 허용되나, 신뢰보호원칙에 의해 제한을 받는다. 부진정소급입법이 법치주의의 파생원칙인 신뢰보호원칙에 위배되기 위해서는 ① 헌법적 보호가치 있는 신뢰이익의 침해가 있어야 하고 ② 법률개정을 통해 달성하고자 하는 공익이 있어야 하고 ③ 침해되는 신뢰이익의 정도와 법률개정으로 달성되는 공익을 비교형량하여 사익이 공익보다 커야 한다. ④ 보호되는 공익이 침해되는 사익보다 크다 하더라도 사익의 침해가 최소화될 수 있도록 경과규정을 둘 수 있음에도 불구하고 경과규정을 두지 않은 경우에는 신뢰보호원칙에 위배될 수 있다.

가. 진정소급입법에 해당하여 헌법에 위반된다고 본 예

- 헌법재판소 2006. 6. 29. 2005헌마165·314·555·807, 2006헌가3(병합) 신문 등의 자유와 기능보장에 관한 법률 제16조 등 위헌확인 등

○ 소급입법금지 관련 심판대상조문

- 언론중재 및 피해구제 등에 관한 법률(2005. 1. 27. 법률 제7370호로 제정된 것) 부칙 제2조(시행 전 언론보도에 관한 경과조치) 이 법은 이 법 시행 전에 행하여진 언론보도에 대하여도 이를 적용한다. 다만, 언론사에 대한 정정보도·반론보도·추후보도의 청구기간, 언론중재위원회에 대한 조정 또는 중재 신청기간에 관한 제14조 제1항, 제16조 제3항, 제17조 제1항 및 제18조 제3항의 규정은 적용하지 아니하고 종전의 규정에 의한다.

- 언론중재 및 피해구제 등에 관한 법률(2005. 1. 27. 법률 제7370호로 제정된 것) 제14조(정정보도청구의 요건)
  ② 제1항의 청구에는 언론사의 고의·과실이나 위법성을 요하지 아니 한다.

- 언론중재 및 피해구제 등에 관한 법률(2005. 1. 27. 법률 제7370호로 제정된 것) 제26조(정정보도청구등의 소)
  ⑥ 제1항의 규정에 의한 청구에 대하여는 민사집행법의 가처분절차에 관한 규정에 의하여 재판하며, 청구가 이유 있는 경우에는 법원은 제15조 제3항·제5항 및 제6항의 규정에 따른 방법에 따라 정정보도·반론보도 또는 추후보도의 방송·게재 또는 공표를 명할 수 있다. 다만, 민사집행법 제277조 및 제287조는 이를 적용하지 아니한다.

- 언론중재 및 피해구제 등에 관한 법률(2005. 1. 27. 법률 제7370호로 제정된 것) 제31조(명예훼손의 경우의 특칙) 타인의 명예를 훼손한 자에 대하여는

법원은 피해자의 청구에 의하여 손해배상에 갈음하거나 손해배상과 함께 정정보도의 공표 등 명예회복에 적당한 처분을 명할 수 있다. 정정보도의 청구에는 언론사의 고의 또는 과실로 인한 위법성을 요하지 아니한다.

O 쟁 점

언론중재법 시행 전의 언론보도로 인한 정정보도청구에 대하여도 언론중재법을 적용하도록 규정한 언론중재법 부칙 제2조 중 '제14조 제2항, 제26조 제6항 본문 전단 중 정정보도청구 부분, 제31조 후문' 부분이 신뢰보호원칙에 어긋나 신문사업자인 청구인들의 언론의 자유를 침해하는지 여부

O 결정이유 중 일부

언론중재법의 시행 전에는 비록 사실적 주장에 관한 언론보도로 피해를 입은 자가 있고 그 보도가 진실하지 않은 경우에도 고의·과실과 위법성이 인정되어 민법상 불법행위책임이 인정되는 경우가 아닌 한, 언론사로서는 정정보도의 책임을 부담하지 않았었다. 그런데 위 부칙 조항 중 본문 부분은 정정보도청구권의 성립요건(제14조 제2항, 제31조 후문)과 정정보도청구소송의 심리절차(제26조 제6항 본문 전단)에 관하여 언론중재법을 소급 적용하도록 함으로써 위에서 본 바와 같은 언론사의 종전의 법적 지위가 새로이 변경되게 되었다. 이것은 이미 종결된 과거의 법률관계를 소급하여 새로이 규율하는 것이기 때문에 소위 진정 소급입법에 해당한다. 진정 소급입법은 헌법적으로 허용되지 않는 것이 원칙이고 이를 예외적으로 허용할 특단의 사정도 이 조항들 부분에 대하여는 인정되지 아니하므로 부칙 제2조 중 '제14조 제2항, 제26조 제6항 본문 전단 중 정정보도청구 부분, 제31조 후문' 부분은 모두 헌법에 위반된다.

나. 부진정소급입법에 해당하고 헌법에 위반되지 않는다고 본 예

• 헌법재판소 2003. 9. 25. 2001헌마194 군인연금법 제17조의2 제1항 등 위헌확인

O 사건의 개요

청구인들은 각 20년 이상 군인으로 복무하다가 2000. 12. 30. 군인연금법의 개정 이전에 퇴역하여 이미 연금을 지급받아 왔거나 그 이후에 퇴역하여 연금을 지급받고 있는 사람들이다.

청구인들은 2000. 12. 30. 개정된 군인연금법 중 연금액을 소비자물가지수변동률에 따라 조정하도록 하는 제17조의2 제1항 및 부칙 제5조 제1항, 퇴역연금 산정의 기초를 보수월액이 아닌 평균보수월액으로 하도록 하는 제18조 제1항 및 제2항, 퇴역연금의 수급자가 연금 외의 소득세법에 의한 사업소득 및 근로소득이 있는 때에는 퇴역연금의 2분의 1의 범위 안에서 지급정지할 수 있도록 한 제21조의2 제2항 및 부칙 제6조가 소급입법에 의한 재산권의 침해이며, 신뢰보호의 원칙, 평등의 원칙 등에 반한다는 이유로 2001. 3. 22. 위 법률조항들에 대한 위헌확인을 구하는 이 사건 헌법소원심판을 청구하였다.

O 심판의 대상

이 사건 심판의 대상은 군인연금법(2000. 12. 30. 법률 제6327호로 개정된 것, 이하 '법'이라고 한다) 제17조의2 제1항, 제18조 제1항 중 '퇴역연금을 제외한다는 부분' 및 제2항, 제21조의2 제2항, 부칙 제5조 제1항 및 제6조가 헌법에 위반되는지 여부이다.

- 군인연금법(2000. 12. 30. 법률 제6327호로 개정된 것) 제17조의2(연금액의 조정) ① 연금인 급여는 통계법 제3조의 규정에 의하여 통계청장이 매년 고시하는 전전년도와 대비한 전년도 전국소비자물가변동률에 해당하는 금액을 매년 증액 또는 감액한다.

- 제18조(급여액 산정의 기초) ① 이 법에 의한 급여(제21조 제1항의 규정에 의한 퇴역연금, 제26조 제1항 제1호의 규정에 의한 유족연금 및 제30조의5의 규정에 의한 공무상요양비를 제외한다)의 산정은 급여의 사유가 발생한 날이 속하는 달의 보수월액을 기초로 한다.

  ② 제21조 제1항의 규정에 의한 퇴역연금 및 제26조 제1항 제1호의 규

정에 의한 유족연금의 산정은 평균보수월액을 기초로 한다.

- 제21조의2(퇴역연금의 지급정지 등) ② 퇴역연금의 수급자가 연금 외의 소득세법 제19조의 규정에 의한 사업소득(대통령령이 정하는 사업소득을 제외한다) 및 제20조의 규정에 의한 근로소득이 있는 때에는 퇴역연금의 2분의 1의 범위 안에서 지급을 정지할 수 있다. 이 경우 소득의 범위 및 지급정지금액 등에 관하여 필요한 사항은 대통령령으로 정한다.

- 부칙 제5조(연금액 조정에 관한 경과조치) ① 2000년 12월 31일 현재 연금수급자의 연금액은 2000년 12월 31일 현재의 연금액을 기준으로 제17조의2의 개정규정에 의하여 조정한다.

- 부칙 제6조(퇴역연금 등의 지급정지에 관한 경과조치) 제21조의2(제25조에서 준용하는 경우를 포함한다)의 개정규정은 동 규정의 시행일 이전에 급여의 사유가 발생한 자에 대하여도 이를 적용한다.

O 청구인들의 주장

(1) 법 제17조의2 제1항 및 부칙 제5조 제1항에 대하여

구 군인연금법(2000. 12. 30. 법률 제6327호로 개정되기 전의 것, 이하 '구 법'이라고 한다)은 퇴직 당시의 직급과 호봉에 해당하는 현역군인의 월보수액을 기준으로 하여 그에 대한 일정비율의 연금을 지급하고, 해당 현역군인의 보수월액의 인상률에 맞추어 연금액을 인상하도록 규정하였다. 그런데 2001. 1. 1.부터 시행된 법 제17조의2 제1항은 연금액을 전국소비자물가변동률에 따라 증감하도록 하고, 부칙 제5조는 이미 퇴직하여 연금을 수령해오고 있는 청구인들에 대하여도 이를 적용하도록 규정하고 있다.

이미 퇴직하여 연금을 수령해오고 있던 청구인들은 퇴직당시 이미 현역군인의 보수인상률에 따라 연금액을 지급받을 수 있는 확정된 내용의 권리를 갖게 되었고, 법 개정 이후에 퇴직하여 연금을 지급받기로 선택한 청구인들은 재직 중에 구 법에 따라서 기여금을 납입함으로써 퇴직 후 구 법에 의한 연금수급권을 갖게 되리라는 신뢰이익 내지는 기대권을 가지게 되었다고 할 것이다.

그런데 법 제17조의2 제1항이 전국소비자물가변동률에 따라 연금액을 증감하도록 한 것은 연금수급자들의 연금액의 실질적인 감소를 가져오는 것으로서 청구인들의 헌법상 보장된 재산권인 연금수급권 내지 연금수급기대권을 침해하는 것이다. 그리고 부칙 제5조 제1항이 기존 연금수급자들에 대하여도 법 제17조의2 제1항의 개정규정을 적용하도록 한 것은 소급입법에 의한 재산권의 침해이며, 신뢰보호의 원칙에 반하므로 헌법에 위반된다.

(2) 법 제18조 제1항 중 퇴역연금을 제외하는 부분 및 동조 제2항에 대하여

구 법은 퇴역연금을 퇴직 또는 사망당시의 보수월액에 의하여 산정하도록 하고 있었다. 그러나, 법 제18조 제1항은 군인연금법상의 급여액 산정의 기초를 '보수월액'으로 하면서 '퇴역연금'은 그 대상에서 제외하였으며, 동조 제2항에서 퇴역연금은 평균보수월액을 기초로 하도록 규정하고 있다(기존 연금수급자들의 퇴역연금액은 부칙 제2조에 의하여 여전히 보수월액을 기초로 한다).

2000. 12. 30. 법 개정 후 퇴직하여 연금을 지급받기로 선택한 청구인들은 임용시부터 퇴직시까지 정상적으로 기여금을 납부하여 왔으며 퇴직당시의 보수월액을 기준으로 연금액을 지급받을 수 있다는 기대권을 가지고 있다고 할 것인데, 위 법률조항에서 평균보수월액에 의해 퇴역연금을 산정하도록 하는 것은 이러한 기대권을 소급하여 박탈하는 것일 뿐만 아니라 합리적인 근거없이 2000. 12. 30. 이전에 퇴직하여 이미 연금을 지급받고 있던 사람과 그 이후 퇴직하여 연금을 지급받게 된 사람을 차별하는 것으로서 평등의 원칙에도 위반된다.

(3) 법 제21조의2 제2항 및 부칙 제6조에 대하여

법 제21조의2 제2항은 퇴역연금수급자에게 사업소득이나 근로소득이 있는 경우 연금의 일부를 지급정지할 수 있도록 규정하고 있는데 이는 소급입법에 의하여 재산권을 침해하는 것이며, 사기업체에 종사하다가 퇴직한 자는 재취업 또는 개인사업을 하더라도 퇴직금이 그대로 유지되는 것과 비교할 때 합리적인 근거없이 사기업체의 퇴직금수여자와 차별하는 것으로서 평등권을 침해하며, 직업선택의 자유, 근로권, 인격권 및 행복추구권을 침해하는 것으로서 헌법에 위반된다.

○ 결정요지

1. 법 제21조의2 제2항은 연금 외에 사업소득이나 근로소득이 있는 경우 연금의 일부에 대한 지급을 정지할 수 있도록 이른바 소득심사제도를 규정하면서 소득의 범위 및 지급정지금액 등에 관하여 필요한 사항은 대통령령으로 정하도록 규정하고 있다. 따라서, 그 소득심사대상에서 제외되는 소득의 범위, 지급정지대상 등은 대통령령의 규정이 마련되어야 비로소 확정할 수 있고 적용될 수 있으므로 법 제21조의2 제2항 및 그 경과규정인 부칙 제6조는 청구인들의 기본권침해에 대한 직접관련성 및 현재관련성이 없어 부적법하다.

2. 가. 물가연동제에 의한 연금액조정규정의 취지는 화폐가치의 하락 또는 일반적인 생활수준의 향상 등으로 인하여 연금의 실질적 구매력이 점점 떨어질 것에 대비하여 그 실질 구매력을 유지시켜 주어 연금수급자의 생활안정을 기하기 위한 것이지, 연금수급권을 제한하거나 박탈하는 것이 아니며, 그 내용이 현저히 자의적이라고 볼 수 없다. 따라서 물가연동제에 의한 연금액조정규정 자체는 연금수급권자의 재산권, 인간으로서의 존엄과 가치 또는 인간다운 생활을 할 권리를 침해하는 것으로 볼 수 없다.

나. 법 부칙 제5조는 법 개정 이후의 법률관계만을 규율하고 있을 뿐이므로 진정소급입법에는 해당하지 아니하며, 다만 기존의 법적 상태에 대한 신뢰보호 여부가 문제될 뿐이다. 그런데 물가연동제의 방식에 의한 연금조정을 통해 연금재정의 파탄을 막고 군인연금제도를 건실하게 유지하는 것은 긴급하고도 대단히 중요한 공익인 반면, 보호해야할 연금수급자의 신뢰의 가치는 크지 않고, 신뢰의 손상 또한 연금액의 상대적인 감소로서 그 정도가 심하지 않으므로, 위 부칙조항은 헌법상 신뢰보호의 원칙에 위배된다고 볼 수 없다.

3. 20년 이상 군인으로 복무하면서 퇴역연금에 대한 기여금을 납입해온 사람이 퇴직하는 경우 장차 받게 될 퇴역연금에 대한 기대는 재산권의 성질을 가지고 있으나 확정되지 아니한 형성 중에 있는 권리이므로, 퇴역연금급여액의 산정기초를 종전의 '퇴직 당시의 보수월액'에서 '최종 3년간 평균보수월액'으로 변경한 것은 부진정소급입법에 해당되는 것이어서 원칙적으로 허용된다. 다만 종래의 법적 상태의 존속을 신뢰한 청구인들에 대한 신뢰보호만이 문제될 뿐

인데, 퇴역연금의 산정을 평균보수월액에 기초하도록 개정한 것은 종국적으로 군인연금재정의 악화를 개선하여 연금제도의 유지·존속을 도모하려는 데에 목적이 있고, 그와 같은 입법목적의 공익적 가치는 매우 크다고 하지 않을 수 없으므로 신뢰보호의 원칙에 위배된다고 보기 어렵다.

[재판관 한대현, 재판관 주선회의 반대의견]

입법자로서는 연금재정의 악화를 개선한다는 공익을 달성하면서도 기존 연금수급자들의 신뢰침해를 최소화함으로써 공익과 사익을 조화시키는 방안을 선택하여야만 신뢰보호의 원칙에 위배되지 않는다고 할 것인데, 법 부칙 제5조 제1항이 기존 연금수급자들에게도 물가연동제에 의한 연금액조정규정을 적용하도록 한 것은 달성하고자 하는 공익에 비하여 위와 같이 기존 연금수급자들의 신뢰를 손상하는 정도가 커서 신뢰보호원칙에 위배된다고 하지 않을 수 없다.

[재판관 김영일의 반대의견]

1. 법 제21조의2 제2항은 그 자체로 이미 소득세법상의 사업소득이나 근로소득이 있는 경우에 그 소득과 연계하여 연금을 지급정지하되, 그 지급정지의 상한을 연금의 2분의 1로 하는 지급정지제도를 설정하고 있는 것이므로 청구인들의 연금수급청구권을 제한하고 있는 것이어서 기본권침해의 직접성 요건은 충족된다. 그리고 비록 위 지급정지규정은 2005. 12. 30.을 시한으로 대통령령이 제정될 때부터 시행되는 것이지만, 이는 장래 기본권침해의 발생이 확실히 예견되는 경우로서 기본권침해의 현재관련성도 인정되므로 위 지급정지규정과 경과조치규정에 대하여 본안판단을 하여야 한다.

2. 기왕에 종전법률에 의하여 퇴직하여 퇴역연금을 수령하고 있는 자의 퇴역연금청구권은 군인보수인상률연동에 의한 조정을 전제로 한 내용의 권리가 퇴직하여 급여의 사유가 발생할 때 재산권으로 확정되는 것이고, 다만 해마다 그 보수인상률에 의하여 구체적인 연금지급액이 조정될 뿐이므로, 위 연금액조정경과규정(법 부칙 제5조 제1항)은 이미 퇴직하여 연금을 수령하고 있는 자로부터 퇴역연금청구권이라는 재산권을 소급하여 박탈하는 것으로 그 예외를 인정할 특단의 사정이 없는 한 진정소급입법으로 헌법 제13조 제2항, 제23조에

위배된다고 할 것인데, 이 사건의 경우에는 그 예외를 인정할 특단의 사정이 있는 경우에도 해당되지 아니한다.

O 주 문

1. 군인연금법(2000. 12. 30. 법률 제6327호로 개정된 것) 제21조의2 제2항 및 부칙 제6조에 대한 청구인들의 심판청구를 각하한다.
2. 청구인들의 나머지 심판청구를 기각한다.

VI. 신뢰보호원칙 위반

01 신뢰보호원칙의 의의

● 헌법재판소 2009. 5. 28. 2005헌바20·22, 2009헌바30(병합) 산업재해보상보험법 제38조 제6항 위헌소원 등

O 결정요지 중 일부

신뢰보호의 원칙은 헌법상 법치국가 원리로부터 파생되는 것으로, 법률이 개정되는 경우 기존의 법질서에 대한 당사자의 신뢰가 합리적이고 정당한 반면, 법률의 제정이나 개정으로 야기되는 당사자의 손해가 극심하여 새로운 입법으로 달성코자 하는 공익적 목적이 그러한 당사자의 신뢰가 파괴되는 것을 정당화할 수 없는 경우, 그러한 새 입법은 허용될 수 없다는 것이다. 이러한 신뢰보호원칙의 위반 여부는 한편으로는 침해되는 이익의 보호가치, 침해의 정도, 신뢰의 손상 정도, 신뢰침해의 방법 등과 또 다른 한편으로는 새로운 입법을 통하여 실현하고자 하는 공익적 목적 등을 종합적으로 형량하여야 한다.

02 헌법재판소 결정례

● 헌법재판소 2009. 5. 28. 2005헌바20·22, 2009헌바30(병합) 산업재해보상보험법 제38조 제6항 위헌소원 등

O 심판대상조문

● 산업재해보상보험법 부칙(법률 제6100호, 1999. 12. 31.) 제7조(최고보상기준금액에 관한 경과조치) 이 법 시행일 이전에 제4조 제1호의 규정에 의한 업무상 재해를 입은 자는 제38조 제6항의 개정규정에 불구하고 2002년 12월 31일까지는 종전의 규정에 의한다.

O 참조조문

● 산업재해보상보험법(1999. 12. 31. 법률 제6100호로 개정되고, 2007. 4. 11. 법률 제8373호로 전부 개정되기 전의 것) 제38조(보험급여의 종류와 산정기준 등) ⑥ 보험급여(장의비를 제외한다)의 산정에 있어서 당해 근로자의 평균임금 또는 제3항 내지 제5항의 규정에 의하여 보험급여의 산정기준이 되는 평균임금이 대통령령이 정하는 바에 따라 매년 노동부장관이 고시하는 최고보상기준금액을 초과하거나 최저보상기준금액에 미달하는 경우에는 그 최고보상기준금액 또는 최저보상기준금액을 각각 당해근로자의 평균임금으로 한다. 다만, 최저보상기준금액을 적용함에 있어서 휴업급여 및 상병보상연금의 경우에는 그러하지 아니하다.

O 결정이유 중 일부

신뢰보호의 원칙을 위반하여 재산권을 침해하는지 여부

(1) 신뢰보호원칙의 의의 및 심사기준

신뢰보호의 원칙은 헌법상 법치국가 원리로부터 파생되는 것으로, 법률이 개정되는 경우에는 기존 법질서와의 사이에 어느 정도의 이해관계의 상충은 불가피하다고 할 것인바, 이 경우 기존의 법질서에 대한 당사자의 신뢰가 합리

적이고 정당한 반면, 법률의 제정이나 개정으로 야기되는 당사자의 손해가 극심하여 새로운 입법으로 달성코자 하는 공익적 목적이 그러한 당사자의 신뢰가 파괴되는 것을 정당화할 수 없는 경우, 그러한 새 입법은 허용될 수 없다는 것이다(헌재 1995. 6. 29. 94헌바39 참조).

이러한 신뢰보호원칙의 위반 여부는 한편으로는 침해되는 이익의 보호가치, 침해의 정도, 신뢰의 손상 정도, 신뢰 침해의 방법 등과 또 다른 한편으로는 새로운 입법을 통하여 실현하고자 하는 공익적 목적 등을 종합적으로 형량하여야 한다(헌재 2001. 2. 22. 98헌바19; 헌재 2001. 4. 26. 99헌바55 참조).

따라서 신뢰보호원칙의 위반 여부를 판단함에 있어서는, 첫째, 보호가치 있는 신뢰이익이 존재하는가, 둘째, 과거에 발생한 생활관계를 현재의 법으로 규율함으로써 달성되는 공익이 무엇인가, 셋째, 개인의 신뢰이익과 공익상의 이익을 비교 형량하여 어떠한 법익이 우위를 차지하는가를 살펴보아야 할 것이다.

(2) 보호가치 있는 신뢰이익의 존부에 대한 판단

심판대상조항으로 인하여 침해되는 사익에 관하여 살핀다.

(가) 신뢰의 근거와 내용

장해급여가 일시금 외에 연금으로도 지급되기 시작한 것은 1970. 12. 31. 법률 제2271호로 개정된 법이 장해등급 제1급 내지 제3급 장해자에 대한 연금 지급을 규정하면서부터였고, 현재와 같이 제1급 내지 제7급 장해를 입은 피재 근로자에게 장해보상연금을 지급하는 장해보상연금의 산정제도는 1981. 12. 17. 법률 제3467호로 개정된 법에서 채택되어 1999. 12. 31. 법으로 최고보상 제도가 도입되기까지 20년 가까이 지속되어 왔던 것이다.

더욱이 산재보상보험제도는 국가에 의하여 강제적으로 시행·관리되고, 제1급 내지 제3급 장해를 입은 피재 근로자들의 경우 장해급여는 원칙적으로 연금의 형태로 지급되므로(법 제42조 제3항 단서, 법 시행령 제31조 제5항, 법 시행령 [별표 9] 참조), 개인으로서는 제도의 이용 여부에 관한 선택의 여지도 없었던 것이다.

청구인들은 산재를 입은 후 공단으로부터 장해급여를 연금형태로 지급받기 시작할 당시, 공단으로부터 자신이 종전에 지급받던 평균임금에 자신의 장해등급에 따른 법령 소정의 지급률을 적용하여 산출한 연금, 즉 평균임금을 기준으로 장해등급에 따라 증감 변동하는 연금을 지급받는다는 사실을 통지받았다. 그리하여 청구인들은 그 당시 '산재사고에 따라서 받는 장해연금은 평균임금을 기준으로 하여 장해율에 따라 소정의 비율을 적용한 금액이고, 평균임금이란 실제임금을 기준으로 한다'고 믿고, 그 무렵부터 자신이 종전에 지급받던 평균임금에 자신의 장해등급에 따른 지급률을 적용하여 산정된 장해보상연금을 지급받아 왔으며, 향후 법 개정에 의하여 위와 같은 방식의 지급기준이 변경됨으로써 장해보상연금이 감액될 것이라고는 예상할 수 없었을 것으로 보인다(이 점에서 청구인들의 신뢰는 최고보상제도 실시 이후 피재 근로자들의 신뢰와 근본적으로 차이가 있다).

그런데, 법 개정으로 시행되게 된 최고보상제도는 실제의 평균임금이 노동부장관이 고시하는 한도금액 이상일 경우 그 한도금액을 실제임금으로 의제하는 것이므로, 만약 위 최고보상제도가 기존의 피재 근로자로서 장해보상연금 수급자들인 청구인들에게도 그대로 적용된다면 이는 평균임금 및 장해보상연금 지급수준에 대한 청구인들의 정당한 신뢰를 침해하는 것이라고 할 것이다.

물론, 예상하지 못한 급격한 경제사정의 변동이 있을 경우 평균임금 대비 장해 등급에 따른 연금 지급률 자체를 다소 하향 조정한다거나 하는 것까지 예측할 수 없다고는 보기 어려우므로, 기존의 피재 근로자로서 최고보상제도 시행 이전에 장해보상연금을 수급하여 온 청구인들의 장해보상연금제도에 대한 신뢰의 내용을 '영원불변의 급여액을 받는다'는 것으로는 볼 수 없을 것이나, 그렇다 하더라도 청구인들의 신뢰를 액수와 무관하게 얼마가 삭감되든 단지 매월 일정한 연금을 지급받기만 하면 충족되는 것으로 볼 수는 없다.

따라서, 심판대상조항은 기존의 장해보상연금 수급자인 청구인들에게 최고보상제도가 적용되도록 함으로써 청구인들의 산재보상연금 산정기준에 대한 정당한 법적 신뢰를 심각하고 예상치 못한 방법으로 해하는 것이라고 할 것이다.

(나) 사적 이익의 중대성

1) 청구인들은 근무 중 산재를 입으면 청구인들의 평균임금을 기준으로 한 일정비율의 산재보험금을 받는다는 기대를 가지고 있었고, 실제로 최고보상제도가 시행되어 심판대상조항이 적용되기 전에는 공단으로부터 고액의 연봉에 따른 평균임금을 기준으로 장해등급에 따른 지급률을 적용하여 산출한 장해보상연금[노동능력 상실률 100%인 장해등급 제1급의 경우 종전 평균임금의 90%(연간 329일분), 제7급의 경우 평균임금의 30%(연간 138일분)가 장해보상연금액으로 책정되어 전체적으로 종전 평균임금의 90% 내지 30%를 지급받아 왔다. 법 시행령 [별표 6] 장해등급의 기준, [별표 3] 장해급여표 각 참조]을 지급받아, 산재 이전에 유지하던 생활수준의 골격을 어느 정도 유지해 오고 있었다.

2) 그런데 청구인들은 심판대상조항으로 말미암아 2003. 1. 1.부터 기존의 장해보상연금액 중 최고보상기준금액을 기준으로 산정한 최고보상금액을 초과한 부분을 일괄 삭감당하였다. 2005헌바20 사건의 청구인 김○경의 경우 심판대상조항이 적용되기 전에는 월 7,630,670원의 연금을 지급받고 있었으나, 심판대상조항의 적용으로 말미암아 2003년 1월분으로 2,140,200원으로 감액된 연금을 지급받았는바, 이는 원래 받던 금액의 28% 정도밖에 되지 않는 것으로 최고보상제의 적용으로 인한 연금 삭감률이 72%에 이른다. 2005헌바22 사건의 청구인들의 경우 최소 2%([별지 2] 청구인 9. 김○용)부터 최대 82%([별지 2] 청구인 34. 서○수)로 다양하나, 평균 삭감률이 40%를 초과한다. 2009헌바30사건의 청구인들도 심판대상조항으로 말미암아 [별지 3] 기재와 같이 최고보상제 적용 이전에 받던 장애연금액의 30% 내지 60% 가량을 삭감당하였다.

3) 청구인들은 장해등급 제1급 내지 제7급에 해당하는 중증 장애인들로서 장해정도에 따라 계속적인 치료를 받아야 하고, 의족, 의수 등 보조기구를 주기적으로 구입하여야 하는 경우도 있으며, 높은 노동능력상실률로 말미암아 장해보상연금 외에 달리 생계수단이 없는 경우가 대부분이고, 의료보조기 구입, 치료, 간병 등으로 산재를 입기 전보다 생활비에 소요되는 비용이 늘어나는 것이 일반적인 데 반하여 장해급여 수준은 종전 평균임금의 90% 내지 30%로서, 잔존 노동능력의 범위 내에서 다른 소득활동을 하지 않는 이상 종전의 생활수

준을 유지하는 것이 불가능한 가운데 장해보상연금의 수급으로 종전보다 위축된 상태로나마 그 생활수준의 골격을 유지하여 오고 있었다.

그런데 심판대상조항은 기존의 피재 근로자로서 장해보상연금을 수급하여 온 청구인들에 대하여 잔존 노동능력을 이용하여 다른 소득활동을 하고 있는지 여부, 그로 인한 소득이 어느 정도인지 등은 일체 불문하고 최고보상기준금액을 일률적으로 적용하고, 그 기준금액에다가 장해정도에 따른 지급률을 곱하여 산정한 최고보상액과 종전 장해보상연금과의 차액 상당을 일시에 대폭적으로 일괄 삭감하였다.

4) 청구인들 대부분은 40대 전후의 피재 근로자들로서 중고생이나 대학생 자녀를 두는 등 경제적 지출이 많은 연령으로, 장해급여의 갑작스런 삭감으로 곤경에 처하였음을 호소하고 있기도 하다.

또한, 청구인들 중의 상당수는 산재를 입었던 무렵 그 당시의 법령에 의한 장해보상연금 수준이 대체로 유지될 것을 전제로, 이중보상금지원칙(현행 근로기준법 제87조, 2007. 1. 26. 개정 전의 근로기준법 제90조 각 참조)을 고려하여 사용자와 민사상 손해배상에 대해 적은 액수로 합의하거나 사용자에 대한 민사상 손해배상을 포기하였다는 측면도 있다.

5) 청구인들이 장해보상일시금과 장해보상연금 중에서 장해보상연금을 선택한 것은 남은 여생을 연금에 의존하여 살겠다는 결단을 한 것이라고 볼 것인바, 법이 당시에는 존재하지 않았던 최고보상제도를 새로이 만들어 시행함에 있어 이를 제도 시행 이전의 피재 근로자인 청구인들에게까지 적용하여 기존의 장해보상연금액을 최고보상기준금액에 의한 급여수준으로 일괄하여 감액하는 것은 장해보상연금에 의존하여 생활하는 청구인들에게 미치는 손해가 다대하다고 보지 않을 수 없다.

(3) 심판대상조항으로 달성하려는 공익의 내용

심판대상조항이 최고보상제도 시행 이전의 기존 장해보상연금 수급자들에게도 2003. 1. 1. 이후 최고보상제도를 적용함으로써 달성하려는 공익은, 한정된 재원으로 보다 많은 재해근로자와 그 유족들에게 적정한 사회보장적 급여를 실시하고 재해근로자 사이에 보험급여의 형평성을 제고하며 소득재분배 기능을 수행하려는 것과 아울러, 최고보상제도를 기존의 장해급여수급자에게도 적용함으로써 절감되는 보험급여액으로 다수의 근로자에게 혜택이 돌아가는 간병급여의 신설, 유족급여의 확대, 후유증상 진료제도를 도입하여 보험급여의 폭을 확대하고, 휴업급여 등의 최저기준을 인상하여 보험급여의 지급수준을 상향조정하는 등의 재원으로 삼고자 하는 데 있는 것으로 보인다.

(4) 신뢰이익과 공익 간의 비교형량

1) 단순한 입법정책의 변경에 의한 법률개정과 같이 구법과 신법이 모두 일정한 합리성을 가지고 있는 경우와 구법 질서의 불합리성에 대한 반성적 고려에 의하여 법률이 개정되는 경우는 그 각각에 대한 신뢰보호의 필요성이 달라진다. 따라서 이 사건에 있어서 신뢰보호원칙 위반 여부를 판단하기 위하여는 장해급여제도와 최고보상제도가 각 추구하는 목적, 도모하고자 하는 법적 이익 등을 비교형량하고 나아가 그 충돌 또는 조화의 가능성 등을 검토할 필요가 있다.

2) 장해급여제도는 본질적으로 소득재분배를 위한 제도가 아니고, 사업자가 근로자 및 사용자 자신을 위하여 근로자의 평균임금에 상응하게 일정 비율로 납입한 보험료를 바탕으로 불의의 산재사고에 대비하여 피재 근로자에게 산재 사고 이전의 생활수준의 골격을 보장해 주기 위하여 마련된 제도로서 손해배상 내지 손실보상적 급부인 점에 그 본질이 있으므로, 장해급여는 손해배상에서의 일실수입에 대응하는 개념이며, 산재보상보험의 두 가지 성격 중 사회보장적 급부로서의 성격은 상대적으로 약하고 재산권적인 보호의 필요성은 보다 강하다고 볼 수 있어 다른 사회보험수급권에 비하여 보다 엄격한 보호가 필요하다 할 것이다.

이와 달리 최고보상제도는 소득의 재분배를 주요한 목적 내지 기능으로 하는 제도인바, 손해배상 내지 손실보상적 급부인 장해급여제도를 운영함에 있어서 최고보상제도의 시행이 필수적인 요소라고 볼 수는 없 다. 따라서 장해보상연금수급권이 사회보장수급권의 성격을 가지고 있어 그 형성에 입법자의 재량이 인정된다 하더라도 일반적으로 입법자의 광범위한 입법재량이 허용되는 공적 부조의 경우에 비하여 입법형성권의 범위는 상당히 축소되는 것으로 보아야 할 것이고, 산업재해보상보험이 사회보험적 성격이 있다는 이유만으로 법이 최고보상제도를 신설하여 기존 장해보상연금 수급자의 정당한 신뢰를 침해하는 것은 정당화되기 어렵다 할 것이다.

장해급여제도에 사회보장 수급권으로서의 성격도 있는 이상 소득재분배의 도모나 새로운 산재보상사업의 확대를 위한 재원 마련의 목적으로 최고보상제를 도입하는 것 자체는 입법자의 결단으로서 입법자의 형성적 재량권의 범위 내에 있다고 볼 여지도 있을 것이다. 그러나, 그러한 경우에도 원칙적으로 최고보상제도 시행 이후 산재를 입는 근로자들부터 적용하는 것은 별론으로 하고, 제도의 시행 이전에 이미 재해를 입고 산재보상수급권이 확정적으로 발생한 청구인들에 대하여 그 수급권의 내용을 일시에 급격히 변경하여 가면서까지 적용할 수 있는 것은 아니라고 보아야 할 것이다.

3) 한편, 심판대상조항의 주요한 입법목적이라 할 수 있는 소득재분배는 국가의 정책적 문제로서 근본적으로 조세정책 또는 다른 사회보장제도의 확충을 통해서 해결하여야 할 문제이지, 산재를 입은 근로자들에게 업무상 재해로 상실된 수입을 일정 수준까지 보장하여 줌으로써 산재 이전의 생활수준의 골격을 유지해 주는 것을 주목적으로 하는 제도인 장해급여제도(산재보험)의 변경을 통하여 해결할 문제는 아니다.

가사 장해보상연금액의 조정으로 소득재분배를 이루고자 하는 경우에도, 최고보상제도를 신설한 법 시행 이후에 발생한 산재사고의 피재 근로자들부터 적용되는 것으로 하거나, 공단이 현재까지 보험료 징수를 통하여 이미 확보한 자체자금을 활용하여 산재보험의 혜택을 확대하거나, 누진 보험료율을 채택하여 평균임금이 높은 근로자를 고용하는 사업주로부터 보다 높은 비율의 보험료를 징수하여 저소득 근로자에게 혜택을 확대하는 방안 등을 우선적으로 고려하였어야 할 것이다.

4) 나아가, 신설된 최고보상제도를 기존의 장해보상연금 수급자들에게까지 적용함으로써 얻는 실제적 효과에 관하여 보건대, 헌법재판소의 사실조회에 대

한 공단의 2008. 6. 30.자 회보결과에 의하면, 2003. 1. 1. 기준으로 최고보상기준금액의 적용을 받는 장해보상연금 수급자의 수는 이 사건 청구인들을 포함하여 총 843명, 최고보상제도 적용 직전인 2002. 12. 현재 위 843명에 대한 월 지급 총액은 2,721,317,550원, 최고보상제도 적용 직후인 2003. 1. 기준 위 843명에 대한 월 지급 총액은 2,075,276,390원으로 그 차액이 월 646,041,160원이다. 이를 2007년 기준 장해보상연금 총 지급액 667,380,000,000원에 비교하여 보면, 위 최고보상제도를 적용함으로써 월간 절감되는 비용은 위 총 지급액의 0.097%, 연간 절감되는 비용은 1.16%에 불과하다(장해보상연금 지급액의 기준이 2007년인 점에 비추어 보면, 최고보상제도의 적용을 받는 장해보상연금 수령자의 수가 자연감소하였을 것이고, 최고보상기준금액의 상승으로 2002. 12. 기준 장해보상연금과의 차액 또한, 감소하였을 것이므로, 실제 차지하는 비율은 위 비율보다도 훨씬 낮을 것으로 보인다).

또한, 공단의 보험수지를 보면, 2006년 기준 수지율(급여지급액/보험료 등 수납액)은 86.03%, 2007년 기준 수지율은 74.24%로서, 공단의 보험수지가 흑자인데다 그 흑자율 또한, 증가하고 있다. 거기에 더하여 산재보상보험의 경우 법이 설계한 대로 보험제도를 운영한다면 운영구조상 적자가 될 가능성은 없다고 할 것이다.

이러한 점들에 비추어 보면, 새로운 산재보상사업의 확대실시를 위하여 신설된 최고보상제도를 기존의 장해보상연금 수급자에게도 적용하지 않으면 안될 필연성이 있었다고 보기 어렵다.

5) 산재보험제도는 보험가입자인 사업주가 납부하는 보험료(법 제57조, 제62조)와 국고부담(법 제64조 제3항)을 재원으로 하여 근로자에게 발생하는 업무상 재해라는 사회적 위험을 보험방식에 의하여 대처하는 사회보험제도이나, 사회보험방식으로 운영되는 여타 연금제도와 달리 그 재정부담에 대한 국가의 기여 정도는 극히 미미하여, 사업주가 자신 및 그 근로자를 위하여 해당 사업체의 임금 총액에 소정의 보험료율을 적용하여 부담하는 보험료에 거의 전적으로 재원을 의존하고 있다(정부출연금은 사업주가 내는 보험료의 1%에도 미치지 못하는 금액으로 공단관리비용의 일부에 충당되는 것으로 보인다. 법 제3조 참조).

업무상 재해에 대하여는 근로기준법에서 사용자에게 직접 보상책임을 부과하고 있지만 사용자의 무자력 등으로 보상이 실시되지 못하는 경우가 있을 수 있으므로, 이러한 경우에 피재 근로자나 그 유족에게 재해보상을 확실히 보장하기 위하여 사회보험방식을 도입하여 산재보험제도가 마련된 것으로, 산재보험이 사업주가 부담하는 보험료에 거의 전적으로 재원을 의존하고 있는 것은 이와 같은 산재보험제도의 특성이 반영된 것이다.

따라서, 산재보험제도는 개인의 생활 그 자체를 보호하는 순수한 사회정책적 목적에 그 취지를 두고 재정조달에 있어서도 국가재정이 차지하는 비율이 큰 연금보험 등 여타 사회보험에 비하여 국가가 가지는 입법형성권의 범위가 상대적으로 좁다고 볼 것이고, 산재보험급여 중에서도 손해배상 또는 손실보상급부로서의 본질을 가지는 장해급여의 경우는 더욱 그러하다 할 것이다.

6) 한편, 이 사건 청구인들은 산재로 노동능력을 50% 이상 상실한 중증장애인들이므로, 이 사건에서 공익과 사익을 비교형량함에 있어서는 장애인 보호에 관한 헌법 규정의 취지를 마땅히 감안하지 않으면 아니 될 것이다.

즉, 헌법 제34조 제5항은 "신체장애자 및 질병·노령 기타의 사유로 생활능력이 없는 국민은 법률이 정하는 바에 의하여 국가의 보호를 받는다."라고 하여 신체장애자에 대한 특별한 보호를 규정하고 있는바, 장애인과 같은 사회적 약자의 경우에는 개인 스스로가 자유행사의 실질적 조건을 갖추는 데 어려움이 많으므로 국가가 특히 이들에 대하여 자유를 실질적으로 행사할 수 있는 조건을 형성하고 유지해야 한다는 점을 강조하고자 하는 것이다(헌재 2002. 12. 18. 2002헌마52 결정 참조).

위 헌법조항의 취지에 비추어 보더라도, 신체장애자를 위하여 자유행사의 실질적 조건을 형성, 유지하기 위한 특별한 입법적 조치를 취할 의무를 부담하는 국가가, 국가의 재정부담능력과는 무관하게 단지 '소득재분배'와 '새로운 보상사업을 위한 재원 마련'을 목적으로, 사업주가 기존의 법에 따라 근로자를 위하여 부담하여 왔던 보험료에 상응하여 지급받아 오던 장해 근로자의 장해급여를 일시에 삭감함으로써 피재 전의 생활수준을 그 골격조차 유지할 수 없도록 위축시키는 것은 정당화되기 어렵다 할 것이다.

7) 더욱이 입법자로서는 법 개정에 따른 경과규정, 즉 심판대상조항을 마

련함에 있어, 예컨대 ① 장해보상연금 외에 직업을 갖는 등 소득이 있는 자와 그렇지 아니한 자를 구분하여, 전자의 경우 별도의 소득 액수에 따라 차등하여 감액하고 후자와 같이 전적으로 장해보상연금만으로 생활하는 자에 대하여는 연금감액을 하지 않거나, ② 상당한 장기간에 걸쳐 단계적으로 감액의 비율을 조정하거나, ③ 평균임금 자체는 고정시킨 채 통상임금, 물가 등의 변동에 따라 대통령령이 정하는 기준에 따라 평균임금을 조정하는 규정(법 제38조 제3항, 법 시행령 제25조 참조)의 적용을 중지함으로써 갑작스런 연금액의 축소로 인한 충격을 완화하면서 실질연금액의 점진적 감소를 꾀하는 방법 등을 통하여 공사익의 조화를 도모하고 기존 수급자들의 신뢰를 최대한 배려하는 수단을 택할 수도 있었을 것으로 보인다.

그런데, 심판대상조항은 그와 같은 최소한의 배려조차 하지 아니하고 기존의 장해연금 수급자들에 대하여 장해보상일시금 수급의 경우와 비교하여 개략적으로 산출된 2년 6개월의 경과기간 동안만 구법을 적용하도록 하고, 2003. 1. 1.부터는 일률적이고 전면적으로 최고보상제도를 적용하도록 하고 있으므로, 심판대상조항은 이 점에서 보더라도 신뢰보호원칙에 위배되는 것으로 평가하지 않을 수 없다.

(5) 소결

이상에서 살펴본 바에 의하면, 청구인들의 구법에 대한 신뢰이익은 그 보호가치가 중대하고 그 침해의 정도가 극심하며 신뢰침해의 방법이 과중한 것인 반면, 피재 근로자들 간의 소득격차를 완화하고 새로운 산재보상사업을 실시하기 위한 자금을 마련한다는 공익상의 필요성은 청구인들에 대한 신뢰보호의 요청에 우선할 정도로 충분히 크다고 보기 어렵다.

따라서 심판대상조항은 신뢰보호의 원칙에 위배되어 청구인들의 재산권을 침해하는 것으로서 헌법에 위반된다 할 것이다.

Ⅶ. 몇몇 개별 기본권의 특유한 제한 법리

01 평등권

가. 평등원칙의 의의

우리 헌법 제11조 제1항은 "모든 국민은 법 앞에 평등하다. 누구든지 성별·종교 또는 사회적 신분에 의하여 정치적·경제적·사회적·문화적 생활의 모든 영역에 있어서 차별을 받지 아니한다."라고 규정하여 평등원칙을 선언하고 있는 바, 평등의 원칙은 국민의 기본권 보장에 관한 우리 헌법의 최고원리로서 국가가 입법을 하거나 법을 해석 및 집행함에 있어 따라야 할 기준인 동시에, 국가에 대하여 합리적 이유없이 불평등한 대우를 하지 말 것과, 평등한 대우를 요구할 수 있는 모든 국민의 권리로서, 국민의 기본권 중의 기본권인 것이다. 헌법 제11조 제1항의 평등의 원칙은 일체의 차별적 대우를 부정하는 절대적 평등을 의미하는 것이 아니라 입법과 법의 적용에 있어서 합리적 근거 없는 차별을 하여서는 아니된다는 상대적 평등을 뜻하고 따라서 합리적 근거 있는 차별 내지 불평등은 평등의 원칙에 반하는 것이 아니다. 그리고 합리적 근거 있는 차별인가의 여부는 그 차별이 인간의 존엄성 존중이라는 헌법원리에 반하지 아니하면서 정당한 입법목적을 달성하기 위하여 필요하고도 적정한 것인가를 기준으로 판단되어야 한다(헌법재판소 2001. 11. 29. 99헌마494 재외동포의 출입국과 법적 지위에 관한 법률 제2조 제2호 위헌확인).

즉, 평등원칙은 본질적으로 같은 것은 같게, 본질적으로 다른 것은 다르게 취급할 것을 요구하는 것으로서, 일체의 차별적 대우를 부정하는 절대적 평등을 의미하는 것이 아니라 입법과 법의 적용에 있어서 합리적인 근거가 없는 차별을 배제하는 상대적 평등을 뜻한다 할 것이므로 합리적 근거가 있는 차별은 평등원칙에 반하는 것이 아니다(헌법재판소 2015. 7. 30. 2014헌가7 결정).

나. 두 가지 심사기준

(1) 평등권의 침해 여부에 대한 심사는 그 심사기준에 따라 자의금지원칙에 의한 심사와 비례의 원칙에 의한 심사로 크게 나누어 볼 수 있다. 평등권침해 심사의 우선적 기준은 자의금지원칙이다. 다만 헌법에서 특별히 평등을 요구하거나, 차별적 취급으로 인하여 관련 기본권에 대한 중대한 제한을 초래하게 된다면 비례원칙에 따른 심사를 하여야 한다.

(2) 자의금지원칙에 의한 심사의 경우에는 차별을 정당화하는 합리적인 이유가 있는지만을 심사하기 때문에 그에 해당하는 비교대상간의 사실상의 차이나 입법목적(차별목적)의 발견·확인에 그치는 반면에, 비례원칙에 의한 심사의 경우에는 단순히 합리적인 이유의 존부 문제가 아니라 차별을 정당화하는 이유와 차별간의 상관관계에 대한 심사, 즉 비교대상간의 사실상의 차이의 성질과 비중 또는 입법목적(차별목적)의 비중과 차별의 정도에 적정한 균형관계가 이루어져 있는가를 심사한다.

다. 자의금지원칙에 의한 심사

일반적으로 자의금지원칙에 의한 심사요건은 ① 본질적으로 동일한 것을 다르게 취급하고 있는지에 관련된 차별취급의 존재 여부와, ② 이러한 차별취급이 존재한다면 이를 자의적인 것으로 볼 수 있는지 여부라고 할 수 있다. 한편, ①의 요건에 관련하여 두 개의 비교집단이 본질적으로 동일한가의 판단은 일반적으로 당해 법규정의 의미와 목적에 달려 있고, ②의 요건에 관련하여 차별취급의 자의성은 합리적인 이유가 결여된 것을 의미하므로, 차별대우를 정당화하는 객관적이고 합리적인 이유가 존재한다면 차별대우는 자의적인 것이 아니게 된다(헌법재판소 2002. 11. 28. 2002헌바45 구 병역법 제71조 제1항 단서 위헌소원).

라. 엄격한 비례원칙에 의한 심사

(1) 평등위반 여부를 심사함에 있어 엄격한 심사척도에 의할 것인지, 완화된

심사척도에 의할 것인지는 입법자에게 인정되는 입법형성권의 정도에 따라 달라지게 될 것이다. 먼저 헌법에서 특별히 평등을 요구하고 있는 경우 엄격한 심사척도가 적용될 수 있다. 헌법이 스스로 차별의 근거로 삼아서는 아니되는 기준을 제시하거나 차별을 특히 금지하고 있는 영역을 제시하고 있다면 그러한 기준을 근거로 한 차별이나 그러한 영역에서의 차별에 대하여 엄격하게 심사하는 것이 정당화된다. 다음으로 차별적 취급으로 인하여 관련 기본권에 대한 중대한 제한을 초래하게 된다면 입법형성권은 축소되어 보다 엄격한 심사척도가 적용되어야 할 것이다.

(2) 비례원칙 심사기준

① 차별목적의 정당성 ② 차별취급의 적합성 ③ 차별취급의 필요성(불가피성) ④ 차별취급의 비례성(법익의 균형성)

마. 헌법재판소 결정례

(1) 자의금지원칙에 의한 심사의 예

● 헌법재판소 2005. 12. 22. 2003헌가8 파산법 제38조 제2호 위헌제청

○ 사건의 개요

(1) 당해 사건의 제청신청인은 2001. 5. 11. 파산선고를 받은 소외 ○○주식회사(이하 '파산법인'이라 한다)의 파산관재인이고, 근로복지공단(이하 '공단'이라 한다)은 산업재해보상보험법에 의하여 설립된 법인으로서 산업재해보상보험료(산업재해보상보험법 제14조 제2호), 임금채권부담금(임금채권보장법 제14조, 제23조), 고용보험료(산업재해보상보험법 제14조 제5호)의 부과·징수를 관장하는 법인이다.

(2) 파산법인은 2000년도 및 2001년도 산업재해보상보험료, 임금채권부담금, 고용보험료를 연체하다가 2001. 11. 14. 위 산업재해보상보험료, 임금채권부담금, 고용보험료와 이에 대한 2001. 5. 11.까지의 연체료만을 변제하고, 파산법인이 파산선고를 받은 다음날인 2001. 5. 12.부터 같은 해 11. 14.까지의 기간에 해당하는 연체료를 납부하지 않음으로써 연체료 합계 금 486,179,900원(이하 '이 사건 연체료'라 한다)의 채무를 부담하고 있다.

(3) 그런데 공단은 파산법 제38조 제2호가 '국세징수의 예에 의하여 징수할 수 있는 청구권'을 재단채권으로 규정하고 있고 구 산업재해보상보험법(1997. 8. 28. 법률 제5398호로 개정되고, 2003. 12. 31. 법률 제7049호로 개정되기 전의 것) 제74조 제1항, 구 임금채권보장법(2003. 12. 31. 법률 제7047호로 개정되기 전의 것) 제14조, 구 고용보험법(1999. 12. 31. 법률 제6099호로 개정되고, 2003. 12. 31. 법률 제7048호로 개정되기 전의 것) 제65조가 위 산업재해보상보험료, 임금채권부담금, 고용보험료 및 그 연체료는 모두 국세징수의 예에 의하여 징수하도록 규정되어 있음을 이유로 이 사건 연체료 채권 역시 재단채권이라고 주장하면서 위 채권의 우선변제를 주장하고 있다.

(4) 이에 제청신청인은, 공단을 상대로 이 사건 연체료는 파산법 제38조 제2호가 정한 재단채권이 아니라 같은 법 제37조 제2호가 정한 '파산선고 후의 불이행으로 인한 손해배상액 및 위약금'에 해당한다면서 위 연체료채권이 후순위파산채권임을 확인해 달라는 소(서울남부지방법원 2002가단19234호)를 제기하였다.

(5) 당해 사건에서 제청신청인은 파산법 제38조 제2호 중 '국세징수의 예' 부분에 대하여 위헌 여부의 심판을 제청해줄 것을 신청하였고, 제청법원은 2003. 3. 24. 위 법조항 부분에 대한 위헌 여부의 심판을 제청하였다.

○ 심판대상조문

- 구 고용보험법(1999. 12. 31. 법률 제6099호로 개정되고 2003. 12. 31. 법률 제7047호로 개정되기 전의 것) 제65조(준용) 산업재해보상보험법 제69조 내지 제71조, 동법 제73조 내지 제77조 및 동법 제95조의 규정은 보험료 기타 이 법에 의한 징수금의 납부와 징수(고용안정사업·직업능력개발사업의 지원금액의 반환 및 실업급여의 반환을 포함한다)에 관하여 이를 준용한다. 이 경우 동법 제69조 내지 제71조, 동법 제73조 내지 제75조 및 동법 제95조 중 "공단"은 "노동부장관"으로, 동법 제69조 중 "확정보험료신고서"는 "확정보험료보고서"로, 동법 제69조·제71조 및 제95조 중 "보험가입자"는 "사업주"로 본다.

- 구 산업재해보상보험법(1997. 8. 28. 법률 제5398호로 개정되고 2003. 12. 31. 법률 제7049호로 개정되기 전의 것) 제74조(징수금의 체납처분) ① 공단은 제73조의 규정에 의하여 독촉을 받은 자가 그 기한 내에 보험료 기타 이 법에 의한 징수금을 납부하지 아니한 때에는 노동부장관의 승인을 얻어 국세체납처분의 예에 의하여 이를 징수할 수 있다.

- 구 임금채권보장법(2003. 12. 31. 법률 제7047호로 개정되기 전의 것) 제14조 (준용) 산업재해보상보험법 제58조 내지 제61조, 제65조 내지 제67조의 2, 제69조 내지 제71조, 제73조 내지 제77조, 제95조 및 제106조(제61조, 제65조 제1항·제2항, 제67조 제1항의 규정을 위반한 경우에 한한다)의 규정은 이 법에 의한 부담금 기타 징수금의 납부 및 징수(체당금의 반환요구를 포함한다)에 관하여 이를 준용한다. 이 경우 동법 중 "보험가입자"는 "사업주"로, "보험료"는 "부담금"으로, "보험"은 "임금채권보장"으로, "보험사무"는 "임금채권보장사무"로, "공단"은 "노동부장관(이 법 제23조의 규정에 의하여 그 권한을 위탁받은 경우에는 근로복지공단을 말한다)"으로, "개산보험료"는 "개산부담금"으로, "보험연도"는 "회계연도"로, "보험관계"는 "임금채권보장관계"로, "보험요율"은 "부담금비율"로, "확정보험료"는 "확정부담금"으로 본다.

- 파산법(1962. 1. 20. 법률 제998호로 제정되고 2005. 3. 31. 법률 제7428호로 폐지되기 전의 것) 제38조(재단채권의 범위) 다음 각 호의 청구권은 이를 재단채권으로 한다.
  2. 국세징수법 또는 국세징수의 예에 의하여 징수할 수 있는 청구권. 단, 파산선고후의 원인으로 인한 청구권은 파산재단에 관하여 생긴 것에 한한다.

○ 결정이유 중 일부

[평등원칙 위배 여부]

이 사건 법률조항은 평등원칙에도 위반된다.

평등의 원칙은 본질적으로 같은 것은 같게, 본질적으로 다른 것은 다르게 취급할 것을 요구한다. 그렇지만 이러한 평등은 일체의 차별적 대우를 부정하는 절대적 평등을 의미하는 것이 아니라 입법과 법의 적용에 있어서 합리적인 근거가 없는 차별을 배제하는 상대적 평등을 뜻하고 따라서 합리적 근거가 있는 차별은 평등의 원칙에 반하는 것이 아니다(헌재 2001. 6. 28. 99헌마516, 판례집 13-1, 1393, 1406). 그리고 헌법재판소는 평등위반 여부를 심사하는 기준으로서, 헌법에서 특별히 평등을 요구하고 있는 경우와 차별적 취급으로 인하여 관련 기본권에 대한 중대한 제한을 초래하게 되는 경우에는 엄격한 심사척도가 적용되어야 하고, 그렇지 않은 경우에는 완화된 심사척도에 의한다는 원칙을 적용하고 있는데, 이 사건 법률조항은 헌법에서 특별히 평등을 요구하는 부분에 대한 것이 아니라 공익을 위하여 상대적으로 넓은 규제가 가능하다고 인정되는 재산권의 행사를 일부 제한하는 것이므로 완화된 심사기준에 따라 평등원칙의 위배 여부를 가려야 할 것이다(헌재 2002. 10. 31. 2001헌바59, 판례집 14-2, 486, 498 참조). 따라서 이 사건 법률조항의 평등원칙 위반 여부에 관하여는 그 차별에 관하여 현저한 불합리성이 있는지 여부, 즉 입법자의 자의성이 있는지 여부만을 심사하면 족하다. 일반적으로 자의금지원칙에 관한 심사요건은 본질적으로 동일한 것을 다르게 취급하고 있는지(또는 본질적으로 다른 것을 동일하게 취급하고 있는지)에 관련된 차별취급의 존재 여부와 이러한 차별취급에 이를 정당화하는 객관적이고 합리적인 이유가 결여하여 이를 자의적인 것으로 볼 수 있는지 여부라고 할 수 있다(헌재 2003. 1. 30. 2001헌바64, 판례집 15-1, 48, 50 참조).

위에서 살펴본 바와 같이, 이 사건 법률조항은 '국세징수의 예에 의하여 징수할 수 있는 청구권'을 일률적으로 재단채권으로 규정함으로써 본질적으로 동일한 것을 다르게 취급하고(파산선고 후의 이자 또는 채무불이행에 의한 손해배상과 실질적으로 동일한 성격을 갖는 청구권을 어떤 경우는 후순위파산채권으로, 어떤 경우는 재단채권으로 규정) 또 다른 한편으로는 본질적으로 다른 것을 동일하게 취급하여(우선권이 있는 채권과 없는 채권 또는 다른 순위의 우선권이 있는 채권을 동일한 우선순위를 갖게 함) 차별취급이 존재하고 있으며, 파산법의 기본목적과 공익적·정책적 필요성의 측면 등에 비추어 볼 때 그러한 차별적인 취급을 정당화할 합리적인 이유를 찾기 어렵다. 따라서 이 사건 법률조항은 자의적으로 차별취급을 한 것으로서 평등원칙에 위반된다.

O 주 문

파산법 제38조 제2호 본문 후단의 '국세징수의 예에 의하여 징수할 수 있는 청구권' 중에서, 「구 산업재해보상보험법(1997. 8. 28. 법률 제5398호로 개정되고, 2003. 12. 31. 법률 제7049호로 개정되기 전의 것) 제74조 제1항, 구 임금채권보장법(2003. 12. 31. 법률 제7047호로 개정되기 전의 것) 제14조 및 구 고용보험법(1999. 12. 31. 법률 제6099호로 개정되고, 2003. 12. 31. 법률 제7048호로 개정되기 전의 것) 제65조에 의하여 국세체납처분의 예에 따라 징수할 수 있는 청구권으로서 파산선고 전의 원인에 의하여 생긴 채권에 기하여 파산선고 후에 발생한 연체료 청구권에 해당하는 부분」은 헌법에 위반된다.

(2) 비례원칙에 의한 심사의 예

- <u>헌법재판소 1999. 12. 23. 98헌마363 제대군인 지원에 관한 법률 제8조 제1항 등 위헌확인</u>

O 사건의 개요

청구인 이○진은 1998. 2. 이화여자대학교를 졸업한, 청구인 조○옥, 박○주, 김○원, 김○정은 같은 대학교 4학년에 재학중이던 여성들로서 모두 7급 또는 9급 국가공무원 공개경쟁채용시험에 응시하기 위하여 준비중에 있으며, 청구인 김○수는 연세대학교 4학년에 재학중이던 신체장애가 있는 남성으로서 역시 7급 국가공무원 공개경쟁채용시험에 응시하기 위하여 준비중에 있다.

청구인들은 제대군인이 6급 이하의 공무원 또는 공·사기업체의 채용시험에 응시한 때에 필기시험의 각 과목별 득점에 각 과목별 만점의 5퍼센트 또는 3퍼센트를 가산하도록 규정하고 있는 제대군인지원에관한법률 제8조 제1항, 제3항 및 동법시행령 제9조가 자신들의 헌법상 보장된 평등권, 공무담임권, 직업선택의 자유를 침해하고 있다고 주장하면서 1998. 10. 19. 이 사건 헌법소원 심판을 청구하였다.

○ 심판대상조문

- 제대군인 지원에 관한 법률(1997. 12. 31. 법률 제5482호로 제정된 것) 제8조
  (채용시험의 가점) ① 제7조 제2항의 규정에 의한 취업보호실시기관이 그
  직원을 채용하기 위한 시험을 실시할 경우에 제대군인이 그 채용시험에
  응시한 때에는 필기시험의 각 과목별 득점에 각 과목별 만점의 5퍼센트
  의 범위안에서 대통령령이 정하는 바에 따라 가산한다. 이 경우 취업보
  호실시기관이 필기시험을 실시하지 아니한 때에는 그에 갈음하여 실시
  하는 실기시험·서류전형 또는 면접시험의 득점에 이를 가산한다.
  ② 생략
  ③ 취업보호실시기관이 실시하는 채용시험의 가점대상직급은 대통령령
  으로 정한다.

- 제대군인 지원에 관한 법률 시행령(1998. 8. 21. 대통령령 제15870호로 제정
  된 것) 제9조(채용시험의 가점비율 등) ① 법 제8조 제1항의 규정에 의하여
  제대군인이 채용시험에 응시하는 경우의 시험만점에 대한 가점비율은
  다음 각호 의 1과 같다.
  1. 2년 이상의 복무기간을 마치고 전역한 제대군인: 5퍼센트
  2. 2년 미만의 복무기간을 마치고 전역한 제대군인: 3퍼센트
  ② 법 제8조 제3항의 규정에 의한 채용시험의 가점대상직급은 다음 각
  호와 같다.
  1. 국가공무원법 제2조 및 지방공무원법 제2조에 규정된 공무원중 6급
     이하 공무원 및 기능직공무원의 모든 직급
  2. 국가유공자 등 예우 및 지원에 관한 법률 제30조 제2호에 규정된 취
     업보호실시기관의 신규채용 사원의 모든 직급

○ 결정이유 중 일부

(나) 평등권 침해여부

가산점제도로 인하여 청구인들의 평등권이 침해되는지 여부를 본다.

1) 차별의 대상

가산점제도는 제대군인과 제대군인이 아닌 사람을 차별하는 형식을 취하고 있다. 그러나 제대군인, 비(非)제대군인이라는 형식적 개념만으로는 가산점제도의 실체를 분명히 파악할 수 없다. 현행 법체계상 제대군인과 비제대군인에 어떤 인적 집단이 포함되는지 구체적으로 살펴보아야만 한다. 위에서 본 바와 같이 제대군인에는 ① 현역복무를 마치고 전역(퇴역·면역 포함)한 남자 ② 상근예비역 소집복무를 마치고 소집해제된 남자 ③ 지원에 의한 현역복무를 마치고 퇴역한 여자, 이 세 집단이 포함되고, 비제대군인에는 ① 군복무를 지원하지 아니한 절대다수의 여자 ② 징병검사 결과 질병 또는 심신장애로 병역을 감당할 수 없다는 판정을 받아 병역면제처분을 받은 남자(병역법 제12조 제1항 제3호, 제14조 제1항 제3호) ③ 보충역으로 군복무를 마쳤거나 제2국민역에 편입된 남자, 이 세 집단이 포함된다.

그러므로 먼저 무엇보다도 가산점제도는 실질적으로 남성에 비하여 여성을 차별하는 제도이다. 제대군인 중 위 ③의 유형에는 전체여성 중의 극히 일부분만이 해당될 수 있으므로 실제 거의 모든 여성은 제대군인에 해당하지 아니한다. 그리고 남자의 대부분은 제대군인 중 위 ①과 ②유형에 속함으로써 제대군인에 해당한다. 이 사건 심판기록에 편철된「병역처분자료 통보」에 의하면 1994년부터 1998년까지 5년간 현역병입영대상자 처분을 받은 비율은 81.6%에서 87%(보충역은 4.6%에서 11.6%, 제2국민역은 6.4%에서 9.8%, 병역면제는 0.4%에서 0.6%)까지 이르고 있음을 알 수 있는데, 이는 우리나라 남자 중의 80%이상이 제대군인이 될 수 있음을 나타내는 것이다. 이와 같이 전체 남자 중의 대부분에 비하여 전체 여성의 거의 대부분을 차별취급하고 있으므로 이러한 법적 상태는 성별에 의한 차별이라고 보아야 한다.

다음으로 가산점제도는 현역복무나 상근예비역 소집근무를 할 수 있는 신체 건장한 남자와, 질병이나 심신장애로 병역을 감당할 수 없는 남자, 즉 병역면제자를 차별하는 제도이다. 현역복무를 할 수 있느냐는 병역의무자의 의사에 따르는 것이 아니라 오로지 징병검사의 판정결과에 의하여 결정되는바(병역법 제11조, 제12조, 제14조), 질병이나 심신장애가 있는 남자는 아무리 현역복무를 하고 싶어도 할 수 없고 그 결과 제대군인이 될 수 없어 가산점 혜택을 받을 수 없기 때문이다.

마지막으로 가산점제도는 보충역으로 편입되어 군복무를 마친 자를 차별하는 제도이기도 하다. 보충역 판정여부는 신체등위, 학력 등을 감안하고 또 병역수급의 사정에 따라 정해지는 것으로서(병역법 제5조 제1항 제3호, 제14조) 이 또한 본인의 의사와는 무관하다. 보충역으로 편입되는 자는 병역의무 이행의 일환으로 일정기간 의무복무를 마치더라도(보충역은 공익근무요원, 공익법무관, 공중보건의사, 전문연구요원 또는 산업기능요원으로 복무한다) 그 복무형태가 현역이 아니라는 이유로 가산점혜택을 받지 못하는 것이다.

2) 심사의 척도

가) 평등위반 여부를 심사함에 있어 엄격한 심사척도에 의할 것인지, 완화된 심사척도에 의할 것인지는 입법자에게 인정되는 입법형성권의 정도에 따라 달라지게 될 것이다. 먼저 헌법에서 특별히 평등을 요구하고 있는 경우 엄격한 심사척도가 적용될 수 있다. 헌법이 스스로 차별의 근거로 삼아서는 아니 되는 기준을 제시하거나 차별을 특히 금지하고 있는 영역을 제시하고 있다면 그러한 기준을 근거로 한 차별이나 그러한 영역에서의 차별에 대하여 엄격하게 심사하는 것이 정당화된다. 다음으로 차별적 취급으로 인하여 관련 기본권에 대한 중대한 제한을 초래하게 된다면 입법형성권은 축소되어 보다 엄격한 심사척도가 적용되어야 할 것이다.

나) 그런데 가산점제도는 엄격한 심사척도를 적용하여야 하는 위 두 경우에 모두 해당한다. 헌법 제32조 제4항은 "여자의 근로는 특별한 보호를 받으며, 고용·임금 및 근로조건에 있어서 부당한 차별을 받지 아니한다"고 규정하여 "근로" 내지 "고용"의 영역에 있어서 특별히 남녀평등을 요구하고 있는데, 가산점제도는 바로 이 영역에서 남성과 여성을 달리 취급하는 제도이기 때문이고, 또한 가산점제도는 헌법 제25조에 의하여 보장된 공무담임권이라는 기본권의 행사에 중대한 제약을 초래하는 것이기 때문이다(가산점제도가 민간기업에 실시될 경우 헌법 제15조가 보장하는 직업선택의 자유가 문제될 것이다).

이와 같이 가산점제도에 대하여는 엄격한 심사척도가 적용되어야 하는데,

엄격한 심사를 한다는 것은 자의금지원칙에 따른 심사, 즉 합리적 이유의 유무를 심사하는 것에 그치지 아니하고 비례성원칙에 따른 심사, 즉 차별취급의 목적과 수단간에 엄격한 비례관계가 성립하는지를 기준으로 한 심사를 행함을 의미한다.

3) 가산점제도의 평등위반성

가) 가산점제도의 입법목적

가산점제도의 주된 목적은 군복무 중에는 취업할 기회와 취업을 준비하는 기회를 상실하게 되므로 이러한 불이익을 보전해 줌으로써 제대군인이 군복무를 마친 후 빠른 기간내에 일반사회로 복귀할 수 있도록 해 주는 데에 있다. 인생의 황금기에 해당하는 20대 초·중반의 소중한 시간을 사회와 격리된 채 통제된 환경에서 자기개발의 여지없이 군복무 수행에 바침으로써 국가·사회에 기여하였고, 그 결과 공무원채용시험 응시 등 취업준비에 있어 제대군인이 아닌 사람에 비하여 상대적으로 불리한 처지에 놓이게 된 제대군인의 사회복귀를 지원한다는 것은 입법정책적으로 얼마든지 가능하고 또 매우 필요하다고 할 수 있으므로 이 입법목적은 정당하다.

나) 차별취급의 적합성 여부

ㄱ) 제대군인에 대한 사회복귀의 지원은 합리적이고 적절한 방법을 통하여 이루어져야 한다.

먼저 제대군인이 비(非)제대군인에 비하여 어떤 법적인 불이익을 받는 것이 있다면 이를 시정하는 것은 허용된다.

또한 군복무기간을 호봉산정이나 연금법 적용 등에 있어 적절히 고려하는 조치도 가능할 것인데, 현행법은 이미 이러한 제도를 두고 있다. 공무원보수규정 제8조, 별표 15에 의하면 공무원의 초임호봉을 확정함에 있어, 병역법에 의한 의무복무기간을 임용되는 계급의 근무연수로 보아 그 연수에 1을 더하여 확정하며(별표 16에 의한 공무원경력환산에 있어서도 군복무경력은 100% 환산되고, 별표 27에 의한 군인경력환산에 있어서도 군복무기간은 80% 내지 100% 환산된다), 공무원연금법 제23조 제3항은 병역법에 의한 현역병 또는 지원에 의하지 아니하고 임용된 하사관의 복무기간을 공무원의 재직기간에 산입하고 있다. 또한 국가공무원법은 병역의무 이행을 위한 군복무기간을 모두 휴직기간으로 인정하여 그 동안 공무원으로서의 신분을 보유하게 하고 있다(제71조 내지 제73조).

다음으로 제대군인에 대하여 여러 가지 사회정책적·재정적 지원을 강구하는 것이 가능할 것이다. 그러한 지원책으로는 취업알선, 직업훈련이나 재교육 실시, 교육비에 대한 감면 또는 대부, 의료보호 등을 들 수 있다. 이 법 제4조, 제10조, 제11조, 제12조, 제13조 등은 장기복무제대군인에 대하여 이러한 지원조치를 제공하고 있는바, 이와 같은 지원조치를 제대군인에 대하여도 여건이 허용하는 한 어느 정도 제공하는 것이야말로 진정으로 합리적인 지원책이 될 것이다.

ㄴ) 그런데 가산점제도는 이러한 합리적 방법에 의한 지원책에 해당한다고 할 수 없다. 가산점제도는 공무원 채용시험의 필기시험의 각 과목별 만점의 5% 또는 3%를 제대군인에게 가산토록 함으로써 제대군인의 취업기회를 특혜적으로 보장하고, 그 만큼 제대군인이 아닌 사람의 취업의 기회를 박탈·잠식하는 제도이다. 그런데 제대군인이 아닌 사람들이란 다름 아니라 절대다수의 여성들과 상당수의 남성들(심신장애가 있어 군복무를 할 수 없는 남자, 보충역에 편입되어 복무를 마친 남자)로서 이들은 제대군인이 될 수 없는 사람들이고, 특히 여성과 장애인은 이른바 우리 사회의 약자들이다. 헌법은 실질적 평등, 사회적 법치국가의 원리에 입각하여 이들의 권익을 국가가 적극적으로 보호하여야 함을 여러 곳에서 천명하고 있다. 성별에 의한 차별을 금지하고 있는 헌법 제11조, 인간다운 생활을 할 권리를 보장하고 있는 헌법 제34조 제1항 외에도, 위에서 본 헌법 제32조 제4항, "국가는 여자의 복지와 권익의 향상을 위하여 노력하여야 한다"고 규정하고 있는 헌법 제34조 제3항, "신체장애자 및 질병·노령 기타의 사유로 생활능력이 없는 국민은 법률이 정하는 바에 의하여 국가의 보호를 받는다"고 규정하고 있는 헌법 제34조 제5항, "국가는 모성의 보호를 위하여 노력하여야 한다"고 규정하고 있는 헌법 제36조 제2항 등이 여기에 해당한다. 그럼에도 불구하고 여성과 장애인은 각종의 제도적 차별, 유·무형의 사실상의 차별, 사회적·문화적 편견으로 생활의 모든 영역에서 어려움을 겪고 있고, 특히 능력에 맞는 직업을 구하기 어려운 것이 현실이다. 이러한 현실을 불식하고 평등과 복지라는 헌

법이념을 구현하기 위하여 여성·장애인 관련분야에서 이미 광범위한 법체계가 구축되어 있다. 여성발전기본법, 남녀차별금지 및 구제에 관한 법률, 남녀고용평등법에서 여성의 사회참여 확대, 특히 공직과 고용부문에서의 차별금지와 여성에 대한 우대조치를 누차 강조하고 이를 위한 각종 제도를 마련하고 있으며, 장애인복지법, 장애인고용촉진 등에 관한 법률은 장애인에 대한 차별금지와 보호장치를 규정하고 있다. 어떤 입법목적을 달성하기 위한 수단이 헌법이념과 이를 구체화하고 있는 전체 법체계와 저촉된다면 적정한 정책수단이라고 평가하기 어려울 것이다. 여성에 대한 모든 형태의 차별철폐에 관한 협약 등의 각종 국제협약, 위 헌법규정과 법률체계에 비추어 볼 때 여성과 장애인에 대한 차별금지와 보호는 이제 우리 법체계내에 확고히 정립된 기본질서라고 보아야 한다. 그런데 가산점제도는 아무런 재정적 뒷받침없이 제대군인을 지원하려 한 나머지 결과적으로 이른바 사회적 약자들의 희생을 초래하고 있으므로 우리 법체계의 기본질서와 체계부조화성을 일으키고 있다고 할 것이다.

요컨대 제대군인에 대하여 여러 가지 사회정책적 지원을 강구하는 것이 필요하다 할지라도, 그것이 사회공동체의 다른 집단에게 동등하게 보장되어야 할 균등한 기회 자체를 박탈하는 것이어서는 아니되는데, 가산점제도는 공직수행능력과는 아무런 합리적 관련성을 인정할 수 없는 성별 등을 기준으로 여성과 장애인 등의 사회진출기회를 박탈하는 것이므로 정책수단으로서의 적합성과 합리성을 상실한 것이라 하지 아니할 수 없다.

다) 차별취급의 비례성 여부

차별취급을 통하여 달성하려는 입법목적의 비중에 비하여 차별로 인한 불평등의 효과가 극심하므로 가산점제도는 차별취급의 비례성을 상실하고 있다.

ㄱ) 가산점제도는 우선 양적으로 수많은 여성들의 공무담임권을 제약하는 것이다. 이 사건 심판기록에 편철된 「7·9급 채용시험 여성응시자 및 합격자비율」에 의하면 지난 1996년부터 1998년까지 3년간 7급 국가공무원 채용시험의 여성 응시자는 연간 약 만명 전후에 이르고, 9급 국가공무원 채용시험의 경우 연간 약 4, 5만명에 이른다. 가산점제도는 이처럼 많은 여성들의 공직진출에의

희망에 걸림돌이 되고 있다.

ㄴ) 공무원 채용시험의 합격여부에 미치는 효과가 너무나 크다. 각 과목별 득점에 각 과목별 만점의 5% 또는 3%를 가산한다는 것은 합격여부를 결정적으로 좌우하는 요인이 된다. 더욱이 7급 및 9급 국가공무원 채용시험의 경우 경쟁률이 매우 치열하고 합격선도 평균 80점을 훨씬 상회하고 있으며(심판기록에 편철된 「남·녀별 응시자 및 합격자의 평균 점수·연령, 합격선」에 의하면 1998년도의 경우 7급 일반행정직의 합격선은 남성이 86.42점, 여성이 85.28점이며, 9급 일반행정직의 경우 95.50점이다), 그 결과 불과 영점 몇 점 차이로 합격, 불합격이 좌우되고 있는 현실에서 각 과목별로 과목별 만점의 3% 또는 5%의 가산점을 받는지의 여부는 결정적으로 영향을 미치게 되고, 가산점을 받지 못하는 사람은 시험의 난이도에 따라서는 만점을 받고서도 불합격될 가능성이 없지 아니하다.

가산점제도의 영향력은 통계상으로도 여실히 드러난다. 심판기록에 편철된 「합격자의 과목별 성적표」에 의하여 1998년도 7급 국가공무원 일반행정직 채용시험의 경우를 분석하여 보면, 합격자 99명 중 제대군인가산점을 받은 제대군인이 72명으로 72.7%를 차지하고 있는데 반하여, 가산점을 전혀 받지 못한 응시자로서 합격한 사람은 6명뿐으로 합격자의 6.4%에 불과하며, 특히 그 중 3명은 합격선 86.42점에 미달하였음에도 이른바 여성채용목표제에 의하여 합격한 여성응시자이다. 그러므로 가산점의 장벽을 순전히 극복한 비제대군인은 통틀어 3명으로서 합격자의 3.3%에 불과함을 알 수 있다. 한편, 1998년도 7급 국가공무원 검찰사무직의 경우 합격자 15명 중 가산점을 전혀 받지 못한 응시자로서 합격한 사람은 단 1명 뿐이다.

이러한 사실에서 잘 알 수 있는 바와 같이 가산점제도는 결국 여성들과 같이 가산점을 받지 못하는 사람들을 6급 이하의 공무원 채용에 있어서 실질적으로 거의 배제하는 것과 마찬가지의 결과를 초래하고 있다.

ㄷ) 뿐만 아니라 가산점제도는 제대군인에 대한 이러한 혜택을 몇 번이고 아무런 제한없이 부여하고 있다. 채용시험 응시횟수에 무관하게, 가산점제도의 혜택을 받아 채용시험에 합격한 적이 있었는지에 관계없이 제대군인은 계속 가산점혜택을 받을 수 있다. 이는 한 사람의 제대군인을 위하여 몇 사람의 비

제대군인의 기회가 박탈당할 수 있음을 의미하는 것이다.

ㄹ) 가산점제도는 승진, 봉급 등 공직내부에서의 차별이 아니라 공직에의 진입 자체를 어렵게 함으로써 공직선택의 기회를 원천적으로 박탈하는 것이기 때문에 공무담임권에 대한 더욱 중대한 제약으로서 작용하고 있다.

ㅁ) 더욱이 심각한 것은 공무원 채용시험이야말로 여성과 장애인에게 거의 유일하다시피 한 공정한 경쟁시장이라는 점이다. 사회적·문화적 편견으로 말미암아 여성과 장애인에게 능력에 맞는 취업의 기회를 민간부문에서 구한다는 것은 매우 어려운 실정이다. 이에 반하여 공무원채용시험은 국가가 능력주의와 평등원칙에 입각하여 공개적으로 실시하는 것이고, 또 그러하여야 하므로 (국가공무원법 제26조는 능력의 실증에 의한 임용원칙을, 제35조는 동일한 자격을 가진 모든 국민에게 평등하게 공개적으로 채용시험을 실시할 것을 규정하고 있다) 이들을 공무원채용시험에 있어서마저 차별을 가한다면 그만큼 이들에게 심각한 타격을 가하는 것이 된다. 그런데 공직부문에서 여성의 진입이 봉쇄되면 국가전체의 역량발휘의 면에서도 매우 부조화스러운 결과를 야기한다. 국민의 절반인 여성의 능력발휘 없이 국가와 사회 전체의 잠재적 능력을 제대로 발휘할 수는 없다. 통계청의 자료에 의할 때 1997. 12.말 현재 전체 여성공무원은 265,162명으로 전체공무원의 28.7%만을 차지하고 있을 뿐이고, 그것도 전체 여성공무원 중 53.8%는 교육공무원, 18.6%는 기능직 공무원인 점, 한국여성개발원의 자료에 의하여 1997년 기준 여성공무원의 계급별분포를 볼 때 6급 이하가 22.2%, 5급이 3.2%, 4급이 1.6%, 1급 내지 3급이 0.9%인 점을 감안하면 우리나라의 공직사회는 남자가 주도하는 사회라고 하지 아니할 수 없는데, 이는 결코 바람직한 것이 아니다. 더구나 정보화시대에 있어 여성의 능력은 보다 소중한 자원으로 인식되어 이를 개발할 필요성이 점증하고 있다는 점까지 생각해 보면, 가산점제도는 미래의 발전을 가로막는 요소라고까지 말할 수 있다.

ㅂ) 위에서 본 바와 같이 가산점제도가 추구하는 공익은 입법정책적 법익에 불과하다. 그러나 가산점제도로 인하여 침해되는 것은 헌법이 강도높게 보호하고자 하는 고용상의 남녀평등, 장애인에 대한 차별금지라는 헌법적 가치이다. 그러므로 법익의 일반적, 추상적 비교의 차원에서 보거나, 차별취급 및 이

로 인한 부작용의 결과가 위와 같이 심각한 점을 보거나 가산점제도는 법익균형성을 현저히 상실한 제도라는 결론에 이르지 아니할 수 없다.

마) 소 결

결론적으로 가산점제도는 제대군인에 비하여, 여성 및 제대군인이 아닌 남성을 비례성원칙에 반하여 차별하는 것으로서 헌법 제11조에 위배되며, 이로 인하여 청구인들의 평등권이 침해된다.

○ 주 문

제대군인지원에 관한 법률(1997. 12. 31. 법률 제5482호로 제정된 것) 제8조 제1항, 제3항 및 동법 시행령(1998. 8. 21. 대통령령 제15870호로 제정된 것) 제9조는 헌법에 위반된다.

02 직업의 자유

가. 직업의 자유의 의의

우리 헌법 제15조는 "모든 국민은 직업선택의 자유를 가진다"고 규정하여 직업의 자유를 국민의 기본권의 하나로 보장하고 있는바, 직업의 자유에 의한 보호의 대상이 되는 '직업'은 '생활의 기본적 수요를 충족시키기 위한 계속적 소득활동'을 의미하며 그러한 내용의 활동인 한 그 종류나 성질을 묻지 아니한다(헌법재판소 2003. 9. 25. 2002헌마519 헌법재판소 학원의 설립·운영 및 과외교습에 관한 법률 제13조 제1항 등 위헌확인).

직업의 자유는 하나의 통일적인 생활과정으로서의 직업활동의 자유로서, 직업선택의 자유와 직업수행의 자유 및 직장선택의 자유 등을 포괄한다(헌법재판소 2003. 9. 25. 2002헌마519 헌법재판소 학원의 설립·운영 및 과외교습에 관한 법률 제13조 제1항 등 위헌확인).

직업의 자유는 각자의 생활의 기본적 수요를 충족시키는 방편이 되고 개성신장의 바탕이 된다는 점에서 주관적 공권의 성격을 가지면서도 국민 개개인이 선택한 직업의 수행에 의하여 국가의 사회질서와 경제질서가 형성된다는 점에서 사회적 시장경제질서라고 하는 객관적 법질서의 구성요소이기도 하다 (헌법재판소 1995. 7. 21. 94헌마125 영화법 제26조 등 위헌확인).

나. 직업의 자유의 제한: 단계이론

(1단계) 직업행사의 자유의 제한
(2단계) 주관적 사유에 의한 직업결정의 자유의 제한
(3단계) 객관적 사유에 의한 직업결정의 자유의 제한

단계이론이란 독일연방헌법재판소의 판례에 의하여 형성된 이론으로서, 직업의 자유에 대한 제한의 형태를 제한의 강도에 따라 3단계로 구분하여, 제한의 강도가 높아짐에 따라 직업의 자유에 대한 제한은 보다 엄격한 요건 하에서 정당화된다는 이론이다.

구체적으로는, 1단계로 직업행사의 자유를, 2단계로 주관적 사유에 의한 직업결정의 자유를, 3단계로 객관적 사유에 의한 직업결정의 자유를 제한하여야 한다는 이론이다. 제한의 정도가 클수록 입법형성의 자유가 축소되어 위헌성판단에서 엄격한 심사를 요하는데, 1단계의 제한은 과잉금지원칙을 적용하되 합목적성의 관점이 상당한 정도 고려되고, 2단계의 제한은 과잉금지원칙이 엄격하게 적용되며, 3단계 제한은 월등하게 중요한 공익을 위하여 명백하고 확실한 위험을 방지하기 위한 경우에만 정당화될 수 있다.[3]

- 헌법재판소 2003. 9. 25. 2002헌마519 헌법재판소 학원의 설립·운영 및 과외교습에 관한 법률 제13조 제1항 등 위헌확인

O **결정이유 중 일부**

직업의 자유는 하나의 통일적인 생활과정으로서의 직업활동의 자유로서,

---

[3] 이론상으로는 3단계의 제한이 서로 구분되지만, 실제 적용에 있어서는 큰 차이가 없다. 따라서, 답안의 작성에 있어서도 어느 단계에 해당하는 제한이든 과잉금지원칙 위반 여부를 논한다는 점에서 큰 차이가 없다고 할 것이다.

직업선택의 자유와 직업수행의 자유 및 직장선택의 자유 등을 포괄한다고 보는 것이 일반적이다. 그런데 이러한 직업의 자유도 무제한의 자유는 아니고 헌법 제37조 제2항의 일반적 법률유보 아래 놓여 있어서 '국가안전보장·질서유지·공공복리'를 위하여 필요한 경우 법률로써 제한할 수 있는바, 그 경우 제한의 방법이 합리적이어야 함은 물론 과잉금지의 원칙에 위배되거나 권리의 본질적인 내용을 침해하여서는 아니된다(헌재 1989. 11. 20. 89헌가102, 판례집 1, 329, 336; 1996. 8. 29. 94헌마113, 판례집 8-2, 141, 154; 2002. 9. 19. 2000헌바84, 판례집 14-2, 268, 277 참조). 다만, 직업의 자유에 대한 제한이라고 하더라도 그 제한사유가 직업의 자유의 내용을 이루는 직업수행의 자유와 직업선택의 자유 중 어느 쪽에 작용하느냐에 따라 그 제한에 대하여 요구되는 정당화의 수준이 달라진다. 그리하여 직업의 자유에 대한 법적 규율이 직업수행에 대한 규율로부터 직업선택에 대한 규율로 가면 갈수록 자유제약의 정도가 상대적으로 강해져 입법재량의 폭이 좁아지게 되고, 직업선택의 자유에 대한 제한이 문제되는 경우에 있어서도 일정한 주관적 사유를 직업의 개시 또는 계속수행의 전제조건으로 삼아 직업선택의 자유를 제한하는 경우보다는 직업의 선택을 객관적 허가조건에 걸리게 하는 방법으로 제한하는 경우에 침해의 심각성이 더 크므로 보다 엄밀한 정당화가 요구된다.

다. 헌법재판소 결정례

(1) 직업수행의 자유 침해를 인정한 예

- 헌법재판소 2004. 5. 27. 2003헌가1, 2004헌가4(병합) 학교보건법 제6조 제1항 제2호 위헌제청, 학교보건법 제19조 등 위헌제청

O 심판대상조문
- 학교보건법 제6조(정화구역안에서의 금지행위 등) ① 누구든지 학교환경위생정화구역 안에서는 다음 각 호의 1에 해당하는 행위 및 시설을 하여서는 아니 된다. 다만, 대통령령이 정하는 구역 안에서는 제2호, 제4호,

제8호 및 제10호 내지 제14호에 규정한 행위 및 시설중 교육감 또는 교육감이 위임한 자가 학교환경위생정화위원회의 심의를 거쳐 학습과 학교보건위생에 나쁜 영향을 주지 않는다고 인정하는 행위 및 시설은 제외한다.

2. 극장, 총포화약류의 제조장 및 저장소, 고압가스·천연가스·액화석유가스 제조소 및 저장소

○ 결정이유 중 일부

직업의 자유의 침해 여부

(가) 직업의 자유의 제한 및 그 한계

1) 헌법 제15조에 의한 직업의 자유는 자신이 원하는 직업을 자유롭게 선택하는 좁은 의미의 직업선택의 자유와 그가 선택한 직업을 자기가 원하는 방식으로 자유롭게 수행할 수 있는 직업수행의 자유를 포함하는 직업의 자유를 뜻한다(헌재 1993. 5. 13. 92헌마80; 1996. 8. 29. 94헌마113; 1997. 3. 27. 94헌마196등 참조). 여기서 '직업'이란 생활의 기본적 수요를 충족시키기 위해서 행하는 계속적인 소득활동을 의미하며, 이러한 내용의 활동인 한 그 종류나 성질을 묻지 않는다(헌재 1993. 5. 13. 92헌마80 참조).

공연장 또는 영화상영관을 의미하는 극장의 운영은 직업을 수행하는 활동임이 명백하며, 이 사건 법률조항은 학교부근에 설정된 정화구역 안에서 극장시설을 금지하여 그 영업을 하지 못하게 하는 것이므로 직업의 자유를 제한하는 것임이 분명하다. 다만, 이 사건 법률조항은 학교부근의 정화구역 내에서의 극장시설 및 그 운영행위를 금지하는 것으로서 학교부근이라는 한정된 지역에서의 극장시설 및 운영행위만을 제한하고 있을 뿐 그 이외의 지역에서의 극장업에 관하여는 아무런 제한을 가하지 않고 있으므로 좁은 의미의 직업선택의 자유를 제한하고 있다고는 볼 수 없고, 영화상영관을 자유롭게 운영할 수 있는 제청신청인 등의 직업수행의 자유를 일부 제한하고 있다고는 할 것이다(헌재 1998. 3. 26. 97헌마194, 판례집 10-1 302-319, 314-315 참조).

2) 헌법 제37조 제2항에 의하면 국민의 자유와 권리는 국가안전보장, 질

서유지 또는 공공복리를 위하여 필요한 경우에 한하여 법률로써 제한할 수 있으며, 그 경우에도 자유와 권리의 본질적인 내용을 침해할 수 없다고 규정하여 국가가 국민의 기본권을 제한하는 내용의 입법을 함에 있어서 준수하여야 할 기본원칙을 천명하고 있다. 따라서 기본권제한입법은 입법목적의 정당성과 그 목적달성을 위한 방법의 적정성, 입법으로 인한 피해의 최소성, 그리고 그 입법에 의해 보호하려는 공익과 침해되는 사익의 균형성을 모두 갖추어야 한다는 것이며, 이를 준수하지 않은 법률 내지 법률조항은 기본권제한의 입법적 한계를 벗어난 것으로서 헌법에 위반된다(헌재 1993. 12. 23. 93헌가2 참조).

일반적으로 직업행사의 자유에 대하여는 직업선택의 자유와는 달리 공익목적을 위하여 상대적으로 폭넓은 입법적 규제가 가능한 것이지만, 그렇다고 하더라도 그 수단은 목적달성에 적절한 것이어야 하고 또한 필요한 정도를 넘는 지나친 것이어서는 아니 된다(헌재 1993. 5. 13. 92헌마80; 1995. 2. 23. 93헌가1등 참조). 살피건대, 이 사건 법률조항에 의하여 제한되는 기본권은 단순히 직업의 자유만이 제한되는 것이 아니라 제한되는 직업의 성질상 표현의 자유 및 예술(예술표현)의 자유에 대한 제한과 불가분적으로 결합되어 있다. 또한 이 사건 법률조항의 제한방법은 일정한 지역에서의 극장영업을 금지하는 방법인바, 극장의 시설은 일정한 규모 이상의 건물시설을 반드시 필요로 하기 때문에 단순한 직업수행의 자유에 대한 제한의 효과를 초과하는 경우가 발생할 수 있다. 결국, 직업의 자유에 대한 이 사건 법률조항의 제한은 헌법 제37조 제2항의 비례의 원칙에 기한 기본권제한의 입법적 한계 심사에 의하여야 할 것이다.

O 결정요지 중 일부

2. 이 사건 법률조항은 대학 부근 정화구역 내의 극장을 일반적으로 금지하고 있다. 그런데 대학생들은 고등학교를 졸업한 자 또는 법령에 의하여 이와 동등 이상의 학력이 있는 자 중에서 선발되므로 신체적·정신적으로 성숙하여 자신의 판단에 따라 자율적으로 행동하고 책임을 질 수 있는 시기에 이르렀다고 할 것이다. 이와 같은 대학생의 신체적·정신적 성숙성에 비추어 볼 때 대학

생이 영화의 오락성에 탐닉하여 학습을 소홀히 할 가능성이 적으며, 그와 같은 가능성이 있다고 하여도 이는 자율성을 가장 큰 특징으로 하는 대학교육이 용인해야 할 부분이라고 할 것이다. 따라서 대학의 정화구역에 관하여는 학교보건법 제6조 제1항 단서에서 규율하는 바와 같은 예외조항의 유무와 상관없이 극장에 대한 일반적 금지를 둘 필요성을 인정하기 어렵다. 결국, 대학의 정화구역 안에서 극장시설을 금지하는 이 사건 법률조항은 극장운영자의 직업수행의 자유를 필요·최소한 정도의 범위에서 제한한 것이라고 볼 수 없어 최소침해성의 원칙에 반한다.

3. 이 사건 법률조항은 유치원 및 초·중·고등학교의 정화구역 내의 극장시설 및 영업도 일반적으로 금지하고 있는바, 그 정화구역 중 금지의 예외가 인정되는 구역을 제외한 나머지 구역은 어떠한 경우에도 예외가 인정되지 아니하는 절대금지구역이다. 그런데 국가·지방자치단체 또는 문화재단 등 비영리단체가 운영하는 공연장 및 영화상영관, 순수예술이나 아동·청소년을 위한 전용공연장 등을 포함한 예술적 관람물의 공연을 목적으로 하는 공연법상의 공연장, 순수예술이나 아동·청소년을 위한 영화진흥법상의 전용영화상영관 등의 경우에는 정화구역 내에 위치하더라도 초·중·고등학교 학생들에게 유해한 환경이라고 하기보다는 오히려 학생들의 문화적 성장을 위하여 유익한 시설로서의 성격을 가지고 있어 바람직한 방향으로 활용될 가능성이 높다는 점을 부인하기 어렵다. 그렇다면 정화구역 내의 절대금지구역에서는 이와 같은 유형의 극장에 대한 예외를 허용할 수 있는 가능성을 전혀 인정하지 아니하고 일률적으로 금지하고 있는 이 사건 법률조항은 그 입법목적을 달성하기 위하여 필요한 정도 이상으로 극장운영자의 기본권을 제한하는 법률이다.

○ 주 문

1. 학교보건법 제6조 제1항 본문 제2호 중 '극장' 부분 가운데 고등교육법 제2조에 규정한 각 학교에 관한 부분은 헌법에 위반된다.

2. 학교보건법 제6조 제1항 본문 제2호 중 '극장' 부분 가운데 초·중등교육법 제2조에 규정한 각 학교에 관한 부분은 헌법에 합치하지 아니한다.

법원 기타 국가기관 및 지방자치단체는 입법자가 개정할 때까지 이 부분 법률조항의 적용을 중지하여야 한다.

(2) 주관적 요건(사유)에 의한 직업선택의 자유의 제한을 인정한 예

- 헌법재판소 2018. 6. 28. 2017헌마130·405·989(병합) 아동복지법 제29조의3 제1항 위헌확인 등

O 심판대상조문

- 아동복지법(2014. 1. 28. 법률 제12361호로 개정된 것) 제29조의3(아동관련기관의 취업제한 등) ① 아동학대관련범죄로 형 또는 치료감호를 선고받아 확정된 사람(이하 "아동학대관련범죄전력자"라 한다)은 그 확정된 때부터 형 또는 치료감호의 전부 또는 일부의 집행이 종료(종료된 것으로 보는 경우를 포함한다)되거나 집행을 받지 아니하기로 확정된 후 10년까지의 기간 동안 다음 각 호에 해당하는 시설 또는 기관(이하 "아동관련기관"이라 한다)을 운영하거나 아동관련기관에 취업 또는 사실상 노무를 제공할 수 없다.

  17. 「체육시설의 설치·이용에 관한 법률」 제2조 제1호의 체육시설 중 아동의 이용이 제한되지 아니하는 체육시설로서 문화체육관광부장관이 지정하는 체육시설

- 구 아동복지법(2014. 1. 28. 법률 제12361호로 개정되고, 2017. 9. 19. 법률 제14887호로 개정되기 전의 것) 제29조의3(아동관련기관의 취업제한 등) ① 아동학대관련범죄로 형 또는 치료감호를 선고받아 확정된 사람(이하 "아동학대관련범죄전력자"라 한다)은 그 확정된 때부터 형 또는 치료감호의 전부 또는 일부의 집행이 종료(종료된 것으로 보는 경우를 포함한다)되거나 집행을 받지 아니하기로 확정된 후 10년까지의 기간 동안 다음 각 호에 해당하는 시설 또는 기관(이하 "아동관련기관"이라 한다)을 운영하거나 아동관련기관에 취업 또는 사실상 노무를 제공할 수 없다.

  18. 「초·중등교육법」 제2조 각 호의 학교

- 아동복지법(2017. 9. 19. 법률 제14887호로 개정된 것) 제29조의3(아동관련기관의 취업제한 등) ① 아동학대관련범죄로 형 또는 치료감호를 선고받아 확정된 사람(이하 "아동학대관련범죄전력자"라 한다)은 그 확정된 때부터 형 또는 치료감호의 전부 또는 일부의 집행이 종료(종료된 것으로 보는 경우를 포함한다)되거나 집행을 받지 아니하기로 확정된 후 10년까지의 기간 동안 다음 각 호에 해당하는 시설 또는 기관(이하 "아동관련기관"이라 한다)을 운영하거나 아동관련기관에 취업 또는 사실상 노무를 제공할 수 없다.

  18. 「초·중등교육법」 제2조 각 호의 학교 및 같은 법 제28조에 따라 학습부진아 등에 대한 교육을 실시하는 기관

O 결정이유 중 일부

4. 판 단

가. 제한되는 기본권

헌법 제15조는 "모든 국민은 직업선택의 자유를 가진다."라고 규정함으로써 개인이 원하는 직업을 자유롭게 선택하는 '좁은 의미의 직업선택의 자유'와 그가 선택한 직업을 자기가 원하는 방식으로 자유롭게 수행할 수 있는 '직업수행의 자유'를 보장하고 있다.

청구인들은 심판대상조항에 의하여 형이 확정된 때부터 형의 집행이 종료되거나 집행을 받지 아니하기로 확정된 후 10년까지의 기간 동안 아동관련기관인 체육시설 또는 '초·중등교육법' 제2조 각 호의 학교를 운영하거나 그에 취업할 수 없게 되었다. 이는 일정한 직업을 선택함에 있어 기본권 주체의 능력과 자질에 따른 제한에 해당하므로 이른바 '주관적 요건에 의한 좁은 의미의 직업선택의 자유'에 대한 제한에 해당한다.

다만, 직업의 자유도 헌법 제37조 제2항에 따라 국가안전보장, 질서유지 또는 공공복리 등 정당하고 중요한 공공의 목적을 달성하기 위하여 필요한 경우에는 그 본질적 내용을 침해하지 않는 범위 내에서 제한될 수 있지만, 좁은 의미의 직업선택의 자유를 제한하는 것은 인격발현에 대한 침해의 효과가 직업수행의 자유를 제한하는 경우보다 일반적으로 크기 때문에 전자에 대한 제

한은 후자에 대한 제한보다 더 엄격한 제약을 받는다(헌재 2016. 3. 31. 2013헌마 585등 참조).

O 결정요지

이 사건 법률조항은 아동학대관련범죄전력자를 10년 동안 아동관련기관 인 체육시설 및 '초·중등교육법' 제2조 각 호의 학교에 취업을 제한하는 방법 으로 아동학대를 예방함으로써, 아동들이 행복하고 안전하게 자라나게 하는 동시에 체육시설 및 학교에 대한 윤리성과 신뢰성을 높여 아동 및 그 보호자 가 이들 기관을 믿고 이용할 수 있도록 하는 입법목적을 지니는바 이러한 입 법목적은 정당하다. 그러나 이 사건 법률조항은 아동학대관련범죄전력만으로 그가 장래에 동일한 유형의 범죄를 다시 저지를 것을 당연시하고, 형의 집행 이 종료된 때부터 10년이 경과하기 전에는 결코 재범의 위험성이 소멸하지 않 는다고 보며, 각 행위의 죄질에 따른 상이한 제재의 필요성을 간과함으로써, 아동학대관련범죄전력자 중 재범의 위험성이 없는 자, 아동학대관련범죄전력 이 있지만 10년의 기간 안에 재범의 위험성이 해소될 수 있는 자, 범행의 정 도가 가볍고 재범의 위험성이 상대적으로 크지 않은 자에게까지 10년 동안 일 률적인 취업제한을 부과하고 있는데, 이는 침해의 최소성 원칙과 법익의 균형 성 원칙에 위배된다. 따라서 이 사건 법률조항은 청구인들의 직업선택의 자유 를 침해한다.

O 주 문

아동복지법(2014. 1. 28. 법률 제12361호로 개정된 것) 제29조의3 제1항 제17호 중 '아동학대관련범죄로 형을 선고받아 확정된 사람'에 관한 부분, 구 아동복 지법(2014. 1. 28. 법률 제12361호로 개정되고, 2017. 9. 19. 법률 제14887호로 개정되기 전의 것) 제29조의3 제1항 제18호 중 '아동학대관련범죄로 형을 선고받아 확정 된 사람'에 관한 부분, 아동복지법(2017. 9. 19. 법률 제14887호로 개정된 것) 제29조 의3 제1항 제18호 중 '「초·중등교육법」 제2조 각 호의 학교' 가운데 '아동학대 관련범죄로 형을 선고받아 확정된 사람'에 관한 부분은 헌법에 위반된다.

(3) 객관적 사유에 의한 직업선택의 자유의 제한을 인정한 예

- 헌법재판소 2002. 4. 25. 2001헌마614 경비업법 제7조 제8항 등 위헌 확인

O 사건의 개요

청구인들은 서울지방경찰청장으로부터 경비업 허가를 받은 후 시설경비업, 기계경비업 등을 영위하고 있는 회사들로서, 그동안 경비업을 영위하면서 갖추게 된 사업설비, 경영능력 등을 바탕으로 안전·설비기기판매업, 도난차량회수사업 등 다른 영업을 함께 영위하고 있다. 청구인들은 위와 같은 사업을 영위하는 데 필요한 전기공사업등록, 정보통신공사업허가 등 관련 법령에 의한 인·허가 및 등록을 모두 적법·유효하게 취득 또는 경료하였으며, 위와 같은 사업이외에도 각종 새로운 사업모델의 개발 및 진출을 계획하고 있다.

그런데 2001. 4. 7. 법률 제6467호로 전문개정된 경비업법 제7조 제8항, 제19조 제1항 제3호, 부칙 제4조는 경비업자에게 경비업 이외의 영업을 금지하고, 이를 위반할 경우 경비업 허가를 취소하도록 하면서, 다만 기존에 경비업 허가를 받은 자에 대하여는 위 법 시행일(부칙 제1조에 의하여 공포후 3월이 경과한 날)부터 1년까지만 종전의 규정에 의하여 다른 영업을 겸영할 수 있도록 하고 있다. 이에 청구인들은 2001. 8. 31. 위 법률조항들로 말미암아 직업의 자유, 재산권 및 평등권 등의 기본권을 침해당하게 되었다고 주장하며 이 사건 헌법소원심판을 청구하였다.

O 심판대상조문

- 경비업법(2001. 4. 7. 법률 제6467호로 전문개정된 것) 제7조(경비업자의 의무) ⑧ 경비업자는 이 법에 의한 경비업외의 영업을 하여서는 아니된다.

- 경비업법(2001. 4. 7. 법률 제6467호로 전문개정된 것) 제19조(경비업허가의 취소 등) ① 허가관청은 경비업자가 제1호 내지 제6호의 1에 해당하는 때에는 그 허가를 취소하고, 제7호에 해당하는 때에는 그 허가를 취소하거나 6월 이내의 기간을 정하여 영업의 전부 또는 일부에 대하여 영업

정지를 명할 수 있다.

3. 제7조 제8항의 규정에 위반하여 경비업외의 영업을 한 때

- 경비업법(2001. 4. 7. 법률 제6467호로 전문개정된 것) 부칙 제4조(경비업외 다른 영업의 겸영에 관한 경과조치) 이 법 시행당시 종전의 규정에 의한 경비업 허가를 받은 자에 대하여는 제7조 제8항 및 제19조 제1항 제3호의 개정규정에 불구하고 이 법 시행일부터 1년까지는 경비업외의 다른 영업의 겸영에 관하여는 종전의 규정에 의한다.

O 결정요지 중 일부

1. 하나의 규제로 인해 여러 기본권이 동시에 제약을 받는다고 주장하는 경우에는 기본권침해를 주장하는 청구인의 의도 및 기본권을 제한하는 입법자의 객관적 동기 등을 참작하여 먼저 사안과 가장 밀접한 관계에 있고 또 침해의 정도가 큰 주된 기본권을 중심으로 해서 그 제한의 한계를 따져 보아야 한다. 청구인들의 주장취지 및 입법자의 동기를 고려하면 이 사건 법률조항으로 인한 규제는 직업의 자유와 가장 밀접한 관계에 있다.

2. 이 사건 법률조항은 청구인들과 같이 경비업을 경영하고 있는 자들이나 다른 업종을 경영하면서 새로이 경비업에 진출하고자 하는 자들로 하여금 경비업을 전문으로 하는 별개의 법인을 설립하지 않는 한 경비업과 그밖의 업종간에 택일하도록 법으로 강제하고 있다. 이와 같이 <u>당사자의 능력이나 자격과 상관없는 객관적 사유에 의한 제한은 월등하게 중요한 공익을 위하여 명백하고 확실한 위험을 방지하기 위한 경우에만 정당화될 수 있고, 따라서 헌법재판소가 이 사건을 심사함에 있어서는 헌법 제37조 제2항이 요구하는바 과잉금지의 원칙, 즉 엄격한 비례의 원칙이 그 심사척도가 된다.</u>

3. 이 사건 법률조항은 과잉금지원칙을 준수하지 못하고 있다.

(1) 목적의 정당성

비전문적인 영세경비업체의 난립을 막고 전문경비업체를 양성하며, 경비원의 자질을 높이고 무자격자를 차단하여 불법적인 노사분규 개입을 막고자

하는 입법목적 자체는 정당하다고 보여진다.

(2) 방법의 적절성

먼저 "경비업체의 전문화"라는 관점에서 보면, 현대의 첨단기술을 바탕으로 한 소위 디지털시대에 있어서 경비업은 단순한 경비자체만으로는 '전문화'를 이룰 수 없고 오히려 경비장비의 제조·설비·판매업이나 네트워크를 통한 정보산업, 시설물 유지관리, 나아가 경비원교육업 등을 포함하는 '토탈서비스(total service)'를 절실히 요구하고 있는 추세이므로, 이 법에서 규정하고 있는 좁은 의미의 경비업만을 영위하도록 법에서 강제하는 수단으로는 오히려 영세한 경비업체의 난립을 방치하는 역효과를 가져올 수도 있다. 또한 "경비원의 자질을 높이고 무자격자를 차단하여 불법적인 노사분규 개입을 방지하고자"하는 점도, 경비원교육을 강화하거나 자격요건이나 보수 등 근무여건의 향상을 통하여 그 목적을 효과적이고 적절하게 달성할 수 있을지언정 경비업체로 하여금 일체의 겸영을 금지하는 것이 적절한 방법이라고는 볼 수 없다.

(3) 피해의 최소성

이 사건 법률조항은 그 입법목적 중 경비업체의 전문화 추구라는 목적달성을 위하여 효과적이거나 적절하지 아니하고 오히려 그 반대의 결과를 가져올 수 있다는 점은 앞에서 본 바와 같고, 다른 입법목적인 경비원의 자질향상과 같은 공익은 이 법의 다른 조항에 의하여도 충분히 달성할 수 있음에도 불구하고 노사분규 개입을 예방한다는 이유로 경비업자의 겸영을 일체 금지하는 접근은 기본권침해의 최소성 원칙에 어긋나는 과도하고 무리한 방법이다.

(4) 법익의 균형성

이 사건 법률조항으로 달성하고자 하는 공익인 경비업체의 전문화, 경비원의 불법적인 노사분규 개입 방지 등은 그 실현 여부가 분명하지 않은데 반하여, 경비업자인 청구인들이나 새로이 경비업에 진출하고자 하는 자들이 짊어져야 할 직업의 자유에 대한 기본권침해의 강도는 지나치게 크다고 할 수 있으므로, 이 사건 법률조항은 보호하려는 공익과 기본권침해간의 현저한 불균형으로 법익의 균형성을 잃고 있다.

○ 주 문

경비업법(2001. 4. 7. 법률 제6467호로 전문개정된 것) 제7조 제8항, 제19조 제1항 제3호, 부칙 제4조는 헌법에 위반된다.

03 양심의 자유

가. 양심의 자유의 의미(내용)

(1) 헌법은 제19조에서 "모든 국민은 양심의 자유를 가진다."라고 하여 양심의 자유를 국민의 기본권으로 보장하고 있다. 여기에서의 양심은 어떤 일의 옳고 그름을 판단함에 있어서 그렇게 행동하지 아니하고는 자신의 인격적인 존재가치가 허물어지고 말 것이라는 강력하고 진지한 마음의 소리로서 절박하고 구체적인 양심이다(헌재 2002. 4. 25. 98헌마425 등; 2004. 8. 26. 2002헌가1).

즉, '양심상의 결정'이란 선과 악의 기준에 따른 모든 진지한 윤리적 결정으로서 구체적인 상황에서 개인이 이러한 결정을 자신을 구속하고 무조건적으로 따라야 하는 것으로 받아들이기 때문에 양심상의 심각한 갈등이 없이는 그에 반하여 행동할 수 없는 것을 말한다.

또한 '양심의 자유'가 보장하고자 하는 '양심'은 민주적 다수의 사고나 가치관과 일치하는 것이 아니라, 개인적 현상으로서 지극히 주관적인 것이다.

양심은 그 대상이나 내용 또는 동기에 의하여 판단될 수 없고, 양심상의 결정이 이성적·합리적인지, 타당한지 또는 법질서나 사회규범, 도덕률과 일치하는지 여부는 양심의 존재를 판단하는 기준이 될 수 없다.

일반적으로 민주적 다수는 법과 사회의 질서를 그들의 정치적 의사와 도덕적 기준에 따라 형성하기 때문에, 국가의 법질서나 사회의 도덕률과 갈등을 일으키는 양심은 현실적으로 이러한 법질서나 도덕률에서 벗어나려는 소수의 양심이다.

그러므로 양심상 결정이 어떠한 종교관·세계관 또는 그 밖의 가치체계에 기초하고 있는지와 관계없이, 모든 내용의 양심상 결정이 양심의 자유에 의하여 보장되어야 한다(헌법재판소 2011. 8. 30. 2008헌가22, 2009헌가7·24, 2010헌가16·37, 2008헌바103, 2009헌바3, 2011헌바16(병합) 병역법 제88조 제1항 제1호 위헌제청 등).

(2) 헌법 제19조의 양심의 자유는 크게 양심형성의 내부영역과 이를 실현하는 외부영역으로 나누어 볼 수 있으므로, 그 구체적인 보장내용에 있어서도 내심의 자유인 '양심형성의 자유'와 양심적 결정을 외부로 표현하고 실현하는 '양심실현의 자유'로 구분된다.

양심형성의 자유란 외부로부터의 부당한 간섭이나 강제를 받지 않고 개인의 내심영역에서 양심을 형성하고 양심상의 결정을 내리는 자유를 말하고, 양심실현의 자유란 형성된 양심을 외부로 표명하고 양심에 따라 삶을 형성할 자유, 구체적으로는 양심을 표명하거나 또는 양심을 표명하도록 강요받지 아니할 자유(양심표명의 자유), 양심에 반하는 행동을 강요받지 아니할 자유(부작위에 의한 양심실현의 자유), 양심에 따른 행동을 할 자유(작위에 의한 양심실현의 자유)를 모두 포함한다.

양심의 자유 중 양심형성의 자유는 내심에 머무르는 한 절대적으로 보호되는 기본권인 반면, 양심적 결정을 외부로 표현하고 실현할 수 있는 권리인 양심실현의 자유는 법질서에 위배되거나 타인의 권리를 침해할 수 있기 때문에 법률에 의하여 제한될 수 있는 상대적인 자유이다(헌법재판소 1998. 7. 16. 96헌바35 결정).

나. 양심의 자유 침해 여부에 대한 위헌심사기준

(1) 헌법재판소 2004. 8. 26. 2002헌가1 병역법 제88조 제1항 제1호 위헌제청

○ 결정요지

양심의 자유의 경우 비례의 원칙을 통하여 양심의 자유를 공익과 교량하고 공익을 실현하기 위하여 양심을 상대화하는 것은 양심의 자유의 본질과 부합될 수 없다. 양심상의 결정이 법익교량과정에서 공익에 부합하는 상태로 축소되거나 그 내용에 있어서 왜곡·굴절된다면, 이는 이미 '양심'이 아니다. 따라서 양심의 자유의 경우에는 법익교량을 통하여 양심의 자유와 공익을 조화와 균형의 상태로 이루어 양 법익을 함께 실현하는 것이 아니라, 단지 '양심의 자유'와 '공익' 중 양자택일 즉, 양심에 반하는 작위나 부작위를 법질서에 의하여 '강요받는가 아니면 강요받지 않는가'의 문제가 있을 뿐이다.4)

(2) 헌법재판소 2011. 8. 30. 2008헌가22, 2009헌가7·24, 2010헌가16·37, 2008헌바103, 2009헌바3, 2011헌바16(병합) 병역법 제88조 제1항 제1호 위헌제청 등

○ 결정이유 중 일부
● 이 사건 법률조항이 양심의 자유를 침해하는지 여부
(가) 심사기준

헌법상 보장되는 양심의 자유는 우리 헌법이 실현하고자 하는 가치의 핵이라고 할 '인간의 존엄과 가치'와 직결되는 기본권인 반면, 이 사건 법률조항은 헌법상 기본의무인 국방의 의무를 형성하기 위한 법률인데, 국방의 의무는 국가의 존립과 안전을 위한 불가결한 헌법적 가치를 담고 있으므로 헌법적으로 양심의 자유와 국방의 의무 중 어느 것이 더 가치 있는 것이라 말하기는 곤란하다.

이처럼 헌법적 가치가 서로 충돌하는 경우, 국가권력은 양 가치를 양립시킬 수 있는 조화점을 최대한 모색해야 하고, 그것이 불가능해 부득이 어느 하나의 헌법적 가치를 후퇴시킬 수밖에 없는 경우에도 그 목적에 비례하는 범위 내에 그쳐야 한다.

그런데 헌법 제37조 제2항의 비례원칙은, 단순히 기본권 제한의 일반원칙

---

4) 이 헌법재판소 결정 이외에 다른 결정들은 양심의 자유의 침해 여부에 관하여 다른 기본권들과 마찬가지로 과잉금지원칙의 위반 여부에 의하여 판단하고 있다. 따라서, 이 결정은 사실상 폐기된 것으로 보아도 무방할 것이고, 양심의 자유의 침해 여부에 관하여는 과잉금지원칙의 위반 여부에 따라 판단하면 될 것이다.

에 그치지 않고, 모든 국가작용은 정당한 목적을 달성하기 위하여 필요한 범위 내에서만 행사되어야 한다는 국가작용의 한계를 선언한 것이므로, 비록 이 사건 법률조항이 헌법 제39조에 규정된 국방의 의무를 형성하는 입법이라 할지라도 그에 대한 심사는 헌법상 비례원칙에 의하여야 한다.

(3) 헌법재판소법 2011. 8. 30. 2007헌가12, 2009헌바103(병합) 향토 예비군설치법 제15조 제8항 위헌제청 등

○ 심판대상조문

- 구 향토예비군설치법(1999. 1. 29. 법률 제5704호로 개정되고, 2010. 1. 25. 법률 제9945호로 개정되기 전의 것) 제15조(벌칙)

  ⑧ 제6조 제1항의 규정에 의한 훈련을 정당한 사유없이 받지 아니한 자, 그 훈련을 받을 자를 대리하여 훈련을 받은 자, 동조 제2항의 규정에 의한 지휘관의 정당한 명령에 반항하거나 복종하지 아니한 자, 정당한 사유없이 제6조의2의 규정에 의한 소집통지서를 전달할 수 없도록 주민등록법 제10조의 규정에 의한 신고를 하지 아니하거나 사실과 달리 신고하여 주민등록법 제8조 또는 제17조의2의 규정에 의하여 주민등록이 말소된 자 또는 제8조 제1항의 명령에 위반한 자는 1년 이하의 징역, 200만 원 이하의 벌금, 구류 또는 과료에 처한다.

○ 쟁 점

이 사건 법률조항이 과잉금지원칙에 위반하여 양심적 예비군 훈련 거부자의 양심의 자유를 침해하는지 여부(소극)

○ 결정요지 중 일부

이 사건 법률조항은, 국방의 의무 중 하나인 예비군 훈련의무를 강제함으로써 예비군 전력을 유지하고, 병역의무 부담의 형평성을 기하며 궁극적으로 국가의 안전보장이라는 헌법적 법익을 실현하고자 하는 것으로 그 입법목적이 정당하고, 예비군 훈련에 불응한 자들에 대하여 형벌을 부과함으로써 예비군 훈련의무의 이행을 강제하고 있으므로, 이 같은 입법목적을 달성하기 위한 적절한 수단이다.

또한 예비군 훈련의무와 관련하여 대체복무제를 도입할 것인지의 문제는 결국 '대체복무제를 허용하더라도 국가안보라는 중대한 공익의 달성에 아무런 지장이 없는지 여부'에 대한 판단의 문제로 귀결되는바, 대체복무제 도입은 현역 및 예비역을 포함한 전체 국방력 차원에서 국가안보라는 공익과 결부하여 검토되어야 할 분야인데, 남북이 대치하고 있는 우리나라의 특유한 안보상황, 대체복무제 도입시 발생할 병력자원의 손실 문제, 예비군 훈련거부가 진정한 양심에 의한 것인지 여부에 대한 심사의 곤란성, 사회적 여론이 비판적인 상태에서 대체복무제를 도입하는 경우 사회 통합을 저해하여 국가 전체의 역량에 심각한 손상을 가할 우려가 있는 점 및 종전 헌법재판소의 결정에서 제시한 선행조건들이 아직도 충족되지 않고 있는 점 등을 고려할 때 대체복무제를 허용하더라도 국가안보와 병역의무의 형평성이라는 중대한 공익의 달성에 아무런 지장이 없다는 판단을 쉽사리 내릴 수 없으므로, 양심적 예비군 훈련거부자에 대하여 대체복무제를 도입하지 않은 채 형사처벌 규정만을 두고 있다고 하더라도 이 사건 법률조항이 최소침해의 원칙에 반한다고 할 수 없다.

양심적 예비군 훈련거부자는 이 사건 법률조항에 따라 형사처벌을 받게 되나, 이 사건 법률조항이 추구하는 공익은 국가의 존립과 모든 자유의 전제조건인 '국가안보' 및 '병역의무의 공평한 부담'이라는 대단히 중요한 공익이고, 예비군 훈련의무의 이행을 거부함으로써 양심을 실현하고자 하는 경우는 누구에게나 부과되는 예비군 훈련의무에 대한 예외를 요구하는 것이므로 병역의무의 공평한 부담의 관점에서 볼 때 타인과 사회공동체 전반에 미치는 파급효과가 대단히 큰 점 등을 고려해 볼 때 이 사건 법률조항이 법익균형성을 상실하였다고 볼 수는 없다. 따라서 이 사건 법률조항은 양심의 자유를 침해하지 아니한다.

제2편
행정법

문제 유형

1장 행정소송 소장

제1절 **관련 법령**

- 행정소송법 제8조(법적용예) ② 행정소송에 관하여 이 법에 특별한 규정이 없는 사항에 대하여는 법원조직법과 민사소송법 및 민사집행법의 규정을 준용한다. 〈개정 2002. 1. 26.〉

- 민사소송법 제249조(소장의 기재사항) ① 소장에는 당사자와 법정대리인, 청구의 취지와 원인을 적어야 한다.
  ② 소장에는 준비서면에 관한 규정을 준용한다.

- 민사소송법 제274조(준비서면의 기재사항) ① 준비서면에는 다음 각 호의 사항을 적고, 당사자 또는 대리인이 기명날인 또는 서명한다.
  1. 당사자의 성명·명칭 또는 상호와 주소
  2. 대리인의 성명과 주소
  3. 사건의 표시
  4. 공격 또는 방어의 방법

5. 상대방의 청구와 공격 또는 방어의 방법에 대한 진술

6. 덧붙인 서류의 표시

7. 작성한 날짜

8. 법원의 표시

② 제1항 제4호 및 제5호의 사항에 대하여는 사실상 주장을 증명하기 위한 증거방법과 상대방의 증거방법에 대한 의견을 함께 적어야 한다.

제2절 취소소송 서식례[1]

소장

원고   ○ ○ ○

　　　　○ ○ 시 ~

　　　　소송대리인 법무법인 ○ ○

　　　　담당변호사 ○ ○ ○

　　　　○ ○ 시 ~

　　　　전화: 000 − 0000,   팩스: 000 − 0000,   이메일:~@~

피고   ○ ○ ○

○ ○ ○ 취소 청구(의 소)

청구취지

1. 피고가 2011. 9. 13. 원고에 대하여 한 노래연습장등록취소처분을 취소

---

1) 제1회 변호사시험(2012. 1. 3.) 수정.

한다.

2. 소송비용은 피고가 부담한다.

라는 판결을 구합니다.

청구원인

1. 이 사건 처분의 경위

2. 이 사건 소의 적법성

3. 이 사건 처분의 위법성

4. 이사건 처분 근거법령의 위헌성

5. 결론

입증방법

1. 갑제1호증 ○○○

1. 갑제2호증 ○○○

1. 갑제3호증 ○○○

첨부서류

1. 위 입증방법 각 1통

1. 소장부본 1통

1. 소송위임장 1통

1. 담당변호사 지정서 1통

2012. 1. 3.

원고 소송대리인 법무법인○○

담당변호사 ○○○

○○○○법원 귀중

제3절 형식적 기재사항

I. 당사자

가. 원고 표시

원고의 이름과 주소를 쓰고, 소송대리인의 이름, 주소, 연락처를 기재한다.

나. 피고 표시

(1) 처분청이 피고가 된다.

　　서울특별시장(○), 서울특별시(×), 서울특별시장 박원순(×)

(2) 합의제 행정기관: 중앙토지수용위원회

　　　　　　　　대표자 위원장 ○○○

(3) 공법인: 한국토지주택공사

　　　　　대표자 사장 ○○○

(4) 당사자소송의 피고

● 행정소송법 제39조(피고적격) 당사자소송은 국가·공공단체 그 밖의 권리
주체를 피고로 한다.

　예) 서울특별시, 경기도, 대한민국 등

II. 사건명

　　○○처분 취소 청구(의 소), ○○처분 무효확인 청구(의 소), ○○○ 청구 등
과 같이 사건의 내용을 압축적으로 간단하게 표현한다. 예컨대, "운전면허취소처
분 취소"라고 표현하면 되지, "제1종 보통운전면허(면허번호: ×××－××××××)
취소처분 취소"라고 하는 것은 부적절하다.

Ⅲ. 청구취지

01 / 취소소송 청구취지 예시

가. 원고와 피고가 각각 1명인 경우

1. 피고가 2019. . . 원고에게 한 ○○○○ 처분을 취소한다.
2. 소송비용은 피고가 부담한다.
라는 판결을 구합니다.

나. 원고가 복수인 경우(제7회 변호사시험)

1. 피고가 2017. 7. 31.
    가. 원고 왕재수에 대하여 한 제1종 보통 운전면허취소처분과
    나. 원고 김정비에 대하여 한 제1종 보통 운전면허취소처분 및 제1종
       소형 운전면허취소처분을 모두(각) 취소한다.
2. 소송비용은 피고가 부담한다.
라는 판결을 구합니다.

다. 피고가 복수인 경우(제8회 변호사시험)

1. 피고 교육부장관이 2018. 3. 5. 원고에 대하여 한 정직 3월 처분을 취
   소한다.
2. 피고 소청심사위원회가 2018. 4. 20. 원고에 대하여 한 소청심사 기각
   결정을 취소한다.
3. 소송비용은 피고들이 부담한다.
라는 판결을 구합니다.

02 무효확인소송 청구취지 예시

1. 피고가 2019. . . 원고에게 한 ○○○○ 처분은 무효임을 확인한다.
2. 소송비용은 피고가 부담한다.

라는 판결을 구합니다.

03 주위적, 예비적 청구취지 예시

1. 주위적으로, 피고가 2019. . . 원고에게 한 ○○○○ 처분은 무효임을 확인한다.
2. 예비적으로, 피고가 2019. . . 원고에게 한 ○○○○ 처분을 취소한다.
3. 소송비용은 피고가 부담한다.

라는 판결을 구합니다.

04 부작위위법확인소송 청구취지 예시

1. 원고가 2019. . . 피고에게 한 ○○ 신청에 관한 피고의 부작위가 위법임을 확인한다.(또는 ~신청에 관하여 피고가 허부의 결정을 하지 아니함은 위법임을 확인한다.)
2. 소송비용은 피고가 부담한다.

라는 판결을 구합니다.

예: 원고가 2019. 10. 1. 피고에 대하여 한 별지목록 기재 정기간행물의 등록신청에 관하여 피고가 그 등록절차를 이행하지 않는 것은 위법임을 확인한다.

05 실질적 당사자소송 청구취지 예시

1. 피고는 원고에게 금 ○○ 원을 지급하라.
2. 소송비용은 피고 부담으로 한다.
라는 판결을 구합니다.

1. 피고가 2019. . . 원고에 대하여 한 ....계약해지가 무효임을 확인한다.
2. 소송비용은 피고 부담으로 한다.
라는 판결을 구합니다.
등 다양.

06 형식적 당사자소송 청구취지 예시

1. 피고(⇒사업시행자)는 원고(⇒피수용자, 토지소유자)에게 금 1억원과 이에 대하여 2019. 7. 1.(⇒수용시기)부터 이 사건 소장 부본 송달일까지는 연 5%, 그 다음날부터 다 갚는 날까지는 연 12%의 각 비율에 의한 돈을 지급하라.
2. 소송비용은 피고 부담으로 한다.
라는 판결을 구합니다.

Ⅳ. 입증방법

1. 갑제1호증 ○○○○
1. 갑제2호증의 1 ○○○○
1. 갑제2호증의 2 ○○○○
1. 갑제3호증 ○○○○

V. 첨부서류

1. 소장 부본 1통
1. 위 입증방법 각 1통
1. 소송위임장 1통
1. 담당변호사 지정서 1통

VI. 관할법원

- 행정소송법 제9조(재판관할) ① 취소소송의 제1심관할법원은 피고의 소재지를 관할하는 행정법원으로 한다. 〈개정 2014. 5. 20.〉

  ② 제1항에도 불구하고 다음 각 호의 어느 하나에 해당하는 피고에 대하여 취소소송을 제기하는 경우에는 대법원소재지를 관할하는 행정법원에 제기할 수 있다. 〈신설 2014. 5. 20.〉

  1. 중앙행정기관, 중앙행정기관의 부속기관과 합의제행정기관 또는 그 장
  2. 국가의 사무를 위임 또는 위탁받은 공공단체 또는 그 장

  ③ 토지의 수용 기타 부동산 또는 특정의 장소에 관계되는 처분등에 대한 취소소송은 그 부동산 또는 장소의 소재지를 관할하는 행정법원에 이를 제기할 수 있다. 〈개정 2014. 5. 20.〉

- 행정소송법 제38조(준용규정) ① 제9조, 제10조, 제13조 내지 제17조, 제19조, 제22조 내지 제26조, 제29조 내지 제31조 및 제33조의 규정은 무효등 확인소송의 경우에 준용한다.

  ② 제9조, 제10조, 제13조 내지 제19조, 제20조, 제25조 내지 제27조, 제29조 내지 제31조, 제33조 및 제34조의 규정은 부작위위법확인소송의 경우에 준용한다. 〈개정 1994. 7. 27.〉

- 행정소송법 제40조(재판관할) 제9조의 규정은 당사자소송의 경우에 준용

한다. 다만, 국가 또는 공공단체가 피고인 경우에는 관계행정청의 소재지를 피고의 소재지로 본다.

- 법원조직법(법률 제4765호, 1994. 7. 27.> 부칙 제2조(행정사건에 관한 경과조치) 부칙 제1조 제1항 단서의 규정에 의한 행정법원에 관한 사항의 시행 당시 행정법원이 설치되지 않은 지역에 있어서의 행정법원의 권한에 속하는 사건은 행정법원이 설치될 때까지 해당 지방법원본원 및 춘천지방법원 강릉지원이 관할한다. 〈개정 2005. 3. 24.〉

제4절 취소소송의 당사자

Ⅰ. 취소소송의 원고

01 법률규정

- 행정소송법 제12조(원고적격) 취소소송은 처분 등의 취소를 구할 법률상 이익이 있는 자가 제기할 수 있다. 처분 등의 효과가 기간의 경과, 처분 등의 집행 그 밖의 사유로 인하여 소멸된 뒤에도 그 처분 등의 취소로 인하여 회복되는 법률상 이익이 있는 자의 경우에는 또한 같다.

02 학설[2]

가. 권리회복설

취소소송의 목적이 위법한 처분에 의하여 침해된 실체법상 권리의 회복에 있다고 보아, 권리가 침해된 자만이 취소소송을 제기할 수 있다고 주장한다.

나. 법률상 보호이익 구제설(법적 이익 구제설)

항고소송의 주된 기능을 권익구제로 보고, 법적으로 보호되는 이익을 가진 자가 당해 처분의 취소를 구할 수 있다고 주장한다.

다. 보호가치 있는 이익 구제설

취소소송에서 문제되는 '법률상의 이익'은 법률에 의하여 보호되는 실체법상의 이익이 아니라 사법적으로 보호할 가치가 있는 이익 또는 재판상 보호할 가치가 있는 이익이라고 보고, 원고 적격의 판단기준인 피침해이익이 있는지 여부는 관계 법규정이 아니라 재판을 통한 실질적인 구제의 필요성이 있는가라는 관점에서 파악하여야 한다고 주장한다. 따라서, 사실상의 이익이 침해된 경우라도 그 실질적 내용에 따라서 원고 적격이 있을 수 있다.

라. 적법성 보장설

취소소송의 목적이 행정의 적법성 보장에 있다고 보고, 원칙적으로 누구든지 소송을 제기할 수 있는 것이지만 민중소송을 막기 위하여 당해 처분에 대한 소송수행에 관하여 가장 적합한 이해관계를 가진 자가 취소소송을 제기할

---

2) 오늘날 가, 라를 주장하는 학자는 없기 때문에 현실적으로는 나, 다의 대립이 있을 뿐이다. 아울러, 나와 다 사이에는 본질적인 차이가 없다는 주장, 4가지 학설을 대립적인 것으로 파악할 것이 아니라 상호보완적인 것으로 파악해야 한다는 주장, 학설 대립 자체가 무의미하다는 주장 등 다양한 견해가 있다.

자격이 있다고 주장한다.

03 판례

가. 국가기관 등의 원고 적격

① 대법원 2013. 7. 25. 선고 2011두1214 판결 [불이익처분 원상회복 등 요구처분 취소]

○ 판결요지

갑이 국민권익위원회에 부패방지 및 국민권익위원회의 설치와 운영에 관한 법률(이하 '국민권익위원회법'이라 한다)에 따른 신고와 신분보장조치를 요구하였고, 국민권익위원회가 갑의 소속기관장인 을 시·도선거관리위원회 위원장에게 '갑에 대한 중징계요구를 취소하고 향후 신고로 인한 신분상 불이익처분 및 근무조건상의 차별을 하지 말 것을 요구'하는 내용의 조치요구를 한 사안에서, 국가기관 일방의 조치요구에 불응한 상대방 국가기관에 국민권익위원회법상의 제재규정과 같은 중대한 불이익을 직접적으로 규정한 다른 법령의 사례를 찾아보기 어려운 점, 그럼에도 을이 국민권익위원회의 조치요구를 다툴 별다른 방법이 없는 점 등에 비추어 보면, 처분성이 인정되는 위 조치요구에 불복하고자 하는 을로서는 조치요구의 취소를 구하는 항고소송을 제기하는 것이 유효·적절한 수단이므로 비록 을이 국가기관이더라도 당사자능력 및 원고적격을 가진다고 보는 것이 타당하고, 을이 위 조치요구 후 갑을 파면하였다고 하더라도 조치요구가 곧바로 실효된다고 할 수 없고 을은 여전히 조치요구를 따라야 할 의무를 부담하므로 을에게는 위 조치요구의 취소를 구할 법률상 이익도 있다고 본 원심판단을 정당하다고 한 사례.

② 대법원 2014. 2. 27. 선고 2012두22980 판결 [건축협의 취소처분 취소]

원고: 서울특별시

피고: 강원도 양양군수

O 판결요지 중 일부

구 건축법(2011. 5. 30. 법률 제10755호로 개정되기 전의 것) 제29조 제1항, 제2항, 제11조 제1항 등의 규정 내용에 의하면, 건축협의의 실질은 지방자치단체 등에 대한 건축허가와 다르지 않으므로, 지방자치단체 등이 건축물을 건축하려는 경우 등에는 미리 건축물의 소재지를 관할하는 허가권자인 지방자치단체의 장과 건축협의를 하지 않으면, 지방자치단체라 하더라도 건축물을 건축할 수 없다. 그리고 구 지방자치법 등 관련 법령을 살펴보아도 지방자치단체의 장이 다른 지방자치단체를 상대로 한 건축협의 취소에 관하여 다툼이 있는 경우에 법적 분쟁을 실효적으로 해결할 구제수단을 찾기도 어렵다.

따라서 건축협의 취소는 상대방이 다른 지방자치단체 등 행정주체라 하더라도 '행정청이 행하는 구체적 사실에 관한 법집행으로서의 공권력 행사'(행정소송법 제2조 제1항 제1호)로서 처분에 해당한다고 볼 수 있고, 지방자치단체인 원고가 이를 다툴 실효적 해결 수단이 없는 이상, 원고는 건축물 소재지 관할 허가권자인 지방자치단체의 장을 상대로 항고소송을 통해 건축협의 취소의 취소를 구할 수 있다.

③ 대법원 2018. 8. 1. 선고 2014두35379 판결 [징계처분 등]

O 판결요지

[1] 국가기관 등 행정기관(이하 '행정기관 등'이라 한다) 사이에 권한의 존부와 범위에 관하여 다툼이 있는 경우에 이는 통상 내부적 분쟁이라는 성격을 띠고 있어 상급관청의 결정에 따라 해결되거나 법령이 정하는 바에 따라 '기관소송'이나 '권한쟁의심판'으로 다루어진다.

그런데 법령이 특정한 행정기관 등으로 하여금 다른 행정기관을 상대로 제재적 조치를 취할 수 있도록 하면서, 그에 따르지 않으면 그 행정기관에 대하여 과태료를 부과하거나 형사처벌을 할 수 있도록 정하는 경우가 있다. 이러한 경우에는 단순히 국가기관이나 행정기관의 내부적 문제라거나 권한 분장에 관한 분쟁으로만 볼 수 없다. 행정기관의 제재적 조치의 내용에 따라 '구체적 사실에 대한 법집행으로서 공권력의 행사'에 해당할 수 있고, 그러한 조치의 상대방인 행정기관이 입게 될 불이익도 명확하다. 그런데도 그러한 제재적 조치를 기관소송이나 권한쟁의심판을 통하여 다툴 수 없다면, 제재적 조치는 그 성격상 단순히 행정기관 등 내부의 권한 행사에 머무는 것이 아니라 상대방에 대한 공권력 행사로서 항고소송을 통한 주관적 구제대상이 될 수 있다고 보아야 한다. 기관소송 법정주의를 취하면서 제한적으로만 이를 인정하고 있는 현행 법령의 체계에 비추어 보면, 이 경우 항고소송을 통한 구제의 길을 열어주는 것이 법치국가 원리에도 부합한다. 따라서 이러한 권리구제나 권리보호의 필요성이 인정된다면 예외적으로 그 제재적 조치의 상대방인 행정기관 등에게 항고소송 원고로서의 당사자능력과 원고적격을 인정할 수 있다.

[2] 국민권익위원회가 소방청장에게 인사와 관련하여 부당한 지시를 한 사실이 인정된다며 이를 취소할 것을 요구하기로 의결하고 그 내용을 통지하자 소방청장이 국민권익위원회 조치요구의 취소를 구하는 소송을 제기한 사안에서, 행정기관인 국민권익위원회가 행정기관의 장에게 일정한 의무를 부과하는 내용의 조치요구를 한 것에 대하여 그 조치요구의 상대방인 행정기관의 장이 다투고자 할 경우에 법률에서 행정기관 사이의 기관소송을 허용하는 규정을 두고 있지 않으므로 이러한 조치요구를 이행할 의무를 부담하는 행정기관의 장으로서는 기관소송으로 조치요구를 다툴 수 없고, 위 조치요구에 관하여 정부 조직 내에서 그 처분의 당부에 대한 심사·조정을 할 수 있는 다른 방도도 없으며, 국민권익위원회는 헌법 제111조 제1항 제4호에서 정한 '헌법에 의하여 설치된 국가기관'이라고 할 수 없으므로 그에 관한 권한쟁의심판도 할 수 없고, 별도의 법인격이 인정되는 국가기관이 아닌 소방청장은 질서위반행위규제법에 따른 구제를 받을 수도 없는 점, 부패방지 및 국민권익위원회의 설치와 운영에 관한 법률은 소방청장에게 국민권익위원회의 조치요구에 따라야 할 의무를 부담시키는 외에 별도로 그 의무를 이행하지 않을 경우 과태료나 형사처

벌까지 정하고 있으므로 위와 같은 조치요구에 불복하고자 하는 '소속기관 등의 장'에게는 조치요구를 다툴 수 있는 소송상의 지위를 인정할 필요가 있는 점에 비추어, 처분성이 인정되는 국민권익위원회의 조치요구에 불복하고자 하는 소방청장으로서는 조치요구의 취소를 구하는 항고소송을 제기하는 것이 유효·적절한 수단으로 볼 수 있으므로 소방청장은 예외적으로 당사자능력과 원고적격을 가진다고 한 사례.

나. 제3자의 원고 적격

(1) 부정례

① 대법원 1992. 9. 22. 선고 91누13212 판결 [국유도로의 공용폐지처분 무효확인 등]

O 판결요지

가. 일반적으로 도로는 국가나 지방자치단체가 직접 공중의 통행에 제공하는 것으로서 일반국민은 이를 자유로이 이용할 수 있는 것이기는 하나, 그렇다고 하여 그 이용관계로부터 당연히 그 도로에 관하여 특정한 권리나 법령에 의하여 보호되는 이익이 개인에게 부여되는 것이라고까지는 말할 수 없으므로, 일반적인 시민생활에 있어 도로를 이용만 하는 사람은 그 용도폐지를 다툴 법률상의 이익이 있다고 말할 수 없지만, 공공용재산이라고 하여도 당해 공공용재산의 성질상 특정개인의 생활에 개별성이 강한 직접적이고 구체적인 이익을 부여하고 있어서 그에게 그로 인한 이익을 가지게 하는 것이 법률적인 관점으로도 이유가 있다고 인정되는 특별한 사정이 있는 경우에는 그와 같은 이익은 법률상 보호되어야 할 것이고, 따라서 도로의 용도폐지처분에 관하여 이러한 직접적인 이해관계를 가지는 사람이 그와 같은 이익을 현실적으로 침해당한 경우에는 그 취소를 구할 법률상의 이익이 있다.

나. 행정처분의 직접 상대방이 아닌 제3자라도 당해 행정처분의 취소를 구할 법률상의 이익이 있는 경우에는 원고적격이 인정된다 할 것이나, 여기서

말하는 법률상의 이익은 당해 처분의 근거법률 등에 의하여 보호되는 직접적이고 구체적인 이익이 있는 경우를 말하고, 간접적이거나 사실적, 경제적 이해관계를 가지는 데 불과한 경우는 여기에 포함되지 아니한다 할 것이다.

다. 문화재는 문화재의 지정이나 그 보호구역으로 지정이 있음으로써 유적의 보존 관리 등이 법적으로 확보되어 지역주민이나 국민일반 또는 학술연구자가 이를 활용하고 그로 인한 이익을 얻는 것이지만, 그 지정은 문화재를 보존하여 이를 활용함으로써 국민의 문화적 향상을 도모함과 아울러 인류문화의 발전에 기여한다고 하는 목적을 위하여 행해지는 것이지, 그 이익이 일반국민이나 인근주민의 문화재를 향유할 구체적이고도 법률적인 이익이라고 할수는 없다.

② 대법원 1995. 2. 28. 선고 94누3964 판결 [공장설립입지지정 승인처분 취소]

○ 판결요지

가. 행정처분의 직접 상대방이 아닌 제3자라도 당해 행정처분의 취소를 구할 법률상의 이익이 있는 경우에는 원고적격이 인정되나 여기서 말하는 법률상의 이익은 당해 처분의 근거법률에 의하여 보호되는 직접적이고 구체적인 이익이 있는 경우를 말하고, 다만 공익 보호의 결과로 국민일반이 공통적으로 가지는 추상적, 평균적, 일반적인 이익과 같이 간접적이거나 사실적, 경제적 이해관계를 가지는 데 불과한 경우는 여기에 포함되지 않는다.

나. 공장의 설립을 위한 입지지정승인의 근거가 되는 법률인 공업배치 및 공장설립에 관한 법률 및 같은 법 제18조에 의하여 입지지정승인의 기준 등으로 적용되는 산업입지 및 개발에 관한 법률의 관계 규정들은 산업입지의 원활한 공급과 공업의 합리적 배치를 유도하고, 공장의 원활한 설립을 지원하며, 공업입지 및 공업단지의 체계적 관리를 실현함으로써 지속적인 공업발전 및 균형 있는 지역발전을 통하여 국민경제의 건전한 발전에 이바지함을 목적으로 하고 있어, 그 내용에 비추어 볼 때 콘크리트 제조업종의 공장입지지정 승인처분이 취소됨으로 인하여 그 공장설립예정지에 인접한 마을과 주위 토지 및 그

지상의 묘소가 분진, 소음, 수질오염 등의 해를 입을 우려에서 벗어나는 것과 같은 이익은 그 입지지정 승인처분의 근거법률에 의하여 보호되는 직접적이고 구체적인 이익이라고 할 수 없고, 그 공장입지지정 승인처분이 건축된 공장의 가동으로 인하여 발생할 공해의 발생까지 정당화하는 것은 아니며 이는 별도의 법률의 규제를 받게 되므로, 서울에 거주하며 그 공장설립예정지에 인접한 곳에 2필지의 토지를 공유하여 그 지상에 선대의 묘 4기를 두고 있는 자나 공장설립 예정지로부터 약 500m 떨어진 곳에서 살고 있는 주민 등은 그 지정승인처분의 취소를 구할 원고적격이 없다고 한 사례.

③ 대법원 1999. 12. 7. 선고 97누12556 판결 [사도폐지 허가처분 취소]

O 판결요지

[1] 행정처분의 직접 상대방이 아닌 제3자라도 당해 행정처분의 취소를 구할 법률상의 이익이 있는 경우에는 원고적격이 인정된다고 할 것이나, 여기서 말하는 법률상의 이익은 당해 처분의 근거 법률에 의하여 보호되는 직접적이고 구체적인 이익이 있는 경우를 말하고 다만 공익보호의 결과로 국민 일반이 공통적으로 가지는 추상적, 평균적, 일반적 이익과 같이 간접적이거나 사실적, 경제적 이해관계를 가지는 데 불과한 경우는 여기에 포함되지 않는다.

[2] 갑이 을 소유의 도로를 공로에 이르는 유일한 통로로 이용하였으나 갑 소유의 대지에 연접하여 새로운 공로가 개설되어 그 쪽으로 출입문을 내어 바로 새로운 공로에 이를 수 있게 된 경우, 을의 신청에 따라 관할 행정청이 을 소유의 도로에 대하여 한 도로폐지허가처분으로 인하여 을 소유의 도로가 구 건축법(1999. 2. 8. 법률 제5895호로 개정되기 전의 것) 제2조 제11호 (나)목 소정의 도로에 해당하지 않게 되었다고 하더라도 주위토지 소유자인 갑의 대지 및 그 지상의 주택은 같은 법 제2조 제11호 소정의 새로 개설된 도로에 접하고 있으므로 여전히 같은 법 제33조 소정의 접도의무가 충족된다고 할 것이고, 도로폐지허가처분 이전에 을 소유의 도로에 대하여 같은 법 제34조, 제36조, 제37조가 적용됨으로써 갑이 갖고 있던 통행의 이익이 도로폐지허가처분에 의하여 상실되었다고 하더라도 이러한 갑의 폐지된 도로에 대한 통행의 이익은 같은

법에 의한 공익보호의 결과로 국민 일반이 공통적으로 가지는 추상적, 평균적, 일반적 이익과 같이 간접적이거나 사실적, 경제적 이익에 불과하고 이를 같은 법에 의하여 보호되는 직접적이고 구체적인 이익에 해당한다고 보기도 어렵고, 또한 갑이 종전에 갖고 있던 폐지된 도로에 대한 주위토지통행권은 새로운 도로가 개설됨으로써 도로폐지허가처분 당시에는 이미 소멸하였을 뿐만 아니라, 도로폐지허가처분 당시에는 폐지된 도로의 소유자인 을에게 폐지된 도로에 대한 독점적·배타적 사용수익권이 있다고 할 것이어서 그 제한을 전제로 한 갑의 폐지된 도로에 대한 무상통행권도 인정되지 않는다고 할 것이므로, 도로폐지허가처분으로 인하여 갑이 폐지된 도로에 대한 사법상의 통행권을 침해받았다고 볼 수도 없다 할 것이어서 갑에게는 도로폐지허가처분의 취소를 구할 법률상 이익이 없다.

④ 대법원 2012. 6. 28. 선고 2010두2005 판결 [수정지구 공유수면매립목적 변경승인처분 무효]

O 판결요지

재단법인 갑 수녀원이, 매립목적을 택지조성에서 조선시설용지로 변경하는 내용의 공유수면매립목적 변경 승인처분으로 인하여 법률상 보호되는 환경상 이익을 침해받았다면서 행정청을 상대로 처분의 무효 확인을 구하는 소송을 제기한 사안에서, 공유수면매립목적 변경 승인처분으로 갑 수녀원에 소속된 수녀 등이 쾌적한 환경에서 생활할 수 있는 환경상 이익을 침해받는다고 하더라도 이를 가리켜 곧바로 갑 수녀원의 법률상 이익이 침해된다고 볼 수 없고, 자연인이 아닌 갑 수녀원은 쾌적한 환경에서 생활할 수 있는 이익을 향수할 수 있는 주체가 아니므로 위 처분으로 위와 같은 생활상의 이익이 직접적으로 침해되는 관계에 있다고 볼 수도 없으며, 위 처분으로 환경에 영향을 주어 갑 수녀원이 운영하는 쨈 공장에 직접적이고 구체적인 재산적 피해가 발생한다거나 갑 수녀원이 폐쇄되고 이전해야 하는 등의 피해를 받거나 받을 우려가 있다는 점 등에 관한 증명도 부족하다는 이유로, 갑 수녀원에 처분의 무효 확인을 구할 원고 적격이 없다고 한 사례.

(2) 긍정례

① 대법원 2007. 6. 15. 선고 2005두9736 판결 [사유림 내 토사채취허가처분 취소]

○ 판시사항

[1] 토사채취 허가지의 인근 주민들에게 토사채취허가의 취소를 구할 법률상 이익이 있는지 여부(적극)

[2] 법령상 토사채취가 제한되지 않는 산림 내에서의 토사채취에 대하여 국토와 자연의 유지, 환경보전 등 중대한 공익상 필요를 이유로 그 허가를 거부할 수 있는지 여부(적극)

○ 전 문

【원고(선정당사자), 피상고인】 김기동외 1인

【원고, 피상고인】 표충사(소송대리인 변호사 안병구)

【피고, 상고인】 밀양시장

【피고 보조참가인, 상고인】 대덕토건공영 주식회사(소송대리인 법무법인 금강 담당변호사 김원태외 1인)

【원심판결】 부산고등법원 2005. 7. 15. 선고 2004누3472 판결

○ 주 문

상고를 모두 기각한다. 상고비용 중 보조참가로 인한 부분은 피고 보조참가인이, 나머지 부분은 피고가 각 부담한다.

【이 유】

피고 및 피고 보조참가인의 상고이유를 함께 본다.

1. 원고 적격에 관하여

행정처분의 직접 상대방이 아닌 제3자라도 당해 행정처분의 취소를 구할 법률상의 이익이 있는 경우에는 원고 적격이 인정되는데, 여기서 말하는 법률상의 이익은 당해 처분의 근거 법률에 의하여 보호되는 직접적이고 구체적인 이익이 있는 경우를 말하고, 다만 공익보호의 결과로 국민 일반이 공통적으로 가지

는 추상적, 평균적, 일반적인 이익과 같이 간접적이나 사실적, 경제적 이해관계를 가지는 데 불과한 경우는 여기에 포함되지 않는다. 구 산림법(2002. 12. 30. 법률 제6841호로 개정되기 전의 것) 및 그 시행령, 시행규칙들의 규정 취지는 산림의 보호·육성, 임업생산력의 향상 및 산림의 공익기능의 증진을 도모함으로써 그와 관련된 공익을 보호하려는 데에 그치는 것이 아니라 그로 인하여 직접적이고 중대한 생활환경의 피해를 입으리라고 예상되는 토사채취 허가 등 인근 지역의 주민들이 주거·생활환경을 유지할 수 있는 개별적 이익까지도 보호하고 있다고 할 것이므로, 인근 주민들이 토사채취허가와 관련하여 가지게 되는 이익은 위와 같은 추상적·평균적·일반적인 이익에 그치는 것이 아니라 처분의 근거법규 등에 의하여 보호되는 직접적·구체적인 법률상 이익이라고 할 것이다(대법원 1995. 9. 26. 선고 94누14544 판결, 대법원 2003. 4. 25. 선고 2003두1240 판결 등 참조).

위 법리 및 기록에 비추어 보면, 원심이 이 사건 토사채취 허가지의 인근 주민들 및 사찰인 원고들에게 이 사건 처분의 취소를 구할 법률상의 이익이 있다고 판단한 조치는 정당하고, 거기에 상고이유 주장과 같은 채증법칙 위반 및 법리오해 등의 위법이 없다.

2. 중대한 공익 침해에 관하여

산림 내에서의 토사채취는 국토 및 자연의 유지와 환경의 보전에 직접적으로 영향을 미치는 행위이므로 법령이 규정하는 토사채취의 제한지역에 해당하는 경우는 물론이거니와 그러한 제한지역에 해당하지 않더라도 허가관청은 토사채취허가신청 대상 토지의 형상과 위치 및 그 주위의 상황 등을 고려하여 국토 및 자연의 유지와 환경보전 등 중대한 공익상 필요가 있다고 인정될 때에는 그 허가를 거부할 수 있다(대법원 1994. 8. 12. 선고 94누5489 판결 등 참조).

위 법리 및 기록에 비추어 보면, 원심이 이 사건 토사채취 허가지의 위치 및 형상, 주위의 상황, 입목 현황, 피고 보조참가인에게 토사채취를 허가한 이 사건 처분의 경위 및 내용 등에 비추어, 이 사건 처분은 국토 및 자연의 유지와 환경보전 등 중대한 공익을 침해한 것으로서 위법하다고 판단한 조치는 정당하고, 거기에 상고이유 주장과 같은 채증법칙 위반 및 법리오해 등의 위법이 없다.

3. 결 론

그러므로 상고를 모두 기각하고, 상고비용은 패소자가 각 부담하는 것으로 하여 관여 대법관의 일치된 의견으로 주문과 같이 판결한다.

대법관　김능환(재판장) 김용담 박시환(주심) 박일환

② 대법원 2010. 4. 15. 선고 2007두16127 판결 [공장설립승인처분 취소]

○ 판시사항

[1] 행정처분으로써 이루어지는 사업으로 환경상 침해를 받으리라고 예상되는 영향권의 범위가 그 처분의 근거 법규 등에 구체적으로 규정되어 있는 경우, 영향권 내의 주민에게 행정처분의 취소 등을 구할 원고적격이 인정되는지 여부(원칙적 적극) 및 영향권 밖의 주민에게 원고 적격이 인정되기 위한 요건

[2] 구 산업집적활성화 및 공장설립에 관한 법률 제8조 제4호, 구 국토의 계획 및 이용에 관한 법률 시행령 제56조 제1항 [별표 1] 제1호 (라)목 (2) 등의 규정 취지 및 수돗물을 공급받아 마시거나 이용하는 주민들이 환경상 이익의 침해를 이유로 공장설립승인처분의 취소 등을 구할 원고 적격을 인정받기 위한 요건

[3] 김해시장이 낙동강에 합류하는 하천수 주변의 토지에 구 산업집적활성화 및 공장설립에 관한 법률 제13조에 따라 공장설립을 승인하는 처분을 한 사안에서, 공장설립으로 수질오염 등이 발생할 우려가 있는 취수장에서 물을 공급받는 부산광역시 또는 양산시에 거주하는 주민들도 위 처분의 근거 법규 및 관련 법규에 의하여 법률상 보호되는 이익이 침해되거나 침해될 우려가 있는 주민으로서 원고 적격이 인정된다고 한 사례

○ 판결요지

[1] 행정처분의 근거 법규 또는 관련 법규에 그 처분으로써 이루어지는 행위 등 사업으로 인하여 환경상 침해를 받으리라고 예상되는 영향권의 범위가 구체적으로 규정되어 있는 경우에는, 그 영향권 내의 주민들에 대하여는 당해 처분으로 인하여 직접적이고 중대한 환경피해를 입으리라고 예상할 수 있고, 이와 같은 환경상의 이익은 주민 개개인에 대하여 개별적으로 보호되는 직접

적·구체적 이익으로서 그들에 대하여는 특단의 사정이 없는 한 환경상 이익에 대한 침해 또는 침해 우려가 있는 것으로 사실상 추정되어 법률상 보호되는 이익으로 인정됨으로써 원고적격이 인정되며, 그 영향권 밖의 주민들은 당해 처분으로 인하여 그 처분 전과 비교하여 수인한도를 넘는 환경피해를 받거나 받을 우려가 있다는 자신의 환경상 이익에 대한 침해 또는 침해 우려가 있음을 증명하여야만 법률상 보호되는 이익으로 인정되어 원고적격이 인정된다.

[2] 공장설립승인처분의 근거 법규 및 관련 법규인 구 산업집적활성화 및 공장설립에 관한 법률(2006. 3. 3. 법률 제7861호로 개정되기 전의 것) 제8조 제4호가 산업자원부장관으로 하여금 관계 중앙행정기관의 장과 협의하여 '환경오염을 일으킬 수 있는 공장의 입지제한에 관한 사항'을 정하여 고시하도록 규정하고 있고, 이에 따른 산업자원부 장관의 공장입지기준고시(제2004−98호) 제5조 제1호가 '상수원 등 용수이용에 현저한 영향을 미치는 지역의 상류'를 환경오염을 일으킬 수 있는 공장의 입지제한지역으로 정할 수 있다고 규정하고, 국토의 계획 및 이용에 관한 법률 제58조 제3항의 위임에 따른 구 국토의 계획 및 이용에 관한 법률 시행령(2006. 8. 17. 대통령령 제19647호로 개정되기 전의 것) 제56조 제1항 [별표 1] 제1호 (라)목 (2)가 '개발행위로 인하여 당해 지역 및 그 주변 지역에 수질오염에 의한 환경오염이 발생할 우려가 없을 것'을 개발사업의 허가기준으로 규정하고 있는 취지는, 공장설립승인처분과 그 후속절차에 따라 공장이 설립되어 가동됨으로써 그 배출수 등으로 인한 수질오염 등으로 직접적이고도 중대한 환경상 피해를 입을 것으로 예상되는 주민들이 환경상 침해를 받지 아니한 채 물을 마시거나 용수를 이용하며 쾌적하고 안전하게 생활할 수 있는 개별적 이익까지도 구체적·직접적으로 보호하려는 데 있다. 따라서 수돗물을 공급받아 이를 마시거나 이용하는 주민들로서는 위 근거 법규 및 관련 법규가 환경상 이익의 침해를 받지 않은 채 깨끗한 수돗물을 마시거나 이용할 수 있는 자신들의 생활환경상의 개별적 이익을 직접적·구체적으로 보호하고 있음을 증명하여 원고적격을 인정받을 수 있다.

[3] 김해시장이 소감천을 통해 낙동강에 합류하는 하천수 주변의 토지에 구 산업집적활성화 및 공장설립에 관한 법률 제13조에 따라 공장설립을 승인하

는 처분을 한 사안에서, 상수원인 물금취수장이 소감천이 흘러 내려 낙동강 본류와 합류하는 지점 근처에 위치하고 있는 점, 수돗물은 수도관 등 급수시설에 의해 공급되는 것이어서 거주지역이 물금취수장으로부터 다소 떨어진 곳이라고 하더라도 수돗물의 수질악화 등으로 주민들이 갖게 되는 환경상 이익의 침해나 그 우려는 그 수돗물을 공급하는 취수시설이 입게 되는 수질오염 등의 피해나 그 우려와 동일하게 평가될 수 있는 점 등에 비추어, 공장설립으로 수질오염 등이 발생할 우려가 있는 물금취수장에서 취수된 물을 공급받는 부산광역시 또는 양산시에 거주하는 주민들도 위 처분의 근거 법규 및 관련 법규에 의하여 개별적·구체적·직접적으로 보호되는 환경상 이익, 즉 법률상 보호되는 이익이 침해되거나 침해될 우려가 있는 주민으로서 원고적격이 인정된다고 한 사례.

다. 이웃소송(隣人訴訟)

(1) 의의: 어떤 시설의 설치를 허가하는 처분에 대하여 당해시설의 인근 주민이 다투는 소송

(2) 판례

① 대법원 1975. 5. 13. 선고 73누96, 97 판결 [건축허가처분 취소]

O 판결요지

주거지역 안에서는 도시계획법 제19조 1항과 개정 전 건축법 제32조 1항에 의하여 공익상 부득이 하다고 인정될 경우를 제외하고는 거주의 안녕과 건전한 생활환경의 보호를 해치는 모든 건축이 금지되고 있을 뿐 아니라 주거지역 내에 거주하는 사람이 받는 위와 같은 보호이익은 법률에 의하여 보호되는 이익이라고 할 것이므로 주거지역 내에 위 법조 소정 제한면적을 초과한 연탄공장 건축허가처분으로 불이익을 받고 있는 제3거주자는 비록 당해 행정처분의 상대자가 아니라 하더라도 그 행정처분으로 말미암아 위와 같은 법률에 의하여 보호되는 이익을 침해받고 있다면 당해행정 처분의 취소를 소구하여 그 당부의 판단을 받을 법률상의 자격이 있다.

② 대법원 1995. 9. 26. 선고 94누14544 판결 [상수원 보호구역 변경처분 등 취소]

○ 판시사항

가. 제3자가 행정처분의 취소를 구할 원고적격이 있는 경우

나. 제3자에게 상수원보호구역변경처분의 취소를 구할 법률상 이익이 없다고 한 사례

다. 제3자에게 도시계획결정처분의 취소를 구할 법률상 이익이 있다고 한 사례

○ 판결요지

가. 행정처분의 직접 상대방이 아닌 제3자라도 당해 행정처분의 취소를 구할 법률상의 이익이 있는 경우에는 원고적격이 인정되는데, 여기서 말하는 법률상의 이익은 당해 처분의 근거 법률에 의하여 보호되는 직접적이고 구체적인 이익이 있는 경우를 말하고, 다만 공익보호의 결과로 국민 일반이 공통적으로 가지는 추상적, 평균적, 일반적인 이익과 같이 간접적이나 사실적, 경제적, 이해관계를 가지는데 불과한 경우는 여기에 포함되지 않는다.

나. 상수원보호구역 설정의 근거가 되는 수도법 제5조 제1항 및 동 시행령 제7조 제1항이 보호하고자 하는 것은 상수원의 확보와 수질보전일 뿐이고, 그 상수원에서 급수를 받고 있는 지역주민들이 가지는 상수원의 오염을 막아 양질의 급수를 받을 이익은 직접적이고 구체적으로는 보호하고 있지 않음이 명백하여 위 지역주민들이 가지는 이익은 상수원의 확보와 수질보호라는 공공의 이익이 달성됨에 따라 반사적으로 얻게 되는 이익에 불과하므로 지역주민들에 불과한 원고들에게는 위 상수원보호구역 변경처분의 취소를 구할 법률상의 이익이 없다.

다. 도시계획법 제12조 제3항의 위임에 따라 제정된 도시계획시설기준에 관한 규칙 제125조 제1항이 화장장의 구조 및 설치에 관하여는 매장 및 묘지 등에 관한 법률이 정하는 바에 의한다고 규정하고 있어, 도시계획의 내용이 화장장의 설치에 관한 것일 때에는 도시계획법 제12조 뿐만 아니라 매장 및 묘지

등에 관한 법률 및 같은 법 시행령 역시 그 근거 법률이 된다고 보아야 할 것이므로, 같은 법 시행령 제4조 제2호가 공설화장장은 20호 이상의 인가가 밀집한 지역, 학교 또는 공중이 수시 집합하는 시설 또는 장소로부터 1,000m 이상 떨어진 곳에 설치하도록 제한을 가하고, 같은 법 시행령 제9조가 국민보건상 위해를 끼칠 우려가 있는 지역, 도시계획법 제17조의 규정에 의한 주거지역, 상업지역, 공업지역 및 녹지지역 안의 풍치지구 등에의 공설화장장 설치를 금지함에 의하여 보호되는 부근 주민들의 이익은 위 도시계획결정처분의 근거 법률에 의하여 보호되는 법률상 이익이다.

라. 競業者 訴訟, 競願者 訴訟 등

(1) 의의

● 경업자 소송(競業者 訴訟): 여러 영업자가 경쟁관계에 있는 경우에 경쟁관계에 있는 영업자에 대한 처분 또는 부작위를 경쟁관계에 있는 다른 영업자가 다투는 소송.

● 경원자 소송(競願者 訴訟): 인·허가 등의 수익적 행정처분을 신청한 여러 명이 서로 경쟁관계에 있어서 한쪽에 대한 허가가 다른 쪽에 대한 불허가가 될 수밖에 없는 경우에, 허가 등의 처분을 받지 못한 자가 제기하는 소송. 법적 자격의 흠결로 신청이 인용될 가능성이 없는 경우를 제외하고는 경원관계의 존재만으로 거부된 처분의 취소를 구할 법률상 이익이 있다.

(2) 판례

㈎ 원고 적격 긍정례

① 대법원 1992. 7. 10. 선고 91누9107 판결 [화물자동차 증차 인가처분 취소]

○ 판결요지

자동차운수사업법 제6조 제1항 제1호에서 당해 사업계획이 당해 노선 또는 사업구역의 수송수요와 수송력공급에 적합할 것을 면허의 기준으로 정한 것은 자동차운수사업에 관한 질서를 확립하고 자동차운수사업의 종합적인 발달을 도모하여 공공의 복리를 증진함과 동시에 업자간의 경쟁으로 인한 경영의 불합리를 미리 방지하자는 데 그 목적이 있다 할 것이므로 개별화물자동차 운송사업면허를 받아 이를 영위하고 있는 기존의 업자로서는 동일한 사업구역 내의 동종의 사업용 화물자동차면허대수를 늘리는 보충인가처분에 대하여 그 취소를 구할 법률상 이익이 있다.

- 참고: 이 사건 당시 자동차운수사업법 제6조(면허 등의 기준) ① 자동차 운송사업의 면허기준은 다음과 같다.

  1. 당해 사업계획이 당해 노선 또는 사업구역의 수송수요와 수송력공급에 적합할 것

  2. 당해 사업계획이 장기경영에 적합할 것. 다만, 일시적인 수요에 응하기 위하여 일정한 기간을 정하여 한정면허를 하는 경우는 그러하지 아니하다.

  3. 최저의 면허기준대수·자본금·보유차고면적 및 부대시설 등 교통부령이 정하는 기준에 적합할 것

  4. 당해 사업이 공익상 필요하며 또한 적절할 것

- 자동차운수사업법 시행규칙 제9조(사업용자동차의 공급기준) ① 법 제6조 제1항 제1호의 규정에 의한 수송수요와 수송력공급의 기준은 연 1회 이상 실시하는 수송수요 및 공급의 실태조사에 의하여 관할관청(제1호의 경우에는 교통부장관을 말한다. 이하 이 조 및 제13조의2에서 같다)이 작성하는 사업용자동차의 공급기준에 의한다. (나머지는 생략)

② 대법원 2006. 7. 28. 선고 2004두6716 판결 [분뇨 등 관련 영업허가처분 취소]

○ 판시사항

[1] 행정처분의 직접 상대방이 아닌 제3자가 당해 행정처분의 취소나 무

효확인을 구할 수 있는 요건으로서 '법률상 보호되는 이익'의 의미

[2] 기존의 업자가 경업자에 대한 면허나 인·허가 등 수익적 행정처분의 취소를 구할 원고적격이 있는 경우

[3] 구 오수·분뇨 및 축산폐수의 처리에 관한 법률과 같은 법 시행령상 업종을 분뇨와 축산폐수 수집·운반업 및 정화조청소업으로 하여 분뇨 등 관련 영업허가를 받아 영업을 하고 있는 기존 업자의 이익이 법률상 보호되는 이익이라고 보아, 기존 업자에게 경업자에 대한 영업허가처분의 취소를 구할 원고적격이 있다고 한 사례

O 판결요지

[1] 행정처분의 직접 상대방이 아닌 제3자라 하더라도 당해 행정처분으로 인하여 법률상 보호되는 이익을 침해당한 경우에는 그 처분의 취소나 무효확인을 구하는 행정소송을 제기하여 그 당부의 판단을 받을 자격이 있으며, 여기에서 말하는 법률상 보호되는 이익은 당해 처분의 근거 법규 및 관련 법규에 의하여 보호되는 개별적·직접적·구체적 이익을 말한다.

[2] 일반적으로 면허나 인·허가 등의 수익적 행정처분의 근거가 되는 법률이 해당 업자들 사이의 과당경쟁으로 인한 경영의 불합리를 방지하는 것도 그 목적으로 하고 있는 경우, 다른 업자에 대한 면허나 인·허가 등의 수익적 행정처분에 대하여 이미 같은 종류의 면허나 인·허가 등의 수익적 행정처분을 받아 영업을 하고 있는 기존의 업자는 경업자에 대하여 이루어진 면허나 인·허가 등 행정처분의 상대방이 아니라 하더라도 당해 행정처분의 취소를 구할 원고적격이 있다.

[3] 구 오수·분뇨 및 축산폐수의 처리에 관한 법률(2002. 12. 26. 법률 제6827호로 개정되기 전의 것)과 같은 법 시행령(2003. 7. 25. 대통령령 제18065호로 개정되기 전의 것)상 업종을 분뇨와 축산폐수 수집·운반업 및 정화조청소업으로 하여 분뇨 등 관련 영업허가를 받아 영업을 하고 있는 기존 업자의 이익이 법률상 보호되는 이익이라고 보아, 기존 업자에게 경업자에 대한 영업허가처분의 취소를 구할 원고적격이 있다고 한 사례.

③ 대법원 1992. 5. 8. 선고 91누13274 판결 [엘피지충전소 허가처분 취소]

O 판결요지 중 일부

가. 행정소송법 제12조는 취소소송은 처분 등의 취소를 구할 법률상의 이익이 있는 자가 제기할 수 있다고 규정하고 있는바, 인·허가 등의 수익적 행정처분을 신청한 수인이 서로 경쟁관계에 있어서 일방에 대한 허가 등의 처분이 타방에 대한 불허가 등으로 귀결될 수밖에 없는 때(이른바 競願關係에 있는 경우로서 동일대상지역에 대한 공유수면매립면허나 도로점용허가 혹은 일정지역에 있어서의 영업허가 등에 관하여 거리 제한규정이나 업소개수 제한규정 등이 있는 경우를 그 예로 들 수 있다) 허가 등의 처분을 받지 못한 자는 비록 경원자에 대하여 이루어진 허가 등 처분의 상대방이 아니라 하더라도 당해 처분의 취소를 구할 당사자 적격이 있다 할 것이고, 다만 구체적인 경우에 있어서 그 처분이 취소된다 하더라도 허가 등의 처분을 받지 못한 불이익이 회복된다고 볼 수 없을 때에는 당해 처분의 취소를 구할 정당한 이익이 없다고 할 것이다.

다. 액화석유가스충전사업의 허가에 있어 인근 주민들이 반대한다는 사정만으로 특별한 사정이 없는 한 액화석유가스의 안전 및 사업관리법 시행령 제3조 제1항 제2호 소정의 공공의 안전과 이익을 저해한다고 볼 수 없을 것이고, 또한 위 전라남도 고시에서 그 허가시 여론을 검토하도록 한 취지는 사회통념상 액화석유가스의 폭발 또는 화재로 인하여 위해 우려의 부담을 안게 되는 일정구역 내의 주민들의 의견을 반영하여 이를 허가 여부를 결정함에 있어 참작하고자 함에 있는 것이므로 합리적인 근거에서 나온 것이 아닌 인근 주민들의 반대를 이유로 허가를 거부할 수 없다고 한 사례.

④ 대법원 2008. 3. 27. 선고 2007두23811 판결 [담배소매인 지정처분 취소]
⇒ 대법원 2008. 4. 10. 선고 2008두402 판결 [담배소매인 지정처분 취소] 사건과 비교할 것

O 판시사항

[1] 행정처분의 직접 상대방이 아닌 제3자가 당해 행정처분의 취소나 무

효확인을 구할 수 있는 요건으로서 '법률상 보호되는 이익'의 의미

[2] 면허나 인·허가 등의 수익적 행정처분의 근거가 되는 법률이 해당 업자들 사이의 과다경쟁으로 인한 경영의 불합리를 방지하는 목적도 가지고 있는 경우, 기존업자가 경업자에 대한 면허나 인·허가 등의 수익적 행정처분의 취소를 구할 원고적격이 있는지 여부(적극)

[3] 담배 일반소매인으로 지정되어 영업을 하고 있는 기존업자의 신규업자에 대한 이익이 '법률상 보호되는 이익'에 해당하는지 여부(적극)

○ 참조조문

[1] 행정소송법 제12조, 제35조

[2] 행정소송법 제12조, 제35조

[3] 행정소송법 제12조, 제35조, 구 담배사업법(2007. 7. 19. 법률 제8518호로 개정되기 전의 것) 제1조, 제16조 제4항, 담배사업법 시행규칙 제7조 제1항 [별표 2]

- 담배사업법 제16조(소매인의 지정) ① 담배소매업(직접 소비자에게 판매하는 영업을 말한다)을 하고자 하는 자는 사업장의 소재지를 관할하는 시장·군수·구청장으로부터 소매인의 지정을 받아야 한다.

  ③ 시장·군수·구청장은 청소년(청소년보호법 제2조 제1호의 규정에 의한 청소년을 말한다. 이하 같다)이 담배에 쉽게 접근할 수 있는 장소 등 담배판매업을 하는 것이 부적당하다고 인정하는 장소에서 담배를 판매하고자 하는 자에 대하여는 소매인의 지정을 하지 아니할 수 있다.

  ④ 소매인의 지정기준·지정절차 기타 지정에 관하여 필요한 사항은 재정경제부령으로 정한다.

- 담배사업법 시행규칙 제7조(소매인의 지정 등) ① 법 제16조 제4항의 규정에 의한 소매인의 지정기준은 별표 2와 같다.

[별표 2] <개정 2004.6.29>

소매인의 지정기준(제7조제1항관련)

1. **일반소매인**

    가. 군청, 읍·면사무소가 소재하는 리 또는 동지역의 경우: 소매인 영업소간에 50미터 이상의 거리를 유지할 것

    나. 가목 외의 지역의 경우: 50호를 단위로 지정하되, 소매인 영업소간에 100미터 이상의 거리를 유지할 것. 다만, 차량의 왕래가 빈번한 도로변 또는 독립부락은 50호 미만이라도 담배수급상 필요하다고 인정되는 경우에는 소매인을 지정할 수 있다.

    ※ 비고

    1) 소매인 영업소간 거리측정방법: 특정 영업소의 벽과 다른 영업소의 벽 사이를 도로교통법 제8조 및 제10조제2항 본문·제3항의 규정에 의한 보행자의 통행방법 등을 감안하여 보행자의 통행로를 따라 최단거리로 측정하여야 한다. 이 경우 영업소가 건축물안의 지하 또는 지상 2층 이상에 위치한 경우에는 건물의 1층 출입구(출입구가 여러 개인 경우에는 다른 영업소와 최단거리로 연결되는 것을 말한다) 중앙을 기준으로 측정한다.

    2) 구내소매인의 영업소와 일반소매인의 영업소간에는 거리제한을 두지 아니한다.

    3) 구내소매인이 지정된 건축물 등에는 일반소매인을 지정할 수 없다.

2. **구내소매인**

    가. 지정대상: 다음 각목의 1에 해당하는 장소

    1) 역·공항·버스터미널·선박여객터미널 등 교통시설 및 기차·선박 등의 교통수단

    2) 공공기관·공장·군부대·운동경기장 등의 시설

    3) 유원지·공원 등으로서 입장시 입장료의 지불이 필요한 시설

    4) 6층 이상으로서 연면적 2000제곱미터 이상인 건축물

    5) 백화점·쇼핑센터 등 유통산업발전법 제2조제3호의 규정에 의한 대규모점포

    6) 한국표준산업분류표에 의한 종합소매업인 슈퍼마켓·편의점 등으로서 매장면적이 100제곱미터 이상인 하나의 소매점포

    나. 소매인의 수: 건축물 또는 시설물의 구조·상주인원 및 이용인원 등을 고려하여 동일 시설물내 2개소 이상의 장소에 소매인을 지정할 수 있다. 이 경우 일반소매인이 지정된 장소가 구내소매인 지정대상이 된 때에는 동일 건축물 또는 시설물안에 지정된 일반소매인은 구내소매인으로 본다.

O 전 문

【원고, 상고인】 공송례(소송대리인 변호사 송서재)

【피고, 피상고인】 군산시장

【피고보조참가인】 채관석(소송대리인 변호사 심병연)

【원심판결】 광주고등법원 전주부 2007. 10. 19. 선고 2007누738 판결

O 주 문

원심판결을 파기하고, 사건을 광주고등법원으로 환송한다.

【이 유】

상고이유를 본다.

행정처분의 직접 상대방이 아닌 제3자라 하더라도 당해 행정처분으로 인하여 법률상 보호되는 이익을 침해당한 경우에는 그 처분의 취소나 무효확인을 구하는 행정소송을 제기하여 그 당부의 판단을 받을 자격이 있다 할 것이며, 여기에서 말하는 법률상 보호되는 이익이라 함은 당해 처분의 근거 법규 및 관련 법규에 의하여 보호되는 개별적·직접적·구체적 이익이 있는 경우를 말하고, 일반적으로 면허나 인·허가 등의 수익적 행정처분의 근거가 되는 법률이 해당 업자들 사이의 과당경쟁으로 인한 경영의 불합리를 방지하는 것도 그 목적으로 하고 있는 경우, 다른 업자에 대한 면허나 인·허가 등의 수익적 행정처분에 대하여 미리 같은 종류의 면허나 인·허가 등의 수익적 행정처분을 받아 영업을 하고 있는 기존의 업자는 경업자에 대하여 이루어진 면허나 인·허가 등 행정처분의 상대방이 아니라 하더라도 당해 행정처분의 취소를 구할 원고적격이 있다(대법원 2006. 7. 28. 선고 2004두6716 판결 등 참조).

구 담배사업법(2007. 7. 19. 법률 제8518호로 개정되기 전의 것)과 그 시행령 및 시행규칙의 관계 규정에 의하면, 담배의 제조 및 판매 등에 관한 사항을 정함으로써 담배산업의 건전한 발전을 도모하고 국민경제에 이바지하게 하는 데에 담배사업법의 입법 목적이 있고, 담배의 제조·수입·판매는 일정한 요건을 갖추어 허가 또는 등록을 한 자만이 할 수 있으며 담배에 관한 광고를 금지 또는

제한할 수 있고 담배의 제조업자 등으로 하여금 공익사업에 참여하게 할 수 있는 규정을 두고 있으며, 담배소매인과 관련해서는 소정의 기준을 충족하여 사업장 소재지를 관할하는 시장·군수·구청장으로부터 소매인의 지정을 받은 자만이 담배소매업을 영위할 수 있고 소매인으로 지정된 자가 아니면 담배를 소비자에게 판매할 수 없으며 소매인의 담배 판매방법과 판매가격을 제한하면서 각 이에 위반하거나 휴업기간을 초과하여 휴업한 소매인을 처벌하고 있다. 또 시장·군수·구청장은 일정한 경우 소매인에 대하여 영업정지를 명할 수 있거나 청문을 거쳐 소매인지정을 취소하도록 하고 있으며, 필요한 경우 소매인에게 업무에 관한 보고를 하게 하거나 소속직원으로 하여금 소매인에 대하여 관계 장부 또는 서류 등을 확인 또는 열람하게 할 수 있는 규정을 두고 있는 한편, 소매인의 지정기준으로 같은 일반소매인 사이에서는 그 영업소 간에 군청, 읍·면사무소가 소재하는 리 또는 동지역에서는 50m, 그 외의 지역에서는 100m 이상의 거리를 유지하도록 규정하고 있다.

위와 같은 규정들을 종합해 보면, 담배 일반소매인의 지정기준으로서 일반소매인의 영업소 간에 일정한 거리제한을 두고 있는 것은 담배유통구조의 확립을 통하여 국민의 건강과 관련되고 국가 등의 주요 세원이 되는 담배산업 전반의 건전한 발전 도모 및 국민경제에의 이바지라는 공익목적을 달성하고자 함과 동시에 일반소매인 간의 과당경쟁으로 인한 불합리한 경영을 방지함으로써 일반소매인의 경영상 이익을 보호하는 데에도 그 목적이 있다고 보이므로, 일반소매인으로 지정되어 영업을 하고 있는 기존업자의 신규 일반소매인에 대한 이익은 단순한 사실상의 반사적 이익이 아니라 법률상 보호되는 이익이라고 해석함이 상당하다.

원심판결 이유와 기록에 의하면 원고는 군산시 소룡동 755 신도시아파트 정문 옆 점포에서 (명칭생략) 1라는 상호로 담배 일반소매인 지정을 받아 그곳에서 담배 일반소매인 영업을 하고 있고, 피고는 위 (명칭생략) 1로부터 약 30 또는 77.5m(이는 보행자의 통행방법에 따른 차이이다) 떨어진 군산시 소룡동 732−2 신도시아파트상가 101호에서 (명칭생략) 2를 운영하는 참가인에 대하여 원고와 같은 담배 일반소매인 지정처분을 한 사실을 알 수 있어 원고와 참가인은 경업자 관계에 있음이 분명하므로, 앞서 살핀 법리에 의하면, 기존업자인 원고로서는 새로운 경업자인 참가인에 대하여 이루어진 이 사건 처분의 상대방이 아니라 하더라도 이 사건 처분의 취소를 구할 원고적격이 있다고 보아야 할 것이다.

이와 달리 원심은 원고의 담배판매가 다른 영업에 부수하여 이루어지고 있다거나, 또는 일반소매인이 아닌 구내소매인을 지정함에 있어 일반소매인과의 사이에 거리 제한을 두고 있지 아니한 점 등을 이유로 이 사건 처분으로 인한 원고의 영업상 피해가 간접적·사실적 피해에 불과할 뿐 법률상 보호되는 이익의 침해가 아니라고 판단하여 소를 각하하였으니, 이러한 원심의 판단에는 원고 적격에 관한 법리를 오해하여 판결에 영향을 미친 위법이 있고, 이를 지적하는 상고이유는 이유가 있다.

그러므로 원심판결을 파기하고, 사건을 다시 심리·판단하게 하기 위하여 원심법원으로 환송하기로 하여 관여 대법관의 일치된 의견으로 주문과 같이 판결한다.

대법관 고현철(재판장) 김지형 전수안(주심) 차한성

⑤ 대법원 2009. 12. 10. 선고 2009두8359 판결 [예비인가처분 취소]

O 판결요지

인·허가 등의 수익적 행정처분을 신청한 수인이 서로 경쟁관계에 있어서 일방에 대한 허가 등의 처분이 타방에 대한 불허가 등으로 귀결될 수밖에 없는 때 허가 등의 처분을 받지 못한 자는 비록 경원자에 대하여 이루어진 허가 등 처분의 상대방이 아니라 하더라도 당해 처분의 취소를 구할 원고 적격이 있다. 다만, 명백한 법적 장애로 인하여 원고 자신의 신청이 인용될 가능성이 처음부터 배제되어 있는 경우에는 당해 처분의 취소를 구할 정당한 이익이 없다.

⑥ 대법원 2018. 4. 26. 선고 2015두53824 판결 [여객자동차운송사업계획 변경 인가처분 취소소송]

O 판결요지

[1] 일반적으로 면허나 인허가 등의 수익적 행정처분의 근거가 되는 법률

이 해당 업자들 사이의 과당경쟁으로 인한 경영의 불합리를 방지하는 것도 목적으로 하고 있는 경우, 다른 업자에 대한 면허나 인허가 등의 수익적 행정처분에 대하여 미리 같은 종류의 면허나 인허가 등의 수익적 행정처분을 받아 영업을 하고 있는 기존의 업자는 경업자에 대하여 이루어진 면허나 인허가 등 행정처분의 상대방이 아니라 하더라도 당해 행정처분의 취소를 구할 당사자적격이 있다.

[2] 한정면허를 받은 시외버스운송사업자라고 하더라도 다 같이 운행계통을 정하고 여객을 운송하는 노선여객자동차운송사업을 한다는 점에서 일반면허를 받은 시외버스운송사업자와 본질적인 차이가 없으므로, 일반면허를 받은 시외버스운송사업자에 대한 사업계획변경 인가처분으로 인하여 기존에 한정면허를 받은 시외버스운송사업자의 노선 및 운행계통과 일반면허를 받은 시외버스운송사업자의 그것이 일부 중복되게 되고 기존업자의 수익감소가 예상된다면, 기존의 한정면허를 받은 시외버스운송사업자와 일반면허를 받은 시외버스운송사업자는 경업관계에 있는 것으로 보는 것이 타당하고, 따라서 기존의 한정면허를 받은 시외버스운송사업자는 일반면허 시외버스운송사업자에 대한 사업계획변경인가처분의 취소를 구할 법률상의 이익이 있다.

[3] 구 여객자동차 운수사업법(2013. 8. 6. 법률 제12020호로 개정되기 전의 것) 제3조, 제4조, 제10조, 제75조, 구 여객자동차 운수사업법 시행령(2014. 7. 28. 대통령령 제25525호로 개정되기 전의 것) 제3조, 제37조, 구 여객자동차 운수사업법 시행규칙(2013. 11. 7. 국토교통부령 제35호로 개정되기 전의 것) 제8조 제5항 등 관계 법령의 규정을 종합하면, 시외버스운송사업은 고속형, 직행형, 일반형 등으로 구분되는데, 고속형 시외버스운송사업과 직행형 시외버스운송사업은 사용버스의 종류, 운행거리, 운행구간, 중간정차 여부 등에 의하여 구분된다. 나아가 고속형 시외버스운송사업의 면허에 관한 권한과 운행시간·영업소·정류소 및 운송부대시설의 변경을 넘는 사업계획변경인가에 관한 권한은 국토해양부장관에게 유보되어 있는 반면, 고속형 시외버스운송사업을 제외한 나머지 시외버스운송사업의 면허 및 사업계획변경인가에 관한 권한은 모두 시·도지사에게 위임되어 있다.

따라서 개별 시·도지사가 관할 지역의 운송업체에 대하여 직행형 시외버스운송사업의 면허를 부여한 후 사실상 고속형 시외버스운송사업에 해당하는 운송사업을 할 수 있도록 사업계획변경을 인가하는 것은 시·도지사의 권한을 넘은 위법한 처분에 해당한다.

또한 이러한 위법한 인가처분이 존속하게 된 결과, 사실상 고속형 시외버스운송사업을 하고 있게 된 직행형 시외버스운송사업자에 대하여 그러한 위법상태의 일부라도 유지하는 내용의 새로운 사업계획변경을 재차 인가하는 시·도지사의 처분은 원칙적으로 권한을 넘는 위법한 처분으로 봄이 타당하다. 그 이유는, 시·도지사에 의하여 권한 없이 발령되었으나 당연무효로 보기는 어려운 위법한 수익적 처분에 대하여 직권 취소가 제한되거나 쟁송취소가 이루어지지 못함으로써 그 처분이 단순히 유지되는 것은 불가피한 것이지만, 시·도지사가 이에 그치지 않고 더 나아가 이러한 변경인가 처분을 하는 것은, 당초부터 처분권한이 없던 시·도지사가 위법한 종전 처분이 유지되고 있음을 기화로 그 내용을 적극적으로 바꾸어 새로운 위법상태를 형성하는 것이기 때문이다. 나아가 이러한 변경인가 처분은 전체적 관점에서 각 노선별 교통수요 등을 예측하여 이루어지는 것이어서 내용상 불가분적으로 연결되어 있다고 볼 수 있으므로, 이는 전체적으로 위법하다고 볼 수 있다.

⑦ 대법원 2015. 10. 29. 선고 2013두27517 판결 [주유소 운영사업자 불선정처분 취소] 〈경원관계에서 탈락한 경원자와 거부처분 취소 원고적격〉

○ **판시사항**

인가·허가 등 수익적 행정처분을 신청한 여러 사람이 서로 경원관계에 있는 경우, 허가 등 처분을 받지 못한 사람이 자신에 대한 거부처분의 취소를 구할 원고 적격과 소의 이익이 있는지 여부(원칙적 적극)

○ **판결요지**

인가·허가 등 수익적 행정처분을 신청한 여러 사람이 서로 경원관계에 있어서 한 사람에 대한 허가 등 처분이 다른 사람에 대한 불허가 등으로 귀결될 수밖에 없을 때 허가 등 처분을 받지 못한 사람은 신청에 대한 거부처분의 직접 상대방으로서 원칙적으로 자신에 대한 거부처분의 취소를 구할 원고 적격이 있고, 그 취소판결이 확정되는 경우 그 판결의 직접적인 효과로 경원자에 대한 허가 등 처분이 취소되거나 효력이 소멸되는 것은 아니더라도 행정청은 취소판결의 기속력에 따라 판결에서 확인된 위법사유를 배제한 상태에서 취소판결의 원고와 경원자의 각 신청에 관하여 처분요건의 구비 여부와 우열을 다시 심사하여야 할 의무가 있으며, 재심사 결과 경원자에 대한 수익적 처분이 직권취소되고 취소판결의 원고에게 수익적 처분이 이루어질 가능성을 완전히 배제할 수는 없으므로, 특별한 사정이 없는 한 경원관계에서 허가 등 처분을 받지 못한 사람은 자신에 대한 거부처분의 취소를 구할 소의 이익이 있다.

㈏ 원고 적격 부정례

① 대법원 1980. 7. 22. 선고 80누33, 34 판결 [석탄가공업 허가증 갱신발급 처분 무효]

○ 판결요지

석탄수급조정에 관한 임시조치법 소정의 석탄가공업에 관한 허가는 사업경영의 권리를 설정하는 형성적 행정행위가 아니라 질서유지와 공공복리를 위한 금지를 해제하는 명령적 행정행위여서 그 허가를 받은 자는 영업자유를 회복하는데 불과하고 독점적 영업권을 부여받은 것이 아니기 때문에 기존허가를 받은 원고들이 신규허가로 인하여 영업상 이익이 감소된다 하더라도 이는 원고들의 반사적 이익을 침해하는 것에 지나지 아니하므로 원고들은 신규허가처분에 대하여 행정소송을 제기할 법률상 이익이 없다.

② 대법원 2008. 4. 10. 선고 2008두402 판결 [담배소매인 지정처분 취소]

○ 판시사항

[1] 행정처분의 직접 상대방이 아닌 제3자가 당해 행정처분의 취소나 무효확인을 구할 수 있는 요건으로서 '법률상 보호되는 이익'의 의미 및 기존의

업자가 경업자에 대한 면허나 인·허가 등 수익적 행정처분의 취소를 구할 원고적격이 있는 경우

　　[2] 담배 일반소매인으로 지정되어 영업을 하고 있는 기존업자의 신규 구내소매인에 대한 이익이 법률상 보호되는 이익으로서 기존 업자가 신규 구내소매인 지정처분의 취소를 구할 원고 적격이 있는지 여부(소극)

○ 전 문

【원고, 상고인】 김갑연(소송대리인 법무법인 대지 담당변호사 이건욱외 1인)

【피고, 피상고인】 부천시 원미구청장

【피고보조참가인】 최창주(소송대리인 변호사 박창한)

【원심판결】 서울고등법원 2007. 12. 6. 선고 2007누14840 판결

○ 주 문

상고를 기각한다. 상고비용은 원고가 부담한다.

○ 이 유

상고이유를 판단한다.

행정처분의 직접 상대방이 아닌 제3자라 하더라도 당해 행정처분으로 인하여 법률상 보호되는 이익을 침해당한 경우에는 그 처분의 취소나 무효확인을 구하는 행정소송을 제기하여 그 당부의 판단을 받을 자격이 있다 할 것이며, 여기에서 말하는 법률상 보호되는 이익이라 함은 당해 처분의 근거 법규 및 관련 법규에 의하여 보호되는 개별적·직접적·구체적 이익이 있는 경우를 말하고, 일반적으로 면허나 인·허가 등의 수익적 행정처분의 근거가 되는 법률이 해당 업자들 사이의 과당경쟁으로 인한 경영의 불합리를 방지하는 것도 그 목적으로 하고 있는 경우, 다른 업자에 대한 면허나 인·허가 등의 수익적 행정처분에 대하여 미리 같은 종류의 면허나 인·허가 등의 수익적 행정처분을 받아 영업을 하고 있는 기존의 업자는 경업자에 대하여 이루어진 면허나 인·허가 등 행정처분의 상대방이 아니라 하더라도 당해 행정처분의 취소를 구할 원고적격이 있다(대법원 2006. 7. 28. 선고 2004두6716 판결 등 참조).

구 담배사업법(2007. 7. 19. 법률 제8518호로 개정되기 전의 것)과 그 시행령 및 시행규칙의 관계 규정에 의하면, 담배소매인을 일반소매인과 구내소매인으로 구분하여, 일반소매인 사이에서는 그 영업소 간에 군청, 읍·면사무소가 소재하는 리 또는 동지역에서는 50m, 그 외의 지역에서는 100m 이상의 거리를 유지하도록 규정하는 등 일반소매인의 영업소 간에 일정한 거리제한을 두고 있는데, 이는 담배유통구조의 확립을 통하여 국민의 건강과 관련되고 국가 등의 주요 세원이 되는 담배산업 전반의 건전한 발전 도모 및 국민경제에의 이바지라는 공익목적을 달성하고자 함과 동시에 일반소매인 간의 과당경쟁으로 인한 불합리한 경영을 방지함으로써 일반소매인의 경영상 이익을 보호하는 데에도 그 목적이 있다고 보이므로, 일반소매인으로 지정되어 영업을 하고 있는 기존업자의 신규 일반소매인에 대한 이익은 단순한 사실상의 반사적 이익이 아니라 법률상 보호되는 이익으로서 기존 일반소매인이 신규 일반소매인 지정처분의 취소를 구할 원고적격이 있다고 보아야 할 것이나(대법원 2008. 3. 27. 선고 2007두23811 판결 참조), 한편 구내소매인과 일반소매인 사이에서는 구내소매인의 영업소와 일반소매인의 영업소 간에 거리제한을 두지 아니할 뿐 아니라 건축물 또는 시설물의 구조·상주인원 및 이용인원 등을 고려하여 동일 시설물 내 2개소 이상의 장소에 구내소매인을 지정할 수 있으며, 이 경우 일반소매인이 지정된 장소가 구내소매인 지정대상이 된 때에는 동일 건축물 또는 시설물 안에 지정된 일반소매인은 구내소매인으로 보고, 구내소매인이 지정된 건축물 등에는 일반소매인을 지정할 수 없으며, 구내소매인은 담배진열장 및 담배소매점 표시판을 건물 또는 시설물의 외부에 설치하여서는 아니 된다고 규정하는 등 일반소매인의 입장에서 구내소매인과의 과당경쟁으로 인한 경영의 불합리를 방지하는 것을 그 목적으로 할 수 있다고 보기 어려우므로, 일반소매인으로 지정되어 영업을 하고 있는 기존업자의 신규 구내소매인에 대한 이익은 법률상 보호되는 이익이 아니라 단순한 사실상의 반사적 이익이라고 해석함이 상당하므로, 기존 일반소매인은 신규 구내소매인 지정처분의 취소를 구할 원고적격이 없다.

같은 취지에서 원심이 기존 담배 일반소매인인 원고가 신규 담배 구내소매인 지정처분의 취소를 구할 원고적격이 없다고 하여 소를 각하한 것은 정당하고, 거기에 상고이유로 주장하는 바와 같은 담배소매인 지정처분의 성질에 관한 법리오해 또는 법률상 보호되는 이익에 관한 법리오해 등의 위법이 없다.

그러므로 상고를 기각하고 상고비용은 패소자가 부담하도록 하여, 관여 대법관의 일치된 의견으로 주문과 같이 판결한다.

대법관　김황식(재판장) 이홍훈 안대희(주심)

04 법률상 이익의 근거법규

① 대법원 2006. 3. 16. 선고 2006두330 전원합의체 판결 [정부조치계획 취소 등] ⇒ 새만금 사건

O 판결요지

[1] 행정처분의 직접 상대방이 아닌 제3자라 하더라도 당해 행정처분으로 인하여 법률상 보호되는 이익을 침해당한 경우에는 그 처분의 무효확인을 구하는 행정소송을 제기하여 그 당부의 판단을 받을 자격이 있다 할 것이며, 여기에서 말하는 법률상 보호되는 이익이라 함은 당해 처분의 근거 법규 및 관련 법규에 의하여 보호되는 개별적·직접적·구체적 이익이 있는 경우를 말하고, 공익보호의 결과로 국민 일반이 공통적으로 가지는 일반적·간접적·추상적 이익이 생기는 경우에는 법률상 보호되는 이익이 있다고 할 수 없다.

[2] 공유수면 매립 면허처분과 농지개량사업 시행 인가처분의 근거 법규 또는 관련 법규가 되는 구 공유수면매립법(1997. 4. 10. 법률 제5337호로 개정되기 전의 것), 구 농촌근대화촉진법(1994. 12. 22. 법률 제4823호로 개정되기 전의 것), 구 환경보전법(1990. 8. 1. 법률 제4257호로 폐지), 구 환경보전법 시행령(1991. 2. 2. 대통령령 제13303호로 폐지), 구 환경정책기본법(1993. 6. 11. 법률 제4567호로 개정되기 전의 것), 구 환경정책기본법 시행령(1992. 8. 22. 대통령령 제13715호로 개정되기 전의 것)의 각 관련 규정의 취지는, 공유수면 매립과 농지개량사업 시행으로 인하

여 직접적이고 중대한 환경피해를 입으리라고 예상되는 환경영향평가 대상지역 안의 주민들이 전과 비교하여 수인한도를 넘는 환경침해를 받지 아니하고 쾌적한 환경에서 생활할 수 있는 개별적 이익까지도 이를 보호하려는 데에 있다고 할 것이므로, 위 주민들이 공유수면 매립 면허처분 등과 관련하여 갖고 있는 위와 같은 환경상의 이익은 주민 개개인에 대하여 개별적으로 보호되는 직접적·구체적 이익으로서 그들에 대하여는 특단의 사정이 없는 한 환경상의 이익에 대한 침해 또는 침해 우려가 있는 것으로 사실상 추정되어 공유수면 매립 면허처분 등의 무효확인을 구할 원고 적격이 인정된다. 한편, 환경영향평가 대상지역 밖의 주민이라 할지라도 공유수면 매립 면허처분 등으로 인하여 그 처분 전과 비교하여 수인한도를 넘는 환경피해를 받거나 받을 우려가 있는 경우에는, 공유수면매립 면허처분 등으로 인하여 환경상 이익에 대한 침해 또는 침해 우려가 있다는 것을 입증함으로써 그 처분 등의 무효확인을 구할 원고 적격을 인정받을 수 있다.

[3] 헌법 제35조 제1항에서 정하고 있는 환경권에 관한 규정만으로는 그 권리의 주체·대상·내용·행사방법 등이 구체적으로 정립되어 있다고 볼 수 없고, 환경정책기본법 제6조도 그 규정 내용 등에 비추어 국민에게 구체적인 권리를 부여한 것으로 볼 수 없다는 이유로, 환경영향평가 대상지역 밖에 거주하는 주민에게 헌법상의 환경권 또는 환경정책기본법에 근거하여 공유수면 매립 면허처분과 농지개량사업 시행인가처분의 무효확인을 구할 원고 적격이 없다고 한 사례.

② 대법원 2006. 12. 22. 선고 2006두14001 판결 [공장설립 승인처분 취소]

○ 판시사항

[1] 행정처분의 직접 상대방이 아닌 제3자가 당해 행정처분의 취소나 무효확인을 구할 수 있는 요건으로서 '법률상 보호되는 이익'의 의미

[2] 행정처분의 직접 상대방이 아닌 자로서 그 처분에 의하여 환경상 침해를 받으리라고 예상되는 영향권 범위 내의 주민 및 그 영향권 밖의 주민이 처분의 취소를 구할 원고적격을 인정받기 위한 요건

[3] 연접개발이 사전환경성검토협의 대상사업에 해당하는 경우를 규정한 구 환경정책기본법 시행령 조항이 사업주체나 사업시기를 달리하는 경우에도 적용되는지 여부(적극)

[4] 환경정책기본법령상 사전환경성 검토협의 대상지역 내에 포함될 개연성이 충분하다고 보이는 주민들에게 그 협의대상에 해당하는 창업사업계획 승인처분과 공장설립 승인처분의 취소를 구할 원고 적격이 인정된다고 한 사례

○ 판결요지

[1] 행정처분의 직접 상대방이 아닌 제3자라 하더라도 당해 행정처분으로 인하여 법률상 보호되는 이익을 침해당한 경우에는 그 처분의 취소나 무효확인을 구하는 행정소송을 제기하여 그 당부의 판단을 받을 자격이 있다 할 것이며, 여기에서 말하는 법률상 보호되는 이익이라 함은 당해 처분의 근거 법규 및 관련 법규에 의하여 보호되는 개별적·직접적·구체적 이익이 있는 경우를 말하고, 공익보호의 결과로 국민 일반이 공통적으로 가지는 일반적·간접적·추상적 이익이 생기는 경우에는 법률상 보호되는 이익이 있다고 할 수 없다.

[2] 행정처분의 직접 상대방이 아닌 자로서 그 처분에 의하여 자신의 환경상 이익이 침해받거나 침해받을 우려가 있다는 이유로 취소소송을 제기하는 제3자는, 자신의 환경상 이익이 그 처분의 근거 법규 또는 관련 법규에 의하여 개별적·직접적·구체적으로 보호되는 이익, 즉 법률상 보호되는 이익임을 입증하여야 원고적격이 인정되고, 다만 그 행정처분의 근거 법규 또는 관련 법규에 그 처분으로써 이루어지는 행위 등 사업으로 인하여 환경상 침해를 받으리라고 예상되는 영향권의 범위가 구체적으로 규정되어 있는 경우에는, 그 영향권 내의 주민들에 대하여는 당해 처분으로 인하여 직접적이고 중대한 환경피해를 입으리라고 예상할 수 있고, 이와 같은 환경상의 이익은 주민 개개인에 대하여 개별적으로 보호되는 직접적·구체적 이익으로서 그들에 대하여는 특단의 사정이 없는 한 환경상 이익에 대한 침해 또는 침해 우려가 있는 것으로 사실상 추정되어 법률상 보호되는 이익으로 인정됨으로써 원고적격이 인정되며, 그 영향권 밖의 주민들은 당해 처분으로 인하여 그 처분 전과 비교하여 수인한도를 넘

는 환경피해를 받거나 받을 우려가 있다는 자신의 환경상 이익에 대한 침해 또는 침해 우려가 있음을 증명하여야만 법률상 보호되는 이익으로 인정되어 원고 적격이 인정된다.

[3] 구 환경정책기본법(2005. 5. 31. 법률 제7561호로 개정되기 전의 것) 제25조 제1항 및 제4항과 같은 법 시행령(2005. 1. 31. 대통령령 제18693호로 개정되기 전의 것) 제7조 제1항 [별표 2] '사전환경성검토대상 및 협의요청시기'의 2. 가. (2)항 및 비고 제7항 등 관계 규정에 의하면, 사전환경성 검토협의 대상면적 미만으로 이미 허가를 받은 개발사업지역과 연접한 지역에 추가로 개발사업을 하고자 하는 연접개발이 사전환경성 검토협의 대상사업에 해당하는지 여부를 판단함에 있어서, 위 연접개발에 관하여 규정한 위 비고 제7항은 사업주체가 동일한 경우는 물론 사업주체나 사업시기를 달리하는 경우에도 그 적용이 있다고 해석함이 상당하다.

[4] 환경정책기본법령상 사전환경성 검토협의 대상지역 내에 포함될 개연성이 충분하다고 보이는 주민들에게 그 협의대상에 해당하는 창업사업계획 승인처분과 공장설립 승인처분의 취소를 구할 원고적격이 인정된다고 한 사례.

II. 취소소송의 피고

01 처분청

해당처분을 할 권한이 있는지 여부는 본안에서 다툴 문제이고, 처분의 명의자가 피고가 된다.

가. 법률규정

- 행정소송법 제13조(피고적격) ① 취소소송은 다른 법률에 특별한 규정이 없는 한 그 처분 등을 행한 행정청을 피고로 한다. 다만, 처분 등이 있

은 뒤에 그 처분 등에 관계되는 권한이 다른 행정청에 승계된 때에는 이를 승계한 행정청을 피고로 한다.

② 제1항의 규정에 의한 행정청이 없게 된 때에는 그 처분 등에 관한 사무가 귀속되는 국가 또는 공공단체를 피고로 한다.

• 행정소송법 제2조(정의) ① 이 법에서 사용하는 용어의 정의는 다음과 같다.

1. "처분 등"이라 함은 행정청이 행하는 구체적 사실에 관한 법집행으로서의 공권력의 행사 또는 그 거부와 그 밖에 이에 준하는 행정작용(이하 "처분"이라 한다) 및 행정심판에 대한 재결을 말한다.

2. "부작위"라 함은 행정청이 당사자의 신청에 대하여 상당한 기간 내에 일정한 처분을 하여야 할 법률상 의무가 있음에도 불구하고 이를 하지 아니하는 것을 말한다.

② 이 법을 적용함에 있어서 행정청에는 법령에 의하여 행정권한의 위임 또는 위탁을 받은 행정기관, 공공단체 및 그 기관 또는 사인이 포함된다.

나. 판례

(1) 권한의 위임과 내부위임

(가) 권한의 위임

• 대법원 2007. 8. 23. 선고 2005두3776 판결 [입주권확인]

○ 판결요지

에스에이치(SH)공사가 택지개발사업 시행자인 서울특별시장으로부터 이주대책 수립권한을 포함한 택지개발사업에 따른 권한을 위임 또는 위탁받은 경우, 이주대책 대상자들이 에스에이치공사 명의로 이루어진 이주대책에 관한 처분에 대한 취소소송을 제기함에 있어 정당한 피고는 에스에이치공사가 된다고 한 사례.

(나) 내부위임

내부위임의 경우 권한 자체가 이전되는 것이 아니기 때문에 원칙적으로는 위임기관 명의로 행정처분을 하여야 하고, 위임기관이 피고가 되어야 한다. 그러나, 수임기관의 명의로 처분을 한 경우에는 수임기관이 피고가 되고, 위임기관의 명의로 행정처분을 한 경우에는 위임기관이 피고 적격을 갖는다.

① 대법원 1981. 7. 28. 선고 79누315 판결 [파면처분무효확인]]

○ 판시사항

구청장으로부터 내무위임을 받은 것에 불과한 출장소장이 그 명의로 한 행정처분과 그에 대한 행정소송의 피고 적격(출장소장)

○ 판결요지

관할 동장에 대한 임명권과 징계권을 구청장으로부터 내부위임 받은데 불과한 출장소장이 그 명의로 한 동장 파면처분은 위법하나 그 처분에 대한 행정소송(무효확인청구)을 제기함에 있어서는 그 처분을 한 위 출장소장 또는 그 지위를 승계한 행정청을 피고로 하여야 하므로 구청장을 피고로 한 행정소송은 부적법하다.

② 대법원 1990. 4. 27. 선고 90누233 판결 [사업장 폐쇄명령처분 취소]

○ 판시사항

인천직할시의 사업장 폐쇄명령처분을 통지한 인천직할시 북구청장이 위 처분의 취소를 구하는 소의 피고 적격이 없다고 본 사례

○ 판결요지

피고인 인천직할시 북구청장이 인천직할시장으로부터 환경보전법상의 위법시설에 대한 폐쇄 등 명령권한의 사무처리에 관한 내부위임을 받아, 원고들이 공동으로 경영하는 공장에서 같은 법 제15조의 규정에 의한 허가를 받지 아니하고 배출시설을 설치하여 조업하고 있는 것을 적발하고, 인천직할시장 명의

의 폐쇄명령서를 발부받아 "환경보전법 위반사업장 고발 및 폐쇄명령"이란 제목으로 위 폐쇄명령서를 첨부하여 위 무허가배출시설에 대한 폐쇄명령통지를 하였다면 위 폐쇄명령처분을 한 행정청은 어디까지나 인천직할시장이고, 피고는 인천직할시장의 위 폐쇄명령처분에 관한 사무처리를 대행하면서 이를 통지하였음에 지나지 않으며, 위 폐쇄명령서나 그 통지서가 정부공문서규정이 정하는 문서양식에 맞지 않는다는 이유만으로 피고를 처분청으로 볼 수는 없으므로, 피고를 위 폐쇄명령처분을 한 행정청으로 보고 제기한 이 사건 소는 피고적격이 없는 자를 상대로 한 것이어서 부적법하다.

③ 대법원 1991. 1. 29. 선고 90누6774 판결 [자동차 등록말소처분 취소]

O **판결요지**

자동차등록말소처분은 차량등록사업소장이 하고 시장은 위 처분을 원고에게 통지하였음에 그친 경우 시장을 상대로 제기한 소송은 부적법하다.

④ 대법원 2013. 2. 28. 선고 2012두22904 판결 [고용보험료 부과처분 무효확인 및 취소]

O **판결요지**

[1] 항고소송은 원칙적으로 소송의 대상인 행정처분 등을 외부적으로 그의 명의로 행한 행정청을 피고로 하여야 하는 것으로서, 그 행정처분을 하게 된 연유가 상급행정청이나 타행정청의 지시나 통보에 의한 것이라 하여 다르지 않고, 권한의 위임이나 위탁을 받아 수임행정청이 자신의 명의로 한 처분에 관하여도 마찬가지이다. 그리고 위와 같은 지시나 통보, 권한의 위임이나 위탁은 행정기관 내부의 문제일 뿐 국민의 권리의무에 직접 영향을 미치는 것이 아니어서 항고소송의 대상이 되는 행정처분에 해당하지 않는다.

[2] 근로복지공단이 갑 지방자치단체에 고용보험료 부과처분을 하자, 갑 지방자치단체가 구 고용보험 및 산업재해보상보험의 보험료징수 등에 관한 법률(2010. 1. 27. 법률 제9989호로 개정되어 2011. 1. 1.부터 시행된 것) 제4조 등에 따라 국민건강보험공단을 상대로 위 처분의 무효확인 및 취소를 구한 사안에서, 근

로복지공단이 갑 지방자치단체에 대하여 고용보험료를 부과·고지하는 처분을 한 후, 국민건강보험공단이 위 법 제4조에 따라 종전 근로복지공단이 수행하던 보험료의 고지 및 수납 등의 업무를 수행하게 되었고, 위 법 부칙 제5조가 '위 법 시행 전에 종전의 규정에 따른 근로복지공단의 행위는 국민건강보험공단의 행위로 본다'고 규정하고 있어, 갑 지방자치단체에 대한 근로복지공단의 고용보험료 부과처분에 관계되는 권한 중 적어도 보험료의 고지에 관한 업무는 국민건강보험공단이 그 명의로 고용노동부장관의 위탁을 받아서 한 것으로 보아야 하므로, 위 처분의 무효확인 및 취소 소송의 피고는 국민건강보험공단이 되어야 함에도, 이와 달리 위 처분의 주체는 여전히 근로복지공단이라고 본 원심판결에 고용보험료 부과고지권자와 항고소송의 피고적격에 관한 법리를 오해한 위법이 있다고 한 사례.

(2) 권한의 대리

① 대법원 2018. 10. 25. 선고 2018두43095 판결 [농지보전 부담금 부과처분 취소]

ㅇ 판결요지 중 일부

항고소송은 다른 법률에 특별한 규정이 없는 한 원칙적으로 소송의 대상인 행정처분을 외부적으로 행한 행정청을 피고로 하여야 하고(행정소송법 제13조 제1항 본문), 다만 대리기관이 대리관계를 표시하고 피대리 행정청을 대리하여 행정처분을 한 때에는 피대리 행정청이 피고로 되어야 한다.

② 대법원 2006. 2. 23. 자 2005부4 결정 [산재보험료 부과처분 취소]

ㅇ 결정요지 중 일부

[1] 행정소송법 제14조에 의한 피고 경정은 사실심 변론종결에 이르기까지 허용되는 것으로 해석하여야 할 것이고, 굳이 제1심 단계에서만 허용되는 것으로 해석할 근거는 없다.

[2] 대리권을 수여받은 데 불과하여 그 자신의 명의로는 행정처분을 할

권한이 없는 행정청의 경우 대리관계를 밝힘이 없이 그 자신의 명의로 행정처분을 하였다면 그에 대하여는 처분명의자인 당해 행정청이 항고소송의 피고가 되어야 하는 것이 원칙이지만, 비록 대리관계를 명시적으로 밝히지는 아니하였다 하더라도 처분명의자가 피대리 행정청 산하의 행정기관으로서 실제로 피대리 행정청으로부터 대리권한을 수여받아 피대리 행정청을 대리한다는 의사로 행정처분을 하였고 처분명의자는 물론 그 상대방도 그 행정처분이 피대리 행정청을 대리하여 한 것임을 알고서 이를 받아들인 예외적인 경우에는 피대리 행정청이 피고가 되어야 한다.

[3] 근로복지공단의 이사장으로부터 보험료의 부과 등에 관한 대리권을 수여받은 지역본부장이 대리의 취지를 명시적으로 표시하지 않고서 산재보험료 부과처분을 한 경우, 그러한 관행이 약 10년간 계속되어 왔고, 실무상 근로복지공단을 상대로 산재보험료 부과처분에 대한 항고소송을 제기하여 온 점 등에 비추어 지역본부장은 물론 그 상대방 등도 근로복지공단과 지역본부장의 대리관계를 알고 받아들였다는 이유로, 위 부과처분에 대한 항고소송의 피고 적격이 근로복지공단에 있다고 한 사례.

02 특별규정이 있는 경우

- 국가공무원법 제16조(행정소송과의 관계) ① 제75조에 따른 처분, 그 밖에 본인의 의사에 반한 불리한 처분이나 부작위(不作爲)에 관한 행정소송은 소청심사위원회의 심사·결정을 거치지 아니하면 제기할 수 없다.
  ② 제1항에 따른 행정소송을 제기할 때에는 대통령의 처분 또는 부작위의 경우에는 소속 장관(대통령령으로 정하는 기관의 장을 포함한다. 이하 같다)을, 중앙선거관리위원회 위원장의 처분 또는 부작위의 경우에는 중앙선거관리위원회 사무총장을 각각 피고로 한다. [전문개정 2008. 3. 28.]

- 경찰공무원법 제28조(행정소송의 피고) 징계처분, 휴직처분, 면직처분, 그 밖에 의사에 반하는 불리한 처분에 대한 행정소송의 경우에는 경찰청장

또는 해양경찰청장을 피고로 한다. 다만, 제6조 제3항에 따라 임용권을 위임한 경우에는 그 위임을 받은 자를 피고로 한다. [전문개정 2011. 5. 30.]

03 권한의 승계 및 폐지

가. 행정소송법 제13조(피고적격) ① 취소소송은 다른 법률에 특별한 규정이 없는 한 그 처분 등을 행한 행정청을 피고로 한다. 다만, 처분 등이 있은 뒤에 그 처분 등에 관계되는 권한이 다른 행정청에 승계된 때에는 이를 승계한 행정청을 피고로 한다.
② 제1항의 규정에 의한 행정청이 없게 된 때에는 그 처분 등에 관한 사무가 귀속되는 국가 또는 공공단체를 피고로 한다.

나. 대법원 2000. 11. 14. 선고 99두5481 판결 [면직무효확인등]

○ 판결요지 중 일부

[1] 무효 등 확인소송에 준용되는 행정소송법 제13조 제1항은 "취소소송은 다른 법률에 특별한 규정이 없는 한 그 처분 등을 행한 행정청을 피고로 한다. 다만, 처분 등이 있은 뒤에 그 처분 등에 관계되는 권한이 다른 행정청에 승계된 때에는 이를 승계한 행정청을 피고로 한다."고 규정하고 있고, 여기서 '그 처분 등에 관계되는 권한이 다른 행정청에 승계된 때'라고 함은 처분 등이 있은 뒤에 행정기구의 개혁, 행정주체의 합병·분리 등에 의하여 처분청의 당해 권한이 타 행정청에 승계된 경우뿐만 아니라 처분 등의 상대방인 사인의 지위나 주소의 변경 등에 의하여 변경 전의 처분 등에 관한 행정청의 관할이 이전된 경우 등을 말한다.

[2] 공무원 보수규정에 의하면 호봉확정 및 승급은 법령의 규정에 의한 임용권자(임용에 관한 권한이 법령의 규정에 의하여 위임 또는 위탁된 경우에는 위임 또는 위탁을 받은 자를 말한다) 또는 임용제청권자가 이를 시행하도록 되어 있고(위

규정 제7조), 호봉의 획정 또는 승급이 잘못된 때에는 당해 공무원의 현재의 호봉획정 및 승급시행권자가 그 잘못된 호봉발령일자로 소급하여 호봉을 정정하도록 규정하고 있으므로(위 규정 제18조 제1항, 제2항), 종전 임용권자가 행한 호봉획정처분 및 각 승급처분에 대한 정정 권한은 현재의 임용권자에게 승계되었다고 보아야 한다.

04 피고 경정

- **행정소송법 제14조(피고경정)** ① 원고가 피고를 잘못 지정한 때에는 법원은 원고의 신청에 의하여 결정으로써 피고의 경정을 허가할 수 있다.
② 법원은 제1항의 규정에 의한 결정의 정본을 새로운 피고에게 송달하여야 한다.
③ 제1항의 규정에 의한 신청을 각하하는 결정에 대하여는 즉시항고할 수 있다.
④ 제1항의 규정에 의한 결정이 있은 때에는 새로운 피고에 대한 소송은 처음에 소를 제기한 때에 제기된 것으로 본다.
⑤ 제1항의 규정에 의한 결정이 있은 때에는 종전의 피고에 대한 소송은 취하된 것으로 본다.
⑥ 취소소송이 제기된 후에 제13조 제1항 단서 또는 제13조 제2항에 해당하는 사유가 생긴 때에는 법원은 당사자의 신청 또는 직권에 의하여 피고를 경정한다. 이 경우에는 제4항 및 제5항의 규정을 준용한다.

제5절 취소소송의 대상

I. 법률 규정

- 행정소송법 제4조(항고소송) 항고소송은 다음과 같이 구분한다.
  1. 취소소송: 행정청의 위법한 처분 등을 취소 또는 변경하는 소송

- 행정소송법 제2조(정의) ① 이 법에서 사용하는 용어의 정의는 다음과 같다.
  1. "처분 등"이라 함은 행정청이 행하는 구체적 사실에 관한 법집행으로서의 공권력의 행사 또는 그 거부와 그 밖에 이에 준하는 행정작용(이하 "처분"이라 한다) 및 행정심판에 대한 재결을 말한다.

II. 처분의 의미에 관한 학설

01 실체법상 개념설

① 행정소송법상의 처분 개념을 강학상의 행정행위(실체법상의 처분 개념)와 동일한 것으로 파악한다. 즉, 먼저 실체법상으로 행정행위의 개념을 정의해 놓고서 그 정의에 해당되는 행정청의 행위에 대해서만 행정소송법상의 처분성을 인정하려는 입장이다.

② 실체법상의 처분 개념과 쟁송법상의 처분 개념이 일치하기 때문에, 이른바 '형식적 행정처분' 개념을 인정하지 않는다.

③ 종래의 전통적인 견해로서, 취소소송의 기능을 행정행위의 공정력(公定力)을 배제하는데 있다고 보기 때문에, 취소소송의 대상을 이른바 공정력을 가진 행정행위에 국한시킨다.

02 쟁송법상 개념설

① 실체법상의 행정행위 개념과 별도로 행정소송법상의 처분 개념을 정립하여야 한다는 입장이다.

② 현대행정의 다양화·적극화에 따른 행정기능의 확대에 상응하여, 행정소송의 대상인 처분 개념을 확대함으로써 항고소송의 권리구제기능을 높여야 한다고 주장한다.

③ 즉, 오늘날 행정작용의 행위형식이 종래의 행정행위에 머물지 않고, 권력적 사실행위, 일반적 기준설정행위, 행정지도, 비권력적 행정조사, 사법상(私法上) 행위 등으로 다양하고, 비권력행정에 의해 국민의 권익이 영향을 받는 경우가 많다. 따라서, 종래의 전통적인 견해와 같이 항고소송의 대상을 공정력을 가진 행정행위에 한정시킬 것이 아니라, 여러 가지 비권력적 행위도 처분 개념에 포함시켜 항고소송의 대상으로 삼아야 한다.

03 검토

전통적인 권력적인 행위 이외에 다양한 형태의 비권력적 행정활동에 의해서도 국민의 권리가 침해될 수 있고 그에 대한 권리구제의 범위를 확대하려면 쟁송법상 개념설이 타당하다.

가. 권력적 사실행위

(1) 의의

특정한 행정목적을 위해 행정청의 일방적 의사결정에 의해 국민의 신체·재산 등에 공권력을 행사함으로써 구체적 사실상태에 변동을 가져오거나 기타 권익침해를 초래하는 사실행위를 말한다.[3]

---

[3] 김청규, "행정심판법상의 처분성 확대에 관한 고찰", 「중앙법학」 8집 2호, 2006. 8., 98-99면.

권력적 사실행위란 명령적·강제적 공권력 행사로서의 사실행위로서, 단순한 '사실행위'와 달리 육체적·물리적 행위(순수한 사실행위)와 법적 행위(의무부과행위, 受忍下命)가 결합된 '합성행위'로서 '수인하명' 부분이 '의무의 부과'라는 법률효과를 발생시키므로 '공권력(명령·강제)'을 행사하는 것에 해당되어 행정처분성이 인정된다.[4]

(2) 예

무허가건물의 강제철거, 법정 전염병환자의 강제격리, 토지출입조사, 불량식품검사를 위한 수거, 핵폐기장 설치, 무허가건물 철거 대집행의 실행, 물건의 압류 등, 단전·단수조치, 무기사용, 불심검문, 강제적 행정조사 등.

나. 형식적 행정행위

(1) 의의

형식적 행정행위는 공권력의 발동을 수반하지 않는 비권력적인 행위를 일정한 경우(국민의 법익에 사실상의 지배력을 미치고 그 행위에 대하여 항고소송을 인정하는 것이 국민의 권익구제를 위하여 필요한 경우)에 형식적·기술적으로 공권력의 행사인 행위에 해당하는 것으로 보아서 항고소송의 대상이 되는 것으로 보는 경우의 해당 비권력적 행위를 가리킨다.[5]

즉, 형식적 행정행위란 행정기관 내지 그에 준하는 자의 행위가 공권력 행사로서의 실체는 가지고 있지 않으나 그것이 행정목적 실현을 위하여 국민의 법익에 계속적으로 사실상의 지배력을 미치고 있는 경우에, 국민의 실효적 권리구제의 관점에서 쟁송법상의 '처분'으로 파악되는 행위를 가리킨다.

---

4) 고영훈, "행정소송법상의 항고소송의 대상인 처분 등에 관한 연구", 「안암법학」 26호, 2008., 353면.

5) 일본에서 '형식적 행정행위' 개념이 생겨난 이유는, 비권력적 행위 중의 일부를 행정행위로 보아서 항고소송의 대상으로 삼기 위한 것이었다.

(2) 인정 여부

● 행정소송법 제2조(정의) ① 이 법에서 사용하는 용어의 정의는 다음과
같다.

   1. "처분 등"이라 함은 행정청이 행하는 구체적 사실에 관한 법집행으
     로서의 공권력의 행사 또는 그 거부와 그 밖에 <u>이에 준하는 행정작
     용</u>(이하 "처분"이라 한다) 및 행정심판에 대한 재결을 말한다.

   ③ 예: 공공시설(육교, 쓰레기장) 설치 행위

Ⅲ. 판례

01 일반론

① <u>대법원 1998. 7. 10. 선고 96누6202 판결 [민영주택건설사업계획 승인조
건 변경처분 취소]</u>

○ 판결요지 중 일부

항고소송의 대상이 되는 행정처분은 행정청의 공법상의 행위로서 특정사
항에 대하여 법규에 의한 권리의 설정 또는 의무의 부담을 명하거나 기타 법률
상의 효과를 발생하게 하는 등 국민의 권리의무에 직접 관계가 있는 행위를 말
하는 것이고, 행정청 내부에서의 행위나 알선, 권유, 사실상의 통지 등과 같이
상대방 또는 기타 관계자들의 법률상 지위에 직접적인 법률적 변동을 일으키
지 아니하는 행위 등은 항고소송의 대상이 될 수 없다.

② <u>대법원 2007. 6. 14. 선고 2005두4397 판결 [청소년 유해매체 결정 취소]</u>

○ 판결이유 중 일부

행정청의 어떤 행위를 행정처분으로 볼 것이냐의 문제는 추상적, 일반적
으로 결정할 수 없고, 구체적인 경우 행정처분은 행정청이 공권력의 주체로서

행하는 구체적 사실에 관한 법집행으로서 국민의 권리의무에 직접적으로 영향을 미치는 행위라는 점을 염두에 두고, 관련 법령의 내용 및 취지와 그 행위가 주체·내용·형식·절차 등에 있어서 어느 정도로 행정처분으로서의 성립 내지 효력요건을 충족하고 있는지 여부, 그 행위와 상대방 등 이해관계인이 입는 불이익과의 실질적 견련성, 그리고 법치행정의 원리와 당해 행위에 관련한 행정청 및 이해관계인의 태도 등을 참작하여 개별적으로 결정하여야 할 것이다.

③ 대법원 2013. 1. 16. 선고 2010두22856 판결 [과거사 진실규명결정 취소]

○ **판결요지**

진실·화해를 위한 과거사정리 기본법(이하 '법'이라 한다)과 구 과거사 관련 권고사항 처리에 관한 규정(2010. 2. 24. 대통령령 제22055호 과거사 관련 권고사항 처리 등에 관한 규정으로 개정되기 전의 것)의 목적, 내용 및 취지를 바탕으로, 피해자 등에게 명문으로 진실규명 신청권, 진실규명결정 통지 수령권 및 진실규명결정에 대한 이의신청권 등이 부여된 점, 진실규명결정이 이루어지면 그 결정에서 규명된 진실에 따라 국가가 피해자 등에 대하여 피해 및 명예회복 조치를 취할 법률상 의무를 부담하게 되는 점, 진실·화해를 위한 과거사정리위원회가 위와 같은 법률상 의무를 부담하는 국가에 대하여 피해자 등의 피해 및 명예 회복을 위한 조치로 권고한 사항에 대한 이행의 실효성이 법적·제도적으로 확보되고 있는 점 등 여러 사정을 종합하여 보면, 법이 규정하는 진실규명결정은 국민의 권리의무에 직접적으로 영향을 미치는 행위로서 항고소송의 대상이 되는 행정처분이라고 보는 것이 타당하다.

④ 대법원 2018. 6. 15. 선고 2016두57564 판결 [임용제청 거부처분 취소 등]

○ **판결요지 중 일부**

대학의 장 임용에 관하여 교육부장관의 임용제청권을 인정한 취지는 대학의 자율성과 대통령의 실질적인 임용권 행사를 조화시키기 위하여 대통령의 최종적인 임용권 행사에 앞서 대학의 추천을 받은 총장 후보자들의 적격성을 일차적으로 심사하여 대통령의 임용권 행사가 적정하게 이루어질 수 있도록 하기 위한 것이다.

대학의 추천을 받은 총장 후보자는 교육부장관으로부터 정당한 심사를 받을 것이라는 기대를 하게 된다. 만일 교육부장관이 자의적으로 대학에서 추천한 복수의 총장 후보자들 전부 또는 일부를 임용제청하지 않는다면 대통령으로부터 임용을 받을 기회를 박탈하는 효과가 있다. 이를 항고소송의 대상이 되는 처분으로 보지 않는다면, 침해된 권리 또는 법률상 이익을 구제받을 방법이 없다. 따라서 교육부장관이 대학에서 추천한 복수의 총장 후보자들 전부 또는 일부를 임용제청에서 제외하는 행위는 제외된 후보자들에 대한 불이익처분으로서 항고소송의 대상이 되는 처분에 해당한다고 보아야 한다. 다만 교육부장관이 특정 후보자를 임용제청에서 제외하고 다른 후보자를 임용제청함으로써 대통령이 임용제청된 다른 후보자를 총장으로 임용한 경우에는, 임용제청에서 제외된 후보자는 대통령이 자신에 대하여 총장 임용 제외처분을 한 것으로 보아 이를 다투어야 한다(대통령의 처분의 경우 소속 장관이 행정소송의 피고가 된다. 국가공무원법 제16조 제2항). 이러한 경우에는 교육부장관의 임용제청 제외처분을 별도로 다툴 소의 이익이 없어진다.

02 / 구체적 검토

가. 행정행위

① 대법원 2004. 4. 22. 선고 2003두9015 전원합의체 판결 [지목변경신청 반려처분 취소 청구 각하 취소]

O 판결요지

구 지적법(2001. 1. 26. 법률 제6389호로 전문 개정되기 전의 것) 제20조, 제38조 제2항의 규정은 토지소유자에게 지목변경신청권과 지목정정신청권을 부여한 것이고, 한편 지목은 토지에 대한 공법상의 규제, 개발부담금의 부과대상, 지방세의 과세대상, 공시지가의 산정, 손실보상가액의 산정 등 토지행정의 기초로서 공법상의 법률관계에 영향을 미치고, 토지소유자는 지목을 토대로 토지의 사용·수익·처분에 일정한 제한을 받게 되는 점 등을 고려하면, 지목은 토지소유권을 제대로 행사하기 위한 전제요건으로서 토지소유자의 실체적 권리관계에 밀접하게 관련되어 있으므로 지적공부 소관청의 지목변경신청 반려행위는 국민의 권리관계에 영향을 미치는 것으로서 항고소송의 대상이 되는 행정처분에 해당한다.

② 대법원 2013. 10. 24. 선고 2011두13286 판결 [토지대장 말소처분 취소]

○ 판결요지

토지대장은 토지에 대한 공법상의 규제, 개발부담금의 부과대상, 지방세의 과세대상, 공시지가의 산정, 손실보상가액의 산정 등 토지행정의 기초자료로서 공법상의 법률관계에 영향을 미칠 뿐만 아니라, 토지에 관한 소유권보존등기 또는 소유권이전등기를 신청하려면 이를 등기소에 제출해야 하는 점 등을 종합해 보면, 토지대장은 토지의 소유권을 제대로 행사하기 위한 전제요건으로서 토지 소유자의 실체적 권리관계에 밀접하게 관련되어 있으므로, 이러한 토지대장을 직권으로 말소한 행위는 국민의 권리관계에 영향을 미치는 것으로서 항고소송의 대상이 되는 행정처분에 해당한다.

③ 대법원 2013. 11. 14. 선고 2013두13631 판결 [별도보상적용 제외처분 무효확인 등]

○ 판시사항

요양급여의 적정성 평가 결과 전체 하위 20% 이하에 해당하는 요양기관이 건강보험심사평가원으로부터 받은 입원료 가산 및 별도 보상 적용 제외 통보가 항고소송의 대상이 되는 행정처분인지 여부(적극)

○ 판결요지

구 국민건강보험법(2011. 12. 31. 법률 제11141호로 전부 개정되기 전의 것) 제42조 제1항, 제7항, 제43조 제5항, 제56조 제1항, 제2항, 구 국민건강보험법 시행령(2012. 8. 31. 대통령령 제24077호로 전부 개정되기 전의 것) 제24조 제1항, 제2항, 구 국민건강보험법 시행규칙(2012. 8. 31. 보건복지부령 제157호로 전부 개정되기 전의 것) 제11조, 제21조 제1항, 제3항 등 관계 법령과 요양급여의 적정성평가 및 요양급여비용의 가감지급 기준(2010. 4. 14. 보건복지부고시 제2010-13호) 제12조, 건강보험 행위 급여·비급여 목록표 및 급여 상대가치 점수 개정(2009. 11. 30. 보건복지부고시 제2009-216호) 제3편 라항, 마항, 사항, 아항 등의 내용에 비추어 볼 때, 요양급여의 적정성 평가 결과 전체 하위 20% 이하에 해당하는 요양기관이 평가결과와 함께 그로 인한 입원료 가산 및 별도 보상 제외 통보를 받게 되면, 해당 요양기관은 평가결과 발표 직후 2분기 동안 요양급여비용 청구 시 입원료 가산 및 별도 보상 규정을 적용받지 못하게 되므로, 결국 위 통보는 해당 요양기관의 권리 또는 법률상 이익에 직접적인 영향을 미치는 공권력의 행사이고, 해당 요양기관으로 하여금 개개의 요양급여비용 감액 처분에 대하여만 다툴 수 있도록 하는 것보다는 그에 앞서 직접 위 통보의 적법성을 다툴 수 있도록 함으로써 분쟁을 조기에 근본적으로 해결하도록 하는 것이 법치행정의 원리에도 부합한다. 따라서 위 통보는 항고소송의 대상이 되는 처분으로 보는 것이 타당하다.

④ <u>대법원 2013. 12. 26. 선고 2011두4930 판결 [경고처분 취소 청구]</u>

O 판결요지 중 일부

구 표시·광고의 공정화에 관한 법률(2011. 9. 15. 법률 제11050호로 개정되기 전의 것) 위반을 이유로 한 공정거래위원회의 경고의결은 당해 표시·광고의 위법을 확인하되 구체적인 조치까지는 명하지 않는 것으로 사업자가 장래 다시 표시·광고의 공정화에 관한 법률 위반행위를 할 경우 과징금 부과 여부나 그 정도에 영향을 주는 고려사항이 되어 사업자의 자유와 권리를 제한하는 행정처분에 해당한다.

⑤ 대법원 2014. 2. 27. 선고 2013두10885 판결 [일반분양 이주택지결정 무효확인]

○ **판시사항**

공익사업을 위한 토지 등의 취득 및 보상에 관한 법률상의 공익사업시행자가 하는 이주대책대상자 확인·결정의 법적 성질(=행정처분)과 이에 대한 쟁송방법(=항고소송)

○ **판결요지**

공익사업을 위한 토지 등의 취득 및 보상에 관한 법률상의 공익사업시행자가 하는 이주대책대상자 확인·결정은 구체적인 이주대책상의 수분양권을 부여하는 요건이 되는 행정작용으로서의 처분이지 이를 단순히 절차상의 필요에 따른 사실행위에 불과한 것으로 평가할 수는 없다. 따라서 수분양권의 취득을 희망하는 이주자가 소정의 절차에 따라 이주대책대상자 선정신청을 한 데 대하여 사업시행자가 이주대책대상자가 아니라고 하여 위 확인·결정 등의 처분을 하지 않고 이를 제외시키거나 거부조치한 경우에는, 이주자로서는 사업시행자를 상대로 항고소송에 의하여 제외처분이나 거부처분의 취소를 구할 수 있다. 나아가 이주대책의 종류가 달라 각 그 보장하는 내용에 차등이 있는 경우 이주자의 희망에도 불구하고 사업시행자가 요건 미달 등을 이유로 그 중 더 이익이 되는 내용의 이주대책대상자로 선정하지 않았다면 이 또한 이주자의 권리의무에 직접적 변동을 초래하는 행위로서 항고소송의 대상이 된다.

나. 준법률행위적 행정행위

준법률행위적 행정행위는 효과의사 이외의 정신작용, 즉 판단·인식·관념·의사 등을 구성요소로 하고, 그 법률적 효과는 행위자의 의사에 의해서가 아니라 법규범에 의하여 발생하는 행위이다. 준법률행위적 행정행위에는 확인·공증·통지·수리의 네 가지가 있다.

(1) 확인행위

(개) 의의

특정한 사실 또는 법률관계에 관하여 의문 또는 다툼이 있는 경우에 행정청이 공권적으로 그 존부(存否) 또는 정부(正否)를 판단(인정·확정·선언)하는 행위를 말한다. 실정법상으로는 裁決·決定·査定·認定·檢定·特許 등 여러 용어가 쓰이고 있다.

(나) 판례

① 대법원 2008. 11. 13. 선고 2008두13491 판결 [친일재산 국가귀속처분 취소]

○ 판결요지 중 일부

[1] 친일반민족행위자 재산의 국가귀속에 관한 특별법 제3조 제1항 본문, 제9조 규정들의 취지와 내용에 비추어 보면, 같은 법 제2조 제2호에 정한 친일재산은 친일반민족행위자 재산조사위원회가 국가귀속결정을 하여야 비로소 국가의 소유로 되는 것이 아니라 특별법의 시행에 따라 그 취득·증여 등 원인행위시에 소급하여 당연히 국가의 소유로 되고, 위 위원회의 국가귀속결정은 당해 재산이 친일재산에 해당한다는 사실을 확인하는 이른바 준법률행위적 행정행위의 성격을 가진다.

② 대법원 2015. 1. 29. 선고 2013두24976 판결 [사용검사처분 취소]

○ 판시사항

구 주택법상 입주자나 입주예정자가 사용검사처분의 무효확인 또는 취소를 구할 법률상 이익이 있는지 여부(소극)

○ 판결요지

건물의 사용검사처분은 건축허가를 받아 건축된 건물이 건축허가 사항대로 건축행정 목적에 적합한지 여부를 확인하고 사용검사필증을 교부하여 줌으로써 허가받은 사람으로 하여금 건축한 건물을 사용·수익할 수 있게 하는 법률효과를 발생시키는 것이다.

이러한 사용검사처분은 건축물을 사용·수익할 수 있게 하는 데 그치므로 건축물에 대하여 사용검사처분이 이루어졌다고 하더라도 그 사정만으로는 건축물에 있는 하자나 건축법 등 관계 법령에 위배되는 사실이 정당화되지는 아니하며, 또한 건축물에 대한 사용검사처분의 무효확인을 받거나 처분이 취소된다고 하더라도 사용검사 전의 상태로 돌아가 건축물을 사용할 수 없게 되는 것에 그칠 뿐 곧바로 건축물의 하자 상태 등이 제거되거나 보완되는 것도 아니다.

그리고 입주자나 입주예정자들은 사용검사처분의 무효확인을 받거나 처분을 취소하지 않고도 민사소송 등을 통하여 분양계약에 따른 법률관계 및 하자 등을 주장·증명함으로써 사업주체 등으로부터 하자의 제거·보완 등에 관한 권리구제를 받을 수 있으므로, 사용검사처분의 무효확인 또는 취소 여부에 의하여 법률적인 지위가 달라진다고 할 수 없으며, 구 주택공급에 관한 규칙(2012. 3. 30. 국토해양부령 제452호로 개정되기 전의 것)에서 주택공급계약에 관하여 사용검사와 관련된 규정을 두고 있다고 하더라도 달리 볼 것은 아니다.

오히려 주택에 대한 사용검사처분이 있으면, 그에 따라 입주예정자들이 주택에 입주하여 이를 사용할 수 있게 되므로 일반적으로 입주예정자들에게 이익이 되고, 다수의 입주자들이 사용검사권자의 사용검사처분을 신뢰하여 입주를 마치고 제3자에게 주택을 매매 내지 임대하거나 담보로 제공하는 등 사용검사처분을 기초로 다수의 법률관계가 형성되는데, 일부 입주자나 입주예정자가 사업주체와의 개별적 분쟁 등을 이유로 사용검사처분의 무효확인 또는 취소를 구하게 되면, 처분을 신뢰한 다수의 이익에 반하게 되는 상황이 발생할 수 있다.

위와 같은 사정들을 종합하여 볼 때, 구 주택법(2012. 1. 26. 법률 제11243호로 개정되기 전의 것)상 입주자나 입주예정자는 사용검사처분의 무효확인 또는 취소를 구할 법률상 이익이 없다.

(2) 공증행위

(가) 의의

특정한 사실 또는 법률관계의 존재를 공적으로 증명하는 행위로서, 일단 의문이나 다툼이 없는 사실 또는 법률관계에 대하여 형식적으로 그것을 증명하여 공적인 증명력을 부여하는 행위이다.

(나) 판례

① 대법원 1991. 9. 24. 선고 91누1400 판결 [운전경력증명서상의 기록삭제 신청 거부처분 취소]

○ 판결요지

자동차운전면허대장상 일정한 사항의 등재행위는 운전면허행정 사무집행의 편의와 사실증명의 자료로 삼기 위한 것일 뿐 그 등재행위로 인하여 당해 운전면허 취득자에게 새로이 어떠한 권리가 부여되거나 변동 또는 상실되는 효력이 발생하는 것은 아니므로 이는 행정소송의 대상이 되는 독립한 행정처분으로 볼 수 없고, 운전경력증명서상의 기재행위 역시 당해 운전면허 취득자에 대한 자동차운전면허대장상의 기재사항을 옮겨 적는 것에 불과할 뿐이므로 운전경력증명서에 한 등재의 말소를 구하는 소는 부적법하다 할 것이다.

② 대법원 2012. 6. 14. 선고 2010두19720 판결 [공정증서 무효 등 확인]

○ 판시사항

법무법인의 공정증서 작성행위가 항고소송의 대상이 되는 행정처분인지 여부(소극)

○ 판결요지

행정소송 제도는 행정청의 위법한 처분, 그 밖에 공권력의 행사·불행사 등으로 인한 국민의 권리 또는 이익의 침해를 구제하고 공법상 권리관계 또는 법률 적용에 관한 다툼을 적정하게 해결함을 목적으로 하는 것이므로, 항고소송의 대상이 되는 행정처분에 해당하는지는 행위의 성질·효과 이외에 행정소송 제도의 목적이나 사법권에 의한 국민의 권익보호 기능도 충분히 고려하여 합목적적으로 판단해야 한다. 이러한 행정소송 제도의 목적 및 기능 등에 비추어 볼 때, 행정청이 한 행위가 단지 사인 간 법률관계의 존부를 공적으로 증명하는 공증행위에 불과하여 그 효력을 둘러싼 분쟁의 해결이 사법원리에 맡겨져 있거나 행위의 근거 법률에서 행정소송 이외의 다른 절차에 의하여 불복할 것을 예정하고 있는 경우에는 항고소송의 대상이 될 수 없다고 보는 것이 타당하다.

(3) 통지행위

(가) 의의

통지행위라 함은 특정인 또는 불특정 다수인에 대하여 특정한 사실을 알리는 행위를 말한다. 통지행위도 일정한 법적 효과가 부여되는 경우에는 처분으로서의 성질을 가진다. 그러한 법적 효과가 발생하지 않는 단순한 사실의 통지·통고·독촉·경고 등은 행정처분이 아니다.

(나) 판례

① <u>대법원 1995. 11. 14. 선고 95누2036 판결 [당연퇴직처분 무효확인]</u>

O 판결요지

국가공무원법 제69조에 의하면 공무원이 제33조 각 호의 1에 해당할 때에는 당연히 퇴직한다고 규정하고 있으므로, 국가공무원법상 당연퇴직은 결격사유가 있을 때 법률상 당연히 퇴직하는 것이지 공무원관계를 소멸시키기 위한 별도의 행정처분을 요하는 것이 아니며, 당연퇴직의 인사발령은 법률상 당연히 발생하는 퇴직사유를 공적으로 확인하여 알려주는 이른바 관념의 통지에 불과하고 공무원의 신분을 상실시키는 새로운 형성적 행위가 아니므로 행정소송의 대상이 되는 독립한 행정처분이라고 할 수 없다.

② 대법원 1998. 7. 10. 선고 96누6202 판결 [민영주택 건설사업계획 승인조건 변경처분 취소]

○ 판결요지

[1] 항고소송의 대상이 되는 행정처분은 행정청의 공법상의 행위로서 특정사항에 대하여 법규에 의한 권리의 설정 또는 의무의 부담을 명하거나 기타 법률상의 효과를 발생하게 하는 등 국민의 권리의무에 직접 관계가 있는 행위를 말하는 것이고, 행정청 내부에서의 행위나 알선, 권유, 사실상의 통지 등과 같이 상대방 또는 기타 관계자들의 법률상 지위에 직접적인 법률적 변동을 일으키지 아니하는 행위 등은 항고소송의 대상이 될 수 없다.

[2] 주택건설사업계획승인에 부가된 승인조건 중 사업부지 내 공공용지를 무상양도 할 것이라는 취지의 기재 부분이 담당공무원의 허위공문서 작성행위에 의하여 작성된 경우, 위 승인조건에 터잡아 무상양도를 요청하는 주택조합의 민원에 대하여 지방자치단체장이 원래의 승인조건에 따라 유상매입절차를 이행하라고 한 통지가 항고소송의 대상이 되는 행정처분으로 본 원심판결을 파기한 사례.

③ 대법원 1993. 2. 23. 선고 92누5966 판결 [영구임대아파트 입주권 비해당사자 확정통보처분 무효확인]

○ 판결요지

가. 도시재개발법 제20조 제3항에 의하면 재개발사업을 시행하는 조합은 조합이 시행하는 재개발구역 안의 토지 또는 건축물에 대한 전세권자, 등기된 임차권자 등을 정관이 정하는 바에 의하여 참여조합원으로 가입시킬 수 있도록 규정하고 있고, 서울특별시 주택개량재개발사업 업무지침(서울특별시 예규 제515호)에 의하면 조합설립위원회는 구역 내 세입자 이주대책과 관련하여 구역 내 세입자 중 공공용지의 취득 및 손실보상에 관한 특례법 시행규칙 제30조의 2 규정에 해당하는 세입자에게는 규칙이 정한 주거대책비를 지급하고, 주거대책비 지급대상 세입자 중 당해 구역 합동재개발사업을 위한 사업계획결정고시

가 있은 날 현재 당해 구역 안에서 3월 이상 거주하는 주거용 건물의 세입자는 주거대책비와 영구임대주택 입주권 중 택일할 수 있고, 조합은 영구임대주택 건립방법을 가, 나 방법 중에서 택일하도록, 정관에 기재하거나 정하도록 규정하고 있는바, 조합의 정관에 위와 같은 내용의 규정을 두도록 하고 있는 이상 관할 구청으로서는 위 특례법 시행규칙 제30조의2 규정에 해당하는 세입자에게 주거대책비를 지급하는 경우가 아니면 관리처분계획으로 임대주택을 조합으로부터 양수받거나 조합으로부터 영구임대주택 건립에 필요한 토지를 제공받아 영구임대주택을 직접 건립하여야 하는 것이며, 위 규정에 해당하는 세입자가 관할 구청장에게 영구임대주택 입주권을 신청하게 되면 관할 구청장으로서는 세입자에게 입주권을 부여할 의무를 진다.

나. 관할 구청장이 위 "가"항의 세입자에 대하여 재개발구역 내에 건립되는 영구임대 아파트의 입주권 부여대상자가 아니라고 통보한 것은 세입자를 영구임대 아파트의 입주권 부여대상에서 제외시키는 행정처분을 한 것으로 보는 것이 옳다.

(4) 수리행위

(가) 의의

신고·신청 등 타인의 행정청에 대한 행위를 유효한 행위로서 받아들이는 행위를 말한다. 행정청이 타인의 행위를 유효한 것으로서 수령하는 인식표시행위인 점에서 단순한 도달이나 접수와 구별된다. 수리행위는 행정청의 수리의무를 전제로 하는 행정행위로서 내부적 사실행위인 단순한 접수행위와 구별하여야 한다.

(나) 판례

행정법상 신고는 사인이 행정주체에 대하여 일정한 의도를 표시하거나 사실 또는 관념을 통지하는 통지행위로서, 원칙적으로 그 통지가 행정기관에 도달하면 그것만으로 일정한 법적 효과가 발생하는 자체완성적 행위이므로 수리행위가 필요하지 아니하다(이른바 '수리를 요하지 아니하는 신고'). 따라서, 신고에 대한 수리는 행정청의 편의를 위한 것에 불과하고 사인의 법률상 지위에 영향을 미치지 아니하므로, 행정청의 수리행위 또는 수리거부행위는 항고소송의 대상이 되는 행정처분이 아니라고 보는 것이 논리적인 귀결이라 할 것이다. 그렇지만 판례는 자기완결적 건축신고를 수리거부 또는 반려하는 행위는 항고소송의 대상인 처분이라고 판시하였다.(대법원 2010. 11. 18. 선고 2008두167 전원합의체 판결)

한편, 신고 중에는 행정청이 이를 심사하여 유효한 행위로 받아 들여야만 효력을 발생하는 경우가 있는데(이른바 '수리를 요하는 신고'), 이 경우에는 신고의 수리 및 신고수리를 거부하는 행위는 항고소송의 대상인 처분에 해당한다.

① 대법원 1996. 2. 27. 선고 94누6062 판결 [체육시설업신고 수리거부처분 취소]

O 판결요지 중 일부

체육시설업신고 수리거부처분은 항고소송의 대상이 되는 행정처분이다.

② 대법원 2012. 12. 13. 선고 2011두29144 판결 [유원시설업 허가처분 등 취소]

O 판결요지 중 일부

구 관광진흥법(2010. 3. 31. 법률 제10219호로 개정되기 전의 것) 제8조 제4항에 의한 지위승계신고를 수리하는 허가관청의 행위는 단순히 양도·양수인 사이에 이미 발생한 사법상 사업양도의 법률효과에 의하여 양수인이 그 영업을 승계하였다는 사실의 신고를 접수하는 행위에 그치는 것이 아니라, 영업허가자의 변경이라는 법률효과를 발생시키는 행위이다. 그리고 구 체육시설의 설치·이용에 관한 법률(2010. 3. 31. 법률 제10219호로 개정되기 전의 것) 제20조, 제27조의 각 규정 등에 의하면 체육시설업자로부터 영업을 양수하거나 문화체육관광부령으로 정하는 체육시설업의 시설 기준에 따른 필수시설을 인수한 자가 관계 행정청에 이를 신고하여 행정청이 수리하는 경우에는 종전 체육시설업자는 적법한 신고를 마친 체육시설업자의 지위를 부인당할 불안정한 상태에 놓이게 되므로, 그로 하여금 이러한 수리행위의 적법성을 다투어 법적 불안을 해소할 수 있도록 하는 것이 법치행정의 원리에 맞는다.

다. 반복된 행위

① 대법원 2000. 2. 22. 선고 98두4665 판결 [건물철거 대집행 계고처분 취소]

○ 판결요지

제1차로 철거명령 및 계고처분을 한 데 이어 제2차로 계고서를 송달하였음에도 불응함에 따라 대집행을 일부 실행한 후 철거의무자의 연기원을 받아들여 나머지 부분의 철거를 진행하지 않고 있다가 연기기한이 지나자 다시 제3차로 철거명령 및 대집행계고를 한 경우, 행정대집행법상의 철거의무는 제1차 철거명령 및 계고처분으로써 발생하였다고 할 것이고, 제3차 철거명령 및 대집행계고는 새로운 철거의무를 부과하는 것이라고는 볼 수 없으며, 단지 종전의 계고처분에 의한 건물철거를 독촉하거나 그 대집행기한을 연기한다는 통지에 불과하므로 취소소송의 대상이 되는 독립한 행정처분이라고 할 수 없다고 한 사례.

② 대법원 1992. 10. 27. 선고 92누1643 판결 [이주대책 제외처분 취소]

○ 판결요지

가. 거부처분은 당사자의 신청에 대하여 관할 행정청이 이를 거절하는 의사를 대외적으로 명백히 표시함으로써 성립되는 것인바, 당사자가 한 신청에 대하여 거부처분이 있은 후 당사자가 다시 신청을 한 경우에 그 신청의 제목 여하에 불구하고 그 내용이 새로운 신청을 하는 취지라면 관할 행정청이 이를 다시 거절한 이상 새로운 거부처분이 있은 것으로 보아야 할 것이다.

나. 신청의 명칭이 이의신청으로 되어 있으나 종전의 거부처분에 대한 불복신청이라기보다 별개의 새로운 신청으로 보아 이에 대한 거절의 의사표시도 독립한 새로운 거부처분이라고 본 사례.

라. 거부처분

① 대법원 2003. 9. 23. 선고 2001두10936 판결 [국토이용계획 변경승인 거부처분 취소]

O 판결요지

[1] 국민의 적극적 신청행위에 대하여 행정청이 그 신청에 따른 행위를 하지 않겠다고 거부한 행위가 항고소송의 대상이 되는 행정처분에 해당하는 것이라고 하려면, 그 신청한 행위가 공권력의 행사 또는 이에 준하는 행정작용이어야 하고, 그 거부행위가 신청인의 법률관계에 어떤 변동을 일으키는 것이어야 하며, 그 국민에게 그 행위발동을 요구할 법규상 또는 조리상의 신청권이 있어야만 한다.

[2] 구 국토이용관리법(2002. 2. 4. 법률 제6655호 국토의 계획 및 이용에 관한 법률 부칙 제2조로 폐지)상 주민이 국토이용계획의 변경에 대하여 신청을 할 수 있다는 규정이 없을 뿐만 아니라, 국토건설종합계획의 효율적인 추진과 국토이용질서를 확립하기 위한 국토이용계획은 장기성, 종합성이 요구되는 행정계획이어서 원칙적으로는 그 계획이 일단 확정된 후에 어떤 사정의 변동이 있다고 하여 그러한 사유만으로는 지역주민이나 일반 이해관계인에게 일일이 그 계획의 변경을 신청할 권리를 인정하여 줄 수는 없을 것이지만, 장래 일정한 기간 내에 관계 법령이 규정하는 시설 등을 갖추어 일정한 행정처분을 구하는 신청을 할 수 있는 법률상 지위에 있는 자의 국토이용계획 변경신청을 거부하는 것이 실질적으로 당해 행정처분 자체를 거부하는 결과가 되는 경우에는 예외적으로 그 신청인에게 국토이용계획변경을 신청할 권리가 인정된다고 봄이 상당하므로, 이러한 신청에 대한 거부행위는 항고소송의 대상이 되는 행정처분에 해당한다.

② 대법원 2004. 4. 22. 선고 2003두9015 전원합의체 판결 [지목변경신청 반려처분 취소청구 각하 취소]

O 판결요지

구 지적법(2001. 1. 26. 법률 제6389호로 전문 개정되기 전의 것) 제20조, 제38조

제2항의 규정은 토지소유자에게 지목변경 신청권과 지목정정 신청권을 부여한 것이고, 한편 지목은 토지에 대한 공법상의 규제, 개발부담금의 부과대상, 지방세의 과세대상, 공시지가의 산정, 손실보상가액의 산정 등 토지행정의 기초로서 공법상의 법률관계에 영향을 미치고, 토지소유자는 지목을 토대로 토지의 사용·수익·처분에 일정한 제한을 받게 되는 점 등을 고려하면, 지목은 토지소유권을 제대로 행사하기 위한 전제요건으로서 토지소유자의 실체적 권리관계에 밀접하게 관련되어 있으므로 지적공부 소관청의 지목변경신청 반려행위는 국민의 권리관계에 영향을 미치는 것으로서 항고소송의 대상이 되는 행정처분에 해당한다.

③ 대법원 2010. 11. 18. 선고 2008두167 전원합의체 판결 [건축신고불허(또는 반려)처분 취소]

○ 판결요지

[1] 행정청의 어떤 행위가 항고소송의 대상이 될 수 있는지의 문제는 추상적·일반적으로 결정할 수 없고, 구체적인 경우 행정처분은 행정청이 공권력의 주체로서 행하는 구체적 사실에 관한 법집행으로서 국민의 권리의무에 직접적으로 영향을 미치는 행위라는 점을 염두에 두고, 관련 법령의 내용과 취지, 그 행위의 주체·내용·형식·절차, 그 행위와 상대방 등 이해관계인이 입는 불이익과의 실질적 견련성, 그리고 법치행정의 원리와 당해 행위에 관련한 행정청 및 이해관계인의 태도 등을 참작하여 개별적으로 결정하여야 한다.

[2] 구 건축법(2008. 3. 21. 법률 제8974호로 전부 개정되기 전의 것) 관련 규정의 내용 및 취지에 의하면, 행정청은 건축신고로써 건축허가가 의제되는 건축물의 경우에도 그 신고 없이 건축이 개시될 경우 건축주 등에 대하여 공사 중지·철거·사용금지 등의 시정명령을 할 수 있고(제69조 제1항), 그 시정명령을 받고 이행하지 않은 건축물에 대하여는 당해 건축물을 사용하여 행할 다른 법령에 의한 영업 기타 행위의 허가를 하지 않도록 요청할 수 있으며(제69조 제2항), 그 요청을 받은 자는 특별한 이유가 없는 한 이에 응하여야 하고(제69조 제3항), 나아가 행정청은 그 시정명령의 이행을 하지 아니한 건축주 등에 대하여

는 이행강제금을 부과할 수 있으며(제69조의2 제1항 제1호), 또한 건축신고를 하지 않은 자는 200만 원 이하의 벌금에 처해질 수 있다(제80조 제1호, 제9조). 이와 같이 건축주 등은 신고제 하에서도 건축신고가 반려될 경우 당해 건축물의 건축을 개시하면 시정명령, 이행강제금, 벌금의 대상이 되거나 당해 건축물을 사용하여 행할 행위의 허가가 거부될 우려가 있어 불안정한 지위에 놓이게 된다. 따라서 건축신고 반려행위가 이루어진 단계에서 당사자로 하여금 반려행위의 적법성을 다투어 그 법적 불안을 해소한 다음 건축행위에 나아가도록 함으로써 장차 있을지도 모르는 위험에서 미리 벗어날 수 있도록 길을 열어 주고, 위법한 건축물의 양산과 그 철거를 둘러싼 분쟁을 조기에 근본적으로 해결할 수 있게 하는 것이 법치행정의 원리에 부합한다. 그러므로 건축신고 반려행위는 항고소송의 대상이 된다고 보는 것이 옳다.

④ 대법원 2017. 6. 15. 선고 2013두2945 판결 [주민등록번호 변경신청 거부처분 취소] ⇒ 〈주민등록번호가 의사와 무관하게 유출된 경우 조리상 주민등록번호의 변경을 요구할 신청권이 인정되는지가 문제된 사건〉

O 판결요지 중 일부

갑 등이 인터넷 포털사이트 등의 개인정보 유출사고로 자신들의 주민등록번호 등 개인정보가 불법 유출되자 이를 이유로 관할 구청장에게 주민등록번호를 변경해 줄 것을 신청하였으나 구청장이 '주민등록번호가 불법 유출된 경우 주민등록법상 변경이 허용되지 않는다'는 이유로 주민등록번호 변경을 거부하는 취지의 통지를 한 사안에서, 피해자의 의사와 무관하게 주민등록번호가 유출된 경우에는 조리상 주민등록번호의 변경을 요구할 신청권을 인정함이 타당하고, 구청장의 주민등록번호 변경신청 거부행위는 항고소송의 대상이 되는 행정처분에 해당한다고 한 사례

마. 변경처분

① 대법원 2012. 12. 13. 선고 2010두20782, 20799 판결 [집단에너지사업 허가처분 취소·집단에너지사업 허가처분 취소]

O 판결요지

[1] 선행처분의 주요 부분을 실질적으로 변경하는 내용으로 후행처분을 한 경우에 선행처분은 특별한 사정이 없는 한 그 효력을 상실하지만, 후행처분이 있었다고 하여 일률적으로 선행처분이 존재하지 않게 되는 것은 아니고 선행처분의 내용 중 일부만을 소폭 변경하는 정도에 불과한 경우에는 선행처분이 소멸한다고 볼 수 없다.

[2] 선행처분이 후행처분에 의하여 변경되지 아니한 범위 내에서 존속하고 후행처분은 선행처분의 내용 중 일부를 변경하는 범위 내에서 효력을 가지는 경우에, 선행처분의 취소를 구하는 소를 제기한 후 후행처분의 취소를 구하는 청구를 추가하여 청구를 변경하였다면 후행처분에 관한 제소기간 준수 여부는 청구변경 당시를 기준으로 판단하여야 하나, 선행처분에만 존재하는 취소사유를 이유로 후행처분의 취소를 청구할 수는 없다.

② 대법원 2013. 10. 24. 선고 2012두12853 판결 [조합설립 변경인가처분 취소]

O 판결요지

주택재개발사업조합이 당초 조합설립변경인가 이후 적법한 절차를 거쳐 당초 변경인가를 받은 내용을 모두 포함하여 이를 변경하는 취지의 조합설립변경인가를 받은 경우, 당초 조합설립변경인가는 취소·철회되고 변경된 조합설립변경인가가 새로운 조합설립변경인가가 된다. 이 경우 당초 조합설립변경인가는 더 이상 존재하지 않는 처분이거나 과거의 법률관계가 되므로 특별한 사정이 없는 한 그 취소를 구할 소의 이익이 없다. 다만 당해 주택재개발사업조합이 당초 조합설립변경인가에 기초하여 사업시행계획의 수립 등의 후속 행위를 하였다면 당초 조합설립변경인가가 무효로 확인되거나 취소될 경우 그 유효를 전제로 이루어진 후속 행위 역시 소급하여 효력을 상실하게 되므로, 위와 같은 형태의 변경된 조합설립변경인가가 있다고 하여 당초 조합설립변경인가의 취소를 구할 소의 이익이 소멸된다고 볼 수는 없다.

③ 대법원 2015. 11. 19. 선고 2015두295 전원합의체 판결 [영업시간제한 등 처분 취소] 〈대형마트 영업시간 제한 등 사건〉

O 판결요지 중 일부

기존의 행정처분을 변경하는 내용의 행정처분이 뒤따르는 경우, 후속처분이 종전처분을 완전히 대체하는 것이거나 주요 부분을 실질적으로 변경하는 내용인 경우에는 특별한 사정이 없는 한 종전처분은 효력을 상실하고 후속처분만이 항고소송의 대상이 되지만, 후속처분의 내용이 종전처분의 유효를 전제로 내용 중 일부만을 추가·철회·변경하는 것이고 추가·철회·변경된 부분이 내용과 성질상 나머지 부분과 불가분적인 것이 아닌 경우에는, 후속처분에도 불구하고 종전처분이 여전히 항고소송의 대상이 된다.

따라서 종전처분을 변경하는 내용의 후속처분이 있는 경우 법원으로서는, 후속처분의 내용이 종전처분 전체를 대체하거나 주요 부분을 실질적으로 변경하는 것인지, 후속처분에서 추가·철회·변경된 부분의 내용과 성질상 나머지 부분과 가분적인지 등을 살펴 항고소송의 대상이 되는 행정처분을 확정하여야 한다.

바. 법률·명령·조례·규칙 등

항고소송의 대상이 되는 것은 구체적 사실을 규율하는 행위이므로 일반적·추상적인 법률·명령·조례·규칙 등이 특정 범위의 사람에 대하여 행하여져 있는 경우라 하더라도 원칙적으로 이를 행정처분으로 볼 수 없다. 그러나 법령 또는 조례가 구체적인 집행행위를 기다리지 않고 직접 국민에 대하여 구체적 효과를 발생하여 특정한 권리의무를 형성케 한다면 항고소송 대상인 처분으로 보아야 할 것이다.

(1) 대법원 2003. 10. 9. 자 2003무23 결정 [집행정지]

O 결정요지 중 일부

[1] 어떠한 고시가 일반적·추상적 성격을 가질 때에는 법규명령 또는 행정규칙에 해당할 것이지만, 다른 집행행위의 매개 없이 그 자체로서 직접 국민의 구체적인 권리의무나 법률관계를 규율하는 성격을 가질 때에는 항고소송의 대상이 되는 행정처분에 해당한다.

[2] 항정신병 치료제의 요양급여 인정기준에 관한 보건복지부 고시가 다른 집행행위의 매개 없이 그 자체로서 제약회사, 요양기관, 환자 및 국민건강보험공단 사이의 법률관계를 직접 규율한다는 이유로 항고소송의 대상이 되는 행정처분에 해당한다고 한 사례.

(2) 대법원 1996. 9. 20. 선고 95누8003 판결 [조례무효확인]

O 판결요지 중 일부

조례가 집행행위의 개입 없이도 그 자체로서 직접 국민의 구체적인 권리의무나 법적 이익에 영향을 미치는 등의 법률상 효과를 발생하는 경우 그 조례는 항고소송의 대상이 되는 행정처분에 해당하고, 이러한 조례에 대한 무효확인소송을 제기함에 있어서 행정소송법 제38조 제1항, 제13조에 의하여 피고적격이 있는 처분 등을 행한 행정청은, 행정주체인 지방자치단체 또는 지방자치단체의 내부적 의결기관으로서 지방자치단체의 의사를 외부에 표시한 권한이 없는 지방의회가 아니라, 구 지방자치법(1994. 3. 16. 법률 제4741호로 개정되기 전의 것) 제19조 제2항, 제92조에 의하여 지방자치단체의 집행기관으로서 조례로서의 효력을 발생시키는 공포권이 있는 지방자치단체의 장이다.

사. 행정계획

① 대법원 1982. 3. 9. 선고 80누105 판결 [도시계획 변경처분 취소]

○ 판결요지

도시계획법 제12조 소정의 고시된 도시계획결정은 특정 개인의 권리 내지 법률상의 이익을 개별적이고 구체적으로 규제하는 효과를 가져오게 하는 행정청의 처분이라 할 것이고, 이는 행정소송의 대상이 된다.

아. 권력적 사실행위

(1) 권력적 사실행위의 의의

(가) 일정한 법률효과의 발생을 목적으로 하는 것이 아니라 직접적으로는 사실상의 효과만을 가져오는 공권력의 행사.

(나) 헌법재판소 2005. 3. 31. 2003헌마87 한·중 국제결혼절차 위헌확인

○ 결정이유 중에서 발췌

행정상의 사실행위는 경고, 권고, 시사와 같은 정보제공행위나 단순한 지식표시행위인 행정지도와 같이 대외적 구속력이 없는 '비권력적 사실행위'와 행정청이 우월적 지위에서 일방적으로 강제하는 '권력적 사실행위'로 나눌 수 있고, 이 중에서 권력적 사실행위는 헌법소원의 대상이 되는 공권력의 행사에 해당한다(헌재 2003. 12. 18. 2001헌마754). 일반적으로 어떤 행정행위가 헌법소원의 대상이 되는 권력적 사실행위에 해당하는지의 여부는 당해 행정주체와 상대방과의 관계, 그 사실행위에 대한 상대방의 의사·관여 정도·태도, 그 사실행위의 목적·경위, 법령에 의한 명령·강제수단의 발동 가부 등 그 행위가 행하여질 당시의 구체적 사정을 종합적으로 고려하여 개별적으로 판단하여야 한다(헌재 1994. 5. 6. 89헌마35).

(2) 권력적 사실행위에 관한 판례

① 대법원 1979. 12. 28. 선고 79누218 판결 [건물철거 대집행계고처분 취소]

O 판결요지

단수처분은 항고소송의 대상이 되는 행정처분에 해당한다.

② 대법원 1992. 8. 7. 자 92두30 결정 [이송처분 효력정지]

O 결정이유 중 일부

교도소장 등이 미결수용자를 다른 수용시설로 이송하기 위하여 사전에 법원의 허가를 받을 필요는 없다고 하더라도 이러한 이송처분이 행정소송의 대상이 되는 행정처분임에는 틀림없고, 나아가 이송처분으로 인하여 미결수용자의 방어권이나 접견권의 행사에 중대한 장애가 생기는 경우에는 그 이송처분은 재량의 한계를 넘은 위법한 처분으로서 법원의 판결에 의하여 취소될 수 있음은 물론이다.

03. 행정심판의 재결

가. 문제의 소재

원처분과 이에 대한 재결은 모두 행정청의 공권력적 행위로서 항고소송의 대상이 된다고 할 것이지만, 아무런 제한 없이 양자를 모두 항고소송의 대상으로 허용할 경우 판결의 저촉이나 소송경제에 반하는 등의 문제가 발생하기 때문에 그 중 하나만 항고소송의 대상이 된다고 보아야 한다.

나. 원처분주의

원칙적으로 원처분에 대하여만 항고소송을 제기할 수 있고, 재결에 대하여는 재결 자체에 고유한 위법이 있을 때에만 그에 대하여 소송을 제기할 수 있도록 하는 제도. 우리나라.

다. 재결주의

원처분에 대하여는 제소 자체를 허용하지 아니하고 재결에 대하여서만 제소를 인정하되, 그 소송에서 재결 자체의 고유한 위법뿐만 아니라 원처분의 위법도 주장할 수 있도록 하는 제도.

라. 재결 자체의 고유한 위법

(1) 재결 주체상의 위법

권한 없는 기관이 재결, 행정심판위원회의 구성원의 결격, 정족수 흠결 등

(2) 재결 절차상의 위법

(3) 재결 형식상의 위법

서면에 의하지 아니한 재결, 행정심판법 제46조 제2항의 주요 기재사항의 누락 및 그 이유 기재에 중대한 흠이 있는 경우 등

(4) 재결 내용상의 위법 ⇒ 항을 바꾸어서 설명함.

마. 재결 내용상의 위법

(1) 각하 재결의 경우

심판청구가 적법한데도 이를 부적법하다고 보아 실체 심리를 하지 아니하고 각하한 것은 실체심리를 받을 권리를 박탈당한 것으로서 원처분에 없는 재결 자체의 고유한 위법에 해당한다.

- 대법원 2001. 7. 27. 선고 99두2970 판결 [용화집단시설지구 기본설계 변경 승인처분 취소]

O 판결요지 중 일부

행정소송법 제19조에 의하면 행정심판에 대한 재결에 대하여도 그 재결 자체에 고유한 위법이 있음을 이유로 하는 경우에는 항고소송을 제기하여 그 취소를 구할 수 있고, 여기에서 말하는 '재결 자체에 고유한 위법'이란 그 재결 자체에 주체, 절차, 형식 또는 내용상의 위법이 있는 경우를 의미하는데, 행정심판청구가 부적법하지 않음에도 각하한 재결은 심판청구인의 실체심리를 받을 권리를 박탈한 것으로서 원처분에 없는 고유한 하자가 있는 경우에 해당하고, 따라서 위 재결은 취소소송의 대상이 된다.

(2) 기각 재결의 경우

① 원처분이 위법한데도 적법하다고 판단하여 심판청구를 기각한 경우
  ⇒ 원처분의 위법으로서 재결 자체의 고유한 위법이 아니다.

② 행정심판법 제47조에 위반하여 심판청구의 대상이 되지 아니한 사항에 대하여 한 재결이나 원처분보다 청구인에게 불리하게 한 재결
  ⇒ 재결 자체의 고유한 위법에 해당한다.

③ 심판청구가 이유 있다고 보면서도 이를 인용하는 것이 현저히 공공복리에 적합하지 않다고 보아 심판청구를 기각한 사정재결
  ⇒ '원처분을 취소하더라도 현저히 공공복리에 반하는 것이 아니라'는 사유는 재결 자체의 고유한 위법에 해당한다.

④ 원처분과 기본적 사실관계를 달리 하는 사유로 원처분을 유지한 재결
  ⇒ 원처분의 위법 여부와 관계없는 재결 자체의 고유한 위법에 해당한다.

(3) 인용 재결의 경우

(가) 제3자가 원처분(신청인용처분)에 대한 취소심판청구를 하여 인용재결을 받은 경우에 그 인용재결로 인하여 비로소 피해를 입게 된 원처분의 상대방
  ⇒ 원처분이 적법한데도 이를 잘못 취소한 것이라는 사유는 원처분과 내용을 달리 하는 것으로서 원처분에는 없는 재결 자체의 고유한

위법에 해당한다.

① 대법원 1997. 12. 23. 선고 96누10911 판결 [체육시설 사업계획승인 취소처분 취소]

O 판결요지 중 일부

이른바 복효적 행정행위, 특히 제3자효를 수반하는 행정행위에 대한 행정심판청구에 있어서 그 청구를 인용하는 내용의 재결로 인하여 비로소 권리이익을 침해받게 되는 자는 그 인용재결에 대하여 다툴 필요가 있고, 그 인용재결은 원처분과 내용을 달리 하는 것이므로 그 인용재결의 취소를 구하는 것은 원처분에는 없는 재결에 고유한 하자를 주장하는 셈이어서 당연히 항고소송의 대상이 된다.

② 대법원 2001. 5. 29. 선고 99두10292 판결 [재결취소]

O 판결요지

[1] 구 체육시설의 설치·이용에 관한 법률(1994. 1. 7. 법률 제4719호로 전문 개정되어 1999. 1. 18. 법률 제5636호로 개정되기 전의 것) 제16조, 제34조, 같은 법 시행령(1994. 6. 17. 대통령령 제14284호로 전문 개정되어 2000. 1. 28. 대통령령 제16701호로 개정되기 전의 것) 제16조의 규정을 종합하여 볼 때, 등록체육시설업에 대한 사업계획의 승인을 얻은 자는 규정된 기한 내에 사업시설의 착공계획서를 제출하고 그 수리 여부에 상관없이 설치공사에 착수하면 되는 것이지, 착공계획서가 수리되어야만 비로소 공사에 착수할 수 있다거나 그 밖에 착공계획서 제출 및 수리로 인하여 사업계획의 승인을 얻은 자에게 어떠한 권리를 설정하거나 의무를 부담케 하는 법률효과가 발생하는 것이 아니므로 행정청이 사업계획의 승인을 얻은 자의 착공계획서를 수리하고 이를 통보한 행위는 그 착공계획서 제출사실을 확인하는 행정행위에 불과하고 그를 항고소송이나 행정심판의 대상이 되는 행정처분으로 볼 수 없다.

[2] 이른바 복효적 행정행위, 특히 제3자효를 수반하는 행정행위에 대한 행정심판청구에 있어서 그 청구를 인용하는 내용의 재결로 인하여 비로소 권

리이익을 침해받게 되는 자는 그 인용재결에 대하여 다툴 필요가 있고, 그 인용재결은 원처분과 내용을 달리하는 것이므로 그 인용재결의 취소를 구하는 것은 원처분에는 없는 재결에 고유한 하자를 주장하는 셈이어서 당연히 항고소송의 대상이 된다.

[3] 행정청이 골프장 사업계획승인을 얻은 자의 사업시설 착공계획서를 수리한 것에 대하여 인근 주민들이 그 수리처분의 취소를 구하는 행정심판을 청구하자 재결청이 그 청구를 인용하여 수리처분을 취소하는 형성적 재결을 한 경우, 그 수리처분 취소 심판청구는 행정심판의 대상이 되지 아니하여 부적법 각하하여야 함에도 위 재결은 그 청구를 인용하여 수리처분을 취소하였으므로 재결 자체에 고유한 하자가 있다고 본 사례.

(나) **원처분의 상대방이 원처분(신청거부처분)에 대한 취소심판청구를 하여 그 인용재결을 받은 경우의 제3자**

⇒ 원처분이 적법한데도 이를 잘못 취소한 것이라는 사유는 원처분과 내용을 달리 하는 것으로서 원처분에는 없는 재결 자체의 고유한 위법에 해당한다.

제6절 제소기간

Ⅰ. 법률 규정

가. 행정심판을 거치지 않은 경우

취소소송은 처분이 있음을 안 날로부터 90일 이내에, 처분이 있은 날로부터 1년 내에 제기하여야 한다.

나. 행정심판을 거친 경우

행정심판을 거쳐 취소소송을 제기하는 경우에는 행정심판 재결서 정본을 송달받은 날로부터 90일 이내에 제기하여야 한다.

- **행정소송법 제20조(제소기간)** ① 취소소송은 처분 등이 있음을 안 날부터 90일 이내에 제기하여야 한다. 다만, 제18조 제1항 단서에 규정한 경우와 그 밖에 행정심판청구를 할 수 있는 경우 또는 행정청이 행정심판청구를 할 수 있다고 잘못 알린 경우에 행정심판청구가 있은 때의 기간은 재결서의 정본을 송달받은 날부터 기산한다.
  ② 취소소송은 처분 등이 있은 날부터 1년(제1항 단서의 경우는 재결이 있은 날부터 1년)을 경과하면 이를 제기하지 못한다. 다만, 정당한 사유가 있는 때에는 그러하지 아니하다.
  ③ 제1항의 규정에 의한 기간은 불변기간으로 한다.

Ⅱ. 판례

① 대법원 2017. 3. 9. 선고 2016두60577 판결 [이행강제금 부과처분 취소]

○ 판결요지

[1] 행정처분의 효력발생요건으로서의 도달이란 처분 상대방이 처분서의 내용을 현실적으로 알았을 필요까지는 없고 처분상대방이 알 수 있는 상태에 놓임으로써 충분하며, 처분서가 처분 상대방의 주민등록상 주소지로 송달되어 처분 상대방의 사무원 등 또는 그 밖에 우편물 수령권한을 위임받은 사람이 수령하면 처분 상대방이 알 수 있는 상태가 되었다고 할 것이다.

[2] 행정소송법 제20조 제1항이 정한 제소기간의 기산점인 '처분 등이 있음을 안 날'이란 통지, 공고 기타의 방법에 의하여 당해 처분 등이 있었다는 사실을 현실적으로 안 날을 의미하므로, 행정처분이 상대방에게 고지되어 상대방이 이러한 사실을 인식함으로써 행정처분이 있다는 사실을 현실적으로 알았을 때 행정소송법 제20조 제1항이 정한 제소기간이 진행한다고 보아야 하고, 처분서가 처분 상대방의 주소지에 송달되는 등 사회통념상 처분이 있음을 처

분 상대방이 알 수 있는 상태에 놓인 때에는 반증이 없는 한 처분 상대방이 처분이 있음을 알았다고 추정할 수 있다. 또한 우편물이 등기취급의 방법으로 발송된 경우 그것이 도중에 유실되었거나 반송되었다는 등의 특별한 사정에 대한 반증이 없는 한 그 무렵 수취인에게 배달되었다고 추정할 수 있다.

② 대법원 2000. 7. 4. 선고 2000두1164 판결 [양도소득세 부과처분 취소]

O 판결요지

[1] 과세처분에 대한 심사청구기간을 정한 구 국세기본법(1998. 12. 28. 법률 제5579호로 개정되기 전의 것) 제61조 제1항에 정한 '당해 처분이 있은 것을 안 날' 이라 함은 통지, 공고, 기타의 방법에 의하여 당해 처분이 있었다는 사실을 현실적으로 안 날을 의미하나, 이는 처분의 상대방이나 법령에 의하여 처분의 통지를 받도록 규정된 자 이외의 자가 이의신청 또는 심사청구를 하는 경우의 그 기간에 관한 규정이고, 과세처분의 상대방인 경우에는 처분의 통지를 받은 날을 기준으로 기간을 계산하여야 한다.

[2] 과세처분의 상대방인 납세의무자 등 서류의 송달을 받을 자가 다른 사람에게 우편물 기타 서류의 수령권한을 명시적 또는 묵시적으로 위임한 경우에는 그 수임자가 해당 서류를 수령함으로써 그 송달받을 자 본인에게 해당 서류가 적법하게 송달된 것으로 보아야 하고, 그러한 수령권한을 위임받은 자는 반드시 위임인의 종업원이거나 동거인일 필요가 없다.

[3] 납세의무자가 거주하는 아파트에서 일반우편물이나 등기우편물 등 특수우편물이 배달되는 경우 관례적으로 아파트 경비원이 이를 수령하여 거주자에게 전달하여 왔고, 이에 대하여 납세의무자를 비롯한 아파트 주민들이 평소 이러한 특수우편물 배달방법에 관하여 아무런 이의도 제기한 바 없었다면, 납세의무자가 거주하는 아파트의 주민들은 등기우편물 등의 수령권한을 아파트 경비원에게 묵시적으로 위임한 것이라고 봄이 상당하므로 아파트 경비원이 우편집배원으로부터 납세고지서를 수령한 날이 구 국세기본법(1998. 12. 28. 법률 제5579호로 개정되기 전의 것) 제61조 제1항에 정한 처분의 통지를 받은 날에 해당한다고 한 사례.

③ 대법원 2002. 8. 27. 선고 2002두3850 판결 [과징금 부과처분 취소]

O 판결요지

[1] 국세기본법의 적용을 받는 처분과 달리 행정심판법의 적용을 받는 처분인 과징금 부과처분에 대한 심판청구기간의 기산점인 행정심판법 제18조 제1항 소정의 '처분이 있음을 안 날'이라 함은 당사자가 통지·공고 기타의 방법에 의하여 당해 처분이 있었다는 사실을 현실적으로 안 날을 의미하고, 추상적으로 알 수 있었던 날을 의미하는 것은 아니라 할 것이며, 다만 처분을 기재한 서류가 당사자의 주소에 송달되는 등으로 사회통념상 처분이 있음을 당사자가 알 수 있는 상태에 놓여진 때에는 반증이 없는 한 그 처분이 있음을 알았다고 추정할 수는 있다.

[2] 아파트 경비원이 관례에 따라 부재중인 납부의무자에게 배달되는 과징금 부과처분의 납부고지서를 수령한 경우, 납부의무자가 아파트 경비원에게 우편물 등의 수령권한을 위임한 것으로 볼 수는 있을지언정, 과징금 부과처분의 대상으로 된 사항에 관하여 납부의무자를 대신하여 처리할 권한까지 위임한 것으로 볼 수는 없고, 설사 위 경비원이 위 납부고지서를 수령한 때에 위 부과처분이 있음을 알았다고 하더라도 이로써 납부의무자 자신이 그 부과처분이 있음을 안 것과 동일하게 볼 수는 없다고 한 사례.

④ 대법원 2004. 11. 25. 선고 2004두7023 판결 [사도개설허가 취소신청 거부처분 취소]

O 판결요지

취소소송은 처분 등이 있음을 안 날부터 90일 이내에 제기하여야 하고, 처분 등이 있은 날부터 1년을 경과하면 제기하지 못하며(행정소송법 제20조 제1항, 제2항), 청구취지를 변경하여 구 訴가 취하되고 새로운 訴가 제기된 것으로 변경되었을 때에 새로운 訴에 대한 제소기간의 준수 등은 원칙적으로 訴의 변경이 있은 때를 기준으로 하여야 한다.

⑤ 대법원 2005. 12. 23. 선고 2005두3554 판결 [채석허가 수허가자 변경신고 수리처분 취소]

○ 판결요지 중 일부

하자 있는 행정처분을 놓고 이를 무효로 볼 것인지 아니면 단순히 취소할 수 있는 처분으로 볼 것인지는 동일한 사실관계를 토대로 한 법률적 평가의 문제에 불과하고, 행정처분의 무효확인을 구하는 소에는 특단의 사정이 없는 한 그 취소를 구하는 취지도 포함되어 있다고 보아야 하는 점 등에 비추어 볼 때, 동일한 행정처분에 대하여 무효확인의 소를 제기하였다가 그 후 그 처분의 취소를 구하는 소를 추가적으로 병합한 경우, 주된 청구인 무효확인의 소가 적법한 제소기간 내에 제기되었다면 추가로 병합된 취소청구의 소도 적법하게 제기된 것으로 봄이 상당하다.

⑥ 대법원 2007. 4. 27. 선고 2004두9302 판결 [식품위생법 위반 과징금 부과처분 취소]

○ 판결요지

행정청이 식품위생법령에 따라 영업자에게 행정제재처분을 한 후 그 처분을 영업자에게 유리하게 변경하는 처분을 한 경우, 변경처분에 의하여 당초 처분은 소멸하는 것이 아니고 당초부터 유리하게 변경된 내용의 처분으로 존재하는 것이므로, 변경처분에 의하여 유리하게 변경된 내용의 행정제재가 위법하다 하여 그 취소를 구하는 경우 그 취소소송의 대상은 변경된 내용의 당초 처분이지 변경처분은 아니고, 제소기간의 준수 여부도 변경처분이 아닌 변경된 내용의 당초 처분을 기준으로 판단하여야 한다.

⑦ 대법원 2013. 7. 11. 선고 2011두27544 판결 [주택재건축정비사업조합 설립인가처분 취소]

○ 판결요지

행정소송법상 취소소송은 처분 등이 있음을 안 날부터 90일 이내에 제기하여야 하고, 처분 등이 있은 날부터 1년을 경과하면 제기하지 못한다(행정소송법 제20조 제1항, 제2항). 한편 청구취지를 교환적으로 변경하여 종전의 소가 취하되고 새로운 소가 제기된 것으로 보게 되는 경우에 새로운 소에 대한 제소기간의 준수 등은 원칙적으로 소의 변경이 있은 때를 기준으로 하여 판단된다. 그러나 선행처분의 취소를 구하는 소가 그 후속처분의 취소를 구하는 소로 교환적으로 변경되었다가 다시 선행처분의 취소를 구하는 소로 변경된 경우 후속처분의 취소를 구하는 소에 선행처분의 취소를 구하는 취지가 그대로 남아 있었던 것으로 볼 수 있다면 선행처분의 취소를 구하는 소의 제소기간은 최초의 소가 제기된 때를 기준으로 정하여야 한다.

⑧ 대법원 2017. 6. 8. 선고 2015두38573 판결 [도시관리계획 변경결정 취소]

○ 판결요지 중 일부

구 국토의 계획 및 이용에 관한 법률에 따른 도시·군관리계획 결정의 효력 발생 시기 및 그에 대한 이해관계인의 취소소송 제소기간의 기산일은 고시가 있은 후 5일이 경과한 날이다.

제7절 행정심판전치주의

I. 원칙과 예외

- 행정소송법 제18조(행정심판과의 관계) ① 취소소송은 법령의 규정에 의하여 당해 처분에 대한 행정심판을 제기할 수 있는 경우에도 이를 거치지 아니하고 제기할 수 있다. 다만, 다른 법률에 당해 처분에 대한 행정심판의 재결을 거치지 아니하면 취소소송을 제기할 수 없다는 규정이 있는 때에는 그러하지 아니하다.

- 국가공무원법 제16조(행정소송과의 관계) ① 제75조에 따른 처분, 그 밖에 본인의 의사에 반한 불리한 처분이나 부작위(不作爲)에 관한 행정소송은 소청심사위원회의 심사·결정을 거치지 아니하면 제기할 수 없다.

  ② 제1항에 따른 행정소송을 제기할 때에는 대통령의 처분 또는 부작위의 경우에는 소속 장관(대통령령으로 정하는 기관의 장을 포함한다. 이하 같다)을, 중앙선거관리위원회위원장의 처분 또는 부작위의 경우에는 중앙선거관리위원회사무총장을 각각 피고로 한다.

- 지방공무원법 제20조의2(행정소송과의 관계) 제67조에 따른 처분, 그 밖에 본인의 의사에 반한 불리한 처분이나 부작위에 관한 행정소송은 심사위원회의 심사·결정을 거치지 아니하면 제기할 수 없다.

- 국세기본법 제56조(다른 법률과의 관계)

  ② 제55조에 규정된 위법한 처분에 대한 행정소송은 「행정소송법」 제18조 제1항 본문, 제2항 및 제3항에도 불구하고 이 법에 따른 심사청구 또는 심판청구와 그에 대한 결정을 거치지 아니하면 제기할 수 없다.

- 관세법 제120조(「행정소송법」 등과의 관계)

  ② 제119조에 따른 위법한 처분에 대한 행정소송은 「행정소송법」 제18조 제1항 본문, 제2항 및 제3항에도 불구하고 이 법에 따른 심사청구 또는 심판청구와 그에 대한 결정을 거치지 아니하면 제기할 수 없다.

- 도로교통법 제142조(행정소송과의 관계) 이 법에 의한 처분으로서 해당 처분에 대한 행정소송은 행정심판의 재결(裁決)을 거치지 아니하면 이를 제기할 수 없다.

Ⅱ. 필요적 전치주의의 경우지만, 행정심판의 재결을 거치지 아니하고 취소소송을 제기할 수 있는 경우

- 행정소송법 제18조(행정심판과의 관계)

  ② 제1항 단서의 경우에도 다음 각 호의 1에 해당하는 사유가 있는 때에는 행정심판의 재결을 거치지 아니하고 취소소송을 제기할 수 있다. 〈개정 1994. 7. 27.〉

  1. 행정심판청구가 있은 날로부터 60일이 지나도 재결이 없는 때
  2. 처분의 집행 또는 절차의 속행으로 생길 중대한 손해를 예방하여야 할 긴급한 필요가 있는 때
  3. 법령의 규정에 의한 행정심판기관이 의결 또는 재결을 하지 못할 사유가 있는 때
  4. 그 밖의 정당한 사유가 있는 때

Ⅲ. 필요적 전치주의의 경우지만, 행정심판을 제기할 필요 없이 취소소송을 제기할 수 있는 경우

01 규정

- 행정소송법 제18조(행정심판과의 관계)

  ③ 제1항 단서의 경우에 다음 각 호의 1에 해당하는 사유가 있는 때에는 행정심판을 제기함이 없이 취소소송을 제기할 수 있다. 〈개정 1994. 7. 27.〉

  1. 동종사건에 관하여 이미 행정심판의 기각재결이 있은 때
  2. 서로 내용상 관련되는 처분 또는 같은 목적을 위하여 단계적으로 진행되는 처분 중 어느 하나가 이미 행정심판의 재결을 거친 때
  3. 행정청이 사실심의 변론종결 후 소송의 대상인 처분을 변경하여 당

해 변경된 처분에 관하여 소를 제기하는 때

4. 처분을 행한 행정청이 행정심판을 거칠 필요가 없다고 잘못 알린 때

02 판례

① 대법원 1992. 11. 24. 선고 92누8972 판결 [의사면허 정지처분 취소]

O 판결요지 중 일부

행정소송법 제18조 제3항 제1호에서 행정심판의 제기 없이도 행정소송을 제기할 수 있는 경우로 규정하고 있는 "동종사건에 관하여 이미 행정심판의 기각재결이 있은 때"에 있어서의 "동종사건"이라 함은 당해 사건은 물론 당해 사건과 기본적인 점에서 동질성이 인정되는 사건을 가리킨다.

② 대법원 1993. 9. 28. 선고 93누9132 판결 [사업계획변경 승인신청 거부 처분 취소 등]

O 판결요지

행정소송법 제18조 제3항 제1호 소정의 '동종사건'에는 당해 사건은 물론이고, 당해 사건과 기본적인 점에서 동질성이 인정되는 사건도 포함되는 것으로서, 당해 사건에 관하여 타인이 행정심판을 제기하여 그에 대한 기각재결이 있었다든지 당해 사건 자체는 아니더라도 그 사건과 기본적인 점에서 동질성을 인정할 수 있는 다른 사건에 대한 행정심판의 기각재결이 있을 때도 여기에 해당한다.

제8절 협의의 소의 이익

Ⅰ. 개설

01 협의의 소의 이익의 의의

협의의 소의 이익이란 해당 분쟁을 취소소송을 통하여 해결하여야 할 현실적인 필요성을 가리킨다. 원상회복이 불가능한 경우, 처분의 효력이 소멸한 경우, 권리침해상태가 해소된 경우 등에는 원칙적으로 취소소송을 제기할 이익이 인정되지 않는다. 다만, 행정소송법 제12조 2문에서는 처분의 취소로 인하여 회복되는 이익이 법률상 이익인 경우 예외적으로 협의의 소의 이익을 인정한다.

- 행정소송법 제12조(원고적격) 취소소송은 처분 등의 취소를 구할 법률상 이익이 있는 자가 제기할 수 있다. 처분 등의 효과가 기간의 경과, 처분 등의 집행 그 밖의 사유로 인하여 소멸된 뒤에도 그 처분 등의 취소로 인하여 회복되는 법률상 이익이 있는 자의 경우에는 또한 같다.

02 구체적인 침해의 반복 위험 방지 등

원상회복이 불가능하다고 보이는 경우라 하더라도, 동일한 소송 당사자 사이에서 그 행정처분과 동일한 사유로 위법한 처분이 반복될 위험성이 있어 행정처분의 위법성 확인 내지 불분명한 법률문제에 대한 해명이 필요하다고 판단되는 경우 등에는 행정의 적법성 확보와 그에 대한 사법통제, 국민의 권리구제의 확대 등의 측면에서 여전히 그 처분의 취소를 구할 이익이 있다고 보아야 한다.

03 선행 처분이 장래의 제재적 행정처분의 가중사유나 전제요건이 되는 경우

행정규칙이 정한 바에 따라 선행처분을 가중사유 또는 전제요건으로 하는 후행처분을 받을 우려가 현실적으로 존재하는 경우에는, 선행처분을 받은 상대방은 비록 그 처분에서 정한 제재기간이 경과하였다 하더라도 그 처분의 취소소송을 통하여 그러한 불이익을 제거할 권리보호의 필요성이 충분히 인정된다고 할 것이므로, 선행처분의 취소를 구할 법률상 이익이 있다고 보아야 한다.

II. 일반적 검토: 계쟁처분의 취소를 구할 현실적인 법률상 이익

① 대법원 2007. 7. 19. 선고 2006두19297 전원합의체 판결 [임원취임승인 취소처분] 〈경기학원 임시이사 사건〉

O 판결요지 중 일부

[2] 제소 당시에는 권리보호의 이익을 갖추었는데 제소 후 취소 대상 행정처분이 기간의 경과 등으로 그 효과가 소멸한 때, 동일한 소송 당사자 사이에서 동일한 사유로 위법한 처분이 반복될 위험성이 있어 행정처분의 위법성 확인 내지 불분명한 법률문제에 대한 해명이 필요하다고 판단되는 경우, 그리고 선행처분과 후행처분이 단계적인 일련의 절차로 연속하여 행하여져 후행처분이 선행처분의 적법함을 전제로 이루어짐에 따라 선행처분의 하자가 후행처분에 승계된다고 볼 수 있어 이미 소를 제기하여 다투고 있는 선행처분의 위법성을 확인하여 줄 필요가 있는 경우 등에는 행정의 적법성 확보와 그에 대한 사법통제, 국민의 권리구제의 확대 등의 측면에서 여전히 그 처분의 취소를 구할 법률상 이익이 있다.

(다) 임시이사 선임처분에 대하여 취소를 구하는 소송의 계속 중 임기만료 등의 사유로 새로운 임시이사들로 교체된 경우, 선행 임시이사 선임처분의

효과가 소멸하였다는 이유로 그 취소를 구할 법률상 이익이 없다고 보게 되면, 원래의 정식이사들로서는 계속 중인 소를 취하하고 후행 임시이사 선임처분을 별개의 소로 다툴 수밖에 없게 되며, 그 별소 진행 도중 다시 임시이사가 교체되면 또 새로운 별소를 제기하여야 하는 등 무익한 처분과 소송이 반복될 가능성이 있으므로, 이러한 경우 법원이 선행 임시이사 선임처분의 취소를 구할 법률상 이익을 긍정하여 그 위법성 내지 하자의 존재를 판결로 명확히 해명하고 확인하여 준다면 위와 같은 구체적인 침해의 반복 위험을 방지할 수 있을 뿐 아니라, 후행 임시이사 선임처분의 효력을 다투는 소송에서 기판력에 의하여 최초 내지 선행 임시이사 선임처분의 위법성을 다투지 못하게 함으로써 그 선임처분을 전제로 이루어진 후행 임시이사 선임처분의 효력을 쉽게 배제할 수 있어 국민의 권리구제에 도움이 된다.

(라) 그러므로 취임승인이 취소된 학교법인의 정식이사들로서는 그 취임승인취소처분 및 임시이사 선임처분에 대한 각 취소를 구할 법률상 이익이 있고, 나아가 선행 임시이사 선임처분의 취소를 구하는 소송 도중에 선행 임시이사가 후행 임시이사로 교체되었다고 하더라도 여전히 선행 임시이사 선임처분의 취소를 구할 법률상 이익이 있다.

② 대법원 2018. 7. 12. 선고 2015두3485 판결 [개발제한구역 행위(건축)허가 취소]

○ 판결요지

[1] 행정처분의 직접 상대방이 아닌 자로서 처분에 의하여 자신의 환경상 이익을 침해받거나 침해받을 우려가 있다는 이유로 취소소송을 제기하는 제3자는, 자신의 환경상 이익이 처분의 근거 법규 또는 관련 법규에 의하여 개별적·직접적·구체적으로 보호되는 이익, 즉 법률상 보호되는 이익임을 증명하여야 원고적격이 인정된다.

[2] 행정소송법 제12조 후문은 '처분 등의 효과가 기간의 경과, 처분 등의 집행 그 밖의 사유로 인하여 소멸된 뒤에도 그 처분 등의 취소로 인하여 회복되는 법률상 이익이 있는 자의 경우에는' 취소소송을 제기할 수 있다고 규정하

여, 이미 효과가 소멸된 행정처분에 대해서도 권리보호의 필요성이 인정되는 경우에는 취소소송의 제기를 허용하고 있다. 구체적인 사안에서 권리보호의 필요성 유무를 판단할 때에는 국민의 재판청구권을 보장한 헌법 제27조 제1항의 취지와 행정처분으로 인한 권익침해를 효과적으로 구제하려는 행정소송법의 목적 등에 비추어 행정처분의 존재로 인하여 국민의 권익이 실제로 침해되고 있는 경우는 물론이고 권익침해의 구체적·현실적 위험이 있는 경우에도 이를 구제하는 소송이 허용되어야 한다는 요청을 고려하여야 한다. 따라서 처분이 유효하게 존속하는 경우에는 특별한 사정이 없는 한 그 처분의 존재로 인하여 실제로 침해되고 있거나 침해될 수 있는 현실적인 위험을 제거하기 위해 취소소송을 제기할 권리보호의 필요성이 인정된다고 보아야 한다.

　[3] 구 산업집적활성화 및 공장설립에 관한 법률(2009. 2. 6. 법률 제9426호로 개정되기 전의 것) 제13조 제1항, 제13조의2 제1항 제16호, 제14조, 제50조, 제13조의5 제4호의 규정을 종합하면, 공장설립승인처분이 있고 난 뒤에 또는 그와 동시에 공장건축허가처분을 하는 것이 허용되므로, 공장설립승인처분이 취소된 경우에는 그 승인처분을 기초로 한 공장건축허가처분 역시 취소되어야 하고, 공장설립승인처분에 근거하여 토지의 형질변경이 이루어진 경우에는 원상회복을 해야 함이 원칙이다. 따라서 개발제한구역 안에서의 공장설립을 승인한 처분이 위법하다는 이유로 쟁송취소되었다고 하더라도 그 승인처분에 기초한 공장건축허가처분이 잔존하는 이상, 공장설립승인처분이 취소되었다는 사정만으로 인근 주민들의 환경상 이익이 침해되는 상태나 침해될 위험이 종료되었다거나 이를 시정할 수 있는 단계가 지나버렸다고 단정할 수는 없고, 인근 주민들은 여전히 공장건축허가처분의 취소를 구할 법률상 이익이 있다고 보아야 한다.

III. 구체적 검토

01 원상회복이 불가능한 경우

① 대법원 1993. 11. 9. 선고 93누14271 판결 [건물철거 대집행 계고처분 취소]

O 판결요지 중 일부

계고처분에 기한 대집행의 실행이 이미 사실행위로서 완료된 이상 계고처분의 취소를 구할 법률상 이익이 없다.

② 대법원 1994. 1. 14. 선고 93누20481 판결 [건축사용검사 허가처분 취소]

O 판결요지

가. 위법한 행정처분의 취소를 구하는 소는 위법한 처분에 의하여 발생한 위법 상태를 배제하여 원상으로 회복시키고 그 처분으로 침해되거나 방해받은 권리와 이익을 보호 구제하고자 하는 소송이므로 비록 그 위법한 처분을 취소한다 하더라도 원상회복이 불가능한 경우에는 그 취소를 구할 이익이 없다.

나. 건축허가가 건축법 소정의 최소 대지면적 제한규정을 어긴 것으로서 위법하다 하더라도, 그 건축허가에 기하여 건축공사가 완료되었다면 인접대지의 소유자가 위 건축허가처분의 취소를 받아 위 최소 대지면적 제한규정에 맞게 시정할 단계는 지났으며, 위 건축물의 철거를 구하는 데 있어서도 위 건축허가처분의 취소가 필요한 것이 아니므로 인접대지 소유자로서는 위 건축허가처분의 취소를 구할 법률상 이익이 없다.

다. 건물 사용검사처분(준공처분)은 건축허가를 받아 건축된 건물이 건축허가사항대로 건축행정목적에 적합한가 여부를 확인하고 사용검사필증을 교부하여 줌으로써 허가 받은 자로 하여금 건축한 건물을 사용, 수익할 수 있게 하는 법률효과를 발생시키는 것에 불과하고, 건축한 건물이 인접주택 소유자의 권리를 침해하는 경우 사용검사처분이 그러한 침해까지 정당화하는 것은 아닐 뿐만 아니라, 당해 건축물을 건축하는 과정에서 인접주택 소유자가 자신의 주택에 대하여 손해를 입었다 하더라도 그러한 손해는 금전적인 배상으로 회복될수 있고, 일조권의 침해 등 생활환경상 이익침해는 실제로 위 건물의 전부 또는 일부가 철거됨으로써 회복되거나 보호받을 수 있는 것인데, 위 건물에 대한 사용검사처분의 취소를 받는다 하더라도 그로 인하여 건축주는 그 건물을 적법하게 사용할 수 없게 되어 사용검사 이전의 상태로 돌아가게 되는 것에 그칠뿐이고, 위반건물에 대한 시정명령을 할 것인지 여부, 그 시기 및 명령의 내용등은 행정청의 합리적 판단에 의하여 결정되는 것이므로, 건물이 이격거리를 유지하지 못하고 있고, 건축과정에서 인접주택 소유자에게 피해를 입혔다고 하더라도 인접주택 소유자는 그 건물에 대한 사용검사처분의 취소를 구할 법률상 이익이 있다고 볼 수 없다.

③ 대법원 2002. 1. 11. 선고 2000두3306 판결 [공장등록취소 등 처분 취소]

O 판결요지

[1] 일반적으로 공장등록이 취소된 후 그 공장 시설물이 어떠한 경위로든 철거되어 다시 복구 등을 통하여 공장을 운영할 수 없는 상태라면 이는 공장등록의 대상이 되지 아니하므로 외형상 공장등록 취소행위가 잔존하고 있다고 하여도 그 처분의 취소를 구할 법률상의 이익이 없다 할 것이나, 위와 같은 경우에도 유효한 공장등록으로 인하여 공장등록에 관한 당해 법률이나 다른 법률에 의하여 보호되는 직접적·구체적 이익이 있다면, 당사자로서는 공장건물의 멸실 여부에 불구하고 그 공장등록 취소처분의 취소를 구할 법률상의 이익이 있다.

[2] 공장등록이 취소된 후 그 공장시설물이 철거되었다 하더라도 대도시안의 공장을 지방으로 이전할 경우 조세특례제한법상의 세액공제 및 소득세등의 감면혜택이 있고, 공업배치 및 공장설립에 관한 법률상의 간이한 이전절차 및 우선 입주의 혜택이 있는 경우, 그 공장등록 취소처분의 취소를 구할 법률상의 이익이 있다고 한 사례.

④ 대법원 2009. 1. 30. 선고 2007두13487 판결 [본회의 개의 및 본회의 제명의결처분 취소]

O 판결요지 중 일부

지방의회 의원에 대한 제명의결 취소소송 계속 중 의원의 임기가 만료된 사안에서, 제명의결의 취소로 의원의 지위를 회복할 수는 없다 하더라도 제명의결시부터 임기만료일까지의 기간에 대한 월정수당의 지급을 구할 수 있는 등 여전히 그 제명의결의 취소를 구할 법률상 이익이 있다고 본 사례

02 처분 후의 사정에 의하여 이익침해가 해소된 경우

① 대법원 1996. 2. 23. 선고 95누2685 판결 [사법시험 불합격처분 취소]

O 판결요지

[1] 사법시험령 제5조, 제6조, 제8조의 각 규정을 종합하여 보면, 사법시험 제1차 시험에 합격하였다고 할지라도 그것은 합격자가 사법시험령 제6조, 제8조 제1항의 각 규정에 의하여 당회의 제2차 시험과 차회의 제2차 시험에 응시할 자격을 부여받을 수 있는 전제요건이 되는 데 불과한 것이고, 그 자체만으로 합격한 자의 법률상의 지위가 달라지게 되는 것이 아니므로, 제1차 시험 불합격 처분 이후에 새로이 실시된 사법시험 제1차 시험에 합격하였을 경우에는 더 이상 위 불합격 처분의 취소를 구할 법률상 이익이 없다.

[2] 사법시험 제1차 시험 불합격 처분의 취소를 구하는 소송을 제기하였는데 원심판결이 선고된 이후 새로이 실시된 사법시험 제1차 시험에 합격한 경우, 상고심 계속 중 소의 이익이 없게 되어 부적법하게 되었다고 판시한 사례.

② 대법원 1992. 7. 14. 선고 91누4737 판결 [퇴학처분취소]

O 판결요지

고등학교졸업이 대학입학자격이나 학력인정으로서의 의미밖에 없다고 할

수 없으므로 고등학교졸업학력검정고시에 합격하였다 하여 고등학교 학생으로서의 신분과 명예가 회복될 수 없는 것이니 퇴학처분을 받은 자로서는 퇴학처분의 위법을 주장하여 그 취소를 구할 소송상의 이익이 있다.

03 처분의 효력이 소멸한 경우

① 대법원 2006. 6. 22. 선고 2003두1684 전원합의체 판결 [영업정지처분취소]

O 판시사항

[1] 제재적 행정처분이 그 처분에서 정한 제재기간의 경과로 인하여 그 효과가 소멸되었으나, 부령(部令)인 시행규칙 또는 지방자치단체의 규칙의 형식으로 정한 처분기준에서 제재적 행정처분을 받은 것을 가중사유나 전제요건으로 삼아 장래의 제재적 행정처분을 하도록 정하고 있는 경우, 선행처분인 제재적 행정처분을 받은 상대방이 그 처분에서 정한 제재기간이 경과하였다 하더라도 그 처분의 취소를 구할 법률상 이익이 있는지 여부(한정 적극)

[2] 환경영향평가 대행업무 정지처분을 받은 환경영향평가 대행업자가 업무정지처분기간 중 환경영향평가 대행계약을 신규로 체결하고 그 대행업무를 한 사안에서, 업무정지처분기간 경과 후에도 '환경·교통·재해 등에 관한 영향평가법 시행규칙'의 규정에 따른 후행처분을 받지 않기 위하여 위 업무정지처분의 취소를 구할 법률상 이익이 있다고 한 사례

O 판결요지

[1] [다수의견] 제재적 행정처분이 그 처분에서 정한 제재기간의 경과로 인하여 그 효과가 소멸되었으나, 부령(部令)인 시행규칙 또는 지방자치단체의 규칙(이하 이들을 '규칙'이라고 한다)의 형식으로 정한 처분기준에서 제재적 행정처분(이하 '선행처분'이라고 한다)을 받은 것을 가중사유나 전제요건으로 삼아 장래의 제재적 행정처분(이하 '후행처분'이라고 한다)을 하도록 정하고 있는 경우, 제재

적 행정처분의 가중사유나 전제요건에 관한 규정이 법령이 아니라 규칙의 형식으로 되어 있다고 하더라도, 그러한 규칙이 법령에 근거를 두고 있는 이상 그 법적 성질이 대외적·일반적 구속력을 갖는 법규명령인지 여부와는 상관없이, 관할 행정청이나 담당공무원은 이를 준수할 의무가 있으므로 이들이 그 규칙에 정해진 바에 따라 행정작용을 할 것이 당연히 예견되고, 그 결과 행정작용의 상대방인 국민으로서는 그 규칙의 영향을 받을 수밖에 없다. 따라서 그러한 규칙이 정한 바에 따라 선행처분을 받은 상대방이 그 처분의 존재로 인하여 장래에 받을 불이익, 즉 후행처분의 위험은 구체적이고 현실적인 것이므로, 상대방에게는 선행처분의 취소소송을 통하여 그 불이익을 제거할 필요가 있다. 또한, 나중에 후행처분에 대한 취소소송에서 선행처분의 사실관계나 위법 등을 다툴 수 있는 여지가 남아 있다고 하더라도, 이러한 사정은 후행처분이 이루어지기 전에 이를 방지하기 위하여 직접 선행처분의 위법을 다투는 취소소송을 제기할 필요성을 부정할 이유가 되지 못한다. 그러한 쟁송방법을 막는 것은 여러 가지 불합리한 결과를 초래하여 권리구제의 실효성을 저해할 수 있기 때문이다. 오히려 앞서 본 바와 같이 행정청으로서는 선행처분이 적법함을 전제로 후행처분을 할 것이 당연히 예견되므로, 이러한 선행처분으로 인한 불이익을 선행처분 자체에 대한 소송에서 사전에 제거할 수 있도록 해 주는 것이 상대방의 법률상 지위에 대한 불안을 해소하는 데 가장 유효적절한 수단이 된다고 할 것이고, 또한 그 소송을 통하여 선행처분의 사실관계 및 위법 여부가 조속히 확정됨으로써 이와 관련된 장래의 행정작용의 적법성을 보장함과 동시에 국민생활의 안정을 도모할 수 있다. 이상의 여러 사정과 아울러, 국민의 재판청구권을 보장한 헌법 제27조 제1항의 취지와 행정처분으로 인한 권익침해를 효과적으로 구제하려는 행정소송법의 목적 등에 비추어 행정처분의 존재로 인하여 국민의 권익이 실제로 침해되고 있는 경우는 물론이고 권익침해의 구체적·현실적 위험이 있는 경우에도 이를 구제하는 소송이 허용되어야 한다는 요청을 고려하면, 규칙이 정한 바에 따라 선행처분을 가중사유 또는 전제요건으로 하는 후행처분을 받을 우려가 현실적으로 존재하는 경우에는, 선행처분을 받은 상대방은 비록 그 처분에서 정한 제재기간이 경과하였다 하더라도 그 처분의 취소소송을 통하여 그러한 불이익을 제거할 권리보호의 필요성이 충분히 인정된다고 할 것이므로, 선행처분의 취소를 구할 법률상 이익이 있다고 보아야 한다.

[대법관 이강국의 별개의견]

다수의견은, 제재적 행정처분의 기준을 정한 부령인 시행규칙의 법적 성질에 대하여는 구체적인 논급을 하지 않은 채, 시행규칙에서 선행처분을 받은 것을 가중사유나 전제요건으로 하여 장래 후행처분을 하도록 규정하고 있는 경우, 선행처분의 상대방이 그 처분의 존재로 인하여 장래에 받을 불이익은 구체적이고 현실적이라는 이유로, 선행처분에서 정한 제재기간이 경과한 후에도 그 처분의 취소를 구할 법률상 이익이 있다고 보고 있는바, 다수의견이 위와 같은 경우 선행처분의 취소를 구할 법률상 이익을 긍정하는 결론에는 찬성하지만, 그 이유에 있어서는 부령인 제재적 처분기준의 법규성을 인정하는 이론적 기초 위에서 그 법률상 이익을 긍정하는 것이 법리적으로는 더욱 합당하다고 생각한다. 상위법령의 위임에 따라 제재적 처분기준을 정한 부령인 시행규칙은 헌법 제95조에서 규정하고 있는 위임명령에 해당하고, 그 내용도 실질적으로 국민의 권리의무에 직접 영향을 미치는 사항에 관한 것이므로, 단순히 행정기관 내부의 사무처리준칙에 지나지 않는 것이 아니라 대외적으로 국민이나 법원을 구속하는 법규명령에 해당한다고 보아야 한다.

[2] 환경영향평가 대행업무 정지처분을 받은 환경영향평가 대행업자가 업무정지처분기간 중 환경영향평가 대행계약을 신규로 체결하고 그 대행업무를 한 사안에서, '환경·교통·재해 등에 관한 영향평가법 시행규칙' 제10조 [별표 2] 2. 개별기준 (11)에서 환경영향평가 대행업자가 업무정지처분기간 중 신규계약에 의하여 환경영향평가 대행업무를 한 경우 1차 위반시 업무정지 6월을, 2차 위반시 등록취소를 각 명하는 것으로 규정하고 있으므로, 업무정지처분기간 경과 후에도 위 시행규칙의 규정에 따른 후행처분을 받지 않기 위하여 위 업무정지처분의 취소를 구할 법률상 이익이 있다고 한 사례.

② 대법원 2000. 4. 21. 선고 98두10080 판결 [건축사업무 정지처분 취소 등]

O 판시사항

건축사 업무정지처분을 받은 후 새로운 업무정지처분을 받음이 없이 1년이 경과하여 실제로 가중된 제재처분을 받을 우려가 없게 된 경우, 업무정지처분에서 정한 정지기간이 경과한 후에 업무정지처분의 취소를 구할 법률상 이익이 있는지 여부(소극)

O 판결요지

건축사법 제28조 제1항이 건축사 업무정지처분을 연 2회 이상 받고 그 정지기간이 통산하여 12월 이상이 될 경우에는 가중된 제재처분인 건축사사무소 등록취소처분을 받게 되도록 규정하여 건축사에 대한 제재적인 행정처분인 업무정지명령을 더 무거운 제재처분인 사무소등록취소처분의 기준요건으로 규정하고 있으므로, 건축사 업무정지처분을 받은 건축사로서는 위 처분에서 정한 기간이 경과하였다 하더라도 위 처분을 그대로 방치하여 둠으로써 장래 건축사사무소 등록취소라는 가중된 제재처분을 받을 우려가 있어 건축사로서 업무를 행할 수 있는 법률상 지위에 대한 위험이나 불안을 제거하기 위하여 건축사 업무정지처분의 취소를 구할 이익이 있으나, 업무정지처분을 받은 후 새로운 업무정지처분을 받음이 없이 1년이 경과하여 실제로 가중된 제재처분을 받을 우려가 없어졌다면 위 처분에서 정한 정지기간이 경과한 이상 특별한 사정이 없는 한 그 처분의 취소를 구할 법률상 이익이 없다.

③ 대법원 2005. 12. 9. 선고 2004두6563 판결 [공익근무요원 소집처분 취소]

O 판결요지

보충역 편입처분 및 공익근무요원 소집처분의 취소를 구하는 소의 계속 중 병역처분변경신청에 따라 제2국민역 편입처분으로 병역처분이 변경된 경우, 보충역 편입처분은 제2국민역 편입처분을 함으로써 취소 또는 철회되어 그 효력이 소멸하였고, 공익근무요원 소집처분의 근거가 된 보충역 편입처분이 취소 또는 철회되어 그 효력이 소멸한 이상 공익근무요원 소집처분 또한 그 효력이 소멸하였다는 이유로, 종전 보충역 편입처분 및 공익근무요원 소집처분의 취소를 구할 소의 이익이 없다고 한 사례.

제9절 처분의 위법성

행정처분의 위법성을 논할 때에는 절차상 위법성(하자)과 실체상 위법성(하자)으로 나누어서 주장하여야 한다. 절차상 하자는 그 자체로 독자적인 위법사유이며, 실체상 하자에 앞서 논하는 것이 소송실무이기 때문에 답안구성에서도 절차상 하자를 먼저 주장하는 것이 바람직하다.

절차상 하자에는 송달의 하자, 처분사유 제시 결여 내지 미비, 의견제출기회 부여 위반, 청문절차 결여 등이 있다.

아래에서 절차상 하자에 관한 것을 간략히 살펴보고, 실체상 하자중 흔히 문제되는 것들을 자세히 살펴본다.

I. 절차적 위법성

01 독자적인 위법사유

절차적 하자는 실체적 하자와 별도로 행정처분의 독자적인 위법사유가 된다. 따라서, 절차적 요건을 갖추지 못한 행정처분은 설령 실체법적 사유를 갖추고 있다고 하더라도 위법하여 취소를 면할 수 없다.

02 처분의 이유 제시 위반

- 행정절차법 제23조(처분의 이유 제시) ① 행정청은 처분을 할 때에는 다음 각 호의 어느 하나에 해당하는 경우를 제외하고는 당사자에게 그 근거와 이유를 제시하여야 한다.
  1. 신청 내용을 모두 그대로 인정하는 처분인 경우
  2. 단순·반복적인 처분 또는 경미한 처분으로서 당사자가 그 이유를 명백히 알 수 있는 경우
  3. 긴급히 처분을 할 필요가 있는 경우
  ② 행정청은 제1항 제2호 및 제3호의 경우에 처분 후 당사자가 요청하는 경우에는 그 근거와 이유를 제시하여야 한다.

- 예: 대법원 1990. 9. 11. 선고 90누1786 [일반주류도매업면허 취소처분 취소]

면허의 취소처분에는 그 근거가 되는 법령이나 취소권 유보의 부관 등을 명시하여야 함은 물론 처분을 받은 자가 어떠한 위반사실에 대하여 당해 처분이 있었는지를 알 수 있을 정도로 사실을 적시할 것을 요하며, 이와 같은 취소처분의 근거와 위반사실의 적시를 빠뜨린 하자는 피처분자가 처분 당시 그 취지를 알고 있었다거나 그 후 알게 되었다 하여도 치유될 수 없다고 할 것인바, 세무서장인 피고가 주류도매업자인 원고에 대하여 한 이 사건 일반주류도매업 면허취소통지에 "상기 주류도매장은 무면허 주류판매업자에게 주류를 판매하여 주세법 제11조 및 국세법사무처리규정 제26조에 의거 지정조건위반으로 주류판매면허를 취소합니다"라고만 되어 있어서 원고의 영업기간과 거래상대방 등에 비추어 원고가 어떠한 거래행위로 인하여 이 사건 처분을 받았는지 알 수 없게 되어 있다면 이 사건 면허취소처분은 위법하다.

03 의견제출기회 부여 위반 등

가. 법률규정

- <u>행정절차법 제21조(처분의 사전 통지)</u> ① 행정청은 당사자에게 의무를 부과하거나 권익을 제한하는 처분을 하는 경우에는 미리 다음 각 호의 사항을 당사자등에게 통지하여야 한다.

  1. 처분의 제목
  2. 당사자의 성명 또는 명칭과 주소
  3. 처분하려는 원인이 되는 사실과 처분의 내용 및 법적 근거
  4. 제3호에 대하여 의견을 제출할 수 있다는 뜻과 의견을 제출하지 아니하는 경우의 처리방법
  5. 의견제출기관의 명칭과 주소
  6. 의견제출기한
  7. 그 밖에 필요한 사항

  ② 행정청은 청문을 하려면 청문이 시작되는 날부터 10일 전까지 제1항 각 호의 사항을 당사자등에게 통지하여야 한다. 이 경우 제1항 제4호부터 제6호까지의 사항은 청문 주재자의 소속·직위 및 성명, 청문의 일시 및 장소, 청문에 응하지 아니하는 경우의 처리방법 등 청문에 필요한 사항으로 갈음한다.

  ③ 제1항 제6호에 따른 기한은 의견제출에 필요한 상당한 기간을 고려하여 정하여야 한다.

  ④ 다음 각 호의 어느 하나에 해당하는 경우에는 제1항에 따른 통지를 하지 아니할 수 있다.

  1. 공공의 안전 또는 복리를 위하여 긴급히 처분을 할 필요가 있는 경우
  2. 법령등에서 요구된 자격이 없거나 없어지게 되면 반드시 일정한 처분을 하여야 하는 경우에 그 자격이 없거나 없어지게 된 사실이 법원의 재판 등에 의하여 객관적으로 증명된 경우

3. 해당 처분의 성질상 의견청취가 현저히 곤란하거나 명백히 불필요하다고 인정될 만한 상당한 이유가 있는 경우

⑤ 처분의 전제가 되는 사실이 법원의 재판 등에 의하여 객관적으로 증명된 경우 등 제4항에 따른 사전 통지를 하지 아니할 수 있는 구체적인 사항은 대통령령으로 정한다. 〈신설 2014. 1. 28.〉

⑥ 제4항에 따라 사전 통지를 하지 아니하는 경우 행정청은 처분을 할 때 당사자등에게 통지를 하지 아니한 사유를 알려야 한다. 다만, 신속한 처분이 필요한 경우에는 처분 후 그 사유를 알릴 수 있다. 〈신설 2014. 12. 30.〉

⑦ 제6항에 따라 당사자등에게 알리는 경우에는 제24조를 준용한다. 〈신설 2014. 12. 30.〉

• 행정절차법 제22조(의견청취) ① 행정청이 처분을 할 때 다음 각 호의 어느 하나에 해당하는 경우에는 청문을 한다. 〈개정 2014. 1. 28.〉

1. 다른 법령등에서 청문을 하도록 규정하고 있는 경우

2. 행정청이 필요하다고 인정하는 경우

3. 다음 각 목의 처분 시 제21조 제1항 제6호에 따른 의견제출기한 내에 당사자등의 신청이 있는 경우

　　가. 인허가 등의 취소

　　나. 신분·자격의 박탈

　　다. 법인이나 조합 등의 설립허가의 취소

② 행정청이 처분을 할 때 다음 각 호의 어느 하나에 해당하는 경우에는 공청회를 개최한다.

1. 다른 법령등에서 공청회를 개최하도록 규정하고 있는 경우

2. 해당 처분의 영향이 광범위하여 널리 의견을 수렴할 필요가 있다고 행정청이 인정하는 경우

③ 행정청이 당사자에게 의무를 부과하거나 권익을 제한하는 처분을 할 때 제1항 또는 제2항의 경우 외에는 당사자등에게 의견제출의 기회를

주어야 한다.

④ 제1항부터 제3항까지의 규정에도 불구하고 제21조제4항 각 호의 어느 하나에 해당하는 경우와 당사자가 의견진술의 기회를 포기한다는 뜻을 명백히 표시한 경우에는 의견청취를 하지 아니할 수 있다.

⑤ 행정청은 청문·공청회 또는 의견제출을 거쳤을 때에는 신속히 처분하여 해당 처분이 지연되지 아니하도록 하여야 한다.

⑥ 행정청은 처분 후 1년 이내에 당사자등이 요청하는 경우에는 청문·공청회 또는 의견제출을 위하여 제출받은 서류나 그 밖의 물건을 반환하여야 한다.

나. 판례

① 대법원 2000. 11. 14. 선고 99두5870 [지하수 개발·이용 수리 취소 및 원상복구명령 취소]

행정절차법 제21조 제1항, 제4항, 제22조 제1항 내지 제4항에 의하면, 행정청이 당사자에게 의무를 과하거나 권익을 제한하는 처분을 하는 경우에는 미리 처분하고자 하는 원인이 되는 사실과 처분의 내용 및 법적 근거, 이에 대하여 의견을 제출할 수 있다는 뜻과 의견을 제출하지 아니하는 경우의 처리방법 등의 사항을 당사자 등에게 통지하여야 하고, 다른 법령 등에서 필요적으로 청문을 실시하거나 공청회를 개최하도록 규정하고 있지 아니한 경우에도 당사자 등에게 의견제출의 기회를 주어야 하되, 당해 처분의 성질상 의견청취가 현저히 곤란하거나 명백히 불필요하다고 인정될 만한 상당한 이유가 있는 경우 등에는 처분의 사전통지나 의견청취를 하지 아니할 수 있도록 규정하고 있으므로, 행정청이 침해적 행정처분을 함에 있어서 당사자에게 위와 같은 사전통지를 하거나 의견제출의 기회를 주지 아니하였다면 사전통지를 하지 않거나 의견제출의 기회를 주지 아니하여도 되는 예외적인 경우에 해당하지 아니하는 한 그 처분은 위법하여 취소를 면할 수 없다.

② 대법원 2001. 4. 13. 선고 2000두3337 [영업허가 취소처분 취소]

구 공중위생법(1999. 2. 8. 법률 제5839호 공중위생관리법 부칙 제2조로 폐지) 제24조 제1호, 행정절차법 제22조 제1항 제1호, 제4항, 제21조 제4항 및 제28조, 제31조, 제34조, 제35조의 각 규정을 종합하면, 행정청이 유기장업허가를 취소하기 위하여는 청문을 실시하여야 하고, 다만 행정절차법 제22조 제4항, 제21조 제4항에서 정한 예외 사유에 해당하는 경우에는 청문을 실시하지 아니할 수 있으며, 행정청이 선정한 청문주재자는 청문을 주재하고, 당사자 등의 출석 여부, 진술의 요지 및 제출된 증거, 청문주재자의 의견 등을 기재한 청문조서를 작성하여 청문을 마친 후 지체 없이 청문조서 등을 행정청에 제출하며, 행정청은 제출받은 청문조서 등을 검토하고 상당한 이유가 있다고 인정하는 경우에는 청문결과를 적극 반영하여 행정처분을 하여야 하는바, 이러한 청문절차에 관한 각 규정과 행정처분의 사유에 대하여 당해 영업자에게 변명과 유리한 자료를 제출할 기회를 부여함으로써 위법사유의 시정 가능성을 고려하고 처분의 신중과 적정을 기하려는 청문제도의 취지에 비추어 볼 때, 행정청이 침해적 행정처분을 함에 즈음하여 청문을 실시하지 않아도 되는 예외적인 경우에 해당하지 않는 한 반드시 청문을 실시하여야 하고, 그 절차를 결여한 처분은 위법한 처분으로서 취소 사유에 해당한다.

[2] 행정절차법 제21조 제4항 제3호는 침해적 행정처분을 할 경우 청문을 실시하지 않을 수 있는 사유로서 "당해 처분의 성질상 의견청취가 현저히 곤란하거나 명백히 불필요하다고 인정될 만한 상당한 이유가 있는 경우"를 규정하고 있으나, 여기에서 말하는 '의견청취가 현저히 곤란하거나 명백히 불필요하다고 인정될 만한 상당한 이유가 있는지 여부'는 당해 행정처분의 성질에 비추어 판단하여야 하는 것이지, 청문통지서의 반송 여부, 청문통지의 방법 등에 의하여 판단할 것은 아니며, 또한 행정처분의 상대방이 통지된 청문일시에 불출석하였다는 이유만으로 행정청이 관계 법령상 그 실시가 요구되는 청문을 실시하지 아니한 채 침해적 행정처분을 할 수는 없을 것이므로, 행정처분의 상대방에 대한 청문통지서가 반송되었다거나, 행정처분의 상대방이 청문일시에 불출석하였다는 이유로 청문을 실시하지 아니하고 한 침해적 행정처분은 위법하다.

③ 대법원 2004. 7. 8. 선고 2002두8350 [유희시설 조성사업 협약해지 및 사업시행자지정 거부처분 취소]

행정청이 당사자와 사이에 도시계획사업의 시행과 관련한 협약을 체결하면서 관계 법령 및 행정절차법에 규정된 청문의 실시 등 의견청취절차를 배제하는 조항을 두었다고 하더라도, 국민의 행정참여를 도모함으로써 행정의 공정성·투명성 및 신뢰성을 확보하고 국민의 권익을 보호한다는 행정절차법의 목적 및 청문제도의 취지 등에 비추어 볼 때, 위와 같은 협약의 체결로 청문의 실시에 관한 규정의 적용을 배제할 수 있다고 볼 만한 법령상의 규정이 없는 한, 이러한 협약이 체결되었다고 하여 청문의 실시에 관한 규정의 적용이 배제된다거나 청문을 실시하지 않아도 되는 예외적인 경우에 해당한다고 할 수 없다.

[실체상 하자]

Ⅱ. 재량권의 일탈·남용

01 기속행위와 재량행위의 구별

가. 구별기준 및 사법심사 방식의 차이점

• 대법원 2018. 10. 4. 선고 2014두37702 판결 [특허권 존속기간 연장신청 불승인처분 취소 청구]

O 판결요지 중 일부

행정행위가 재량성의 유무 및 범위와 관련하여 이른바 기속행위 내지 기속재량행위와 재량행위 내지 자유재량행위로 구분된다고 할 때, 그 구분은 당해 행위의 근거가 된 법규의 체재·형식과 문언, 당해 행위가 속하는 행정 분야의 주된 목적과 특성, 당해 행위 자체의 개별적 성질과 유형 등을 모두 고려하여 판단하여야 한다. 이렇게 구분되는 양자에 대한 사법심사는, 전자의 경우 그 법규에 대한 원칙적인 기속성으로 인하여 법원이 사실인정과 관련 법규의 해석·적용을 통하여 일정한 결론을 도출한 후 그 결론에 비추어 행정청이 한 판단의 적법 여부를 독자의 입장에서 판정하는 방식에 의하게 되나, 후자의 경우 행정청의 재량에 기한 공익판단의 여지를 감안하여 법원은 독자의 결론을 도출함이 없이 당해 행위에 재량권의 일탈·남용이 있는지 여부만을 심사하게 되고, 이러한 재량권의 일탈·남용 여부에 대한 심사는 사실오인, 비례·평등의 원칙 위배, 당해 행위의 목적 위반이나 동기의 부정 유무 등을 판단 대상으로 한다.

나. 해당처분이 기속행위인 경우

법령에 따른 피고의 처분은 적법하므로, 원고는 자신의 사안이 해당 법령이 적용되는 경우가 아님(즉, 이 사건의 경우는 이 사건 행정처분의 근거인 법률조항의 요건사실에 해당하지 않음)을 주장하여야 한다. 이 경우의 답안 제목은 "법령위반"이 적절하다.

다. 해당처분이 재량행위인 경우
⇒ 재량권의 일탈·남용 여부를 논하여야 한다.

02 재량권의 일탈·남용

가. 일반론

(1) 법률

- **행정소송법 제27조(재량처분의 취소)** 행정청의 재량에 속하는 처분이라도 재량권의 한계를 넘거나 그 남용이 있는 때에는 법원은 이를 취소할 수 있다.

(2) 판례

① 대법원 2007. 9. 20. 선고 2007두6946 [과징금 부과처분 취소]

[1] 제재적 행정처분이 사회통념상 재량권의 범위를 일탈하였거나 남용하였는지 여부는 처분사유인 위반행위의 내용과 당해 처분행위에 의하여 달성하려는 공익목적 및 이에 따르는 제반 사정 등을 객관적으로 심리하여 공익 침해의 정도와 그 처분으로 인하여 개인이 입게 될 불이익을 비교·형량하여 판단하여야 한다.

[2] 제재적 행정처분의 기준이 부령의 형식으로 규정되어 있더라도 그것은 행정청 내부의 사무처리준칙을 정한 것에 지나지 아니하여 대외적으로 국민이나 법원을 기속하는 효력이 없고, 당해 처분의 적법 여부는 위 처분기준만이 아니라 관계 법령의 규정 내용과 취지에 따라 판단되어야 하므로, 위 처분기준에 적합하다 하여 곧바로 당해 처분이 적법한 것이라고 할 수는 없다.

② 대법원 2017. 11. 9. 선고 2017두47472 판결 [정직처분 취소] ⇒ 〈세월호 사고 당시 진도 연안 해상교통관제센터 센터장으로 근무하던 원고가 자신에 대한 징계처분의 취소를 구하는 사건〉

○ 판결요지 중 일부

공무원인 피징계자에게 징계사유가 있어서 징계처분을 하는 경우 어떠한 처분을 할 것인가는 징계권자의 재량에 맡겨져 있다. 그러므로 징계권자가 재량권을 행사하여 한 징계처분이 사회통념상 현저하게 타당성을 잃어 징계권자에게 맡겨진 재량권을 남용하였다고 인정되는 경우에 한하여 그 처분을 위법하다고 할 수 있다.

공무원에 대한 징계처분이 사회통념상 현저하게 타당성을 잃었는지는 구체적인 사례에 따라 직무의 특성, 징계의 원인이 된 비위사실의 내용과 성질, 징계에 의하여 달성하려고 하는 행정목적, 징계양정의 기준 등 여러 요소를 종합하여 판단할 때 징계내용이 객관적으로 명백히 부당하다고 인정할 수 있는 경우라야 한다.

나. 재량권의 일탈·남용 심사기준

(1) 일반론

- **대법원 2001. 2. 9. 선고 98두17593 판결 [건축물 용도변경신청 거부처분 취소]**

행정행위가 그 재량성의 유무 및 범위와 관련하여 이른바 기속행위 내지 기속재량행위와 재량행위 내지 자유재량행위로 구분된다고 할 때, 그 구분은 당해 행위의 근거가 된 법규의 체재·형식과 그 문언, 당해 행위가 속하는 행정 분야의 주된 목적과 특성, 당해 행위 자체의 개별적 성질과 유형 등을 모두 고려하여 판단하여야 하고, 이렇게 구분되는 양자에 대한 사법심사는, 전자의 경우 그 법규에 대한 원칙적인 기속성으로 인하여 법원이 사실인정과 관련 법규의 해석·적용을 통하여 일정한 결론을 도출한 후 그 결론에 비추어 행정청이 한 판단의 적법 여부를 독자의 입장에서 판정하는 방식에 의하게 되나, 후자의 경우 행정청의 재량에 기한 공익판단의 여지를 감안하여 법원은 독자의 결론을 도출함이 없이 당해 행위에 재량권의 일탈·남용이 있는지 여부만을 심사하게 되고, 이러한 재량권의 일탈·남용 여부에 대한 심사는 사실오인, 비례·평등의 원칙 위배, 당해 행위의 목적 위반이나 동기의 부정 유무 등을 그 판단 대상으로 한다.

(2) 구체적 기준

재량행위의 일탈·남용에 대한 심사는 사실오인, 비례·평등의 원칙 위반, 당해 행위의 목적 위반이나 동기의 부정 유무 등을 판단 기준으로 한다.

(개) **사실오인**

- **대법원 2001. 7. 27. 선고 99두2970 판결 [용화집단시설지구 기본설계 변경 승인처분 취소]**

❍ 판결요지 중 일부

자연공원사업의 시행은 국토 및 자연의 유지와 환경의 보전에 영향을 미치는 행위로서 그 공원시설기본설계 및 변경설계의 승인 여부는 사업장소의 현상과 위치 및 주위의 상황, 사업시행의 시기 및 주체의 적정성, 사업계획에 나타난 사업의 내용, 규모, 방법과 그것이 자연 및 환경에 미치는 영향 등을 종합적으로 고려하여 결정하여야 하는 일종의 재량행위에 속한다고 할 것이고, 위와 같은 재량행위에 대한 법원의 사법심사는 당해 행위가 사실오인, 비례·평등의 원칙 위배, 당해 행위의 목적 위반이나 부정한 동기 등에 근거하여 이루어짐으로써 재량권을 일탈·남용한 위법이 있는지 여부만을 심사하게 되는 것이나, 법원의 심사결과 행정청의 재량행위가 사실오인 등에 근거한 것이라고 인정된다면 이는 재량권을 일탈·남용한 것으로서 위법하여 그 취소를 면치 못한다.

⑷ **비례원칙 위반**

⒜ 비례원칙의 의의

- 의의: 행정작용에 있어서 행정목적과 행정수단 사이에 합리적인 비례관계가 있어야 한다는 원칙. 과잉조치금지의 원칙이라고도 함.
- 비례원칙의 근거: 헌법상의 기본권 보장 규정, 헌법 제37조 제2항, 법치국가 원칙 등
- 비례원칙의 효력: 헌법적 효력을 가지므로 비례원칙에 반하는 행정권의 행사는 위법하고, 비례원칙에 반하는 법령은 위헌·무효이다.

⒝ 비례원칙의 내용
① 적합성의 원칙
  행정권의 행사에 있어 추구하는 행정목적의 달성에 적합한 수단을 선택하여야 한다는 원칙
② 필요성의 원칙(최소침해의 원칙)
  행정목적 달성을 위한 적합한 수단이 여러 가지인 경우에 국민의 권리

를 최소한으로 침해하는 수단을 선택하여야 한다는 원칙

③ 상당성의 원칙(협의의 비례원칙)

행정조치로 말미암은 사익의 침해가 그 행정조치로 달성하고자 하는 공익보다 매우 큰 경우에는 그 행정조치를 취하여서는 아니된다는 원칙

(c) 비례원칙에 관한 판례

● 대법원 2015. 1. 29. 선고 2014두40616 판결 [제명의결처분 무효확인]

O 판결요지

징계권자가 재량권의 행사로서 한 징계처분이 사회통념상 현저하게 타당성을 잃어 재량권을 남용한 것이라고 인정되는 경우 그 처분은 위법한바, 징계권의 행사가 공익적 목적을 위하여 징계권을 행사하여야 할 공익의 원칙에 반하거나 일반적으로 징계사유로 삼은 비행의 정도에 비하여 균형을 잃은 과중한 징계처분을 선택함으로써 비례의 원칙에 반하거나 또는 같은 정도의 비행에 대하여 일반적으로 적용하여 온 기준에 비추어 합리적인 이유 없이 공평을 잃은 징계처분을 선택함으로써 평등의 원칙을 위반한 경우 이러한 징계처분은 재량권의 한계를 벗어난 처분으로서 위법하다. 그리고 지방의회에서의 의원에 대한 징계에 관하여도 위와 같은 법리가 적용된다.

⑷ **자기구속의 법리 위반**

(a) 의의: 동일한 사안에 대하여 이전에 제3자에게 한 처분과 동일한 처분을 상대방에게 하도록 행정청이 스스로 구속당하는 원칙

(b) 인정 근거: 신뢰보호원칙 내지 신의성실의 원칙에서 구하는 견해도 있으나, 평등원칙에서 구하는 견해가 다수설이다.

(c) 기능: 행정권의 자의를 방지하여 그 재량권의 행사가 적정하게 이루어지도록 하는 기능을 갖는다. 행정의 자기구속의 원칙에 위반된 행위는 위법한 행위가 된다.

(d) 요건

① 재량행위의 영역일 것

행정의 자기구속의 원칙은 재량행위와 판단여지가 주어지는 경우에 의미를 갖는다. 기속행위에서는 행정청에 아무런 선택의 자유가 없기 때문에 행정의 자기구속의 문제가 없다.

② 동종의 사안이라야 한다.

행정청이 결정을 요하는 두 사건의 법적 상황의 의미 및 목적이 같아야 한다.

③ 선례가 존재하여야 한다.

동일한 사안에 관한 행정관행이 존재하여야 하며 그 관행은 적법하여야 한다.

(e) 헌법재판소 결정례

① 대법원 1993. 6. 29. 선고 93누5635 [대중음식점업 영업정지처분 취소]

❍ 판결요지 중 일부

다. 식품위생법 시행규칙 제53조에 따른 별표 15의 행정처분기준은 행정기관 내부의 사무처리준칙을 규정한 것에 불과하기는 하지만 규칙 제53조 단서의 식품 등의 수급정책 및 국민보건에 중대한 영향을 미치는 특별한 사유가 없는 한 행정청은 당해 위반사항에 대하여 위 처분기준에 따라 행정처분을 함이 보통이라 할 것이므로, 행정청이 이러한 처분기준을 따르지 아니하고 특정한 개인에 대하여만 위 처분기준을 과도하게 초과하는 처분을 한 경우에는 재량권의 한계를 일탈하였다고 볼 만한 여지가 충분하다.

라. 영업허가 이전 1개월 이상 무허가 영업을 하였고 영업시간 위반이 2시간 이상이라 하더라도 위 행정처분기준에 의하면 1월의 영업정지사유에 해당하는데도 2월 15일의 영업정지처분을 한 것은 재량권일탈 또는 남용에 해당한다고 한 사례.

② 대법원 2009. 12. 24. 선고 2009두7967 [신규 건조저장시설 사업자인정
  신청 반려처분 취소]

O 판결요지 중 일부

상급 행정기관이 하급 행정기관에 대하여 업무처리지침이나 법령의 해석·
적용에 관한 기준을 정하여 발하는 이른바 '행정규칙이나 내부지침'은 일반적
으로 행정조직 내부에서만 효력을 가질 뿐 대외적인 구속력을 갖는 것은 아니
므로 행정처분이 그에 위반하였다고 하여 그러한 사정만으로 곧바로 위법하게
되는 것은 아니다. 다만, 재량권 행사의 준칙인 행정규칙이 그 정한 바에 따라
되풀이 시행되어 행정관행이 이루어지게 되면 평등의 원칙이나 신뢰보호의 원
칙에 따라 행정기관은 그 상대방에 대한 관계에서 그 규칙에 따라야 할 자기구
속을 받게 되므로, 이러한 경우에는 특별한 사정이 없는 한 그를 위반하는 처
분은 평등의 원칙이나 신뢰보호의 원칙에 위배되어 재량권을 일탈·남용한 위
법한 처분이 된다.

Ⅲ. 신뢰보호의 원칙 위반

• 대법원 2011. 11. 24. 선고 2009두22980 판결 [산재보험료 및 고용보험
  료 부과처분 취소]

일반적으로 행정상의 법률관계에 있어서 행정청의 행위에 대하여 신뢰보
호의 원칙이 적용되기 위하여는 첫째, 행정청이 개인에 대하여 신뢰의 대상이
되는 공적인 견해표명을 하여야 하고, 둘째, 행정청의 견해표명이 정당하다고
신뢰한 데에 대하여 그 개인에게 귀책사유가 없어야 하고, 셋째, 그 개인이 그
견해표명을 신뢰하고 이에 상응하는 어떠한 행위를 하였어야 하고, 넷째, 행정
청이 위 견해표명에 반하는 처분을 함으로써 그 견해표명을 신뢰한 개인의 이
익이 침해되는 결과가 초래되어야 하고, 마지막으로 위 견해표명에 따른 행정
처분을 할 경우 이로 인하여 공익 또는 제3자의 정당한 이익을 현저히 해할 우
려가 있는 경우가 아니어야 한다.

IV. 부당결부금지의 원칙

01 / 의의

부당결부금지원칙이란 행정기관이 행정권을 행사함에 있어서 그것과 실질적 관련성이 없는 반대급부를 결부시켜서는 아니된다는 원칙이다.

부당결부금지원칙의 적용요건으로는 ① 행정청의 행정작용이 있을 것, ② 행정청의 행정작용이 상대방의 반대급부와 결부되어 있을 것, ③ 행정작용과 반대급부 사이에 실체적 관련성이 없을 것 등을 들 수 있다.

02 / 판례

(1) 대법원 1997. 3. 11. 선고 96다49650 판결 [소유권이전등기말소]

○ 판결이유 중 일부

수익적 행정행위에 있어서는 법령에 특별한 근거규정이 없다고 하더라도 그 부관으로서 부담을 붙일 수 있으나, 그러한 부담은 비례의 원칙, 부당결부금지의 원칙에 위반되지 않아야만 적법하다고 할 것이다. 기록에 의하면, 원고의 이 사건 토지 중 2,791㎡는 자동차전용도로로 도시계획시설결정이 된 광1류6호선에 편입된 토지이므로, 그 위에 도로개설을 하기 위하여는 소유자인 원고에게 보상금을 지급하고 소유권을 취득하여야 할 것임에도 불구하고, 소외 인천시장은 원고에게 주택사업계획승인을 하게 됨을 기화로 그 주택사업과는 아무런 관련이 없는 토지인 위 2,791㎡를 기부채납하도록 하는 부관을 위 주택사업계획승인에 붙인 사실이 인정되므로, 위 부관은 부당결부금지의 원칙에 위반되어 위법하다고 할 것이다.

(2) 서울행정법원 1999. 8. 19. 선고 99구9321 판결 [국외여행기간 연장허가신청 거부처분 취소]

O 판결이유 중 일부

국외유학인정제도는 '국가는 학문연구의 진흥을 위하여 국외유학에 관한 시책을 강구하여야 한다'는 교육기본법 제29조 제3항에 기초한 것으로서 그 내용이 자비유학의 경우에도 일정한 유학만 인정한다는 것이나 그러면서도 인정되는 유학을 제외한 나머지 유학과 관련하여 그 자체에서 이를 금지하고 그 금지의 실효성을 확보하기 위한 어떤 강제수단을 두고 있지 않아 단지 어떤 선언적 의미만을 가지는 것에 불과한 것으로 보인다(국외유학 역시 그에 내포된 학문의 자유, 교육을 받을 권리, 거주이전의 자유 등 헌법상 기본권에 비추어 볼 때 이를 제한하려면 법률에 의하여야 할 것이고 그러한 법률은 의당 해당 교육기본법에 규정되는 것이 입법기술상 마땅한 것이라 할 것인데 교육기본법 등 관련법률에서 이러한 법률상 제한을 두고 있지는 않다). 그럼에도 불구하고 병역법상 국외여행기간연장허가신청 요건으로 이러한 국외유학인정서를 제출하도록 함으로써, 관련 규정 자체만에 의하더라도 결과적으로는 국외유학인정제도가 병역의무가 현실적으로 부과되는 남자에 한하여 강제되는 기형적인 현상을 초래하였고, 또한 본질에 있어서 강제력을 가지고 실행된다면 국민의 기본권을 제한하는 조치로서 법률에 의하여야 한다고 보이는 국외유학인정제도를 이에 관한 법률상 규정 없이 국외여행기간연장허가제도를 이용하여 강제 실행하게 되었다. 이는 기본권 제한은 법률의 규정에 의하여야 한다는 헌법 규정(제37조)을 잠탈하는 것일 뿐만 아니라 허가기준(허가신청시 첨부하여야 할 서류를 포함)을 병역법에서 예정하고 있는 것이 아닌 다른 사유, 즉 국외유학인정제도의 실효화를 고려하여 설정하는 것으로 <u>교육행정의 목적을 달성하기 위하여 병무행정상 국외여행기간연장허가제도에 국외유학인정제도를 결부시킴으로써 남녀구분 없이 적용되어야 할 국외유학인정제도가 결국 남자에게만 적용되는 불평등하고 부당한 결과가 발생한 것으로 이는 소위 부당결부금지원칙에도 위배되는 것이다.</u>

2장 집행정지신청

제1절 **관련 법령**

- <u>행정소송법 제23조(집행정지)</u> ① 취소소송의 제기는 처분등의 효력이나 그 집행 또는 절차의 속행에 영향을 주지 아니한다.

  ② 취소소송이 제기된 경우에 처분등이나 그 집행 또는 절차의 속행으로 인하여 생길 회복하기 어려운 손해를 예방하기 위하여 긴급한 필요가 있다고 인정할 때에는 본안이 계속되고 있는 법원은 당사자의 신청 또는 직권에 의하여 처분등의 효력이나 그 집행 또는 절차의 속행의 전부 또는 일부의 정지(이하 "執行停止"라 한다)를 결정할 수 있다. 다만, 처분의 효력정지는 처분등의 집행 또는 절차의 속행을 정지함으로써 목적을 달성할 수 있는 경우에는 허용되지 아니한다.

  ③ 집행정지는 공공복리에 중대한 영향을 미칠 우려가 있을 때에는 허용되지 아니한다.

  ④ 제2항의 규정에 의한 집행정지의 결정을 신청함에 있어서는 그 이유

에 대한 소명이 있어야 한다.

⑤ 제2항의 규정에 의한 집행정지의 결정 또는 기각의 결정에 대하여는 즉시항고할 수 있다. 이 경우 집행정지의 결정에 대한 즉시항고에는 결정의 집행을 정지하는 효력이 없다.

⑥ 제30조 제1항의 규정은 제2항의 규정에 의한 집행정지의 결정에 이를 준용한다.

- 집행부정지의 근거: 행정행위에 대한 국민의 신뢰보호 및 행정의 실효성 보장을 위하여 절차적·잠정적으로 인정되는 것이지, 행정행위의 공정력의 필연적 귀결은 아님.

제2절 집행정지의 요건

I. 적극적 요건(입증책임: 신청인)

01 처분 등의 존재

- 취소소송과 무효확인소송에는 허용되나 부작위위법확인소송에는 허용되지 않는다.

- 거부처분에 대하여는 허용되지 않는다(판례).
  * 대법원 1995. 6. 21.자 95두26 결정
    신청에 대한 거부처분의 효력을 정지하더라도 거부처분이 없었던 것과 같은 상태로 되돌아가는데 불과하고 행정청에게 신청에 따른 처분을 할 의무가 생기는 것이 아니므로 그 효력 정지를 구할 이익이 없다.

02 본안소송의 계속

① 대법원 1975. 11. 11. 선고 75누97판결

○ 판결요지

행정처분의 집행정지는 행정처분집행 부정지의 원칙에 대한 예외로서 인정되는 일시적인 응급처분이라 할 것이므로 집행정지결정을 하려면 이에 대한 본안소송이 법원에 제기되어 계속중임을 요건으로 하는 것이므로 집행정지결정을 한 후에라도 본안소송이 취하되어 소송이 계속하지 아니한 것으로 되면 집행정지결정은 당연히 그 효력이 소멸되는 것이고 별도의 취소조치를 필요로 하는 것이 아니다.

② 대법원 2010. 11. 26. 자 2010무137 결정 [부정당업자 제재처분 효력정지]

○ 결정요지

[1] 행정처분의 효력정지나 집행정지를 구하는 신청사건에서는 행정처분 자체의 적법 여부는 원칙적으로 판단의 대상이 아니고, 그 행정처분의 효력이나 집행을 정지할 것인가에 관한 행정소송법 제23조 제2항에서 정한 요건의 존부만이 판단의 대상이 되는 것이다. 다만, 집행정지는 행정처분의 집행부정지원칙의 예외로서 인정되는 것이고, 또 본안에서 원고가 승소할 수 있는 가능성을 전제로 한 권리보호수단이라는 점에 비추어 보면, 집행정지사건 자체에 의하여도 신청인의 본안청구가 적법한 것이어야 한다는 것을 집행정지의 요건에 포함시키는 것이 옳다.

[2] 행정소송의 대상이 되는 행정처분은, 행정청 또는 그 소속기관이나 법령에 의하여 행정권한의 위임 또는 위탁을 받은 공공기관이 국민의 권리의무에 관계되는 사항에 관하여 공권력을 발동하여 행하는 공법상의 행위를 말하며, 그것이 상대방의 권리를 제한하는 행위라 하더라도 행정청 또는 그 소속기관이나 권한을 위임받은 공공기관의 행위가 아닌 한 이를 행정처분이라고 할 수 없다.

[3] 수도권매립지관리공사가 갑에게 입찰참가자격을 제한하는 내용의 부정당업자 제재처분을 하자, 갑이 제재처분의 무효확인 또는 취소를 구하는 행정소송을 제기하면서 제재처분의 효력정지신청을 한 사안에서, 수도권매립지관리공사는 행정소송법에서 정한 행정청 또는 그 소속기관이거나 그로부터 제재처분의 권한을 위임받은 공공기관에 해당하지 않으므로, 수도권매립지관리공사가 한 위 제재처분은 행정소송의 대상이 되는 행정처분이 아니라 단지 갑을 자신이 시행하는 입찰에 참가시키지 않겠다는 뜻의 사법상의 효력을 가지는 통지에 불과하므로, 갑이 수도권매립지관리공사를 상대로 하여 제기한 위 효력정지신청은 부적법함에도 그 신청을 받아들인 원심결정은 집행정지의 요건에 관한 법리를 오해한 위법이 있다고 한 사례.

03 회복하기 어려운 손해발생의 우려

① 대법원 2011. 4. 21. 자 2010무111 전원합의체 결정 [집행정지]

❍ 결정요지 중 일부

행정소송법 제23조 제2항에서 정하고 있는 효력정지 요건인 '회복하기 어려운 손해'란, 특별한 사정이 없는 한 금전으로 보상할 수 없는 손해로서 금전보상이 불가능한 경우 내지는 금전보상으로는 사회관념상 행정처분을 받은 당사자가 참고 견딜 수 없거나 참고 견디기가 현저히 곤란한 경우의 유형, 무형의 손해를 일컫는다. 그리고 '처분 등이나 그 집행 또는 절차의 속행으로 인하여 생길 회복하기 어려운 손해를 예방하기 위하여 긴급한 필요'가 있는지는 처분의 성질과 태양(態樣) 및 내용, 처분 상대방이 입는 손해의 성질·내용 및 정도, 원상회복·금전배상의 방법 및 난이 등은 물론 본안청구의 승소가능성 정도 등을 종합적으로 고려하여 구체적·개별적으로 판단하여야 한다.

[4] 국토해양부 등에서 발표한 '4대강 살리기 마스터플랜'에 따른 '한강 살리기 사업' 구간 인근에 거주하는 주민들이 각 공구별 사업실시계획 승인처분에 대한 효력정지를 신청한 사안에서, 위 사업구간에 편입되는 팔당지역 농

지 대부분이 국가 소유의 하천부지이고, 유기농업에 종사하는 주민들 대부분은 국가로부터 하천점용허가를 받아 경작을 해온 점, 위 점용허가의 부관에 따라 허가를 한 행정청은 공익상 또는 법령이 정하는 것에 따르거나 하천정비사업을 시행하는 경우 허가변경·취소 등을 할 수 있는 점 등에 비추어, 주민들 중 환경영향평가대상지역 및 근접 지역에 거주하거나 소유권 기타 권리를 가지고 있는 사람들이 위 사업으로 인하여 토지 소유권 기타 권리를 수용당하고 이로 인하여 정착지를 떠나 타지로 이주를 해야 하며 더 이상 농사를 지을 수 없게 되고 팔당지역의 유기농업이 사실상 해체될 위기에 처하게 된다고 하더라도, 그러한 손해는 행정소송법 제23조 제2항에서 정하고 있는 효력정지 요건인 금전으로 보상할 수 없거나 사회관념상 금전보상으로는 참고 견디기 어렵거나 현저히 곤란한 경우의 유·무형 손해에 해당하지 않는다고 본 원심판단을 수긍한 사례.

② 대법원 2018. 7. 12. 자 2018무600 결정 [집행정지]

O 결정요지

[1] 행정소송법 제23조 제2항은 '취소소송이 제기된 경우에 처분 등이나 그 집행 또는 절차의 속행으로 인하여 생길 회복하기 어려운 손해를 예방하기 위하여 긴급한 필요가 있다고 인정할 때에는 처분 등의 효력 등을 정지할 수 있다.'고 정하고 있다. 여기에서 '회복하기 어려운 손해'는 특별한 사정이 없는 한 금전으로 보상할 수 없는 손해로서 금전보상이 불가능한 경우 또는 금전보상으로는 사회관념상 행정처분을 받은 당사자가 참고 견딜 수 없거나 참고 견디기가 현저히 곤란한 경우의 유형, 무형의 손해를 일컫는다. 그리고 '처분 등이나 그 집행 또는 절차의 속행으로 인하여 생길 회복하기 어려운 손해를 예방하기 위하여 긴급한 필요'가 있는지는 처분의 성질, 양태와 내용, 처분상대방이 입는 손해의 성질·내용과 정도, 원상회복·금전배상의 방법과 난이도 등은 물론 본안청구의 승소가능성 정도 등을 종합적으로 고려하여 구체적·개별적으로 판단하여야 한다.

[2] 시장이 도시환경정비구역을 지정하였다가 해당구역 및 주변지역의 역

사·문화적 가치 보전이 필요하다는 이유로 정비구역을 해제하고 개발행위를 제한하는 내용을 고시함에 따라 사업시행예정구역에서 설립 및 사업시행인가를 받았던 갑 도시환경정비사업조합에 대하여 구청장이 조합설립인가를 취소하자, 갑 조합이 해제 고시의 무효확인과 인가취소처분의 취소를 구하는 소를 제기하고 판결 선고 시까지 각 처분의 효력 정지를 신청한 사안에서, 정비구역 지정이 취소되고 이에 대하여 불가쟁력이 발생하는 경우 정비사업 시행을 전제로 하는 후속 처분들은 모두 그 의미를 상실하게 되고 갑 조합에 대한 조합설립인가 취소처분은 갑 조합이 적법하게 취득한 공법인의 지위를 갑 조합의 귀책사유 없이 사후적 사정변경을 이유로 박탈하는 것이어서 신중하게 판단해야 하므로 위 각 처분의 위법성에 관하여 갑 조합이 본안소송에서 주장·증명할 기회가 충분히 보장되어야 하는 점, 각 처분의 효력을 정지하지 않을 경우 갑 조합이 정비사업과 관련한 후속 조치를 실행하는 데 사실상, 법률상 장애가 있게 될 뿐 아니라 시장 및 구청장이나 관계 행정청이 정비사업의 진행을 차단하기 위한 각종 불이익 조치를 할 염려가 있는 점 등을 종합하면, 각 처분의 효력을 정지하지 않을 경우 갑 조합에 특별한 귀책사유가 없는데도 정비사업의 진행이 법적으로 불가능해져 갑 조합에 회복하기 어려운 손해가 발생할 우려가 있으므로 이러한 손해를 예방하기 위하여 각 처분의 효력을 정지할 긴급한 필요가 있다고 한 사례.

04. 긴급한 필요

• 대법원 2004. 5. 17. 자 2004무6 결정 [집행정지]

긴급한 필요가 있는지 여부는 당해 처분의 성질과 태양 및 내용, 처분상대방이 입는 손해의 성질· 내용 및 정도, 원상회복·금전배상의 방법 및 난이, 본안청구의 승소가능성 정도를 종합적으로 고려하여 구체적, 개별적으로 판단하여야 한다.

II. 소극적 요건(입증책임: 행정청)

05 공공복리에 중대한 영향을 미칠 우려가 없을 것

• 대법원 2010. 5. 14. 자 2010무48 결정 [집행정지]

○ 판결요지 중 일부

[2] 행정소송법 제23조 제3항이 집행정지의 요건으로 '공공복리에 중대한 영향을 미칠 우려가 없을 것'을 규정하고 있는 취지는, 집행정지 여부를 결정하는 경우 신청인의 손해뿐만 아니라 공공복리에 미칠 영향을 아울러 고려하여야 한다는데 있고, 따라서 공공복리에 미칠 영향이 중대한지의 여부는 절대적 기준에 의하여 판단할 것이 아니라, 신청인의 '회복하기 어려운 손해'와 '공공복리' 양자를 비교·교량하여, 전자를 희생하더라도 후자를 옹호하여야 할 필요가 있는지 여부에 따라 상대적·개별적으로 판단하여야 한다.

[3] 한국문화예술위원회 위원장이 자신의 해임처분의 무효확인을 구하는 소송을 제기한 후 다시 해임처분의 집행정지 신청을 한 사안에서, 해임처분의 경과 및 그 성질과 내용, 처분 상대방인 신청인이 그로 인하여 입는 손해의 성질·내용 및 정도, 효력정지 이외의 구제수단으로 상정될 수 있는 원상회복·금전배상의 방법 및 난이, 해임처분의 효력이 정지되면 신청인이 위원장의 지위를 회복하게 됨에 따라 새로 임명된 위원장과 신청인 중 어느 사람이 위 위원회를 대표하고 그 업무를 총괄하여야 할 것인지 현실적으로 해결하기 어려운 문제가 야기됨으로써 위 위원회의 대내외적 법률관계에서 예측가능성과 법적 안정성을 확보할 수 없게 되고, 그 결과 위 위원회가 목적 사업을 원활하게 수행하는 데 지장을 초래할 가능성이 큰 점 등에 비추어, 해임처분으로 신청인에게 회복하기 어려운 손해가 발생할 우려가 있어 이를 예방하기 위하여 긴급한 필요가 있다고 인정되지 않을 뿐 아니라 위 해임처분의 효력을 정지할 경우 공공복리에 중대한 영향을 미칠 우려가 있다는 이유로, 위 효력정지 신청을 기각한 원심의 판단을 긍정한 사례.

06 / 본안 청구의 이유 유무가 요건인지 여부

가. 학설

① '본안청구가 이유 없음이 명백하지 아니할 것'은 집행정지의 요건이 아니라는 견해
② '본안청구가 이유 없음이 명백하지 아니할 것'을 집행정지의 소극적 요건으로 보는 견해(판례)
③ '본안에 관하여 이유 있음이 명백한 때'를 집행정지의 적극적 요건으로 보는 견해

나. 판례

• 대법원 2008. 5. 6. 자 2007무147 결정 [집행정지]

O 결정이유 중 일부

4. 본안청구의 이유 유무와 관련된 재항고이유에 대하여

행정처분의 효력정지나 집행정지제도는 신청인이 본안 소송에서 승소판결을 받을 때까지 그 지위를 보호함과 동시에 후에 받을 승소판결을 무의미하게 하는 것을 방지하려는 것이어서 본안 소송에서 처분의 취소가능성이 없음에도 처분의 효력이나 집행의 정지를 인정한다는 것은 제도의 취지에 반하므로 효력정지나 집행정지사건 자체에 의하여도 신청인의 본안 청구가 이유 없음이 명백하지 않아야 한다는 것도 효력정지나 집행정지의 요건에 포함시켜야 한다(대법원 2004. 5. 17.자 2004무6 결정, 대법원 2007. 7. 13.자 2005무85 결정 등 참조).

다. 절차

본안이 계속되고 있는 법원이 당사자의 신청 또는 직권에 의하여

라. 대상(집행정지결정의 내용)

- 처분 등의 효력의 정지
- 처분의 집행의 정지
- 절차의 속행의 정지

마. 집행정지 기간

예: 제1심판결 선고시까지, 본안판결 확정시까지 등

바. 집행정지결정의 효력

(1) 형성력

- 대법원 2003. 7. 11. 선고 2002다48023 판결 [부당이득금]

○ 판결요지

[1] 행정소송법 제23조에 정해져 있는 처분에 대한 집행정지는 행정처분의 집행으로 인하여 회복하기 어려운 손해를 예방하기 위하여 긴급한 필요가 있고 달리 공공복리에 중대한 영향을 미치지 아니할 것을 요건으로 하여 본안판결이 있을 때까지 당해 행정처분의 집행을 잠정적으로 정지함으로써 위와 같은 손해를 예방하고자 함에 그 취지가 있고, 그 집행정지의 효력 또한 당해 결정의 주문에 표시된 시기까지 존속하다가 그 시기의 도래와 동시에 당연히 소멸한다.

[2] 일정한 납부기한을 정한 과징금 부과처분에 대하여 '회복하기 어려운 손해'를 예방하기 위하여 긴급한 필요가 있고 달리 공공복리에 중대한 영향을 미치지 아니한다는 이유로 집행정지결정이 내려졌다면 그 집행정지기간 동안은 과징금 부과처분에서 정한 과징금의 납부기간은 더 이상 진행되지 아니하고 집행정지결정이 당해 결정의 주문에 표시된 시기의 도래로 인하여 실효되면 그 때부터 당초의 과징금 부과처분에서 정한 기간(집행정지결정 당시 이미 일부 진행되었다면 그 나머지 기간)이 다시 진행하는 것으로 보아야 한다.

(2) 기속력

● 행정소송법 제23조(집행정지) ⑥제30조 제1항의 규정은 제2항의 규정에 의한 집행정지의 결정에 이를 준용한다.

● 행정소송법 제30조(취소판결 등의 기속력) ① 처분 등을 취소하는 확정판결은 그 사건에 관하여 당사자인 행정청과 그 밖의 관계 행정청을 기속한다.

사. 집행정지결정에 대한 불복

● 행정소송법 제23조(집행정지) ⑤제2항의 규정에 의한 집행정지의 결정 또는 기각의 결정에 대하여는 즉시항고할 수 있다. 이 경우 집행정지의 결정에 대한 즉시항고에는 결정의 집행을 정지하는 효력이 없다.

아. 집행정지결정의 취소

● 행정소송법 제24조(집행정지의 취소) ① 집행정지의 결정이 확정된 후 집행정지가 공공복리에 중대한 영향을 미치거나 그 정지사유가 없어진 때에는 당사자의 신청 또는 직권에 의하여 결정으로써 집행정지의 결정을 취소할 수 있다.

② 제1항의 규정에 의한 집행정지결정의 취소결정과 이에 대한 불복의 경우에는 제23조 제4항 및 제5항의 규정을 준용한다.

행정처분집행정지신청

신청인 ○○○(－)

　　　　서울 ~

　　　　대리인 법무법인 필승

　　　　담당변호사 김승소

　　　　서울 서초구 서초대로 70길 123(법조빌딩 3층)

　　　　전화 ○○○—○○○○, 팩스 ○○○—○○○○, 이메일 ~@~

피신청인　서울특별시 강남구청장

신 청 취 지

피신청인이 2019. 10. 1. 신청인에 대하여 한 1개월의 영업정지처분은 서울행정법원 2019구합1234호 영업정지처분 취소 청구 사건의 제1심판결 선고시까지 그 집행을 정지한다.

라는 결정을 구합니다.

신 청 이 유

생략(신청취지와 같은 신청을 하는 이유를 구체적으로 기재)

소명방법 및 첨부서류

1. 소갑 제1호증 행정처분명령서

1. 소갑 제2호증 영업허가증

1. 소갑 제3호증 사업자등록증

1. 신청서 부본　1부
1. 소송위임장 및 담당변호사 지정서 각 1부

2019.　.　.

신청인 대리인 법무법인 필승

담당변호사 김승소

서울행정법원　귀중

3장 행정소송의 답변서

Ⅰ. 관련 법령

- 행정소송법 제8조(법적용예)
- 민사소송법 제256조(답변서의 제출의무)
- 민사소송법 제274조(준비서면의 기재사항)
- 민사소송규칙 65조(답변서의 기재사항 등)

Ⅱ. 행정소송 답변서 서식례

답변서

사건 서울행정법원 2019구합○○○○ ～청구

원고 ○○○

피고 ○○○

  소송대리인 법무법인 ○○

  담당변호사 ○○○

  서울 서초구 ～

  전화: ○○○—○○○○, 팩스: ○○○—○○○○,

  이메일: ～@～

위 사건에 관하여 피고 소송대리인은 다음과 같이 답변합니다.

청구취지에 대한 답변

1. 원고 청구를 각하(기각)한다.

2. 소송비용은 원고 부담으로 한다.

라는 판결을 구합니다.

청구원인에 대한 답변

1. 원고 주장의 요지

2. 본안전 항변

3. 본안에 대한 답변

4. 결론

입증방법

1. 을제1호증 ○ ○ ○
1. 을제2호증 ○ ○ ○

첨부서류

1. 위 입증방법 각 1통
1. 답변서 부본 1통
1. 소송위임장 및 담당변호사 지정서 각 1통

2019. . .

피고 소송대리인 법무법인 ○○

담당변호사 ○○○

서울행정법원 제3부 귀중

4장 행정소송의 준비서면

I. 관련 법령

- 행정소송법 제8조(법적용예)
- 민사소송법 제273조(준비서면의 제출 등)
- 민사소송법 제274조(준비서면의 기재사항)
- 민사소송법 제275조(준비서면의 첨부서류)
- 민사소송법 제276조(준비서면에 적지 아니한 효과)

Ⅱ. 행정소송의 준비서면 서식례(원·피고 모두 해당)

준비서면

사건   서울행정법원 2019구합123 ○○○○ 청구

원고   ○○○

피고   ○○○

위 사건에 관하여 원고(또는 피고) 소송대리인은 다음과 같이 변론을 준비합니다.

다음

첨부서류

2019. . .

원고(피고) 소송대리인 법무법인 ○○

담당변호사 ○○○

서울행정법원 제2부 귀중

5장 행정심판청구

I. 관련 법령

- 행정심판법 제23조(심판청구서의 제출) ① 행정심판을 청구하려는 자는 제28조에 따라 심판청구서를 작성하여 피청구인이나 위원회에 제출하여야 한다. 이 경우 피청구인의 수만큼 심판청구서 부본을 함께 제출하여야 한다.

  ② 행정청이 제58조에 따른 고지를 하지 아니하거나 잘못 고지하여 청구인이 심판청구서를 다른 행정기관에 제출한 경우에는 그 행정기관은 그 심판청구서를 지체 없이 정당한 권한이 있는 피청구인에게 보내야 한다.

  ③ 제2항에 따라 심판청구서를 보낸 행정기관은 지체 없이 그 사실을 청구인에게 알려야 한다.

  ④ 제27조에 따른 심판청구 기간을 계산할 때에는 제1항에 따른 피청구인이나 위원회 또는 제2항에 따른 행정기관에 심판청구서가 제출되었을 때에 행정심판이 청구된 것으로 본다.

- <u>행정심판법 제28조(심판청구의 방식)</u> ① 심판청구는 서면으로 하여야 한다.

  ② 처분에 대한 심판청구의 경우에는 심판청구서에 다음 각 호의 사항이 포함되어야 한다.

  1. 청구인의 이름과 주소 또는 사무소(주소 또는 사무소 외의 장소에서 송달받기를 원하면 송달장소를 추가로 적어야 한다)

  2. 피청구인과 위원회

  3. 심판청구의 대상이 되는 처분의 내용

  4. 처분이 있음을 알게 된 날

  5. 심판청구의 취지와 이유

  6. 피청구인의 행정심판 고지 유무와 그 내용

  ③ 부작위에 대한 심판청구의 경우에는 제2항제1호·제2호·제5호의 사항과 그 부작위의 전제가 되는 신청의 내용과 날짜를 적어야 한다.

  ④ 청구인이 법인이거나 제14조에 따른 청구인 능력이 있는 법인이 아닌 사단 또는 재단이거나 행정심판이 선정대표자나 대리인에 의하여 청구되는 것일 때에는 제2항 또는 제3항의 사항과 함께 그 대표자·관리인·선정대표자 또는 대리인의 이름과 주소를 적어야 한다.

  ⑤ 심판청구서에는 청구인·대표자·관리인·선정대표자 또는 대리인이 서명하거나 날인하여야 한다.

Ⅱ. 행정심판청구서 서식례

행정심판청구

청 구 인 ○○○(　－　)

　　　　　서울 ○○구 ~

　　　　　대리인 법무법인 필승

　　　　　담당변호사 김승소

　　　　　서울 서초구 서초대로 70길 123(법조 빌딩 3층)

　　　　　전화: ○○○—○○○○, 팩스: ○○○—○○○○,

　　　　　이메일: ~@~

피청구인　서울특별시 지방경찰청장

심판청구의 대상인 처분 내용: 자동차 운전면허취소처분

처분이 있음을 안 날: 2019. 4. 12.

자동차 운전면허취소처분 취소

청 구 취 지

피청구인이 2019. 4. 10. 청구인에 대하여 한 자동차운전면허(1종보통 면허 번호: 서울89－008787－32) 취소처분을 취소한다.

라는 결정을 구합니다.

청 구 원 인

1. 청구인은 2019. 3. 20. 22:00 경 청구인 소유의 봉고로 서울시 도봉구 ~앞 도로를 혈중알콜농도 0.13% 상태로 운행하던 중, 경찰의 음주단

속에 걸려 2019. 4. 10.자로 운전면허가 취소되었습니다.

2. 청구인은 영세한 플라스틱 제조업자로서, 위 봉고 차량을 이용하여 모든 부품 조달 및 가공된 제품의 납품 업무를 하고 있어서 위 차량이 없으면 사업을 할 수가 없습니다.

3. 청구인이 이번에 음주운전을 하게 된 이유도, 도봉구에 있는 단골 거래처에 제품을 납품한 뒤에, 거래처 사장이 저녁이나 같이 먹자고 하여 사업상 거절할 수가 없었고, 식사를 하면서 청구인은 소주 2잔밖에 마시지 않았는데 청구인이 유달리 술이 약한 까닭에 알코올 수치가 높게 나온 것입니다. 그렇지만, 술에 취하여 운전을 제대로 할 수 없는 상태는 결코 아니었기에 청구인은 차를 몰아 집으로 가게 되었던 것입니다.

4. 청구인은 지금까지 형사처벌은 물론이고 교통사고나 음주운전 등으로 행정처벌을 받은 적이 전연 없습니다. 또, 10년 전에 사업을 시작한 이래 세금을 성실하게 납부하여 왔고, 고아원 등 여러 기관에서 봉사 활동도 하고 있습니다.

5. 청구인이 이 사건 처분으로 말미암아 더 이상 사업을 할 수 없게 되면, 청구인은 폐업을 하고 종업원 3명을 모두 내보내야 하는데, 현재 경기가 몹시 어렵기 때문에 종업원들이 당장 다른 일자리를 구할 수가 없는 실정입니다.

6. 또한 청구인이 더 이상 사업을 할 수 없게 되면 청구인은 막노동 등으로 생계를 유지할 수밖에 없는데, 청구인은 오래 전부터 허리 디스크가 있어서 노동 일을 할 수도 없는 처지입니다. 아울러 청구인은 연로하고 병든 부모님과 처 그리고 미성년의 자식 3명을 모두 혼자서 부양하고 있는 가장인데, 만약 운전면허가 취소되어 사업을 할 수 없게 되면 온 식구의 생계가 막연해집니다. 특히, 자녀들은 모두 학원을 중단해야 하는 등 매우 어려운 처지에 봉착하게 됩니다.

7. 청구인이 음주운전한 것은 백배 잘못이지만, 위와 같은 사정을 모두

감안할 때에 운전면허취소처분은 재량권을 일탈한 지나치게 가혹한 처분이라 할 것이므로, 이 사건 처분을 취소하고 관대히 선처하여 주시기 바랍니다.

입증방법

1. 소갑제1호증 행정처분통보서
1. 소갑제2호증 사업자등록증
1. 소갑제3호증 세금납부증명서
1. 소갑제4호증의 1, 2, 3 각 증명서(봉사사실)
1. 소갑제5호증 진단서
1. 소갑제6호증 가족관계증명서

첨부서류

1. 위 입증방법 각 1통
1. 심판청구서 부본 1통
1. 위임장 1통
1. 담당변호사 지정서 1통

2019.   5.   10.

청구인 대리인 법무법인 필승

담당변호사 김승소 (인)

중앙행정심판위원회   귀중

[저자 약력]

이전오(李銓午)

서울대학교 법과대학 졸업
경희대학교 법과대학원 졸업(법학박사)
미국 University of Pennsylvania Law School 졸업(LL.M)
변호사(한국 및 미국 뉴욕주)
한국세무학회 회장
기획재정부 중장기조세정책심의위원회 위원장
성균관대학교 법학전문대학원 교수

[저서]
법조윤리(공저, 박영사)
판례세법(공저, 박영사)

Essence 공법기록형
공법소송실무

초판발행	2019년 11월 15일
지은이	이전오
펴낸이	안종만 · 안상준
편 집	한두희
기획/마케팅	정연환
표지디자인	이미연
제 작	우인도 · 고철민
펴낸곳	(주) **박영사**
	서울특별시 종로구 새문안로3길 36, 1601
	등록 1959. 3. 11. 제300-1959-1호(倫)
전 화	02)733-6771
f a x	02)736-4818
e-mail	pys@pybook.co.kr
homepage	www.pybook.co.kr
ISBN	979-11-303-3492-9 93360

copyright©이전오, 2019, Printed in Korea

* 잘못된 책은 바꿔드립니다. 본서의 무단복제행위를 금합니다.
* 저자와 협의하여 인지첩부를 생략합니다.

정 가   42,000원